世界法律传统
法律的持续多样性
（第三版）

Legal Traditions of the World
Sustainable Diversity in Law

(Third Edition)

〔加拿大〕帕特里克·格伦（H. Patrick Glenn） 著

李立红 黄英亮 姚 玲 译

北京大学出版社
PEKING UNIVERSITY PRESS

北京市版权局登记号图字:01-2007-3381

图书在版编目(CIP)数据

世界法律传统:法律的持续多样性/(加)格伦(Glenn,H. P.)著;李立红,黄英亮,姚玲译.—北京:北京大学出版社,2009.11

(世界法学精要)

ISBN 978-7-301-15919-4

Ⅰ.世… Ⅱ.①格… ②李… ③黄… ④姚… Ⅲ.法律-思想史-对比研究-世界 Ⅳ.D909.1

中国版本图书馆 CIP 数据核字(2009)第 173596 号

书　　　名：世界法律传统:法律的持续多样性
著作责任者：〔加拿大〕帕特里克·格伦　著　李立红　黄英亮　姚　玲　译
责 任 编 辑：潘　晶　王　晶
标 准 书 号：ISBN 978-7-301-15919-4/D·2428
出 版 发 行：北京大学出版社
地　　　址：北京市海淀区成府路 205 号　100871
网　　　址：http://www.pup.cn　电子邮箱：law@pup.pku.edu.cn
电　　　话：邮购部 62752015　发行部 62750672　编辑部 62752027　出版部 62754962
印　刷　者：三河市欣欣印刷有限公司
经　销　者：新华书店
　　　　　　787 毫米×960 毫米　16 开本　31 印张　569 千字
　　　　　　2009 年 11 月第 1 版　2009 年 11 月第 1 次印刷
定　　　价：56.00 元

未经许可,不得以任何方式复制或抄袭本书之部分或全部内容。

版权所有,侵权必究

举报电话:010-62752024　电子邮箱:fd@pup.pku.edu.cn

真正的全球视角。

——《比较法学刊》(英国)

一部杰出的作品。

——《南太平洋法律学刊》(斐济)

多彩的、有趣的和发人深省的……对普通法的阐述尤为精彩。

——《香港法律学刊》(香港)

章节厚重、理论化但可读性强……它的纯粹的学术辉煌不可否认。

——《马斯特里赫特欧洲和比较法学刊》(荷兰)

一本"颇具启发性的奠基之作"。

——《斯坦陵布什法律评论》(南非)

一个"代表新方向的极好例子……一本合时的好书"。

——《辩护之权》(芬兰)

精彩绝伦。

——《麦吉尔法律学刊》(加拿大)

总是令人深受启发……是对法律世界的另一种视角。

——《国际比较法评论》(比利时)

对伊斯兰法律思想的评述颇具可读性、精湛而简洁。

——《澳大利亚亚洲法学刊》(澳大利亚)

格伦取得了辉煌的成功。

——《剑桥法律学刊》(英国)

一本"新的经典"。

——《国际法律信息学刊》(美国)

版权声明

"© H. Patrick Glenn 2007"

Legal Traditions of the World, Third Edition was originally published in English in 2007.
This translation is published by arrangement with Oxford University Press and is for sale in the Mainland (part) of The People's Republic of China only.

世界法律传统，第三版，英文版2007年出版。本翻译版本由牛津大学出版社授权，仅限在中华人民共和国（大陆地区）销售。

谨以此书献给

简

译者序

《世界法律传统》是加拿大著名比较法学家帕特里克·格伦(H. Patrick Glenn)的代表之作。在出版之前,其原稿即在1998年8月召开的第16届国际比较法大会上获得大奖。2000年面世之后更是引来国际比较法学界的热烈讨论,好评如潮,被认为是"辉煌的成功"、"新的经典"、"是对文明冲突的有效的解毒药"……海外众多的法学刊物也对其作了广泛的介绍和深度的评论。其中,英国《比较法学刊》还罕见地组织了十多位知名学者对该书的第二版分章节逐一进行了点评[1]。现在此书已是第三版。

帕特里克·格伦在1962年加拿大不列颠哥伦比亚大学获得文学学士之后进入女王大学法学院,1965年获得法学学士学位,第二年在哈佛大学取得法学硕士学位。1968年法国斯特拉斯堡大学获D.E.S学位,1972年又获得法学博士学位。1971年加入加拿大麦吉尔大学法学院从事教职,格伦教授先后任助理教授、副教授和教授,此外,他还担任过该校比较法研究所所长,并参与了中国——加拿大高级法官培训项目和俄罗斯民法典改革等工作。他也是加拿大皇家协会和位于海牙的国际比较法科学院的成员。

格伦教授研究范围颇广,著述丰硕,在比较法、国际私法、民事程序和法律职业等方面都有颇多建树,并发表了一系列深有影响的论文和学术专著。除本书外,值得一提的还有他的一本新作《共同法》*(On Common Laws,该书同样由牛津大学出版社出版),论文《比较法和法律实践:论取消边界》(Comparative Law and Legal Practice: On Removing the Borders),以及论文《说服性权威》(Persuasive Authority)。格伦教授通晓英语、法语和德语三种语言,并能阅读意大利语和西班牙语等。这些都为本书创作的成功奠定了智识和语言上的基础。

---

[1] Foster, Nicholas HD (2006) "A Fresh Start for Comparative Legal Studies? A Collective Review of Patrick Glenn's Legal Traditions of the World, 2nd edition." (2006) 1:1 Journal of Comparative Law 100. 格伦教授对此的回应发表在该刊2007年第2期,第69页。

* 用复数表达以区别于普通法。——译者注

2　世界法律传统

《世界法律传统》全书分十章,其中第一章和第二章对关于传统的理论作了详尽的阐述,对传统本身所涉及的各种概念和观点进行准确的厘定。这两章重点介绍了传统与时间和信息的关系,以及传统与变化、腐败以及其他传统(包括国家)之间的关系,为后面具体传统的讨论提供理论上的坚实的框架。

第三章至第九章探讨世界上七种主要的法律传统,即原生(或本土)法律、犹太法、大陆法、伊斯兰法、普通法、印度教法和亚洲法。每一种传统都从制度和实体法、基本概念和方式、对待变革的态度以及处理与其他传统和民族之间的关系的要义等方面进行探讨。应当注意的是,这些章节的编排并非完全按照传统起源的时间顺序作为标准,而更多的是按照传统之间的关系以及便于对内容的阐述来进行的。譬如亚洲法(包括中国法)被编排到了这部分的最后一章,其原因是,正如作者在书中所指出的,只有理解了亚洲人所知道的其他传统之后,我们才能更好地理解该传统。

第十章是总结部分。在该章中,作者指出各种主要传统之间多样复杂的"剪不断理还乱"的关系,提出以多元价值和互相依存(而非宽容)的理念来调和各种法律传统之间的关系,并在内部和外部传统中寻求传统多样性的持续之道。这些结论对我们思考当前的全球化、区域化、发展问题和人权等都提供了崭新的思路。这也进一步说明,本书并非纯粹是一部理论之作,而是具有很强的现实针对性和实践性。

除了提出众多颇有见地的观点,比如将传统定义为信息、原教旨主义的本质是对传统的腐败等,本书在创作方法上也独树一帜。它没有停留在对各法律传统的现象作简单的描述,而是深入传统背后的政治、经济和文化中深刻探讨传统的起源、发展历程、现状和变革的可能性。同时作者还坚持联系和发展的观点,对各传统之间的或明或暗、或隐或显的信息交流做了令人信服描述。不仅作者广博的法律理论功底在这本专著中一览无遗,他对历史学、社会学、哲学和现代信息理论的理解以及在分析法律问题过程中的娴熟运用也让人叹为观止。

尽管本书具有相当的理论深度,然而作者并没有简单地把它当做一本枯燥的理论专著来创作,而是尝试采用了苏格拉底式的对话方式来阐述自己的观点(尽管有批评者认为不是太成功),大量使用第一和第二人称,把读者拉入与他的对话当中,同时还经常穿插一些风趣而睿智的语言,使读者既开阔了视野,又增加了法律传统知识的深度,还能感受到理论的无穷趣味。

当然,尽管本书作者力图以客观公正的态度向读者展示一幅具有和谐共生的潜在可能的世界法律传统图景,拒绝欧洲中心主义思维,拒绝对任何传统作片面性地评述,反对在对待传统上的二价(bivalent)观点,然而书中有些观点仍然反映出作者作为西方学者所固有的思维模式,特别是在对西方以外的法律传统的介绍当中。同时,因囿于语言和信息的限制，其个别观点也难免有失偏颇，譬如书中对中国当代法律的介绍时，引用许多上个世纪60—80年代的西方关于中国法的著述，而对我国当前法律领域在近二十多年，特别是加入世界贸易组织（WTO）以来，所取得长足的进步和发展了解不足（尽管有些变革也在脚注中提到）。这样一来必然导致相关的结论与现实存在距离。尽管如此，瑕不掩瑜，本书整体所展示的价值远远超过这些细微的不足。我们也相信读者会根据自己所了解的信息作出自己的评判。

作为一部在比较法学界颇有影响的学术专著，本书出版之后也曾经得到中国学者的注意，有学者曾经为此写过专门的评述[2]。但是一直未见本书翻译成中文，使本书之学术价值局限于国门之外，实为一大缺憾。本书中两位翻译者因机缘巧合，自2004年起曾在麦吉尔大学法学院作为访问学者或学习，而另一位译者也在加拿大学习多年，因此得以有机会接触此书及作者本人，并深感颇有必要将其介绍给国内同行。当把想法跟格伦教授商讨时，格伦教授对此深感高兴，欣然同意力促此事，并提供一切可能的帮助。这也促使我们不揣浅陋，不辞翻译之艰辛，尽心竭力将翻译完成。尽管如此，书中出现错误和疏漏仍然在所难免。祈盼广大读者批评指正。

本书翻译分工如下：

李立红、姚玲合译：第一章；第九章

黄英亮、姚玲合译：第三章

李立红：中文版序；译者序；第二章；第六章；第七章；第十章

黄英亮：英文版序；第四章；第五章；第八章

全书由李立红统校和定稿。

本书作者格伦教授为本书的翻译提供了大量的支持和帮助，并在百忙之中为本书中文版专门写了序言；本书的翻译和统校过程中得到潘新华女士、冯丰先生和蔡伟尧先生的大力协助；北京大学出版社的编辑为本书的出版做了大量的工作。没有他们的支持，本书中文版的面世将会是难以想象的。我们在此表示最诚挚的谢意。

译者

2008年7月于

蒙特利尔

---

[2] 参阅冷霞：《比较法学发展的新趋向——介绍〈世界法律传统——法律发展的持续多样性〉》，载李秀清等：《20世纪比较法学》，商务印书馆2006年版。

中文版序

随着世界上的人民和法律相互之间走得越来越近,相互理解的需要比以往任何时候都显得更加迫切。法学家现在必须面对更宽广的研究范围,并跨越更广阔的地域界限。如果说过去的两个世纪是建构国家性法律的世纪,那么,新的世纪可能就是人民、国家和法律相互协作和相互依存的世纪。法律之间的比较将不再是一种建立国家法律分类的静态的、学术性的比较,而成为来自不同背景的法学家学习以平等身份相处("com-paring"[1])的一个动态过程。本书最主要的观点便是,把法律概念化为各种持续的规范性传统,将极大地推进对不同法律进行调和的和平进程。由于传统在本质上都是开放的,法律系统的概念不具有任何封闭性的特征,因此,法律传统之间在任何必要的时候都可以展开对话。调和也因此成为可能,而不会损害到当前任何一种法律传统的持续效力。

本书的头两章和最后一章致力于对法律中的传统的概念作更为理论化的思考。中间七章对世界上七种伟大的法律传统及其相互关系作出阐述。中国过去了解并将继续了解这些传统中的多种类型,并且它本身也对世界法律传统作出了极为宝贵的贡献。我对本书能够翻译成中文,由此能够跟中国法学家直接接触而感到由衷的高兴,并衷心希望他们将对此书产生兴趣。我非常感谢北京大学出版社能够在中国出版此书,同时对姚玲、李立红和黄英亮的精心和辛勤的翻译工作表示最诚挚的谢意。

帕特里克·格伦
2008 年 7 月于蒙特利尔

---

[1] 此处"com-paring"乃使用其古拉丁语原意。该词由两部分组成,第一部分"com"表示"和……"(with)的意思,而第二部分表示"同伴"(peer)或"平等之物"(equal)。这里借用该词乃意图指出,这个过程不是一个简单地判断不同或者相似的过程(亦即作为比较或 comparing 进行事实性描述),而是把不同的人或事物当做跟自己相同的人或事物相处的一个动态过程。——译者注

目 录

第三版序言 ………………………………………………………… 1
第一版序言 ………………………………………………………… 3
缩语表 …………………………………………………………… 7
所涉圣经部分章节缩语 …………………………………………… 13

第一章 传统之理论？过去在变化中的呈现 …………………… 1
传统之理论？ …………………………………………………… 3
传统和时间 ……………………………………………………… 5
传统作为信息：概念的摸彩桶 ………………………………… 14
传统的处理 ……………………………………………………… 17
传统之网 ………………………………………………………… 22
过去在变化中呈现 ……………………………………………… 24
传统和腐败 ……………………………………………………… 28
参考书目 ………………………………………………………… 32

第二章 传统之间：身份、劝谕和生存 ………………………… 34
传统与身份 ……………………………………………………… 35
说服性权威：创建新（和旧）的认知共同体 ………………… 43
可比性：苹果和橘子 …………………………………………… 47
普世化：用真理统治世界 ……………………………………… 51
国家和新的大离散 ……………………………………………… 56
参考书目 ………………………………………………………… 60

第三章 原生法律传统：对世界的再审视 ……………………… 63
传统的形成 ……………………………………………………… 65

信仰之网 …………………………………………………… 76
　　变革和自然界 ……………………………………………… 83
　　原生方式和其他方式 ……………………………………… 87
　　参考书目 …………………………………………………… 100
　　参考网页 …………………………………………………… 102

第四章　犹太法律传统：完美的创作者 …………………… 104
　　一种植根于启示的传统 …………………………………… 106
　　塔木德和启示 ……………………………………………… 115
　　塔木德、神意和变革 ……………………………………… 125
　　犹太法律与国家法律 ……………………………………… 130
　　参考书目 …………………………………………………… 138
　　参考网页 …………………………………………………… 140

第五章　大陆法传统：以人为本 …………………………… 142
　　传统之构建 ………………………………………………… 144
　　法典的理性 ………………………………………………… 155
　　改变世界和改变法律 ……………………………………… 167
　　民法与比较法 ……………………………………………… 177
　　参考书目 …………………………………………………… 189
　　参考网页 …………………………………………………… 193

第六章　伊斯兰法律传统：后世启示之法 ………………… 194
　　植根于后世启示的传统 …………………………………… 195
　　沙里阿和神启 ……………………………………………… 212
　　公议和变革 ………………………………………………… 220
　　伊斯兰与世界 ……………………………………………… 231
　　参考书目 …………………………………………………… 250
　　参考网页 …………………………………………………… 253

第七章　普通法传统：审判之德 …………………………… 255
　　诞生和发展 ………………………………………………… 256
　　社群之法 …………………………………………………… 266

递增性变革 ·· 273
　　普通法和非普通法 ·· 282
　　参考书目 ·· 306
　　参考网页 ·· 309

第八章　印度教法律传统：法律为君王，但究竟是何种法律？ ···· 311
　　遥远启示的传统 ·· 313
　　因果报应、达摩与国王 ···································· 322
　　对变革的包容 ·· 330
　　对其他一切的包容 ··· 336
　　参考书目 ·· 344
　　参考网页 ·· 346

第九章　亚洲法律传统：革新（借楫于马克思？） ················ 348
　　教化之传统 ··· 349
　　亚洲之道 ·· 357
　　变革和永恒的帝国 ··· 370
　　作为世界中心的亚洲 ······································ 373
　　参考书目 ·· 389
　　参考网页 ·· 392

第十章　调和法律传统：法律的可持续多样性 ·················· 394
　　传统的多样性 ·· 394
　　传统的调和 ··· 398
　　法律的可持续多样性 ······································ 408

索　引 ··· 417

第三版序言

第三版对本书继续进行了修正和校订，我对批评家和评论家的许多意见深表谢意。尽管本书的主题和结构保持不变，但是在第三版中相应地进行了许多修改和增补。最显著的增补（或扩大的讨论）大概要数传统的循环或反身特性、传统与路径依赖（path dependency）的关系、传统与胡扯（cf. H. G. Frankfurt, *On Bullshit*）的关系、传统的丧失与复兴以及这个过程对于集体身份的影响、原生民族的知识产权、延续至今的有关猛犸灭绝的奥秘（及其责任）、对口耳相传的犹太法律传统的哲学挑战、罗马法的"重新发现"及其可能受到的美索布达米亚传统的影响、关于大陆法与普通法传统的相对效力的争论、世界贫困的性质及其计算方式、计算机技术对可兰经研究及理解的影响、伊斯兰国家的概念、类推在普通法系法律推理中的地位、关于美国律师的玩笑、压迫贱民（Dalit）群体的种姓制度或种族歧视、新起草的中国民法典以及多价（polyvalent）法律理性的性质。在每一章的最后，还对所引用的网页信息进行了更新。

许多评论家对开头两章与书中其他章节的关系进行了点评。或许我们可以重提第一版序言中的建议，即（在有需要的情况下）从头到尾地阅读整本书（而非个别章节）"会有一些好处"。这未尝不可能，毕竟在西方法学原理现有的说明中甚少或根本没有对传统进行阐述，而传统却是唯一能够支撑国家及非国家形式的法律的综合性概念。普遍存在的法系的概念对当前的法律需求而言是不够的，本书中的前两章因而对一种构建于将传统视作规范性信息的理念之上、更具有包容性而且更宽泛的法律概念的至少一部分要点进行了阐述。[1]

---

[1] 关于一般性的讨论，H. P. Glenn, "Doin' the Transsystemic: Legal Systems and Legal Traditions" (2005) 50 McGill L. J. 863; 关于支撑国家之内和之外法律的普通法传统，H. P. Glenn, *On Common Laws* (Oxford: Oxford Univ. Press, 2005); H. P. Glenn, "Transnational Common Laws" (2006) 29 Fordham Int'l. L. J. 457。

与以前的版本一样,我有许多感谢的话要说,尤其是十分感激 Nicholas Kasirer 院长和麦吉尔大学法学院给予了我用于研究的休假,感谢麦吉尔大学法学院 Wainwright 信托基金为我提供了研究经费,感谢 Geneviè Bonenfant 充满热情的无价的研究助理工作,感谢 Anna Young 最出色的技术支持,以及感谢牛津大学出版社许多得力而且富有效率的工作人员。

帕特里克·格伦

蒙特利尔和萨顿(魁北克)

2006 年 9 月

第一版序言

在西方世界历经两三百年的忽视和诘难之后,关于传统的理念最近重新获得重视。这很大程度上是由西方社会内部的情形所导致的,特别是最近一项社会科学的全球性调查描绘说,在最近 25 年内所发生的从"理性—法律权威"到"自我表述"的"后现代转变"。[2] 由此,政治和社会理论转而对传统进行研究,将之视为在自由的工业化社会中维系社会团结及身份的一种可能的手段。尽管在法律著作中已经出现了一些对这种宏观变化的思考,但"理性—法律权威"的概念或传统仍旧根深蒂固。本书意在加深我们对法律当中所包含的传统的理解——或者,更具体地说,我们对法律传统的理解——这样做有以下几个原因。

第一个原因看上去是西方所特有的(尽管也适用于前苏联)——正式法律渊源的规范性权威的衰落。这个现象不仅是社会科学调查的对象;而且正被世俗文化所明确承认。最近在一个西方民主大国,一段由政府赞助的电视广告宣称,在汽车上使用安全带在将来会变成一种义务,并接着说道:"*这不仅仅是法律;而且合情合理。*"[强调]如果正式的法律渊源以及其所产生的法律已经变得无力完成被赋予的任务[3],那么我们就可以在传统中寻求具有支撑力的规范。这是最近的政治和社会理论研究的方向;在本书中,这个方向将会被应用于法律研究。

另一个更深层的原因则超越了西方社会,它存在于来自所有传统的法学家为解决世界上的许多问题而进行合作的必要性当中。这些问题可以是威胁到生命的或者财产的、

---

[2] R. Inglehart, "Changing values, economic development and political change" (1995) 47 Int. Soc. Sci. J. 379 (报告了在 1990—1991 所进行的涵盖 43 个国家的世界价值观调查的结果)。

[3] See B. Oppetit, Droit et modernité (Paris: Presses Universitaires de France, 1998) at 7 ("graves dysfonctionnements, marqués par des phénomènes d'indifférence au droit et d'ineffectivité des règles")(以法律之漠视和规则之无效为标志的巨大功能缺失)。

商业性的或者与性别相关的、刑事的或环境的——现在看起来没有任何法律领域可以避免受司法以外的复杂因素的影响。案件可以通过选择正式的法律选择来解决,然而跨传统的谅解却会使那些昂贵而冗长的二级(second order)审判变得不那么必要。在个案的层级之外,还存在着关于特定法律和特定法学家群体在世界上的角色和影响的问题。关于人权角色的国际争论则是这个大问题唯一显而易见的例子。我们应当如何思考那些基于某种原因而被认为是互不相同的各种法律以及法学家群体之间的一般关系呢?我们如何就任何我们现今理解为法律的事物所扮演的角色取得共识呢?我们如何避免支配和对支配的反抗,以及因此而导致的暴力呢?借用墨西哥小说家 Carlos Fuentes 的话,我们如何"战胜隔离"呢?[4]

今天,传统似乎是落实解决这些问题的诉求中最富有成效的领域。它并不是哪一个特定文明的产物,而是或明或暗地体现为一种对所有文明之下的法律的长期而重要的影响(时至今日涵盖了所有的西方法律)。法系的概念则不然,法系的历史明显地并且完全与西方(及其衍生的苏维埃)法学原理相关联,何况法系现在更多地被认为是问题的一部分而非解决办法。制度性思维就是那些善辩的人所描述的"西方法学原理的大谎言"的一个固有组成部分。它的理论统一性由于苏联法律体系的崩溃而变得更加狭窄。类似的问题也出现在"文化"或者"法律文化"这样的理念中。这种理念大体也是西方启蒙运动的创造[5],尽管它有相当程度的模糊性。而且,就集中关注现行人类思维和活动模式而言,它也表现得与任何由过去衍生而来的规范性相对立。

然而,对传统进行思考并不是一个毫无争议的或者简单的过程。对单独一个传统进行思考显然不够充分,因为所选的这个传统会在某种程度上具有例外的情况,事实上所有的传统都会如此。一个特定的传统也可能会隐藏它自身与其他传统的关系。但是,同时探讨多个传统的做法又会产生它自身的问题。对相互隔离的传统如何认定?怎样才能够采取一种对一系列的传统都合适而非专属于任何一个传统的分析方法呢?可能形成一种关于传统的理论吗?更甚者,人们可能理解不属于自己的传统吗?本书的结构,甚至每个章节的标题,都会反映这些难题。我会对多个传统进行论述,但不会否定其更进一步的多重性,甚至会承认它。我会认定传统,但并不是以一种确定的方式,甚至(在

---

[4] Address to McGill University, Winter, 1995; and see C. Fuentes, "The Mirror of the Other" (1992) 254 The Nation 408, notably at 409 ("We have too many common problems which demand cooperation and understanding in a new world context, to clash as much as we do")(我们有着太多在新的世界情势下要求合作和谅解方可解决的共同问题,我们必须对此敲响警钟)。

[5] 关于从西方传统衍生出来的制度和文化概念,参见第五章《革命、制度、语言和解释》。

语法许可的情况下)避免使用定冠词来表述它。关于传统的理论可以被构思,但不会被构建。研究传统的过程会被当做向传统学习的过程。这样的做法是否可能则是一个实践的问题了。唯有经过实践,才会获得真知。

既然读者阅读本书的目的各不相同,那么就会有多种的阅读方法。如果你对法律并没有太多的热情,但是对传统及其与社会的关系更感兴趣,那么你只需要阅读开头两章以及最后一章。即便如此你也会在这个过程中学到一些法律知识,尤其是在最后一章当中。如果你的兴趣高度集中在法律方面(因为你对这些非常了解),你可以只读中间的七章,而如果你只对特定的法律传统感兴趣,那就只阅读相关的章节好了。或者,如果你愿意的话,可以对这七个法律章节平行地阅读。每一章都由四个部分组成(分别讨论每个特定传统的性质、内在的正当性、其关于变革的概念、以及它与其他传统的关系),那么你就可以带着这些问题中的任何一个或几个,对这些关于传统的章节进行连续的阅读。你也可以从头到尾地阅读,这会有一些好处,毕竟书是那样写成的。

本书写作力求完备,其间得到了许多人的协助。首先,我要感谢普埃布拉自治大学法学院院长 Roberto Santacruz Fernández 和该校国际关系办公室主任 Jorge Chávez Ramírez 让我在 1995/6 学年在墨西哥普埃布拉州受到了热情真挚的接待。同样需要特别感谢的是该校国际关系办公室的 Emma Pacheco。为这个难能可贵并让我倍加感激的研究休假学年,我要向麦吉尔大学法学院院长 Stephen Toope 表示感谢。在这里,我要一并感谢麦吉尔大学法学院和比较法研究所的一班出色的同事,他们共同成功地营造了一个既激发积极性又充满学术气氛的环境。我还要感谢 Gary Bell、John Brierley、George Bermann、Jane Matthews Glenn、Wael Hallaq、Konstantinos Kerameus、Li Xiaoping、Joshua Shmidman、Stephen Toope、Catherine Valcke、Harro von Senger、Ernest Weinrib、Jeremy Webber、Katherine Young 以及牛津大学出版社几位不知名的审稿人对本书的仔细审校、分享他们的学识,或者二者兼具。我还要感谢牛津大学出版社编辑部成员的耐心和敬业精神。提供了无价的协助的研究助理包括 Abdul-Basit Khan、Marie-Pierre Lami、Alissa Malkin、Claudia Pierrot、Laurie Sargent、Marisa Selig 以及 Ed Vandenburg。我同样感谢麦吉尔大学法学院 Wainwright 信托基金和 Bora Laskin 人权研究国家基金所提供的经济支持。本书部分内容是取自本人在以下机构的演讲:瑞士弗莱堡大学法学院教职员讨论会项目、哈佛大学法学院研究生课程、墨西哥国立自治大学法学研究所、位于莫斯科的俄罗斯联邦私法研究中心,以及新加坡国立大学法学院,我在上述每一个地方都获得了宝贵的意见。在过去的十年里,我还从参加麦吉尔大学法律传统研究生讨论课程的学生那里学到了很多东西。我从麦吉尔大学法律图书馆、位于瑞士洛桑的瑞士比较法研究所以及位于墨西哥城的法学研究所获得了无价的图书馆协助,并且我对这些馆藏的广泛性深表敬意。

帕特里克·格伦

普埃布拉(墨西哥)和萨顿(魁北克)

1999 年 8 月

缩语表
（期刊、法律报告和圣经部分章节名称等）

Am. J. Comp. Law	American Journal of Comparative Law
AC	Appeal Cases (law reports)
African J. Int'l. & Comp. L.	African Journal of International and Comparative Law
Alberta L. Rev.	Alberta Law Review
All ER	All England Reports
ALR	Australian Law Reports
Am. Bus. L.J.	American Business Law Journal
Am. J. Int. Law	American Journal of International Law
Am. J. Juris.	American Journal of Jurisprudence
Am. J. Legal Hist	American Journal of Legal History
Am. J. Semitic Lang. & Lit.	American Journal of Semitic Languages and Literatures
Am. U.J. Int'l. L. & Pol'y.	American University Journal of International Law and Policy
Arab Law Q.	Arab Law Quarterly
Arch. philos. dr.	Archives de philosophie du droit
Asian-Pac. L. & Pol. J.	Asian-Pacific Law and Policy Journal
Aust. J. Asian L.	Australian Journal of Asian Law
Aust. L.J.	Australian Law Journal
BGHZ	Entscheidungen des Bundesgericht
BLD	Bangladesh Legal Decisions
BMCL	Bulletin of Medieval Canon Law
Bol. mex. der. comp.	Boletín mexicano de derecho comparado
Boston Coll. Int. & Comp. L. Rev.	Boston College International and Comparative Law Review
Boston U. Int. L.J.	Boston University International Law Journal
Brigham Young U. L. Rev.	Brigham Young University Law Review
Brooklyn J. Int'l. L.	Brooklyn Journal of International Law
Buff. L. Rev.	Buffalo Law Review
C. E.	Conseil d'État
Calif. L. Rev.	California Law Review
Cambr. L.J.	Cambridge Law Journal
Can. Bar Rev.	Canadian Bar Review
Can. Hum. Rts Yrbk.	Canadian Human Rights Yearbook
Can. J. Law and Soc.	Canadian Journal of Law and Society
Cardozo L. Rev.	Cardozo Law Review
Chicago-Kent L. Rev.	Chicago-Kent Law Review
CJQ	Civil Justice Quarterly

Clevel. St. L. Rev.	Cleveland State Law Review
CLR	Commonwealth Law Reports
CMLR	Common Market Law Review
Col. J. Asian L.	Columbia Journal of Asian Law
Col. L. Rev.	Columbia Law Review
Comp. St. Soc. & Hist.	Comparative Studies in Society and History
Curr. Legal Problems	Current Legal Problems
Dalhousie L.J.	Dalhousie Law Journal
Dalloz	Recueil Dalloz
DLR	Dominion Law Reports
Duke L.J.	Duke Law Journal
Early Med. Eur.	Early Medieval Europe
Edinb. L. Rev.	Edinburgh Law Review
E.J.C.L.	Electronic Journal of Comparative Law
Eur. Rev. Pr. L.	European Review of Private Law
Fordham Int'l. L.J.	Fordham International Law Journal
Gaz. Pal.	Gazette du Palais
George Washington L. Rev.	George Washington Law Review
Georgia Rev.	Georgia Review
Global J.	Global Jurist
Harv. Hum. Rts J.	Harvard Human Rights Journal
Harv. Int'l. L.J.	Harvard International Law Journal
Harv. L. Rev.	Harvard Law Review
Hastings L.J.	Hastings Law Journal
HKLJ.	Hong Kong Law Journal
Hum. Rts Q.	Human Rights Quarterly
Ind. J. Global Legal St.	Indiana Journal of Global Legal Studies
I.C.L.Q.	International and Comparative Law Quarterly
Int. Bus. Lawyer	International Business Lawyer
Int. J. Middle East St.	International Journal of Middle East Studies
Int. Lawyer	International Lawyer
Int. Lit. News	International Literary News
Int. Phil. Q.	International Philosophical Quarterly
Int. Pol. Sci. Rev.	International Political Science Review
Int. Rev. Law and Econs.	International Review of Law and Economics
Int. Soc. Sci. J.	International Social Sciences Journal
Islamic & Comp. Law Q.	Islamic and Comparative Law Quarterly
Islamic Law and Soc.	Islamic Law and Society
J. African Law	Journal of African Law
J. Am. Oriental Soc.	Journal of the American Oriental Society
J.C.P.C.	Judicial Committee of the Privy Council
J. Chinese Law	Journal of Chinese Law
J. Comp. Law & Int. Law	Journal of Comparative and International Law

J. dr. int.	Journal du droit international
J. Econ. & Soc. Hist. Orient	Journal of the Economic and Social History of the Orient
J. Fam. Law	Journal of Family Law
J. Fin. Econ.	Journal of Financial Economics
J. Indian Law Inst.	Journal of the Indian Law Institute
J. Indian Phil.	Journal of Indian Philosophy
J. Int. Ass. Buddhist St.	Journal of the International Association of Buddhist Studies
J. Jur. Papyrol.	Journal of Juristic Papyrology
J. Law and Econs.	Journal of Law and Economics
J. Law and Rel.	Journal of Law and Religion
J. Law and Soc.	Journal of Law and Society
J. Legal Hist.	Journal of Legal History
J. Legal Pl. & Unoff. L.	Journal of Legal Pluralism and Unofficial Law
J. Malaysian & Comp. L.	Journal of Malaysian and Comparative Law
J. Politics	Journal of Politics
J.C.P.	Juris-classeur périodique
J. World Inv.	Journal of World Investment
Jaipur L.J.	Jaipur Law Journal
Jewish L. Ann.	Jewish Law Annual
Jewish Law Assoc. St.	Jewish Law Association Studies
Jur. Rev.	Juridical Review
Law & Hist. Rev.	Law and History Review
Law & Philos.	Law and Philosophy
Law & Pol. Int'l. Bus.	Law and Policy in International Business
Law & Society Rev.	Law and Society Review
Ld. Raym.	Raymond, Lord (Law Reports)
Legal St.	Legal Studies
LQR	Law Quarterly Review
McGill L.J.	McGill Law Journal
Med. St.	Mediaeval Studies
Melb. U. L. Rev.	Melbourne University Law Review
Mich. L. Rev.	Michigan Law Review
MLR	Modern Law Review
Mod. Lang. Notes	Modern Language Notes
Ned. tijd. rechtsphil	Nederlands tijdschrift voor rechtsfilosofie en rechtstheorie
N. Car. L. Rev.	North Carolina Law Review
NJW	Neue juristische Wochenschrift
N.Y.U.J. Int'l. L. & Pol.	New York University Journal of International Law and Policy
NZLJ	New Zealand Law Journal

OED	Oxford English Dictionary
OJLS	Oxford Journal of Legal Studies
Or. L. Rev.	Oregon Law Review
Osgoode Hall L.J.	Osgoode Hall Law Journal
Ottawa L. Rev.	Ottawa Law Review
OUCLJ	Oxford University Commonwealth Law Journal
Parker Sch. J. East Eur. Law	Parker School Journal of East European Law
Philos. Soc. Sci.	Philosophy of the Social Sciences
PL	Public Law
Prax. Jur. Rel.	Praxis juridique et religion
P. Rim L. & P. F	Pacific Rim Law & Policy Journal
QB	Queen's Bench (Law Reports)
RabelsZ	Rabels Zeitschrift für ausländisches und internationales Privatrecht
Rev. crit. d.i.p.	Revue critique de droit international privé
Rev. dr. int. dr. comp.	Revue de droit international et de droit comparé
Rev. dr. McGill	Revue de droit de McGill
Rev. gén. dr.	Revue générale de droit
Rev. hell. dr. int.	Revue hellenique de droit international
Rev. hist. dr. fr. étr.	Revue historique de droit français et étranger
Rev. hist. Fac. dr.	Revue d'historie des Facultés de droit
Rev. int. dr. comp.	Revue internationale de droit comparé
Rev. int. dr. econ.	Revue internationale de droit economique
Rev. jur. Th.	Revue juridique Thémis
Rev. Politics	Review of Politics
Rev. rech. jur.	Revue de la recherche juridique
Rev. trim. dr. civ.	Revue trimestrielle de droit civil
Rev. univ. dr. de l'homme	Revue universelle des droits de l'homme
S. Atlantic Q.	South Atlantic Quarterly
S. C. L. Rev.	South Carolina Law Review
S. Calif. L. Rev.	Southern California Law Review
Scientif. Am.	Scientific American
SCR	Supreme Court Reports (Can.)
Singapore. J. Int. & Comp. L.	Singapore Journal of International and Comparative Law
Sing. J. L. S.	Singapore Journal of Legal Studies
St. Med. & Renais. Hist.	Studies in Medieval and Renaissance History
Stan. L. Rev.	Stanford Law Review
Stell. L. Rev.	Stellenbosch Law Review
Suffolk Trans. L.J.	Suffolk Transnational Law Journal
Sup. Ct. Econ. Rev.	Supreme Court Economic Review
Texas L. Rev.	Texas Law Review
TLS	Times Literary Supplement

Tulane Eur. Civ. L. F.	Tulane European and Civil Law Forum
Tulane L. Rev.	Tulane Law Review
U. Calif. Davis L. Rev.	University of California at Davis Law Review
UCLA J.Isl. & N.East.L.	University of California at Los Angeles Journal of Islamic and Near Eastern Law
UCLA L. Rev.	University of California at Los Angeles Law Review
UCLA Pacific Basin L.J.	University of California at Los Angeles Pacific Basin Law Journal
U. Miami Inter-Am. L. Rev.	University of Miami Inter-American Law Review
Univ. Illinois L. Rev.	University of Illinois Law Review
U. Pa. J. Int'l. Econ. L.	University of Pennsylvania Journal of International Economic Law
U. Pa. L. Rev.	University of Pennsylvania Law Review
Va. L. Rev.	Virginia Law Review
Victoria Univ. Wellington L. Rev.	Victoria University of Wellington Law Review
Wayne St. Law Rev.	Wayne State Law Review
WLR	Weekly Law Reports
Women's St.	Women's Studies
Yale J. Int'l. L.	Yale Journal of International Law
Yale L.J.	Yale Law Journal
ZGR	Zeitschrift für geschichtliche Rechtswissenschaft
ZRG	Zeitschrift der Savigny Stiftung für Rechtsgeschichte, Germanistische Abteilung
ZvglRwiss	Zeitschrift für vergleichende Rechtswissenschaft
ZeuP	Zeitschrift für europäisches Privatrecht

所涉圣经部分章节缩语

Dent.	Deuteronomy（申命记）
Exod.	Exodus（出谷记）
Gen.	Genesis（创世纪）
Isa.	Isaiah（依撒意亚）
Lev.	Leviticus（肋未记）
Matt.	Matthew（马太福音）
Rom.	Epistle to the Romans（罗马书）

第一章
传统之理论？过去在变化中的呈现

人们如何思考过去及其对现在的影响？有人主张说我们既可以继受过去及其指引，也可以对其进行批判性地思考。传统将因此而保存下来，而每个人仍将有权选择作为传统追随者，或选择作为置身其外的批评者，并自由地转向传统的其他关注。取决于一个社会中大多数人对这个问题的反应，社会也同样地可分为传统社会和非传统社会（以及相对应的不同类型的法律）。对那些持批判性理论视角并跟传统保持距离的人而言，创建一种关于传统的理论或许具有可能性；然而对于那些选择将自己沉浸在某特定传统中的人来说，这种理论则是不可能的，其原因就在于传统已经构成了他们生活的全部。毕竟，没有人能够在沉湎于某特定传统并受其束缚的同时，还能够对其含义作理论性地思考。

正如我们将看到，这种关于如何看待传统的观点在西方社会已经得到强有力的支持，并成为许多大众智慧的基础。传统社会通常与现代或后工业时代甚至是后现代社会相区别。传统思维与进步的或独立的思维形成了鲜明对比，传统教育方式也有异于新的、创新型的教育技术。此外，传统社会的人也跟那些被假定为大多数人所想成为的那种类型的人相区别，至少在西方世界里是如此。

然而，这种思维方式并非没有问题。卡尔·鲍卜曾恰切地评论说："持这种说法的理性主义者……深受传统上称之为理性主义传统的束缚。这正表明在对待传统的问题上，某些传统的态度本身存在着不足。"[1] 鲍卜教授的观点建立在历史著作的基础之上，这

---

[1] Popper, "Rational Theory of Tradition" (1969) 120 at 121. 但是鲍卜接着将批判性传统限定为二阶传统（second-order tradition），即质疑被传承的事件的传统。这种观点似乎更有问题，它把某种思维方式置于一个优于或控制其他思维方式的位置。承认某传统并从中发挥作用的所谓二阶传统是否存在？或者说，将理性纯粹看做是与众多的其他传统相对照的另一种一阶传统（first-order tradition）是否更不可取？因此所有的传统最终都依赖于其对世界的根本看法和人类理性在其中的地位。我们将在不同传统的背景中，包括理性传统，来探讨这个大的问题。

些著作表明,将人的理性置于思维方式的首位至少可以追溯到古希腊哲学的早期,现在也有人说源于金字塔时期的埃及[2]。西方社会的思想多偏向于理性,而其他社会则把这点看做是西方传统的最主要特征。另外一些人对此则没那么客气,而将其称作"一群独立的意识"。[3]

有人就对待传统的态度的历史曾作过专门研究,他们将传统与理性之间尖锐对立的起源定位于17世纪的启蒙运动。作为一种战胜欧洲社会当时所存在的根植于传统的种种不平等的手段,传统本身也需要作为一种重要的社会观念被克服,甚至予以摧毁。[4]只要人们承认现在的首要性,即使是非批判性地,现代理性也将因此而盛行——并永葆年轻。

但是,历史以其相对化效果告诉我们,我们都是某一或某些传统的一部分。人们或

---

[2] 参见第五章"传统之构建";Brown, *Rethinking Tradition* (1996) at 3(启蒙思想家,在勾画了传统和理性之间的冲突时,"或许并没有认识到他们自己植根于他们声称已经逃离的传统的程度");Sang-ki Kim, "Confucian Capitalism: Recycling Traditions" (1993—1994) NO.94 Telos 18 at 19 ("现代性最终只是欧洲文明这一更大传统框架的一部分——装作独立于它的历史根源的那一部分");W. Everdell, *The First Moderns* (Chicago/London: University of Chicago Press, 1997), notably 33—5, 351 ff. (现代主义的本质作为本体非连续概念由希腊数学家们例如毕达哥拉斯首先提出,毕达哥拉斯拒绝承认无理数(比如2的平方根)而主张整数和分数截然各自独立);进一步阅读 Vico 在发展现代社会科学过程中提出的"更古老的学术传统",参见 A. Grafton, *Bring Out Your Dead: The Past as Revelation* (Cambridge, MA/London: Harvard University Press, 2001) at 275.

[3] 这种表述至少源于 H. Rosenberg, *The Tradition of the New* (New York, Horizon Press, 1959),第207页。Harold Berman 认为"现代"语言乃随着克吕尼(Cluniac)改革和宗教与世俗权力的分离而出现于公元12世纪。H. Berman, *Law and Revolution* (Cambridge, Mass.: Harvard University Press, 1983) at 112.

[4] E. Shils, *Tradition* (Chicago: University of Chicago Press, 1981), at 6;关于变化中的评述传统的传统,参见 Waldman, "Tradition as Modality of change" (1985—1986) notably at 318—25 (直到19世纪60年代,启蒙概念一直占据主导地位;该概念首先由于对发展的步伐和结果感到希望破灭而被打断,这种发展乃建立在传统和现代社会二元区分以及转化必要性的理论基础之上);S. N. Eisenstadt, "Post-Traditional Societies and the Continuity and Reconstruction of Tradition" (1973) 102 No. 1 Daedalus 1 (对传统和现代社会之间二分的"普遍不满"支配着整个19世纪60年代的发展研究);M. Phillips and G. Schochet, "Preface" in M. Phillips and G. Schochet, *Questions of Tradition* (2004) ix at x, 25 (在社会科学中,"传统"尽管不是作为一个问题而是作为一个用语被遗忘,目前未被充分使用,"当然也就未被充分理论化";需要"扩大对话"以解除传统和现代性之间的"简单重合(binary)");N. Rouland, "sociétés traditionnelles" in D. Alland and S. Rials, *Dictionaire de la culture juridique* (Paris: Puf, 2003) at 1419 ("传统"社会的概念在历史上已经过时)。关于 Max. Weber 在这"思想上的极端化"中的角色,很大程度上由于其在中世纪思想上的"教育不足",见 Stock, *Listening for the Text* (1990) at 117—22, and 166 (作为传统的现代性);关于现代性"自我解释",参见 R. Brague, *La loi de Dieu: Histoire philophique d'une alliance* (Paris: Gallimard, 2005) at 14. UCLA 法学院对此有详细解释,参见"革新之传统" at http://www.law.ucla.edu.

许可以区分个人主义或理性主义传统（其实它们应当不止一种）和社群主义（communal）或情境主义（contextualist）传统（它们肯定也不止一种）。然而，它们都是传统，都带着或多或少的执着，让我们的先祖跟我们直接对话。因此，尽管那些通常说法的存在，西方社会仍然属于传统社会，西方法律也正如西方法学家通常所明确承认的[5]也属于传统法律。因此，传统是所有社会和法律的共同特征，对传统的研究使我们能够有共同的研究课题。[6] 不管如何，西方社会并不像有些人所想象的那样敌视某些形式的传统。在瑞士，传统被用于推销那里最精美的巧克力；在蒙特利尔，传统则"承续"着加拿大在冰球比赛中的胜利；而在美国，当人们提起南部一家非常著名的酿酒厂的产品时，则会说："如果这不是传统的话，那它就是一种非常非常久远的时尚。"传统在这里成了品质和耐久的一种标志。因此，情境主义传统与个人主义传统实际上是相互共存的，而不管谁在某特定背景下占据着主要位置。

传统之理论？

那么构建一种传统的理论是否可能呢？卡尔·鲍卜在前面所提到的文章中将自己描述成一个"某种意义上的理性主义者"，而其文章也使用"走向理性的传统理论"作为标题。[7] 然而在该文中他也提出，"重点应该放在'走向'一词"，并说他无意提出任何

---

[5] 例如，J. H. Baker, *The Common Law Tradition: Lawyers, Books and the Law* (London/Rio Grande: The Hambledon Press, 2000); J. Merryman, *The Civil Law Tradition*, 2nd edn. (Stanford University Press, 1985); L. S. Maruotti, *La tradizione rommanistica nel diritto europeo* (Torino: G. Giappichelli, 2001); C. Villers, *The Spanish Legal Tradition* (Aldershot: Ashgate/Dartmouth, 1999); E. Bucher, "Rechtsüberlieferung und heutiges Recht" ZeuP 2000. 394; C. Vimbert, *La tradition républicaine en droit public français* (Paris: LGDJ, 1992); A. D. E) Lewis and D. J. Ibbetson, *The Roman Law Tradition* (Cambridge: Cambridge University Press, 1994); R. Jacob (ed.), *Le juge et le judgement dans les traditions juridiques européennes* (Paris: LGDJ, 1996); 传统已经在上四分之一个世纪成为理解多种法律的"支配性的范式"，它"超越作为静态的、孤立的实体的法律制度和法系"，参见 M. Reimann, "The Progress and Failure of Comparative Law in the Second Half of the Twentieth Century" (2002) 50 Am. J. Comp. L. 671 at 677.
[6] 对 A. Kronman 来说，这也是人类的区别和识别特征。"记忆和名望、保存的作品、世代之间的连结……这些共同定义……一个独特的、不包括神和动物的人类世界。"见 Kromann, "Precedent and Tradition" (1990) at 1065; echoed in B. Williams, *Truth and Truthfulness* (Princeton University Press, 2002) at 23, 28 （关于智人非基因研究的意义，以及生物进化论不能解释古典交响乐的发展）；关于非基因信息在支持人类合作而非生物竞争方面的重要性，参见第十章"维护多样性"。
[7] Popper, "Rational Theory of Tradition" (1969) at 120.

类似于"完整理论"的东西,而只是选择那类传统理论必须回答的问题来加以阐明,同时概括出其中那些有用的思想。[8] 为什么一个理性主义者,尽管如此熟悉理性主义的传统特征,却对构建传统的完整理论表现如此踌躇和犹豫呢?鲍卜自己对此并没有作进一步解释,但我们仍可臆测他之所以犹豫的种种原由。

理论是理性的构建,在现实世界对它的解释能力作出检验之前,它首先必须符合内在的连贯性和逻辑性的要求。理论及其所包括的逻辑都属于西方理性主义思维传统的一部分。因此,理论的构建是衍生于某特定传统的一种创造(尽管这种理论从其他地方发展起来之可能性并不能排除)。以理性的态度看待理性、以理论方法研究西方理性传统或许是可行的,甚至也是可取的。在对西方四大传统(即亚里士多德主义传统,奥古斯丁主义传统,苏格兰传统和自由主义传统)作出考察之后,阿里斯代·麦克英泰在创作《传统之理性》这一章时曾经做到了这一点。[9] 但是以理性态度对待非理性或其他理性的传统,或更准确的说,将某些形式的逻辑应用于那些遵循着不同逻辑的思维方式,则是另外一码事。这固然可以硬性去做,不过其结果则需费思量,因为它们很可能是将一种思维传统强加于其他传统的偏见的产物(尽管并不必然如此)。

因此,不研读近期的那些(大多来自西方的)关于传统的理论著作,并直截了当地否定那些新近提出的关于发展传统之理论的呼吁,其结果会否更好一些呢?[10] 在研究传统(不管是法律的还是法律之外的)的过程中,将某一传统置于其他传统之上从一开始就似乎不具合理性;而将任何一种传统的具体智慧排除在外也同样如此。西方传统现在已经涉及传统之理论,当它与其他传统相遇时,这种传统的理论将能够发挥它应有的作用。其他传统中很可能也存在着以不同的逻辑方式表达的关于传统的理论。传统理论不应当理解为只是停留在现在甚至将来某个阶段的一项构建,而应当理解为当前思考多元传统的一种策略或手段。它同时还是一种扩展知识和理解的方法,使我们能够从一种传统穿行到另一种传统,并运用这两种(或所有的)传统的全部智慧来推进这一过程。对传统进行理论性思考意味着搁置对某特定传统的偏见,至少做到倾听和学习其他的传统。但简而言之,它意味着生活在"中间地带"(middle ground),亦即近来被形容为所谓"之间的地方:众多的文化之间,不同的民族之间,以及帝国跟非国家的村落世界之间

---

[8] Ibid., at 120.
[9] A. MacIntyre, *Whose Justice? Whose Rationality?* (1988) at 349—69.
[10] 例如 Izdebski, "Tradition et Changement en droit" at 841;关于呼唤社会变革理论的更具西方色彩的观点,见 D. Horowitz, "The Qur'an and the Common Law: Islamic Law Reform and the Theory of Legal Change" (1994) 42 Am. J. Comp. Law 233 at 240. 关于传统和变革之关系,见下文"过去在变化中的呈现"。

……［在那里］不同的人都在调整着他们之间的差异"。[11] 这是一个战胜隔离的进程。

传统和时间

如果说传统的重要性已经变得越来越广为认可,人们很自然地就会进一步关注它究竟是什么以及如何发挥作用。而这一点恰恰正是理论之诱惑所在。在我们试图探讨具体的法律传统之前,对其做一些尝试性的理论归纳或许不无裨益。当然若你所来自的特定法律传统并非理论性的,或许你也可以直接跳阅到关于该具体传统的内容部分。

过去(Pastness)

关于传统的构成要素,最明显且广为接受的莫过于托马斯·史登斯·艾略特(T. S. Eliot)所称的"过去(Pastness)"了。[12] 在英语中,这是一个非常古怪甚至笨拙的词,诗人在正常情况下一般都会避免使用它。但问题是你能否找到一个可替代的词。"时代"(age)显然不能胜任,如果说年轻的时代尚完全可能,而年轻的传统则更存问题。"历史"(history)一词固然是个很显然的选择,但很多人认为,历史已经成为一门社会科学,而社会科学往往力求避免使用规范性的叙述。在很多人包括一些历史学家看来,历史是由那些辞世的人和旧的事实构成的。这种观点值得尊重,但它却让"你已成为历史"这种表述昭示着它跟现在之间的毫无干系。[13] 因此艾略特最终选择了"过去"这个怪异而笨拙的词,或许以此来表明我们必须对它作更努力的思考,不仅要思考如何记录它,还要思考它对所谓的现在和将来的意义。"过去"的含义似乎也引出了如何思考时间这一颇

---

[11] R. White, *The Middle Ground : Indians, Empires and Republics in the Great Lakes Region* (Cambridge:Cambridge University Press, 1991) at x.

[12] T. S. Eliot, "Tradition and the Individual Talent" (1948) at 49. 然而,艾略特确实说到过特定的"历史意识",它不仅涉及对"过去之过去,也涉及过去的再现"的感知。Loc. cit.

[13] 关于这种西方思想中对历史看法的出现,见第五章"变革关于变革的思想"和 D. Lowenthal, *The Past is a Foreign Country* (Cambridge:Cambridge University Press, 1985), notably at 232 中关于笔录在过去这一概念发展过程中的重要性(题目源于 L. P. Hartley 的 The Go-Between("过去乃外国;处事皆相异"))。同时参阅另一位作家 G. K. Chesterton 的观点:"传统意味着给予所有阶层中形象最朦胧的那些人,亦即我们的祖先以投票权。它是逝者的民主。传统拒绝屈从于那些纯粹是碰巧出现的那些渺小而又傲慢的寡头人物。所有的民主主义者反对人出生后而不具资格;而传统则反对基于死亡而褫夺他们的资格",见 G. K. Chesterton, "The Ethics of Elfland" in G. K. Chesterton, *Collected Works*, Vol. I. (San Francisco:Ignatius Press, 1986) at 251. 关于世代之间关系的问题,见第三章"变革和自然界"。

有意思的问题。[14]

传统的形成需要多少的过去？在社会主义法律思想中有关于"新兴的"或"新近的"传统或者"快速形成"的传统的讨论。[15] 特别是最近有一位历史学家在《创造传统》中的其中一卷撰文，将苏格兰短裙认定为泛苏格兰国家主义的一种创造，尽管这种短裙在一些高地地区作为一种简单服饰早就存在。[16] 如果历史像一些人所说的正在加速，那么是否可能有速成的传统（instant traditions）呢？正如近期的一份欧洲报纸广告所宣称，你能"创造你自己的教会"吗？由于没有什么人能够断定某确定的时间量度是传统形成的必须的要件，因而以上问题的答案很可能就是肯定的，尽管看来这仍须具备大量的条件。首先，我们必须掌握确定一种传统真正产生的标准，换句话说，要能够界定该传统的起源。在赋予它附加的文化意义之前，那种短裙确实是存在的。而在自然科学上，尽管发明的含义被普遍接受，但也有很多人认为，任何一个发明者都纯粹是知识发展过程中一连串人（制造了"先期的发现"）中的最后一个参与者。[17] 判断任何人类创造的起源本身都是耗时的，因此，速成的传统只有在经历一段时间之后才能够为人所知。从这个意义来说，速成的传统只能是那些起源能够被确定的传统，而时间（变成过去）对该过程的发生来说是必不可少的。[18] 不过，这仍然是可能的，夸大意义的历史连续性尽管可以，但并不会排除传统以确定的形式随时间过去而产生或出现。因此，你现在就可以打赌说你已经创造了传统，当然，只是目前缺乏证据而已。不过，传统似乎也有出生和死亡，并且，由于新兴的或新近的传统比古老的传统更少获得人们的支持和遵从，因此，它

---

[14] 见下文"过去在变化中的呈现"。
[15] Izdebski, "Tradition et changement en droit" (1987) at 841; Granger, "La tradition" (1979) at 41.
[16] 参见 H. Trevor-Roper, "The Invention of Tradition: The Highland Tradition of Scotland" in Hobsbawm and Ranger, Invention of Tradition (1983) 15, notably at 20; cf., 关于"发明"的限制及在传统的研究中强调新和忽略"残存的连续性"，参见 C. Hamilton, *Terrific Majesty: the powers of Shaka Zulu and the limits of historical invention* (Cambridge, Mass.: Harvard University Press, 1998), notably at 25—7, with refs; 关于北欧的不成文萨米法律是"传统的部分，而非'发明'的传统"，参见 T. G. Svensson (ed.), *On Customary Law and the Saami Rights Process in Norway* (Tromse: University i Tromso, 1999) at 3.
[17] 因此，个人诺贝尔奖存在争议。发明的含义本身是自然科学传统的一部分，通常被认为始于希腊关于从无中生有的概念。参见 E. Severino, *La Tendenza fondamentale del nostro tempo* (Milan: Adelphi, 1988) at 15. 然而，世界上有很多的主张声称发现零这一"无穷的双胞胎"（玛雅人、中国人、希腊人、印度人、巴比伦人，等等），历史的关联链条将非常长。当伊塔洛·卡尔维诺在对一个原来的尼安德特人做一个虚构的收音机专访时，问这个尼安特人尽管他成就如此之少，但却为什么如此有名，他生硬地回答道："我在那里！你呢？……你认为你是谁？你在这里只是因为我在那里！"，参见 I. Calvino, "L'uotno de Neanderthal" in *Prima que tu dica "Pronto"* (Milan: Arnoldo Mondadori, 1993) at 203,212（作者译）。
[18] 参见 M. Krygier, "Law as Tradition" (1986) at 239 关于产生传统的思想。

从内在来说也更为脆弱。对于新的传统,不仅可能会有更少的人记得它,而且也更少的人相信它具有任何可能的规范性。但这点并不排斥新兴的传统或许会有一个璀璨的未来。同样的是,长久的、无争议的过去也不能保证那些传统世界中的恐龙们的能够永远存续。

如果说随着时间的检验,速成的传统是可能的,那么速成的法律传统也同样是可能的。国家法律传统的概念可能是其最好的例证。[19] 某一国家的法律传统可以认为是起源于该国家的建立,由于一些国家建立时间并不长,因此其法律传统也可看做是新近的。尽管在那些非常古老的国家,国家法律传统的观念表现得最为强烈一些,但即使是在这些非常古老的国家,这种观念也并未克服根据那些跨越现代政治组织的原则、规范和制度所定义的法律传统的概念。这点至少来说是贯穿本书的根本性观点。在研究具体的传统时,我们仍需要对它作更详尽地阐述和辩护。

呈现(Presence)

过去,即使是近至昨日,仍然可能消逝于我们的记忆。我们拥有的过去越多,就越难于留住它。因此艾略特又教导我们,"传统是不可能被继承的,如果你想要的话,你必须通过大量的劳动来获得"[20]。确实,如果没有对过去的回忆,人们的生活简直无法想象,关于人类成果的所有记忆也将瞬息消失[21]。而保留下来的只有废墟,即便是这废墟也终将被人们所遗忘。不过,关于我们如何记忆以及我们记住些什么,则是另外一个问题。首先,过去是如何被引入到现在的就是个问题。

现在的过去就是那些被人们记录下来以供现在使用并进一步传播的过去。如果没有记录的手段,这个世界只有毫无意义的纯粹回忆[22],或者是遗忘[23]。那么,问题是我们如何记录过去呢?这里既没有什么排他性的方法,也无需对不同方法的优缺点多说些

---

[19] H. P. Glenn, "La tradition juridique nationale" Rev. int. dr. comp. 2003. 263.
[20] Eliot, "Tradition and Individual Talent" (1948) at 49.
[21] Kronman, "Precedent and Tradition" (1990) at 1062.
[22] 由伯格斯和卡尔维诺同时记录,参见 Borges, "Funes, His Memory" in *Collected Fictions*, A. Hurley 译(New York: Viking Penguin, 1998) at 135, and Calvino, in "La memoria del mondo" in *Prima die tu dial "Pronto"*, above, at 149;关于大脑充满了近乎全部的回忆的实际案例,参见 D. Uraaisma, Why Life Speeds Up As You Get Older [:] How Memory Shapes Our Past (Cambridge: Cambridge University Press) at 63—6。
[23] M. Augé, *oblivion*, M de Jager 译 (Minneapolis: University of Minneapolis Press, 2004)(关于记忆受遗忘的力量决定)。

什么。效率固然是个需要考虑的问题,不过,不同的记录方法与传统本身之间的相容性则是个更大而且更为模糊的问题。

因为记录必须以一种能够让他人理解的方式来进行,因而,对过去的记录实际上是人的沟通问题。实物是一种沟通的途径,当前的考古学已经告诉我们实物可能包含着多少信息。实物还暗含着其他一些启示,我们不能将它简单地视为没有生命的物体或人工制品。一个古代的瓦罐如果保存了几千年的话,它告诉我们的不仅仅是瓦罐是如何制作的,而且还告诉我们瓦罐应当如何制作。实物可以揭示技术、方法以及制作者的技能;它们使我们能够分辨其制作方法中哪些是好的,哪些是差的,以及哪些又是暂时性的。那些制作精良的东西将能够很长久地保存下来,现在的生产者和销售者深谙传统在保持产品质量方面(这正是那些无生命体的价值所在)的重要性。此外,实物不仅作为人们努力的结果而存在,而且也作为我们所谓的自然的产物而存在。在很多人看来,自然充满着意义,它被现代的戏剧、甚至奇迹所记录下来。因此,记录过去的首要方法或途径就存在于现存世界的物质沉淀之中。当然,实物不会以人类的语言说话或交流,因此,研究它们所记录的过去需要有特别的感知能力。由于任何事物都可能消失,人类正通过科学上的巨大努力来确保那些对现有文明形式具有启示意义的实物得以留存将来。由于跨越历史的时空,很多实物可能比我们现在所知的任何语言都更具沟通性。

不过,大多数传统都不会仅仅依赖于无生命的实物来确保对过去的记录。所有的法律传统似乎都极大地依赖听觉词汇作为主要的记录方式,尽管口述对当代的重要性千差万别。[24] 因此,我们时常提到所谓的口述传统(oral tradition),但口述传统最重要的成分并不在那些听觉词汇,而在于人的记忆。听觉词汇一旦被说出来就必须被记住才行,口述传统受制于记忆变迁的种种限制。因此,一个故事绝不可能以它们首次被讲述时完全相同的方式被重复。由于其方法或过程的原因,口述传统经常被重新整理,或被人们所遗忘。[25]

因此,一成不变的口述传统并不存在。不过,记忆并不像现在人们经常所认为的那样是一种有限的、脆弱的和沉闷的人类技能。中世纪的记忆的概念广泛地涵盖了所有映象的形成、回顾和创造的过程。它包括对外部世界已经发生或可能已经发生的事物形成

---

[24] 关于口述在西方思想中的"觉醒",参见 Ong, *Orality and Literacy* (1982) at 6, 16 ff.
[25] P. Boyer, "Stuff 'Traditions' Made of" (1987) at 62.

印象或想象的过程。[26] 记忆的手段多种多样,它包括整个记忆术的框架结构[27],人的意识也以拥有强大的记录和回忆功能而著称。所有的书籍都能够通过心或大脑意识所掌握(信息的转换不总是从口述到书面),阿奎那曾经教导说,由于记忆能够防止"精妙的精神之物"从人的灵魂中消失,因而它属于伦理而非文辞的一部分。[28] 所以说记忆并非是"死记硬背",而是将那些值得记忆的东西内化的过程。就法律而言,那些值得拥有和保存的法律同样也值得铭记。法律中的指令引导着法律内化的过程。

很多内容都能够以高度逼真的方式被记录下来和传播出去,但就整体而言,特别是当记忆的艺术尚不怎么高度发达时,口述传统在过去和现在都一直保留着动态的活力。这通常被看做是它的一种优势。在记录和传播的动态当中,传统本身的魅力总是在它的追随者的意识中表现出来,而其追随者之间的讨论也必然反映着传统的活力。再者,口述传统不会轻易地遭到破坏,它跟记忆一样长久,而记忆是可以预有准备地、积极地甚至反叛式地长久保留下来。它是那些遭受压迫的传统可资利用的最后资源,能够像"很多被压弯却未断的树枝那样突然弹跳回来"。[29]

---

[26] M. Carruthers, *The Book of Memory: a study of memory in medieval culture* (Cambridge: Cambridge University Press, 1990); Francis A. Yates, *The Art of Memory* (London/New York: Routledge, 1999).

[27] J. D. Spence, *The Memory Palace of Matteo Ricci* (New York: Penguin, 1985)(关于不同规模和结构的宫殿的建筑,适当的家具配置和装潢,都存储在人的大脑里形成人的记忆), notably at 12, 13 (随着科学思维模型的发展,对记忆艺术的毁誉始于 16 世纪,并由于弗兰西斯·培根的毁灭性批判达到顶点)。当前使用正子断层扫描(Positron Emission Topography,简称 PET)所作的科学研究表明,大脑的不同的部分都卷入记忆的过程,并且记忆的搜索需要有意识的、更高层次的思维。希腊人崇拜记忆女神摩涅莫绪涅,奠基性的记忆术始于凯奥斯岛的西摩尼得斯(公元前 5 世纪),并被昆体良(公元 1 世纪)传承下来;D. Boorstin, *The Discoverers* (New York: Vintage, 1983) 480, 481。关于以章和节计数作为记忆之术,参见 M. Carruthers and J. Ziolkowski (eds.), *The Medieval Craft of Memory* (Philadelphia: University of Pennsylvania Press, 2002) at 5。

[28] Spence, *Memory Palace* (1985), above, at 13;口述传统中对"可记忆的思想"的风格和内容实质的思考的重要性,参见 Ong, *Orality and Literacy* (1982) at 34;关于土地权利诉讼中的书面记录成为南哥伦比亚原著民口述传统的一部分,参见 J. Rappoport, *Cumbe Reborn: An Andean Ethnography of History* (Chicago: University of Chicago Press, 1994) at 5, 20。

[29] J. Tully, *Strange multiplicity: constitutionalism in an age of diversity* (Cambridge: Cambridge University Press, 1995) at 10, citing I. Berlin, "The bent twig: on the rise of nationalism" in I. Berlin, *The Crooked Timber of Humanity* (New York: Random House, 1992) 238;关于不成文规则"比书面跟可靠……最终建立在相互信任的基础之上",参见 R. Cooper, *The Breaking of Nations: Order and Chaos in the Twenty-First Century* (Toronto: McClelland & Steward, 2005) at 179. 关于英格兰的反叛或抵制传统的口述,参见 E. P. Thompson, *Customs in Common* (1993) notably at 8—15 ("实践和规范在缓慢区分的习惯氛围中一代一代被复制下来……平民的文化是反叛性的,但是为了维护习惯的反叛。被维护的习惯是人们自己的……每一代都作为前一代的学徒相联系")。

与口述相比,书写(writing)为传统提供了明显的物理上耐久[30]（当人们散居各地时这点尤为至关重要）、精确和详尽等优势。人类通过在物理载体上书写记录进行交流的历史迄今大约有五六千年,这是一段不断完善和发展的历史,每一个新的阶段都是对根本思想的一种证明。尽管有些书稿或文字因被其他的书稿或文字所取代而消亡,另一些则可能已经"瓦解",但似乎并没有例证表明文字作为一种技术在发展起来之后马上被人为地压制（尽管问题可能是证据上的）。[31] 书写交流独立于记忆。人们可以随时查找那些被书写记载下来的内容,而没有将其内化的必要。书写也是自然科学领域交流的主要方式,这对于渴望成为科学的法律来说将同样是不可或缺的。

然而,口述传统的优点往往正是书写传统的缺点。书写下来的文字能够以多种方式摧毁,这既包括人类本身的因素（"著作灭绝",即"literary genocide"[32]）也包括自然因素。这些书写下来的文字可能会分解,特别是由于内部的酸性物质、蛀虫,或纯粹的时间

---

[30] "如果你走进当地的法庭,读一读二十年前或更久的书记员们写下的记录,它们跟过去写下的时候没有两样。它们对今天和下一个明天的事情,或几年与下一个明年的事情一字未着。今天的记录中的 Okoye 明天不可能变成 Okonkwo。在圣经中,比拉多曾经说过：'写下来的东西不可改变'。墨汁（墨汁(uli)树的汁液）永远不会褪色",参见 C. Achebe, *The African Trilogy*（London：Picador, 1988）at 276；关于英格兰自 11 世纪以来由于法律和官僚机构的需要导致书面形式的增加,而非教育或文学的一般需要,参见 M. T. Clanchy, *From Memory to Written Record*, 2nd edn.（Oxford：Blackwell, 1993）notably at 1, 3, 6（"开始时乃是不信任而非社会进步的产品"）19. Ct. ,然而,关于简化的、非精英式的手稿对于预言家和批评家的"火热的诗歌"具有极好的记录效果,参见 W. H. McNeill, *The Rise of the West*（Chicago/London：University of Chicago Press, 1963）at 147；关于书面形式,包括手抄形式,对于"西方理性"的根本改革的影响,参见 Stock, *Listening for the Text*（1990）at 123—5. 关于手抄形式,参见本书第五章"渊源和制度"。希腊法采用书面在公元前 5 世纪被看成是必要的,但残存的文本将自己（"成文"）和不成文法区分开来,后者通常通过诵唱传播,参见 R. Thomas, "Writing, Law and Written Law" in M. Gagarin and D. Cohen, *The Cambridge Companion to Ancient Greek Law*（Cambridge：Cambridge University Press, 2005）41, at 42, 50, 52（以索福克里斯的《安提戈涅》引证不成文法的概念）。

[31] S. Houston, J. Baines and J. Cooper, "Last Writing：Script Obsolescence in Egypt, Mesopotamia and Mesoamerica"（2003）45 Comp. St. Soc. & Hist. 430. 所谓的"瓦解"的例子更为可疑,可能只是一些失去具体的残留物的情况。

[32] J. Raven, *Lost Libraries*（New York：Palgrave Macmillan, 2004）at 5（关于"故意的、有目标的掠夺"）；M. Battles, *Library：An Unquiet History*（New York：W. W. Norton, 2003）, ch. 6（"起火的知识"）。

经过等原因。[33] 书写至少在通常意义上来说，代表着对保持固定这一目标的追求，不过，尽管书写的形式是固定的，而其诠释则从来都不是，并且"每个读者都可能是偏激分子"。[34] 文稿本身并不可能回嘴反驳那些非传统的诠释。它纯粹就是那本真作，永远都是如此，因此也永远都易受攻击。它固然可以作为习惯和启示（不能阅读的人的解读）从自己外部获取支持，但这二者本身也可能独立于文字而为人们所知和信仰。如果没有证据证明其对习惯和启示的遵循，文字更可能被看做是一个出发点而非一种延续的手段。因此，文本必须依靠自身来生存；不管碰到什么，它都必须展示自己强大的、详尽的论点，并以自己的方式来说服任何一个它可能遇到的人。有很多璀璨的作品成功地做到了这点，并且其中有很多是法律方面的论著，当然，也有很多是其他方面的作品。

许多人由于不能跟人直接辩论，他们的创作便担负起这个主要职责。他们可以在写作中采用对话的方式来展开辩论，很多早期的作者就采纳这种方法。创作者们也可以选择以综述的方式来创作，将许多他人的思想和权威统统扫入到自己的作品之中，而不管他们自己对这些观点认同与否。他们写作时还可以选择逻辑严谨的劝说方式。然而，如果传统选择将文字之外的世界排除的话，那么最终剩下的将仅仅只是文字。

当前，文字正获得新的物理保护手段和数字化的表达方式。这种科学传统的发展显然对许多传统的保护都有着重要的意义。数字化表达方式就是将语言数字化，即把它转

---

[33] E. E. Urbach, *The Sages: Their Concepts and Beliefs*, I. Abrahams 译（Cambridge, Mass.: Harvard University Press, 1987）at 291, citing Philo（"真正的决定……不是那些刻在碑上或记在可能被蛀虫损毁的纸上，而是在那些同族人的心灵之中"）；关于埃及的纸草图书馆的丧失（"烧成糟糕的灰烬"）和美索不达米亚的泥板只是由于意外的火烧所产生的烘烤效果而得以幸存，参见 S. Fischer, *A History of Writing*（London: Reaktion, 2001）at 52；关于"气候和虫蛀"对印度法律原告的灾难效果，参见 D. R. Davis, Jr., "Recovering the Indigenous Legal Traditions of India"（1999）27 J. Indian Phil. 159 at 159。关于整个欧洲文字传统的近乎丧失，参见 T. Cahill, *How the Irish Saved Civilization: the Untold Story of Ireland's Heroic Role from the Fall of Rome to the Rise of Medieval Europe*（New York: Doubleday, 1995），notably at 193（由于缺乏爱尔兰式的修道院和对他们的作品文字的保护和复制，"当伊斯兰开始它的中世纪的扩张时，它的计划只遇到很少的抵制——只有一些零星的信仰万物有灵论的部落，随时接受新的身份"）；M. Lupoi, *The Origins of the European Legal Order*, A. Belton 译（Cambridge: Cambridge University Press, 2000）at 131（"爱尔兰人不仅保存而且进一步丰富了经典遗产"）尽管这种创造性并未延伸到形成于更早时期的爱尔兰本土法律，参见第三章"生活之道"。关于爱尔兰人的拯救的"传说"，尽管这种传说"忽略了当时的爱尔兰基督教文化的真正原创性和创造性"，因为它不仅仅只是挽救了那些遗产，而且也"创造了新的东西"，参见 P. Brown, *The Rise of Western Christendom*, 2nd edn.（Oxford: Blackwell, 2003）at 240。

[34] Pocock, "Time, Institutions and Action"（1968）209 at 225；并参阅 L. Wieseltier, *Kaddish*（New York: Alfred A. Knopf, 1998）at 259（"传统永远都不会获得，它永远都处在获得之中（或者它总是不会处于正在获得之中：这个世界充满了不是犹太人的犹太人、不是基督徒的基督徒和不是穆斯林的穆斯林）"）。

化成可以机读的二进位信号代码。语言本身的内容在这个过程中无关紧要；数字语言的管理者所关注的只是储存能力和传输速度等等诸如此类的问题。[35] 在数字信息的洪流中,很多原因都可能导致所谓的容量的增加和内容的减少。当然,内容在绝对数量上其实并未减少,而是在大量的增加。在电子信号的洪流中("你所能要到的全是垃圾"),更成为问题的是知道那些应当予以保存的信息现在是否仍然能够被读取。由于很多数字化存储的信息持续时间都很短并且很脆弱,知道什么东西应当保留以及将其保留都很重要。数据银行在经过一段特定时间之后被有意地清空；物理媒介可能很脆弱且不稳定[36]；持续增加的大量数据以被淘汰而且可能不能恢复的格式被保存。结果造成人们对信息存储不加区别,所有的存储可能都只是在短时间内存续。由于电子信息系统的存在,我们在某种意义上来说又回到通过保存实物的方式来记录过去,这种实物以非人类可直接读取的代码来记录过去,只有借助其他的东西或机器才能将其读取。跟人的讲述、记忆和书写相比,这种存储或记录方式显得更为单调沉闷,不过它对我们进行法律搜索则具有很重要的价值。[37]

实物、讲述(跟记忆一起)和书写构成记录过去的主要形式。它们既可作为,或被有意作为排他性的记录方式,也可以跟其他方式一起结合使用。实物和书写可以通过讲述的方式来解释,而讲述也可以用笔录、磁带或磁盘记录下来(有时反之亦然)。以上记录方式还可以跟其他的、更少为人们所使用的方式相互共存,譬如艺术[38]、诗歌

---

[35] 关于信息理论的总体失败以及它不能解决"意指问题",参见 J. Horgan, "From Complexity to Perplexity" Scientif. Am. (June 1995) 104 at 109。

[36] 因此现在致力于创建数字档案馆(DARS),它作为独立的藏馆网络而存在以"使信号不灭"而且不会有删除情况的发生。

[37] Robert C. Berring, "Legal Information and the Search for Cognitive Authority" (2000) 88 Cal. L. Rev. 1675 (具有固定渊源的"稳定世界"已经不再存在,电子手段的出现带来引用的大量增加,网络法律搜索引擎带来了可信度问题)。

[38] 或许最显著的是在中世纪法律手稿的"阐述"当中,这种阐述也作为一种很有用的记忆手段,参见 Clanchy, *Memory to Written Record* (1993), above, at 278 ff. ("盯着上帝的眼睛")；并参阅 J. Ribner, *Broken Tablets: the Cult of Law in French Art from David to Delacroix* (Berkeley: University of California Press, 1993), with review essay by N. Kasirer, "Larger than Life" (1995) 10 Can. J. Law and Soc. 185; M. L. Cohen, *Law: the Art of Justice* (New York: Hugh Lauter Levin, 1992)(不同法律传统中法律主题和机构的图像)；关于法律和艺术的相互影响("法律之美"),参见 B. Oppetit, *Droit et modernité* (Paris: Presses universitaires de France, 1998) at 195, 196。关于被刻在石头上被保存下来的法律符号,参见第三章"关于渊源和结构"；以及关于17世纪的荷兰的瓷砖(《学说汇纂》的标题),参见 P. Stein, *Roman Law in European History* (Cambridge: Cambridge University Press, 1999) at 101。

或歌曲[39]或者典礼仪式(它可能与艺术相接近)。典礼仪式在现代被当做是无言的过去,它自身的记录和传播有赖于其他记录形式。各种记录过去的方式的结合被看做是传统的熏陶和教育的基本过程(尽管每种方式单独也具有教育意义);它们的更具侵略性的方式甚至可能构成劝诱改宗(proselytizing)或普世化(universalizing),如果不劝诱改宗或进行其他更具活力的扩张,那么衍生下来的一个主要问题就是:在什么程度上一种极为重要的传统能够仅仅只是使用教育作为手段?教育并不需要是正式的,教育的正式化跟传统的类型及其用于记录过去的方式均有着密切的关系。因此,教育的变革对传统的保存或毁灭来说至关重要,教育问题上的争论所表现出来的激情证明了它的重要性。正式的教育也是殖民主义的一个根本特征。

因此,在过去,过去表现为它的记录方式的不同组合;而在现在,则是它的表达和感知的种种方式。在法律上,这些问题都可能成为制度规制的对象(譬如规定正式的渊源),而赋予它们的效果也可以进行规制(关于在过去什么是权威的规则,包括它的正式渊源)。然而,这种正式的规则也可能根本就不存在,法律传统可能纯粹只是在自我延续而已。不管使用什么记录方式、当前感知和规范,过去如何最终能够调整现在的行为的问题依然如故,特别是那些法律参与者的行为。在当代作出决策的紧要时刻,人们是否还遵循那些流传下来的东西?这种传统的规范性如何?这些似乎也是传统的问题,特别是关于理性主义传统在何种程度上作为一种障碍干预情境传统的延续。然而,理性主义传统的基础跟传统的某些形式的规范性之间可能是相互协调的。

传承(Traditio)

由此看来,传统涉及过去到现在的延续。它似乎要求我们至少从过去和现在的角度对时间进行思考,尽管时间的思考还有别的方式。[40] 然而,传统还有着另外的一面,它似乎更少地受到特定的思考时间的方式的羁束。它存在于那些在特定社会背景下持续传播的传统的必要性当中[41],目的是维护该传统跟现在的关联。传承肯定已经在相关的各方之间发生。罗马法通过欧洲的继受而传播的过程对那些将自己定义为中国人、莫霍克族或穆斯林的人可能产生(某些)兴趣,甚至以某种方式影响着他们,但没人会说罗

---

[39] 关于容易记忆的措辞以韵律或诗歌模式作为记忆手段,参见 Ong, *Orality and Literacy* (1982) at 35,54,65,66,关于法律以诗歌形式表达,参见本书第三章"生活之道"(爱尔兰和威尔士法律),第八章"关于《吠陀经》、经典和评述"(印度和罗马法)和第九章"阿达特法和原生法律"。
[40] 参见本章"过去在变化中的呈现"的讨论,以及关于个人传统及它们对变革的态度。
[41] 关于这种社会背景的起源,参见第二章"传统与身份"。

14　世界法律传统

马法构成了他们传统或现代文化的一部分。由于完全缺乏在他们的特定社会背景下的传播,罗马法纯粹只是别人的传统。如果缺乏历史的延续性,即使是传播到现在的遵循者,所有的传统也都会显得很陌生,所有的这些遵循者也显得像是不同的民众。同样的结果也可能因传统彻底中断而发生,比如某特定地方的民众完全忘却或抛弃了他们的传统的成分而接纳了其他的传统。在这种情况下,我们或许可以认为,不但原先的传统已不再有任何关联,相关的民族也不再是相同的民族,或者至少他们作为一个群体的身份业已发生了变化。另外,还有的传统缺乏可获得的证据证明其延续性,比如说,如果没有足够的记录来表明对传统的遵循,而需要历史研究来表明某特定传统的持续相关性时,传统便认为是已经被放弃。因此,传统及其延续性跟身份(identity)问题以及不同民族之间的关系紧密联系。传统必须作为社会的构成因素或作为它们的内在因素来进行评价。因此,传统必须与其他可能的鉴别标准对照起来评价,譬如人种或族群。这是传统需要我们进一步地关注的大的、至关紧要的一面。[42] 但就目前来说,我们只需要意识到在某特定的或可确定的社会背景中传统延续的必要性即可。

传统作为信息:概念的摸彩桶

在特定社会背景下,那些从过去带到现在的东西就是信息,因而传统被看做是由信息组成的,像约翰·波考克(J. G. A. Pocock)那样把它看做是"一个行为的不断重复"[43]

---

[42] 参见第二章"传统、种族和国家"。
[43] Pocock, *Time, Institutions and Action* (1968) at 212; cf., 然而,在后续的讨论中把传统视为"复杂的心里结构"(第 218 页),著述修改了"那些被当做传统的内容的东西"(第 224 页)。同时参阅 Armstrong, "Nature of Tradition" (1981) at 90(传统是"系列行为"); cf., 但是,在第 100 页(传统"被传递下去";"总是涉及规范性因素"); Merryman, *Civil Law Tradition* (1985), above, at 2(传统是一整套"态度",尽管根深蒂固,并受历史的深刻影响)。关于西方将非正式传统转化成事实性的、当前的"惯例",参见本书第三章"法律和宇宙"。传统由信息构成这一结论也驱散了从传统(tradition)这个词本身衍生出来的一种观点,即传统由传递或传承(traditio)的过程组成。参见 Thapar, "Tradition" (1994) at 8("传统被定义为知识传下来或者教义或技术的传递")。传承是传统当前的规范性的必要因素,尽管非传统本身,参见本章"传承",缺乏传承的传统将可能被"搁置"起来,这对于群体的身份具有重要的影响,参见第二章"保护身份"。因此,传统最好的理解便是信息,而非知识,因为它有可能以被搁置的形式存在,也能够在没有当前知识的情况下复兴。关于这里所维护的观点,参见 A. W. B. Simpson, *Invitation to Law* (Oxford: Blackwell, 1988) at 23("法律从本质上来说是一种传统,也就是说是某种从过去流传到我们现在的东西"); H.-G. Gadamer, *Truth and Method* (New York: Crossroad, 1988) at 351 ("传统……是一种流传下来的东西"); Phillips and Schochet, *Questions of Tradition* (2004) at xi(传统在哲学和法律中是"高度自我意识的思想体……随着时间的过去而流传下来")。

并不合适。这种看法导致传统的结果或影响以及它的直接表现跟传统本身混为一谈。如果有一种"传统的做事方式",那么传统就在这种方式里面,而不是在做里面。行为或决定一旦作出,如果不能转化成可交流的信息,将会永远地消逝。人们在将来可能,也可能不,按照这种信息行为,但是如果缺乏这种信息,传统的概念将不可能存在,而只有人类无序的严酷现实。

将传统理解为信息进一步产生关于构成传统的信息的性质的重要问题。传统是否仅仅由指示或规则构成,以至后来的行为可以明确地受其引导呢?由于一个时期的事实并不告诉我们接下来如何行为,那么,事实是否必然地被排除在传统之外呢?从理论上来说,确定构成传统的信息种类并不可能。它可能取决于该传统本身。有的事实在某一传统中被理解为事实,但在另一传统中却可能被看做完全是象征性的和规范性的。生活在某特定传统中的人往往会保存那些具有未来价值的信息,但在不同的或后来的背景下,他们对哪些信息可能或应当具有未来价值则可能存在截然不同的看法。不仅传统与传统之间如此,在具体传统的内部也同样如此。

因此,传统对所记录下来的信息作出选择对传统本身来说是根本性的。然而,考虑到那些记录过去和传承现在的方式,很难理解传统如何能够对信息的选择和记录过程实施有效的控制。当然,这种尝试还是有的。那些能够传播信息的实物可以被严格地控制起来,印刷或复印的方法也可以被垄断,而言论也可以像在 19 世纪之前的西方制度中那样,被视为异端而受到死刑惩罚。[44] 然而,如果不是不可能的话,对印刷制品和方法实施控制并不容易做到;地下出版物的悠久历史就是一个证明。有效控制言论和记忆明显地更加不可能,当人们无法获得更多的物理性记录方式时,人们往往可以祈求言论和记忆的帮助。传统也可以借助于自愿形式的控制,就像拜占庭作品合辑(Byzantine florilegium)的文学传统那样,它完全由不同来源的文章编辑而成(这种现象在法律上并不鲜见),代表着一种对"原创"(original)的有意拒绝,而仅仅是在重复那些套话而非脱离重复的过程中追求其原创性。[45] 然而,自愿遵守传统的记录方式并不必然地比强制性的遵守更为有效。就效果而言,在其特定社会背景下,没有哪种传统能够对当前信息的记录实施全面的控制。选择和记录在某种程度上来说都是随机性的,近来有学者将人类对

---

[44] 关于苏格兰在 17 世纪末以异端之罪名实施绞刑以及持续到 18 世纪的异端审判,参见 MacIntyre, *Whose Justice? Which Rationality?* (1988) at 243—6,19 世纪,墨西哥取消宗教裁判所,参见 F. Margadant S., Introduction a la historia del derecho mexicano, 11th edn. (Naucalpan, Mexico: Editorial Fsfinge, 1994) at 126—8。

[45] Pelikan, *Vindication of Tradition* (1984) at 73—4。这种重复被认为是对传统的基本假设的一种取笑方式——通过重复和随后的反省才能理解。

信息单元("模因"或 meme)的传承比作生物学中的受基因影响的自然选择过程。[46] 如今,电子信息控制的现代手段又进一步加剧了这个过程的随机性。

因此,传统本身并不能完全控制某特定传统的追随者记录而形成的信息池(the pool of information)。不同的理解水平、对现有资源的不同解释以及不同的观点,都会以这种或那种记录方式共同导致对传统的当前因素作出不同的表述。被记录的信息的种类随着传统规模的扩大而增加,每一代人都记录着自己对传统的理解和遵循。在法律中,对现行案例的报告就是某种现存的传统的庞大、自反(reflexive)和循环特征的范例。因此,那些非常大型的、古老的传统将组成巨大的信息库。一种特定的传统往往以松散的数据集合的形式开始出现,并围绕一个或一些基本的主题而组织起来,并以不同的名称被称为"捆束"、"工具箱"、"语言"、"温床"、"垃圾袋"或"摸彩桶"(bran-tub)。按照现代信息理论的说法,传统往往包含着大量的杂音,这些杂音对理解传统的主要信息并不是必需的。

从传统自身的内部角度来看,人们因而有理由断定所有的传统都是不确定的或者是非完整的。当然,在任何情况下,它们未来的发展也可能是直线的和不变的,以致我们现在看到的传统在十年、百年或千年之后将仍然保持不变。在一些针对传统的批评中,传统被描绘成了从根本上说是不可改变的。然而,传统在某特定时期的结构并不能保证这种说法的成立。现代混沌理论已经指出混沌行为之初细微变化的根本重要性。风向开始时的细小变化,加上其他原因所导致天气变化上多倍效果,注定着一场本地的暴风雨

---

[46] R. Dawkins, *The Selfish Gene* (Oxford: Oxford University Press, 1976) at 206—9(引用"犹太宗教法律"数千年地传播自己作为例子);关于信息单元通过成文和口述的手段的传播过程,以及这个过程受到,比如说关于诽谤的法律或我们每个人制造的"过滤器"将不想要的信息封堵出去,参见 D. C. Dennet, *Darwin's Dangerous Idea: Evolution and the Meanings of Life* (New York: Simon and Schuster, 1995), ch. 12 ("模因学(memetics)是否存在可能");并参阅 N. Rotenstreich, *Tradition and Reality: the Impact of History on Modern Jewish Thought* (New York: Random House, 1972) at 17("因此,传统的实际问题在于累积和选择的关系:如何证明从积累的整体中选择的正当性");并参阅 Thapar, "Tradition" (1994) at 23 ("传统并非自我创造出来的;它们被有意识的选择,从过去中所作的选择是非常大量的。因此,我们选择那些符合我们当前需要的东西")。当然记录的不仅仅只是当前对传统的贡献,也包括过去对传统的贡献,但是跟它们有关的当前信息来源正在减少。今天很少图书馆能够承担得起稀有图书的收藏所需的费用,或者甚至那些复制所有的印在酸性纸张上的书籍。此外,当复制的时候,它也(通过"切纸"或"guil-lotining")给原本带来破坏。然而,联合国教科文组织现在正承担一项"世界记忆"项目(MOW),而 JSTOR(Journal Storage,是一个对过期期刊进行数字化的非营利机构。——译者注)和 LOCKSS (Lots of Copies Keeps Stuff Safe)也在承担学术期刊的电子版项目。谷歌图书馆计划是一项寻找图书的协助,而非主要致力于保护,尽管保护是它的一个副产品。科技推动了这个项目的进行(自动翻页扫描)。一座临近消失的硬拷贝图书馆是芝加哥的 Center for Research Libraries。N. A. Basbanes, *A Splendor of Letters: The Permanence of Books in an Impermanent World* (New York: Harper Collins, 2003) at 253—4。

或是一场飓风的不同。对于细微的要义变化,在其形成之时被看做是天才的、颇有意思的和温和的,但经过几代之后一旦实现了它的全部意义,那么将会发生什么?当前信息的命运及其对传统未来道路的影响将取决于传统本身的运作和进程。

传统的处理

曾经有个故事说到,在第二次世界大战早期,英国被迫启用一种历史至少可以追溯到第一次大战时期——如果不是波尔(Boer)战争的话——的轻型大炮来作海岸防御。由于这种大炮发射速度不快,一位时间动作(time-motion)专家被派往那里寻找改进程序的方法。他花了一段时间来观察炮手,并拍下其慢动作照片,但他对每个炮组中两名成员的表现感到迷惑不解:就在开炮之前,这两个人都径直跑到一边做立正姿势,在整个大炮发射过程中,他们都始终保持这个姿势不动,前后长达三秒钟。这位专家最后把这些照片交给一位老炮兵上校看,并问他能否想出任何理由来解释这奇怪的动作。上校把这些图片再放映了一遍,最后说:"我明白了,他们正在勒马呢。"[47]

每个人都能想到类似的故事,以及由于习惯的原因而一直延续的行为,即使目前人们对此尚不能提供适当的理由。这些故事给传统带来不好的名声,并因此而被广为沿用,尽管它们往往只是一些笑话而已。当然,在上述炮兵的故事中,行为确实发生了变化,因而我们知道传统受到人的习惯的支持,也知道就长期而言,习惯并不足以支撑起传统。因此,惯例化,或习惯,不仅是贯彻人们已经接受的传统所必需(炮兵军官不会去挑战命令),也是传统为了控制那些复杂的重复性人类行为所使用的一个重要手段。然而,当我们看到日常事务以这种方式处理时,我们并未看到传统在当前实施的全部过程。相反,我们只看到传统被接受的结果(正如经济学家所说的路径依赖(Path Dependence))。[48] 我们看到人们根

---

[47] E. Morison, *Men, Machines and Modern Times* (Cambridge, Mass.: MIT Press, 1966) at 17—18, as cited in A. M. Kantrow, *The Constraints of Corporate Tradition: Doing the Correct Thing, Not Just What the Past Dictates* (New York: Harper and Row, 1987) at 86.

[48] 经常伴随着没有效率的指控,尽管新制度经济学(NIE)说得更为宽泛,"选择的限制源于现在,而现在又源于历史的过去经验",并把"路径依赖的精确来源"的鉴别作为"一个主要的学术研究前沿",参见 D. C. North, *Understanding the Process of Economic Change* (Princeton: Princeton University Press, 2005) at 52, 76。另外还有关于"社会资本"的讨论,这个概念跟路径依赖一样,并没有告诉我们多少关于不同传统的规范信息的来源和内容。参考 Historical New Institutional Economics (HNIE),它"力图解释[制度],不把它们当做理所当然"。R. Harris, "The Encounters of Economic History and Legal History" (2003) 21 Law & Hist. Rev. 297, at 311.

据传统所构成的信息行事,并与传统保持一致。不过,传统的贯彻或对它拒绝的整个过程则要复杂得多。

人们为什么必须跟传统打交道?为什么要发展跟传统打交道的程序?我们其实可以简单地将其忘却,或者说,既然它只是历史,那就应当让它待在历史的某个位置,或停留在书本上。有些人试图如此,但却从未完全成功过。我们常常致力于传统的主要原因似乎在于它对我们生活所施加的约束。那些从过去记录下来的东西就其本质来说是规范性的,它指导着我们现在应当如何行为。[49] 因此,传统告诉我们如何制作好的陶器,绘制美丽的图画,以及写出精彩的辩词。长久以来,许多人的判断赋予了传统的教导以权威甚至合法性,至少是假设它们如此。即使我们没有感受到传统所提供的教导,也会有其他人感受到它们,并向我们强调这些教导的意义。因此,传统在我们的生活中是不可避免的,任何事物都与其相关联。

当面对大量来自过去的教导,各种各样的反应都存在着可能。服从是一种反应,假若有足够多的人服从的话,他们对传统的理解将会对该传统在当前是什么作出定义,或者至少定义它的主要信息基础。然而,即使如此,这仍然有个运作的过程,因为传统主要的或最真实的教导必须首先从传统所包含的信息摸彩桶中萃取出来。用现代计算机的语言来说,信息在投入使用之前通常必须先作处理(massage)。数据变成有用之前必须经历一个提炼和选择的过程。杂音必须先被过滤出来。同样地,对于传统的内容似乎也有着同样的选择过程,甚至它的最忠实的追随者也会进行选择,这样之后它的指示才可能够被人们所遵从。

对传统进行处理有何意义,甚至是在并没有已知的对该传统的反对和抵制的情况下?我们假设该传统是社群或情境的,它主张人与人之间的关系是首要的,正如一些更广义的善的概念所揭示的那样。个人主义以及将人的理性置于首要位置并非是该传统的一部分。这种传统的追随者是怎样确定传统当前的内容的呢?这是个机械的过程还是必须以某种方式体现群体性的一个过程?个人的理性是否并没有以某种方式暗含在这个过程当中?在记住传统的过程中,人的意志,包括它的脆弱和力量,都在发挥着作

---

[49] "我的本能驱使我走这边;论注(sastras)却命令我走那边;我为什么要听从后者而非前者呢?",参见 P. N. Sen, *General Principles of Hindu Jurisprudence* (Allahabad: Allahabad Law Agency, 1984) at 25;参阅 Postema, "Moral Presence" (1991); D. Novak, *Natural Law in Judaism* (Cambridge: Cambridge University Press, 1998) at 192("在传统背景内思考在本质上总是一种规范的追求");记住传统的规范性内容乃二级义务,跟群体的身份紧密相连,参见第二章"保护身份"。

用。记忆并非简单的"死记硬背";它还涉及更高层次的二级思考。[50] 复制以前的信息似乎只是简单地重复,就像拜占庭的作品合辑,但后来的研究者会在重复的过程中探寻其原创性,而非那些被重复的内容。[51] 因此,理性就像一个忠实的潜伏人员,存在于那些最为情境化的传统之中。它是维系一个传统的唯一方式。

然而,由于种种原因,对传统教谕的抵制也可能存在。抵制的原因可能是由于传统本身表现得前后不一、空洞或相互矛盾,纯粹是"一堆朽木"。[52] 或者传统及其支持者已经显得腐败不堪,因此而产生了一个大而难的问题。[53] 或者,传统受到反对可能是因为它为对待人的过程中的不平等和不公平作辩解并将其永久化(这是欧洲启蒙时期反对传统的主要理由之一,本身跟腐败的含义有关联)。尽管我们在这里并不试图穷竭所有的原因,最后要指出的一个因素是,当人们以批判性眼光审视时,传统的教谕可能显得不具说服力,因此而受到人们的抵制。这最后的抵制原因属于根本性的,它包含着所有其他的原因。当人们应用当前的理性时,旧的教谕纯粹是无法适应新的环境。

当出现对传统的真实反对时,不管是针对一些具体细节的还是更一般意义上的反对,它所依赖的是什么信息?首先我们来看最轻微形式的反对,也就是在大的纲要性方面承认传统,但抵制某个特定的细节或推论。在这里,争论对传统来说必然是属于内部性质的。正是传统本身通过其"摸彩桶",同时为反对和击败或接受该反对提供了正当性的支持。反对一方和多数一方都将从那些他们共同认可的信息基础中寻找佐证,以证明自己的立场正确。然而,同样地,在反对和支持的动态当中,想看到特征上完全机械性的或群境化的过程决非易事。反对及其方式的选择都有策略可依,人的头脑就是反对传统的所有策略的源泉。传统并不会告诉你什么时候或如何去反对它们,尽管它们可能会提供反对过程所需要用到的种种权威。

对传统的反对也可以是更一般意义上的,尽管这种反对仍然是传统内部的,并同时

---

[50] 参见本章"呈现",以及 Gadamer, Truth and Method (1988), above, at 250 ("preservation is an act of reason though an inconspicuous one"};Steven Pinker, The Blank Slate [:] The Modern Denial of Human Nature (London: Alien Lane, 2002) at 32 ("信念和记忆是信息的集合——就像数据库中的事实,但是存在于大脑中的活动和结构")。

[51] 参见本章"传统作为信息:概念的摸彩桶"。

[52] J. T. Harskamp, "Past and Present in Modernist Thinking" (1984) 24 British Journal of Aesthetics 27 at 28, citing M. A. Shee's Elements of Art (1804). 在德国,它们被称为旧泡菜(old sauerkraut)。试与扯淡(bullshit)一词比较,在哲学上被认为是"缺乏对真相的关注",参见 H. G. Frankfurt, On Bullshit (Princeton: Princeton University Press, 2005) at 33, and 61 ("扯淡对真相而言是比谎言更大的敌人")。

[53] 参见本章"传统与腐败"。

使用该传统的语言和资源(内部斗争)。[54] 在这里,传统的全部信息基础都可能被其反对者和支持者引入进来。那些长期蛰伏的旧的思想也可能复苏并获得新的生命。双方的原创性和才能在这里表现的更加一览无遗。理性这一潜伏者的角色也随时处于被暴露的危险之中。不管这场争战如何具有原创性,它仍受到传统所提供的背景和资源的束缚。

一些情境传统已经遇到更为广泛的反对。由于整个传统纯粹就像腐木,在当前环境下已无法证明其正当性,因此应当彻底地、明确地予以抛弃。在西方,这种观点甚至延伸至抛弃传统的概念本身。在这里,当前的理性对抛弃情境传统的幌子的理由有十足的确信。在这种情形下,传统的信息基础可能显得不那么重要,但改革的理性主义者还是无法轻易地避开它。对某特定传统的反对无可避免地反对该传统所主张的东西,因此,即使反对它,这种反对仍然被该传统所定义。传统的支持者将以该传统的用语来争辩;而传统的反对者则必须拒绝这些用语并说明理由。对所有传统以及传统本身的概念的反对必定不能逃避这个难题——大量的传统立场需要被一一反驳。这样一来,传统即使对其最为激进的反对者也仍然保留着它的相关性。

由于对传统的激进反对在这里是建立在人类理性的首要性基础之上的,相对于头对头(Head-to-Head)、传统对传统地反对,人的理性有着更为精妙的手段。它采纳一种概括性地拒绝过去的权威的方式,并设计出"一种独立于社会延续性的权威模式"[55]。过去或许存在,但它纯粹是事实,而事实只能是事实。对它在总体上所作的最佳描述就是人工制品。你根本不需要致力于那些过去的教导,因为它们现在什么也不是,而只有过去的人才被那些他们自己时代的特征所束缚。只有现在和将来才可能成为当前决策之所在;只有现在和将来的考虑在决策的关键时刻,甚至是在具有非凡感召力的时刻,才是重要的。然而,理性主义者的这种终极策略也碰到进一步的难题。其中之一尤其令人沮丧。尽管理性主义者坚持当前的构建的重要性,但危险的是,当前那些最好的构建却也将……被人们记住。当它也成为过去的时候,其他的人仍将遵循它的教导。因此,理性主义者的立场最终将趋向于自我毁灭,只有如此它才能够更具活力地、更加巧妙地自我

---

[54] 参阅 K. A. El Fadl, *Speaking in God's Name: Islamic Law, Authority and Women* (Oxford: Oneworld, 2001), notably at x("在伊斯兰法律传统之内行为"),31("接受正义传统作为相关社区的意义,如果不是相关社区的话,在传统内部行为……以解决伊斯兰中的权威问题")。

[55] Pocock, "Time, Institutions and Action" (1968) at 229; 并参阅 S. Steward, "The Pickpocket: A Study in Tradition and Allusion" (1980) 95 Mod. Lang. Notes 1127 at 1129("历史学家在现在和过去之间创造了一种隔阂,过去和现在的完整性得以保留;传统受制于它的过去,而未受到现在的浸染")。

保护起来。不管理性主义者的思想如何发展,这种危险必然如影而至。若是理性主义者内部意见不一,不同理性选择之间的派别论战将长期存在,他们每一个人的记忆都将永存下来。若理性主义者最终能够取得一致意见,并且大量的说服性权威将由此衍生出来,那么,他们的解释,至少在西方社会,如何能够不招致持续的遵循、不阻止自我隔绝(Encrustations)、不成为所有传统的传统呢?

这些问题可以看做是理性主义的内部问题,它们内在于当前构建那些理性上正当的事物的过程当中。然而,在理性和传统之间的关系方面还有进一步的问题。情境传统主义者倾向于将所有的事情放到一定的背景之中,并将这种立场延伸到理性本身,尽管它仍被认为是首要的。理性已经存在于传统范围内,即使它经常处于地下状态,它可以发出自己主张。人们是如何得出结论说传统之外也同样存在着理性呢?这种观点发展的历史是怎样的?是什么原因引起的?这些问题尽管是自然而然的,但却暗藏着危险。如果存在着独立理性的发展历史,那么它本身也能够根据传统来解释。因此,正如卡尔·鲍卜所称,理性只是众多传统中的一种,它具有更明确承认人的理性、并赋予它更高的、明确的地位等特征。[56] 理性主义的最大的概念性问题在于它存在的历史如此之长,并且获得了如此的成功,这最终使它成为自己的成功的概念牺牲品。

如果理性因此是所有情境传统中或多或少隐藏着的一个成分,那么情境则是理性走向自立的努力中必不可少的伴侣。任何事物都有它自己的对立面,正如白昼与黑夜必须并存,而笑可能只是另一种形式的哭泣。[57] 万事万物都处于过程之中。

因此,处理传统信息的必要性贯穿于对它的全部态度当中。它发生在传统的最忠实的追随者之间,在他们寻求将它永久化的时候;它也发生在那些最具活力的反对者之间,

---

[56] Popper, "Rational Theory of Tradition" (1969), above, introductory text to chapter; E. Shils, "Tradition and Liberty" in E. Shils, *Virtue of Civility* (Indianapolis: Liberty Fund, 1997) 103 at 110 (个人的价值和自我表达"本身就是悠久传统的产物");关于西方现代性传统的"考古挖掘"的更近的一些观点,参见 B. de Sousa Santos, *Toward a New Common Sense: Law, Science and Politics in the Paradigmatic Transition* (New York/London: Routledge, 1995), notably at xi(除了那些获得神圣特征的教规之外,欧洲的现代性也包括许多其他的传统……这些传统被逐步地压制、边缘化或推翻,以致教规成为令人信服的规范);D. T. Rodgers, "The Traditions of Liberalism" in Phillips and Schochet, *Questions of Tradition* (2004) 203, notably at 205(一种"对明显的矛盾的历史质询在:自由主义传统……不是自由主义的永恒本质……而是……基于历史的实践和传统")。

[57] L. Esquivel, *Como aguapara chocolate* (Mexico: Editorial Planeta Mexicana, 1990) at 14(到这样一种程度,即在他的童年时期,泰塔跟其他的爱兰特人没有什么不同,他们笑的时候充满泪水,因为他们的笑是一种表达悲痛的方式)。关于这个话题的进一步阐述,特别是在亚洲传统的发展,参见本书第九章"限制宗教"和第十章"二价和多价"。

在他们寻求克服它的时候;它还发生在这两个群体之间。在对传统进行理论探讨的过程当中,这点体现在这样的结论当中,即传统永远不会成为有限的形式,就当前而言,它是一系列相互作用的信息表述。

传统之网

我们每个人都能够在内心里跟自己争辩,大多数人也为这种内心的斗争留下许多空间,而不会在重要问题上采取冥顽一世的立场。我们每个人都能够决定在接下来的24小时中的优先考虑事项。因此,在我们自己个人的思考中有着不同的观点,特别是在我们一生当中,我们有时候可以持这种观点,而在另一些时候则持另一种观点。为了决定个人的行为,我们经常要跟自己所处的某一特定传统打交道,也可能是跟某些具体传统所提供的信息打交道。我们每个人都必须对传统最终施加给我们的条条框框作出决定。我们中有些人可能很容易地接受了传统所代表的限制,并反对那种认为个人的评判总是跟传统相容的思想;而其他人则更倾向于抵制这些束缚,并对自己的选择可能感到苦恼。[58] 然而,在任何情形下,只要有人的意识存在,都会有对传统的教谕进行评价的过程。在这里,对传统信息的处理可能纯属于个人的经历,甚至个人自己对此也可能不是那么清楚明了,但它却是永远存在的。

对信息更为明显的处理发生在传统追随者个人之间,或确定的传统追随者群体之间。在当今计算机语言中,LAN这一名称正时下流行,它是指一种计算机信息本地网络(Local Area Networking)。同样地,传统的追随者或传统内部的群体也构成了信息的本地网络。该网络是本地的,因为它不是——或者至少目前还不是——全球性的,而它之所以是一个网络,乃因为信息交流是一个连续不断的过程,在这个过程当中,那些储存下来的信息(即过去)总是与现在的观点被并置一起,并在一定程度上保留下来以备将来使用。因此,现在有一种以网络的观点来思考社会和法律的趋势。[59] 在计算机世界中,

---

[58] 自奥古斯丁以来,西方传统中关于个人的明确概念长期而缓慢发展,参见 C. Taylor, *Sources of the Self: The Making of the Modern Mind* (Cambridge, Mass.: Harvard University Press, 1989), notably ch. 7("在内心之中");奥古斯丁和柏拉图之间尽管有很多的共同点,但在"通往上帝之路是向内的"这个问题上则存在"显著的区别"。

[59] M. Castells, *The Information Age*, vol. I, The Rise of the Network Society (Oxford: Blackwell, 2000); F. Ost and M. Van de Kerchove, *De la pymmide au reseau?* (Brussels: Publications des Facultes universitaires Saint-Louis, 2002); A.-M. Slaughter, "The Accountability of Government Networks" (2001) 8 Indiana J. Global Legal St. 347.

本地网经常与其他的本地网连接在一起,从而扩大了信息交流的范围;同样地,传统与传统之间也相互联系在一起,而绝不会孤立地存在,我们将在下一章谈论这个问题。目前我们所关注的是传统内部或者传统中确定的群体内部或之间的信息交流过程。这个过程有何特征呢?

那些对传统理论曾经做过探讨的人以不同方式来定义这个过程。这个过程可能是一种"对话"(dialogue)、"辩证"(dialectic)、"交谈"(conversation)、"交换意见"(interchange of voice)、"争论"(argument)或一种持续的"论战"(controversy)。另外还可能有其他的表述,其中包括"交流"。这些表述上的分歧可能产生相应的后果。"交谈"与"争论"不同,而二者又不同于"对话"。人类交流的形式可以是平和的或暴风骤雨般的,明确的或隐晦的,自由的或被强迫的。而这些似乎同样取决于具体的传统。传统所产生的主张的数量可能取决于它意图约束人们行为的程度;它所产生的交谈的数量可能取决于它在构筑选择性行为模式时所表现出来的模糊性。口头的反对在一些传统中被肯定,而在另一些中则被明确地贬斥。然而,在任何情形下,人与人之间的信息交流都是根本性的,即使这种交流乃由命令形式构成。有些形式的沟通不包括对话,而只有单方的交谈,但人们共同定居的地方总是存在信息交流,理性在一定程度上来说体现在所有形式的交流当中。

因此,在所有传统中,任何关于传统性质的理论表述似乎都不可能主张说某些形式的信息比其他形式的信息更为重要,或主张说交流中某些角色比其他角色更具影响力。在传统中,等级并非是必要的,不管是信息方面的还是其追随者方面的。传统的信息交流大体上是横向的;朝纵向的偏离只是某些特殊的传统以及在该传统内部盛行的理性的产物。然而,传统中的信息之所以保留是因为它在传统中的用处;信息的内容很重要,信息不能简单地看做是潜在的数字化对象,或者是纯粹可以量化的商品。人的理性以不同程度存在于所有传统当中,传统中的整个信息经常性地被审查、评价和持续沟通。在任何时候,由于传统可能存在的拘束特征及其评价,信息中的某些因素在传统追随者之间可能比其他成分产生更大的反响。不过,信息中总是存在对立的和改进的因素,以及在持续的交流当中时刻准备着捍卫这种信息的传统追随者。那些最为激进的反对可能采取异端(heresy)、叛逆(treason)或煽动性言论(sedition)等形式,并挑战传统本身最为根本的那些信条。在这种情况下,该种挑战是来自传统内部还是外部是个问题,但不管何种情况,它所代表的挑战在本质上都是一样的。因此,由于交流过程的持续性,传统的不确定和不完整的性质[60]最终取决于断定传统内部是否存在绝对的或不容置疑的知识的难度。信息只伴随着其他的以这种或那种形式出现的信息而存在；从这个意义上说，它总是带有附随性和可比较性。但这点并不妨碍传统作出这样的结论，即绝对知识可能存在并应当去追求，或者，现有的信息应当予以维护，即使是花费巨大代价。

如何表述该过程的结果是个难题。人们是否应当称其为传统的"支配性"(dominant)形式或"控制性"(controlling)形式？这似乎都不是太合适，因为支配或控制的概念与内在于传统的信息交流的最初定义并不相容。某些形式的交流可能存在着一些风险，但交流的可能性却总是存在的。因此需要一种更适格的表述形式，譬如传统的"主导性的"、"最重要的"或"主要的"形式。不管承认与否，这种表述更明确地承认传统的首要地位并没有永久的保证，它总是受到不断的评价和重新评估。由于时间的过去和传承的缺乏，即使是那些最为深刻的信念也可能凋谢和消亡。这个结论对我们后面关于传统的普世化或劝诱改宗的特征的讨论似乎非常重要。[61] 若传统不以清楚的、确定的形式存在，那么它的普世化动力也就更小。因此，原教旨主义及其他所带来的暴力并非内在于传统之中，而是代表着对传统的最重要特征的一种偏离。这一切都对传统与变化概念之间的关系具有重要的影响。

过去在变化中呈现

数世纪以来，西方思想把传统跟静态的社会秩序联系一起。传统社会被认为就是那些没有变化的、以及整体上对要求变革的正当理由表现傲慢的社会。社会变革大体上被看做既是需要的又是例外的，并且这种观点确实有它很好的理由。人类社会被默认为一种稳定的形态。这种思维方式跟截然区分传统和理性相似，似乎都起源于 17 世纪。[62]因此，理性往往跟变革站在一起；而另一边则是传统和稳定（如果不是完全静止的话）。在持这种观点的人中，柏克显然是最为著名的一个。[63] 然而，正如传统近来被重新检讨一样，变革的含义也在受到更近距离的审视。此外，对涉及传统的各种思想的修正和扩展也必然给变革的含义带来影响。

---

[60] 参见本章"传统作为信息：概念的摸彩桶"。
[61] 参见第二章"普世化：用真理统治世界"和第十章"调和传统"。
[62] 参见第五章"传统之构建"。
[63] E. Burke, *Reflections on the Revolution in France* (London: Dent, 1910), notably at 31 ("继承的思想提供了一个可靠的保护原则和一个可靠的传播原则")。

一旦传统被视为被传播的信息,就像是一个被新一代人持续搅动的摸彩桶,不存在天生的精英分子或等级制度,那么,传统与稳定的联系将变得没那么明显和牢靠。传统更是成为能够衍生变革的一种理性资源,作为合法化那些本来缺乏社会共鸣的思想的一种媒介。过去被推动用以创造将来[64],或正如福柯所主张,"过去永远不死。它甚至并非过去"。[65] 追溯本源、辗转回复或循环的过程[66]既为彻底打破现有的体制和等级提供依据,也为在某种意义上恢复传统真正的本来特征提供了依据。在其所有的形式上,传统都被看做是"孕育着变化的"[67],"创造性的、动态的、并在某种意义上来说被创制的"[68],"自始至终保持着清新的"[69],是"变化的一种形态"[70],是"形成变化并将其合法化的手段"[71],是"变化之因素"[72],是"文明逐步自我变革"的一种手段[73],是"正处于变革中的事物"[74],以及"对初始个性的一种鼓励"[75]。人们可以感受到传统驱动变革的种种不同手段,譬如复兴(将古代的一些做法重新提出)、维护(以扩张的形式发展

---

[64] A. Touraine, *Pourrons-nous vivre ensemble? Egaux et differents* (Paris: Fayard, 1997) at 49("推动过去以创造将来");并参阅 C. Alias, "Tradition juridique" (1997) at 389("法律传统不是保守的原则");关于更一般的叙述,参见 S. Delany (ed.), *Counter-Tradition: a Reader in the Literature of Dissent and Alternatives* (New York/London: Basic Books, 1971), notably at 3("反对官方文化的价值的传统");P. King, *Thinking Past a Problem: Essays on the History of Ideas* (London/Portland: Frank Cass, 2000) at 56(现在不仅是感知过去的条件,也是以新的方式记录和评价它的"永恒机会");D. Bell and H. Chaibong (eds.), *Confucianism for the Modern World* (Cambridge: Cambridge University Press, 2003),"引言", p. 1 at 25(我们现在所做的正是以过去的儒家为他们的时代阐述儒家思想的相同方式,为现代世界重新阐述儒家思想)。

[65] W. Faulkner, *Requiem for a Nun* (New York: Random House, 1968), Act I, Sc. Ill, p.92.

[66] 关于从这个观点中发展起来的现代的、如今已贬值的革命概念,参见第五章"革命、系统、语言和解释";关于当代对支持多样性的"隐藏的"和"古代的"政体的搜寻,参见 J. Tulley, *Strange multiplicity: Constitutionalism in an age of diversity* (Cambridge: Cambridge University Press, 1995), notably at 100—1。

[67] Friedrich, *Tradition and Authority* (1972) at 39,考虑到传统的"内在矛盾"。

[68] B. de Sousa Santos, *Toward a New Legal Common Sense*, 2nd edn. (London: Butterworths, 2002), at 310.

[69] Gadamer, *Truth and Method* (1988), above, at 191.

[70] Waldman, "Tradition as Modality of Change" (1985—6) at 326.

[71] J. C. Heesterman, *The Inner Conflict of Tradition: Essays in Indian Ritual, Kingship and Society* (Chicago/London: University of Chicago Press, 1985) at 1, also at 2(传统以"临时秩序和临时转换而非顺应和适用的内部矛盾"为特征)。

[72] Izdebski, "Tradition et changement en droit" (1987) at 839.

[73] F. Braudel, *A History of Civilizations*, trans. R. Mayne (New York: Penguin, 1993 (orig. French edn. 1963)) at 30.

[74] Brown, "Tradition and Insight" (1996) at 2(列举伊斯兰的伊朗革命、逊尼复兴运动和伊斯兰女权主义为例子)。

[75] Shils, "Tradition and Liberty" (1997), above, at 107.

现有的做法)和改革(重新思考现有的传统规则)。[76] 由于传统不再为社会领域提供一种概念的束身马甲(strait-jacket),社会领域也可以同样被看做是物质世界,因而受到信息流(entropy)的巨大威力的制约。因此,"变化是自然、社会甚至个人的普遍定理,它要求在变化之中致力于保持延续性,如果你希望的话,还包括传统"。[77] 传统在本质上是脆弱的;只有那些主要的或主导性的类型才可能被确定,而其他的传统都只能躲在前者的阴影之中;这是一个关于"这种主张如何能够如此成功"的问题。[78]

同时,传统确实保持着一种凝聚的效果(正如前面所提到的"他们正在勒马"),它的具体形式可以通过现在的努力而保存下来。因此,传统既是分裂性的,又是凝聚性的,而很少仅仅只是其中之一。这样一来,当社会的一部分而发生变化时,其他部分则得以保留下来。当改革实现之时,以前的身份仍可能被持续保留。根据传统的这个带有更多差别和多样性的概念,新的思维似乎仍然反映着旧的思想,其中,传统和持续性"纠缠在一起"[79],并主张"永久性的因素和过渡性的因素"[80]都为社会凝聚所必需。然而,我们对遥远过去所发生的变化的理解则"缩减为一幅远景图"。[81]

因此,过去的呈现在今天可以看做是处于变化之中,尽管它更难以预测,但同时它对现代社会的影响也更为重要。如果传统因此而在西方社会中更具重要性,这点将引导我们对其他传统的思考。此外,如果过去是如此多样的话,若把它放到那些对时间或过去的理解跟我们迥异的传统背景之中,那它可能将更加多样。关于过去的讨论发生在关于时间这个更大(可能的)的讨论当中。我们对时间的理解可能同时影响我们对过去的观

---

[76] Waldman, "Tradition as Modality of Change" (1985—6) at 332, 335;传统通过从一代传到另一代发生变革,结果造成有些人在传统内部游移的不可预测性,参见 Munoz, "Rationality of Tradition" (1981) at 202;关于《申命记》(旧约中的一卷。——译者注)中的法律通过指定和重订条文所带来的"根本性革新",参见 Bernard M. Levinson, *Deuteronomy and the Hermeneutics of Legal Innovation* (New York/Oxford:Oxford University Press, 1997)。

[77] Kristeller, "'Creativity' and 'Tradition'" (1983) at 112;参见 Felipe Fernandez-Armesto, *Civilizations* (London: Pan Books, 2000) at 16 ("如果有一种东西叫进步的话,传统就是它的基础。没有哪个社会能够通过忘记积累的对过去的了解而繁荣")。

[78] MacIntyre, *Whose Justice? Which Rationality?* (1988) at 8.

[79] B. Jennings, "Tradition and the Politics of Remembering" (1982) 36 Georgia Rev. 167 at 182.

[80] K. F. Morrison, *Tradition and Authority in the Western Church* 300—1140 (Princeton: Princeton University Press, 1969) at 6.

[81] S. Thrupp, *Change in Medieval Society: Europe North of the Alps* 1050—1500 (Toronto/Buffalo: University of Toronto Press, 1988) at vi (同样也是关于历史研究对于确定过去的变化的必要性)。

念和对社会变化的理解。[82] 我们目前的讨论已经承认过去的概念,它同时跟现在和可确定的将来形成对比。变化发生在这些时区(Zone of times)范围内,更准确地说,它发生在过去和现在的界限之上。当我们在现在改变某事物时,其实该事物这时已经不同于它的过去。当这种变化成为现在时,我们又可以继续设想这种变化在将来的实现。这种时区的概念有利于我们对变化的理解;时区正是这种变化游戏的游戏场所。如果缺乏这样的场所,这种游戏将变得更加难于开展。

如果我们不以这种持续的、直线的方式来理解时间的话,我们对变化的理解也需要作重新思考。此外,这种理解对我们如何思考传统本身也具有一些启示。如果时间纯粹就是时间,它跟那些先于我们出生和那些后于我们出生的人(要避免使用将来和过去时态不是件容易的事)所经历的是一模一样的话,那么我们如何断定某一事物已经真正地发生变化?若是如此,我们所有人,包括现在已故的、活着的和新生的,都将生活在同一时代;由于没有将来,我们也就不可能在将来享受更好的生活;在本质上,我们都在一个世世代代居住的、亘古不变的地方过着同样的生活。而且,这正是现代科学和那些主张"长今"(Long Now)的人不断地告诉我们的观点。[83] 如果这种关于时间的非直线、环绕

---

[82] 关于时间的理论和思想,参见 D. S. Landes, *Revolution in Time: Clocks and the Making of the Modern World* (Cambridge, Mass.: Harvard University Press, 1983); S. Toulmin and J. Goodfield, *The Discovery of Time* (New York: Harper and Row, 1965); B. Oppetit, "Les tendances régressives dans l'évolution du droit contemporain" in *Mélanges Hoileaux* (Paris: Litec, 1990) 318; F. Ost, "Les multiples temps du droit' in *Le droit et lefutur: Travaux et recherches de I'Vniversite de Paris II, Serie Philosophie du droit-2*" (Paris: Presses universitaires de France, 1985) 115;关于西方"对时间的理解"为"直线式的","年代乃从左到右前进","未来的箭头——就像录像机上的'往前'或'播放'键——总是指向右边",参见 Draaisma, *Why Life Speeds Up* (2004), above, at 211(创作方式的可能影响)。

[83] 参见 S. Hawking, *A Brief History of Time: from the big bang to black holes* (Toronto/New York: Bantam, 1988) at 143—53(科学法则并不区分时间的方向是向前还是向后;时间只是在一定的空间内存在;然而,时光之箭被感知并沿着当前主导性的信息流的方向;信息流方向的调转可能引起将来的记忆而非过去,如果人们那时还活着的话); R. Penrose, *The Emperor's New Mind: Concerning Computers, Minds, and The Laws of Physics* (Oxford: Oxford University Press, 1989) at 304(此外,根本就没有流动的时间。我们只有"空间—时间"——也根本没有将来的范围); H. Price, *Time's Arrow and Archimedes' Point: New Directions for the Physics of Time* (New York/Oxford: Oxford University Press, 1996), notably at 12(维护"整块宇宙"(block universe)的观点,即现实"是时间作为其成分的整个实体……而非时间的可变化的实体集合")。数学家 Godel 因此计算出穿越时空所必要的速度,他推断说,如果过去能够被再访,那么它从未真正"过去";P. Yourgrau, *A World Without Time* (New York: Basic Books, 2005) at 7. 一位重要的现代历史学家在提到年表"是我们为了在我们已经建立起来的记忆世界中强加某种秩序而树立起来的临时结构"时,显然让自己跟时间的直线或"历史"概念保持距离,参见 R. R. Davies, *The First English Empire* (Oxford: Oxford University Press, 2000) at 4. 非直线观点并非是偶然才在西方大众文化中浮现。因此 Sarah 在《The Hustler》中写道:"日复一日;人来人往。"关于长今的概念,使用五位数的日历(比如02007)以及提出"越慢越好"的想法,参见 http://www.longnow.org。

式的观点是正确的,那么我们如何能够将事物从它过去的状态改变成现在的状态？生命中存在着种种不同,人与人之间也像其他形式的生命和自然那样千差万别,但这些差异都是在一个特定的共同核心范围内的差异。

以这种方式思考时间似乎对我们的变化观念有着重大的影响。为什么我们会以这种或那种方式思考时间？这似乎源于传授给我们的思考时间的知识,它本身将成为传统的一部分。西方世界已经构建了一个传统的概念以作为它的传统的一部分,在这个概念中,人的理性被认为是能够引起变化和发挥影响力的因素。在最近的三至四个世纪中,变化被认为可以在没有任何背景传统的影响下实现;尽管随着我们对传统的理解的扩大,这种观点已经被重新评价。随着我们关于传统的看法的扩大,我们知道这种现在第一性的观点本身就是传统的一部分,这种传统本身不仅产生了现在的概念,也产生了过去和将来的概念。那么我们必须承认,对时间有着不同的看法的其他传统对变化及其可能性或许也有不同的理解。因此,某"系统"对"变化了的"环境的适应能力是判断某种具体思维方式的一个标准,正如它也可能是传统本身关于变化的思想。因此,更确切的问法不是问"该传统对变化是否有所反应",而是问"该传统是否认可变化的概念"。

我们对过去的影响的广泛认同,还有对它给我们当前的思维方式所带来的巨大影响的认可,使得我们明白,即使是对过去的思考也有它的过去。用非时间(non-temporal)术语来说,对过去的思考具有独特的西方背景。这使我们看到,传统本身在西方被看做是过去的声音,而在其他地方则可能被看做是现在的声音,尽管声音的主人可能并不在场。我们关于传统的扩大概念引导我们对其他社会共同体进行思考,以及形成社会共同体(在我们观念中的)能够长久延伸的思想。若社会共同体跨越数代人(去世的、活着的和即将出生的),那么变化作为一个概念在它们中间将是不可能的。

传统和腐败

传统为现实生活提供建议或范式。大多数被记录和保存下来的传统都旨在谋求整个社会共同体的利益和福祉;那些最复杂、最伟大的传统在那些非常庞大的社会中,如果不是整个人类社会的话,都被引导以服务于这个目标。所有的这些伟大传统内部都有各种反对,其目的正是为了完善或变革传统本身。同一社会共同体中还存在一些竞争性的传统,它们为该共同体提供了可代替的建议或模式。然而,社会中也存在着其他的一些传统,它们并不寻求在整个社会共同体中占据主导地位或为其谋求利益和福祉。它们属于寄生性的传统,依赖于一个更大的传统,并以违背该更大传统的追随者的利益和福利的方式从他们身上获取利益。它们属于犯罪的传统,不管是一般性的,还是那些有着更为严密的组织形式的,譬如西西里岛或美国的黑手党(mafiosi,那些认为自己很"酷"的人)、narcos(拉丁美洲)、vory v zakone(俄罗斯)或yakuza(日本)。[84] 各种帮派也寻求创造自己的传统,尽管它们并不能存续足够的时间以积累构成传统所必需的过去。在当今世界,种种迹象表明犯罪和暴力正在处于上升,它们的组织也在不断增长;这些因素造成寄生性犯罪传统的膨胀。而这种膨胀也同时表明一些更大的传统在影响力方面正在衰退。

识别和消除犯罪以及犯罪传统是各法律传统的主要功能之一。尽管这项任务远未完成,它们确实获得了一定程度的成功。[85] 尽管有难度,确认犯罪仍被看做是相对简单的、有限的过程,因为犯罪传统和善或正义的更大传统之间存在着对立。然而有一种犯罪,就总体而言它对传统有着更加深刻的意义。这就是腐败犯罪,它可以从内部来摧毁那些更大的传统。腐败还有其他的一些形式,如公共机构和智识的腐败,尽管它们不属于犯罪,但对传统却具有同样的摧毁力。

腐败通常被认为是金钱上的腐败,而金钱上的腐败(设钩,上钩,然后勒索)就其特征而言通常构成犯罪。然而,由于它可能变得如此普遍,以致无法对其施加控制,因为制

---

[84] 关于对那些不透明的并经常是非常沉默的组织的研究,有时还需要勇气,参见 J. Dickie, *Cosa Nostra* (London: Hodder & Stoughton, 2004); P. B. E. Hill, *The Japanese Mafia: Yakuza, Law and the State* (Oxford: Oxford University Press, 2003); L. Paoli, *Mafia Brotherhoods* (Oxford: Oxford University Press, 2003), notably at 121 ff. 关于桑蒂·罗曼诺的犯罪组织作为"另一种法律秩序"(只是到了19世纪70年代,因为害怕跟别人使用他们的车辆进行的犯罪相牵连,西西里黑手党的成员才允许报告他们失窃的车辆);F. Varese, *The Russian Mafia: Private Protection in a New Market Economy* (Oxford: Oxford University Press, 2001).

[85] 直接使用武力维护传统或作为对直接的攻击的反应,似乎对所有的传统来说都是平常的事情,并不跟传统不相容。然而,武力的使用被用于压迫异见者则更成问题。关于国家侵略的类型,参见 K. Nabulsi, *Traditions of War: Occupation, Resistance Mid the Law* (Oxford: Oxford University Press, 1999),包括"小的战争"("游击队")。

度本身也深受侵蚀。[86] 在有些国家,执法部门的职位被出售,而买官者有充分的理由为此付出高的价钱。复杂的社会组织形式为金钱腐败提供的机会越来越多,特别是当它们与现有的其他忠诚网络(networks of loyalty)形成盘根错节的关系的时候。金钱腐败可谓是一种不正当的社会物质资源分配形式,是一种秘密方式的不平等。它对善或正义的传统的可信度和有效性向来损害巨大,因此,了解在腐败面前哪些传统更为脆弱或是否已找到有效方式来克服颇为重要。在与金钱腐败作斗争的过程中,每一种传统内部的中坚核心都能够被确定。如果没有这样的核心的话,这对于生活在该传统之中或之外的人都将是十分清楚的事。

然而,并非所有的非正当物质利益都构成犯罪,这里大致谈一谈公共机构的腐败或许对我们的理解会有所帮助。公共机构在个人和沉积的传统之间起着媒介的作用。这些机构及其成员的角色都由传统来界定。正如各种政府部门和制度化的宗教,法律职业也同样属于这样的机构。机构的腐败发生在当机构成员利用公共机构功能,以不为法律所禁止但却与其使命不相符的方式来实现个人地位的提升。这样的社会充满了特权和

---

[86] 关于腐败的特殊性和普遍性,参见 R. Perez Perdomo, "Justice in Times of Globalization: Cause and Prospects for Change" in Inter-American Development Bank, *Justice and Development in Latin America and the Caribbean* (Washington D. C. , 1993) at 131 (在管制过严的发展中国家,法官被用于追索债务;通常素质很低;而且更容易腐败);A. Etchegoyen, *Le corrupteur et le corrompu* (Paris: Juilliard, 1995); J. Noonan, *Bribes* (Berkeley: University of California Press, 1984); B. Oppetit, "Le paradoxe de la corruption à l'épreuve du droit du commerce international" J. dr. int. 1987.5; R. Perez Perdomo and R. Capriles Mendoz, *Corruptión y control: una perspectiva comparada* (Caracas: Ediciones Iesa, 1991); S. Rose-Ackerman, *Corruption and Government: Causes, Consequences, and Reform* (Cambridge: Cambridge University Press, 1999); W. Schuler (ed.), *Korruption im Altertum* (München: R. Odenbourg, 1982); M. Borghi, P. Meyer-Bisch (eds.), *La corruption: l'envers des droits de l'homme* (Fribourg: Editions universitaires Fribourg Suisse, 1995); (1996) 149 Int. Soc. Sci. J. ("西方民主国家的腐败"为该期刊物主题);J. -M. Ghéhenno, *La fin de la démocratic* (Paris: Flammarion, 1995)(第八章:金赎)); J. Cartier Bresson, *Pratiques et controls de la corruption* (Paris: Montchrestien, 1997); Castells, Information Age (2000), above, ch. 3(不正当联系:全球犯罪经济)。腐败范围的程度现在导致一个资源性国际组织的产生,即透明国际,它的主要目标是战胜腐败,参见 http://www. transparency. org/中关于全球腐败报告、腐败感受指数(根据所受的腐败程度对世界上的国家进行评估)的信息和 J. Pope 所编《国际透明组织相关研究资料汇编》中关于国家诚信系统的信息。近十年来,国际上签订了一系列国际协定以协调反腐败措施并加强合作,既处理腐败的"供方"也处理腐败的"需方",同时提供双边法律协助,追踪财产并将其返送回本国(OECD, 1997; EU, 1997; Council of Europe, 1999; UN, 2003)。具体文本参见 B. Huber, *Combating Corruption in the European Union* (Koln: Bundesanzeiger, 2002); http://www. unodc. org/unodc/crime_convention_corruption. html;关于西方法律传统的腐败方面的特别倾向(由于它们的庞大而复杂的结构),参见第七章"西方法律和腐败"。

灰色收入，以及追求个人名利和精英的自我永续（self-perpetuating）。在这里，"使命的逻辑"（logic of mission）被"维持的逻辑"（logic of maintenance）所取代。[87] 传统能够为克服机构的腐败提供一些手段，尽管它同时也为腐败的发展提供了手段。一个传统若纯粹劝人奉献和仁爱，并抵制与这些目标不符的公共机构，其本身对于公共机构腐败就是一个主要的制约和控制因素。此外，一种鼓励机构和精英建设的传统还需要发展二级制约机制。它需要发展公共机构或精英生活的道德，以及对主要的公共机构进行有效的制度监督的手段。如果缺乏这样的保护性道德机制，这种主要传统的有效性将只停留在形式上。它的本质一面将通过自身的腐败体现出来。

要给最后一种腐败形式，亦即智识腐败，作出定义或区分是一件极为困难的事情。然而，人们对于它的存在却甚少怀疑，跟犯罪性的或机构性的腐败如影随形是它的一个鉴别特征。在维护权力和利益的过程中，那些谬误和不堪一驳的教条可能被永久地固定下来。[88] 不过，智识性的腐败也有可能自行产生，"盲信（dead faith）"、"疏忽"、"盲目崇拜"、"陈词滥调"或"木语"（wooden language，或langue de bois）等都是对它最好的语言表述。到这里，我们已经接近所有传统的动态活力，而腐败则专横地致力于摧毁或消灭这种活力。权威代替了对正当性的评判，指控异端或叛逆代替了思想的交流。然而这些大多取决于该具体传统以及相关的仔细判断。一种崇尚时间的偶然性或历史性、变化以及理性的传统通常视援引过去为一种腐败，是对现在的主要支配地位和明确的原创性的一种否定。这种传统几乎不会给指控异端留有任何位置，尽管对谋叛和诱惑改宗的指控仍然在这种传统中存在。那些以恒量（constants）来定义的传统，不管它们究竟是什么，都必须维护那些作为传统之精华的恒量，否则该传统将不复存在。在这种传统中，变革和争论固然是可能的，但对异端（或谋叛）的指控肯定会存在，所有的这类行为都在惩处之列。如果原教旨主义（如它现在为人所知）号召对整个传统作绝然解释，并依赖军队或暴力作为主要的反应手段来对付那些反对的观点，甚至是那些来自传统本身的观点，那么它很可能就是一种智识腐败。这种情况下，与那些作出指控的传统相比，那些被指控为异端的传统可能代表着一种更真实的传统类型。

---

[87] G. Baum, *Theology and Society* (New York: Paulist Press, 1987) at 234, 235, citing R. Merton, "Bureaucratic Structure and Personality" in R. Merton (ed.), *Reader on Bureaucracy* (New York: Free Press, 1952) at 361 以确保"目标的取代"。

[88] 参见 R. R. Rerether, *Sexism and God-Talk: Toward a Feminist Theology* (Boston: Beacon, 1983) at 15, 16; J. H. Cone, *A Black Theology of Liberation: The Sources and Norms of Black Theology* (Philadelphia: Lippincott 1978) at 73。

因此，传统作为一种被接受的信息来说是脆弱的。它自身蕴藏着多样性，或用更为激进的话来说，变化的种子。它同时也蕴藏着腐败的种子，人类品德上的众多弱点将其转化成实现不正当个人目的的工具。所有这些都存在于一个内部的世界，都是传统内部生活的风险和危险。另外，在这个内部世界之外还有一个外部世界，那是其他的传统以及传统之间的关系的世界。而它也同样地展示着自身的危险。

参考书目

Armstrong., D., "The Nature of Tradition" in D. Armstrong, *The Nature of Mind and Other Essays* (Ithaca: Cornell University Press, 1981) 89.

Atias, C., "Presence de la tradition juridique" (1997) 22 Revue de la recherche juridique 387.

Bleckmann, A., "La tradition juridique en tant que limite aux reformes du droit" in *Rapports generaux au Iff Congres international du droit compare* (Budapest: Akademiai Kiado, 1982).

Boyer, P., "The Stuff 'Traditions' are Made of: On the Implicit Ontology of an Ethnographic Category" (1987) 17 Philosophy of the Social Sciences 49.

Brown, D., *Rethinking tradition in modern Islamic thought* (Cambridge: Cambridge University Press, 1996).

Brown, R. L., "Tradition and Insight" (1993) 103 Yale Law Journal 177.

Eisenstadt, S. N., *Tradition, Change and Modernity* (New York: John Wiley and Sons, 1973).

Eliot, T. S., "Tradition and the Individual Talent" in *The Sacred Wood: Essays on Poetry and Criticism*, 6th edn. (London: Methuen and Co., 1948) 47.

Fikentscher, W., Franke, H. and Kohler, O. (eds.), *Entstehung und Wandel rechtlicherTraditionen* (Freiburg/Munich: Verlag Karl Alber, 1980).

Friedrich, C. J., *Tradition and Authority* (London: Pall Mall Press, 1972).

Granger, R., "La tradition en tant que limite aux reformes du droit" Revue internationale de droit compare 1979. 37.

Hobsbawm, E. and Ranger, T. (eds.), *The Invention of Tradition* (Cambridge: Cambridge University Press, 1983).

Izdebski, H., "La tradition et le changement en droit: l'exemple des pays socialistes" Revue Internationale de droit compare 1987. 839.

Kristeller, P. O., "Creativity" and "Tradition" (1983) 44 Journal of the History of Ideas 105.

Kronman, A., "Precedent and Tradition" (1990) 99 Yale Law Journal 1029.

Krygier, M., "Law as Tradition" (1986) 5 Law and Philosophy 237.

——"The Traditionality of Statutes" (1988) 1 Ratio Juris 20.

Luban, D., "Legal Traditionalism" (1991) 43 Stanford Law Review 1035.

MacIntyre, A., *Whose Justice? Which Rationality?* (Notre Dame, Indiana: University of Notre Dame Press, 1988).

Malek, R., *Tradition et revolution: l'enjeu de la modernite en Algerie et dans l'Islam* (Paris: Sindbad, 1993).

Minogue, K. R., "Revolution, Tradition and Political Continuity" in King, P. and Parekh, B. C. (eds.), *Politics and Experience: Essays Presented to Professor Michael Oakeshott* (Cambridge: Cambridge University Press, 1968) 283.

Munoz, L., "The Rationality of Tradition" (1981) 67 Archiv für Rechts-und Sozialphilosophie 197.

Oakeshott, M. J., *Rationalism in Politics and other Essays* (New York: Basic Books, 1962).

Ong, W. J., *Orality and Literacy: The Technologizing of the Word* (London/New York: Methuen, 1982).

Pelikan, J., *The Vindication of Tradition* (London: Yale University Press, 1984).

Phillips, M. S. and Schochet, G., *Questions of Tradition* (Toronto: University of Toronto Press, 2004).

Pieper, J., "The Concept of Tradition" (1958) 20 Review of Politics 417.

Pocock, J. G. A., "Time, Institutions and Action: An Essay on Traditions and the Understanding" in King, P. and Parekh, B. C. (eds.), *Politics and Experience: Essays Presented to Professor Michael Oakeshott* (Cambridge: Cambridge University Press, 1968) 209.

Popper, K., "Toward a Rational Theory of Tradition" in K. Popper, *Conjectures and Refutations*, 3rd edn. (London: Routledge Kegan Paul, 1969) 120.

Postema, G. J., "On the Moral Presence of Our Past" (1991) 36 McGill Law Journal 1153.

Rudolph, L. I. and Rudolph, S. H., *The Modernity of Tradition: Political Development in India* (Chicago: University of Chicago Press, 1967).

Shils, E., *Tradition* (Chicago: University of Chicago Press, 1981).

Stock, B., *Listening for the Text: On the uses of the past* (Baltimore: Johns Hopkins University Press, 1990).

Thapar, R., "Tradition" in Thapar, R., *Cultural Transaction and Early India: Tradition and Patronage* (Delhi: Oxford University Press, 1994) 7.

Thompson, E. P., *Customs in Common* (New York: The New Press, 1993).

Waldman, M. R., "Tradition as a Modality of Change: Islamic Examples" (1985—6) 25 History of Religions 318.

Wise, E., "Legal Tradition as a Limitation on Law Reform" (1978) 26 American Journal of Comparative Law (Suppl.) 1.

第二章
传统之间：身份、劝谕和生存

传统从内部来说都是不稳定的，但这种稳定性问题因传统之间的关系而显得更为突出。若传统在本质上乃由信息交流所构成，那么它也在一定程度上对进一步的信息交流敞开了大门，尤其是跟其他传统之间的交流，因此，传统存在的两个不稳定的根源——内部的和外部的——相互联系一起。而内部和外部的抵制都可能被遇到，传统对其都必须作出回应。对交流过程进行限制只是某些特定的传统的产物，这种限制既可能成功，也可能不成功。但就长期而言，信息流的力量将会是压倒性的。

由于种种相互关联的原因，传统之间的交流过程现在正在加速。在西方，随着人们对西方思想的传统特征的了解不断增加，如今，西方思想跟其他形式的思想被并置在一起，而不是置于其上。这种跟其他传统不断增加的并置既揭示了西方传统自身的多样性，也衡量了它们内在的理性。那种所谓"原始的"或"高级的"社会或民族的说法，就像是西方社会学和人类学在过去传统上所做的那样，现在已经不再在科学上或智识上被认为是准确的，因此，在政治上也不再被认为是正确的。[1] 我们必须对这些具体的做法进

---

[1] 这可能是因为需要一个能够对西方的进步作出比较的标准，作为验证西方传统的（西方）经验主义手段；关于作为对抗"以欧洲为中心和种族主义的进步概念"的文化相对主义的相应发展，参见 A. A. An-Na'im, "Problems of Universal Cultural Legitimacy for Human Rights" in A. A. An-Na'im and F. M. Deng, *Human Rights in Africa: Cross-Cultural Perspectives* (Washington, D.C.: The Brookings Institution, 1990) 331 at 339；关于社会和政治科学中类似的把文化相对主义作为一种研究方法的习惯来拥抱，"几乎以向过去的种族主义道歉的方式"，参见 T. W. Bennett, "Human Rights and the African Cultural Tradition" in W. Schmale (ed.), *Human Rights and Cultural Diversity* (Goldbach, Germany: Keip Publishing, 1993) 269 at 275。比较 F. Femandez-Armesto, *Millennium* (London/New York: Bantam, 1995) at 447（人类学最终"发现众多的其他文化，以它们自己的语言来理解它们，承认它们具有同样的智慧，并向西方世界展示它们的经验"）。关于原生民族的人类学思想的历史，参见第七章中"世界范围内的西方法"，关于人类体格区别的科学观点，参见本章"传统、种族和国家"。

行辨别,或批判或维护。同时,西方社会也为传统之间接触的增加提供了物质条件。[2] 在努力扩张自己的信息过程中,西方也更加频繁地与其他形式的信息相遇,"全球化"和"发展"的过程以及针对它们的反应过程如影随形。[3] 所有各方都对自己的身份——或强或弱的——有着更为清晰的认识,而所有各方也都受到这个进程的影响。他们已经无法再继续保持自己原来的状态了。此外,在这个西方理性的世界影响力大规模扩张的时代,西方情境传统的支持者在西方也变得越来越为活跃,他们还经常从外部的传统获得广泛的支持。而在那些西方传统已经发展起来的地区,由于西方交通方式所带来的便利,越来越多的来自其他传统背景的人前来定居。在同一块土地上的某些地方,那些更早期的定居者(或者更准确地说,是那些维系自己传统的人)也更加坚持他们自己的生活方式。人类就像树枝那样可以弯曲,但却很少折断。

传统与身份

在思考传统之间关系过程中,我们有必要先思考那些不同的传统本身,以及它们各自的或不同的身份。身份是一个世界性的主要关注,尽管若没有社会之间的接触,可能也就不会有身份的担心了。如果没有外界的反应或挑战,每个社会都只是自生自灭,而不会受到任何困扰。因而,身份的担心源于跟外界的接触;身份正是通过或明或暗的对抗构筑起来。在理解自我的过程中,另一方的存在成为不可或缺的因素。同时,另一方对内部凝聚力也构成了持续性的威胁。

跟其他传统接触本身就是个很有意思的概念。认可其他传统需要满足一些知识上和理解上的门槛性要求,因此,如果相互之间没有信息交流的传统似乎也就没有接触。各传统之间后来进行讨论的活力也因众多因素的影响可能各不相同。据说,即使是激烈的争论之中也存在着包容的可能性,因为它意味着另一方值得与之争论。若要将一个人的思想引向反对另一个人,那就需要让另一个人保持在自己的同一个轨道之中才有可能。[4]

然而,因为传统最好的定义就是信息[5],所以,跟其他传统(最轻微)的接触意味着

---

[2] 关于对这种形式接触的兴趣的增加,参见 Scollon and Scollon, *Intercultural Communication* (1995)。
[3] 关于这个过程的复杂性以及当前正在发生的"全球化",参见本章"全球化"。
[4] F. Braudel, *A History of Civilizations*, R. Mayne 译(New York: Penguin, 1993)(orig. French edn. 1963) at 334.
[5] 参见本书第一章"传统作为信息:概念的摸彩桶"。

传统最初的信息基础发生了改变。从它可以获得的全部信息已经扩张这一意义上来说，它的总体身份已经跟过去不再一样。它的信息摸彩桶变得更大了。传统之间任何形式的接触都将导致每一种传统的总体身份变得不再是排他性的；这样一来，每种传统都包含着其他传统的成分，这点可以在接受方传统的种种趋向中获得支持。因此，在当今世界中，纯粹的传统身份并不存在。现代社会学的语言在反对传统、或者甚至是社会中的本质主义（essentialist）观念过程中，对此已经有所认识。如果"内"和"外"成为相互依存而非截然对立的领域[6]，那么身份也就变成了"对位性的（contrapunal）"[7]或"局部性的（aspectival）"。[8] 那些与主张进化（纯粹依赖于本土的发展）相对立的、主张扩散的（依赖于外部影响）的社会发展理论似乎已占据着主导地位。在这些情形下，归属或遵循某一传统已经变得不再那么清楚界定了。传统的非精确特征意味着它的成员范围的非精确性。他人可以（些微地）是我们自己的一部分。而隔离也可以被（部分地）克服。

传统、种族和国家

因此，各种传统的身份或多或少地相互联系在一起。然而，在何种程度上传统的这一特征跟一些集体概念，譬如社会、文化、法律系统或"我们自己"，联系在一起呢？是否有这样一些隔绝的或纯粹的社会或文化，它们根据一些比传统更为基本的标准，譬如种族、民族、法律或地理等，所组成呢？这样的社会是否具有不受传统的相互依存的本质所影响的特征呢？这是一个关于社会身份的本质的大问题，这方面的论著亦可谓汗牛充栋。我们在上一章关于传承的讨论中曾经探讨过这个问题，在该章中，传承被认为必须发生在一定的社会背景当中。那么，这样的背景是否预先存在于传统的传播过程呢？

或许，对社会身份问题的最古老的反应跟对个人身份问题的反应相类似。在两种情况下都是记忆构成了身份。失去记忆的人不再知道他们自己是谁。这个观点至少可以

---

[6] Said, *Culture and Imperialism* (1994) at xxv.

[7] J. Tully, *Strange Multiplicity: Constitutionalism in an age of diversity* (Cambridge: Cambridge University Press, 1995) at 11 and 13（内在于文化的文化上的差异的经验，内在于一个人自己的认同的他者（otherness）的经验，这些都发生在原住居民和西方民众之间的宪法协商背景之中。

[8] S. Fish, "hange" (1987) 86 S. Atlantic Q. 423 at 431, and see 430（如果"外物"引起变化，那它就已经成为"内物"了）；关于"传统之间的边界总体上的渗透性的和部分自愿性的性质"，参见 A. Buchanan and M. Moore, "Introduction: The Making and Unmaking of Boundaries" in A. Buchanan and M. Moore (eds.), *States, Nations and Borders* (Cambridge: Cambridge University Press, 2003) 1 at 2—3, and 14（"每种主要的传统在本质上都是观点的组合"）。

追溯到洛克[9],并被社会理论家们所广泛接受。[10] 因此,在柏林墙倒塌之后,东德人便失去了他们的身份感,因为他们不再和谐地生活在自己的生活历史之中。[11] 根据这种沿袭已久,但却并非总是那么显而易见观点,传统相应构成了关于社会单元或身份的所有当前概念的基础。传承并非在某特定社会背景内发生,而是它本身构成了该背景,当传承长期持续在早期的追随者到现在的追随者之间时,这种背景就一直存在。他人并非是指一个不同肤色、人种、国家的或处在不同地理位置的人,而是一个来自另一种(尽管现在相互依存的)传统的人。然而,由于这种观点与许多现今被广泛接受的观点相抵触,我们仍需对此稍微作更全面一点的解释。

将当今社会,或某一社会中的少数族裔,看成是由不同的肤色、人种、国家或地理位置的人所构成的是完全可能的。这样一来,人的现今特征超越了传统而成为定义因素。[12] 我们已经看到,有一种趋势甚至将传统定义为现今的典礼仪式,而非构成仪式表演之基础的信息。[13] 然而,正如传统的信息构成现今典礼仪式的基础,它同样构成赋予肤色、人种、国家或地理位置以任何现今重要性的基础。我们知道,有些社会乃根据不同的标准组成,那么为什么一个社会仍然被视为由特定肤色、人种、国家或地理位置的人所

---

[9] 参见 Perry (ed.), *Personal Identity* (1975),特别是第二章("约翰·洛克:关于身份和多样性");A. O. Rorty, *The Identities of Persons* (Berkeley: University of California Press, 1976); B. Williams, *Problems of the Self: Philosophical Papers 1956—1972* (Cambridge: Cambridge University Press, 1973) at 1("身体特性至少不是个人身份的充足条件,其他的关于个人特征的事项,特别是记忆,应当予以考虑"); C. Taylor, *The Malaise of Modernity* (Concord, ON: Anansi, 1991) at 40("我只能通过在那些重要事物的背景中来定义我的身份")。

[10] E. Durkheim, *The Elementary Forms of the Religious Life*, J. Swain 译 (London: Alien and Unwin, 1915, 5th impr. 1964) at 422("重要的是,是它关于自己的观点"构成了社会);J. Fentress and C. Wickham, *Social Memory: new perspectives on the past* (Oxford/Cambridge. Mass.: Blackwell, 1992); A. Touraine, *Pourrons-nous vivre ensemble? Egaux et differents* (Paris: Fayard, 1997) at 48(我们每个人意识到自己是属于一个传统,一个记忆体) and 222("记忆");D. Ali (ed.), *Invoking the Past: The Uses of History in South Asia* (Oxford: Oxford University Press, 2002) at 5(过去"对于政治身份的形成是一种可无止境地占有的资源");J. Boyarin, "Space, Time, and the Politics of Memory" in J. Boyarin, *Remapping Memory: The Politics of Time and Space* (Minneapolis: University of Minneapolis Press, 1994) 1 at 23("身份和记忆事实上是同一个概念")。

[11] C. Dieckman, *Die Zeit*, 11 Oct. 1991 at 3("为什么看你的背后?")。

[12] 语言和宗教似乎更少如此,因为二者都更明显地被当做传统和持续的信息整体来认识。经典作家认为"语言造就民族"("gentem lingua facit");关于语言作为传统和类似于传统,"总是可以找到一些地方的变体",参见 N. Osier, *Empires of the Word: A Language History of the World* (London: HarperCollins, 2005) at xix.

[13] 参见前面的讨论及第一章"传统作为信息:概念的摸彩桶"。

构成的呢？对于把社会看做是由这种或那种现今具体的方式所构成的观点，我们所能作的唯一解释就是，因为信息就是这样主张的。这种信息就是传统的信息——它历来已久，并主张一些现今的、具体的特征对确定社会身份具有根本性的意义。那么，这种传统信息存在于哪里呢？它可能存在于所有的传统之中。所有的传统都可能存在着将现今的特征或者制度固定下来的倾向，即使是以牺牲传统本身作为代价。对于那些崇尚时间的偶然性和历史性、变革以及理性的传统，它们也可能倾向于强调现今的特征，甚至走到令这种要义的传统特征被人们最终所忘却的地步。然而，在所有情况下，赋予生活的现今特征的价值全都源自于传统。拥握王牌取胜的乃是传统；它显然要更为久远。

这种观点可以通过对当前被广泛用以确定社会身份的两个标准作更近距离的考察来检验：人种（或种族）和国籍（所属国）。每一种标准跟传统之间究竟是什么关系呢？对人种或种族概念考察越仔细，我们越会发现它最终似乎不具备在社会划分中起主导作用的能力。现在，没人能够指出什么是人种或种族。[14] 此外，肤色作为它们中任何一种的界定因素也已经消失在世界人口这片彩虹之中。这些肤色固然存在；但它们在科学

---

[14] 参见 T. Sowell, *Race and Culture*: *A World View*（New York: Basic Books, 1994），notably at p. xiii（未试图提供人种的定义，在数不清的世纪中人种的混合之后，对它作出定义几乎不再适合）；S. Molnar, *Human Variation*: *Races, Types and Ethnic Groups*, 2nd edn.（Englewood Cliffs, N. J.: Prentice Hall, 1983）at 4（达尔文的理论导致这样一种观念，即人类物种代表着发展的最后阶段），19（截至19世纪末，科学家们意识到不存在区分人类群体的单一的身体标准），24（人种及其亚种是一个"虚构的概念"，目的是为了使人的思想能够"从自然界中组织信息"），130（计算机分类对更古老的分类单位提出了质疑）以及183（上世纪的种族主义作品"试图以遗传来描述人类社会"）；S. J. Gould, *The Mismeasure of Man*（New York: Norton, 1981），notably at 31（18、19世纪社会中发展起来的科学观点，但对于人种排名的适当性几乎没有任何质疑）；P. Shipman, *The Evolution of Racism*: *Human Differences and the Use and Abuse of Science*（New York: Simon and Schuster, 1994）（达尔文主义的影响，19世纪分类学的科学含义）；L. L. Cavalli-Sforza, P. Menozzi and A. Piazza, *The History and Geography of Human Genes*（Princeton: Princeton University Press, 1994）at 17—19（出现在18世纪并具有分类学上的起源的人种目录，其中肤色扮演着"主导性角色，正如它在普通人的观念之中一样"）；然而达尔文推断说，种可能只有一个，因为所有的人种"逐渐变成一种"，差别并非是重要的；在现代分类学中，人种是一个"极其不稳定的实体"，如果把它放到大的主要种群中，甚至单一的人口中，种群的差别很小，人种的概念"已经不能取得共识"，并参阅其书评（1995）Scientif. Am. 102（"建立在那块基石上的人种思想彻底崩塌。群体内部的人在基因上的差别比群体之间的差别要更大；多数的基因进化在人类走向各大洲之前很长一段时期就已经发生"）；M. Ruhlen, *The Origin of Language*: *Tracing the Evolution of the Mother Tongue*（New York: John Wiley and Sons, 1994）at 148（整个人类，不管何种人种，都表现出非常相似的认知和语言能力，没有什么原始的民族）；K. Malik, *The Meaning of Race*: *Race, History and Culture in Western Society*（New York: New York University Press, 1996），notably at 3（同义反复的人种的法律定义，比如，人种是被定义为人种的群体，使得每个人都属于不同的人种这一思想得以法律化）；关于人种的科学理论跟西方帝国主义的关系，参见 Fernandez-Armesto, *Millennium*（1995），above, at 436—8。

上的归类或分类却已经崩溃。因此，人种、种族和肤色并非作为一个区分世界人口的主要的、根本性的手段，而是作为一种社会建构（social construction）而出现，其重要性和程度也因时而异。[15] 那么，什么是社会建构呢？它就是被足够多的人在足够长的时间内所遵循以获得一般性的认知的信息。它是传统的具体产物，尽管它也可看做是传统本身。因此，传统或人种是否为更根本性的标准并非问题所在；这个问题的答案相对来说很清楚。重要的问题是特定的传统在什么程度上认为让人种（或种族或肤色）在自己内部扮演一个重要角色是合适的。可以预料的是，世界上的主要法律传统似乎并不会这样做。其他的标准在它们当中显然更为重要。[16] 而且，我们很难想象会有哪种主要的

---

[15] J. L. Graves, *The Emperor's New Clothes*: *Biological Theories of Race at the Millennium*（New Brunswick，N. J./London：Rutgers University Press，2001），notably at 3（将人类分成不同的人种缺乏生物学的基础，人种的观念相对来说是很新的一种社会建构），4（不同人种的人和那些不能生育能够存活的后代的人）；关于人种思想在中世纪和西方现代社会的早期的构建，以及希腊拒绝身份的物质定义，参见 E. Hannaford，*Race*：*the History of an Idea in the West*（Washington，D. C./Baltimore：The Woodrow Wilson Center Press/The Johns Hopkins University Press，1996），notably at 22,58,59（中世纪关于永久性人种的特征的观念起源于西班牙的天主教拒绝承认来自犹太教的皈依）；G. M. Fredrickson，*Racism*（Princeton：Princeton University Press，2002），notably at 31（西班牙对"改宗者"的处理是对现代种族主义"第一次真正的期待"）；R. Bartlett，*The Making of Europe*（London：Penguin，1993）at 236 ff.（"种族主义在中世纪后期的发展"）；H. F. Augstein，*Race*：*The Origins of an Idea*，1760—1850（Bristol：Thoemmes Press，1996）。然而，关于过时的"主要种族主义"（"proto-racism"）（群体特征被认为是稳定的，不可改变的），参见 B. Isaac，*The Invention of Racism in Classical Antiquity*（Princeton：Princeton University Press，2004）（特别是第175—177页关于亚里士多德的天生奴隶的概念）。种族的概念并不能发展出人种的概念。希腊语"ethnos"在最初是指那些为采纳希腊城邦的政治和社会模式的那些人（亦即未遵循某一传统的人）。这种表达在19世纪以来的更广泛的使用时纯粹是植根于社会建构）。参阅 N. Rouland，S. Pierré-Caps，and J. Poumarède，*Droit des minorités et des peuples autochtones*（Paris：Presses universitaires de France，1996）at 24—5；P. J. Geary，*The Myth of Nations*：*The Medieval Origins of Europe*（Princeton/Oxford：Princeton University Press，2002），notably at 11（关于稳定的欧洲民族在遥远过去的形成的神话）；M. Morse，*How the Celts Came to Britain*（Stroud：Tempus，2005），notably at 10—13 关于对把凯尔特人简单地看成是居住在建立起来的城镇中心之外的人这一观点所作的批评。关于穆罕默德对人种概念的拒绝，参见 I. Khaldûn，*The Muqaddimah*（Princeton：Princeton University Press，1967）at 94（"每个婴儿都出生在自然状态之中"）。

[16] 这些包括像住所、居所、国际、血型或血统这样一些众所周知的社会区分标准。它们区别于当前存在的那些生物学驱动的人种概念。国籍法可以以血统来确定国籍，但这并存在政治身份的基因遗传的潜在观念。身份（仅仅）是法律的创制。人的血型可能相同，或具有其他的基因相似之处。对于这些具体的和可遗传的人类特征，最适合的看法就是简单地将它们看成是它们自己，而非一个更大的、任意的人种概念的构成成分。关于人口构成"基因的统一体"，它的分割将会是任意的，因此导致达尔文拒绝人种划分的观念，参见 E. Euca Cavalli-Sforza，*Genes，Peoples and Language*（London/New York：Penguin，2001）at 40；关于南非法律以非种族主义语言重新制定并未遵循者保留原生或本地法律，参见 South African Law Commission，*The Harmonisation of the Common Law and the Indigenous Law*（Discussion Paper 76，1998）at 18,24（有自己习惯法的"社区成员"当事人的法律选择）。

世界传统会建立在这样一个明显脆弱的基础之上。当然，这并不能防止世界上有跨国的、跨传统的种族主义传统的存在。但它只是作为那些更大、更具影响力的传统的内部对立物，或作为一种腐败而存在。在那些大的传统中，争论的焦点已经转移到是否保留人种的概念，以作为一种工具来矫正过去以人种名义所犯的种种非正义。[17]

国籍或所属国是否是一个比传统更深刻的现代概念呢？二者在历史上都是作为西方启蒙的产物而出现的，并且，尽管它们在世界上的当代重要性，二者似乎都植根于某特定的思维方式或传统。[18] 而且，所属国或国籍在传统上的变体有很多，因此，它们也受到本地的、传统的接受标准的制约。一些国家采用血统作为确定成员的首要标准（血统主义，the ius sanguinis）；其他国家则使用出生地标准（出生地主义，the ius soli）。这些都是很重要的区别，它们显示具体国家在性质上的重要差异。在家庭关系和人口流动这张相互缠结的巨网中，不管执行哪一种标准都需要极其复杂、因国而异的立法。国家乃作为某具体传统的产物出现，并受到众多传统的制约。此外，它当今的地位也成为大的争论的对象。[19] 其所继受的信息或者说传统，是当今国家存在的主导性背景。

传统在确定社会身份方面属于支配性因素的结论，意味着世界上没有从根本上不同的、完全不可调和的社会身份。每一种身份均由传统所构成，而所有的传统都包含着其他传统的成分。就像通常所称的所谓"西方"，其实也包含着"东方"的一些元素。并且，它们之间共同的成分和共同的讨论主题一直都存在。因此法语词"mixité"*就是对这种人类的共同状态的最好描述，而出现于19世纪或20世纪初的纯粹社会（或者，也可认为

---

[17] 关于这场争论，参见"Affirmative Action"(2005) No. 183 International Social Science Journal 的主题代码，特别是在第71页，关于对"人种的自我确定"正获得越来越多人的认可，以及第153页关于不同包容政策（为矫正目的使用人种概念）、拒绝（任何再分配政策都必须得不以人种为标准）和代替（使用不同类别的矫正措施，新的不平等的危险成为永久性的）。

[18] Anderson, *Imagined Communities* (1991)；在语言上和"文化"上定义的"国家"的思想缺乏任何客观的认同，参见 Geary, *The Myth of Nations* (2002), above, notably at 11（关于欧洲民族是"与众不同的、稳定的和客观上课识别的社会和文化单元"的"伪历史"）and 37（中世纪早期的和现代的民族之间的一致的"神话"）。由于众多的或远或近的影响，在"国家"认同方面的一致和今天记录"欧洲"或"美国"狭义上的历史的困难，参见 C. A. Bayly, *The Birth of the Modern World* 1780—1914: *Global Connections and Comparisons* (Oxford: Blackwell, 2004), notably at 2, 71（欧洲的"例外主义"并非存在于任何单一性因素之中，而是存在于不同于世界其他地方的众多特征的积累之中）。

[19] 参见本章"普世化：用真理统治世界"以及"国家和新的大离散"，关于国家的内外挑战；H. P. Glenn, "Nationalist Heritage" (2003)（关于国家的类型和当前的"失败的国家"，作为国家传统的多样性和（相对）活力的指标）；H. P. Glenn, "Tradition juridique nationale" (2003)（关于国家传统作为信息流的概念的"现代性"，以相对于国家法律制度的静态概念）。

* 即混合。——译者注

是法律)思潮已经风光不再。[20] 不过,这并不意味着在所有的传统中任何东西都可以商量。费尔南德·布罗代尔曾经对那些他称之为各种文明的"根本结构"作过甄别,这些文明的结构成分被认为是不可更改的,除非对传统本身作出深刻的变革,或者更可能的是,由于该传统自身的消失。[21] 此外,传统也能够吸收并容纳外来的因素,正如它们同时容纳许多内部因素的变体或异议那样。

保护身份

因此,传统的身份是个令人难于捉摸的概念,或许以三联图(triptych)的形式来对其进行思考是最好的方式。首先是传统的整体身份,它构成传统的全部信息基础,既包括内部的异议成分,也包括外部的对照成分。接下来是我们前面所称的"主导性"或"主要"形式的传统,它在任何特定时间内都被认作是传统最为真实的形式。[22] 最后是传统的"根本的"或"基本的"成分,若这些成分缺失,传统的其他成分将不能立足。不同的传统是如何容纳自身变革的概念呢?这同样取决于该传统及其对变革的看法。通过外部接触和改变传统的整个信息基础而产生的变化不能被视为变革,而是贯彻主导性传统过程中进一步的复杂化。否则,这种变化根本就不会被认可。不管承认与否,变革也可以发生在主导性传统身上。不管是什么原因(新思想、对旧思想的新理解),传统的教喻都不可能总是保持跟以前一样。这种类型变革的发生能够跟传统的持续特征和身份保持一致,因为当传统的一些因素发生变化时,其他的因素可能仍然保持不变。[23]

传统的"根本的"或"基本的"成分的变革问题更多,因为这种变革有可能把传统带入一个尽头,这种变革很可能就发生在所有追随者认同的情况下,尽管很难提供具体的范例。更可能的是,传统的基本成分逐渐失去了它的说服力,导致传统沦落到活力沦丧

---

[20] Örücü, Attwooll and Coyle (eds.), *Legal Systems: Mixed and Mixing* (1996); H. Petersen and H. Zahle, *Legal Polycentriaty: Consequences of Pluralism in Law* (Aldershot: Dartmouth, 1995), notably T. Wilhelmsson, "Legal Integration as Disintegration of National Law" at 127 and A. -J. Arnaud, "Legal Pluralism and the Building of Europe" at 149。

[21] Braudel, *History of Civilizations* (1993), above, at 28, 29("文明通常会拒绝承认那种认为它自己的结构成分之一有问题的文化革新。这样的拒绝或不说出口的敌意相对来说很少:但是它们总是指向文明的心脏")。

[22] 然而,是否在某特定的时间总是存在这样的形式仍有疑问,而且,追随者或参加者对于传统的真实形式的内容也可能存在分歧。作为对这个问题的辩护,传统可以明确采纳当前被传统本身的某种媒介确定的关于传统的定义。

[23] 参见本书第一章"过去在变化中的呈现"。

或接近沦丧的地步,尽管此时它仍有可能保持被搁置或冻结的状态。[24] 这种情况可能与人们不断遵循其他的传统同时发生,并跟其他传统的普世化和劝诱改宗特征相互关联。[25] 一个核心的问题似乎是,传统能否采取具体措施来保护它的根本的或基本的成分,它是否能够明确地保护自己的身份。答案显然是肯定的,这些保护措施包括从简单的、铭记的道德义务[26]到指控异端、叛逆或蛊惑人心等手段,不一而足。这些措施的内容也因传统而有所区别。一个更具争议性的问题是,传统能否制止它的追随者对它的抛弃。"发声"(voice)和"退出"(exit)的选择是否总是存在,或者,是否有些传统的身份已经将这种可能性排除?[27] 对退出的拒绝意味着保留和内化那些根本性的异议,从而增加了分裂和混乱的风险。它还增加了腐败和谋取自利的可能性。然而,不管如何,人们终将可以离开某种传统。没有什么终极手段可以保证对传统的根本的或基本成分的遵从。一些人为此宁可选择死亡,这对传统来说同样也是一种失稳(de-stabilizing)。

---

[24] 有些传统由于没有继承者现在据说将要绝灭,尽管它们的信息基础在一定程度上被保留了下来。关于埃及、美索不达米亚的古老法律传统,参见本书第四章介绍性的评论部分。这表明为什么很难说某个传统已经死亡。只要它的信息基础仍被保留,它仍可复活,成为一种"复原的传统",尽管这可能,也可能不涉及现在采纳它的民众不是原来的追随者。因此传统甚至可以没有追随者而存在,尽管这时它的生气乃处于一种被悬置的状态。"失去的身份"有时指的就是这个方面,萨科曾经提到过"沉没"的法律,参见 R. Sacco, M. Guadagni, R. Aluffi Beck-Peccoz, and L. Castellani, *Il diritto africano* (Turin: UTET, 1995) at 15,169。很大一部分的印度法现在可能已沉没,就像罗马法在整体上曾经一度沉没那样,欧洲的原生法律(古老的威尔士、爱尔兰和日耳曼法)似乎也同样如此。关于东欧在追随苏联政权之后的情况,参见 G. Hamza, "Continuity and Discontinuity of Private/Civil Eaw in Eastern Europe after World War II" (2006) 12 Fundamina 48, notably at 49("回归潘德克顿学派法律传统")。然而,就像希伯来语一样,复原只有在信息基础仍然保存的情况下才有可能。关于犹太人"重建中断后的传统",参见 J. Boyarin, Thinking in Jewish (Chicago: University of Chicago Press, 1996) at 18;关于美国天主教西班牙人在发现他们的祖先是马拉诺人以后皈依犹太教(西班牙的犹太人在15、16世纪皈依了天主教),参见 S. Romero, "Hispanics Uncovering Roots as Inquisition's 'Hidden' Jews", New York Times Oct. 29,2005, p. A17. Cf., 关于澳大利亚的约塔·约塔人(Yorta-Yorta)可能最后地失去他们的身份,参见 *Yorta Yorta Aboriginal Community v. Victoria* (2002) 194 ALR 538;关于从传统(并非系统性的)法律角度的批判,参见 H. P. Glenn, "Continuity and Discontinuity of Aboriginal Entitlement", on file w. auth.; and compare J. Boyarin, "Space, Time and the Politics of Memory" in J. Boyarin, *Remapping Memory: The Politics of TimeSpace* (Minneapolis: University of Minneapolis Press, 1994) 1 at 25("家长似的支配"把"那些不符合普遍进步的模式的种族群体"当做"实际死亡的行走的化石")。

[25] 参见本章"普世化:用真理统治世界"。

[26] 关于这点,参见 A. Margalit, *The Ethics of Memory* (Cambridge, Mass./London: Harvard University Press, 2002), notably at 58("记忆共同体中的每一个成员都负有的记忆将被保存的义务"),106(记忆对于"理性内部的善"至关重要)。"记忆"(Anamnesia)是没有或拒绝遗忘。

[27] Hirschman, *Exit, Voice and Loyalty* (1970).

因此,通过阻止退出以保护传统的身份在任何传统中都可能存在争议,几乎可以肯定的是,这种做法必将招致对传统本身的异议。而通过阻止内部异见或外部挑战来保护传统的身份肯定会带来更大的争议。如果对某种传统来说,容纳比自身所需还要更多的信息,以及它的摸彩桶乃是不断丰富和变革的持续性源泉,都是根本性的话,那么,传统一般来说将不会寻求冻结它们的主导性的或主要的类型,或者任何与之竞争的类型。然而,它可能通过赋予传统的整体形式以明确无误的权威来做到这一点,以致对异端的指控不仅适用于对基本成分的挑战,也适用于对所指定的传统类型的任何因素的质疑。这就是我们现在所称的原教旨主义,因此,在追求原教旨主义过程中持续增长的暴力(在东方、西方、南方和北方都有)最终是关于传统本质及其当前记录和诠释的问题。原教旨主义为什么存在是一个触及传统概念、传统与其他概念(譬如系统和国家)之间的关系、以及它在世界上追求普世化或劝诱改宗程度的基本问题。原教旨主义可能面临由于过度保护身份反而导致身份丧失这一古老难题。

因此,传统对任何社会身份的理解都至关紧要。但是,是否是法律传统在它们中扮演着组成角色,或者,是否有其他的传统可能被认定为更加重要,则是另外一个问题。这同样取决于具体的传统。创造身份是传统的一种工具性功能。有些法律传统跟这种功能相容;而另一些则可能觉得这种功能无法理喻。

说服性权威:创建新(和旧)的认知共同体

如果说传统属于信息,那么,那些能够吸引最多的人遵循的传统也就是所包含的信息最具说服力的传统了。因而传统的追随者必须肩负起捍卫传统的职责,以确保他们自己持续的却又相互依存的身份。由于传统所包含的信息经常跟其他传统的信息并置一起,个人在日常生活中,经常面临着对所要依赖的信息作出选择(希腊语:hairesis)的问题。如前所述,即使他们决定做自己的事情,情形也是如此,因为他们此时依赖大量的信息来证明自己行为的正当性。因此,传统的信息代表着权威,但它本身并不必然是权威性的。如果缺乏权威、支配或压制的手段,传统的权威只是说服性的而已。它并不具备在能够自动地获得遵循意义上的那种拘束力。[28] 那些伟大的、强势的传统需要依靠提供强大、甚至永恒的终极真理来保证获得遵从。如果伟大的传统数量众多，那么，在它们之间作出取舍将是件颇为困难的事，此时，习惯或惯性在遵从中将起着关键性的作用。但这种遵从也有自身的危险，因为那些依靠惯性的人既不可能捍卫自己的选择，在面临外界挑战的时候也不可能挺身而出捍卫自己的传统。

这样一来，世界上信息流的整体（包括其质量和内涵）最终定义了什么是传统及其相应的社会共同体。在过去，由于传统之间的接触并没有那么频繁，传统之间的信息流动通常可以通过正式的学习（知识转移，Translatio Studii）来实现，尽管并非全部。因此，进化（自发性的）或多头—独立的社会发展理论获得了相当程度的支持。[29] 而今天，这些理论至少在当代背景下连要自圆其说都已经变得极为困难，因为要找到一个完全依靠自身内部的反省和争论来维持的传统已经非常困难。本书要谈的法律传统覆盖了世界上人口的极大部分（若不是全部），它们经常跟一种以上的其他法律传统处在不断的接触之中。[30] 这样就产生了所有形式的传统以及它们全部或大部分内容传播和交流的可能性。如今，正式学习也可以同时伴随着其他形式的信息传播。

因此，过去的记录及其在现在的交流过程中均呈现出一种新的动态活力。[31] 现代通讯手段极大地推动了这一进程。计算机技术的出现，配合调制解调器驱动的传播手

---

[28] 参见 L. Munoz, "The Rationality of Tradition" (1981) 67 Archiv für Rechts-und Sozialphilosophie 197 at 203（传统是"背投式的"；"我们选择那些决定我们自己的东西，我们自己表现得像那些我们认为的自己祖先的继承者"）；关于个人通过现有身份和传统之外的信息，对个人身份和传统所作的持续性选择，参见 A. Sen, *Reason before Identity: The Romanes Lecture for 1998* (Oxford: Oxford University Press, 1999) at 23; J. Habermas, "ethics, politics and history: an interview..." (1988) 14 Philosophy & Social Criticism 433 at 438（"我们不能简单地挑拣自己的传统，但我们能够知道我们必须承担如何将着它们前行的负担"）；然而，关于所有的人都是"结合体"，由一系列预先存在的因素构成，从"无中生有"（oc nihilo）的创造选择并不对人类开放，参见 G. Steiner, *Grammars of Creation* (New Haven/London: Yale University Press, 2001) at 141, 177。查尔斯·佩吉曾经听到一个人不可能为自己做一个新的摇篮，参见 C. Péguy, "À nos amis, à nos abonnés" in *Oeuvres en prose completes*, II, (Paris: Galimard, 1988) at 1314（"这不是给男子再做摇篮……"）。

[29] 关于当代建立多头而独立的发展模式的努力，参见 B. Trigger, *Understanding Early Civilizations* (Cambridge: Cambridge University Press, 2003)。然而，其主张是，讨论中的每一个社会都充分独立于其他社会发展起来，数个世纪或千年以前也是如此。由于人类的共同来源，没有哪个社会本来能够完全独立于其他社会发展起来，参见 H. P. Glenn, "On the Origins of Peoples and of Laws", forthcoming Festschrift Varga (2007)。

[30] 关于这种接触增加的原因，参见本章开头的讨论。

[31] 参见本书第一章"呈现"，关于在每一种传统的背景下记录和传播的途径。

段,诞生了全新的认知共同体(epistemic community)概念。[32] 认知共同体通过现代通讯手段联系一起,这种方式使得它能够超越现有的社会共同体,尤其是国家。对很多类型的人来说,特别是法律职业者,这是一个令人振奋的发展。[33] 不仅书面传统因此而获得新的传播能力,口述传统也找到以现代视听通讯为形式的新的、强有力的外部扩张手段。原生民族[34]现在可以通过即时方式向全世界展示他们的传统,并将其保存下来以备将来传播。在这个过程当中,原生传统本身也发生了变化,但其他的人则对该传统获得了更多的了解。原生民族之间也有了新的交流。

认知共同体这一概念似乎是个新的、很有意思的概念。然而,它纯粹是一个可在不同环境下使用的、古老的、不错的概念。如果传统是信息,而信息是所有社会身份的构成要素的话,那么传统的追随者则总是构成各种认知共同体。他们从主要地和根本上来说就是如此,尽管我们经常将个别传统(譬如国家和宗教)的教谕当做是身份的构成要素。认知共同体是个广受欢迎的概念,因为它描述了当今世界的科技现实,也描述了一个更宽广和更古老的现实。传统信息存在于网络之中,网络是它维持和传播的手段。[35] 即使通过调制调节器并经由多个相互连接的本地网来交流,它依然属于传统。并且,传统仍然必须通过其内容来劝谕世人,这点不能跟它的传播手段混为一谈。

因此,现代通讯手段对说服性权威的传播和传统的扩张或增强同时提供了强有力的支持。但是,现代通讯手段也有另外一面,即对那些已经确立的传统的支持要更少一些。尽管很多传统否认现代通讯手段的支配性影响力,它们仍在个体层面上起着解放作用,这一点对现代计算机技术而言尤为如此。如今,政府发现信息在很大程度上是一种无法控制的商品。或许它一直就是如此,但国家和政府对通讯方式的多种形式的垄断曾经一度成功地将其掩盖。然而,政府现在承认它们不可能控制个人电脑的传输,并且一些基本的政策目标,譬如保护计算机银行所持的个人信息,只有在政府间合作的层面上才有可能实现。但即使这种控制也仍值得怀疑。如果国家及其所代表的传统不能够控制信

---

[32] Haas, "Epistemic Communities" (1992)。然而,关于哲学中的认知共同体,参见 S. Haack, *Evidence and Inquiry*: *Towards Reconstruction in Epistemology* (Oxford: Blackwell, 1993) passim, notably at 190—2。这种表达的起源现在已经无法追踪;没有谁的贡献被认为是原创的。

[33] 参见第五章"欧洲的身份"。

[34] 参见第三章"原生民族、国家和人权"以及"二级口述"的概念,口述性通过现代通讯手段持续下来,它本身也为口述的重新发现作出了贡献,参见 W. Ong, *Orality and Literacy*: *The Technologizing of the Word* (London/New York: Methuen, 1982) at 3, 11, 136, 137;关于手机在非洲的使用比世界上其他任何地方都增长要快,参见 The Commission for Africa, *Our Common Interest* (London: Penguin, 2005) at 33。

[35] 参见本书第一章"传统之网"。

息通过计算机传输,那么其他传统也同样不可能做到。甚至监视传输的信息也是不可能的。[36] 因而,跟以前相比,传统现在已经更无法控制信息在它们的追随者或不同传统的追随者之间流通了。在这里,西方的理性和个性观念获得了极大的推动,或者说至少给其他传统以理由来倍增其劝谕的努力。

不过,通讯自由的不断提高对于不同的传统,不管是法律传统还是其他传统,所带来的冲击不尽相同。有些传统从未寻求对信息的控制,对它们而言,新的通讯手段并不会带来什么问题,而只有便利。那些制造了信息精英或信息垄断的其他传统,则将可能同时面临着质和量上的威胁。而对于那些依赖于制度建构的传统来说,它们的信息基础将不可能像过去那样受到保护。有些传统依赖于指控异端、叛逆或蛊惑人心等概念,而如今这些行为将更加难于发现和界定。这样一来,许多种类的行为现在都将享受到以前只有西方科学家才能享受的便利条件,这些人在长达数世纪时间内,在很大程度上享受着不受任何限制的沟通交流的自由。这一点对律师来说具有众多的潜在意义,他们的身份大体上已经跟他们从中发挥作用的传统的身份捆绑在一起。因此,法学家被界定为某特定国家的法学家,或某特定宗教法律传统的法学家,而非直截了当地称其为法学家。法律信息受到那些法学家从中发挥作用的传统的多种控制,甚至还同时受到法律传统本身的控制。如果法律信息将获得新的自由,这样的控制在其重要性上将会减弱。法律信息的传播过程当中也将出现种种崭新的模式。

由于新的、相当有效的通讯手段的出现,带来了关于什么是最好的劝谕手段和用于交流的信息种类等进一步的问题。新的通讯手段的容量意味着大量的非常详尽的信息能够被传输,内在于西方传统众多方面的专业化(specialization)也因此而得到促进。同时,它还促进了专业信息向传统圈内和圈外的非专业人士的传播。新的专家甚至可能在此前从未倾向于专业化的特定传统中产生。信息的普遍增加能够在人类活动和差异方

---

[36] 参见 H. P. Glenn, "Les nouveaux moyens de reproduction: papier, sonores, audiovisuels et informatiques, Rapport général" (1986) Travaux de l'Association Henri Capitant des amis de la culture juridique française, Journées néerlandaises, vol. xxxvii 33 at 51 (信息可以比作液体,甚至可以通过毛细作用的吸附渗透); Information Highway Advisory Council (Canada), *Connection, Community, Content: the Challenge of the Information Highway* (Ottawa: Ministry of Supply and Services, 1995) at 49 ("执行的问题跟管辖的界线有关"); N. Negroponte, *Being Digital* (New York: Vintage Books, 1995) at 55, 56 ("没有什么比罗马人阻止基督教的传播更能够限制电子传输的自由")。

面的更精确层面上推动着劝谕和争论。[37] 传统之间可以在更小的方面进行相互比照。当碰到某个传统时,我们无需每次都对其总体作出评价。新的通讯手段还为传统教育和传授提供了积极的手段。现有的教育机构可以改造成电子模式。事实上,装备着电子设施的清真寺现在已经出现了。

传统之间接触的加速将增加跨传统评价的必要性。但它也同时引出了传统之间的可比性问题。

可比性:苹果和橘子

英语中一句最为知名的智慧名言便是,你不能拿苹果跟橘子相比较。差异意味着区隔。但是,假若我们没有作某种形式的比较,那我们又如何能够得知这种差异的存在呢?让我们想象一下苹果和橘子,以及我们如何能够对它们作出比较。很显然,圆状、酸度、颜色、价格等都可作为比较的标准。当事物之间具有明显的可比性或可衡量性,为什么人们仍然说你不能对它们进行比较,说它们是无法衡量的呢?其实,这个问题的背后潜藏着一些影响宽广的思潮。不可比性的概念在西方尽人皆知,并因此而成为西方理性传统的一部分。[38] 如果两个事物、两个社会、或两个科学范式(paradigms)之间不具可比性,那么你就不可能推断出它们各自的任何价值。它们纯粹就是自己(作为一种概念而

---

[37] 关于比较法和专业化之间关系的积极看法(经常被视为狭隘的和排他性的),参见 H. Patrick Glenn, "Comparative Law and Specialization" in Swiss Institute of Comparative Law, *The Responsiveness of Legal Systems to Foreign Influences* (Zürich: Schulthess, 1992) 315。

[38] 关于自然科学上的不可比性,参见 Kuhn, *Structure of Scientific Revolutions* (1962);在哲学中,参见 Rorty, *Philosophy and Mirror of Nature* (1979);对 Kuhn 和 Rorty 的评论,参见 Haack, *Evidence and Inquiry* (1993), above, at 182—94。这些作者关于不可比性的观点需要仔细阅读。为了简化讨论,这里我们只是谈论什么是不可比较的。其词源是拉丁语的 com and mensurabilis,表明共同的手段,在历史上源于希腊数学,毕达哥拉斯学派断定,若缺乏单一测度,正五边形的对角线的比例长度和边不能用整数来表示,这种数学上的不可共度性推翻了旧的观点所认为的所有的数都可用整数表示,但它本身已被以小数表示的实数的发展所推翻。这个数学例子表明一个一般的命题,即开始的不可比性将导致信息的更高的准确性。这方面的讨论参见 R. Chang (ed.), *Incommensurability*, *Incomparability and Practical Reason* (Cambridge, Mass.: Harvard University Press, 1997)(特别是第 1, 255 页关于毕达哥拉斯的理论);D. Pearce, *Roads to Commensurability* (Dordrecht: D. Reidel, 1987);H. Sankey, *Rationality, Relativism and Incommensurability* (Aldershot: Ashgate, 1997);H. P. Glenn, "Are Legal Traditions Incommensurable?" (2001);H. P. Glenn, "Commensurability and Translatability" (2002);关于对不可比性概念的反对(尽管它建立在否定我们理解语言的认知能力的基础之上,因此而缩小了跟不合逻辑或不可说之间的差别),参见 Davidson, "Idea of a Conceptual Scheme" (1972—3)。

简单存在,是西方思想的一种体现)。换种更容易理解的说法来说,它们仅仅只是一些事实而已(即使它们称自己为价值观念),而事实是不会提供任何规范性指引的。如果从任何的不可比较之物中不能获得规范性的指引,我们将只能依靠自己的手段,特别是我们自我的反省过程。因此,关于何为不可比较的争论似乎只是西方对走向现在的过去的(一些)态度的翻版,它主张没有什么教谕应当阻碍我们个人超凡而理性的决策。[39] 那些关于不可比性的主张纯粹是将过去看做"历史";尽管当前必须卸下的乃是现在。它是某种形式的封闭。如果说过去已经死亡,那么现在也同样如此。而未来则只能有待重生。

不可比性的含义与西方思想的另一重要特征紧密相关,那就是传统的其他连接因素。若过去和现在都不能给我们提供任何教益,那么,正如有人所推断的,任何事情都将是容许的,其结果将产生无政府主义的唯理论或唯我论(solipsis)的一种亚系(substrain)。[40] 从更正面角度来说,这种思想在西方,特别是在西方法律理论中,获得了极大的共鸣,按照这种思想,我们可以将所有那些阻碍性的、现存的各种西方的和其他的思想抛诸一边,然后建设性地、理性地创建一个公正的社会。[41] 我们只将自己置于一个在观念上没有以前或现在的教谕的世界,只受逻辑和(就像我们所理解的)公平论辩原则的制约,一致意见最终将会达成。在前一章中,我们已经看到这种观点是如何将自己裹入那些历史悠久,而且跟其他传统可相互比较的传统之中,以及,如果成功的话,它又是如何产生一种所有传统的传统的。因此,不可比性的观点在认识论上并不具任何的优越地位。它只是更大的西方背景的一部分,这种背景跟其他背景共存于这个世界。要理解

---

[39] 参见本书第一章"处理传统"。

[40] 参见 P. Feyerabend, *Science in a Free Society* (London: NLB, 1978)(对传统的推理跟对其他的一样;所有的事物都是不可比的,并都纯粹只是自己;没有什么是好还是坏,除非相对的,在它们之间没有什么需要选择);Feyerabend, Against Method (1978)。

[41] 这种观点的最著名并最为坚决的支持者是罗尔斯在他的《正义论》(1971)和哈贝马斯,体现在他所著的 *Theory of Communicative Action* (1984, 1987)以及 *Moral Consciousness and Communicative Action* (1990)。他们中没有谁现在无条件地主张背景的无关。关于这些观点的认知背景,参见 Nagel, *View from Nowhere* (1986);关于这种观点在法律理论层面的论述,参见 R. Alexy, A Theory of Legal Argumentation (Oxford: Clarendon Press, 1989)。格言"比较不是真理"可能已经说出了一切。然而,这是一句非常法国式的格言。关于法国对法国的普世主义的批判,参见 Rouland, Pierré-Caps and Poumarède, Droit des rninorites (1996), above, at 13, 21—3 ("La propension à l'universalisme ne serait-elle pas d'autant plus facile lorsqu'elle s'accompagne de la volontairc ignorance des différences?") (itals in orig.);关于哈贝马斯的交流行为理论"在开始就排斥了世界五分之四的人口"的观点,参见 B. de Sousa Santos, *Toward a New Common Sense: Law, Science and Politics in the Paradigmatic Transition* (New York/London: Routledge, 1995) at 507;或发生在"关于什么是理性的共识内部",参见 Stock, *Listening for the Text* (1990) at 129。

不可比性的含义,你必须将其跟其他思想进行比较。

　　总体而言,现在在西方社会,不可比论并不如过去由旧的事实构成这类观点那样成功地被人们所接受。人们不愿将自己禁锢于这样一种特定思维方式之中,即从定义上就可以看出它的影响力不可能超出它自身的范畴。他们反对被这样的观点所活埋,而倾向于宣称他们的死亡宣告是不成熟的。因此,这种更为极端的西方传统类型受到人们的质疑,这种质疑被情境化,并对内部的反对作出反应。这个现象更加表明,不可比论假定社会身份或传统是静态的和截然不同的,但在现实中,它们却是由各种类型、甚至矛盾所构成的,其中的一些类型和矛盾跟传统外部的并为内部所知的立场相似。因为传统乃作为一种可交流的和已经交流的信息而存在,因此,不可比论跟所有传统的根本属性是不相容的。对不可比论的支持者而言,他们最终必须证明人类之间的交流是不可能的、完全无法诠释的,但这点早已被所有人类的经验所否定,或者说有可能就被那些共属于人类的思想所否定。[42]

　　不可比论的破产表明我们所有人都生活在可交流的传统之中。所有的判断标准都包含在现有的传统之中(其中包括理性主义传统,它留下了更大的操作空间);所有的观点、立场或视角都来自某特定的(互相依赖的)传统。世上没有无凭无据的观点(view from nowhere),没有阿基米德所说的支点(用来撬动地球),也不可能存在脱离传统而依赖于终极的、非传统标准的判断。人类推理必然成为比较性推理,所有的标准都是并行的,所有方式也都相互共存。[43] 对这一点的否认直接意味着封闭;它不可能是一种无知,因为当今没有哪一种无知能够大到对其他观点甚至传统的存在一无所知的地步。仅仅了解自己的传统其实也部分了解其他的传统。因此,我们在评价不同类型的道德或法律时,也就像对待苹果和橘子那样。我们通过从它们自身抽取的、内在的标准来对它们

---

[42] 关于哲学语言的可翻译性以及尽可能多地了解它们的重要性,参见 J. Randal Jr., *How Philosophy Uses its Past* (New York: Columbia University Press, 1963) at 69;关于拒绝只有"内部的人"才有特别的知识的观点,参见 R. K. Merton, *The Sociology of Science* (Chicago/London: University of Chicago Press, 1973), ch. 5("圈内人和圈外人的观点")。

[43] C. Taylor, *Sources of the Self: The Making of the Modern Identity* (Cambridge, Mass.: Harvard University Press, 1989) at 72 ("实用推理……是一种过渡性的推理。它的目的是不是主张某个立场是绝对正确的,而是主张某个立场要比别的要好。它或明或暗、或隐或显地关注着比较性的论点");Jonsen and S. Toulmin, *The Abuse of Casuistry: A History of Moral Reasoning* (Berkeley/Los Angeles/London: University of California Press, 1988) at 341("道德中的实用推理不是从永恒的公理中作出某种正式的演绎,而是作出某种判断——亦即权衡利弊");C. Alias, "Preésence de la tradition juridique" (1997) 22 Rev. rech. jur. 387 at 389("它总是跟过去相比……法学家决定其立场")。

进行比较。[44] 这就是比较之所在。它既没有普遍性的标准,也没有共同的参照系(tertium comparationis);它完全是内部的论战,并以此获得其意义。你会在比较苹果和橘子的时候根据它们与国际人权规范之间的相容性来进行吗？你当然可以,但是内在标准已经向你提供了你所需的标准以得出你想得出的任何结论。

因此,比较性推理允许并推动判断。它通过排斥那些不可调和的差异或冲突来做到这点。关于比较标准的全部知识都将在一定范围内被人们所分享,如果我们自己对这些标准的了解足够宽广的话(这点当然建立在对其他传统的最低程度的理解的假设之上),我们将能够从中深受裨益。如果我们所掌握的信息越少,每一种情形下所出现的冲突就越多。情境判断不仅仅是可能的,那种基于现有传统的标准,同时将其跟其他的标准并置,所作出的判断将是唯一可行的判断。你所见到的才是你能得到的。由于所有这些不同观点的存在,你不能坐等最终的答案以某种方式揭示出来。最终答案并不存在[45],或者有很多,其实这都是一回事。[46] 选择相对较好的解决方案就是最终的解决方案,而你必须这样选择。当面对两种传统时,你必须站在两者中间才能做到。

还有一种类型的不可比论值得一提,这种观点乃建立在世界语言的差别之上。它主张一种不可译性(untranslatability),或者说(如果你愿意的话)所有翻译的谬误性("翻译者即背叛者")。这种观点在那些法律为正式成文法的传统中或其启示乃通过某种特别的语言揭示出来的传统中显得尤为突出。在这里,信息可能固定在它最初的表达方式上;将它以别的语言萃取出来只能以产生曲解作为代价。尽管这种观点是一种不可比论,在这里也仅限于语言,但它显然不止在一种传统中存在。每个地方的人(由于我们失

---

[44] 参见 Kuhn, *Structure of Scientific Revolutions* (1970) at 145 (由于缺乏自然科学上或经验上中立的语言或概念系统,另一种检测和理论"必须从内部或另一种模式的传统进行");T. S. Eliot, "Tradition and the Individual Talent" in T. S. Eliot, *The Sacred Wood: Essays on Poetry and Criticism*, 6th edn. (London: Methuen, 1948) 47 at 50 ("在比较当中,两个事物相互衡量");R. Ruston, *Human Rights and the Image of Cod* (Eondon: scm press, 2004) at 284 ("没有'中立'立场……因为我们都属于某种传统")。

[45] 关于现代西方道德哲学中的这个结论,参见 Williams, *Ethics and Limits of Philosophy* (1985);关于自然科学上的类似结论,参见 D. C. Dennett, *Darwin's Dangerous Idea: Evolution and the Meanings of Life* (New York: Simon and Schuster, 1995) at 502—5 ("时间紧迫的决策就像一路下滑……有时所犯的错误就是推想那里有或者必定有单一的(最佳的或最高的)评估理想的理性的观点。");及在经济学中,参见 H. Simons, *Economics, Bounded Rationality and the Cognitive Revolution* (Aldershot: Edward Elgar, 1992), notably at 39, 204 (关于"满足"而非"最大化")。

[46] 正如本书内容所表明的,这绝不是什么反宗教的观点,而只是关于人类现状的陈述。人类(非神的)现状不允许最终的答案,尽管我们可以作出最后的回答。参见后面章节中关于"法律真理"的概念(res judicata, chose jugee, Rechtskraft, cosa juzgada, cosa guidicata)和它们在某些传统中的缺失。关于调和多样的最终反应,参见本书第十章。

去了所有语言的共同之母)都意识到学习语言是个艰难而耗时的过程。多数人也意识到放弃传统语言而支持一种统一的世界语言是件不可能的事情。因此,由于不懂得该信息所使用的语言而感觉信息对你封锁是有些道理的。阅读译文并非是真正的阅读。

正如不可知论,不可译论夸大了人类沟通交流的难度。它还夸大了文字的重要性。最新的认知科学现在告诉我们,思想,亦即某种信息,可能先于并独立于语言而存在[47];因此,它跟语言并不同延,并且能够被译成多种语言。其中当然会有各种变异,以及好的和差的译文。但是,甚至在我们自己的语言中也会碰到这种杂音。有些人,包括一些教授都不可能理解这些杂音。因此,语言上的差异是理解和交流的障碍,但并非不能克服。全球翻译界可以为此作证;就像不可比论,不可译论(只是)作为西方传统的一种类型而出现。此外,如果你不喜欢译文,你总是可以学习其他的语言。那样的话,你将两次置身两种传统之中,既包括从实质内容角度,也包括从语言角度。现代文学已经为我们提供了一种人的模型,他能够讲多种语言,并且还是在同一时间。[48]

普世化:用真理统治世界

如果有这样一组信息,它具有如此的说服力,以致把许多人都凝聚在它周围,长此以往,难道不应当有更多人去了解它吗?我们已经知道倡导(advocacy)对于一个主要传统的必要性,好的思想难道不更需要倡导吗?我们是否应当不把自己所掌握的真理的好处提供给其他人使他们也能从中获益呢?如果他们在刚开始的时候并未意识到这些好处,

---

[47] S. Pinker, *The Language Instinct: How the Mind Creates Language* (New York: Harper Perennial, 1995) at 19(语言不是"一个思想的阴险塑造者"),48,57,58(如果语言依赖于词汇,新词如何可能产生,翻译又是如何可能的呢);L. Weiskrantz, "Thought Without Language: Thought Without Awareness?" in J. Preston (ed.), *Thought and Language* (Cambridge: Cambridge University Press, 1997) 127(关于学语前的婴儿和已经失去语言能力的报告);关于类似的伊斯兰学说,参见 L. Gardet, "Kalam" in E. van Donzel, B. Lewis and C. Pellat, *The Encyclopaedia of Islam*, new edn. (Leiden: E. J. Brill, 1978), vol. IV, 468 at 470(没有字母和声音就没有言语的观点是不对的。内部的言语,"那种灵魂的表白……是现实中的事情");Khaldun, Muqaddimah (1967), above, at 31("词表达内心的意思");关于能够清晰说出的语言产生之前的法律,参见 R. Sacco, "Mute Law" (1995) 43 Am. J. Comp. Law 455 at 460。参阅 J. Derrida, *Of Grammatology*, G. C. Spivak 译 (Baltimore/London: Johns Hopkins University Press, 1976) 158("文字之外无其他")。

[48] U. Eco, *Il name della rosa* (Milan: Bompiani Grandi Tascabili, 1984) at 54, 55("萨尔瓦多能讲所有的语言,然而……或好或差,我能理解萨尔瓦多,你也能理解,其他人也一样");关于翻译的困难乃因为不熟悉而非"任何表面上的内在不可理解性",参见 Brody, *Other Side of Eden* (2000), above, at 52(跟因纽特人学习之后)。

我们是否应当不管如何都向他们封锁这些好处呢？

传统要成为一种普世化的力量似乎是件很容易的事情。然而，同样应当注意的是，传统是信息，而信息本身（不同于它的使用）并不是霸权性的。它或许能给人提供建议，但最终决定做什么的则总是我们自己。我们经常需要对某建议如何应用到我们自己的具体问题上作出我们自己的决定。传统属于劝谕性的权威；而它本身则缺乏任何威权。

因此，传统既可理解为服务于支配世界的一股主要力量，也可理解为与此毫无关联的旁观者。这意味着我们必须多些努力去思考到底发生了什么。如果我们总是效法这种或那种传统行事，即便在处理自己的事情的时候也是如此（一种理性主义传统），那么传统作为信息就不能与使用它的方式相分离。它如何被使用取决于它自己对它应当被如何使用所作的或明或暗的宣示，并且我们必须将传统理解成支配的诱因。当然，或许并非所有的传统都是支配的诱因。一种教导谦卑的传统似乎与此毫无关联，但我们必须首先问清楚它是否主张"每个人"都必须谦卑。一个主要的问题是，一种传统在多大程度上传授着人人必须遵守的真理。如果它传授的话，那么它同时也或明或暗地主张它自己的真理必须占据支配地位。现在可能已有包含这种主张的传统，或者，一些传统的内部已经有了这样的主张（这种可能性似乎更大些），但正如我们所讨论的，这种主张有些部分与传统并不完全协调。传统是信息的摸彩桶。它必然包括不同的、甚至相互冲突的观点。在当代，它总是处于跟其他传统的不断接触当中，以致它的信息基础变得甚至更大，而且也更为分散。传统究其本质而言无需对支配负责，因为它同时包容着不同的观点。因此，支配是传统的一种腐败而非传统的贯彻。那些按照支配方式行事的人只是那些因某种原因受到腐蚀的人。不过我们应当知道，腐败这个概念外延大到足以代表好几种类型。[49]

在特征上属于犯罪的腐败构成支配的一种途径，实际上有些犯罪性传统已经在世界上一些地区占据着支配性地位。它们的支配是地下性的，其方式除了通过传言或趣闻外大体上不为人所知，而大多数人也不希望去效仿。因此，对于通过腐败犯罪的传统而取得的支配是能够被遏制的，而且我们也知道如何为之；我们对此有足够的了解，并充满自信地对其进行谴责。然而，在处理社会性支配时，我们更多的是对付那些不能列入（那些相对容易归入的）犯罪性的甚或制度性的腐败。这是一种更加难于捉摸的智识性腐败传统。它是一个扼杀传统活力的过程，其结果是造成传统只用一个声音讲话，所有其他的都被噤声。由于只让一种声音能够被听见，它必须营造一种肃杀的气氛，肃静的范围也

---

[49] 参见本书第一章"传统和腐败"。

必须被不断扩大。屋子越是安静你越是能够听到外面的嘈杂,这种嘈杂对于清楚理解那唯一的声音能够造成巨大的干扰。当然,那些伟大的传统之所以伟大正是因为它们提供了一种包罗万象(over-arching)的手段来调和各种观点。因此,它们的活力已经变得几乎不可能被扼杀。所有可能发生的是,该传统的一些主要特征被它的追随者当做是毋庸置疑的,然后这些人便承担起将其普世化的使命。对他们而言,调和真理的方式只有一种。我们在讨论原教旨主义时已经谈到这种现象。[50] 原教旨主义不需要总是伴随着暴力。有些原教旨主义在形式上更加巧妙,其中的一些甚至对传统的大多数成员来说都是无法抵御的。原教旨主义及其对支配地位的追求并非作为具体传统的腐败出现——它们忠实地反映传统教谕的主要成分——而是对我们作为传统来理解的、汇集不同因素而形成更大但又内部连贯的身份的一种腐败。

还有一种说法是,宽容与不宽容的传统伴生于所有传统及整个人类,因此,即使是那些宽容的传统,其主张中也可能表现得并不宽容。甚至那些所谓使用"薄"标准的、可到对外适用的传统,而非那些使用"厚"标准的、仅适用于内部的传统,它们在适用"薄"标准的时候也仍然无法做到宽容。[51] 它们在别的地方看起来可能并不怎么"薄"。传统的追随者是否必须要求自己向外推行他们的任何标准呢?或将其适用于任何地方的非追随者呢?

因此,多元论者对宽容的要求是很高的。一方面它意味着抵制任何走向权威的趋势,总是愿意看到有人的观点被拒绝,总是愿意看到有人成为一个失败者。另一方面,它也意味着绝不放弃斗争,绝不屈服于内部对封闭、对稳定的要求。它意味着不断学习并检验所学的东西,并且不断作出那些应当作出的抉择。宽容绝不是件容易的事情,这或许就是非宽容传统存在的原因吧。

是否某些类型的传统更容易走向不宽容和支配,或者说,更容易跟不宽容和支配相伴随?尽管宗教传统教导唯一的、大的真理,但许多宗教却表现得相当宽容。理性主义传统貌似宽容,因为它们包容着追求理性的多种努力。然而,理性主义传统已经发展成系统的思想,这意味着一致、界限和冲突。[52] 宽容的传统可能是所有传统中最难于理解的,因为对它的理解必须建立在其他的传统之上,并依据它们各自的关系才能做到。

―――――

[50] 同上。
[51] 关于"厚"和"薄"的含义,参见 Walzer, *Thick and Thin* (1994), notably at 10—12 and 60, 61 ("薄"标准乃通过关于"抽象个人"的"最低限度权利"的西方概念来界定)。
[52] 关于包含最多的信息的生物系统的支配,参见 R. Margalef, *Perspectives in Ecological Theory* (Chicago: University of Chicago Press, 1968) at 16, 17。

全球化

全球化,或世界性支配,通常被理解为单一的过程。但这种对世界状况的分析很有问题,因为世界上存在着大量的、进行当中的全球化。它不仅仅只是西方科技的传播、市场开放或人权。譬如也存在以伊斯兰化形式出现的全球化。世界上穆斯林人口比例正在上升,据布劳德尔教授在20世纪60年代估计,跟历史上低于10%的比例相比,当时的比例已经接近15%。[53] 以绝对数字来说,这在当时代表着大约4亿人口,(大致)相当于整个美国和西欧加起来的人口总数。现在世界上伊斯兰人口总数已经趋近(或超过)12亿,占世界总人口的20%。[54] 人口计算正变得越来越困难。世界上越来越多的地方,包括北美和欧洲现在都处在伊斯兰的影响之下。如果说全球化是在上空进行的话,伊斯兰则是在地面上扩张,尽管现在它也已走向了电子化(譬如"虚拟乌玛"或伊斯兰社区)。[55] 跟以往相比,它现在劝谕着更多的民众。随着西方的管理技术和组织结构被亚洲的管理技术和组织结构所代替,管理圈有种说法说东方化进程正在取代衰退的西方化进程。[56] 或许将来还会有更多形式的世界性支配,只是目前它们不为人所知而已。

因此,全球化进程不仅仅只是西方影响力的扩大受到本地的特定形式的抵制。这或许可以看做只是件很平常的事情,全球化和特殊化(particularization)(或分散化——fragmentation)经常作为必然同时发生的现象而出现。正如古老的故事中所说,恶狗被攻击时会咬人。但是这世界太复杂了,以致不能简单地将其二分成不断增长的"我们"和一些更小的"他们"。相反,每个传统,至少每个主要传统,就其内在而言都存在全球化的可能,都有可能通过多种途径去压制不同观点以服务其统治目的。现在看来,在全球化道路上互相竞争的主要有三种传统,即西方、伊斯兰和东方传统。没人能够预见竞争的最终结果,还有人认为,其他的传统,特别是原生传统,掌握着人类和生态存亡的钥匙。因此,我们不能走向一个单一的、全球性的世界文化,因为单一的全球性文化意味着某些

---

[53] Braudel, *History of Civilizations* (1993), above, at 61(1962年资料)。

[54] Encyclopedia Britannica Online, at http://www.britannica.com/eb/article-9399686, consulted Feb. 6, 2006;根据更早时期的估计,在19世纪60年代,总数为9亿,占世界人口比例的16%,参见 S. Huntington, *The Clash of Civilizations and the Remaking of World Order* (New York: Simon and Schuster, 1996) at 84, 85(估计在1900年,伊斯兰人口占世界人口比例的4.2%)。

[55] O. Roy, *L'Islam mondialisé* (Paris: Seuil, 2002), notably at 172—5;并参阅本书第六章提供的网址。

[56] R. Kaplinsky and A. Posthuma, *Easternization: The Spread of Japanese Management Techniques to Developing Countries* (Ilford/Portland, Ore.: F. Cass, 1994);并参见本书第九章"东方化"。

人的传统是全球性的,而其他人的则不是。[57] 在思考"全球化"时,我们还有可能会陷入产生于 18 世纪和 19 世纪的殖民主义思想的束缚。这种思想认为,世界就在眼前,只要你比其他人更具活力,你就可以将其变成一个具有你自己的文化、文明或制度的地方。这种观点所起的反作用只是些具体性的。然而,我们可能正在走向传统扩张的极限。所有传统都必须发展与其他传统共存的明确教谕。有些传统已经这样做了,但总是需要进一步地完善。如果这就是当今的世界状况,那么西方将从中发挥重要影响,因为西方的通讯手段将会扮演主要的角色。但是,这些手段也将被用于支持世界上其他的观念,而非西方观念,正如西方的国家概念最终被用来反对殖民霸权。最近的世界历史研究也表明,追求全球霸权的计划持续时间将会越来越短,因而意味着某种形式的国际平衡。[58] 这个信息确实应当晓谕于世。或许它对解决军火贸易问题能够发挥一些作用。

因此,世界当前的状况或许可以为一些正在涌现的关于传统的学说提供例证。由于传统由信息构成,它们像信息那样难于压制。传统最终并不会是一方战胜另一方;它们总是有一些追随者在坚持守候,等待着将来复兴的那一刻。如果所有的追随者都已经死亡,信息也不会消失,将来有一天或许有人会将其变成他们自己的信息。这些人可能将自己看成,或许他们本来就是最初的追随者的后裔。关于霸权,世上没有什么是"注定的或自动取得的",它也绝不可能是"对被统治者的全方位支配"。[59] 劝谕涉及传统之间的交汇和相互尊重,它最终将会是值得的。如果传统将要存续的话,我们没有任何理由去毁灭它,特别是采用武力。

任何形式的全球化都意味着将传统延伸到国家的范围之外,传统在任何特定时间都可以像"凝固事件"(frozen accidents)[60]一样以国家的形式被固定下来(crystallized)。在

---

[57] 关于全球主义(涉及"一个法律")起源于希腊文化,特别是斯多葛的思想,参见 Kristeva, *Strangers to Ourselves* (1991) at 56—9(人类事业的同心圆被压缩,以致所有的一切都吸收进我们自己);关于该论点在启蒙思想中的表现,见前,at 122, 123("一种新的全球主义正在降生,它不再像但丁所构想那样建立在属于上帝的创造物的统一基础之上,而是建立在脆弱的、偶然的但却善良而可靠的自我的普遍性基础之上")。关于全球正义并不依赖于全球性法律(在自决和移民方面的主要影响),参见 K-C. Tan, *Justice without Borders* (Cambridge:Cambridge University Press, 2004);关于启蒙思想中观点,即根本不同的社会不可能和平共存,因此必须推行西方的和平,参见 J. Goldsmith, *La Trampa*, M. J. Margarines de Mello 译(Mexico:Plaza and Janes,1995) at 164。关于其跟易洛魁人(Iroquois)的和平观念之间的比较,参见第三章"原生传统的普世化?"。

[58] Fernández-Armesto, *Millennium* (1995) above, at 708, 709。

[59] E. P. Thompson, *Customs in Common* (New York:The New Press, 1993) at 86,87。

[60] 这个短语源于 M. Cell-Man, in *The Quark and the Jaguar:Adventures in the Simple and the Complex* (New York:Little, Brown, 1994) at 134, 228(夸克是凝固事件中物质结合的基本因素,它们能够形成复杂的结构,譬如"美洲虎";宇宙的共同因素由"相互之间的信息"构成)。

寻找自身的构成性(constitutive)传统的时候,直接同源的国家往往能够以超国家的形式联合在一起。这就是我们所知道的区域化,正如全球化有多种全球化,区域化也有多种区域化。但区域化具有正式的架构,其范围也必定有所限制。国家既是区域化的动力(以获得对现实世界的些小控制),也是主要的阻力(在坚持他们现有的体制和理性形式方面)。[61] 因此,区域化与全球化不同,它不对个体传统产生威胁,但这二者都在相当程度上削弱了个体国家的权威。那曾经缔造了国家的传统现正开始放松它对国家的控制;更广阔的舞台正等待着它发挥影响。然而,在国家内部同时还存在着一些更小的舞台,由于外有全球化力量,内有分裂性力量(尽管二者可能重叠),国家眼睁睁看着自己的霸权处于衰落之中。国家作为凝固事件正开始逐渐融化,尽管其过程将会相当漫长。

国家和新的大离散

国家可以通过个人化的建构理性(constructive rationality)传统在西方的支配地位来作出解释。尽管这里并非探讨该段历史过程的地方,但这种形式的理性的支配地位在西方本身就曾经受到激烈的抵制。我们现在认为这些抵制者来自相同的政治共同体,他们既反对他们之外的理性的生活方式,也反对那些被正式称为法学家的人的重要性的上升。[62] 重要的一点是,国家(或全国性法律系统)只是对某特定传统在特定时间的支配地位的一种制度化认可,但这并不能消灭其他竞争性传统,即使在其领土范围内也是如此。然而,由于(或正如有的观点所称)国家作为理性契约的顶点,能够用普世性的语言和(取决于该国家)几乎是"独白式的"语言来理想地表达出来,正如人们所理解的,这样做意味着这些语言倾向于将非理性形式的信息排除在外。

这一切的问题在哪里?首先是国家数目众多,或者说有众多形式的普世理性。由于理性意味着普世性,而理性契约往往是作为目标,因此,理性传统产生或扩大了世界上正式法律之间的不协调,因而需要通过其他方式克服。[63] 法律冲突不过是这种不协调中

---

[61] 参见 W. Davey, "European Integration: Reflections on its Limits and Effects" (1993) 1 Ind. J. Global Legal St. 185, notably at 217 (欧洲的整合之所以成功是因为"高度的共同性",但也存在"对整合的严重限制")。

[62] 比如,关于抵制在我们现在所知的德国继受罗马法,参见 G. Strauss, *Law, Resistance and the State: The Opposition to Roman Law in Germany* (Princeton: Princeton University Press, 1986);和本书第五章"罗马法和欧洲法律"。抵制也同样在法国出现,尽管二者都是以区域性传统的名义和新兴的王室(中央)权威的名义进行。

[63] 关于正式和非正式协调化的方式,参见 H. P. Glenn, "Harmonization of law, foreign law and private international law" (1993) 1 Eur. Rev. Pr. L. 47。

最不具破坏性的形式;在西方理性传统中,国家跟其他形式的社会身份一样都能够带来内部的战争。其次,国家作为正式的制度,成为自己成员资格的最终裁判者[64],因此成为世界上迁徙自由以及个人在流动中的理性选择的一个主要障碍。再次,国家的内部理性工具,即宪法,成为其他形式理性的裁判者,但后者将继续存在或体现在国家的理性当中。越来越多的观点认为,西方宪法虽然存在至今,但它并不能够承担此角色。它在渊源上的排他性和所使用的逻辑,都使它更多地成为压制其他传统的工具,而非调和它们的充分手段。这一切绝不是那些宪法学家们的过错,他们有时甚至是在创造奇迹,错的原因就在于将一种传统提升到制度上支配着其他传统。国家系统不能够容忍其他系统在它内部产生的可能性;这就是系统化思考的本性。系统必然对构成它的互动因素进行控制。

然而,由于国与国之间的差异,这些问题在国家之间的程度也就各不相同。有些国家生存艰难;它们的确不过是那些组成它们的民众每天持续进行的公民投票[65]。其他一些国家采用联邦制或联盟的形式,以法律形式将一些社会身份明确地在自己内部保存下来。另外一些则努力地寻求平等的哲学上和法律上的表述(尽管没有哪个国家成功做到)并只承认作为个体的公民,只包容多样性,并在绝对必须的情况下通过多层次的立法权来实现这一点。由于所有的这些形式的国家都依赖于自己的最高权威,依赖于世俗宪法和国家形式的身份的至高无上性,它们今天也都经历着相同的内部问题。这就是新的大离散(Diaspora)所带来的问题。所有新的大离散都带来了异域的视界(a view from somewhere else)。

异域视界

Diaspora(大离散)一词在西方源于希腊语……然后传到世界各地。它意思是流散(dispersion),在历史上往往跟犹太人离开他们的故土巴勒斯坦相联系[66]。流散这个词

---

[64] 在国际公法中,这些原则明确规定,国家有权决定谁是自己的公民。关于不同的成员资格标准,参见本章"传统、种族和国家"。国家对进入条件的决定众所周知,并引起广泛的争论;更没那么引人关注的是国家对离弃(出去)的限制,这意味着对丧失国籍的否认,参见本书第五章"保护身份"。

[65] 即使如此,勒南把所有的国家当做是纯粹的"每天的公民投票",参见 Renan, "Qu'est-ce que une nation" at 904。

[66] 参阅本书第四章"植根于启示的传统"。关于世界上其他的大离散,参见 R. Cohen, *Global diasporas: an introduction* (Seattle: University of Washington Press, 1997); R. Cohen, "Diasporas, the Nation-State, and Globalisation" in W. Gungwu (ed.), *Global History and Migrations* (Boulder, Colo.: Westview, 1997) at 117; 关于离散的规范性, 相对于脆弱的地理和领土关系, 参见 J. Boyarin, *Storm from Paradise: The Politics of Memory* (Minneapolis: University of Minnesota Press, 1992) at 200。

将我们的注意力引向其出发原点,即那个流散开始的地方。流散从这里向外发生。然而,大离散一词现开始具有另外一种意义,尽管并非完全不同。这是一种来自另外一头的流散——是对那亘古不变的出发原点的回望,是抵制已经发生的信息流的努力,是拒绝外流的努力。这是一种来自异域的视界。很多人,如果不是我们中的多数人的话,都能够回忆起某种形式的离散。它通常只是个记忆程度的问题,是我们回忆自己传统的能力问题。犹太人对大离散有着深刻的记忆;这就是为什么他们是犹太人的原因。有些人可能是新近迁移,而记忆对他们来说完全是个人的、也是相对容易的一件事。其他人则有记忆上的困难。对于那些在移入国长期定居的人,不管他们来自什么传统,都对他们祖先所来自的地方的传统有着程度不同的记忆。今天,这种程度似乎正在增加,正如对跟原居地保持联系的兴趣一样。[67]那些在定居者抵达之前就已经居住在那里的人以及他们的后代对流散和定居者的到来看得更加清楚。他们称自己为原住民。但这个词只是相对的,它相对于后来的定居者,以及相对于他们自己的抵达,这些在时间上、通常也在空间上仍然相当遥远。

　　流散指向的是某个地理位置,一块属于家的领地。然而,所有那些对流散仍能有所记忆的人,基于他们所能获得的信息和本地环境的制约,可能试图重建他们原来的家园。他们可能从其他对相同信息有着相同记忆的人那里获得支持。因此,在当今世界,人们或多或少一厢情愿地寻求将自己与他人截然区分开来,而他人则全部被假定为全然无异的,仅仅只是(根据多种形式的西方思想)一些公民,甚至躯体或者机器(许多西方认知哲学和自然科学力图证明思维过程的本质机械特征)。[68]既然所有的人都是相同的,那么人们不仅要问自己是谁,答案只能是来自于过去。有一些理性的东西推动人们去寻找自己记忆的剪贴簿。对于那些在记忆中一直视自己为理性传统——一种关于现在的传

---

[67] 关于不断接触的机制(双重国籍、离案选举、"离散签证"(为多重往返)、"离散债券"甚至"离散内阁"),参见 A. Chander, "Homeward Bound" (2006) 81 NYU L. Rev. 60 notably at 62("那些被忘却的人"正成为"英雄"("los olvidados" becoming "los heroes"))。

[68] 参见 F. Crick, *The Astonishing Hypothesis*: *The scientific search for the soul* (New York: Scribner, 1994),特别是第 3 页("'你'...不过是一大堆神经细胞及其相关分子的行为")和第 281 页(关于进一步阅读的有益的评注性建议);D. Dennett, *Consciousness Explained* (Boston: Little, Brown 1991);关于仍然在科学哲学传统范畴内的相反观点,参见 R. Penrose, *The Emperor's New Mind*: *Concerning Computers, Minds and The Laws of Physics* (Oxford: Oxford University Press, 1989);D. Chalmers, *The Conscious Mind* (Oxford: Oxford University Press, 1996);B. Libet, *Mind Time*: *The Temporal Factor in Consciousness* (Cambridge Mass.: Harvard University Press, 2004), notably at 5 (身心不能解释意识心理的主观现象) and 201—2(否决无意识状态下产生的决定的可能性以保护自由意志,以及个人的责任;否决本身并非无意识过程的结果)。

统——的一部分人来说,个人的现今特征可以用于识别。这种观点同样是传统的一部分。这样一来,性别或性取向成为根本性的标准;但它们具体的传统也需要进一步探寻;因此人们试图从过去中寻求支持和解释。因此,进行这些领域内的历史研究是有道理的。[69] 这种研究必须要进行。否则,一个人将被锁在一个当前身份的桎梏或者一种瞬息的倾向之中。一旦你懂得如何理解过去,它往往就会成为你的盟友,即使它的教谕已经变得黯淡。

因此,不同的传统都在某一特定的、具体化了的传统形式——国家内显示或重新显示自己。然而,国家可能融合,它也可能分裂,人们现在正以极大努力在那些仍然够格称为国家的实体中——仍然控制着领土并向其公民提供最低水平支持和保护——寻求对众多身份(传统)的包容。今天的国家概念比过去显得更加灵活,这点可能源于这样一种认知,即传统绝不会全然不能包容其他的传统;信息在它们之间持续地传播着;它们的追随者总是在一定程度上相互重叠。因此,国家可以看成是一个传统重叠的地方——有些人现在说它至少是一个跨文化的地方,在那里,传统之间的相同之处可以成为一个共同努力的平台,而不同之处则可搁置一边以供不可回避的、进一步的讨论所用。因此,国家不是要把对世界的单方面看法强加以人,而是要给传统之间的调和提供一个场所,一块领地。简而言之,那里可能同时有公民和连字符号公民*,但这一切无论如何都将发生。[70] 正如管理领域有人所说过的那样,把你的需要转化成力量。由于身份的重叠,对国家的忠诚度可能是多向的,不同形式的(合理的)包容将成为可能。[71] 因此,公民身份既可能是国家性的,也可能是跨国的,[72] 甚至在国家范围内也可能会有所区别。[73]

国家怎样才能做到所有这些而存续下去呢?所有的选择项都是开放的。公法领域

---

[69] F. Leroy-Forgeot, *Histoire juridique de l'homosexualite en Europe* (Paris: PUF, 1997).

* hyphenated citizens,指那些归化的公民。——译者注

[70] Braudel, *History of Civilizations* (1993), above, at 27 ("毕竟,统一和多样之间的共存并不容易。如果它们终将来临,我们必须予以接受")。

[71] J. Woehrling, "L'obligation d'accommodement raisonable et Fadaptation de la société à la diversité religieuse" (1998) 43 R. dr. McGill 325 ("合理的包容"); A. Shachar, *Multicultural jurisdictions* (Cambridge: Cambridge University Press, 2001) notably at 88 ("联合管理"作为形成"不同权威来源之间的持续互动"的手段); J. Carens, *Culture, Citizenship and Community* (Oxford: Oxford University Press, 2000) (司法作为"公正"); A. Estin, "Embracing Tradition: Pluralism in American Family Law" (2004) 63 Maryland L. Rev. 540, notably at 541—2(美国法官发展多文化的家庭法,为"多样传统的繁荣留些空间")。

[72] Bauböck, *Transnational Citizenship* (1994).

[73] W. Kymlicka, *Liberalism, Community and Culture* (1989) at 151; W. Kymlicka and W. Norman, *Citizenship in Diverse Societies* (Oxford: Oxford University Press, 2000).

新的、互动特征便是这点的一个预示。尽管公法曾经一度被视为本地主权的不可碰触的核心,但现在每个国家的公法都不得不学会跟其他国家的公法合作,并主动到国外寻找那些本被理解为国内性的问题的解决方案。这样一来,外国与本国或国际与国内之间已经变得难于区分。[74] 因此,在我们仍认为是内部的范围内,许多以前被看做是国际性关系的特征现在开始被复制到一国内部。我们将看到更多的内部法律选择;我们将看到更多的属人法(绝大多数法律传统都没有立法者,因此对属人法的认可并不会产生明显的冲突);我们将看到对社会身份(即传统)更明确的、法律上的认可;我们还将看到国家对更广泛的身份和传统给予支持。

然而,如果比较与调和的手段能够从传统本身之中来获取的话,那么我们最好是首先向传统求教。对此有怀疑的人可能会问,这是否意味着我们将把自己紧锁在相同的古老态度之中,使之成为另一种回到将来的方式呢?这点似乎很难完全否认,但是它不可能是相同的旧的将来,决非完全从头再来。

参考书目

Anderson, B., *Imagined Communities*: Reflections on the origins and spread of nationalism, rev'd edn. (London/New York: Verso, 1991).

Bauböck, R., *Transnational Citizenship*: Membership and Rights in International Migration (Aldershot: Edward Elgar, 1994).

Bernstein, R. J., "The Varieties of Pluralism" (1987) American Journal of Education 509. Davidson, D., "On the Very Idea of a Conceptual Scheme" (1972—3) 47 Proceedings of the American Philosophical Association 5; reproduced in Davidson, D., *Inquiries into Truth and Interpretation* (Oxford: Oxford University Press, 1984) 183.

Devine, P., "Relativism" (1984) 67 The Monist 403.

Dowty, A., *Closed Borders*: The Contemporary Assault on Freedom of Movement (New Haven: Yale University Press, 1987).

Feyerabend, P., *Against Method*: Outline of an Anarchistic Theory of Knowledge (London: Verso, 1978).

Garver, E., "Why Pluralism Now?" (1990) 73 The Monist 388.

---

[74] 参阅 X. Prétot, commenting on C. E., 19 Apr. 1991, Dalloz 1991. II. 399 (这种双重性表明,如果有需要的话,国际上司法管理规范之间的渗透在近年来是再清楚不过的了);A. C. Aman, Jr., "Indiana Journal Global Legal Studies: An Introduction" (1993) 1 Ind. J. Global Legal St. 1 at 2。

Gellner, E., *Nations and Nationalism* (Oxford: Blackwell, 1983).

Glenn, H. P., "Are Legal Traditions Incommensurable?" (2001) 49 Am. J. Comp. L. 133.

——"Commensurability and Translatability" in Nafziger, J. & Symeonides, S., *Law and Justice in a Multistate World: Essays in Honor of Arthur T. van Mehren* (Ardsley, N. Y.: Transnational Publishers, 2002) 675.

——"La tradition juridique nationale" Revue Internationale de droit compare 2003. 263.

——"The Nationalist Heritage" in Munday, R. & Legrand, P. (eds.), *Comparative Legal Studies: Traditions and Transitions* (Cambridge: Cambridge University Press, 2003) 76.

——"On the Origins of Peoples and Laws", forthcoming *Festschrift Varga* (2007).

Haas, P. M., "Epistemic Communities and International Policy Coordination" (1992) 46 International Organization 1.

Habermas, J., *The Theory of Communicative Action*, trans. McCarthy, T., 2 vols. (Boston: Beacon Press, 1984, 1987).

——*Moral Consciousness and Communicative Action* (Cambridge, Mass.: MIT Press, 1990).

Hirschman, A. O., *Exit, Voice and Loyalty: Response to Decline in Firms, Organizations and States* (Cambridge, Mass.: Harvard University Press, 1970).

Kristeva, J., *Strangers to Ourselves*, trans. Roudiez, L. S. (New York: Columbia University Press, 1991).

Kuhn, T. S., *The Structure of Scientific Revolutions* (Chicago: University of Chicago Press, 1962).

Kymlicka, W., *Liberalism, Community and Culture* (Oxford: Clarendon, Press 1989). MacIntyre, A., *Whose Justice? Which Rationality?* (Notre Dame: Notre Dame University Press, 1988).

Nagel, T., *The View from Nowhere* (New York: Oxford University Press, 1986).

Örücü, E., Attwooll, E. and Coyle, S. (eds.), *Studies in Legal Systems: Mixed and Mixing* (The Hague/London/Boston: Kluwer Law International, 1996).

Perry, J. (ed.), *Personal Identity* (Berkeley: University of California Press, 1975).

Rawls, J., *A Theory of Justice* (Cambridge, Mass.: Belknap Press, 1971).

Renan, E., "Qu'est-ce que une nation?" in Oeuvres Completes vol. 1 (Paris: Calmann-Levy, 1948).

Rorty, R., *Philosophy and the Mirror of Nature* (Princeton: University of Princeton Press, 1979).

Rudolph, Kurt, "Heresy" in Eliade, M. (ed.), *Encyclopedia of Religion*, vol. 6 (New York: Macmillan, 1987).

Said, E. W., *Culture and Imperialism* (New York: Vintage, 1994).

Scollon, R. and Scollon, S., *Intercultural Communication: A Discourse Approach* (Oxford/Cambridge: Blackwell, 1995).

Sowell, T., *Race and Culture: A World View* (New York: Basic Books, 1994).

Stock, B., *Listening for the Text [：] On the uses of the past* (Baltimore：Johns Hopkins University Press, 1990).

57　Taylor, C., "The politics of recognition" in Gutmann, A. (ed.), *Multiculturalism and the politics of recognition* (Princeton：Princeton University Press, 1994) 25.

Walzer, M., *Spheres of Justice：A Defence of Pluralism and Equality* (New York：Basic Books, 1983).

——*Thick and Thin：moral argument at home and abroad* (Notre Dame：Notre Dame University Press, 1994).

Williams, B., *Ethics and the Limits of Philosophy* (Cambridge, Mass.：Harvard University Press, 1985).

Zolo, D., *La Cittadinanza：Appartenenza, identità, diritti* (Rome/Bari：Editori Laterza, 1994).

第三章
原生法律传统：对世界的再审视

近几个世纪来，处于欧洲殖民统治之下的族群常被认为是跟那些欧洲移民对立的群体，并且他们自己也自认为如此。他们有着各式各样的名称，诸如"原住民"（aboriginals），"土著人"（natives），"土著民族"（indigenous peoples）。[1] 但是，这些名称多少都有些问题。它们都是从殖民主义的特定角度来看待世界的产物，因而为那些被命名的族群所反对，澳大利亚东南部的古里人（Koori）的看法就是其中一例。另外，有些被命名的族群本身就是从别处迁徙来的，因此，在他们到来之前就存在一个更抽象的"起始"（beginning）身份，在这个层面上，这些名称对具体情况而言显然也就不够准确了。[2] 这些

---

[1] "印第安人"的表述，由于哥伦布判别自己所到达的（西班牙语后来以"西印度群岛"统称的美洲，尽管在英语中，"西印度"（现已无明确政治含义）已仅局限于加勒比地区的一系列岛屿）地方时所犯的历史性失误而被用于形容印度国以外或者与之毫无关联的族群，仍然是很成问题的。关于"印第安人"的表述，试想一下，当您作为一个欧洲人，而被北美过来的人基于他们认为自己已经在中国而不是欧洲登陆（从而导致了"来自中国的中国人"和"欧洲中国人"的区分）而永久地描述为"中国人"，您会是什么反应？关于哥伦布"自身信仰的因果性"，参见 D. Boorstein, *The Discoverers* (New York: Vintage, 1983) 239；关于推动他的力量以及后续的行动，参见第七章"世界范围内的西方法律"。关于墨西哥国内对于"印第安人"或"原住民"（"殖民思维的产物"）命名的反对，参见 J. González Galván, *Derechno nayerij* (Mexico: UNAM, 2001) at 13（"印度人生活在亚洲，而归根结底只有一种土著居民：人类"）（作者译）。

[2] 关于正在进行的涉及北美地区人类起源的科学争论，L. Cavalli-Sforza, P. Menozzi, and A. Pizza, *The History and Geography of Human Genes* (Princeton: Princeton University Press, 1994) at 303—8（"简言之，对于美洲最早的人类[科学上]缺乏共识"）。而以从外部进入北美地区的移民为基准所得出的结论同样受到北美地区原生族群的质疑。关于这方面的争论，以及最近的考古数据，T. D. Dillehay, *The Settlement of the Americas* (New York: Basic Books, 2000), notably at 275（考虑到殖民的时间，北美的发展比欧洲更迅速），280（现在有意要成为美洲最早人类的母国的国家包括俄罗斯、西班牙、法国、丹麦、日本、中国和韩国）。关于构成全世界人口 4%—5% 的，大约 260 万的原生人口，see B. Goehring, *Indigenous Peoples of the World: an Introduction to their Past and Future* (Saskatoon: Purich Publishing, 1993) notably at vi—viii（世界上 80% 的原生人口生活在北亚、东亚和南亚，7% 在南美洲，6% 在北美洲，4% 在非洲，3% 在澳大利亚/大洋洲以及 0.1% 在北欧（萨米人）；Schulte-Tenckhoff, *La question des peoples autochtones* (1997); R. Schmid and F. Trupp, *Tribal Asia* (London: Thames & Hudson, 2004).

59 名称在语言使用上也不一致,毕竟欧洲各民族尽管也长久以来就在他们现在生活的土地上繁衍生息,但他们从来没有被称作"原住民"或者"土著人"。[3] 在西方殖民主义后续影响较弱的亚洲,同样存在着对这种名称的强烈抵制。[4] 在所有的情况下,甚至在语言使用最为准确的情况下,这些名称所能告诉我们的关于族群本身或者他们的生活方式的信息都非常有限。他们被简单地划入另类,而仅仅以其存在的时间和地域作为标准。在进行社会界限的界定之前,难道我们不应该对这些人了解得更多一些吗?

当欧洲殖民者所遇到的族群人口稀少,或者缺乏强有力的制度性反抗手段,或者二者兼有时,殖民统治的影响就会变得极为广泛。这样的殖民统治形态在美洲和大洋洲地区(Australasia)表现得最为广泛和持久。在非洲、印度和东南亚,它虽然不那么持久,但还是比较广泛。而在中国和伊斯兰世界,它就显得既不那么广泛也不那么持久了。透过这种欧洲传统和人口的扩张模式,我们对所谓传统及其(对外界事物)直接的排斥力会有更多的认识。在欧洲人到来之时已经生活在那里的那些族群,毋庸置疑,并非被一堵密不透风的社会围墙所阻隔,而是像任何普通的民众那样有着自己的生活,他们对生活也不感到痛苦,他们也不是没有组织,尽管在欧洲人眼里他们也许就是那样。所以,我们可以称这些人为"民众"(folk),他们的法律为"民间法"(folk law),这点已经成为民间法与法律多元主义委员会颇有价值的研究结论。[5] 然而,"民众"这个词或许太过宽泛并

---

[3] Though see W. C. Sellar and R. J. Yeatman, *1066 and All That* (London: Methuen, 1999, 1st edn. 1930) at 11. ("但是,罗马帝国的征服是一件好事,因为不列颠人在那时不过是一群土著。")

[4] B. Kingsbury, "The Applicability of the International Legal Concept of 'Indigenous Peoples' in Asia" in J. R. Bauer and D. A. Bell, *The East Asian Challenge for Human Rights* (Cambridge: Cambridge University Press, 1999) 336, notably at 340 (提出了欧洲殖民扩张产物的概念;但不适用于亚洲那些不存在实质性欧洲殖民过程的地方),350(在亚洲的大部分地区都不可能确认所谓最早到达的原住居民;要么全都是要么全都不是"土著");A. Béteille, "The Idea of Aboriginal People" (1998) 19 Current Anthropology 187, notably at 189(关于亚洲人口的多元性;在长时期内在印度境内的缓慢但持续的人口迁移;"就现有的移民记载不可能将历史与传说完全区分开来")。In India the language used is that of hill or forest tribal people; in Japan or elsewhere if the language of indigeneity is used then it must be acknowledged in degrees or levels. 在印度人们使用的语言就是山区或者森林里的部落居民所使用的;在日本或者其他地方如果使用原住民的语言,就必须经过很多层次或者级别的确认。参阅 M. Chiba, "Japan" in P.-L. Tan (ed.), *Asian Legal Systems* (Sydney: Butterworths, 1997) 82 at 89(在受中华法律影响之前的日本"原生法律");R. Bulan, "Indigenous Identity and the Law: Who is a Native?" (1998) 25 J. Malaysian & Comp. L. 127, notably at 131(马来人与原住民的原生性程度对比)。

[5] 民间法与法律多元主义委员会是于1978年在联合国教科文组织的资助下成立的。该会现有代表世界各地区的大约350名成员,成员资格向"对民间法与法律多元主义领域有实质重大的学术性或实践性责任或参与"的个人开放。在北美地区,萨斯卡切温大学法学院原住民法律中心以及亚利桑那大学法学院部落法律及政策项目也都开展了对原生法律的研究工作。关于从法人类学及法律多元主义的角度对原生法律的研究工作及机构所作的一项调查,参见 Rouland, *Anthropologie juridique* (1988) at 17—22, 95, 102—19.

且含义很不明确。在不那么严格的情况下,我们也可以说都是民众,而民间法的概念在欧洲,即欧洲民众的法律,正如像冯·萨维尼(von Savigny)那样智慧的法学家所认为的那样,也有过长足的发展。民间法很容易会被错误地纳入到民俗学的范畴。因此,对我们将要讨论的这种法律的最佳描述方式显然应该是"原生"(Chthonic)(或许写为K'thawnik 会使读音更明确),这是爱德华·戈德史密斯(Edward Goldsmith)在形容那些拥有自然生活的人时所使用的词,它的意思是人们生活在土地之中或者跟地球保持和谐。[6] 把一种法律传统形容为原生的,就意味着要用它自身所具有而非外部所强加的各种理论来分析它。这需要我们越过所有语言和感知的障碍,从而从内部来洞悉这种法律传统。

传统的形成

原生法律传统没有确凿的起始点。它没有明确的记载;也没有与其他法律传统的明显切割;更没有任何所谓的永世难忘的成就。原生法律传统只是随着人类经历的增多,依靠口耳相传和主观记忆而逐渐形成。因为世界上所有的人都是从原生族群繁衍而来,因此,所有的其他法律传统的发展形成都跟原生传统相对照。后者是所有传统中最为源远流长的;其传承与人类历史一样久远。[7]

近来,原生族群不断地告诉全世界与他们传统有关的许多事情,现在已经很清楚,原生传统本身包含了纷繁复杂的信息。有人可能会说,这些信息是如此地千差万别,以至

---

[6] E. Goldsmith, *The Way: an Ecological World View* (London: Rider, 1992),来自于希腊语的 kthonos,或者地球,法语的 chthonian 或者 chtonien,就像 autochtone(或者英语中较少使用的 autochthonous)。但是,以这样的方式从内部对法律传统进行描述的意图必须无损于那些基于先占权利所提出的主张,在合适的情况下,这些权利可被正当地称为原住民与生俱来的权利。这种研究也可以对一些原生的语言作追踪,像毛利人所说的"tangata whenua",J. G. A. Pocock 把它翻译为"土地上的人民",认为概念产生了"不仅仅是一种线性的时间观念……[而是]一种与宇宙如此的接近和紧密而自身包含了空间与时间的关系"。J. G. A. Pocock, "Law, Sovereignty and History in a Divided Culture: The Case of New Zealand and the *Treaty of Waitangi*" (1998) 43 McGill L. J. 481 at 493, 499. 现在在德语中使用"地球公民"或者"地球人"(Erdenbürger)这样的表述,而在东南亚,"自然族群"也偶尔会被使用。因此,原生主体身份将是一种"生态族群",而不是以等级、部落、语言或者宗教等概念为基础而建立的,参见"Revisiting Gandhi and Zapata: Motion of Global Capital, Geographies of Difference and the Formation of Ecological Identities" in M. Blaser, H. Feit and G. McRae, *In the Way of Development* (London: Zed Books, 2004) 235(包括农民、农场主、渔民而不仅仅是"土著"民族)。

[7] 这个传统大约延续了二百万年。在它的最后一万年,即农业和畜牧业发展成形的时间里,狩猎和采集仍为谋生的唯一手段。参见 Wesel, *Frühformen des Rechts* (1985) at 71; Glenn, H. P. "On the Origins of Peoples and of Laws", forthcoming *Festschrift Varga* (2007).

于它们不可能表现为某种单一的传统。对此,我们必须在单一传统的概念之内,包容像北半球的因纽特人和南半球的波利尼西亚人那样形式多样的生活方式;像农耕和打猎那样截然不同的生存实践;像有神论和泛灵论那样成分混杂的信仰;以及像君主制和民主制那样完全相反的制度结构。然而,原生传统还告诉我们,在这种人类的多样性当中存在着一些常量,它们告诉我们一个原生的人是什么。那么,我们如何知道他们都是些什么人呢?

关于渊源与结构

原生法律传统最显著的特点就是口述性。[8] 过去的教谕往往通过非正式的,但有时确实非常严谨的讲话和记忆等手段保留下来。这或许看起来并不十分可靠,并且也容易受到外界的影响而改变,直至我们有一天想起这种传统似乎保存着它宣称保存了千万年的东西。因此,这种传统并没有充斥着人类记忆所不能掌握的大量细节。它并不是要让它的民众去寻根究底。这也不意味着它完全排斥诸如祭祀用语[9]或生活技艺等一些

---

[8] A. Emiola, *The Principles of African Customary Law* (Ogbomoso: Emiola Publishers, 1997) at 7 ("首先,它是不成文的"); Campbell, *Customary Law* (2004) at 2 ("作为口头传统的法律"); R. Sacco, "Mute Law" (1995) 43 Arc,. J. Comp. Law 455 at 456 ("在没有立法者或律师的情形下法律存在并有效率地运作") and 460 (法律甚至在精确的语言出现之前就已存在); Jenness, *Indians of Canada*, (1963) at 125 ("当然,并不存在成文的法律;仅仅是远古时代流传下来的口头发布的规则和禁令,以及一些更为临时的禁忌");关于一个单独的、横跨时代的原生口头传统的观点与现代人类学教义的和谐一致性,参见 Wesel, *Fruhforrnen des Rechts* (1985) at 34,35 (以狩猎和采集、农耕和畜牧、或等级社会结构为依据对各种形式的原生社会组织进行区分);关于非洲法律在其口耳相传特点下具有的复杂的"统一性",参见 A. N. Allott, *Essays in African Law* (London: Butterworths, 1960) at 64, 66; Emiola, *African Customary Law* (1997), above, at 7 ("整个非洲的共同特征"); Menski, *Comparative Law* (2000) at 358 ("一个或多或少属于非洲共有的宏观世界观念,一种典型的原生景象")。如果口耳相传是原生传统的关键所在,那么相反的说法就显得难以成立,而罗姆人("吉普赛人",因为被认为是来自埃及,但经过印度)则保留了一种"口头的法律传统",虽然他们据说过着一种非原生的生活。W. O Weyrauch (ed.), *Gypsy Law [:] Romani Legal Traditions and Culture* (Berkeley: University of California Press, 2000) at 2, 41, 62—8, 209;关于在特定城镇环境中原生传统一致性受到的挑战,以及关于可能会变得"抽象而精减"并充满了"承传的各种一致性"的"无活力的"法律多元主义所面临的更大的挑战,参见 S. G. Drummond, *Mapping Marriage Law in Spanish Gitano Communities* (Vancouver: UBC Press, 2005), at 97, 118.

[9] 关于详细的祭务誓言,参见 González Galván, "Una filosofia del derecho indigena" (1997) at 533 ("la palabra vale");关于1086年发生在英格兰的末日审判所发掘出的范围"令人惊讶的"记录,参见 R. Fleming, *Domesday Book and the Law* (Cambridge: Cambridge University Press, 1998) at 36, 37;而关于原生传统总体上拒绝阐明精确的规范, Sacco et al., *Ii diritto africano* (1995) at 71—3 (精确的规范需要对相关事实的精确阐述;原生传统拒绝隔离而精确的"事实"的概念);关于古代对于著述的抵制("吠陀经的著述者,全部走在通往地狱的道路上"),参见 N. Osler, *Empires of the Word: A Language History of the World* (London: HarperCollins, 2005) at 183.

细节信息的传递,但其程度仅限于人类的记忆力所能够驾驭的分量。因此,原生法律传统最明显的特质,或许也是它最重要的特质,就是拒绝法律表达上的形式化,尽管个中的原因不能马上说清楚。然而对于那些将原生法律看成是某种文化的企图,那里确实存在着含蓄的、甚至在某些情况下直截了当的抵制。那些以成文形式存在的原生法律要么是欧洲殖民统治者所记录,要么是人类学家或者比较法学家[10]所记录,要么就是在非常例外的情形下由原生民族自己所编写,其主要目的是为了向外界描述他们的法律规范。[11]

原生传统对口述的坚持似乎与其形式和内容相关,如果不允许任何人书写法律,那么就不会有人拥有像经师(scribe)那样的特殊地位,以后也不会有人能够写上长篇大论的、源源不断的评论,以致这些评论本身又变成法律渊源。法律的威权属于一个由所有人或大多数人共享并参与其中的信赖实体(repository)。因此,这种传统被描绘成一套指令系统(repertoire),而非一种制度。[12] 原生法律传统的传承,是通过日常生活中的口头

---

[10] 参阅 J. Vanderlinden, *Coutumier, manuel et jurisprudence du drotr Zande* (Brussels: Editions de l'institut de Sociologie, 1969);关于非洲原生法律的编纂,及非洲人对此的抵制,参见 Rouland, *Anthropologic juridique* (1988) at 201, 202(对成文化是否构成"进步"提出质疑),354—6; E. Cotran, "African Law" (1974) at 157,158(编纂者区分"法律规则"与"社会习惯"的任务); Bennett, *Customary Law* (2004) at 5—7 (成文化还等同于将西方法律制度和种类强加于人);关于编纂过程的争议,参见 Sacco et al., 11 *diritto africano* (1995) at 63, 127; T. O. Elias, "The Problem of Reducing Customary Laws to Writing" in Renteln & Dundes, *Folk Law* (1994) at 319。还有一些著作论述了以法院判决适用为基础的习惯法,例如 U. Osemwowa, *The Customary Law of the Binis* (Benin City: Fine-Fare Int'l., 2000)。另外对照西方的"习惯"概念和欧洲习惯法编纂的转化过程,参见本章"法律和宇宙",及第五章"法律的扩张"。

[11] 这方面的例子可参见 *The Great Law of Peace of the Longhouse People: Iroquois League of Six Nations* (Rooseveltown, N.Y.: Akwesasne Notes, Mohawk Nation, 5th printing, 1977),将大和平法形成的年代定为12世纪, C. C. Mann, 1491/*AnrientAmericans* (New York/London: Knopf/Granta, 2005) at 333。此外,关于纳米比亚不成文法的"自述",其"不构成取代口耳相传的习惯法的成文化",参见 M. O. Hinz, *Without Chiefs there would be no Game* (Windhoek: Out of Africa, 2003) at 53。阿兹特克人、玛雅人和巴比伦人,出于象征性的目的,也将法律刻在纪念石碑上,但在这种情况下,这些符号的规范性效果也许被就它的艺术效果掩盖了。关于象征符号的规范性使用,参见 D. Krstic, "Symbols in Customary Law" in Renteln and Dundes, *Folk Law* (1994) at 439。玛雅人利用树皮发明了纸张,并制成书籍,但保留下来的寥寥无几。关于由象形表达和注音表达混合而成的阿兹特克成文法, J. A. González Galván, "El derecho consuetudinario indígena en México" in J. E. Ordóñez Cifuentes (ed.), *Cosmovisión y prácticas jurídicas de los pueblos indios* (Mexico: Instituto de investigaciones jurídicas, 1994) 73 at 75 ff.

[12] Campbell, *Customary Law* (2004) at 2(关于规则的重叠甚至相互矛盾),关于对现代普通法的类似观点,参见 S. Waddams, *Dimensions of Private Law: Categories and Concepts in Anglo-American Legal Reasoning* (Cambridge: Cambridge University Press, 2003), notably at 1—2, 226(法律概念的累积和结合使用;事实和法律的相互关系的复杂性;没有足够的分离模式)。关于原生社会的本质平等特征,以及事实而非制度性的不平等,参见 Wesel *Frühformen des Rechts* (1985), at 81—4;also 84 ff.关于男女平等方面的相互冲突的人类学报告;关于原生社会种类方面的差异(狩猎、父系、母系等),参见 Wesel, *Gesrhichte des Rechts* (1997) 35.

教育实现的,而它的这种对话特征对所有世代而言都是一种日常实践。传承(这种传统是绝不可以通过个体进行解读的)的口述特质与集体互动的特性,则是形成共识(consensus)的强大动力。所以,在理想的状态下,重要的信息在许多人的协助下可以被所有的人知悉,这样一来,所有的人都可以为传承的过程尽一份力了。因此,不成文法会比正式的、成文的法律更广泛地为人所知,并且更为根深蒂固。[13] 然而,这只是一种理想化的描述,毕竟我们都知道,后来的异议以一种不可回复的形式形成,因而新产生的传统都是由那些完全或部分地拒绝原生世界的人所产生或创造的。对于这种情况的发生,原生传统似乎并没有形成什么抵抗或回避的具体办法。[14] 而所有认为原生传统完全或部分地不可接受的人,却可以选择退出该种传统。直至今日,情形依旧如此。即使是一种极大地限制信息传播的传统也无法避免各种不同理念的产生。甚至可以说,传统本身就是导致不同理念产生的最强有力的诱因。但是,这种传统的信息在内容上看上去非常精炼,以致它仍然作为一种充满生机的传统继续存在,而尽管各种异议、各种瑕疵以及物竞天择观念的存在。[15]

以口述为特征的传统本身并不构建复杂的制度。因此,这样的传统所提供的具有威望和权力的职位相对较少,其所面临的经济性和机构性的腐败的危险也比较小。然而,在范围如此广大的原生民族世界,机构的发展在过去和现在都仍然存在许多重要的区别。其最普遍的特征莫过于长老会(council of elders),这些长老都是一些对传统有着更长时间的耳濡目染,从而具备了更高权威的个人。虽然这种情况并没有确凿的证明,那里也不存在对那些上了年纪的人进行筛选的程序,但是这种情况似乎已被普遍认为是真实的。这被称为老人政治,但是,如果我们将其看成是对一种与过往世代的关联也许会更贴切。[16] 尽管长老会可以由部落首领作补充,甚至是取代,但首领的统治也必然是一

---

[13] 关于此观点,是由于原生社会乃为了实现跟西方社会所不同的目的而理性地组织起来,参见 M. Alliot, "Ce que repenser les droits africains veut dire" in C. Kuyu, à la recherche du droit africain du XXIe siècle (Paris: Connaissances et Savoirs, 2005) 23 at 26.

[14] 这并不妨碍针对违反不成文的社区的行为的制裁的发展,这种惩罚可以包括驱逐。但是那里似乎没有对自愿离开的惩罚。

[15] H. Brody, *The Other Side of Eden: Hunters, Farmers and the Shaping of the World* (Vancouver/Toronto: Douglas & McIntyre, 2000) at 7("我们都是同时代的人……所有人类都经历了相同的进化时间").

[16] 关于社区的跨代性质,参见本章"变革和自然界";关于 necrocacy 或死者的统治的概念,参见 Goldsmith, *Way* (1992), above, at 109.

种协商形式的统治。[17] 首领并没有军队,因而他们只能在求得共识的前提下发挥作用。而长老们则可以阻拦这种共识的达成。在首领变成了国王的地方,例如在阿兹特克(Aztec)世界,国王则在"御前会议"(curia regis)的监督下行使权力。[18] 报告显示,各式各样的立法在非洲和美洲已然存在,尽管这也许只是对长老会正式商议的一种记述罢了。[19]

争端解决机制以往通常是非正式的,尽管偶尔存在过一些"可选的"争端解决机制,但如今在原生世界,这种机制乃以法庭和正式裁判的形式出现。[20] 在太平洋地区或北美洲北部,过去从来没有过独立的司法机制,尽管,又是阿兹特克人,创造了一种与终身法官以及正式上诉制度,从而跟其他的原生民族区别开来。[21] 在非洲,非正式的仲裁形态曾与较为正式建立的法庭并存,而北欧的萨米人也曾有过自己的法庭,名为科塔卡拉

---

[17] T. W. Bennett, "Human Rights and the African Cultural Tradition" in W. Schmale (ed.), *Human Rights and CslturalDiversity* (Goldbach, Germany: Kelp Publishing, 1993) 269 at 272(被核准的通过共识来决策的形式)。

[18] G. F. Margadant S., *Introducción a Ia historia del derecho mexirano*, 9th edn. (Mexico: Editorial Esfinge, 1994) at 27; O. Cruz Barney, *Historia del derecho en México* (Mexico: Oxford University Press, 1999) at 9, 10;关于非洲形式的王权,参见 Sacco et al., *II diritto africans* (1995) at 97—102(居于埃及模式的神授特征);由于缺乏约束其忠诚的资源,原生社会的国王的权力必然受到限制,参见 J. Roberts, *History of the World* (London/New York: Penguin, 1995) at 463. 美索不达米亚的国王每年都要受高级教士的掌掴,以作为对他们需要谦卑的提醒;B. Trigger, *Understanding Early Civilizations* (Cambridge: Cambridge University Press, 2003) at 90.

[19] Emiola, *African Customary Law* (1997), above, at 14; Schott, "Triviales und Transzendentes" (1980) 165 at 297; M'Baye, "African Conception of Law" (1975) at 150; Allott, "African Law" (1968) at 135; Rouland, *Anthropologiejuridique* (1988) at 310—12;关于阿兹特克人的情况,参见 Margadant S., *Introducción derecho mexicano* (1994), above, at 23.

[20] 非正式渊源表明非正式程序,因为,如果没有确定的规则需要被适用,那也就不需要正式的机构来掌管这种适用了。然而我们不需要以"正式渊源和正式法庭"相对于"非正式渊源与非正式争端解决"这种双重的二分法来思考,因为各种组合都是有可能的。在普通法中,过去没有人知道陪审团要适用什么法律,但是陪审团却在一种高度正式的场合行使职能。渊源的正式性和结构的不同组合在不同的原生世界似乎也是可能的。

[21] Margadant S., *Introducción derecho mexicano* (1994), above, at 34; Cruz Barney, *Historia derecho en Mexico* (1999), above, at 18; M. C. Mirow, *Latin American Law: A History of Private Law and Institutions in Spanish America* (Austin: University of Texas Press, 2004) at 2, 3(最高司法委员会有着"广泛的民事和刑事管辖权",案件的80天的审理期限)。玛雅人不区分政治权威和司法权威;D. Bahamondes Fuentes, *El derecho en la civilizacion Maya* (Santiago: Editorial Juridica, 1973) at 84—5.

拉(Kotakärärät)。[22] 原生与非原生民族之间并没有固定的界限。有些信息对二者而言是共通的。原生社会的程序也是非正式的,而利益的调和则要求一种缓慢的、仔细的、以和解而非裁判为根本目的的对案件情势的裁量,这可以描述为一个既不会令人困惑,也不会令人受到排斥的过程。[23] 当然,这并不排除一些程序上的复杂性。譬如,在非洲的丁卡部落,争议一方最亲近的亲属或最好的朋友,要承担陈述另一方立场的责任。[24] 一般说来,这种争端解决机制是开放的,并且人们随时都可以利用它。[25] 这里面并没有罗马法和普通法在其大部分的历史中所具有的事实上的诉讼成本门槛,或者做法律上的初步筛选或者批准的门槛。法律也可以直接使用,或是通过裁判者来进行,或者由争议各方自己来适用,后者被认为更加适当。这让人想起西方世界所熟知的"实体法"。然而,这里并没有什么可以直接跟西方的这种概念作类比——这里没有正式的法律渊源,没有明确规定的条文,而只有共同分享的关于生活之道的信息。

---

[22] For Africa, Cotran, "African Law" (1974) at 159 60; Allott, "African Law" (1968) at 134; Okupa, *African Customary Law* (1998) at 115(比较国家法院的延期、费用和拘押制度;"感谢上帝我是个异教徒");A. Oyewo and A. Olaoba, *A Survey of African Law and Custom with Particular Reference to the Yoruha Speaking Peoples of South-Western Nigeria* (Ibadan: Jator Publishing, 1999) at 13(社区法院最频繁出现在没有政治领导者的(acephalous)的社会);C. M. Fombad, "Customary Courts and Traditional Justice In Botswana: Present Challenges and Future Perspectives" (2004) 15 Stell. L. Rev. 166(区分"正式"和非正式习惯法庭,后者数量更多,二者在农村和城市的角色不断提高);关于埃塞俄比亚的民谚"批评法官就像拥抱老虎"),参见 H. Scholler and S. Tellenbach, *Rechtssprichwort und Erzählgut* (Berlin: Duncker & Humblot, 2002) at 106。关于萨米法庭,参见 K. Korpijaakko, "Saami Customary Law—How and Where to Find Pieces of its Evidence" in T. G. Svensson (ed.) *On Customary Law and the Saami Rights Process in Norway* (Tromsø University i Tromsø, 1999) 65 at 66, 72—3;关于其他法庭,并非总是有永久的法官,并且"费用和贿赂之间的区别远远不够清楚"),参见 Trigger, *Early Civilizations* (2003), above, at 224—8, 236.

[23] Bennett, *Customary Law* (2004) at 161—5(强调的不是被违法的规则,而是调解的手段,这点跟社会中缺乏有组织的暴力是一致的);Cotran, "African Law" (1974) at l60; Allott, "Africsn Law" (1968) at 145; Sacco et al., *Il diritto africano* (1995) at 73.

[24] R. D. Schwsrtz, "Human Rights in an Evolving World Culture" in A. A. An-Na'im, and F. M. Deng, *Human Rights in Africa: Cross-Cultural Perspectives* (Washington, D. C.: Brookings Institution, 1990) 368 at 375.

[25] 关于西非阿肯部族(Akan)的司法中"要求审判的权利",参见 K. Wiredu, "An Akan Perspective on Human Rights" in An-Na'im and Deng, *Human Rights in Africa*, above, 243 at 252。("非洲内外的某些政府未经审判而拘捕公民的现代罪行在传统的阿肯部族中是不可想象的,不仅是因为他们没有监狱,而是因为这种做法的原则跟阿肯人的心理完全不一致。")

生活之道

原生生活方式在许多方面都令人想起在 12 世纪文艺复兴或 17 和 18 世纪启蒙运动等主要变革发生之前欧洲民族的生活形态。[26] 在某些方面它们也许还会让人联想到未来的甚至现在的欧洲生活方式。因此,原生债法(合同和侵权)大概是发展得最不完善的[27],就像大陆法过去在这些方面相当欠缺从而需要由罗马法来补充那样,以及英格兰的普通法则必须由大法官法院(同样是模仿罗马法)来缔造一样。人们的生活与土地息息相关,并源于土地,所以土地本身、其上的农耕收成以及生活在土地上的民族的人际关系,是我们对原生法律进行认知的客观对象。

原生家庭法,就像一般的原生法律,在特征上都是非正式的。[28] 结婚、离婚和收养都不属于教会或任何机构控制的范围,虽然公知和名声以某种方式构建了相关人员的身

---

[26] 欧洲法在中世纪(5 至 10 世纪)属于"主要是口述"的社会的法,参见 M. Lupoi, *The Origins of the European Legal Order* (Cambridge: Cambridge University Press, 2000) at 24, 25("走向成文化")。因此,早期的爱尔兰或布里恩(Brehon)法律属于口头形式的法,它同时使用散文和诗歌形式,直到 6 世纪才开始被记录下来。F. Kelly, *A Guide to Early Irish Law* (Dublin: School of Celtic Studies, 1988) at 100, 105("家族土地",将私有和共有混合在一起)232(诗歌和散文)。关于凯尔特人的法律口述传统仍然在苏格兰保存着,参见 W. D. H. Sellar, "Celtic Law and Scots Law: Survival and Integration" (1989) 29 Scottish Studies I at 3, 19。威尔士法律在 8 世纪时开始成文化,但在后来的修订者们对其进行"修正"时仍然保持其灵活性,参见 P. Cook, "Hywel Dda's Law-Books and the Welsh Legal Tradition" (1991) 18 Ius Commune 195, at 197, 202(最大的修订发生在 13 世纪,较早时期的法律通常采用三节诗歌形式);关于威尔士法律以家族为基础的土地持有,参见 R. R. Davies, *The First English Empire* (Oxford: Oxford University Press, 2000) at 104, 105, 132;关于其法律,参见 T. M. Charles Edwards, *The Welsh Laws* (Cardiff: University of Wales Press, 1989), notably at 6(海维尔法律"不是表述那些成文法律而是整个法律传统的术语");D. Jenkins (trans. & ed.), *The Law of Hywel Dda* (Llandysul, Gomer Press, 1986)。

[27] 但这并不妨碍贸易的发展,它也可以通过相互信赖来支持。在一个有细微差别的加拿大判例法中,关于出售鱼是否构成特定群体生活方式的有机组成部分因而构成原住民权利,参见 *R. v. Van der Peer* [1996] 2 SCR 507(以前出售鱼纯粹是"偶然性的"); *R. v. Gladstone* [1996] 2 SCR 723(数以吨计出售鲱鱼卵是特定群体的"中心和界定"特征)关于北美休伦湖地区的贸易做法,参见 B. Trigger, *Children of Aataentsic* (1976) at 168—76;关于合同(包括担保)的原生非洲概念,参见 Rouland, *Anthropologie juridiques* (1988) at 267—81;Cotran, "African Law" (1974) at 162;Sacco et al., *Il diritto africano* (1995) at 85—9;Okupa, *African Customary Law* (1998) at 55 ff.(销售、贷款和寄存)。因此,当地对销售并不陌生,但某些形式的商业则不被容忍。例如,在纳米比亚的 Uukwaluudhi 地区的当代法律,第 12 条:"任何人不得砍伐林木用于出售";Hinz, *Without Chiefs*, above, at 67。

[28] 然而,非正式性并不排斥复杂性,这点可参阅 Rouland, *Anthropologic juridique* (1988) 212 以及后面关于父母关系的种类和它们的意义;Wesel, *Frühformen des Rechts* (1985), ch. 8,关于家庭关系,特别是父系和母系家庭关系,以及社会组织。

份,但这些身份更多的是通过社群生活来体现,而不以名声为必要条件。在因纽特人的习惯中,未来的养父母的现身宣示即可使收养关系生效;而在北极地区,苛求收养的法律形式无异于杀婴。[29] 一般来说,结婚和离婚在双方的合意下成立;用当代民法的语言来说,这些都是"私人化"的家庭体制,并且一向如此。[30] 几十年来,欧洲和非原生的北美法律正带着对民族差异的适当尊重,而朝这个方向稳步地转变。[31] 当法国人来到北美大湖地区以北的上游地方(pays d'en haut)后,他们的做法,尤其是禁止离婚、对儿童进行体罚以及针对人体的严苛态度,让原生民族感到厌恶。[32] 今天,引发社会冲突的因素已经减少。然而,西方法律不允许多偶制却是不争的事实,反而在一些原生社会,尤其是在欧洲影响日渐消退的非洲,出现了这种体制复苏的征兆。[33]

生活在大地之中并与之相和谐意味着对可能破坏自然环境和谐的手段进行限制。所以,这里不存在开发复杂机械的动机,从而也就不可能通过使用机器来积累财富。那么,原生民众也就没有什么理由去积累个人财产或者动产。[34] 基于同样的原因,人们也就没有理由去兼并土地,或者(超出道路标识的目的)绘制地图;除了享用土地上的自然果实之外,这里不需要做什么开发或利用了。因此,原生物权观念反映了原生生活的特质,个人一般不会被提升到一种对自然界拥有统治权或所有权的地位。属于一个人的动

---

[29] 关于这点在当代加拿大案例法中,参见 *Casimel v. Insurance Corporation of British Columbia* (1993), 106 DLR (4th) 720(原生方式的非正式收养因为主张无过错利益而得到承认,对之前的案子的审查)。

[30] 然而,离婚在非洲法中被形容为很难实现,因为它涉及部族长老协助的家庭之间的安排,参见 Cotran, "African Law" (1974) at 163.

[31] 参见第五章"以人为本和权利的增长"。

[32] B. Trigger, interview on *Children of Aataentsic* in *Le Devoir*, Montreal, 30 Sept., 1991, Bl.

[33] 相对照的是,很少有母系形式的原生社会组织的报道,尽管它在过去通常存在,特别关于一妻多夫(多个丈夫)的存在或至少在性方面是自由的。由于建立男方血统(父系)的难度,只有母系的组织方式在当时是可能的。子女在母亲的家庭中长大,跟从母姓,而不知其父。父亲也不认识他们的子女。父系家庭跟更稳定的同居生活相一致,尽管强调母系或父系都可能存在一些变化。关于一妻多夫在印度20世纪早期(即使现在也未完全消失),参见 W. Markby, *Hindu and Mahommedan Law* (Delhi: Inter-India Publications, 1906)(1st repr. 1977) at 26—8;关于婚姻世系(matrimonial line)在非洲作为例外,参见 Emiola, *African Customary Law* (1997), above, at 3(加纳的阿善提人)。关于一夫多妻(多个妻子)在加蓬和塞内加尔的国家法中甚至作为一种当代的正式的选择,参见 J. John-Nambo, "Le droit et aes pratiques au Gabon" in Kuyu, *Droits africains*, above, 229 at 235—7(需要选择一夫一妻或一夫多妻,但可以放弃选择);M. Coulibaly, "Le droit et sea pratiques au Sénégal" in Kuyu, *Droits africains*, above, 265 at 267—8(男子甚至在选择一夫一妻之后仍然经常再婚,宣布无效的诉讼很少成功);关于最近在南非承认习惯法过程中维持一夫多妻制,参见 Bennett, *Customary Law* (2004) at 243—8(一夫多妻本身既不是从属地位的原因,跟虐待也没有直接关系)。

[34] Wesel, *Frühformen des Rechts* (1985), above, at 95—9.

产或个人财产的纯粹是那些他们的日用物品;他们根本不需要聚敛更多的财富;也不需要制定继承法来预防由遗产分割所引发的争议。当然,土地是可以被有效占领的,西方的相反占有权(adverse possession)或因时效而取得(prescriptive acquisition)的理念可以让我们联想到某种在原生世界逐渐发展形成的所有权形式。这个问题现在在美洲和大洋洲地区非常盛行,非常有意思的是,在原生民族的要求下,将原生土地使用方式与各种西方财产概念进行对应整合的工作现在正在展开。根据一些国家的最高法院所认可的原生法律证据,原生的土地使用方式就是公共或集体共享,而对族群与其生活的土地之间的松散关系并没有作任何正式的物权概念进行确认。首领们可以在不破坏集体所有权的情况下,将土地分配给个人使用。[35] 分配的土地可以用于狩猎、农垦、种类有限的挖掘(譬如,用于雕刻的皂石)、以及其他可能的用途(这对许多矿藏勘探的工作来说是很关键的问题)。这里并不存在转让权。而在西方,对于这种物权理念的概念性争议一直延续到最近,因为它意味着(部分地)放弃个人所有权的理念。然而,在许多适用西方法律的国家,这种物权理念其实早已获得确认(譬如瑞士法律中的公有地(Allmend)或公共牧场——所谓全体共有(was allen gemein ist)[36],写入墨西哥法律的合作农场(ejido)[37]),而反对这种理念的国家如今也认可物权法的多种形式以反映不同的法律传统。加拿大最高法院曾经在裁判一个来自普通法省份的原生民族诉求时借用了大陆法的术

---

[35] A. Badaiki, *Development of Customary Law* (Lagos: Tiken Publishers, 1997) at 15; Rouland, *Afrique juridique* (1908) at 254—9; Cotran, "African Law" (1974) at 163; Allott, "African Law" 11968) at 154(注意到不同的权利形式的可能性,譬如,清理灌木,尽管"社区……也会在每一个阶段都使其看起来像是公共的样子");Sacco et al., *Il diritto africancs* (1995) at 81—5, 200; Bennett, *Customary Law* (2004) at 376 ff.(社群持有跟集体使用权不是同义词,部族首领具有分配之权,尽管所有的成员都有权利并且没有继承权);Okupa, *African Customary Law* (1998) at 189 ff.; R. Overstall, "Encountering the Spirit in the Land:'Property' in a Kinship-Based Legal Order" in 1. McLaren, A. R. Buck and N.E. Wright, *Despotic Dominion: Property Rights in British Settler Societies* (Vancouver: UBC Press, 2005) at 22(社群持有跟对个人使用的详细规范是协调的,侵权的概念;根本的思想是"互惠的互动"而非"排他性");关于南太平洋的情况,参见 J. Care, T. Newton and D. Paterson, *Introduction to South Pacific Law* (London/Sydney: Cavendish, 1999) at 236, 237(在某些情况下承认个人所有权)。

[36] 参见 L. Carlen, *Rechtsgeschichte der Schweiz*, 3rd edn. (Berne: Francke Verlag, 1988) at 61;关于欧洲集体形式的保有权(seisin)的前身,参见第五章"罗马法与欧洲法律"。

[37] 参见 M. R. Massieu, *Derecho agrario* (Mexico: Universidad Nacional Autónoma de Mexico, 1990) at 61—7(土地的社会承继权(patrimony));J. L. Ibarra Mendivil, *Prop riedad agrariay siotema politico en Mexico* (Mexico: El Colegio de Sonora, 1989) ch. 6.

语,提到了土地上的原生"社区……用益权"为普通法法理所认可。[38] 同样,在这里西方法律看到了一些与自身理念相似的东西,不管是过去的(当然,这很快会被看到)[39]还是现在的理念。[40] 这再次表明,法律体系之间的界线是很难划定的。类似的争议还有,譬如,西方知识产权概念是否足以保护集体的而不是个人"原创"的原生知识和艺术("传统知识")。[41] 阿兹特克人又一次打破了常规;他们在许多方面都建立了更倾向于个人形式的对物权利。[42]

---

[38] 参见 Calder v. Attorney-General of British Columbia (1973) 34 DLR (3d) 145 at 175;加拿大最高法院首先使用用益权(usufruct)一词似乎是在 The St. Catharines Milling and Lumber Company v. The Queen (1887) 13 SCR 577 at 604("在罗马法中是如此的熟悉"),其后还被枢密院司法委员会用于 Amodu Tijani v. Secretary, Southern Nigeria [1921] 2 AC 399 at 402—4;关于相关评论,参见 K. Lysyk, "The Indian Title Question in Canada: An Appraisal in the light of Calder" (1973)15 Can. Bar Rev. 450。关于作为其基础的权利的概念,参见 Slattery, "Understanding Aboriginal Rights" (1987);关于在新法兰西通过"遗忘时效"获得财产权,参见 A. Émond, "Exist-t-il un litre indien originaire dans les territoires cédés par la France en 1763?" (1995)41 Rev. dr. McGill 59。在澳大利亚,类似的看法形成于 Main and Others v. State of Queensland (No. 2) (1992) 107 ALR 1, 175 CLR 1;关于相关评论,参见 R. Lumb, "Native Title to Land in Australia: Recent High Court Decisions" (1993) 42 I. C. L. Q. 84; C. Edwards, "Australia: Accommodating Multi-culturalism in Law" in E. Orucd, E. Attwooll and S. Coyle, Studies in Legal Systems: Mixed and Mixing (The Hague/London/Boston: Kluwec, 1996) 53 at 66 if.; H. Coonsbi, Aboriginal Autonomy: Issues and Strategies (Cambridge: Cambridge University Press, 1994), notably ch. 17("Mabo 案判决:原住民自治权的基础"); B. Atwood, In the Age of Mabo: History Aborigines and Australia (St. Leonards, Australia: Allen and Unwin, 1996),关于南太平洋的情况,参阅 P. Donigi, Indigenous orAboriginal Rights to Property: A Papua New Guinea Perspective (Utrecht: International Books, 1994)。在非洲,使用最多的表达似乎是"习惯上土地"(customary land),参见 P. McAualan, "Land Policy: A Framework for Analysis and Action" (1987) 311 African Law 185。关于原生法律构成"习惯"的概念,参见本章"法律和宇宙"。

[39] 参见第五章"罗马法与欧洲法律"。

[40] 比如,同样是在瑞士的公有地(见本段前述)制度,它乃从过去一直流传下来(尽管瑞士现在比过去要更少的原生状态);更近的不可转让性的类型源于租赁或婚姻状态;以及"自由共地"乃包括不同形式的共有权,譬如共管社区。

[41] M. Brown, Who Owns Native Culture (Cambridge, Mass.: Harvard University Press, 2003), notably at 231 ff. (质疑著作权成文法是否足够,以及"权利主张"而非"价值多元"这种个人化的解决途径); M. Battiste and J. Youngblood Henderson, Protecting Indigenous Knowledge and Heritage: A Global Challenge (Saskatoon: French, 2000); E. -I. Daes, Protection of the Heritage of Indigenous People (Geneva: United Nations, 1997)("全部传统的继承");关于某具体原生传统及其自己的保护方式,参见 B. Garrity, "Conflict Between Maori and Western Concepts of Intellectual Property" (1999) 8 Aucldand U. L. Rev. 1193(挽歌由家庭保留);关于植物专利,参见 I. Mgbeoji, Biopiracy (Vancouver: UBC Press, 2005)。

[42] Margadant S., Introducidn derecho mexicans (1994), above, at 26; Mirow, Latin American Law, above, at 4, 5("即使是共有人的土地持有也不是统一的或简单的");关于所有权的一般形式,参见 Badaild, Customary Law (1997) at 15(注意到在许多当代的尼日利亚族群中土地变成个人所有和可转让); O. U. Ndukwe, Comparative Analysis of Nigerian Customary Land Law (Calabar: Crown Printing, 1999), notably at 5, 6(关于尼日利亚的家庭和个人所有权运动;众多的房子都作上"非出售"标记作为一种威慑)。玛雅人没有走向土地的个人所有权; Bahamondes Fuentes, Derechs Maya (1973), above, at 120—2.

如果说私法上的债法大体上是不必要的话,那么刑法的存在则一向不可或缺。然而,在一个缺乏正式公共机构的社会,几乎不可能存在个人责任或制度性控制。所以,惩治犯罪成为市民社会的责任,通过组成社会的族群、部落或家庭实现。对族群成员的伤害即构成对族群的伤害;由族群成员所导致的伤害则由整个族群承担责任。在没有正式法庭的情况下(大部分情况都是如此),救济是通过族群之间的谈判来进行,其手段要么是赔偿,要么是同态复仇。如果谈判不能达成协议,将会出现长期的血腥冲突,所以这种后果本身就是达成协议的巨大动力。这些协议都不是完备细致的文件,因此,需要整个社区的成员投入时间和精力去化解那些激烈的反社会行为。但是,刑法在这里面并不会扮演什么重要角色。实际上,原生社会根本没有任何关于偷盗或入室行窃的法律[43];没有关于毒品的法律;没有关于有组织犯罪的法律;没有关于洗钱的法律;没有关于白领犯罪的法律;也没有关于诈骗的法律。这样的列举可以持续下去。犯罪是对社会的一种严重伤害,通常会含有肢体暴力。它需要整个社区的关注,而关注的目的并非惩罚,而是使社区恢复正常。如果伤害是由个人造成的,整个社区就会聚集起来,讨论惩罚和恢复的措施。当前,西方的一些法庭正在开展这种"团体处刑会议"(sentencing circle)的模式,并将其适用范围从原生民族的案件扩展到其他的案件[44];在卢旺达,村庄或草根(gacaca,读作 ga-CHA-cha)法庭正被部分地作为一种和解的手段来处理种族屠杀问题。[45]

---

[43] 盗窃在因纽特社会很少发生,个人的东西都是生存所需,参见 Wesel *Frühformen des Rechts* (1985), above at 122, 123; though cf. K. Bull, "The Legal History of Reindeer Herding in Finnmark County" in Svensson, *Customary Law and Saami Rights*, above, 115 at 118("偷驯鹿不是一个新的问题");关于阿兹特克法律的严酷(市场偷窃可能判处死刑),参见 Cruz Barney, *Histsria dererho en Mtxico* (1999), above, at 17.

[44] 参见 R. Green, *Justice in Aboriginal Communities*: *Sentencing Alternatives* (Saskatoon: Punch Publishing, 1998),同时也谈到社区审判小组,审判顾问委员会;关于扩展,参见 B. Archibald, "Coordinating Canada's Restorative and Inclusionary Models of Criminal Justice" (2005) 9 Can. Crim. L. Rev. 215 at 236;然而,原生民族的这种圈子非法决定使用驱逐惩罚,参见 R. v. Taylor (1995)132 DLR (4th) 323.

[45] F. Digneffe and J. Fiecens (eds.), *Justice et gacaca. L'expériénce rwandaise et le génocide* (Namur: Presses universitaires de Namur, 2003), notably at 64—5, 75—7, 86—8, 91(关于正式法庭审判的困难;五年之后,作出 1200 个判决,但又 120000 未决案件;村庄诉讼的程序保障和上诉权);B. Daly, "Between Punitive and Reconstructive Justice: The Gacaca Courts in Rwanda" (2002) 34 N. Y. U. J. Int'l. L. & Pol. 355(关于通过村庄审判实现社区的重建;特赦权力的需要)。

信仰之网

既然在原生法律下不存在(或甚少有)正式指定的行动者(actors),那么也就不会有任何人的行为能轻易地被认定为法律。因此,法律并不是命令或者决定,而只能从指导原生社区一切行动的信息摸彩桶(bran-tub)中找到。[46] 那么,是不是原生传统中的所有内容都构成法律呢?西方法学家也许会对此作出否定的回答;而原生民族则可能懒得回答这样的问题。譬如制裁,如果法律被以不同的方式定义为某种制裁的话,由于制裁的"体系"本身仍然毫无规律可循,这样反过来也无助于对法律的认定。在原生社会里,制裁并没有正式的强制执行者;如果一种制裁现在不能适用,也许在来世会有更重大、更深刻的制裁。所以,我们所知道的原生传统法律,都是与其他事物相混合的——如何烹饪、如何猎捕野兔和鹿、(在一个宽泛的意义上)如何在自己的家庭中行事、如何获得荣誉。我们并不能够把这一切都讲得非常清楚。但这没有关系。如果我们只是把法律简单地理解为某种社会黏合剂,而不深究别的功能和各种成分的话,那么,原生民族也同样拥有法律。如果形势所迫,他们完全能够创制正式的法律,甚至使各国最高法院确信它的存在,但这样的过程似乎就不怎么原生了。

因此,原生法律与原生民族的各种信仰无可避免地交织在一起,从而必然充分地受到这些信仰的影响。假如你不理解其他事物的话,即使原生法律存在,你也永远无法理解它。在这里,法律与道德是无法分开的,法律与任何别的事物都不能分离。这就是古老的擦边球的打法。你所在的一方必须散开以应对可能发生的一切。而且,假如法律跟其他重要的信息混合在一起,那么,单纯地把法律看成习惯、单纯地反复做某事、或纯粹的重复某项法律都是不恰当的。至少像某些人所理解的那样,原生法律的意涵比简单的习惯要丰富得多。

---

[46] "丁卡(Dinka)法律并非奥古斯丁教义统治带有强制性制裁的命令。相反,它是共同体集体意志的表达,从古人集成而来,受到普遍的尊重和遵守,惩罚多数是通过教诲,或者在需要的时候,通过精神上的诅咒作为最终的途径。" F. Drug, "A Cultural Approach to Human Rights among the Dinka" in An-Na'im and Deng, *Human Rights in Africa* (1990), above, 261 at 269 并参见 F. U. Okafor, "Legal Positivism and the African Legal Tradition" (1984) 24 Int. Phil Q. 157 at 160("因此道德和法律在非洲法律传统中并未分离")。在"最早的文明中",一些判决本身是具体的,但其所基于的原则却保持"不明确",参见 R. Brague, *La loi de Dieu* [:] *Histsire philosophique dune alliance* (Paris: Gallimard, 2005) at 23.

法律的范畴

法律也许不能跟在原生世界的其他事物相区别开来,但它跟所有其他事物在范围上并非同延。它也不控制着所有其他事物。法律有它自己的位置。考虑到我们所观察到的关于我们所谓的原生法律传统的情况,这将会是一个很有意思的现象。在这里,法律或司法的过程是完全公开的;没有任何机制可以减轻投诉或程序的负荷。尽管立法的概念至少在一些地区存在着,然而,总的来说立法是微不足道的。因此,法律有它自己的地位,这种地位的保持并不是通过制度上的障碍或者超规则原理(meta-rules)实现的,而仅仅是通过原生世界所有其他事物的持续存在及其生命力。在这个过程中,宗教发挥了重要的作用(我们将在下文讨论这个问题),但这不是一种制度化的宗教。过去根本没有任何的法庭或执达官;也没有什么羁束性力量。因此,在某种意义上说,宗教无处不在,但也从不存在。其他的生活方式当然也有自己的独立性并发挥自己的作用。它们有着自己的调节机制,包括了劝谕和一些可能的自助行为。法律只有在出了什么问题的时候才会起作用,或者是为了向外界展示(external display)。即使如此,它也可能跟其他事物交织在一起——审判与会议、所有权与使用权、制裁与救济。

因此,在与社会中的其他事物交织混合的过程中,法律不可能面面俱到。在这种情形下,法律如果要实现一种统驭性的地位,最终将不胜负荷。更不用说法律的内容必然是由所有其他事物所控制。原生社会里根本没有制定正式法律的独立主体。公共用益权已经延伸到了实际的狩猎和捕鱼活动;而要超越这点需要作某种特殊的论证。[47] 但无论如何,它都绝不可能转化为一种抽象的、西式的、完全所有权(full ownership)的概念,亦即一种可被使用乃至滥用的绝对权利。当代社会学也许会由此得出文化制约法律的结论,但是原生社会的运转并不是依据文化来进行的。他们依据的是传统。因此,原生法律的性质——它在摸彩桶中的渊源——是追求法律至上理念的巨大障碍。原生传统给予每样事物以固有的地位,这包括了法律自身的地位。如果你想改变这种状况,你就不得不向桶里添加一些新的内容,看它在经过一段时间之后,是否在其他事物的作用下发展壮大。如果要想改变现状,你自己能做的其实很有限。

理性的范畴

既然法律有它的位置并由所有其他事物所决定,那么它必然会对当前人的理性(ra-

---

[47] 这并未妨碍使用权的发展,不管跟传统是多么的协调,参见本章"生活之道"。

tionality)产生重要的影响。每个人都知道理性的存在。每个人也都知道不可以任何的方式去消除或压制理性。所以,理性也同样有必要获得自己的地位。似乎有不少的方法可以实现这样的目标。

某些形式的创新(我们暂不讨论"变革"的问题)是可以接受的。例如,农业是作为与狩猎和采集不同的生产方式而出现的。一开始,肯定有人注意到了种子的实际生长。这是一个小小的步骤,但却是将种子植入土地以使其生长的关键一步。[48] 同样,肯定有人意识到了利器比钝器更有效率,石头比木头更加坚硬。还有,轮子似乎也曾被多次发明。但它必须被重新发明,因为它总是被人们遗忘,或者被抛弃。因此,创新作为理性的媒介是可能的,但是,这同样存在着明显的局限性。如果你不喜欢这些东西,你就不得不离开它们。不过,原生传统中那些敏锐的思想还存在着其他的表达方式。因此,你最好是跟整个传统合作以不断产生共识,而传统并不会总是与你保持一致。间隙理性(interstitial rationality)由此而形成,它承认所有传统的脆弱性,并寻求利用原生传统本身的资源来阻止这个传统的解体。这种思维的复杂性最近成为许多学术论著研究的对象。[49] 然而,主张与传统合作的目的一向在于并仅仅在于使传统得以延续。任何的决定并不会显得超然和独创性的;甚至法律的行动者也要尽力展示出对既有知识的依赖。发明、创造的理念早已被祖先智慧的光芒所掩盖。而我们只是对既有知识作添附;我们自己并不能预见我们将要做的事情的重要性。基于一些也许还不完全清楚的原因,我们决定不去

---

[48] 关于这个发生在公元前 8000 年和 9000 年转向农业的过程,以及类似生态变化的可能原因,参见 Wesel, *Frühformen des Rechts* (1985), above, at 189。然而野生植物的管理并不会导致农业,直至"等待收割者"培植的品种的出现,这点是镰刀使用的结果(作为科技的未曾意料到的有益结果的早期例子),它在收割中带来未碎的和耐久的苗穗,最终将其重新播种;参见 S. Mithen, *After the Ice: A Global Human History*, 20000—5000 *BC* (Cambridge, Mass.: Harvard University Press, 2004) at 56—9;关于主张是狩猎和采集者,"而非农业人口……数量众多,而且非常富有,武装更好并更为专横",参见 Brody. *Other Side of Eden*, above, at 7.

[49] Levi-Strauss, *Pensée sauvage* (1962); C. Achebe, *The African Trilogy* (London: Picador, 1988);关于口述传统中的思想类别是具体的而非抽象的(当被要求把类似的物体放在一起时,锤子、锯、短柄斧和原木堆放在一起,拒绝承认抽象的工具概念),W. Ong, *Orality and Literacy: the Technelagizing of the Word* (London/New York: Methuen, 1982) at 51—2;关于原生民族对西方心理学者"老练的不合作策略",参见 F. Fernsindez-Armesto, *Truth* (NewYork: St. Martin's, 1997) at 91ff. ("德国没有骆驼。B 城市位于德国。该城市有骆驼没有?……我不知道。我从来没有见过德国的村庄");关于类推作为"非洲审判的本质",参见 Allott, "Aftican Law" (1968) at 144;关于非洲法律跟欧洲国家相比"并不具更少的理性",尽管它们被引向不同的方向(更多的社会认可,更少的操纵),参见 M. Alliot, "Ce que repenser lea droits africains veut dire" in C. Kuyu (ed.), *à la recherche du droit africain du XXle siècle* (Paris: Connaissances et Savoirs, 2005) 23 at 26—7.

援用或者创造一种具有显性和自主理性的传统。

这种对当前发生的事情保持平和心态的观点对原生法律的概念产生了重要的影响。更重要的是,既然当前的个人被掩盖在过去和更广大的社区当中,这样也就不会产生旨在实现个人意志的个人权力——或者统治权(potestas)了。这样一来,权利也就无从谈起。[50] 即使把权利简单地看做是法律所保护的利益(一种现代的说法),原生法律也并不保护纯粹的个人利益。这一点在家庭法(孩童也许是个例外,但社会共同体跟其成员之间也有利益关系)、物权法、刑法中表现得非常明显。将权利概念融入原生传统的做法将会面临巨大的障碍。原生传统也将对此作出全面的强力抵制。因此,你必须对权利概念进行修正,从而巧妙地将其带入这座智慧的堡垒中。既然法律与所有其他事物相联系,那么它怎么能够回避个人呢?"那是因为当灰尘进了两个人的眼睛的时候,每个人都要帮对方吹走灰尘。"(the need to have someone blow out the speck of dust in one's eye that antelopes go in twos)[51]

因此,原生法律会向你提供保护,但你用于自我保护以对抗社会共同体的手段则很少。作为社会共同体的成员,你似乎没有消极权利(negative rights)。而处于共同体之外的人状况更糟,因此在暴力被正当化之后,人吃人的事情常有发生。[52] 同样,你不能依据传统中固有的平等观念去规避传统赋予你的角色。如果没有人可以创造传统,那么也就没有人可以逃避传统的教谕和它所定义的角色,除非你逃跑(而且说不定无处可逃)。这是一个在任何地方都从未有人能够解决的经典问题。一个社群形式的组织如何才能避免社会角色的不均衡和不平等?原生法律传统也许是所有社群形式的社会组织中最民主或者最开放的,但是,它并未回避那些相互区别而固定的角色。所以,(尽管它强调尊重人格的和有保障的支持)它对待女性在很大程度上都是依据她们的生产和生殖潜力

---

[50] 参见 M'Baye,"African Conception of Law"(1975)at 138—9(非洲法"忽略了法律是放在人手中的武器",非洲人"不认为个人权利有什么重要性")。

[51] Wiredu,"Akan Perspective on Human Rights"(1990),above, at 247.

[52] 关于北美那些保存记录得很好的恐怖例证,参见 White, *The Middle Ground*(1991)at 4—6, 231, 501;关于这种做法的范围的不同观点,参见 L. H. Keeley, *War Before Civilization*(New York/Oxford:Oxford University Press, 1996)at 103(区别"仪式性的"和"厨房式的"食人;众多后来的经考古证据支持的"自我承认的案例")。

作出判断。[53] 长期以来,一些人,甚至很多人都难以容忍这种永难改变的角色。但为什么没有更多的人逃离这种社会共同体呢?为什么这个传统仍继续拥有统治的力量呢?

法律和宇宙

如果你对一个原生社区居民提出上述的问题,其回答未必能令你完全满意。回答的措辞可能很模糊,诸如"对原则的尊敬"或者"和谐的需要",而纳瓦霍人(Navajo)和阿帕奇人(Apache)据说是生活在"矛盾的"现实中。[54] 如果你深究下去,你会看到一些有关宗教问题的讨论,但这也许不是西方人所习惯讨论的那种宗教。即使在有神论的情况下,它也没有任何教堂或执行的结构(structure of implementation)。[55] 然而,它可能是多神论(很多神明)的,或者甚至是万物有灵论的(你观察所及之处皆有神明)。[56] 在原生世界里存在着许许多多的宗教,而不管它们都是些什么类型的宗教,它们都被奉为是一种永恒的存在;因此,这里也就不需要有正式的结构了。森林就是教堂;猎物或者收成就是神明的恩赐。原生宗教这种非结构性特点意味着大自然就是它们最好的载体。大自然是神圣的;它不仅仅是神明的恩赐,它也许就是神明本身。原生社会根本不承认所谓的世俗世界(在其他的传统中会再次遇到这个主题)或者自然界这样的简单事实。因

---

[53] 关于女性在美洲的原住民宗教中(因此也是法律中的)的角色,参见 J. O'Connor, "Rereading, reconceiving and reconstructing traditions: feminist research in religion" (1989) 17 Women's St. 101, notably at 114—17,特别是关于传统的"安抚和抚慰"的习惯;Hay and Wright, *African Women and the Law* (1982); Bennett, "Human Rights and African Cultural Tradition" (1993), above at 273; Bennett, *Human Rights and African Customary Law* (1995), above, at 80 ff. (在第 83 页,注意到非洲妇女在殖民化之前比现在"可能状况更好些";关于"不平等内在于世系制度的逻辑以及它基于血统、年龄和性别划分的阶层"),参见 Deng, "Cultural Approach to Human Rights among Dinka" (1990), above, 261 at 273;然而,关于原生社会中男女平等方面的相互冲突的人类学报告,参阅 Wesel, *Frühformen des Rechts* (1985) at 84 ff.

[54] R. Pinxten and C. Farrer, "On Learning and Tradition: A Comparative View" in W. de Graaf and R. Maler, *Sociogenesis Reexamined* (New York: Springer, 1994) 169 at 172("一种观点的价值总是依附于某个人或某种情形,或跟它们相联系,而非成为人或独立的背景……这种差别并非冲突,而是具有积极的价值并内在于现实当中")。

[55] 关于有神论的原生秩序,参见 Schott, "Trivjales und Transzendentes" (1980) at 292 (God Nawen of Bulsa in Africa); Deng, "Cultural Approach to Human Rights among Dinka" (1990), above, (God Nhialic of Dinka) at 264.

[56] 万物有灵论认为自然界所有的事物,不管是有生命的还是无生命的都有净胜。"世界是神圣的"(作者译);González Galván, *Derecho nayerij*, above, at 23; S. Tepi, "Traditions et droit de l'environnement en Afrique: le cas du Cameroun" (1999) 11 African I. Int'l. & Comp. L. 516 at 51 7(关于通过"森林的神圣"来保护生物多样性)。如果树有灵魂,它能够拒绝站立吗?参见本章"原生主题"。

此,原生法律秩序并非简单地与原生宗教和谐一致;而是被宗教的精神贯穿其中。这是一种超凡的法律传统,而每个人都在扮演着超凡的角色。这点是不可轻易否认的。它也许会迸发出一种更超凡的秩序的震撼力。

从这种传统教谕中我们可以得出两个主要的结论,它们都被认为与当前西方社会的争论密切相关。首先,它们与环境和动物相关。如果大自然是神圣的,那么它就不可以被砍伐、挖掘、榨取和焚烧,或者倾倒废弃物。你会对你的神明做这样的事情吗,或者如果你不信神,你会对你自己这样做吗?因此,原生法律以一种西方生态学辩论大多没有考虑过的方式,与自然界保持着和谐的关系。这不仅仅是绿色;而是深绿。你的责任并不是简单地修补对环境的创伤;你和你的同类必须在整个生命当中,给予自然界万物与给予自身同样的尊重。若要人敬己,必先己敬人。所以,如果我们必须建立"一种生态世界观……灵感必须来自于本土社会的世界观,尤其是来自于原生世界观……生态社会的行为模式必须以保护自然界濒临崩溃的秩序为压倒一切的目标"。[57] 自然法则(laws of nature)既不是描述性的,也不是实证性的;它们是规范性的,而人们有遵守法则的道德责任。[58]

既然动物是自然界的一部分,那么它们也同样神圣不可侵犯。根本没必要把它们的权利构建在功利主义(即它们不遭受痛苦的利益)[59]或某种扩大了的权利理念之上。[60]

---

[57] Goldsmith, *Way* (1992), above, at ii, iii. 关于一种原生世界的神圣特征的众多论述中的一种,参见 J. Olson and R. Wilson, *Native Americans in the Twentieth Century* (Urbana/Chicago: University of Illinois Press, 1986) at 16(用软鹿皮鞋以免打搅万物之"母");关于土地被拟人化为"大地母亲"或"Pachamama"(在印加/Guechua 传统和语言中),参见 http://w-wwpachamama org oo preservation of rain forests.

[58] 关于现代实证主义的一个反对主张,参见 e. g., J. Raz, "The Obligation to Obey the Law" in J. Raz, *TheAuthority of Law: Essays on Law and Morality* (Oxford: Clarendon Press, 1979) 233 at 233("没有遵守法律的义务");关于对狩猎的严格额原生控制以防止浪费,参见 Goldsmith, *Way* (1992), above, at 256, 257.

[59] P. Singer, *Animaal liberation* 2nd edn. (Newyork: New York Review/Random House, 1990).

[60] T. Regan, *The Case for Animal Rights* (Berkeley: University of California Press, 1983); C Sunstein, "The Rights of Animals" (2003) 70 U. Chicago L. Rev. 387(允许 (for allowing private Suits on behalf of animals). 关于西方传统权利理论中,动物为什么没有权利的原因,参见第五章"以人为本和权利的增长";然而,关于中世纪动物却需承担义务,参见 W. Ewald, "Comparative Jurisprudence: What Was it Like to try a Rat?" (1995)143 U. Pa. L. Rev. 1889, notably at 1898 ff.(吃庄稼构成重罪,以及执行传票送达手续的困难)。

不能因为它们没有言语、传统或文化就剥夺它们的权利。它们或许已经具有这些东西[61]；如果没有的话，人类的传统也同时覆盖了人类和动物的生活。因此，原生传统既避免了出于科学目的而对动物施行虐待，也省却了就如何批判这种虐待而进行（西式的）激烈辩论。西方并不一定要接受原生世界的方法，从而改变对待动物的态度，但是从原生观点来看，（过去几个世纪以来）西方的传统观念并不具有普世性。

如果原生法律载有所有这些沉重的——如果是含蓄的话——信息，那么把它描述为习惯法会有多准确呢？这取决于我们关于习惯的概念，然而，至少从17世纪洛克（Locke）的学说开始，我们的习惯概念就不是非常宽容的。这一点反映在近来的西方法律概念中：习惯作为一种规范性渊源，几乎被整体地加以排除。根据洛克的精神，习惯变成了"通过参与一个人所处的社会——从最原始并且最缺乏思考能力的到最开化并且最文明的社会——的实践和公共机构而获得的事实上的习性"[62]。我们此前曾看到一种趋势，即将传统归纳为它的现有表征——人类遵循传统的"事实"，这种遵循要是被不断重复的话，就成了习性[63]。传统正是反复做同样的事情。习惯也是如此[64]，因此，二者都因缺少理性的正当（rational justification）而被排除在理性传统之外。然而，理性传统对二者的排斥，就是把习惯与其自身的正当性以及支撑其持续作用的理由和信息割裂开来。公开从事理性活动的人从来不会被认为是在从事习惯性活动，尽管成千上万的人每天都在这样做，并且不会真正去探究自己的思维活动。所以，我们应该把习惯看做是特

---

[61] S. Cohen, The Intellegince of Dogs: Canine consciousness and capabilities (New York/London: Free Press 1994) at 46，关于在非洲的故事中，狗为什么决定停止说话以免承担做假信使的明显责任；关于动物的思维的一般情况，参见 M. Hauser, Wild Minds (New york: Henry Holt, 2000)；关于动物的情感，参见 J. Masson and S. McCarthy, When Elephant Weep: the Emotional lives of Animals (London: Johathan Cape, 1994)。在某些原生民族的宗族或部族中，动物也被视为祖先。

[62] Tully, *Strange Multiplicity* (1995) at 68，89, citing Locke's *An essay concerning human understanding* (1690) and *Thoughts concerning education* (1694)。关于对西方对习惯的传统的（后洛克的）观点的（罕有的）异议，参见 C. Geertz, *Local Knowledge* (New York: Basic Books, 1983) at 208（阿达特法律不是习惯；"'习惯'一词在人类学中造成的损害，当它将思维简单归结为习性时，其损害可能只被法律史上将其简单归结为实践所超过"）；O. Correa, "La teoria general del derecho frente al derecho indígena" (1994) Crítica jurídica 15 at 21（在谈论原生法律时，最好是抛弃习惯的概念，而使用成文和不成文法律的概念）。关于西方惯例概念的发展，参见第五章"法律的扩张"。

[63] 参见第一章"传统作为信息：概念的摸彩桶"和"处理传统"。

[64] 其有着具体的法律后果，比如将"习惯法"作为简单的事实的复制，从而排除在国际私法的范围，除非被"被转化"成规范。参阅 Miaja de la Muela, *Derecho Internacional Privado*, vol. 1 (Madrid: 1954) at 292 ("nacido do una repeticidn de actos") as cited in C. Arellano Garcia, *Derecho InrernacionalPrivado*, 11th edn. (Mexico: Editorial Porrua, 1995) at 901.

定传统的产物,即一种对既有信息进行处理并决定如何行动的过程的结果。因此,习惯是一种全然可敬的心理过程的产物,只要有习惯,就必然伴随着足以解释并证明这种习惯正当性的、极具说服力的信息。在这个意义上说,原生法律就是习惯法;但它并不是(现在所认为的)传统意义上的习惯法。如果我们只把它当做原生法律的话大概会更恰当一些。

变革和自然界

由此可见,你遵循原生传统和原生法律是因为你相信这个世界,这也是你自己的世界,你依赖它而存在。过去具有规范性,因为存在于过去的事物都必须被保存下来。而它必须被保存下来的原因则是因为它的神圣。因此,原生法律传统极具保护主义(conservationist)色彩。这正好可以解释所谓的"不可变革的"传统和"对变革的敌视",但是我们必须警惕那种套用其他传统的传统名称的做法。那么,原生法律对于任何它称之为变革的事物是怎样的态度呢?

我们在前面提到,变革的观念需要一种特定的时间概念作为配套,即一种使我们能够判断某特定事物从过去到现在的状态发生变化的时间概念。它通常被认为是线性的、或偶然的、或历史性的。[65] 它在西方世界,尤其是在法律领域,占有明显的支配地位,在那里,时间以数不清的方式被切割和计算。然而,另外一种时间概念则并不觉得岁月如梭、光阴似箭,或把时间看做一种流动的商品,而是把它当做萦绕在我们四周的一个外层、一种环境。因而,时间不会向任何方向流逝;不存在可以识别的将来;因此也就没有一个过去——逝去的、不相干的时间——因为时间一直与我们同在。许多文章都认为,原生时间概念最主要的特点就是相信时间静止。[66] 在澳大利亚,"黄金时代"一词被广

---

[65] 参见第一章"过去在变化中的呈现"。
[66] Goldsmith, *Way* (1992), above, at 108; F. Ost, "Let multiples temps du droit" in *Le droit et lefutser: travaux et recherches de l'Université de Paris II, Serie Philosophie du droit*—2 (Paris: Presses universitaires de France, 1985) 115, 119—121; White, *Middle Ground* (1991) at 442; Ong, *Orality and Literacy* (1982), above, at 98(在口述传统中,过去不被认为是"一种列记的平台,上面铺撒着可证实的和有争议的事实或点点滴滴的信息";而是"对恢复对其当前存在的意识的一种共鸣源头"); Olson and Wilson, *Native Americans* (1986), above, at 17—18("扩展的现在"的观念); Trigger, *Early Civilizations*, above, at 613(玛雅人的"跨度长的时间计算"并没有将时间概念构建为直线式的,而是由许多隐藏在连续的更大的圆中的短循环构成);关于原生时间的概念和当代科学的时间概念之间的协调性,参见第一章"过去在变化中的呈现"。

泛使用,这个词来源于原生语言中对宇宙观念的表述,不过它也引起了不少争议。[67] 然而,同样的事,原生世界内部可能存在着许多差异[68],所以我们在做判断的时候不能过于武断。但是,原生传统的许多教谕都或明或暗地支持非线性时间概念。这对于变革来说又意味着什么呢?

如果时间只是简单地萦绕在我们身边,因而没有所谓的过去和将来,那么它的第一个结论就是,逝去的人、活着的人和尚未降生的人之间不存在有效的时间差异。死者已矣,但他们并非消亡,而是消失在时间过往的重叠之中,或者升入了天堂,或者进入了地狱。所以,你可以与亡灵进行交流,因为他们仍旧存在,而原生世界里有着各种与亡灵交流的仪式,这点遭到了西方宗教的极力否定。而尚未降生的人纯粹就是在等待出生。他们的时日并非还没到来;应该说每一天都是他们的时日,就像我们的时日一样。他们现在只是还不能表达自己的声音。因此,保护主义的原生法律传统也是跨代衡平(intergenerational equity)的传统。社区的组成与生死无关;借用一个在非洲常见的说法来说,这是一个"包含了许多逝去的、一些活着的以及无数尚未降生的成员的巨大家庭"。这对于原生传统的保护主义性质来说是一种根本的强化,因为我们现在也懂得,基于社会共同体内许多现有的(虽然还没有出生的)成员的利益,我们必须对自然界进行保护。[69] 对于自然环境,我们不只是强加我们自己的决定;我们同时还是所有子孙后代的代言人,一旦我们逝去,他们对于自然界的依赖就会显现出来。他们并不是简单的利害关系人(stakeholders)。他们也不是主张额外利益的局外人。他们是这个神圣的整体中一个神圣不可分割的部分。因此,不管对环境的破坏在时间外层的何处发生,破坏都意味着实

---

[67] H. Morphy, "Australian Aboriginal Concepts of Time" in K. Lippincott, *The Story of Time* (London: Merrell Holberton, 1999) 264 at 265.

[68] Goldsmith, *Way* (1992), above, at 103(本国社会的差别);M. Eliade, *Le Sacri or le Profane* (Paris: Gallimard, 1965) at 60—66(原生民众同时具有世俗的和神圣的时间概念,后者是循环的、可逆的和可回复的);S. Pinker, *The Language Instinct* (New York: Harper Perennial, 1995) at 63,挑战沃尔夫对霍皮人的时间概念的描述,特别是霍皮人使用的时间描述词,譬如天和季节等。然而,地球上任何一个人都能够通过夜的间隔区分某天和它之前的一天。更大的问题似乎是日、夜等一起是否无规律可言,或者是否每年的日和夜等都是常规性的。人们可以只考虑天,而不需要以历史性的、直线的方式思考时间。关于玛雅人以纪念碑的形式,使用20年作为一个单位,参见 Roberts, *Hisrory of World* (1995), above, at 466.

[69] Goldsmith, *Way* (1992), above, at 110;关于其法律后果,参见 David and Brierley, *Major Legal Systems* (1985) at 550(土地属于过去、现在和将来的人,因此不可转让);M'Baye, "African Conception of Law" (1975) at 142(死亡只影响身体,而灵魂将继续存在;死亡只是代表从肉体走向更高层次的精神生命,因此葬礼上充满了欢乐);F. U. Okafor, *1gbo Philosophy of Law* (Enugu: Fourth Dimension Publishing, 1992) at 22—7(还有关于部分地赋予人形以作为持续影响的方式,跟印度概念在某种程度上相似,参见第八章"因果报应、达摩和国王"。

施双重的侵害——既侵害了即刻遭到危害的对象,也侵害了所有在将来需要依赖环境生存的对象。这种跨代义务的观念给西方世界的环境保护主义者留下了深刻的印象;这种观念可以为所有的传统提供注脚。[70]

在上述的这一切当中,变革在哪里呢?如果你真愿意找,你终究会找到的。变革存在于从生活到死亡的过程中,也存在于日夜、冬夏、冷暖的交替中。变革还存在于从狩猎到农耕的生存手段的发展中。你不可能两次踏进同一条河流。然而,如果你以这样的方式看待自然界,那就不是一种原生的方式了。四季当然会轮替。你甚至可以说世界在每个冬季都会死亡。然而,世界必须再生,万事万物都有使其再生的义务。世界必须不断循环。重要的是,世界仍然继续存在,并继续支撑一切在其内部寻求生存的事物。因此,原生生活可以各不相同,而一个季节的生活也可以跟前一个季节不同,但是,如果这种生活与自然界相协调,而不是无休止的消耗它,那么世界上的生活就没有改变。那些尚未降生的人将会像我们那样得到世界的支撑。其余的就只是存在的一般过程。将此称为变革则显得目光短浅了。

因此,原生事物的存在具有极大的灵活性[71],不过,这一切只是由于观察角度的不同,而不能被称作变革。对于变革的理解在很大程度上取决于传统的性质。万事万物不尽相同,但这很正常,并非所有变化都显著到足以被称为变革的地步。所以,在那些遵循原生传统的人看来,这个传统算不上过分严苛。如果他们需要过另一种生活,那完全是他们的自由。界限当然是存在的,但这些界限的设定全是为了每个人的福祉着想,这也是原生传统所推崇的。

如果对传统、或者更严肃的来说,对这个真实的世界进行变革,情况会怎样?创新又会怎样?那时原生传统内部会发生什么?对那些支持这种想法或者计划的人来说,这又意味着什么?遵循传统的人肯定会尝试通过传统内部的商议来阻止那些变革。整

---

[70] 参阅 E. B. Weiss, "Our Rights and Obligations to Future Generations for the Environment" (1990) 84 Am. J. Int. Law 198; H. Ph. Hooft, *Justice for Future Generations and the* Environment (Kluwer: Dordrecht, 1999), notably at 3(正在出现的共识认为忽视后代的环境利益属于不正义),48(关于主张"潜在的人"(potential people)的权利具有难度,需要长期构建政府责任的概念);参阅 G. Brundtland, *Our Common Future* (Oxford/New York: Oxford University Press, 1987)。

[71] Badaiki, *Customary Law* (1997), above, at 14("弹性或灵活性"); Slattery, "Understanding Aboriginal Rights" (1987) at 747, 748; Trigger, *Children of Aataessrsic* (1976) at 841(休伦人永远不会处于"平衡状态";公元 1000 年之后变化更为迅速);A. N. Allott, "The Changing Law in a Changing Africa" (1961) 11 Sociologus (ni.) 115; Allott, "African Law" (1968) at 140("一个人形成的印象不是那种对永恒原则的没有思考的遵从,而恰恰是相反"); Goldsmith, *Way* (1992), above, at 110, 116;关于原住民权比的进化特征,参见 *R. v. Van der Peet* (1996) 137 DLR (4th) 289。

个信息摸彩桶的震动也将因此而变得更加剧烈。这里的确有评价的问题,以及无限的解释空间。什么样的计划将最终使这个世界脱离传统呢?如果接受这些计划,传统会被改变到什么程度?在原生世界里,传统的教谕与这个世界之间没有实质上的不同;而表达与事实之间也同样没有。它们都提供着教谕;它们都是神圣的。由于传统本身并非包罗万象,因此在任何情况下,这都有一个试图确定事物界限的问题。原生传统主张保护大自然,但它并没有给出特定的自然资源可允许的消耗率。如果皂石可以开采,那么铜呢,那黄金呢,然后石油呢?捕杀多少猛犸象或者野牛才不至于威胁这些种群的生存?今天,有关这些问题的争论也许比远古时代还要激烈。[72] 传统的存续只能依靠经常性的判断,而这些判断必须以先前的判断、亦即先前的信息为基础。

因此,最准确的说法应该是,原生传统有一个基本核心——世界的神圣性——这是不可改变的。如果这个核心发生变化了,不管是通过言语还是行为,原生传统和原生民族将不复存在。传统并非永恒不变;它太脆弱了。它的解释和适用暴露在无穷无尽的争论之下;传统的基本教谕可能被抛弃,然后消失。这样一个问题将在许多传统的身上同样发生,若不是所有传统的话。原生传统已多次被那些生活于其中但希望创造一种更好方式的人,以及那些生活于其中但意识到另一种业已存在的更好方式的人所否定。所以,原生传统不能仅仅对它的成员重复那些老生常谈的东西;它必须说明为什么其他的方式并不会更好。

---

[72] 关于原生民众在北美13,000年前对猛犸物种的灭绝,被骨头化石中的矛枪头证实(克罗维斯(Clovis)或福尔松人(Fulsom)的矛枪头),参见 T. Flannery, *The Eternal Frontier: An ecological history of Norris America and its peoples* (New York: Atlantic Monthly Press, 2001) at 183, 195—7, 220—1,尽管在187页指出,"美国大多数科学家"支持气候变化是真正的原因;关于气候变化和(破坏栖息地)和克罗维斯人的少量捕杀的联合效果,参见 Mithen, *After the Ice*, above, at 253—5;关于多种原因(没有预计和察觉,"非理性的疏忽"),参见 J. Diamond, *Collapse* (New York: Viking, 2005), notably ch. 14 ("实际教训"),美洲野牛由于"驱赶捕猎"掉入悬崖和陷入沼泽而数量大减,但趋于灭绝只是在有了来复枪之后,参见 Flannery, *Eternal Frontier*, above, at 221(关于损耗,尽管欧洲人只是为了获取舌头或牛皮),320—1;A. Isenberg, *The Destruction of the Bison* (Cambridge: Cambridge University Press, 2000) at 3(过度捕杀受到美国当局的鼓励,以作为迫使印第安人接受保留地的手段),80—3(关于反对过度捕猎的规范具有宗教的特征,实践中"从来都不是节俭的");S. Krech III, *The Ecological Indian: Myth and History* (New York/London: W. W. Norton, 1999) at 125(牛群在宽度上达到25—100英里),145(关于高效使用的技巧,尽管"驱赶捕猎"是不能控制的);Mann, 1491, above, at 264—5, 314, 321(原生北美民族聪明地管理着辽阔的土地,他们在这里烧野、植树和猎杀野牛;19世纪的大的牛群是非正常的,是由于欧洲人所带来的疾病导致原生民族的大批死亡)。

原生方式和其他方式

因此,原生方式是一种非结构性的方式,顾名思义,这种方式旨在寻求与周围环境的融合。这也就是为什么当西方殖民主义扩张到来的时候,遵循原生方式的民族只作出了一些零星的抵抗。换句话说,当西方人来到他们身边的时候,原生民族对自己的身份并没有一种的明晰的、制度化的认知。在保有社会记忆或传统[73]的意义上说,他们知道自己是谁,然而由于缺乏接触,他们相对于其他人的身份意识,亦即自我意识,并未得到充分发展。许多原生民族的名字只是"人类"一词的同义语,譬如,阿帕奇族(Apache)、科曼奇族(Comanche)、奎奎族(Khoi-Khoi)、埃及人、班图人(Bantu)或者古里人。[74] 人类作为一个抽象的概念,其形成只能与社会认知界限的扩充同步进行。人类就是我们和他们的总和。但是,要形成这样的看法,前提是必须先有这样的认知:我们和他们之间存在着差异。社会区分的标准必须先行形成。

近来,对原生民族权利诉求的批评指出,这些诉求过于理想化,具有以血缘来传递身份的种族主义(racism or racialism)特征。这是一个很重要的问题,但身份的确定过程实际上比这要复杂得多。面对着西方形形色色的改变信仰的劝诱,我们有过许多要求原生民族跟我们保持一致的说法。西方人总的看法是,传统的做法并不是与生俱来的,而是可以在不同的族群之间传递的。因此,原生民族可以被西化(当然,他们的保留地必须得到保护)。原生民族对此的回应并不是基于种族的概念,或者至少不仅仅以此为基础。相形之下,他们向来有一整套可以预见的驳论———一种价值和道德忠诚的混合。一位皮奥里亚*的部落首领在谈论传统医药时说道:"难道这个来自远方的人有着比我们更好的药品,而让我们采纳他的习惯吗?他的那些故事只在他自己的国家是对的;我们有我们自己的说法,使得我们不会像他那样死去。"[75]一位卡斯卡斯基亚**的长老则对忠诚问题更加关注,他说道:"把那些神话留给那些来自远方的人吧,也让我们坚持自己的传统。"[76]这些说法并没有明显的种族意向,不过是强调本质(关于医药的争论今天仍在继

---

[73] 关于记忆作为身份的构成要素,参见第二章"传统、种族和国家"。
[74] J. Rusen, "Human Rights from the Perspective of a Universal History" in Schmale (ed.), *Human Rights and Cultural Diversity* (1993), above, 28 at 41.
　* Peoria,美国伊利诺伊州城市。——译者注
[75] White, *Middle Ground* (1991) at 59.
　** Kaskaskia,美国伊利诺伊州村落。——译者注
[76] Ibid.

续,甚至更加热烈)和身份,尽管这些都没有确切的定义。人类学家告诉我们,以出生为基础的身份概念的确很常见,但也有其他补充,主要是收养关系以及更为重要的居住地(许多族群的名字就是他们的聚居地名)。[77] 我们还知道,以出生为基础的身份只是假定的情形,因为现实中存在着大量的脱离身份关系的情况,而且不会导致什么公开的惩罚。因此,这种种族主义的指控似乎有失公允,当然,种族属性无论其为何物,在与其他种族遭遇时都难免会被提及。这样说来,身份定义的标准就更应该是人们所遵循的那些信息,它们大多是实质内容,但也有一部分可用作定义。在身份认定的过程中,种族属性并不会起到什么重要的作用,因为它既没有什么说服力,也没有实质的内容。在世俗文化中,"白人"和"红皮肤人"的概念在过去和现在都有一席之地——它们作为对立的概念存在,或者是作为身份认定信息手段的腐败形式而陷于争论之中。同样,考虑到西方传统、伊斯兰传统或者其他传统的存在,我们发现"土著人","原住民",或者"土著民族"这样的概念根本不能解释为什么原生民族应当保持他们的原生状态。而原生民族自己所使用的身份认定手段却包含了他们所能收集到的最具有说服力的信息。所以,原生传统必须继续展示其说服力,否则原生民族将丧失他们的身份。[78]

因此,原生法律跟原生传统的所有组成部分都不可避免地发生关联,它在原生民族的身份认定过程中将扮演一种工具性的角色。但它以极为抽象和概括的方式来发挥作用,因为它允许各种形式的社会组织(它们互相之间的转换甚至不能构成"变革")的存在,并通过一种不精确也不规范的模式来推行一种对自然界的概括崇拜,因此表现出了极大的灵活性。由于法律也是通过社会组织和长时间积累来界定的,因此,原生法律的这种部分的工具性特征不受被任何特定个人或群体的直接掌控。

---

[77] N. Rouland, "Lea fondements anthropologiques des droits de l'homme" (1994—5) 25 Rev. gén. dr. 5 at 37 (原生身份的最高表达出现在领地权利中); Hoebel, *Law of Primitive Man* (1961) at 295; Wesel, *Frühformen desRerhts* (1985) at 213(乡村居民对于身份的第一反应),219;关于使用领地来定义东南亚阿达特族群,参见第九章"阿达特法和原生法律";关于当前对人类分群的标准的科学态度,参见第二章"传统、种族和国家";关于在缺乏通过单一身体标准的科学可能性时,通过地理位置来确认人类组群中的重要性,参见 S. Molnar, *Human Variation: Races, Types, and Ethnic Groups*, 2nd edn. (Englewood Cliffs, N. J.: Prentice-Hall, 1983) at 131;关于地理位置反映在英语的姓氏结尾,比如"ing"表明(哈斯汀)"人","ton"意思是村庄或圈地(伯顿),"ham"意思是(伯明翰)农场,参见 M. Bragg, *The Adventure of English* (London: Hodder and Stoughton, 2004) at 6.

[78] 传统是部落民族知道他们自己是一个民族的仓库,是他们应当如何行为的向导(强调)。White, *Middle Ground* (1991) at 57.

原生和其他身份

今天的世界已经没有纯粹的原生传统了。自从西方和伊斯兰传统扩张之后，所有原生民族都认为，在吸收了西方或者伊斯兰观念，或者二者都被吸收，之后他们的总体信息基础得到了扩充。所以，没有纯粹的原生传统也就没有纯粹的原生民族（今天，对许多其他类型的族群而言也是如此）。争论主要集中在，这些"新的"信息在何种程度上影响了原生传统原本的内容，使原生民族脱离其原有身份，甚至是完全取代原生传统的核心信息或者信仰。因此，随着各种传统之间交流手段的日渐丰富[79]，我们正从原生民族和非原生民族之间，并从具有相同传统的族群内部的激烈辩论中，愈加了解原生和非原生信息各自的实质内容。

原生传统的开放性，使外界与这种传统所进行的信息交流互动变得顺畅。由于缺乏精确的制度性界定和排他性的资源，原生传统自身无法形成一个足以阻挡非原生信息进入的概念。虽然原生传统是通过原生民族传递的原生信息来定义的，但这仅仅是对传统本身状态的描述。原生传统似乎并没有发展出一套使其自身避免受到外界信息影响的具体方法。因此，西方殖民主义可以大行其道，而没有遭到完整的制度性抵抗，而西方的改宗劝诱则总能吸引到一些听众。同样，殖民主义教育大量地清除原生形态的教育和原生语言，从而终止了原生传统的传承。[80] 今天，自然融合（spontaneous syncretism）已成为无处不在的秩序。人们创造了一个"中间地带"——一个"介乎二者之间的区域"[81]，

---

[79] 参见第二章"劝谕性权威：创造新的（和旧的）认知共同体"，关于原生民族使用互联网来主张他们的观点，参见本章"原生民族、国家和人权"。

[80] Goldsmith, *Way* (1992), above, at 285（"殖民列强寻求摧毁传统社会的文化模式主要是因为这些文化模式的许多本质特征妨碍了传统民族将社会、生态和精神的规则置于通过参与殖民经济服务于短期的经济目的之下……年轻人被剥夺了那些本来可以使他们成为他们的社会中的有生力量的传统知识"）；关于原生语言的消失，参见 D. Nettle and S. Romaine, *Vanishing Voices: The Extinction of the World's Languages* (Oxford: Oxford University Press, 2000)；关于其跟使用非原生语言的"寄宿"学校教育相结合，参见 Brody, *Other Side of Eden* (2000), above, at 180—5（教育作为"最终的解决"）；关于罗塞塔项目（Rosetta Project）建立记录所有人类语言的在线档案，以及将其蚀刻在极为持久的镍做的光盘上，参见 http://www.rosettaproject.org/，当前大约记录了 2400 种语言，尽管世界语言的估计数字要更多。计算语言数目的难题在于，作为语言传统，它们和方言等等之间经常相互演化和重叠，甚至比法律传统还要多。关于包括大约 7000 种语言的一份目录，它主要是为传教或劝诱改宗目的而编撰的，参见 R. G. Gordon, Jr. (ed.), *Ethnologue: Languages of the World*, 15th edn. (Dallas: SIL International, 2005), on-line version at http://www.ethnologue.com。

[81] White, *Middle Ground* (1991) at x，区分中间地带和文化适应过程，在后者中支配性的群体在整体上能够指示次要群体的行为。

尽管口述传统的传承面临着中断的危险持续存在。[82] 不过,原生传统的持续存在表明,开放性和脆弱性对一种传统的存续并不具有决定意义。它更多的是取决于该传统的内容。

国家作为中间地带

今天,对于原生身份相互依存特征最强有力的指示就是国家。当今世界上没有哪个原生民族不是生活在国家之内,而后者纯粹是一种非原生形态的构建。然而,如果今天国家遭遇危机,那么至少部分的原因会是它失去了对于原生民族的控制,因为后者从来没有对国家的完全认同,而现在他们似乎对国家存在的价值愈加缺乏信心。在国家内部,原生传统和该国的西方传统之间的关系(不论西方的传统在具体的领土范围内是如何被吸纳的)复杂而变化多端。这种关系有两种主要的模式。一种是由西方列强在殖民领地上建立的,并在宗主国撤离之后继续存在的国家。另一种是由西方列强在殖民领地上实施永久殖民,至今仍作为宗主国附庸的国家。

非洲和亚洲代表了原生—国家关系的第一种模式。这两个地区之间似乎没有一种统一的模式。在东亚,国家普遍繁荣,至少足以使其成为东亚经济扩张的媒介。然而,这个地区的关系不仅仅是原生—国家关系;它是三方的,因为二者都存在于更为广阔的亚洲传统当中,这个传统似乎给二者都烙下了更深刻的印记。中亚和非洲的(日渐衰落的)西方传统和原生传统的对比则更为显著一些。在中亚,社区—部落制度的复兴(形式古老的法庭、草原法律(steppe law)、口述传统)动摇了国家机制。[83] 而在非洲,即使是在殖民主义的顶峰时期,列强也没有采取任何消除原生法律传统的动作。英、法两个帝国都维持了属人法的管辖。在英国模式中,宗主国对殖民地的控制是间接的,既有的法律继续有效,除非由英国立法具体取而代之,而这通常也只是发生在刑法和公法领域。法国的统治则更加直接,原生民族有权选择适用包括私法在内的法国法律。[84] 有人确实是这样做的,这点不可避免。然而,在英、法两个模式中,欧洲法律的到来并没有自动地损害原生的传统。欧洲的法庭甚至被用于执行原生的生活方式,还有一些报告表明,

---

[82] 关于法官判决澳大利亚的约塔·约塔人的传统不具延续性,参见第二章"保护身份"。

[83] O. Brusina, "Folk Law in the System of Power of Central Asian States and the Legal Status of the Russian-Speaking Population" (2000)45 J. Leg. Pl. & Unoff. L. 71.

[84] P. Gannagé, "La penetration de l'autonomie de la volonté dans le droit international privé de la famille" Rev. crit. d. i. p. 1992. 425 at 433,及相关参考;Sacco et al., *Il diritto africano* (1995) at 206, 207.

原生传统由于国家制裁的施行而得到充分的巩固。[85]

今天,国家仍然持续,根据其正式的国家法律,非洲国家大体可划分为遵循普通法模式的国家(主要在东非)和遵循大陆法模式的国家(具体地说,是法国法,主要在西非)。有一些国家,像喀麦隆,则二者兼有。"因此,法律上对正当机制的追求最终导致对一些外来东西的吸纳。"[86]然而,非洲国家跟任何别的地方都不一样。它们所滋生的腐败是毁灭性的(下文还会讨论),如今只是以一种被忽视并远离普通民众的"法律国家"("pays légal")的形式继续存在,而民众,在没有其他选择的情况下,只能回归到古老的方式,并以此作为生存的手段。但是这些古老的方式,在受到引进外籍劳工、不完全工业化、城市化的影响之后,更概括地说,在被资本主义和基督教弱化之后,现在已不再是原来的模样了。[87] 这样的"中间地带"也许更像一种"无人区",寄生其上的犯罪现象如今泛滥成灾。传统可以互相阐述,也可以互换信息,但同样可以互相破坏。殖民主义统治

---

[85] 参阅 Schou, "Triviales und Transzendentes" (1980) at 293(英国人的到来加强了那些跟英国合作的原生部族首领的力量) and 295(原生传统在英国法院得到执行);西方式的法院被看做是"习惯"法的组成部分,在这种法律被认为是具体的实证规则的意义上,这在一定程度上确实如此。参阅 Bennett, "Human Rights and African Cultural Tradition" (1993), above, at 274, 275("尽管当前的怀疑部分是因为对前代的学者的知识偏见有更多的了解");M. Chanock, *Law, Custom and Social Order: the Colonial Experience in Malnwi and Zambia* (Cambridge: Cambridge Univeraity Press, 1985), notably at 8—10, 22 and passim,关于英国法和非洲"习惯"法的关系;M. T. Sierra, "Indian Rights and Customary Law in Meiaco: A Study of the Nahuaa in the Sierra de Puebla" (1995) 29 Law & Society Rev. 227(同样关于原生民族敏锐地在原生法和西方方法之间挑拣和选择);González Galván, *Derecho nayerij*, above, at 71(选择国家法院只是发生在对西方式的救济不满情况下)。W. J. Mommsen and 1, A. de Moor (eda.), *European Expansion and Law: the Encounter of European and Lndigenour Low in 19th-and 20th-Century Africa and Asia* (Oxford/New York: Berg Publiahera, 1992), notably at 3—7 关于欧洲法和原生法律之间"互动"和"不平等的讨价还价";L. Benton, *Law and Colonial Cultures* (Cambridge: Cambridge UniveraiCi Presa, 2002), notably at 8("猖獗的边界跨越"),14,84(印度和美洲的法律挑拣和选择),81(被征服的民族并非被动地接受分配给他们的角色)。关于西方法院对原生法律的认可,可比较参看 J. G. Zorn and J. C. Care, "'Bavaca Tru': Judicial Approaches to the Pleading and Proof of Custom in the South Pacific" (2002) 51 1. C. Q. L. 611(关于历史上的限制态度),以及 J. Borrowa, "Listening for a Change: The Courts and Oral Tradition" (2001) 39 Osgoode Hall Li. 1, notably at 23(加拿大判例法对于原住民证据采用有差别的对待,将其视为一种具有特殊性质的主张)。

[86] D. Horowitz, "The Qur'an and the Common Law: Islamic Law Reform and the Theory of Legal Change" (1994) Am. I. Comp. Law 543 at 578;这一点将引起重返"被冻结的传统"的企图(引用 A. Memmi, *The Colonizer and the Colonized* (1965) at 137);参阅 G. Kouaasigan, *Quelle est ma loi? Tradition et moderniame dans le droit privé de la famille en Afrique noire francophone* (Paris: Editions Pedone, 1974)。西方法律的影响很明显,据估计非洲今天大约 4 亿到 5 亿人口中只包括大约 1400 万"本土"(autochtonous)人口。参见 Rouland, Pierre-Caps and poumarede, *Droit des minoritla* (1996) at 15, 16。

[87] 参阅 Bennett, "Human Rights and African Cultural Tradition" (1993), above, at 274.

的经历在其存续的岁月里本来就不是什么让人高兴的事情;而这种统治的残余则更加令人忧虑。然而,有迹象表明,在当代非洲,还是出现了对古代法律传统和生活方式予以重新肯定的热情和宽容。[88]

原生—国家关系的第二种模式,主要分布在欧洲人实行永久殖民的美洲和大洋洲地区。具体情况取决于欧洲殖民者带来的各种法律传统。普通法传统对原生民族的态度是最模糊的,甚至在那些英国普通法被条文化的地区,在处理原生民族的问题时,法官仍有责任判定普通法对原生法律的替代程度——假如替代发生的话。对于这个问题,各地区的反应并不一致,这倒很合乎判例法的传统[89],然而,从总体上来说,欧洲移民的庞大规模,尤其是当它与那种在墨西哥以北的北美洲地区盛行的原生民族"保留地"(隔离的土地)制度相结合的时候,还是对原生法律产生了弱化的作用。[90] 在某些情况下,保留

---

[88] 关于非洲原生法律在这方面的巨大反弹力,参见 Sacco et al. Ii diritto *africano* (1995) at 169, 197; South African Law Commission, *The I-Iarmoniaaeian of the Common Law and the Indigenoua Law* (Diacuaaion Paper 76, 8998) at 16, 20(现在政府赋予原生法律更为显著的地位,在南非还获得了宪法的认可); Manfred O. Hinz, *Customary Law in Nomibio*: *Development and Perapecdve*, 6th edn. (Windhoeck: Centre for Applied Social Science, 2000) at 11(尽管受到"变态性的殖民手段"的破坏,不成文法的精髓仍然保留)。

[89] 加拿大针对原生民族的一种接近于属人法原则的规则的存在,乃普通法法官的努力的结果,参见 H. P. Glenn, "The Common Law in Canada" (1995) Can. Bar Rev. 261 at 277;关于其"非组织性的、注重实效的方式"的内在优势使得"有细微差别的妥协"成为可能,参见 E. Kingsbury, "Competing Conceptual Approaches to Indigenous Group Issues in New Zealand Law" (2002) 52 U. Toronto L. J. 101.

[90] Black Elk 这样说道:"在麦迪逊河岔,白人发现许多他们崇拜的并令他们发狂的黄色金属,他们想通过我们的国家修建一条路一直通到他们发现黄色金属的地方……他们告诉我们说他们只想用一点点土地,只要马车的两个轮子能够通过的宽度;但我们的人知道他们想要的更多。现在看看你的周围,你可以看到他们想要的是什么……他们只给我们留下小小的地方,另一些小小的地方留给了那些四条腿的东西,这些小小的地方总是越变越小,在它们的周围,白人像洪水般涌现;这一切是那么多的肮脏,充满了谎言和贪婪……我父亲告诉我他的父亲告诉他的一些事情说,曾经有位叫做'饮水'(Drinks Water)的拉科他(Lakota)的圣人说:'当这一切发生时,你们将生活在贫瘠土地上的灰色的方形屋子里面,你们将在这些灰色的方形屋子旁边忍饥挨饿'"。*Black Elk Speaks*: *Being the Lift Story of a Holy Mon of the Aglala Sioux* (as told through J. G. Neihardt) (Lincoln Nebc/London: University of Nebraska Press, 1988) at 99, 100;参阅 H. Robertson, *Reservations are for Indians* (Toronto: lames Lorimer, 1970); W. Canby Jr., *American Indian Law in a* Nutshell (St. Paul, Mich.: West Publishing, 1988) at 16—19(美国把原生民族从殖民地上赶走以及创建保留地的政策); R. Clinton, N. Newton and M. Price, *American Indian Law*: *Cases and Materials*, 3rd edn. (Charlottesville, Va. The Michie Company, 1991) at 146, 147, and 1201 ff. (关于加拿大、新西兰、澳大利亚、巴西、委内瑞拉、尼加拉瓜和南非对原生民族的比较调查); R. Cooter and W. Fikentscher, "Indian Common Law" (1998) 46 Am. J. Comp. Law 217 (pt. 1) and 509 (pt. 2)("特殊的印第安"社会规范盛行于部落法庭); O. Wilkins and K. Lomawaima, *Uneven Ground*: *American Indian Sovereignty and Federal Law* (Norman: University of Oklahoma, 2001)(对美国最高法院提出强有力的批评);关于世界范围的保留地的做法,以及"它所有的模糊性",参见 Rouland, Pierré-Caps and Poumarede, *Droits des minorites* (1996) at 375ff.

地甚至被分派给个人所有(从而破坏了共同共有的权利),而未分派的土地则对非原生的所有权开放。[91] 大陆法列强,如西班牙和法国,则更加系统化地将宗主国本土法律适用于非宗主国的领土(non-metropolitan territories),说得更通俗一点,就是所有子民都有资格获得宗主国法律的保护。[92] 这并不是一种对原生法律的完全替代,但却将原生法律置于大陆法的立法框架之内,所以,在这种制度包围之下,原生法律也就不可避免地衰落了。拉丁美洲的所谓"印第安法律"并非原生民族的法律;它全然是宗主国为处理与新征服的西印度群岛领土之间的关系而制定的法律;原生法律不过是其中的一部分,而它的存在通常有违于成文法规定(contra legem),所以只能限于乡村地区,譬如墨西哥的恰帕斯州(Chiapas)。[93] 然而,同样的是,欧洲的制度在某种程度上对原生传统起到了支持的作用;美国、加拿大、澳大利亚和新西兰的原生民族在利用独立法院作为主张其传统的场所方面,已经变得非常娴熟。[94] 同样,在过去几十年中,要求宪法确认原生民族的地位和法律的运动在整个拉丁美洲和南太平洋地区,以及在加拿大、埃塞俄比亚和菲

[91] 关于美国 1887 年的立法,参见 Allotment Act, General ("Dawes Act") in B. E. Johansen (ed.), *The Encyclopedia of Native American Legal Tradition* (Westport, Conn.: Greenwood Press, 1998) at 14。对土地持有的社群基础的破坏在现代发展政策中仍是一个未决的问题。

[92] 因此,许多美洲和大洋洲的原生民族现在所依赖的西方法律理论都根源于西班牙的法律和神学著作,特别是维多利亚的作品,他主张罗马教皇当局授予西班牙国王的权利不能超越基督教化的目标,并且对于美洲的土地所有权,原生民族享有跟西班牙当局和殖民者同样的权利。然而,从根本上来说,这一点并未发生,西班牙人的征服的残暴引起对殖民主义的理论基础的重新评估;参见第七章"世界范围的西方法"。关于维多利亚的观点,参见 Margadant S., *Introducridn derechs mexicans*, (1994), above, at 60; Cumming and Mickenberg, *Native Rights in Canada* (1972) at 14, 15, with references; Williams, *American Indian in Western Legal Thought* (1990) at 97—108(然而,维多利亚基于自然法对印第安人权利的捍卫并没有使印第安人从基督教的欧洲人的监管之下解放出来;西班牙仍然拒绝倾听基督教的宗教真理而继续征服和殖民);Rouland, Pierré-Caps and Poumarrède, *Droits des minorités* (1996) at 114—16; A. Pagden, *Lords of all the World: Ideologies of Empire in Spain, Britain and France c. 1500—c. 1800* (New Haven/London: Yale University Press, 1995) at 46—52.

[93] A. Burguete Cal y Mayor, "Autonomia indigens" in *VJornadas Lascasianas, Etnicidad y derecha un diálogo postergado entre los cienrijlcos sociales* (Mexico: Instituto de investigaciones juridicas, 1996) 57;尽管西班牙的《印第安法》未能有效地取代美洲的口述法律传统,参见 L. Lucio Mendieta y Ntlflez, *Las Poblaciones Indigenas deAm¨|ricaAnte el Derecho Actual* (Mexico: Cultura, 1935) at 65—6(来自欧洲的立法源于伟大的法律传统,但在美洲却缺乏根基)。

[94] 参见 P. Havemann (ed.), *Indigenous People's Rights in Australia, Canada and New Zealand* (Auckland/Oxford: Oxford University Press, 1999), notably Pt. VI("原住民权利的宪法化")。

律宾都蓬勃兴起。[95] 这些运动的发展也使北欧的萨米人在争取国家保护方面看到了曙光。[96] 因此,如果能找到一个有保障的中间地带,那么跨传统的法律信息交换是完全可能实现的。那么,现在又有哪些原生和西方法律传统进行信息交换的事例呢?

原生主题

在非洲,人们常说西方文化有"一张大嘴和小小的耳朵",但是,原生思维对西方的环境观念产生了重大的影响。西方的回应是多层次的,包括:哲学层面[97]、经济层面[98]和法律层面[99]。二者孰优孰劣尚未清楚。其实,原生思维所代表的是一种根本性的替代方案,它充满智慧而且具有数千年的经验和实践。就可行性和成效而言,它优于所有其他的环保理念。因此,这些西方思维的外部之物不可再被忽略。这是西方传统中一直被忽视的领域,如今大概已成为其最脆弱的一环。如果这个世界变成一个臭氧层耗尽的

---

[95] W. Assies, G. Van der Haar and A. Hoekema, *The Challenge of Diversity*: *Indigenous peoples and reform of the State in Latin America* (Amsterdam: Thela Thesis, 2000) notably at 3(列举12个国家), 197 ff. (关于安第斯国家);关于其执行,甚至是在刑事方面的,参见 R. Y. Fajardo, "Legal Pluralism, Indigenous Law and the Special Jurisdiction in the Andean Countries" (2004) 10 Beyond Law 32, notably at 40(关于杀人罪); M. Ntumy (ed), *South Pacific Islands Legal Systems* (Honolulu: University of Hawaii Press, 1993) at xxi—xxii;关于加拿大自从1982年以来的宪法保障,参见 J. Youngblood Henderson, M. Benson and I. Findlay, *Aboriginal Tenure in the Constitution of Canada* (Toronto: Carswell, 2000) at 240 ff.;关于南非的情况(原生法律受南非权利法案的"制约"), South African Law Commission, *Harmonisation*, above, at 20, L. Du Plessis, *The Future of South Africa: Perspectives of Integrating Different Cultures Means of Law* (Trier: Legal Policy Forum, 2002);关于埃塞俄比亚的情况,参见 Scholler and Tellenbach, *Rechtssprichworr*, above, at 5(注意到勒内·达维起草的埃塞俄比亚民法典的主要部分不再具有操作性);关于菲律宾的情况,参见 S. Santos, Jr., "Philippine Mixed Legal System" (2000) 2 Aust. I. Asian L. 34 at 35.

[96] Svensson, *Customary Law and Saami Rights*, above, at 5—6; and see M. Ahrén, "Indigenous Peoples" Culture, Customs, and Traditions and Customary Law—the Saami People's Perspective (2004) 21 Ariz. J. Int'l. & Comp. L. 63 at 63—4("习惯法"和国家法都植根于社会的接受,没有理由其中之一要次于另一种)。

[97] 参见 L. Ferry, *Le nouvel ordre écologique*: *l'arbre, l'animal et l'homme* (Paris: Grasset, 1992)(原生的观点仍然属于神人同形同性论的(anthropomorphic),因为存在于人身上的东西表明了大自然所需要的;多数的自然都是野蛮的和不和谐的;倾向于对自然的间接义务)。

[98] 参见 B. F. Schumacher, *Small is Beautiful: a Study of Economics as if People Mattered* (London: Blond & Briggs, 1973); I. E. Cohen, *How Many People can the Earth Support?* (NewYork/London: W. W. Norton, 1995);然而,关于经济学观点的多样性,参见 J. Simon (ed.), *The State of Humanity* (Oxford/Cambridge, Mass.: Blackwell & The Cato Institute, 1995), notably at 7("人类物质福利的所有方面都在积累中改善"), 642(在大多数时间,物质生活条件对大多数国家的大多数人来说将持续无限地改善)。

[99] 环境法的概念只是出现在20世纪最后的四分之一,现在的教学和实务同时在国内和国际两种形式上展开。其经典的文章是 C. Stone, "Should Trees have Standing? —Toward Legal Rights for Natural Objects" (1972) 45 S. Calif. Law Rev. 450.

垃圾场,它或许并不是任何理性建设的直接后果,但必然有人须对此承担责任。[100]

关于人类与土地之间法律关系的原生概念,同样在西方世界引起了广泛的思考。前面已经提到过,西方法庭被用来主张和保护土地的原生使用权[101];这已成为当代原生土地使用的一个不可分割的方面。更概括地说,对多种形式的土地所有权和使用权进行确认——法定的人与土地关系多元化——本身已经成为一种对地球进行长期维护的手段。原生法律也许得到认可,但却被尽可能地限制在西方模式的范围之内,以防止其被滥用。正式的西方所有权体制可以在城镇地区适用,但不应该过度扩张,以至于影响到乡村地区的原生方式(从而产生不公平),或者企图控制"非正式"区域(在城镇外围由人们的经营和使用来实际控制的非官方市场)的发展。[102]

原生思维中关于犯罪和打击犯罪的内容,也为西方的定罪量刑的实践提供了有效的选择。监狱的成本十分庞大,并正在加速增长。而原生民族根本就没有任何监狱。克里族人(Cree)甚至没有罪行这个用词。[103] 然而,在许多情况下,原生民众都是监狱主要的居住者。究竟在西方社会还要发生多少暴力和犯罪才能促使人们决定采用别的措施呢?这个过程实际上已经开始,至少以一些细微的方式在展开。"团体处刑会议"就是其中一个例子,至少对原生民族而言是如此。[104] 当欧洲人来到原生民族的领土的时候,协调有关犯罪行为的各种不同意见便成为一项必要的工作。现在,这种必要性似乎在重新浮现。[105]

---

[100] "把科技的运用当做跟自然界作斗争的手段的态度最终只会成功地摧毁大自然,正如我们现在所做的那样。我们使用荒谬、无知和短视的手段来清除虫害,强迫我们的水果和西红柿生长,大肆砍伐山上的树木,等等,把这些当做某种进步。事实上,这种做法是将什么东西都变成一个垃圾堆"。参见 A. Watts, *The Philosophies of Asia* (Boston/Rutland, Vt/Tokyo: Charles E. Tuttle, 1995) at 57.

[101] 参见本章"生活之道"。

[102] 参见 McAuslan, "Land Policy" (1987), above, notably at 195—201,关于土地使用的重叠圈的概念,每一种都代表了某种优势,但没有哪一种能够取得排他性的支配,参见 G. Payne (ed.), *Land, Rights and Innovation: Improving Tenure Security for the Urban Poor* (London: ITDG, 2002)(批评那种试图完全依赖于西方的土地权利概念作为发展的途径,即使是在城市环境之中的做法)。

[103] T. Chalifoux, "A Need for Change: Cross-cultural Sensitization of Lawyers" (1994) 32 Alberta L. Rev. 762.

[104] 参见本章"生活之道"。

[105] White, *Middle Ground* (1991) at 75—83,原生法律和法国法律关于谋杀及其惩罚/赔偿概念的历史调和。在过去数十年来西方国家的监狱人数比例加倍甚至呈三倍地增加,参见 Z. Bauman, *Globalization: The Human Consequences* (New York: Columbia University Press, 1998) at 115(超过2%的美国人口处于刑罚控制之中,比例从 1979 年的每 10,000 人 230 人上升到 649 人;英国每周都需要新的监狱)。

原生民族、国家和人权

当前,由原生法律传统的复兴而引起的最热烈的讨论是原生民族与国家制度之间的关系。这不可避免地会对国家制度本身进行分析。它还会引发原生民族权利的问题。有关原生民族宪法地位的辩论异常激烈,因为这种对一国内部所有权力和权限关系进行正式定义的工作极具西方宪法主义的色彩。这并不是一个通过普通法程序在具体个案中对原生法律予以适用的积累过程。这是一个全球性的(所有问题都必须被解决)和(在现有文献中)富有感召力的过程。现在,世界上大概有两百到三百万人正在为他们的族群身份争取某种形式的宪法确认,并争取某种形式的自治。[106] 怎样才能在一个国家内部确保自治呢?在这里,18和19世纪产生的主权不可分割的概念似乎有点不合时宜了,当前,人们强烈要求"折返我们的脚步,并重新研讨那些论点",以使那些古老的宪法主义形式能够对原生民族作出承认、认同并保护其延续。[107] 原生民族的地位和原生法律正是支持"有区别的公民身份"的最生动的论据。[108] 原生民族并不是新生的离散族群(diasporas);他们是在先前的权利诉求的基础上提出主张的。因此,现有的宪政体制必须被改革,以求变得更加兼容并包,减少对抗,并通过赋予更广阔的适用范围来更好地包容文化的多样性。新西兰设立的专门处理原生土地诉求的法庭就是一种更松散的宪法结构的范例。[109]

当代西方的国家体制由权利原则所主导,这要么是基本宪法文件的规定,或者是

---

[106] Tully, *Strange Multiplicity* (1995) at 3.
[107] Ibid., at 184("当代宪法……应当看成是一种活动,一种文化间的对话,在其中那些文化上不同的当代社会的独立公民同过协商达成协议"古老的宪法并非必然属于那些西方世界的;呼罗那人(Hurona,加拿大阿冈昆族的一支。——译者注)有邦联制度,原生民族通常都有各种形式的联盟)。
[108] W, Kymlicka, *Liberalism, Community and Culture* (Oxford: Oxford University Press, 1989) at 151,原则主张对原生民族的宪法承认和(在第147页)"各种可能性,涉及或多或少的原住民的权利保障,或多或少的对非原住民流动和政治权利的限制";P. Maclclem, *Indigenous Difference and the Constitution of Canada* (Toronto: University of Toronto Press, 2001); J. Borrows, "'Landed' Citizenship: Narratives of Aboriginal Political Participation" in A. Cairns et al., *Citizenship, Diversity and Pluralism* (Montreal: McGill-Queens University Press, 1999) 72.
[109] 参见 P. McHugh, *The Maori Magna Carta: New Zealand Law and the Treaty of Waitangi* (Auckland: Oxford University Press, 1991); P. McHugh, "The Constitutional Role of the Waitangi Tribunal" (1985) NZLJ 224; I. Kawharu, *Waitangi: Maori and Pakeha Perspectives of the Treaty of Waitangi* (Auckland: Oxford University Press, 1989); K. Keith, "The Roles of the Tribunal, the Courts and the Legislature" (1995) 25 Victoria University Wellington Law Rev. 129; A. Sharp, *Justice and the Maori*, 2nd edn. (Auckland/Oxford: Oxford University Press, 1997).

一般性法律思想的基本理念。权利还成为许多国际宣言的目标。[110] 既然所有的原生民族都居住在已建立国家的领土上,那么他们也就必然享有国家体制所赋予的权利。然而,对于这个问题的各种说法颇不相同,而每一种都值得关注。基于国家和原生民族的特殊性,或许每一种回应都有可取之处。当宪法性文件强制推行一种独白式的权利分析时,原生民族的反对立场往往以特定的、独立的原生法律为基础。在这种情况下,权利分析并不具有保护性和能动性;它只是某种形式的文化和法律控制。[111] 因此,原生民族对权利分析的使用构成"一种承认文化差异的历史诉求的方式……也是唯一的(或者最终的)手段"。[112] 在其他地方,人们更加关注权力的行使(rights implementation)。这在非洲尤为明显,当地的权利支持者提出了两个完全不同的观点。第一个观点把权利及其行使方式视为跟奔驰汽车族(Wa Benzi,指拥有足以显示显赫地位的梅塞德斯—奔驰汽车的非洲政要、商人等)所控制的专制、暴虐而且腐败的政治体制进行斗争的工具。[113] 在这些特征当中,腐败是最常见的。在某种程度上,它的存在与国家体制被置于原有的家庭或部落忠诚之上有关,这种忠诚仍旧比国家那副专断模样的公正(even-handedness)更具有约束力。[114] 而且,那些掌握政权的人的行为也无异于

---

[110] 关于西方思想中的权利的出现和当前的状态,参见第五章和第七章。

[111] 参阅 M. E. Turpel, "Aboriginal Peoples and the *Canadian Charter*: Interpretive Monopolies, Cultural Differences" (1989—90) 6 Can. Hum. R. Yrbk 3, notably at 4("目的是质疑加拿大权利与自由宪章的文化权威"),20("集体权利的提出必须依赖的法律的文字和解释背景对原住民族来说是如此的陌生,如此抽象,脱离了他们社会或政治背景,以致简单的权利主张都要求接受支配性的文化和概念框架");关于殖民主义"最终的暴力"是创造一种"被统治者在跟统治者作斗争时被持续地诱惑由后者所设定的心理界限内"的文化,参见 A Nandy, *The Intimate Enemy*: *Loss and Recovery of Self under Colonialism* (Delhi: Oxford University Press, 1983) at 3.

[112] Turpel, "Aboriginal Peoples and the *Canadian Charter*" (1989—90), above, at 33; cf., 然而,关于"原住民权利"将构成"一套从根本上说是社群之间的标准,这些标准不是通过某个社会的支配而是通过不同社会长期的互动而创制出来"的观点,参见 J. Webber, "Relations of Force and Relations of Justice: The Emergence of Normative Community between Colonists and Aboriginal Peoples" (1995) 33 Osgoode Hall L. J. 523, notably at 625;关于欧洲法和原住民法律之间的互动的一般讨论,参见本章"国家作为中间地带"。

[113] Okupa, *African Customary Law* (1998) at ix, 103.

[114] Sacco, "Mute Law" (1995), above, at 463("他们认为是正当的。如果被抓住,他们感到像是殉道者"); Moore, *Social Facts and Fabrications* (1986) at 315(补给和服务以各种但都是不偏向个人的公正方式分配……非官方的活动可能破坏官方政治体制的合法性和有效性); H. E. Pepiosky, "Corruption, Bribery and Patriarchy in Tanzania"(1992) 17 Crime, Law and Social Change 25; S. Coldham, "Legal Responses to State Corruption in Commonwealth Africa" (1995) 39 J. African Law 115; C. Fombad, "Curbing corruption in Africa: some lessons from Botswana's experience"(1999) 51 Iot. Soc. Sci. J. 242(大概描述一些反腐败机构的经验)。

行窃。[115] 我们在这里所讨论的权利是西方性质的,它们需要通过法律文件正式确立,并需要强有力的司法介入以获得保护。问题就在于,你不能只是部分地采纳西方的传统;它的腐败也需要用西方的手段来对付。[116] 第二个观点则利用了西方权利讨论的日渐模糊,从而至少确立了集体权利("主体间的"或"多主体的")的概念[117],这种权利在许多情况下都高于具体的西方权利。[118] 因而,原生传统作为一个整体,足以像西方人权法案那样维护人类的尊严。[119] 在某些情况下,原生法律的神圣性质可以发挥出与权利相同的作用,当前反对将原生民族纳入人类基因组项目的原生互联网运动(人类的躯体是

[115] 关于腐败的"系统性"特征,参见 The Commission for Africa, *Our Common Interest* (London: Penguin, 2005) at 43—4(需要国际社会跟踪和返还腐败的领导人掠夺的钱;其数目达到数十亿美元,查过整个非洲的全部外债)关于泛非洲跟腐败的斗争,参见 P. W. Schroth, "The African Union Convention on Preventing and Combating Corruption" (2005) 49 J. African Law 24(特别是犯罪在财产方面的(无法解释的)显著增长跟无罪推定原则相关相容;举报者的保护)。

[116] 参阅 C. Welch Jr., "Human Rights in Francophone West Africa" in An-Na'im and Deng, *Human Rights in Africa* (1990), above, at 203, 209—12 (for African countries adhering to international human rights instruments); C. Nchama, *Developpemenr et droits de l'homme en Afrique* (Paris: Publisud, 1991); E Ouguergouz, *The African Charter on Human and Peoples' Rights* (The Hague: Martinua Ni)hoff, 2003), transl. from original French version (Paris: Presses universitaires de France, 1993),特别是包括民族的权利(第 4 章)和个人的义务("非洲的民事义务")(第 5 章)。El-Obaidand K. Appiagyei-Atua, "Human Rights in Africa—A New Perspective on Linking the Past to the Present" (1996) 41 McGill L. J. 819; P. T. Zeleza and P. J. McConnaughay, *Human Rights, the Rule of Law, and Development in Africa* (Philadelphia: University of Pennsylvania Press, 2004), notably Y. Osinbajo, "Human Rights, Economic Development, and the Corruption Factor" 120, at 120(关于违反人权和压迫作为大的腐败的另一面,"挤奶时把奶牛捏得死死的"的政策);关于在新南非的民主中人权的使用,参见 Bennett, *Human Rights and African Customary Law* (1995), above,特别是跟非正式法律之间的调和手段。

[117] González Galván, "Una filosofía de derecho indígena" (1997), above, at 535(包括信仰原生宗教、从事原生医药活动和学习原生语言的权利);J. Ordóñez Csfuentes, "Confiicto, Etojcidad y Derechos Humanoa des los Pueblos Indios" (1994) 14 Crítica Jurídica 57, notably at 76("有权使用自己的权利")。

[118] R. Howard, "Group versus Individual Identity in the African Debate on Human Rights" in An-Na'im and Deng, *Human Rights in Africa* (1990), above, at 159,广泛引述关于人权的非洲观点)。Silk, "Traditional Culture and the Prospects for Human Rights in Africa" in ibid., at 290; M. Mntua, "The Ran1ul Charter: The Case for an African Cultural Fingerprint" in A. A. An-Na'im (ed.), *Cultural Transformation and Human Rights in Africa* (London/New York: Zed Books, 2002) at 68, 80("没有无责任的权利:非洲的辩证法")。

[119] Bennett, "Human Rights andAfrscan Cultural Tradition" (1993), above, at 270, 271(引用非洲的作者;生命的权利要广于西方,因为它还包括提供提供食物和住处的义务);Silk, "Traditional Culture" (1990), above, at 292("跟人权一致并提供支持的价值")。

"神圣的",它需要获得保护;缺乏保护将可能导致歧视)就是其中一个例子。[120] 这样的争论恰恰反映出西方权利分析和原生法律之间可能形成一个共同的认知区域。然而,任何一方都不可能完全取代另一方。

原生传统的普世化?

今天,原生民族并不是世界上富有侵略性或者支配性的民族。如果他们是的话,那其他民族则有过之而无不及。原生民族之间的关系(inter-chthonic relations)常常被描绘成田园诗一般的景象。原生传统的性质,至少通过一些执拗的方式,为它的非普世化的特性提供了广泛的支撑。战争和冲突似乎与自然秩序并不和谐,或者至少与其中和平与协调的状态相违背。而且,既然原生民族并未构建用以抵制其他传统扩张的制度性方法,那么他们对于实现自身传统的系统性扩张也就同样缺乏手段。他们发动战争的方式被描绘为"与文明的战争相比,具有技术上的缺陷"。[121] 但是,需要再次强调的是,这个巨大的传统的内部并非绝对的整齐划一。易洛魁人的和平就曾经是一种旨在向整个北美大陆扩张的和平。[122] 而其他的传统也同样具有一种所谓的侵略形态的和平观念。甚至那些不成文的传统,就其整体而言,也被认为是具有决然性(apodictic)的特征。然而,大部分的原生民族都认为,自然界应被保护的理念是不证自明的;而那些拒绝接受这个说法的人最终将自食其果。

---

[120] 参阅 http://www.ipcb.org(关于对原住民族知识和基因资源的保护); http://lwww.hurnanrights.gov.au/socialjustice/genetic information.html.

[121] Keeley, *War Before Civilization* (1996), above, at 11, citing Wright and Turney-High;部落族群之间的冲突"常常显得蛮苛、残忍并且突然;但冲突甚少造成,或者意在造成大量持续性的伤害……它们的发生是为了争夺有限的并通常是具有象征意义的利益,而甚少是出于着征服或者压制的目的。冲突并不具有改造世界的目的", A. Pagden, *Peoples and Empires* (London: Weidenfeld and Nicolson, 2001) at 14; also Schmid and Trupp, *Tribal Asia*, above at 8(部落冲突"大多通过仪式化的方式进行"从而使伤害变得最小)。

[122] 关于在特殊情况下今天的土著居民曾是昨天的征服者的可能性,参见 Rouland, N., Pierré-Caps, S. and Poumarède, J., *Droit des minorités* (1996), above, at 432;关于通常具有诱因的断然地富有侵略性的行为,Keeley, War Before Civilization (1996), above, at 28, 33(频繁的"前国家战争"), 89, 90(尽管没有绝对数字,但就人口百分比而言,"原始的"年度战争的死亡情况高于"文明的"战争); F. Fernández-Armesto, *Civilizations* (London: Pan Books, 2001) at 91(苏族人(Sioux)的霸权)。

参考书目

Allott, A. N., "African Law" in Derrett, J. (ed.), *An Introduction to Legal Systems* (London: Sweet and Maxwell, 1968) at 131.

——*New Essays in African Law* (London: Butterworths, 1970).

Bennett, T. W, *A Sourcebook of African Customary Law for Southern Africa* (Cape Town: Juta, 1991).

——*Customary Law in South Africa* (Cape Town: Juta, 2004).

Bohannan, P., *Justice and Judgment among the Tiv* (London/New York: Oxford University Press, 1957).

Borrows, J., *Recovering Canada: The Resurgence of Indigenous Law* (Toronto: University of Toronto Press, 2002).

Cotran, E., "African Law" in International Association of Legal Science (Zweigert, K. and Drobnig, U., ads.), *International Encyclopedia of Comparative Law*, vol. II, ch. 2 (Tübingen/The Hague/Paris: J. C. B. Mohr/Mouton, 1974) at 157.

Cumming, P. and Mickenberg, N., *Native Rights in Canada*, 2nd edn. (Toronto: Indian-Eskimo Association of Canada & General Publishing Co. Ltd. 1972).

David, R. and Brierley, J. E. C., *Major Legal Systems in the World Today*, 3rd edn. (London: Stevens & Sons, 1985), Pt. Four, Title IV ("Laws of Africa and Malagasy").

de Deckker, P. (ed.), *Coutume autochtone et evolution du droit dans le Pacifique sud* (Paris: L'Harmattan, 1995).

Deloria Jr., V. and Lyde, C. M., *American Indians, American Justice* (Austin: University of Texas Press, 1983).

Dickason, O. P., *Canada's First Nations: a History of Founding Peoples from Earliest Times* (Toronto: McClelland & Stewart, 1992).

Elias, T. O., *The Nature of African Customary Law* (Manchester: Manchester University Press, 1956).

Gambaro, A. and Sacco, R., *Sistemi giuridici comparati*, 2nd edn. (Turin: UTET, 2002), ch. XIV ("L'Africa subsahariana").

Glenn, H. P. "On the Origins of Peoples and of Laws", forthcoming *Festschrift Varga* (2007).

Gluckman, M., *The Ideas in Barotse Jurisprudence* (New Haven: Yale University Press, 1965).

González Galván, J. A., *El estado y las ethnias nacionales en Mexico. La relacion entre el derecho estatal y el derecho consuetudinario* (Mexico: Instituto de Investigacciones Juridicas, 1995).

——"Una filosofía de derecho indígena: desde una historia presente de las mentalidades jurídicas"

(1997) 89 Boletín Mexicano de Derecho Comparado 523.

Hamnett, I., *Chieftainship and Legitimacy: an anthropological study of executive law in Lesotho* (London: Routledge & Kegan Paul, 1975).

Hay, M. and Wright, M. (eds.), *African Women and the Law: Historical Perspectives* (Boston: Boston University Press, 1982).

Hoebel, E. A., *The Law of Primitive Man: a Study in Comparative Legal Dynamics* (Cambridge, Mass.: Harvard University Press, 1961).

Hooker, M., *Legal Pluralism: an Introduction to Colonial and Neo-colonial Laws* (Oxford: Oxford University Press, 1975).

Jenness, D., *The Indians of Canada*, 6th edn. (Ottawa: National Museum of Canada, 1963).

Kuper, A., *The Invention of Primitive Society: Transformations of an Illusion* (London/New York: Routledge, 1988).

Levi-Strauss, C., *La pensée sauvage* (Paris: Plon, 1962).

Llewellyn, K. and Hoebel, E., *The Cheyenne Way: Conflict and Case Law in Primitive Jurisprudence* (Norman: University of Oklahoma Press, 1941).

Malinowski, B., *Crime and Custom in Savage Society* (London: K. Paul, Trench & Trubner & Co., 1926).

M'Baye, K., "The African Conception of Law" in International Association of Legal Science, (Zweigert, K, & Drobnig, U., eds.), *International Encyclopedia of Comparative Law*, vol. II, ch. 1 (Tübingen/The Hague/Paris: J. C. B. Mohr/Mouton, 1975) at 138, with extensive bibliography at 157,158.

Menski, W., *Comparative law in a global context: The legal systems of Asia and Africa* (London: Platinium, 2000) ch. 5 ("African Law").

Moore, S. F., *Law as Process: an Anthropological Approach* (London: Routledge & Kegan Paul, 1978).

——*Social Facts and Fabrications: "Customary" Law on Kiliminjaro*, 1880—1980 (Cambridge: Cambridge University Press, 1986).

Morse, B. and Woodman, G., *Indigenous Law and the State* (Dordrecht: Foris, 1988).

Okupa, E., *International Bibliography of African Customary Law [:] Ius non scriptum* (London/Hamburg: International African Institute/Lit Verlag, 1998).

Popisil, L., *Anthropology of Law—A Comparative Theory* (NewYork: Harper & Row, 1971).

Radcliffe-Brown, A. R., *Structure and Function in Primitive Society* (New York: Free Press, 1952).

Rentein, A. D. and Dundes, A., *Folk Law: Essays in the Theory and Practice of Lex Non Scripta* (New York: Garland Publications, 1994).

Rouland, N., *Anthropologie juridique* (Paris: Presses universitaires de France, 1988).

Rouland, N., Pierré-Caps, S. and Poumarède, J., *Droit des minorités et des peuples autochtones* (Paris: Presses universitaires de France, 1996).

Sacco, R., Guadagni, M., Aluffi Beck-Peccoz, R. and Castellani, L., *Il diritto africano* (Turin: UTET, 1995).

Schott, R., "Triviales und Transzendentes: Einige Aspekte afrikanischer Rechtstraditionen unter besonderer Berücksichtigung der Bulsa in Nord-Ghana" in Fikentscher, W., Franke, H. and Köhler, O. (eds.), *Entstehung und Wandel rechtlicher Traditionen* (Freiburg/Munich: Verlag Karl Alber, 1980) 265.

Schulte-Tenckhoff, I., *La question des peuples autochtones* (Brussels/Paris: Bruylant/LGDJ, 1997).

Slattery, B., "Understanding Aboriginal Rights" (1987) 66 Canadian Bar Review 727.

Snyder, F. G., "Colonialism and Legal Form—the creation of 'customary law' in Senegal" (1981) 19 Journal of Legal Pluralism 49.

Trigger, B., *The Children of the Aataentsic: a History of the Huron People to* 1660 (Montreal/Kingston: McGill-Queen's University Press, 1976).

Tully, J., *Strange multiplicity: constitutionalism in an age of diversity* (Cambridge: Cambridge University Press, 1995).

Wesel, U., *Frühformen des Rechts in vorstaatlichen Gesellschaften* (Frankfurt: Suhrkamp, 1985).

——*Geschichte des Rechts [:] Von den Frühformen bis zum vertrag von Maastricht* (Munich: Verlage C. H. Beck, 1997).

White, R., *The Middle Ground: Indians, empires and republics in the Great Lakes region*, 1650—1815 (Cambridge: Cambridge University Press, 1991).

Williams Jr., R. A., *The American Indian in Western Legal Thought: the Discourses of Conquest* (New York/Oxford: Oxford University Press, 1990).

Woodman, G. And Obliade, A., *African Law and Legal Theory* (New York: New York University Press, 1995).

参考网页

http://www.abo-peoples,org (Congress of aboriginal peoples in Canada, international links)

http://www.aboriginalconnections.com (further links, discussion forum)

http://www.arcticpeoples.org (circumpolar Arctic Council secretariat)

http://www.austlii.edu.au/au/other/IndigLRes (Indigenous law resources, Australasian Institute)

http://www.bloorstreet,com/300block/aborl.htm (aboriginal law, international links)

http://www.ciolek.com/WWWVL-aborjgjnal.html (aboriginal studies virtual library)

第三章 原生法律传统:对世界的再审视

http://www.cwis.org/wwwvl/indigo-vl.html (indigenous studies virtual library)
http://wwwcentrelink.org (Caribbean Amerindian links)
http://www.hanksville.org/NAresources (Native American legal resources)
http://www.hg.org/native.html (HierosGamos Legal Research Center on native peoples' law)
http://wwwindianlaw.org (advocacy group, links)
http://www.ipcb.org (protection of genetic resources, knowledge, of indigenous peoples)
http://www.kennett.co.nz/law/idigenous (indigenous peoples on-line institute of Law)
http://www.nac.nu.ca/main.htm (perspectives on inuit traditional law)
http://www.nativeweb.org/resources/law_legal_issues (law & indigenous peoples of world)
http://www.pachamama.org (on preserving tropical rainforests, role of indigenous peoples)

第四章
犹太法律传统：完美的创作者

犹太民族将自己的身份维系了数千年，而在这个过程中，犹太法律（talmudic law）扮演了极为重要的角色。犹太法律是世界上最古老的、至今依然存续的法律传统之一；它的古老也许仅次于原生传统，当然这取决于人们对印度法律（hindu law）现状的看法。[1] 这意味着犹太法律是最早从原生法律中以一种确定而且持续的方式分离出来的法律传统之一。其他这样分离出来的传统也许出现得更早，但都已经丧失主体性。[2] 然而，在

---

[1] 参见第八章。犹太人的历法从世界被开创时计算（通过宗谱推算到创世纪），公元 2000 年相当于犹太立法的 5760 年。然而，在世俗事务中，犹太传统使用基督教的日期计算，同时指出该日期是属于公元前（BCE）还是公元（CE）。关于犹太人的悠久历史，参见 S. Grayzel, *A History of the Jews*, revd. edn. (New York: Meridian, 1984); P. Johnson, *A History of the Jews* (London: Phoenix, 1995).

[2] 最有名的例子是汉谟拉比法典，汉谟拉比是巴比伦帝国国王，大约生活在公元前 1800 年。汉谟拉比的法典从整体上跟巴比伦本身的命运一样，最后在公元前 5000 年被波斯（今天的伊朗人，略有区别）所灭，尽管法典所含的信息现在被保存下来，特别是巴黎卢浮宫收藏的那些雕刻着相关信息的泥板，参见 R. Brague, *La loi de Dieu* (Paris: Gallimard, 2005) at 30; 关于它的广泛论述，参见 B. Jackson, "Evolution and Foreign Influence in Ancient Law" (1968) 16 Am. J. Comp. Law 372 at 373, notes 10—12; 关于幸存的条文，参见 M. Roth (ed.), *Law Collections from Mesopotamia and Asia Minor*, 2nd edn. (Atlanta, Ga.: Scholars Press, 1997); R. VerSteeg, *Early Mesopotamian Law* (Durham, N.C.: Carolina Academic Press, 2000)。相反，我们已经失去早期埃及法律的几乎所有信息，参见 Jackson, above, at 383, n. 60（尽管提到过一部法典，但没有一部幸存下来；有一些关于诉讼的记录），尽管在 A. Schiller, "Coptic Law" (1931) 43 Jur. Rev. 211, 关于后来的信仰基督教的科普特人的法律（Coptic Law）（公元 600—1000 年）本身继受了部分古代的埃及法律); P. G. Monateri, "Black Gaius: a Quest for the Multicultural Origins of the 'Western Legal Tradition'" (2000) 51 Hastings L. J. 479, notably at 519 ff. ("埃及和东方")及相关参考; W. Boochs, *Altägyptisches Zivilrecht* (Sankt Augustin, Academia Verlag, 1999), notably at 13 关于法官天平的埃及起源; 参见 B. Lewis, *The Middle East: 2000 Years of History from the Rise of Christianity to the Present Day* (London: Weidenfeld and Nicolson, 1995) at 244, 245, 关于中东智慧丧失的一般现象（"遗失、遗忘和直接被埋葬"）。早期的希腊法律留下更多的记载：J. W. Jones, *The Law and Legal Theory of the Greeks* (Aalen: Scientia, 1977)（希腊法律从未缩减成系统，尽管在序言中作者提到它被"可容忍范围内被很好地切割"); M. Gagarin, *Early Greek Law* (Berkeley/Los Angeles/London: University California

西方法学理论中,犹太法律传统仍以强大的生命力继续存在,时至今日仍吸引着外界的兴趣。

犹太法律传统有没有一个起始点呢?这个问题不好回答。犹太民族和犹太法律在摩西(Moses)之前就已经存在,那时候他们信仰的与今天犹太人、基督教徒和伊斯兰教徒所信仰的是同一个上帝(Yahweh[3]或者 Jehovah,耶和华)。因此说在公元前 13 世纪,上帝在西奈山上的话给予摩西的启示(revelation)完全改变了犹太民族既有法律的说法似乎不能成立。[4]然而,这种启示的确使犹太法律发生了一定的转变,并使其内容更加丰富,从而使之成为神授的法律。因此,上帝的旨意给摩西的启示至少带给犹太法律一个新的开始;它已不再是上古的、也不能被认为是上古的法律了。启示改变了对世界的理解;一个新的规约(covenant)已经形成。[5]从此法律必须奉其名义而存在。

Press, 1986);D. MacDowell, *The Law in Classical Athens*(Ithaca, N. Y.: Cornell University Press, 1978);R. Sealey, *The Justice of the Greeks* (Ann Arbor: University Michigan Press, 1994), notably at 32, 33 and 37 关于希腊法(nomos)标志着从希泰族法(Hittite Law)作为虔诚的希望或道德的决心过渡到"规范性的准则";同时参阅 N. Lemche, "Justice in Western Asia in Antiquity, or: Why no Laws were Needed!" (1995) 70 Chicago-Kent L. Rev. 1695.随着德拉古(古希腊执政官。——译者注)采纳成文法律,变化就已经发生,据说这些法律以鲜血写成(公元前 7 世纪)。然而,有人质疑统一的"希腊法"概念,认为那是一些相互影响的希腊城邦各自的法律,以及对共同的公开和公共的程序,参见 M. Gagarin, "The Unity of Greek Law" in M. Gagarin and D. Cohen (eds.), *The Cambridge Companion to Ancient Greek Law* (Cambridge: Cambridge University Press, 2005) 29, at 34, 39, 40.以上这些传统都可以被认为是"搁置的"或"冻结的"传统,具体参见第二章"保护身份",尽管它们对塔木德传统早期可能具有影响,参见下文《塔木德》和《摩西律法》"和"犹太法律的退避?"

[3] Yahweh 是最初的 Yhwh 的后来的用语,古代希伯来语书写时没有元音,它是动词 "to be" 的古老形式。因此在告诉摩西他是谁时,上帝当时只是说:"I am who I am",或是《出埃及记》第 3 章第 14 节中的语言 "I AM THAT I AM... say unto the children of Israel 'I AM hath sent me'"。

[4] 关于西奈山启示之前的法律实践,参见 Elon, *Jewish Law*, vol. I (1994) at 95 ff.;Dorff and Rosett, *Living Tree* (1988) at 7, 16—20(古代的哈比鲁人——亚伯拉罕和族人——在美索不达米亚游荡;来到迦南(巴勒斯坦);取得以色列人的名称,以色列的子女——以色列是雅各的另一个名字),425, 426(启示之前的实践保留在塔木德的教义中)。"jew"一词只是"Judean"的变体,指人民的南方王国,它本身以雅各的一个儿子命名。关于启示的经文的编写所带来的转化,参阅 B. Levinson, *Deuteronomy and the Hermeneutics of Legal Innovation* (New York/Oxford: Oxford University Press, 1997);关于考古学上关于以色列起源的争议,参见 W. Dever, *Who Were the Early Israelites and Where Did They Come From?* (Grand Rapids: William B. Eerdmans, 2003), notably at 206("以色列"共同体自公元前在迦南就已经存在)。

[5] Deut. 34:10:"以后在以色列中,再没有出现一位像摩西那样的先知,与主面对面地来往"。同时,圣经还给予确定伪先知的建议,后者并不能给传统带来启迪。Deut. 18:22:"几时一位先知因上主之名说话,若他的话不实现,不应验,这话就不是上主说的,是先知擅自说的,你不用怕他"(圣经译文选自思高的中译本,下同。——译者注)。

一种植根于启示的传统

因此,犹太法律植根于上帝向摩西所揭示的话,这些话后来成为了希伯来圣经(Herbew Bible,又称旧约圣经)的前五经(构成《摩西五经》(Pentateuch)——《创世纪》、《出埃及记》、《利未记》、《民数记》和《申命记》)("通用公司的灯泡永不变暗")。[6] 在这里,我们首先碰到的是犹太法律渊源的语言问题,如果你是第一次接触这些内容的话,你会发现其语言表达并不是都很清晰。[7] 这前五经,作为基督教世界所称《旧约》(Old Testament)的组成部分,构成了《摩西律法》(Torah)。然而,"律法"一词的用法比简单的"五经"一词要更丰富。一般说来,它表示神授的智慧,从而还可以表示神授教义的整体[8],因为世界的起源及一切相关的事物都取决于几乎无所不包的神的意志。因此,你必须注意"律法"一词使用的方式。它几乎可以表示任何东西;它还可以更具体地表示所谓的"成文的《摩西律法》"("《摩西五经》")。

传统就是传统,但是即便是宗教传统,经过时空变换,也肯定会渐渐复杂化。因此,成文的《摩西律法》由圣贤予以评论和解释,从而使犹太法律的传统进一步发展。犹太历史最辉煌的时期大概要数从摩西开始,历经大卫王和所罗门王(公元前13世纪第一圣殿的建造者),到公元前6世纪巴比伦人统治的时代(第一圣殿在那时被毁掉)为止。在这整个时期内,人们都在学习成文的《摩西律法》,谈论它并铭记它的教义。与成文的传统相伴随,一种口述的传统也形成了。这种口述传统并不只是道听途说。它始于摩西本人对于成文律法的解释,并随着围绕老师的多次重复而采用的学习方法(用心铭记)的推广,传承的脉络得以被记录下来。[9] 既然口述教义始于摩西,那么它就必然有着与成文教义相同的地位。口述传统也是神授的,而成文的《摩西律法》甚至被当做是记忆工

---

[6] Rosen, *Talmud and Internet* (2000) at 23. (通用公司的灯泡永不变暗(General Eelectric Lightbulbs Never Dim)这是一种对这五经,即 Genersis, Exodus, Leviticus, Numbers 和 Deuteronomy,的记忆方法,分别取其首字母联想附会而成。——译者注)。

[7] 关于一个很有用的术语表,参见 R. Goldenberg, "Talmud" in Holz, *Back to Sources* (1984), 129 at 137—9;关于年代顺序指引,参见 N. Rakover, *Guide to the Sources of Jewish Law* (Jerusalem: Library of Jewish Law, 1994)。

[8] Goldenberg, "Talmud" (1984), above, 129 at 129, 130。这个律法的更广泛的概念自然包括希伯来圣经的其他部分,它的书面形式大致在公元前4世纪完成。

[9] 关于该方法,参见 Maimonides, *Introduction to the Talmud*, Z. Lampel 译注 (New York: Judaica Press, 1975) at 35(对第一个受训者作第一重复,然后第一个受训者等待聆听对第二个受训者做的第二遍重复,等等)。

具,用以协助回忆所谓"口头的《摩西律法》"的完整解释。因此,我们现在一共有三套《摩西律法》,全部代表着神授的意志——一部包罗万有的《摩西律法》,一部成文的《摩西律法》,和一部口头的《摩西律法》。其内容还会变得更丰富。我们正在不断接近犹太教法典《塔木德》(Talmud)。

在公元前 6 世纪,犹太民族丧失了我们今天所称的政治主权,落入了巴比伦人之手,(除了有争议的公元前 2 世纪至 3 世纪的一小段时间外)直到公元 1948 年方才恢复。巴比伦人后来被其他民族取代,特别是希腊人和尔后的罗马人。犹太人的大离散(diaspora)始于巴比伦人的统治时期,因而有了《诗篇 137》的吟诵("我们曾在巴比伦的河边坐下……一追想锡安我们就哭了")。在基督时代(common era)的早期,反抗罗马人的起义失败了,而第二圣殿也于公元 70 年被毁(除了一面残存的护墙,如今成为哀悼之墙,即哭墙(wailing wall))。犹太人的离散因此而加速。教义的口述传承手段则不断弱化:如果教义被铭记,那也只可能是以一种日渐破碎而且多样的方式完成的。对此,人们作出了一个极为重要的决定(其中可能会有希腊人或者罗马人的影响)[10]:口述传统必须被写下来。从此,犹太传统中大规模的经文收集时代便开始了。

成文教谕

除了成文的《摩西律法》,我们现在又有了成文化的口头《摩西律法》。虽然它仍旧常常被称作口述的《摩西律法》,但在犹太传统中,它更经常地被称作《密什那》(Mishnah),这大概是想让它更明了。"密什那"一词的词根意为"学习",所以它表示对(原有的)成文的《摩西律法》,即《摩西五经》的一次书面的、扩大的学习。《密什那》的编纂在公元 70 年第二圣殿毁灭之后便开始筹划;大约在公元 200 年完成。[11] 作为一部成文化

---

[10] 参见 E. Urbach, *The Sages: Their Concepts and Beliefs*, I. Abrahams 译(Cambridge, Mass.: Harvard University Press, 1987) at 290,表明更高层级的口述(非成文)法律受到古希腊思想的影响;广泛的法律书面抄本的观念在希腊和罗马世界也相当发达。然而,口述传统的记录的主要原因可能主要是记忆方面的;没有人能够记住所有以前所说的;关于大离散限制了将那些部分记得它的人聚在一起。参见 Steinsaltz, *Essential Talmud* (1976) at 32, 33; Elon, *Jewish Law*, vol. I (1994) at 226。关于对记录的抵制(正如在原生世界,记录当时被视为"有害行为"),参见 G. Scholem, *The Messianic Idea in Judaism* (New York: Schocken, 1971) 294。

[11] B. Lifshitz, "The Age of the Talmud" in Hechtetal. (eds.), *History and Sources* (1996) at 169; Gordis, *Dynamics of Judaism* (1990) at 62;然而,关于时间计算的争议,参见 Elon, *Jewish Law*, vol. I (1994) at 227,以及参考;密什那甚至被认为作为一种口述传统一直延续到它被并入塔木德经,参见 Hoenig, *Essence of Talmudic Law and Thought* (1993) at 31—3; D. Akenson, *Surpassing Wonder; the Invention of the Bible and the Talmuds* (Montreal/Kingston: McGill-Queens University Press, 1998) at 296, 297。

的法律综述,《密什那》引起了后世更多的书面阐述(此时距摩西约有 1500 年,或者说是普通法全部历史的 1.5 倍)。然而,对《密什那》的口头解释和讨论持续了约 300 年,贯穿了罗马法和罗马帝国衰落以及基督教兴起的时期。其中,人们对神授传统的含义提出了许多问题,也表达了许多观点,这包括了那些精通教义的复杂内涵的人。因此,这些不断累积的、并非直接来源于摩西的真知灼见,开始在法律的持续适用中发挥举足轻重的作用。他们的共识不可动摇(神授意志在此是显而易见的);他们之间的分歧也同样具有说明性的价值,传统则必须对此进行记录(直至神授意志被更清楚地理解)。所以,就像《密什那》自身内容的增多那样,随着对《密什那》进行解读的观点在数量上的增加,对其进行记录的必要性也在增大。当然,这并不是一个过程,而是两个过程,但是两套记录都具名为《塔木德》。

耶路撒冷《塔木德》("塔木德"也表示学习的意思,因而公开的"塔木德"行为在《塔木德》成书以前就存在)成书于公元 5 世纪(大概比《查士丁尼法典》的编纂早一个世纪)。它以对基本正文,即《密什那》进行注释(法学家都有注释的倾向)的形式来编写,但是,它也罗列了《密什那》的正文,以便作为注释的对象。严格地说,《塔木德》(亚拉姆语又作"革马拉"(Gemarah,学习),亦常用)是注释的部分,但整本书(《密什那》和《塔木德》/《革马拉》)习惯上被统称为《塔木德》。耶路撒冷《塔木德》是记录对成文和口头的《摩西律法》有价值的评论的第一次努力。一至两个世纪之后(即相当于或晚于查士丁尼一世的时代),巴比伦《塔木德》问世,这通常被认为是一次更精确的努力。有学者认为,巴比伦《塔木德》的研究"更具有挑战性,但也比"耶路撒冷《塔木德》的研究"更让人满意",后者被认为"大多很模糊"。[12]

因此,《塔木德》以其二元形式成为犹太法律传统中的法学经典。至《塔木德》的编纂为止,法律讨论已经进行了约两千年,而该书记载了所有往往是争论双方都认为有保留价值的内容。还有很多并非法律(下文还将涉及这个问题)但人人都有义务去学习的内容。你可以通过一个短语记住所有这些——"mitzvat talmud Torah"("塔木德"和"律法"按字母顺序排列)——意为学习(即塔木德的行为,并以《塔木德》为依据)《摩西律法》的责任。当《塔木德》编纂完成后,人们停止了书写,但是没有人签下名字,从而使作

---

[12] Goldenberg, "Talmud" (1984), above, at 136;关于两种塔木德经的区别,参见 Elon, *Jewish Law*, vol. III (1994) at 1095. 巴比伦塔木德被认为更具有权威。然而,两种塔木德并非口述传统的唯一渊源,传统的其他部分可在其他的文集中找到,特别是《托斯夫塔》(Tosefta)和《米德拉什哈拉卡》,参阅 P. Segal, "Jewish Law during the Tannaitic Period" in Hecht et al. (eds.), *History and Sources* (1996) 101 at 120, 121.

者的身份无从得知。因此，就像人们今天所说的，"《塔木德》从未完成"[13]，或者像法国人所说的，门被关上了，却有一扇窗户敞开。《塔木德》的编写本意并不在于结束争论，而是在传统之内为争论的延续提供方法。这是一个具有巨大能量的理念，在信仰和法律方面都有重大意义，我们也会在下文中回到这一点上来。现在，你只需要相信它就行了。

成文教谕的扩散

《塔木德》是犹太法律传统的摸彩桶中最重要的一个元素。它包含了大量不同的观点，而从未奉行排他主义。因此，在其编纂之前和之后，都存在着其他方式的对传统积累的书面贡献。立法是其中一种方式，而在第一圣殿时代的王朝结束之后，（长老）国民大会、犹太公会（Sanhedrin，来源于希腊语 synhedrion，或裁判所 tribunal）则成为众多法令的渊源。[14] 因此，犹太传统认可"国法"（"the law of the land"）的理念，其在传统之内及与其他传统关系中均产生了影响。[15] 但是，这样的理念也从未消减对法律进行重述以吸收新近观点的强大动力。因此，后续评述，甚至称为后续准则的现象一直存在，这对于犹太法律的持续适用非常重要。这种评述现象早在公元8世纪便已出现；最著名的要数12世纪迈蒙尼德（Maimonides）的作品（《密什那妥拉》，或 *Mishneh Torah*）和16世纪约瑟夫·卡罗（Joseph Caro）的作品（《布就筵席》，*Shulhan Arukh*，今天被奉为最权威的准则）。[16]

法律的适用过程也形成了书面记录，它们最主要是以释疑解答（responsa）形式出现，即犹太法学家不仅是对牵涉纷争的问题而是对所有法律问题都进行解答并做成的书面评述。释疑解答就是各种形式的建议；然而，它们具有极高的权威性，并在犹太传统存

---

[13] Steinsaltz, *Essential Talmud* (1976) at 47.
[14] Elon, *Jewish Law*, vol. Ill (1994) at 558 ff.; Steinsaltz, *Essential Talmud* (1976) at 15. 犹太公会在公元70年第二神庙毁掉之后停止了运作。在以色列有人抵制将其作为宗教立法机构重建。立法在那里被视为（西方）国家机构的保留领域。相关观点可参阅 Rackman, *Modern Halakhah* (1995) at 6；关于以色列国王服从于拉比的法律，参见 M. Greenberg, "Rabbinic Reflections on Defying Illegal Orders: Amasa, Abner, and Joab" (1970) 19 Judaism 30; Rackman, *Modern Halakhah* (1995) at 101.
[15] 关于"国法"的概念，参见下文"塔木德的退避？"。
[16] 关于这两部法典，参见 Elon, *Jewish Law*, vol. Ill (1994), ch. 34（迈蒙尼德），36（卡罗）；关于犹太法律法典化的争论，参见 Dorff and Rosett, *Living Tree* (1988) at 396 ff.

在的数千年以来成为维系该传统的关键因素。[17] 过去和现在撰写释疑解答的人都是拉比*，其职位大概在第二圣殿崩塌的前后正式形成，其功能甚至成文的《摩西律法》本身都作出了预期。[18] 该职位最终在16世纪开始获得薪酬[19]，它的官方性质导致学者数目的增长和学者地位的提高。拉比设立的时期也是学术传统个人化增强的时期，学术成果从此不再匿名发表。

因此，犹太传统是一种以其渊源进行定义的传统，既是神授的，（现在）也是成文的，其存在根本不依赖像其他地方所谓的案例法或者判例法。学者借助一个大的、倒立的金字塔来描绘犹太传统[20]，最下层是成文的《摩西律法》，向上扩展分别为（成文的）口头《摩西律法》、《密什那》、然后是《塔木德》、然后是诸多准则和释疑解答，最后是当代的成果贡献。然而，假定这个金字塔是倒立的，而《塔木德》又从未完成的话，那么金字塔的上端就会继续扩展；随着传统的继续延伸，由神的启示所构成的金字塔基础就会承受越来越大的重量。进一步说，这是犹太民族的法律，而不论他们居住在哪里。这一点在诸如以色列、摩洛哥、或者其他深谙属人法（personal laws）概念的国家，则表现为国家颁布的、主要用以处理家庭法问题的属人法。在世俗国家，不管什么时候，只要有人提出管辖请求，则可由犹太教法庭（rabbinical courts）将其适用于犹太人之间的所有争端。

神授法律的适用

成文法律的表达必须精确，但表达的方式也许就不胜枚举了。所以，人们都趋向于

---

[17] Elon, *Jewish Law*, vol. III (1994), ch. 39, notably at 1458（释疑解答要比法典更权威）; Goldenberg, "Talmud" (1984), above, at 160; D. Feldman, *Birth Control in Jewish Law* (New York: New York University Press, 1968), ch. I, "The Structure of Jewish Law", at 17, 18; Dorff and Rosett, *Living Tree* (1988) at 303 ff., notably at 305（书面的释疑解答只是在公元8世纪才出现）。

* rabbis，犹太教法学博士。——译者注

[18] Deut. 17:9: "去见肋未司祭和那在职的判官，询问他们，他们要指教你怎样判断这案件"; Steinsaltz, *Essential Talmud* (1976) at 13, 14, 25; Dorff and Rosett, *Living Tree* (1988) at 139—42.

[19] Sherwin, *In Partnership with God* (1990) at 43.

[20] B. W. Holz, "Introduction: On Reading Jewish Texts", in Holz (ed.), *Back to Sources* (1984) at 13。实证法律传统也构建得像一座金字塔，尽管在这里，这座金字塔正面向上，所有的法律都由一个狭窄的、假定的出发点传下来。如果你更愿意用金字塔作比较来思考法律的话，你知道当两种情况下原点都是一个狭窄的点，为什么一个正向的，而另一个则是倒立的吗？或许倒立的金字塔更像是奇迹般的，并把我们引向更高；而正面向上的金字塔则把我们的注意力引向地面，以及它的现实中的形式，亦即我们生活的地方。比喻在所有的传统中都有它的位置。

寻求制度的精确性,或者至少建立制度以确保成文法的适用手段。在这个意义上说,犹太法律长久以来就有正式法庭的建制[21],尽管法律的宗教性质常常在法庭的组成中反映出来。常规法庭由三个人组成,全部是拉比或者任命的法官,他们在行使审判权力时享有豁免权。除此以外,争议各方也可以协商建立由三个非法律专业的平民组成的合议庭,但这些人不享有审判豁免权。[22] 正如在伊斯兰法和普通法中,这里过去没有上诉的说法,而没有上诉法庭的状况今天还在继续。但是,犹太传统中就有小犹太公会(Small Sanhedrin)形式的高等法院审判可处死刑的罪行,而大犹太公会(Grand Sanhedrin)本身就充当着审理具有显著重要性问题的一审法庭。犹太公会的声望使其判决颇具权威性,并形成了一种统一化的力量,尽管不存在严格意义上的先例或遵循先例(stare decisis)原则。[23] 犹太公会由两位圣贤主持,一位是会长,另一位是犹太教法庭(bet din,字面含义为法律的殿堂)的主审官。犹太公会在基督时代的早期停止了司法功能的运作。

然而,犹太教法庭的制度继续在世界上每一个有犹太人居住的地方都发挥着作用。法庭由三个具有跟争议种类相应的胜任能力的拉比组成,他们施展一种强有力的道德权威,并以恢复争议各方之间的和谐关系为其主要目标之一。审判程序是迅速而有效率的,在当事方出庭两三次之后大概几个星期的时间,就可以作出判决。虽然当事人可以由律师代理,但是这种做法从未受到鼓励。[24] 争议各方同意遵守法庭的判决。有一些个案表明,犹太教法庭正越来越多地被使用,这也可能是在一方为非犹太裔,而另一方为犹太人的情况下,将其作为比一般的民事诉讼更优的选择而启动的。犹太教法庭适用的法律涵盖了整个西方私法领域,在商事问题方面发展得尤为成熟,也反映了基督教对犹

---

[21] 参见 Exodus 18:26:"叫他们随时审断百姓的案件;重大的案件,呈交摩西处理;一切小案件,由他们自己处理。"

[22] Steinsaltz, *Essential Talmud* (1976) at 164. 平民法院在很多方面都类似于我们今天的仲裁,尽管它们在某些情况行使更独立的权威。关于法庭的辩论,在非正式的仲裁制度的优点和缺点方面,跟现代西方法律中的辩论极为相似,参见 D. Novack, "Religious Human Rights in Judaic Texts" in J. Witte Jr. and J. D. van der Vyver, *Religious Human Rights in Global Perspective* (The Hague/Boston/London: Martinus Nijhoff, 1996) 175 at 197 后来的权威倾向于仲裁,尽管法律判决的力量能够"刺穿山脉");Steinsaltz, *Essential Talmud* (1976) at 204; Dorff and Rosett, *Living Tree* (1988) at 293—8.

[23] Dorff and Rosett, *Living Tree* (1988) at 372; Ben-Menahem, "Jewish Law" (2001) at 7972(法官被赋予"自由")。

[24] D. Primer, "The Role of the Lawyer in Jewish Law" (1983) 1 J. Law and Religion 297; M. J. Broyde, *The Pursuit of Justice and Jewish Law: Halakhic Perspectives on the Legal Profession* (New York/Hoboken: Yeshiva University Press/KTAV, 1996) at 12(同时也出现在第 47 和 48 页,关于授权犹太律师在非犹太法庭代表非犹太人出庭)。

太人从事农耕和持有土地的排斥。[25] 由于缺乏正式的国家权威,犹太教法庭的法官现在有时会被称作裁判者(decisors),这是一个古老而传统的英语词汇,现在正被重新使用,以指代一个拥有裁判权威的人而不考虑他们是否拥有官方的职位。[26]

缺乏上诉法庭的情况也在一定程度上说明了犹太教法庭判决的效力。如果当事方坚信初审判决有误,其救济方法是请求法庭对判决进行更正。既然法庭本身仍然可资利用,那么也就不需要一个上诉法庭了。[27] 换句话说,所谓既判力(拉丁语 res judicata,法语 chose jugée,德语 Rechtskraft)的概念在犹太法律思想中显得无关紧要,与事实相符的判决被认为比效率和稳定性具有更高的价值。[28] 然而,刑事案件只能由被告人重启审判,并且在任何情况下都只能向原法庭而非其他法庭提出。所以这方面还是有一些限制的。如果既判力原则的概念不存在,那么先例或者遵循先例原则的地位又是什么呢?[29] 犹太传统甚至没有常规的案例收集,但接受咨询的法学家们所作的释疑解答现在一般会得到保存。[30]

适用的神授法律

因此,我们看到了一种开放式的程序和裁判体制,就像原生传统的情况一样,不存在任何形式上的屏障或者障碍以限制人们获得法律官员的服务。其所适用的法律可被认为具有"实体性",与程序性相对,而作为实体法的犹太法律在其传统中所具有的地位与

---

[25] 参见 C. Roth, "The European Age in Jewish History (to 1648)" in L. Finkelstein (ed.), *The Jews: Their History, Culture and Religion*, 3rd. edn., vol. I (New York: Harper and Row, 1960) 216 at 217, 227, 229 (由于犹太人被禁止拥有信仰基督教的或其他的奴隶,这样有效地阻止了他们从事农业;如果拥有土地,则要向教会交纳什一税;最终正式地被禁止拥有土地); Grayzel, *History of Jews* (1984), above, at 276, 277 (还提出犹太人不能在封建政权中进行宗教性的效忠宣誓)。关于犹太商法和私法对大陆法的法学的影响,参见下文"犹太法律的示范?",关于普通法在这方面的情况,参见第七章"隐藏的法律"。

[26] Dane, "Yoke of Heaven" (1994), at 386, n. 24(该种表达甚至成为"时髦")。

[27] Ben-Menahem, "Jewish Law" (2001) at 7972(统一性"不是哈拉卡(halakha)优先考虑的事情")。

[28] J. Bazak, "*Res Judicata* and the Authority of Arbitrators and Law Courts to Amend or to Change their Award in Jewish Law" (1992) 6 Jewish Law Association Studies 1; M. Chigier, "The Doctrine *of Res Judicata*" (1988) 8 Jewish L. Ann. 127, notably at 134(尽管犹太法律"完全知道"该原则)。

[29] *Elon Jewish Law*, vol. III (1994) at 978—86; Stone, "In Pursuit of Counter-Text" (1993), at 828, n. 799 ("没有先例价值"); H. Ben-Menahem, "Postscript: The Judicial Process and the Nature of Jewish Law" in Hecht et al. (eds.), *History and Sources* (1996) 421 at 430(如果判决被公布,其将附着于释疑解答,而非来自判决决定)。

[30] 关于犹太法不愿意公布判决,原则上只向当事人宣布,其具有具体和非准则性的特征,参见 B. Jackson, "Jewish Law or Jewish Laws?" (1988) 8 Jewish L. Ann. 15 at 25。

今天实体法在大陆法或者普通法中的地位是一样的。它可被认为是对各方的法律义务进行细致的定义。基于一些我们即将要讨论的原因,如果认为犹太法律对各方权利也进行了定义,则可能不大准确。

西方和伊斯兰法学家会对犹太法律中几乎所有他们所熟知的私法内容都表示认同,尽管一些后来兴起的领域,譬如著作权,也许在犹太法律的原文中形式上不存在。当然,它还包括许多西方法学家不以之为法的法律,例如关于宗教事务研讨会、卫生和宗教典礼的法律。但是,在传统私法领域,法律渊源非常丰富而且多样化——在家庭法、继承、物权、债权和刑法领域都是如此。犹太法律的独到之处并不在它的实质内容,而在于它的方法。

家庭法大体上就是以双方合意为基础,宗教对家庭关系没有任何形式上的或官僚化的控制。因此,只要表达了同意的意愿,婚姻即可有效,但人们通常会举行仪式,习惯上也会请一位拉比出席。双方会签署一份结婚契约——犹太教法律的婚书(ketubah)——用以详细规定他们未来的财产承袭关系。[31] 在这种传统的婚姻制度之下,丈夫有责任在婚姻存续期间管理妻子的财产;这跟许多欧洲国家在最近的改革之前所奉行的使用和管理(德语 Nutzen und Verwaltung)制度即便不是完全相同但也是很接近的。既然结婚以双方合意为基础,那么婚姻存续过程中出生的婴儿均为嫡出。[32] 犹太法律条文允许一夫多妻制;然而,这已被犹太教所禁止,大概是受基督教实践影响的缘故,因而现在该条文在总体上已被废弃。[33] 有关离婚的法律则是富有争议的,因为离婚(或者离婚文书(get)的出具)必须由丈夫准许;这通常经由犹太教法庭的程序实现,但丈夫的同意仍旧是关键因素。[34] 当双方首先在民事仪式(civil cerremony)上离婚之后,丈夫可以暂时保留其同意,从而在财产分割或其他安排上施加影响。结果民事法庭接到越来越多针对丈

---

[31] 参见 Epstein, *Jewish Marriage Contract* (1927); Naamani, "Marriage and Divorce in Jewish Law" (1963); Dorff and Rosett, *Living Tree* (1988) Pt. Two, "婚姻"at 442 ff.

[32] Steinsaltz, *Essential Talmud* (1996) at 130。然而,非婚生有可能因具体的、被禁止的关系而引起。

[33] 同上,at 133;关于也门的犹太人的重婚在某些情况下是合法的,参见 Falk, "Jewish Law" (1968) at 40;关于犹太人的婚姻概念的多样性和"一夫一妻的趋势",参阅 M. L. Satlow, *Jewish Marriage in Antiquity* (Princeton/Oxford: Princeton University Press 2001) notably at 190.

[34] Fishbane, "Image of the Human and Rights of Individual" (1988) 17 at 28; Gordis, *Jewish Tradition in Modern World* (1978) ch. 10("妇女在婚姻和离婚中的地位")。

夫的强制救济令申请,这也对宗教和世俗法律之间的关系提出了巨大的疑问。[35] 然而,由于遗产继承的法律不承认自由遗嘱处分(free testamentary disposition)的原则,家庭关系反而得到了加强。[36]

财产最终归于私有,城镇的发展压倒了原生和犹太宗教的教义,但是宗教义务仍然会对某些形式的财产使用进行限制(最初的"安息年")。[37] 债权法的私有性质则非常明确。既然金钱可以成为赠与的标的,也可以被其他的金钱所替代,所以当事方完全可以使其债权债务接受当地法律的管辖适用(这让人联想到西方在合同事务中的法律选择),而法庭则拥有广泛而自由的裁量权以调整当事方的财产承袭关系。[38] 犹太教的债权法大体可以让人联想到罗马法,或者甚至是早期的普通法的相关内容。合同就是合同,是各自独立的,但不是所有合同都可以归入一般的、诺成的类别。因此,那里有所谓买卖合同、合伙合同以及雇佣合同,而(交换物的)形式、符号,甚至传承对这些合同的存在而言都不可或缺。[39] 民事过错行为法律恰恰具有这样的特点,透过那些调整由失火、公牛或者其他事物引起的过错行为的犹太法律,我们似乎可以看到跟在罗马和英国的农

---

[35] M. Mielziner, *The Jewish Law of Marriage and Divorce in Ancient and Modern Times, and its Relation to the Law of the State*, 2nd rev. edn. (New York: Bloch, 1901); Glenn, "Where Heavens Meet" (1980), with refs; S. Click, "The Agunah in the American Legal System: Problems and Solutions" (1992—3) J. Fam. Law 885(然而,改革的犹太教认可民事离婚); D. Novak, "Modern Responsa: 1800 to the Present" in Hecht et al. (eds.), *History and Sources* (1996) 379 at 384; Dorff and Rosett, *Living Tree* (1988) at 523—63.有些国家现在允许民事法庭要求在授予民事离婚之前先消除离婚的宗教障碍。美国当前的案例法试图调和宗教和宪法的规范,参见 A. L. Estin, "Embracing Tradition: Pluralism in American Family Law" (2004) 63 Maryland L. Rev. 540 at 578 ff.(特别是执行根据宗教法律获得或执行仲裁合同的协议)。

[36] Steinsaltz, *Essential Talmud* (1976) at 161。然而,赠与和遗赠总是存在。

[37] Horowitz, *Spirit of Jewish Law* (1953) at 321; Falk, *Hebrew Law* (1964) at 87 ff.(将个人所有权共同化为家庭所有权;安息年的义务(奴隶获得自由、债务被免除、土地上的水果给予穷人)源于当时的土地上的神的所有权的概念); U. Wesel, *Geschichte des Rechts* (Munich: C. H. Beck, 1997) 108。在大陆法上从神的支配到人的支配的转化,参见第五章"以人为本和权利的增长"。

[38] Steinsaltz, *Essential Talmud* (1976) at 145 ff.

[39] 关于对价的要求,参见 B. Lifshitz, "Consideration in Jewish Law-A Reconsideration" (1988) 8 Jewish L. Ann. 115("两种观点的出现";在经典的渊源中,不坚持抽象的对价概念;然而,对价可能在很多财产取得的模式中发现); M. Elon, "Contract" in Elon (ed.), *Principles of Jewish Law* (1975) at 246,247(由于"支持具体的而非抽象的术语,不存在合同概念的一般术语,然而,对价在创建具体合同关系中具有重要性"); A. Levine, *Free Enterprise and Jewish Law* (New York: Ktav Publishing House/Yeshiva University Press, 1980) at 34—6("自愿交换在犹太法中不需要获得法律上的执行力,除非客观上很明显,有关的当事人对手头的安排做坚决要求"); J. Kary, "'Ask Me Ever So Much and I Will Give It...': A Biblical Era View of Contracts" (1996—7) Ottawa L. Rev. 267(债的概念产生在接受赠与时作为回报对方的无偿性的慷慨的责任)。

业社会中对过错行为作出相似分类的立法思维过程。犹太法律的显著的宗教特质清楚地表现在大陆法世界所称的自然债(natural obligation)之中——一种在法律上不可强制执行但必须偿还的债务,而一旦支付,则不可恢复原状。正如罗马法,不法行为和犯罪之间没有绝对的或者结构性的区分。这一点要义对两种法律传统而言大体相同,但制裁方式可以是经济性的,也可以及于人身。例如,偷窃导致的民事制裁措施,大体是财产恢复原状和罚款等等。[40]

塔木德和启示

现在,我们已经谈到了法庭和法官、法律的成文渊源、婚姻、离婚、合同、犯罪——所有这些大致都是在孕育罗马法的同一片地域发端成长。一旦你习惯了这种时间跨度和某种宗教起源的论述,就会发觉这样的说法其实很直截了当。在某种程度上说,现在的以色列国土也可以作为一种地域范围的基础。[41] 然而,如果你想对犹太法律传统了解得更多一些,你就会开始体会到它的独到之处和犹太教信仰继续在传统的运作中所扮演的根本性的和持续性的角色。譬如,它有着跟西方法律不同的角色,它读起来跟西方法律不尽相同,对它的研究也与对西方法律的不同,最终它的结构也跟西方法律完全不同。因此,我们的视野必须越过某些直接的相似性,努力去领会某些根本的区别。当然,这并非易事,毕竟本书篇幅所限,难免显得有些粗略。你要能花上二三十年或者更多的时间对这个传统从内到外地仔细钻研,也许会更好。这就是学习《摩西律法》的责任。

哈拉卡和阿加达

《塔木德》和《摩西律法》包含了大量的信息,其中大部分都是人们所称的传说、甚至神话以及哲学和法律。在犹太传统中,法律的部分被称为哈拉卡(halakhah,行走的道路或路径);其余的部分称为阿加达(aggadah)。[42] 所以,我们看到了一种被正式承认的区分,犹太传统也通过这样的区分使其自身与原生传统区别开来。然而,这并不是西方

---

[40] Steinsaltz, *Essential Talmud* (1976) at 155, 163.
[41] 关于以色列的宗教和法律,参见下文"犹太法律和犹太身份"。
[42] 二者都作为"法律"(law)和"学问"(lore),前者关注的是"在家庭中的以色列的内部生活"(私人),后者关注的是"以色列在外部的世界"(外部),尽管二者都获得"唯一的、无缝的阐述",参见 J. Neusner, *The Halakhah and the Aggadah* (Lanham: University Press of America, 2001) at vii, ix, 20.

所熟知的法律与道德的区分；哈拉卡与法律的角色并不相同；阿加达也不具有道德的功能；而二者却有一些法律和道德都没有的共同的东西。

就这个产生了所有其他内容的共同要素而言，哈拉卡和阿加达的终极渊源都是神授意志，即启示。在某种意义上说，二者的区分是不完全的，它们之间并不存在人们在法律和道德之间所划的清楚的界线，因为它们是由同一个渊源触发，从而不可能被认为是互相冲突。我们已经谈过犹太法律的自然债的观念[43]；这可被视作一种对正式制度和正式制裁的局限的认可。在犹太传统下，你当然不能在法律之外行事——那是不合法的——而人们会期待你在"法律之内"（inside the law）行事[44]，即从事一些哈拉卡并不要求但阿加达要求的行为。这也伴随着一些终极的制裁。

进一步说，在二者当中，法律总体上显得更重要一些。犹太传统是一种是一种宗教传统，它在相同的程度上也是一种规范或者法律传统。二者融合在一个观念中，即神授意志在带有制裁措施的法律规范中得到最好的表现，而法律或者哈拉卡之外的空间相对地所剩无几。这些规范的神授性以及对其进行研读的热情，以一种西方法律或许永难企及的方式，促使犹太法律覆盖了生活的几乎所有方面。[45] 因此，非犹太（或非伊斯兰）读者必须首先习惯这样一个观念，即法律几乎无处不在，既存在于人与神的关系中（所以也与祈祷、宗教事务研讨会、卫生、宗教典礼有关），也存在于人与人的关系中。现在的犹太教法庭已经失去了它们对法律上的许多内容进行裁断的权威。然而，这仍旧是法律，一些学者欣喜地看到，是上帝的仁爱而不是一种惩罚的威权促使人们恪守法律。[46] 法律可以扩张，因为它是上帝的法律，而一旦扩张，它将在整体上保有上帝的完美。因此，犹太法律有一个完美的创作者，人类的智慧根本不能对它有任何的挑剔。《塔木德》从未完成，而将由一代又一代的人们来编写，因为，所有以《塔木德》的名义发表的内容都包含在最初的神授意志里面。没有任何内容是新创造的；一切都只是发现。"毋庸置疑，每

---

[43] 参见本章"适用的神授法律"。
[44] Steinsaltz, *Essential Talmud* (1976) at 199, 202；并参阅 A. Lichtenstein, "Does Jewish Tradition Recognize an Ethic Independent of Halakha?" in M. Fox (ed.), *Modern Jewish Ethics* (Columbus, Ohio: Ohio State University Press, 1975) at 62, repr. in Golding, *Jewish Law and Legal Theory* (1993) at 155.
[45] Goldenberg, "Talmud" (1984), above, at 130; Steinsaltz, *Essential Talmud* (1976) at 95; Novack, "Religious Human Rights in Judaic Texts" (1996), above, at 181（整个犹太传统的规范性趋势是扩大而非收缩法律的范围）。
[46] Dane, "Yoke of Heaven" (1994) at 377, 378, n. 3, 及参考.

一个可能作出的解释都已在西奈山上获悉,都是神的授意。"[47] 既然法律是神上帝所授,那么对法律的恪守就是对上帝的仁爱的肯定;留给道德的空间自然就会减少,但是法律从根本上被灌注了道德的内容。人们称之为神权政治。[48]

《塔木德》和《摩西律法》

《塔木德》是受启示而来的神授法律,正如前文所提到的,《塔木德》"并非直接来源于"摩西。[49] 然而,我们现在懂得,《塔木德》和其他所有的内容都暗含在《摩西律法》里面,因此带有了神授性。可见,尽管《塔木德》比《摩西律法》的内容宽泛得多,但在重要性上略逊一筹,原因很简单,因为它的直接作者是人类。《塔木德》完全是法律,所有内容都是神授的。在这个问题上,上帝作出了细致的安排,显然他对此传统无所不知。有的人说,犹太法律首先是一种传统;重要的是它并不是某种预先假设的起始点,而是传统的累积特性,这种特性本身成为持续规范性的源泉,而不管接近(或处于)起始点那里存在什么。说得更不客气一点,不论启示有没有发生,重要的是,是否有许多人持续不断地认为它发生了。因此,犹太法律可以被当成,譬如社会学,或者某种形式更松散的实在法,甚至是经济学来研究。[50] 当代许多学者都专注于犹太传统的文字证据,根据这些问题将其划分为不同的时期,并对口述《摩西律法》的准确传递提出质疑。因此,犹太法律传统成了法利赛教徒*和基督时代最初的六个世纪的拉比犹太教**的创造,而《密什那》

---

[47] Holz (ed.), *Back to Sources* (1984) at 15;并参见 Urbach, *Sages* (1987), above, at 313,所引用的计算称,整个宇宙只占《摩西律法》的 1/3020;Steinsaltz, *Essential Talmud* (1976) at 5,引用格言"翻阅再翻阅,所有的东西都包括在律法当中"。
[48] C. Taylor, *Sources of the Self: the Making of the Modern Identity* (Cambridge, Mass.: Harvard University Press, 1989) at 269.
[49] 参见本章"成文教谕"。
[50] 尽管不是完全一样,参见 Dane, "Yoke of Heaven" (1994) with refs;(特别是在 356 页,引用这样一个主张,即启示本身不足于作为哈拉卡的基础,因为基督教也接受了希伯来圣经,亦即旧约;成文法也并非自明的,口述传统需要作出说明(第 359 页))。

* Pharisees,古代犹太教法利赛教派的教徒,标榜墨守传统礼仪。——译者注
** rabbinic judaism,第二圣殿被毁以后,法利赛教派被重建为拉比犹太教。——译者注

和《塔木德》时代只是对以此具名的文书进行汇编和校订。[51] 因此也就本不存在横跨《塔木德》前后时期并植根于神的启示的所谓犹太传统。

然而，上帝似乎早已对这些关于传统的持续的和断裂的问题作出了回答。所有内容都是整体的一部分，传统或者它的（可论证的）断裂本身都不能被视为具有特殊的建设性或者破坏性。犹太传统源于《摩西律法》，并由《摩西律法》加以正当化，而传统本身则对律法进行解读，并赋予其效力。传统可能，也可能并未发生中断。传统内部的一些人甚至宣称，《塔木德》超越了《摩西律法》，以至于上帝自己也受到它的约束，甚至每天学习《塔木德》三小时。[52] 然而，一切都仍是神授意志。因此，二者的关系被一种信息性的语言描绘为反馈；既二者相互影响。[53] 传统的持续力量是不会把启示排除在外的，因为传统是由完美的创作者创作的。但是，传统本身对于神授意志的执行又是最关键的。这也是可以预见的。因此，犹太传统，作为一种神授的传统，有它的起始点。启示引发了传统。如果你要去掉这个起始点，那你一定会认同别的东西。有的人说，你那时候甚至都

---

[51] 参阅 J. Neusner, *The Rabbinic Traditions about the Pharisees before* 70 (Leiden: E. J. Brill, 1971), notably Part III: *Conclusions*, at 143—79, and particularly at 148（没有理由怀疑口述传统的存在，然而传统并不支持"所谓口头传播那些现已被首次记录的资料的历史之理论"）; J. Neusner, *Oral Tradition in Judaism* (New York: Garland, 1987), notably at 25（"口述《摩西律法》之谜"），尽管（在第 133 页）认识到密什那"并未利用继受下来的资料"。跟其他古代东方法律之间行文上的相似也减少甚至消除了启示的效果；关于相似的程度，参见下文"塔木德的退避？"关于这点的明确主张，参见 R. Westbrook, "Biblical Law" in Hecht et al. (eds.), *History and Sources* (1996) 1 at 2（"法律系统"可以在现年看做是"背投"（projection back），许多实体法都是"更大古代近东传统"的一部分；关于伊斯兰对类似问题的回答，参见第六章"公议、圣训和启示"。关于口述传统自摩西的丧期以来的丧失和复原，参见 J. Roth, "The Justification for Controversy Under Jewish Law" (1988) 76 Calif. L. Rev. 337 at 355—8; H. Linfield, "The Relation of Jewish to Babylonian Law" (1919) 36 Am. J. Semitic Lang. & Lit. 40 at 49 citing Bab. Suk. 20a（"当《摩西律法》在以色列被遗忘时，以斯拉来到巴比伦并重新恢复了它……"）；关于原生法律的非连续性的主张，参见第二章"保护身份"。该争论提出这样一个全部的问题，即口述传统如何能够受书面证据的标准的制约。"经文学者"，亦即那些"分解"圣经叙述的人，倒过来又受到考古学家的质疑，后者的工作"强烈倾向于恢复早期圣经作为历史叙述的价值"。参阅 Johnson, *History of Jews*, above, at 6,7.

[52] Urbach, *Sages* (1987), above, at 304,305; 塔木德的渊源是《中门》(Bava Metzia) 59a—b（阿克那的烤炉），记述约书亚拉比 (Rabbi Joshua) 跟一个来自天上的声音争论说："这不是在天堂"，对此上帝最后高兴地大笑回答说，"我的孩子打败了我。我的孩子打败了我。"关于"他每天的三个小时"，参见 Rosen, *Talmud and Internet* (2000) at 21. 关于在伊斯兰法中类似的辩论中，后来的传统优先于经文，参见第六章"公议、圣训和启示"。

[53] Y. Leibowitz, "Religious Praxis: The Meaning of Halakhah" in E. Goldman (ed.), *Judaism, Human Values, and the Jewish State* (1992) 3,12, as cited in Dane, "Yoke of Heaven" (1994) at 384, n. 21；关于之前提到的成文《摩西律法》作为口述律法记忆手段的观念，参见 Steinsaltz, *Essential Talmud* (1976) at 33.

没有传统了，只剩下对过去的怀念。

行文风格

西方的成文法要么与宣告性（"该不动产属于……"）的，要么与禁止性（"不得……"，"所有人必须……"）的文字联系在一起。有人说这就是排他性的风格，因为它们不能容许任何明显的内部争议，而只有正面攻击（通过违法行为，或者在某些情况下，宪法挑战）或者解构（所谓排他性的意义实际上没有意义）。犹太法律风格既不是宣告性的，也不是禁止性的。它被称作是"争论性的"[54]，但我们必须把这种说法理解为一种宽松的、持续的争论，即那种朋友之间旷日持久的争论，每次都看是否能比上一次争论时更好地捍卫自己的立场。因此，犹太法不存在唯一的条文，或者唯一的作者，而是有很多的条文和作者，而他们并不是一个挨一个地按顺序发言，也不是每个人各负责一章。可以说，他们是在同一页上同时发言，每个人都对讨论的具体问题表达看法，甚至页面的编排也反映出各种观点日积月累所形成的向外扩散，而作为基本文件的《密什那》则位于页面的中央，作为一种早期的超文本（hypertext）。[55] 而且，圣贤通常以现在时进行评述，仿佛他们还活在当世。没有人会告诉你规则到底是什么。规则就在那里面某个地方（这就是为什么你可以请求释疑解答）。所以，当人们说《塔木德》从未完成的时候，这并不是一种抽象的主张。在一种完成的、规范性产物的意义上说，它是不可能完成的，因为讨论仍在继续，而《塔木德》只是记载了到它的时代为止的讨论。当然，现在想要把你的意见写进《塔木德》的文本中，已经太晚了；人们实际上在1500年前就已经停止了对它的编纂。但是，如果你生活在当时，你完全可能往里加入你自己的意见，既然当时你可以，现在也就没有理由不可以。因此，你可以写一篇释疑解答，或者一套准则，或者评论，而按照犹太传统的原意，你这也是在创造传统。

然而，在你为犹太传统编写一套新的准则或者一篇新的评述之前，你需要学习大量已有的《塔木德》的内容。严肃地说，你必须以一种应有的方式进行学习，即不仅仅是拿着一支黄色荧光笔去阅读，而是与那些书页上的过去的《塔木德》学生，以及除你自己之

---

[54] Goldenberg, "Talmud" (1984), above, 129 at 157（同样是"一本极为令人沮丧的经书……一切都那么令人着迷……但没有什么可以信任"）；然而，参阅 Dorff and Rosett, *Living Tree* (1988) at 230（即使是革马拉也是"胜利者"的记录形式）。

[55] Rosen, *Talmud and Internet* (2000) at 8, 9（"跟主页离奇的类似……无数的经文之间的相互引述"）。关于其编排，参见 Goldenberg, "Talmud" (1984), above, at 140, 141 关于其经文的"互动"特征，含蓄地告诉历史学家"走开"，参见 Akenson, *Surpassing Wonder* (1998), above, at 379, 612.

外的新的学生一起,真正参与到讨论中去,并进行再创造。因此,学习《塔木德》并不是一个人们通常所理解的阅读过程;而是一个"互动阅读"的过程[56],在讨论中与那些早已参与讨论的人互动,亦与像你一样刚刚加入或者已经加入了一段时间的人互动。学习《塔木德》的环境是闹哄哄的;正式的学习场所是犹太经学院(yeshiva,来源于动词"坐"),在这个场所内讨论者被分成两、三个人一组,每组就一篇经文进行讨论,有人一直评述,有人不停发问,经文就在人们的支持或反对声中获得生命力。你不能只靠阅读来学习《塔木德》,就像你现在所做的这样,甚至也不能只靠从精通《塔木德》的老师那里学习,就像你能够做的那样。你要通过实践来学习。"学生参与犹太法律辩论时必须思维活跃而且充满热情……在一定程度上成为法律的创造者。"[57]既然《塔木德》从未完成,那么学习也就永无止境;"永不道别。"[58]

因此,《塔木德》包含了许多不同的声音,并对所有人开放。它的语言并不会让你感到紧张不安,它包含的分类和概念都来源于日常生活,它似乎也避免使用抽象的表达方式。对所有遵循传统的人而言,如果生活的所有方面都要接受法律的调整,那么法律必须是能够立刻被人所理解。然而,这个说法看似简单,实际上包含了多种方面。如果生活的所有方面都由法律调整,那就意味着生活中的所有情况都要得到法律的确认;更具体地说,法律开始模拟生活中的情形,其本身则转化为现实生活的反映。晚祷的时间是什么?那么,什么时候可以进行晚祷?它可以是日落、晚餐、头班*结束、半夜(即第二天到来之前),或者黎明之前。对每一个时间,人们都有支持的观点。因此,我们所有人要来思考。虽然法律有很多,但我们必须决定适用哪一个。进一步说,不能只从字面上理解现有的分类。如果看到关于伤害一头公牛的责任规定,你不能就此认为所谓的公牛真

---

[56] Holz (ed.), *Back to Sources* (1984) at 16; J. Neusner, *How the Talmud Works and Why the Talmud Won* (Kalamazoo: Medieval Institute Publications, 1996) at 8("不是要读一份文件。而是……供对话用的一份有待重新颁布的文书")(尽管在第 20 页主张"语言规范"的系统性构建)。然而,关于默读作为西方传统的一般现象在后来(10 世纪)的发展,参见 A. Manguel, *A History of Reading* (New York: Penguin, 1996) at 43(迦太基和罗马图书馆中"隆隆的读书声")。但这并不妨碍你默读《塔木德》,尽管一天读一页(犹太世界有一个 daf yomi 或一天一页的周期读经项目)需要七年半才能完成。大约由十万人参与了这种周期,并通过互联网和电话联络的"打一页电话"(Dial-a-Daf,及通过电话服务来学习)项目得以加强。

[57] Steinsaltz, *Essential Talmud* (1976) at 9.

[58] Hoenig, *Essence Talmudic Law aini Thought* (1993) at 169.

* first watch,航海术语。——译者注

的指代公牛。[59] 因此,我们把生活中无穷无尽的情形用简单但技术化的模型进行综合,由此发现那些推理的复杂形式。

推理风格

犹太法律的推理,要求极大的思维活跃性。所有的观点都必须回应;所有可能的案件和不同的情况都必须予以考虑;通常没有时间让你退出和记录——成文的传统大多用于口头研究和辩论。因此,就像原生传统那样,我们再次接触到间隙理性,它承认所有传统的脆弱性,并寻求利用特定传统本身的资源来阻止这个传统的解体。[60] 然而,与原生传统不同的是,犹太传统留下了清晰的轨迹;过去发生的许多事情都可以从书面记载中重新认知。因此,详细的程度大大增加;间隙型理性再不是某种你在不得已的时候结合你所能记忆的事物加以利用的模型。它现在成为一生的工作,要求极大的回忆和分析的自然天赋。传统本身含有极大的理性;理性中充满了个人的成就。然而,最重要的是,这种理性是在传统的范围之内。鼹鼠可能会失去它的掩体,但始终留在它所选的地域范围内。[61]

因此,这是一种在传统内形成的特殊类型的理性,而不是系统的理性。经文的存在、经文的灵感和经文所记载的各种生活方式,对于系统化的力量形成了抵制。[62] 出现这种对系统化的抵制,主要是因为《塔木德》抵制了那些简单的、表面成立的、足以建构系统要素从而实现系统性互动的证明形式。如果没有建构,那么就没有系统,从而所有人

---

[59] Steinsaltz, *Essential Talmud* (1976) at 147,引用未经确认的贤人的话,并主张(第 229 页)"采用这些模式,而非抽象概念,其中一个大的好处就在于能够持续地监督这种例证的有效性……而抽象概念……则不能被定义,除非通过使用类似抽象的术语,我们永远不能够知道它们是否构成主题的偏离或仍然有关";关于犹太法的决疑风格的一般论述,参见 Elon, *Jewish Law*, vol. I (1994) at 79,同上,vol. III at 1073—8。

[60] 参见第三章"理性的范畴"。

[61] 关于理性在背景传统中像是鼹鼠一般,参见第一章"处理传统"。

[62] Scholem, *Messianic Idea* (1971), above, 289("并非系统,而是评述,才是探寻真相的合法渠道");Abecassis, "Droit et religion" (1993) at 28("正义不能被简单地归结为公权力的管理行为或制度本身";也不可能变得尽善尽美,纯正无暇,或清楚无误);Gordis, *Dynamics of Judaism* (1990) at 63(西方思想的基础是相关性和一致性,《塔木德》则强调交互性,这与现代心理分析中的自由联想法(free-assocaition)多少有些类似)。

都可以在意见交换中持续活跃。[63] 可能没有任何人要推行系统化。这一切所包含的是一种思维的自律,但它奉行多元价值(polyvalent)并能宽容矛盾。它还容纳了西方法学家所谓的衡平观念;法律只是外部框架,而人们的行为还必须遵循其他的原则。[64] 如果你是一位出色的犹太法律专家,你可以尝试使其更明确,尝试使其具有更显著的理性,尝试使其突破传统的界限。迈蒙尼德在12世纪就做了这样的事情(这个时间点也许很重要,因为从那以后就出现了大量的这方面的工作)。他写了一部精彩的评述,或者叫准则,陈述了法律并省略了作为法律构建基础的各种观点。然后发生了什么呢?迈蒙尼德并不赞成开启一个新的传统,但主张为旧的传统提供新的动力。为了实现这个主张,他摒弃了许多传统的佐证,而试图将传统缩减到他所编写的篇幅。他所呈现的,套用一句现代的短语,就是"光环至上"(mere brilliance)。[65] 因此,传统把他也淹没了;使这种具有显著理性的尝试融入了历史的背景。迈蒙尼德为自己的傲慢受到批评;他的准则,现在只被看做是众多依赖于前人的著述及其自身所引发的评论的规则之一。[66]

　　套用现代语言,我们可以说犹太传统是一种解释的传统。除了之前说到的那些特点,这种解释还有一些很有趣的特征。密德拉什(Midrash)的过程,就是公认的一种,《密什那》本身也包含了关于演绎、类推以及大部分法学家都知道的东西的条款。[67] 但是,

---

[63] 关于系统的概念,参见第五章,"革命、系统、语言与解释";关于方言推理(pilpul)不能接受简单证明,而继续寻求无可争议的证据,Steinsaltz, *Essential Talmud* (1976) at 231. 但是,关于作为一致性因素的对教师的遵从及"谦卑",并假定"难以指出究竟是谁不同意谁",J. I. Roth, "Responding to Dissent in Jewish Law: Suppression versus Self-Restraint" (1987—8) Rutgers L. Rev 31, at 41, 74 ff.

[64] A. Weingort, "Ethique et droit dans la tradition du judaisme" Rev. hist. dr. fr. etr. 1990. 463 at 470 ("正义,是的,但人们也应该给予一些怜悯,即同情");关于生活在"法律之内",见上文,"神授法律的适用"。

[65] J. Gordley, "Mere Brilliance: The Recruitment of Law Professors in the United States" (1993) 41 Am. J. Comp. Law 367, notably at 383.

[66] Dorff and Rosett, *Living Tree* (1988) at 368,369,372; Goldenberg, "Talmud"(1984), above, at 162 ("没有任何法典可以终结[犹太法律的]历史");关于迈蒙尼德的著作所引起的"激烈辩论和尖锐批评",Elon, *Jewish Law*, vol. Ill (1994) at 1215; C. Leben, "Maimonide et la codification du droit hebraique" Droits 1998. 113 at 122 ff.

[67] 参见 B. W. Holz, "Midrash" in Holz (ed.), *Back to Sources* (1984) at 177; Steinsaltz, *Essential Talmud* (1976) ch. 27 on *Midrash* (Halakhic Exegesis); Gordis, *Dynamics of Judaism* (1990) at 86; D. Halivni, *Midrash, Mishnah, and Gemara* (Cambridge, Mass., London: Harvard University Press, 1986); Elon, *Jewish Law* vol. I (1994) at 283 ff.; Segal, "Jewish Law during Tannaitic Period" (1996), above, at 108 ff.; Dorff and Rosett, *Living Tree* (1988) at 145 ff. 密德拉什通常是指圣经的注释,这种著述的合集也可以延伸到其他的神圣经文,以致《塔木德》中的《革马拉》部分成为密什那中的一种密德拉什;Holz (ed.), *Back to Sources* (1984) at 178.

正式的条款已被各种法律渊源以及更直接地由渊源触发的解释过程所覆盖。这个过程本身似乎就支配着关于解释方法的讨论。人们应该选取更早的渊源（更神圣）还是更近的渊源（更有智慧）呢？两种主张……都有一定的权威性。[68] 进一步说，你完全可以"从不可能中"推演出"可能"。[69] 男性如未行男性割礼（circumcision of the penis），其加入犹太教的行为是否有效？毕竟，女性入教无须行男性割礼。这样的论点站得住脚吗？"虽然不可能，但这毕竟是一个令人印象深刻的论据。"[70] 传统的构建并不总是以特定类型的推理为基础的。

塔木德中的个人

原生传统，基于对宇宙的更高形式的义务，抵制以权利为形式的个人权力或资格。而在对个人观点及其作者姓名进行记录已超过一千年的犹太传统中，个人的成分要显著得多。然而，《塔木德》中并没有关于权利的叙述，也没有出现用以表示西方语言中"权利"一词及其同义语所指代的一系列特权（prerogatives）的任何术语。[71] 占有统治地位的词汇是"责任"（mitzvah），像（达到责任年龄后的）成人典礼（bar mitzvah），或者前面提到的学习《摩西律法》的责任。一个人首当其冲的义务就是通过《塔木德》学习《摩西律法》，从而懂得自己需要肩负的其他义务。在履行义务的过程中，一个人所展示的是对上帝的仁爱。那么权利或者个人的特权在这个过程中处于什么位置呢？的确，你总是可以看到在义务的另一面有人有资格获益，你总是可以把这个人称作权利的所有者。你可以这样做，但犹太传统不会。这个传统确实将人置于寰宇中一个更高的位置，所以你可以主张，《塔木德》之中存在着作为权利的最终正当化理由的人的价值，这未尝不是正确的。[72] 你还可以接着主张，权利因此蕴藏于《塔木德》之中，当然也有学者表达过同样的

---

[68] Feldman, *Birth Control* (1968) above, at 14—15; Stone, "Pursuit of Counter-Text" (1993) at 853.
[69] Steinsaltz, *Essential Talmud* (1976) at 228.
[70] Ibid., at 229.
[71] Novack, "Religious Human Rights in Judaic Texts" (1996), above, at 177; Weingort, "Ethique et droit dans la tradition du judai'sme" (1990), above, at 465; Hoenig, *Essence of Talmudic Law and Thought* (1993) at 72（强调义务而非权利，因为犹太法律是以上帝为中心的）。
[72] Novack, "Religious Human Rights in Judaic Texts" (1996), above, at 177（缺乏权利的语言不意味权利所代表的思想和价值的缺失）；P. Haas, *Human Rights and the World's Major Religions* (W. H. Brackney, ed.), vol. I, *The Jewish Tradition* (Westport: Praeger, 2005), notably at 6（没有人权"本身"，但在"实际层面"确实另一番景象），49（权利和义务"是一个硬币的两面"，"很容易"从义务转向权利），及相关参考；from 275.

观点。[73] 因此,权利原则的确存在于整个犹太传统的摸彩桶中的某个位置,就像它今天注入了所有传统当中那样。但是,就权利在《塔木德》世界中是否能获得更高地位的问题,人们给出了一个强有力的主张。[74]

既然权利在犹太法律思想中的地位并不稳固,那么平等也是如此。这里再次强调,假如所有的角色都是神授的,那么就都应该被乐意接受。但是,犹太传统对于角色的精确定位是什么呢?大概其精确程度就跟传统对任何其他事物的定位一样。(犹太法律中的)部分观点也许被赋予了比其他观点更优先的效力,但是如果你需要别的观点,大概也能够找到。然而,就像前面所说的,如果你主张女性应该拥有跟男性平等的参与犹太教生活的权利,那么你的论证就面临着双重的负担。你必须先对权利作一般性的论证(这是困难的),然后再讨论妇女的具体情况。因此,传统的有关妇女平等参与的主张,即在传统范围之内作出的主张,利用的是传统本身的资源。[75] 谁需要权利?他们也许只会招来更多的反对。女性被禁止以某些形式参与犹太教生活吗?的确,《塔木德》规定父亲有教育儿子的义务,但这就意味着女性被排除在外吗?[76] 需要再次说明的是,传统是在被不断改进的。在历史上,女性的角色也许是"男性的附庸"("male construct");那样的话,现在这种做法已经毫无神授性可言了。[77] 这就意味着你可以去实施变革了。

---

[73] Fishbane, "Image of the Human and Rights of the Individual" (1988) at 19, citing Gen. 9: 6 "因为人是照天主的肖像造的";关于犹太传统对人权的"重述"态度,参阅 H. H. Cohn, *Human Rights in Jewish Law* (New York: KTAV, 1984) at vii.

[74] 参见下文"塔木德的示范?"

[75] Cover, "Obligation" (1987) at 67, 68(主张应当根据"正确理解的法律")。

[76] Steinsaltz, *Essential Talmud* (1976) at 138, 139。关于妇女的角色,参见 Falk, *Hebrew Law* (1964) at 111—13; J. O'Connor, "Rereading, reconceiving and reconstructing traditions: feminist research in religion" (1989) 17 Women's St. 101 at 108—10; Naamani, "Marriage and Divorce" (1963); A. L. Grajevsky, "De quelques reformes des droits de la femme juive a travers les ages" Rev. int. dr. comp. 1963.55.; Epstein, *Jewish Marriage Contract* (1927); Gordis, *Dynamics of Judaism* (1990) ch. 11("妇女在宗教生活中的角色");Rackman, *Modern Halakhah* (1995) at 63 ff.; P. Strum, "Women and the Politics of Religion in Israel" (1989) 11 Hum. Rts Q. 483; M. Meiselman, *Jewish Woman in Jewish Law* (New York: KTAV/Yeshiva University Press, 1978); R. Biale, *Women and Jewish Law* (New York: Schocken, 1984), notably at 33, 34《犹太律法》中关于妇女的教义;M. Kaufman, *The Woman in Jewish Law and Tradition* (Northvale, N. J./London: Jason Aronson, 1993), notably at 250 ff. ("向女儿传授《犹太律法》");N. De Lange, *An Introduction to Judaism* (Cambridge: Cambridge University-Press, 2000) at 76, 112, 151(妇女在改革派和正统派犹太教中担任拉比,还可担任法官,"至少在西方"越来越多的女孩接受教育)。

[77] Fishbane, "Image of the Human and Rights of the Individual" (1993) at 27。大约在公元前 300 年,妇女开始在犹太教堂任职并可全面参与教堂的活动。

塔木德、神意和变革

变革的概念深受其所处的传统的影响。因此,原生传统并不具有一个真正意义上的变革的概念,毕竟这个传统所能包容的变革微不足道——它们只是一些与传统相和谐的并且不断发生的生命现象。那个最具价值的事物,即宇宙,系为后来者保存,而不受任何时间流逝的观念损害。然而,从《摩西律法》开始,事物开始发生变化,尽管都是渐变。上帝,即完美的创作者,是存在的,如果所有编纂的内容都已被预见的说法是真实的话,那么一切时空变幻就都早已在预料之中。"如果世界发生改变,那么经文从一开始便已为一切可能性做好了准备。"[78] 既然《塔木德》是一部在上帝的赞襄下持续创作的作品,那么世界上的变革也都是在上帝的控制下发生的。"上帝从来不过安息日",所以过去与现在之间绝不存在难以逾越的鸿沟。[79] 因此,历史性的或者偶然性的时刻,以及变革,都可以存在,但它们都是被安排的。而且,如果历史性的时刻存在,那么它就存在于"一种特殊的、没有时间范畴的启示当中,可以说所有世代都在这种启示中聚集"。[80] 所以,变革并不在人类与神的关系层面上发生;而是在人类相互之间及其与世界的关系层面上发生,而所有这一切都由犹太法上的责任所控制。

犹太法律的发展在某些方面脱离了原生传统,而在其他方面又与之保持一致,这样的发展方式从根本上说是由犹太教本身决定的。在这个宗教中,我们有史以来第一次看到了这样的陈述,"上帝造人,是按照自己的形象造的"[81] 所以我们现在明白了,人类并不仅仅是宇宙的一部分,他们与宇宙间的神授性有着特殊的关系。然而,犹太教对于这种特殊关系的结果的陈述却很保守。犹太圣经甚少提及灵魂救赎,因而也缺少对死后命运的论断。[82] 然而,你自己本身作为神的映象,则可以实现提升以领悟神授启示;你也

---

[78] J. Goldin, "Of Change and Adaptation in Judaism" in J. Goldin, *Studies in Midrash and Related Literature* (ed. B. Eichler and J. Tigay) (Philadelphia/New York/Jerusalem: The Jewish Publication Soc, 5748/1988) 215 at 222.

[79] Ibid., at 221.

[80] G. Scholem, "Tradition and Commentary as Religious Categories in Judaism" in A. Cohen (ed.), *Arguments and Doctrines* (New York: Harper and Row, 1970) 303 at 306; 关于"这个令人惊讶的全新时间概念"相当于给予西方思想的馈赠, T. Cahill, *The Gifts of the Jews* (New York: Doubleday, 1998) at 127—32, 251.

[81] Gen. 9: 6, 关于犹太法的结论,参见本章"推理风格"for talmudic conclusions.

[82] 关于犹太教在死后的生活方面"拒绝跟基督教竞争",参见 Akenson, *Surpassing Wonder* (1998), above, at 362, 363 and 383—9.

可以不断地提升以接近上帝,虽然你永远无法达到上帝的层次。在这样做的时候,你会把你身上人类的智慧和理性发挥到极致,这些本身反映了上帝的智慧,但远不及上帝的智慧。长此以往,可以通过对上帝的奉献来改变自身。因此,一种传统基于必要的对人类特殊性的承认而慢慢地从另一种传统中分离出来,却仍然处在神授世界的范围之内。

因此,犹太法律思想与改变世界的观念是和谐一致的,但它几乎不会真正鼓励这样的观念。创造是一种难以追随的行为。圣贤们因而对科学推论或者我们所说的哲学,并没有什么兴趣,有人认为出现这种情况的原因在于"世界和《摩西律法》的关系,后者构成了自然界精髓的一部分而不仅仅是一些外部的推断"。[83] 如果你需要为实践《塔木德》的本意而采用科学的态度,请不必犹豫。[84] 如果超出了这个目的,那就无从谈起了。

关于学派、传统和运动

尽管如此,随着新的传统围绕神的启示而形成,变革和重大差异并不会立刻发生。这个过程似乎历时长久。有人说,犹太经学院在其存续期间,对维系传统内的一致性发挥了重要的作用。但是,一致并不意味着停滞不前,犹太传统必须提供一些方法,用以确认人类为实现神授意志而进行的各种尝试。因此,在公元前2世纪末期出现了改善妇女在婚姻中的地位的立法。[85] 还有借助神授意志以规避法律字面规定(the letter of the

---

[83] Steinsaltz, *Essential Talmud* (1976) at 7.
[84] 关于犹太教法律的客观调查研究,同上,第97—100页;试比较,关于犹太科学活动的爆发,例如,从13到15世纪与伊斯兰教相关联,或者从19世纪中期到20世纪中期(埃尔伯特·爱因斯坦(Albert Einstein)、尼尔斯·波尔),C. Singer, "Science and Judaism" in Finkelstein (ed.), *The Jews* (1960), above, at 1376, notably at 1381, 1383. 关于从19世纪的"解放"到2000年为止的犹太科学和艺术成果,C. Murray, *Human Accomplishment* (New York: HarperCollins, 2003) at 275—93, particularly at 283 (犹太民族诺贝尔奖获得者的人数比例是其他民族的7—14倍); Y. Slezkine, *The Jewish Century* (Princeton: Princeton University Press, 2004) at 49—52, 关于犹太民族对高等教育和自由职业的热衷("学习是伟大的"), 62("被解放的"犹太人是理性和启蒙的"最坚决和最忠实的拥护者"); 318 (1969年,在美国,犹太人占人口的3%,法学教师的27%,医学教师的23%,生物化学教授的22%); 关于政治哲学和自然法理念与犹太教教义的一致性,D. Novak, *Natural Law in Judaism* (Cambridge: Cambridge University Press, 1998), notably at 139,184 (犹太教神学"中"的自然法,意图发现"戒律的理由",犹太教"追寻真理"的可能性); 关于"实践优先"("犹太教的执拗")的哲学辩护,与"原理优先"相对立,D. Rynhold, *Two Models of Jewish Philosophy: Justifying One's Practices* (Oxford: Oxford University Press, 2005)。犹太法学家从纳粹德国出逃[至其他国家],也为普通法传统的发展作出了巨大贡献; J. Beatson and R. Zimmermann, *Jurists Uprooted* (Oxford: Oxford University Press, 2004)。正统派、保守派和改革派犹太人的区别显然与这个争论有关系;见下文,"关于学派、传统和运动"。
[85] Steinsaltz, *Essential Talmud* (1976) at 23.

law)的做法,甚至被认为是规避法律,但那样的话一位拉比就可以结婚达 300 次,从而可以为挨饿的人提供廉价的食物。[86] 而且,《塔木德》的技术模式在今天仍继续为新情况下的主张提供有效的手段,尤其是在生物伦理学方面。[87]

但是,随着犹太经学院的消亡,传统内部的重大分歧和变化的观念似乎也逐渐形成。[88] 历史上著名的沙迈学派(Shammai)和希勒学派(Hillel)随之出现,后者的观点被认为更"宽容"[89],并最终为传统所接受,或曰成为主流。这些就是制度化的分歧;一派可以改变另一派的要义,如果不是整个传统的话。然而,需要再次说明,二者均为神授启示所容纳。因此,犹太传统的一些最著名的术语,都是那些在一个单一的、延续的传统之内调和了沙迈学派和希勒学派之间明显冲突的教义的论断。"这些和这些(these and these)[二者]都是永生全能的上帝的话语。"[90] "这些和这些"的观念蕴含了对于犹太传统的调和、多元性质的肯定。任何一个人都不能对《摩西律法》评头品足,说"这是好的和这是不好的";《摩西律法》里所有的观点都是神圣的,都是必须接受的。[91] 但是,这并不会妨碍传统之内持续作出判断。

传统内的多样性并未造成沙迈学派的衰落。今天,《塔木德》世界容纳了大量的思维多样性,也许比历史上任何时期都要多。因此,传统之内包含"各种传统",它们反映

---

[86] Silberg, *Talmudic Law and Modern State* (1973) at 22, 23.
[87] 关于安乐死辩论中所引用的传统犹太观点,其以特雷法(terefah,即受到重病折磨的人)概念以及关于悲痛选择个案(一个人是否可以掐死一个咳嗽的孩子,以使其他人免受逃避追杀的苦累;一个人是否可以埋葬那些苟延残喘的人以使自己继续存活)的释疑解答为基础,Sinclair, *Jewish Biomedical Law* (2003), at 203 ff.,该作者注意到,英国上诉法院在暹罗双胞胎分离案 Re A (*Children*) [2001] 2 WLR 480 中引用了犹太法律。试比较,Fishbane, "Image of the Human and Rights of the Individual" (1988) notably at 17 (关于"绝对的、不可妥协的人类生命价值",但维护了最强烈反对法律教条主义的哈拉卡文献所包含的观点多样性); and more generally F. Rosner and J. Bleich (eds.), *Jewish Bioethics* (New York/London: Sanhedrin Press, 1979).
[88] Urbach, *Sages* (1987), above, at 299("骄横之心在增长,以色列内的争执加剧并变成了两部律法")。
[89] Dane, "Yoke of Heaven" (1994) at 369. 耶稣可能曾经是希勒学派的成员。
[90] *Babylonian Talmud*, Eruvin 13b; discussed and cited in Stone, "Pursuit of Counter-Text" (1993) at 828; Steinsaltz, *Essential Talmud* (1976) at 6; Abecassis, "Droit et religion" (1993)("这两个主题反映出了神授启示所蕴含的二元性");关于犹太集中营狱友的谚语,"当面临两种选择时,永远选择第三种",J. Boyarin, *Storm from Paradise* [:] *The Politics of Jewish Memory* (Minneapolis: University Press, 1992) at xix.
[91] Steinsaltz, *Essential Talmud* (1976) at 6;关于"犹太法律解释的独到之处",即"对反对意见作适当的调整,以作为传统之一部分加以保留,是非常重要的",N. Luhmann, *Law as a Social System*, transl. K. A. Ziegert (Oxford: Oxford University Press, 2004) at viii.

了内部和外部的影响。塞法迪*传统源于巴比伦社区;在犹太人离散时期扎根于西班牙(希伯来语称作 Sepharad)和非洲,并由此继往开来。它受到了阿拉伯思想的影响。阿什肯纳兹**传统源于巴勒斯坦社区;尔后在基督时代的早期,人们迁至意大利、德国(希伯来语称作 Ashkenaz)及欧洲其他地方避难。同样,这些传统后来也出现了重大的发展运动。塞法迪传统,与其巴比伦前身一样,比阿什肯纳兹和巴勒斯坦传统更加多元化和分散化。[92] 然而,二者的合法性均来自于对极为重要的"minhag"传统的认可,后者通常翻译为"习惯"。[93]

如果说犹太"传统"的多元性与地理因素有关,那么所谓的"运动"的存在则更多地与一些人所说的意识形态相关了。世界上有正统派犹太人(所有哈拉卡,包括后来的准则,对其都有约束力);保守派犹太人(仅《塔木德》本身有约束力);以及改革派犹太人(如果有现代理性,则一切皆可信服)。[94] 对生活在美国和欧洲的犹太人的改革派和保守派的关注使调和的任务更难实现;别忘了,还有生活在以色列的正统派犹太人。有的人因此而得出了悲观的结论。[95] 这还有一个故事,讲的是一个困在荒岛上的犹太人建造了两个教堂(synagogues)———一个用以进入祈祷,而对另一个则避而远之***。各种发展运动的差异并不仅仅在于实体法的细节;它们与整个传统的规范性及其解释都有关系。如果有人指责说改革派犹太人几乎没有了传统,那么正统派犹太人则因为单一的、静止的、否定了犹太传统对话性质的观点而受到批评。[96] 这两种批判都暗示着腐败的

---

* sephardic,生活在伊比利亚半岛的犹太人及其后裔。——译者注

** ashkenazi,指源于中世纪德意志莱茵兰一带的犹太人后裔。——译者注

[92] 参见最近关于各传统的比较性研究讨论,in Stone, "Pursuit of Counter-Text" (1993) at 848;关于与"犹太教法律"(Jewish law)相对立的"犹太教诸法律"(Jewish laws)的概念,Jackson, *Essays* (1975);关于犹太"实践"的多样性,Falk, *Introduction, Jewish Law* (1968) at 40.

[93] 参阅 Jacobs, *Tree of Life* (2000) 206 ff. ("以色列的习惯法就是《摩西律法》");Elon, *Jewish Law* (1999) 87 ff.

[94] 关于更多微妙的区别,参见 N. Totenstreich, *Tradition and Reality: the Impact of History on Modern Jewish Thought* (New York: Random House, 1972) at 112—14;Dane, "Yoke of Heaven" (1994) at 354, 358, 359;Gordis, "Jewish Tradition in Modern World" (1978) at 152;Sherwin, *In Partnership with God* (1990) at 42, 43.

[95] D. Vital, *Tue Future of the Jews* (Cambridge, M‚tss‚: Harvard University Press, 1990).

*** 这是一个关于犹太教的笑话,它形象说明了犹太社会内部教派分裂的程度。——译者注

[96] Sherwin, *In Partnership with God* (1990) at 42,43(正统派犹太人无法解释哈拉卡观点的多元性;也不能接受外部的模型,但却持续地利用它们,例如,领取薪俸的拉比;关于对法律问题所采取的进步(改革)立场,M. Zemer, *Evolving Halakhah* (Woodstock, Vt.: Jewish Lights, 1999), notably at xxiii ("根据正义,但保留哈拉卡的框架").

出现和对传统精髓的抛弃。

塔木德与腐败

腐败是一个棘手而且变幻莫测的问题。最难以捉摸的是智识腐败,即思想的中止和墨守成规,这通常伴随着外力的强迫。在这种腐败当中,没有任何的内容本身可以证明规则应当为其他人所遵守,也不存在任何对传统的延续的贡献。改革派犹太人,似乎并没有像在一些个案中那样明显表现出一种传统的腐败以致几乎抛弃了传统,但我们也可以看到,犹太传统(至少在现在)并没有提供任何阻止腐败发生的手段。关于犹太传统的腐败的讨论,似乎会更直接地触及极端正统派,即那些试图排斥所有当代的辩论、建立绝对权威以强制推行真正的传统并为保护该传统而诉诸暴力的犹太教边缘群体。[97] 传统本身不可避免地含有一些可用以支持这类观点的信息,特别是针对威胁犹太民族的追杀者*或追击者(pursuer)的法律**,被引用来证明1995年一位犹太极端民族主义者杀害以色列总理伊扎克·拉宾(Yitzhak Rabin)的行为属于正当行为。[98] 这里我们要再次强调,所有的传统,在它们的存续过程中,都可能受到宽容或不宽容的后续传统或二级传统的影响。即使一种像犹太传统那样内敛包容的传统,也难免被人用来作为对抗其他人的工具。

就更具体的腐败形式,即刑事上的腐败和机构性腐败而言,前者在犹太传统中似乎没有什么缓冲的形式。犯罪本身就是犹太传统理应处理的对象。然而,耶稣和他的门徒对犹太教的牧师、文士和拉比的攻击却对机构性腐败提出了一些有名的控诉。犹太牧师可以将衣裳的穗子做长,寻求筵席上的首座(我们再一次看到了对传统中的技术模式的运用,这时被新兴的基督教徒所利用)。[99] 然而,牧师和拉比在当时是没有薪俸的,而今

---

[97] 关于极端正统的思想,参见 M. Friedman, "Life Tradition and Book Tradition in the Development of Ultraorthodox Judaism" in H. Goldberg (ed.), *Judaism Viewed from Within and From Without* (Albany: State University of New York Press, 1987) at 235(特别是年轻时就采纳更严格的标准);Dane, "Yoke of Heaven" (1994) at 374, n. 102.

* rodef,希伯来语,字面意义为"追击者"。——译者注
** 即任何人都有义务阻止或消灭这些追杀者以保护民族的生存。——译者注

[98] 有关追杀者的法律,允许人们杀掉犹太民族的暴君,在这里他是一位民选的总理。关于追杀者的法律的概况,参见 Rackman, *Modern Halakhah* (1995) at 84; M. Finkelman, "Self-Defense and Defense of Others in Jewish Law" (1987) 33 Wayne St. Law Rev. 1257. 然而,试比较,关于根据犹太法律,犹太人"秘密"实施的恐怖活动的非法性,Rackman, *Modern Halakhah* (1995) at 98 ff., notably at 102.

[99] 参见 Matt. 23:1;关于古老控诉的阐明, W. Barklay, *By What Authority* (Darton: Longman and Todd, 1974), ch. 2("《旧约》中的权威:传统的权威").

天，大部分人都不会介意从一生的工作中获得一些利益。事实上，薪俸的确在后来出现了，而以薪俸为生并不算腐败。耶稣还对（当时口头形式的）整个犹太思想传统的文牍主义和对日常生活的干预进行了抨击。耶稣的话由新国际版的《新约》翻译为更现代的形式，它们或许在今天仍然有着广泛的影响。以往的版本将耶稣的话记述为："要防备文士。"现在则改为"要提防经学教师"。[100] 因此，从耶稣的历史中我们可以看到一种具有重大法律意义的后续传统的形成。然而，这只是犹太法律与其他法律传统的关系的例证之一。

犹太法律与国家法律

摩西之前的犹太民族的法律可被视为具有原生形态。上帝授予摩西的启示为这种传统开启了一个新的起点，并允许传统对自身作出有别于较早的原生传统的定位。这些区别当中的一部分，尤其是关于个人地位的部分，已经在前文中与持续的共性（commonalities）进行了对比。[101] 在犹太民族现在已不同于原生民族的层面上说，启示的影响和其后给予犹太传统的灵感将法律推上了首要的位置。因此，从这一点来看，犹太民族的身份变得更加明确，也在法律上更加可靠。原本属于众多原生民族之一的犹太民族变成了由启示赋予灵感并由植根于启示当中的法律管辖的民族。因此，考虑到犹太法律在传统中的地位，可以说法律已然成为对犹太民族身份进行定义的最重要的因素。正如前文所说，在没有领土或者国家的情况下，法律文件本身就变成祖国。[102] 所谓其他人就是不以犹太法律约束自己的人。

---

[100] Mark 12：38. 耶稣有着与犹太法律不符的主张，关于当代对耶稣的回应，参见 Goldenberg, "Talmud" (1984), above, at 130（犹太法学家被批评为讲歪理、自以为是的伪君子，永无休止的解释反映其宗教品格腐化，但是，犹太法学家认为，经文是无穷智慧的渊源，人生的最佳方式就是学习）。"法学家"一词可能是对索菲林（Soferim，指有关圣书编纂规则的《塔木德》评述。——译者注）或"经书要人"（"men of the book"）的说法的错误翻译（当时的传统主要还是口头形式）；L. Ginzberg, *On Jewish Law and Lore* (New York: Atheneum, 1970) at 3.

[101] 参见本章"犹太法中的个人"和"《塔木德》、神意和变革"中的讨论。

[102] George Steiner, *Grammars of Creation* (New Haven: Yale University Press, 2001) 281；并参见 Steinsaltz, *Essential Talmud* (1976) at 267（"没有学习《塔木德》的能力，任何犹太社区都难以持久"，学习本身需要不断的更新和创造，需要积极的参与）。然而，如果经文就是祖国，假定犹太思想具有多元性，那么它就是一个充满了无穷的理论可能性的祖国。由此可见，由于将身份与特定规则或特定规则的标志联系起来，是完全不可能的事情，所以将法律作为一种身份定位的工具来使用的做法，将难以奏效。

犹太法律和犹太身份

因此,犹太身份与其他的身份一样,都要靠对信息或者记录的回想和利用来进行最终的定义。不可否认,对于犹太身份的问题存在着重大的争议,主要涉及以色列国家成员的构成问题。犹太法律确实认可犹太身份通过母系血缘传递。[103] 更重要地,它过去,并且现在依旧认可通过皈依犹太教获得身份,尽管正统运动对改革运动所办理的皈依采取了强烈的抵制。因此,如果你同意让《塔木德》成为你的法律,那么你就承接了犹太身份,成为犹太人。[104] 你同样可以通过不再遵守犹太法律的方式脱离犹太共同体,不过这个时候个人身份的界限就不是很明确了。[105] 犹太法律的人身惩罚主要针对叛国和异端的行为[106],当然,单纯的通过放弃法律而脱离社区的行为算不上其中任何一种。今天,逐出教会(excommunication)和强制回避(shunning)的做法在某种程度上仍被奉行,并由国家的侵权法或者不法行为方面的法律来调整,但这些都不会阻碍任何人脱离社区;它

---

[103] "England/Law and Religion in Israel"(1987)at 193—6("谁是犹太人?");Steinsaltz, *Essential Talmud*(1976)at 136(在混合婚姻的情况下,只有当母亲是犹太人时,孩子才是犹太人);de Lange, *Introduction Judaism*(2000), above, at 3,79(犹太教改革派在孩子被作为犹太人抚育的情况下,承认父系身份传承);D. Sinclair, "Jewish Law in the State of Israel" in Hecht et al.(eds.), *History and Sources*(1996) 397 at 404—6.

[104] 例如,参见,Lewis, *Middle East*(1995), above, at 32(与其他的以出生和血缘为基础的差异性定义相比,希腊人与犹太人有着不同的定义;障碍可以清除,乃至完全消除;自基督时代开始,"希腊化的野蛮人和犹太化的异教徒在许多中东城市都普遍存在")。关于古老的犹太法律中的皈依要求,特别是男性割礼所形成的障碍及其后的"令人厌恶的前景",参见 D. Daube, *Ancient Jewish Law*(1981), Lecture I at 1, notably at 11;and more generally J. Rosenbloom, *Conversion to Judaism:From the Biblical Period to the Present*(Cincinatti:Hebrew College Press, 1978);J. Cohen, *Intermarriage and Conversion:A Halakhic Solution*(Hoboken, N.J.:KTAV Publishing House, 1987);S. Lerner, "Choosing Judaism:Issues Relating to Conversion" in R. Geffen(ed.), *Celebration and Renewal:Rites of Passage in Judaism*(Philadelphia/Jerusalem:Jewish Publication Soc., 5753/1993).

[105] 犹太教教义含有背教的概念,但并没有公开讨论对于背教行为本身的惩罚,但是,以色列最高法院以多数意见作出决定,背教者永不得以犹太人身份享有 1950 年《归回法》(Law of Return)所规定的权益,然而,这个决定引起了对于法院所采用的身份定义的宗教或世俗性质的重大质疑。参见 *Rufeisen v. Minister of the Interior* in A. Laudau(ed.), *Selected Judgments of the Supreme Court of Israel*(Jerusalem:Ministry of Justice, 1971)at 1;D. Sinclair(ed.), *Law, Judicial Policy and Jewish Identity in the State of Israel*(Binghampton, N.Y.:Global Publications/Jewish Law Association Studies, 2000);关于背教者,B.-Z. Schereschewsky, "Apostate" in Elon(ed.), *Principles of Jewish Law*(1975)at 378, 379;M. Corinaldi, "Continuing Apostasy According to Halakha and the Law of Return"(1996)8 Jewish Law Assoc. St. 43.

[106] Dane, "Yoke of Heaven"(1994)at 361, with refs;Stone, "Pursuit of Counter-text"(1993)at 872;Greenberg, "Rabbinic Reflections on Defying Illegal Orders"(1970)above.

们只是为留在社区里的人提供反面教材。[107]

在过去,依靠《塔木德》建立的犹太身份,还要部分地以其他人的反应作为依据。千百年来,那些反对犹太法律教义的人在了解了这方面的重要性之后,便在众多的场合对其加以禁止或者焚烧《塔木德》经书。[108] 犹太人还不得不住进所谓的"强制社区"("compulsory communities");即那些因国家或其他社区的"有组织的压力"而建立的聚集区域。[109] 从13世纪到18世纪,他们还先后被从英格兰、法国、西班牙、葡萄牙、立陶宛和许多位于德国、意大利、斯洛伐克以及捷克共和国的特定城镇和地区的土地上驱逐出来。所有这些并没有消除反而是增强了他们的身份观念。虽然所有的经书都被烧了,但至少口头传统还是得到了保留。今天,尽管以色列国家也许永难实现彻底的安全,不过犹太民族的身份似乎已经克服了外来攻击的威胁。然而,有的人认为,假如其他传统给人们带来更多的选择,犹太身份所面临的更为严重的威胁事实上来自于民族的内部。

犹太法律的退避?

作为一种传统,犹太法律依靠本身而非外界的渊源而存在。然而,既然《塔木德》从未正式完成,那么当代的贡献则在继续扩张它的信息总量。因此,《塔木德》并没有正式地实现对外界的封闭;而在各种观点层出不穷的情况下,这种封闭的说法甚至都难以想

---

[107] Broyde, "Forming Religious Communities and Respecting Dissenter's Rights" (1996) 203 at 208—10, 注意到有许多人已疏远《塔木德》,但未有任何被逐出教会的危险(第212页)。在《塔木德》的观点具有极大的多元性的情况下,逐出教会的做法似乎已经很少因为一些简单的言论而被施用了;但是,它会针对那些反对具体判决的人而被实施。具体的事例,参见 Steinsaltz, *Essential Talmud* (1976) at 27; and generally Elon, *Jewish Law*, vol. I (1994) at 10—13.

[108] 关于焚烧行为的详细列表,Hoenig, *Essence Talmudic Law and Thought* (1993) at 112—21;关于1242年的巴黎,N. Rouland, S. Pierre-Caps, J. Poumarede, *Droit des minorites et des peuples autochtones* (Paris: Presses universitaires de France, 1996) at 68;关于自11世纪开始的以反犹太主义(anti-semitism)为宗旨的十字军东征(Crusades)的历史影响,S. Lloyd, "The Crusading Movement" in J. Riley Smith (ed.), *The Oxford History of the Crusades* (Oxford: Oxford University Press, 1999) 35 at 35,36,66 ("作为一场意识形态战争,十字军东征极大地增强了西方文化中的仇外情绪……一种新的、迫害性的态度"); N. Davis, *Europe: a History* (London: Pimlico, 1997) at 358 (十字军"蹂躏"了所有他们经过的国家;1096年,当他们途径莱茵兰(Rhineland)时,杀害了近8000犹太人,这也是欧洲历史上的第一次大屠杀)。关于查士丁尼在553年通过第146号敕令所实施的禁令,J. Parkes, *The Conflict of the Church and the Synagogue* (New York: Atheneum, 1974) at 392 for text ("但是《密什那》,或者他们所说的第二传统,我们将全部禁止")。

[109] Gordis, "Jewish Tradition in Modern World" (1978) at 242 (强制社区后来变成了犹太人区(ghetto))。"犹太人区"一词应该是来源于古意大利语中的铸造厂一词——gietto——这是在威尼斯(Venice)的专门划给犹太人的区域里最显著的标志。

象。因此，犹太民族可以将外界的观点融入犹太法律思想，或者直接根据外界的思想来行动。在这两种情况下，犹太传统和犹太民族的总体身份都被改变。犹太传统的发展已经显露出了希腊、罗马、伊斯兰和中东思想的影响。[110] 随着犹太人在西方世界的离散，西方思想的影响成为不可避免。

然而，对犹太传统造成冲击的第一波西方信息却来自基督教。耶稣和他的门徒对犹太传统的批判所蕴含的不仅仅是一种改革的期盼。诚如保罗所说，"法律的终向是基督"（Christ is the end of the law）[111]，而把身为犹太人的耶稣描绘为新的摩西，则意味着需要订立一个新的法律规约，以取代旧约，就像摩西的经文取代了旧有的律法那样。[112] 基督教提出了法律的终向，以呼应永恒的救赎和死后的生命。这些都是主要的新观点，但都是建立在已知和已被接受的内容之上，尤其是同一个上帝。许多人认为这些新观点很有说服力，对他们而言，这就是犹太法律的终向。因此，基督教从犹太法律传统那里赢

---

[110] 关于希腊人的影响，Urbach, *Sages* (1987), above; Jackson, "Evolution and Foreign Influence" (1968), above, at 376; Gordis, *Dynamics of Judaism* (1990) at 123; for Roman, Cohen, *Jewish and Roman Law* (1966) at xix; Rouland, Pierre-Caps, Poumarede, *Droitdes minorites* (1996), above, at 67（对希伯来文的罗马法律术语的使用）; B. Jackson, "On the Problem of Roman Influence on the Halakhah and Normative Self-Definition in Judaism" in E. P. Sanders (ed.), *Jewish and Christian Self-Definition*, vol. II, *Aspects of Judaism in the Graeco-Roman Period* (Philadelphia: Fortress Press, 1981) at 157; 关于伊斯兰教的影响，S. D. Goitein, "The Interplay of Jewish and Islamic Laws" in R. Link-Salinger (Hyman), *Jewish Law in our Time* (Denver: Bloch, 1982) 55 at 74; Cohen, *Jewish and Roman Law* (1966) xviii; and for Babylonian, A. Goetze, "Mesopotamian Laws and the Historian" f 1949) 69 J. Am. Oriental Soc. 115, notably at 116（原本的"泛巴比伦主义"，但"这个过于简单幼稚的解决方案没有什么实质意义"）; Jackson, *Essays* (1968) at 373, n. 10—12（原本的巴比伦直接影响的说法被平行的、独立的发展的观点所取代；这个观点现在看来可能有点"过头"了）；关于对巴比伦影响的最早主张，尽管只限于商业事例（即巴比伦犹太人参与的市场），Linfield, "Relation of Jewish to Babylonian Law" (1919), above, at 52 ff. 那个关于公牛造成伤害的规定，在当时的中东社会和法律中是很普遍的；B. Jackson, "The Goring Ox Again" (1974) 18 J. Jur. Papyrol 55（对其意义的"截然不同的分析方法"）。然而，关于《摩西律法》摆脱了中东的法典传统，即简单的缺乏规范力的先例汇编，Brague, *Loi de Dieu* (2005), above, at 66 (citing code of Hammurabi)。关于这场辩论的部分意义，见上文，"《塔木德》和《摩西律法》"。

[111] Rom,. 10:4.

[112] Urbach, *Sages* (1987), above, at 302, 308; Dorff and Rosett, *Living Tree* (1988) at 235（以保罗为首的基督教"主流"观点认为，耶稣终结了法律契约；"希伯来基督徒"只延续到 5 世纪）。但是，试比较，关于《新约》是履行而非废除犹太法律，A. Watson, *Jesus and the Law* (Athens, Ga. and London: University of Georgia Press, 1996) at 8, 101, 102（引用了《玛窦福音》5:17，"你们不要以为我来是废除法律或先知；我来不是为废除，而是为成全"）；关于福音书（Gospels）里所发现的对待犹太法律的"形形色色的态度"，D. Piattelli and B. Jackson, "Jewish Law During the Second Temple Period" in Hecht et al. (eds.), *History and Sources* (1996) 19 at 37.

得了大量潜在的信徒。然而,我们现在所关心的是,其他人当时并未相信基督所宣扬的死后的生命路程或者一个没有法律的世界(关于后者,现在至少有一些证据表明他们是对的)。所以,在基督时代早期犹太教徒和基督教徒之间发生的神学和法学辩论的纠缠中,我们看到了旧传统的破碎和新传统的部分形成。二者不可能完全独立开来。基督教的新教义吸收了希伯来圣经,但是教徒们却为要继续遵循旧律法而感到困惑。因此,在后来的世纪中出现的焚烧《塔木德》事件可以被看做是迟早要发生的正本清源的宗教行动的一部分。然而,假如《塔木德》的基础,即成文的《摩西律法》都被基督教本身保留下来,那《塔木德》又怎么能被消灭呢?在最近对犹太教和基督教信仰进行综述评论的文章中,学者承认了它们之间的共性和多样性,以及二者相生互长的关系。[113] 在神学上真实可靠的说法,在法学上似乎也是正确的。

犹太法律在西方(和其他)国家体制下的生存继续伴随着与西方法律思想的纠葛。世俗国家体制,既提供了保护犹太传统的方法,也带来了选择皈依其他传统的诱惑。这个困境即使在拉比群体已被正式纳入国家体制,但犹太法律只能对个人身份和家庭法事务直接适用的以色列也同样严重。[114] 就跟在其他地方一样,以色列国家既充当了宗教自由的保护者,却也成为世俗—宗教关系的最终裁判者。为了改革犹太民族,这个铭记 19 和 20 世纪理性主义概念的国家还提供了另一种形式的身份,即国籍,而在政府宽容的环境下维系犹太传统,到最后似乎比在政府打压的环境下更加显得问题重重。[115] 与此同时,还出现了"回归"的思潮;最显著而富有争议的例子就是新正统派的形成。

---

[113] 例如,参见 E.-W. Bockenforde and E. Shils, *Jews and Christians in a Pluralistic World* (New York: St. Martin's Press, 1991).

[114] England, "Law and Religion" (1987) at 192, 196, 197; Elon, *Jewish Law*, vol. IV (1994) at 1652 ff.; Dorff and Rosett, *Living Tree* (1988) at 564, 565; Sinclair, "Jewish Law in the State of Israel" (1996), above; H. H. Cohen, "Jewish Law in Israel" in B. Jackson (ed.), *Jewish Law in Legal History and the Modern World* (Leiden: E. J. Brill, 1980) at 124. 对于犹太传统能否作为一般原则和解释的渊源,存在着争议。

[115] B. Wasserstein, *Vanishing Diaspora: the Jews in Europe since 1945* (Cambridge, Mass.: Harvard University Press, 1996)(引用了高比率的近亲结婚、低出生率、对希伯来语的无知等情况); Vital, *Future of Jews* (1990), above; 但是,关于维系文化身份与融入现代国家之间的可能存在的一致性,参见 R. Breton, W. W. Isajiw, W. E. Kalbach and J. G. Reitz, *Ethnic Identity and Equality* (Toronto: University of Toronto Press, 1990) notably at 261 (在接受调查的族群中,犹太民族在"作为社会组织基础的民族性"与对加拿大社会的"融入程度"两项中高居首位), 263 ("文化保留并不必然对融入造成延缓或阻碍;它可能会使融入变得更容易。")。同样,在现代国家中,犹太法律身份的保留,也会因为任何的以包容文化多元性为目的的宪法体制的松弛而变得更容易。参见关于原生民族的讨论,见上文,第三章,"国家作为中间地带"。当然,还存在着一个必然会引起争议的"世俗犹太人"或"犹太民族性"的理念。

国家和犹太法律的关系还存在于一些细节的层面,尤其是在对犹太法律的"国法"或者"国家的法律才是法律"("dina de-malkhuta dina")的概念。[116] 就像西方的法律选择那样,犹太法律可以吸纳那些并非正式来自于其本身渊源的规范。譬如,在住房供给或出租管理以及版权领域,就出现了这样的情况;这被作为利益冲突规则的例子供律师们讨论。[117] 正如选择法学原理那样,这种吸收外部规范的做法的终极理由还是有争议的。犹太法律有没有"空白"?顾名思义,我们如果把它看成是一种为了填补缺陷的精心吸纳会更恰当一些。然而,是否吸纳还是需要决定的。有人建议,应当以国家法律适用过程中奉行的公平与平等精神作为决定是否吸纳的主要标准。[118]

然而,在当代国家体制下对犹太法律的批评正是以公平与平等精神为依据的。特别是在美国,那些不能明确保证机会均等和平等参与的法律传统都被斥责为无法达到西方个人平等的正式标准。[119] 因此,我们看到西方法律的遵循者带头要求犹太传统至少以一些传统外部的标准来证明自身的正当性。有现象表明这样的证明工作正在进行当中。[120] 假如更笼统地说,犹太法律希望在将来能够成为西方法律的模本或者范例的话,那么这个工作就是不可或缺的。

犹太法律的示范?

虽然犹太法律本身受到罗马法和其他法律传统的影响,但它仍然可以为西方法律的改革和发展提供许多参考。这种作用不仅仅体现在犹太民族具有专门知识的商法领域,

---

[116] Baba Kamma 113b; and see S. Shilo, "Dina de-Malkhuta Dina" in Elon (ed.), *Principles of Jewish Law* 1975) at 710; Elon, *Jewish Law*, vol. I (1994) at 64 ff.; Dorff and Rosett, *Living Tree* (1988) at 515 ff.(特别是关于对民事离婚的承认与否);Jacobs, *Tree of Life* (2000) at 80 ff. (当社会环境"几无危险"时所采用的宽泛的原理解释方法);L. Land man, *Jewish Law in the Diaspora*: *Confrontation and Accommodation* (Philadelphia: Dropsie College for Hebrew and Cognate Learning, 1968); G. Graf, *Separation of Church and State* [:]*Dina de-Malkhuta Dina in Jewish Law*, 1750—1848 (Tuscaloosa: University of Alabama Press, 1985)(扩充原理以将此前被认为是纯犹太性质的事物纳入现行法);Shilo, "Equity as Bridge" (1991); J. I. Roth, "Crossing the Bridge to Secular Law: Three Models of Incorporation" (1991) 12 Cardoco Law Rev. 753; A. Fuss, "A Question of 'Comity' in Rabbinic Law" (1993)7 Jewish Law Assoc. St. 59.

[117] Shilo, (1991) at 741,744,746.

[118] Ibid., at 739,743.

[119] M. Minow, "Interpreting Rights: An Essay for Robert Cover" (1987) 96 Yale L. J. 1860.

[120] 参见本章上文《塔木德》中的个人"。

而且在更宽阔的民法和刑法领域。[121] 但是,这样一种古老的宗教传统怎么能够继续为当代自我定位为世俗性的国家提供一种典范呢?这个问题的答案来自于当代西方法律的遵循者和认同现代国家理念的人,尽管犹太民族和西方人很可能都最积极地参与到这种法律认同的辩论中来。传统的互动意味着遵循者之间的互动,从而会影响到传统之间的关系。因此,我们可以看到在依靠犹太法律的问题上出现了两种主要观点,两种观点均对西方法律实施彻底的批判,但都是从西方法律内部展开。其中一种观点关注权利;另一种则关注法律的整体概念。

犹太法律将权利概念视作其信息基础的一个外部因素。传统本身并未阐明一种个人权利的原理,而更多的是一种个人义务或责任的原理。然而,这种权利的说法并非没有道理,如果你从义务的另一方的角度去观察义务,你就会看到权利,进一步说,以权利为基础的义务分析方法更加可取,因为它会对个人利益或者权力作出适当的定位,从而成为确保平等和进步的唯一方法。[122] 有的说法将权利原理置于世界上最突出的地位,并认为只有在那种对权利给予官方认可的、当前在数量上不断增加的国家中,权利才能得到更持久的保护。然而,《塔木德》现在要一如既往地宣称,这并非辩论的全部。大概以《塔木德》的名义对权利原理作出最精彩批评的要数美国的罗伯特·卡福(Robert Cover)。卡福认为权利"就形形色色目标之虚荣而言毫无意义",而且在"为生命和尊严的实质保障提供法律依据方面显得极其脆弱。"[123] 权利还可以被放弃,但义务则不可。权利还会伴随着一种暴力维权的倾向,这通常由相当于一台"几乎独掌暴力"的"恐怖而强力的集体机器"的国家来强制执行。相比之下,义务的世界并不是一个空洞或者虚荣的世界。义务"强有力地对个人进行约束和定位,[并]为实体的内容提出强烈的诉求。"如果一个人有受教育的权利,我们还必须找人来提供教育服务。如果一个人有实施教育的义务,就像《塔木德》规定的那样,我们就不用再找了。所以,我们看到了这样一种观点,

---

[121] 关于犹太人因为不得持有土地而被迫集中于商业,参见本章"神授法律的适用";关于犹太法的影响,参见 J. J. Rabinowitz, *Jewish Law: Its Influence on the Development of Legal Institutions* (New York: Bloch Publishing, 1956),尽管这种隐形"几乎完全被忽视"(第 ix 页);Cohen, *Jewish and Roman Law* (1966), notably at xxii(学说汇纂的注释经常引用摩西的法律);关于阿尔特胡修斯(Althusius),一位 17 世纪的自然法学者使用"源于犹太法的类似观点",参见 P. Stein, *Roman Law in European History* (Cambridge: Cambridge University Press, 1999) at 82. 类似的影响也发生在普通法的发展当中,参见第七章"隐藏的法律"。

[122] 参见本章上文"《塔木德》中的个人"。

[123] Cover, "Obligation" (1987) at 66—71,然而,权利原则在所谓消极权利方面可能更为成功,如言论或正当程序。关于主张原生法律在保障生命和为此提供必要的支持方面要更为优越,参见第三章"原生民族、国家和人权",关于亚洲对暴力和惩罚作为法律执行手段的批评,参见第九章"限制法律"。

它不接受权利通常具有的华丽辞藻,也不接受权利的不证自明的性质,它提出了一些据说是更好的办法,甚至是越古老越好。同样,《塔木德》也将自身与原生传统区别开来;我们并不是仅仅肩负保护自然界的义务,我们还有实现公正和解救受欺压者的义务。"要止住作恶,学习行善。"[124] 义务高于权利;如果你有权利,那么义务才是你需要的用以使权利受到尊重的东西。

因此,犹太传统正在使西方关于如何维护或批判权利的思想变得更丰富。更概括地说,它使西方关于法律如何构建的思想变得更丰富。据说同样是在美国,整个学术界正在"丧失对权威性的并本应当保持中立的法律解释的道德和智慧基础以及整个自由政治理论的信心",从而现在正在寻找所谓的"替代模式"。[125] 如今,这可能已经成为学术界的危机(而且学术界人数众多)或者某些值得我们更加关注的更严重的事情。我们已经看到西方渴求更多关注的一些迹象,这都来自于对最近 25 年内西方世界的个人行为所进行的调查研究。[126] 因此,在美国,犹太法律正被重新解释,从而为美国法律提供一个必要的"反模式",而它与美国法律思想的结合也会对美国法学原理进行重新定义。这里其实存在着另一个中间地带,但这是一种"往往很隐蔽的遭遇"。[127] 如今,犹太法律被称颂为一种"富有价值的独立的传统"[128],一种"反等级的、平等主义的[可以说几乎是这样]……社群主义的(communitarian)上不一致……以女权主义者的语气写成的(尽管不是妇女编写的),以互惠义务而非权利为基础的",甚至在一种"根本上不一致的和多元的理解"和"一种完全分散的政府体制"下也足以维系社会凝聚力和身份的传统。[129] 当然,犹太传统能有这样的作用完全是因为上帝,和人们对上帝的信仰,所以,它在世俗国家也许就无法发挥这样的作用了。难道对于一种传统我们可以只借用一部分的内容

---

[124] Isa. 1:16, 17,该版本被引用于 Taylor, *Sources of Self* (1989), above, at 269.

[125] Stone, "Pursuit of Counter-Text" (1993) at 818.

[126] R. Inglehart, "Changing values, economic development and political change" (1995) 47 Int. Soc. Sci. J. 379(报道 1990 年至 1991 年的一项 43 国世界价值观调查结果)。

[127] Stone, "Pursuit of Counter-Text" (1993) at 814;同时参阅 821 页,根据具体的关注对犹太传统做的解释。关于"中间地带"的含义,参见第三章"原生和其他身份"。

[128] 再不会在国家传统的构建中被忽略。关于早期的法律文化适应概念和单一的犹太—美利坚法律传统,参见 J. Auerbach, *Rabbis and Lawyers: The Journey from Torah to Constitution* (Bloomington: Indiana University Press: 1990);试比较,新出版的对(截然不同的)美国和犹太法律传统进行比较的案例和材料汇编,Elon et al., *Jewish Law* (1999).

[129] Stone, "Pursuit of Counter-Text" (1993) at 818, 819 and 828,关于"法律解释的混乱状态";并参见 I. M. Rosenberg and Y. L. Rosenberg, "Advice from Hillel and Shammai on How to Read Cases: Of Specificity, Retroactivity and New Rules" (1994) 42 Am. J. Comp. Law 581.

而不考虑它的核心价值吗?这样的事情并非第一次发生。再大的差异也不能产生不可比性。

一种普世的《塔木德》?

《塔木德》并未主张自身必须普世化。救赎可以在经文之外实现,也不强求别人皈依犹太教。它甚至不是特别欢迎外人入教。[130] 犹太教和犹太法律的历史是一种维持的历史,而非征服或侵略。以色列国家也许推行了一些侵略性的政策,但是,我们不能把以色列国家等同于犹太教或犹太法律。"对外侨,不要苛待和压迫,因为你们在埃及也曾侨居过。"[131] "若外方人在你们的地域内,与你住在一起,不可欺压他。对与你们住在一起的外方人,应看做你们中的一个同乡,爱他如爱你自己,因为你们在埃及地也作过外方人。"[132] 因此,我们发现在希腊人之前人类就有了大同思想,即一种透过大量的差异的经验而得出的对我们和他们之间的共性要素的认可。[133] 如果《塔木德》被用以证明某种攻击性行为的正当性,那么它就必须是反抗外来侵略的防卫行为。然而,就像易洛魁人的和平那样,防卫是一个很宽泛的概念,不论其适用的情况有多么的例外,一旦被适用,仍然可能导致严重的后果。[134]

参考书目

Abécassis, A., "Droit et religion dans la société hébraïque" (1993) 38 Archives de philosophie du droit 23.

Ben-Menahem, H., "Jewish Law" in Smelser, N. and Baltes, P., *International Encyclopedia of the Social and Behavioral Sciences*, vol. 12 (Amsterdam: Elsevier, 2001) at 7969.

Broyde, M. J., "Forming Religious Communities and Respecting Dissenters' Rights: A Jewish Tradition for a Modern Society" in Witte, Jr., J. and van der Vyver, J., *Religious Human Rights in Global Perspective* (The Hague/Boston/London: Martinus Nijhoff, 1996) at 203.

---

[130] 参阅 Englard, "Law and Religion" (1987) at 194,关于正统派对改革运动所导致的规划的抵制。
[131] Exod. 22: 21.
[132] Lev. 19: 33—4.
[133] 然而,关于不可避免的对"外来"活动的限制,参见 Rouland, Pierre-Caps, Poumarede, *Droit des minorites* (1996), above, at 41 (non-jewish people unable to hold real property, not benefiting from prohibition of interest)。关于伊斯兰和西方社会中的这类规则,参见第六章,"圣战"。
[134] 参阅上文"《塔木德》和腐败"中关于犹太民族的追杀者(rodef)概念的讨论。

Cohen, B., *Jewish Law and Roman Law: A Comparative Study* (New York: Jewish Theological Seminary, 1966).

Cover, R., "Obligation: A Jewish Jurisprudence of the Social Order" (1988) 5 Journal of Law and Religion 65.

Dane, P., "The Yoke of Heaven, the Question of Sinai, and the Life of Law" (1994) 44 University of Toronto Law Journal 353.

Daube, D., *Ancient Jewish Law: Three Inaugural Lectures* (Leiden: E. J. Brill, 1981). Dorff, E. N. and Rosett, A., *A Living Tree: the Roots and Growth of Jewish Law* (Albany: State University of New York Press, 1988).

Elon, M. (ed.), *The Principles of Jewish Law* (Jerusalem: Keter Publishing House, 1975).

——*Jewish Law: History, Sources, Principles*, trans. Auerbach, B. and Sykes, M., 4 vols. (Philadelphia/Jerusalem: The Jewish Publication Society, 5754/1994).

——Auerbach, B., Chazin, D. and Sykes, M., *Jewish Law (Mishpat Ivri): Cases and Materials* (New York: Matthew Bender, 1999).

England, I., "Law and Religion in Israel" (1987) 35 American Journal of Comparative Law 185.

Epstein, L. M., *The Jewish Marriage Contract: a Study in the Status of the Woman in Jewish Law* (New York: Jewish Theological Seminary of America, 1927).

Falk, Z. W., "Jewish Law" in Derrett, J. (ed.), *An Introduction to Legal Systems* (London: Sweet & Maxwell, 1968) at 28.

——*Hebrew Law in Biblical Times* (Jerusalem: Wahrmann Books, 1964).

——*Introduction to Jewish Law of the Second Commonwealth* (Leiden: Brill, 1972—8).

Fishbane, M., "The Image of the Human and the Rights of the Individual in Jewish Tradition" in Rouner, L. (ed.), *Human Rights and the World's Religions* (Notre Dame: University of Notre Dame Press, 1988) 17.

Friedell, S. F, "The 'Different Voice' in Jewish Law: Some Parallels to a Feminist Jurisprudence" (1992) 67 Indiana Law Journal 915.

Glenn, H. P., "Where Heavens Meet: The Compelling of Religious Divorces" (1980) 28 American Journal of Comparative Law 1.

Golding, M. (ed.), *Jewish Law and Legal Theory* (New York: New York University Press, 1993).

Gordis, R., "Jewish Tradition in the Modern World: Conservation and Renewal" in Jamison, A. (ed.), *Tradition and Change in Jewish Experience* (Syracuse: Department of Religion, Syracuse University, 1978).

——*The Dynamics of Judaism: a Study in Jewish Law* (Bloomington: Indiana University Press, 1990).

Grajevsky, A. L., "De quelques réformes des droits de la femme juive à travers les ages" Revue internationale de droit comparé 1963. 55.

Hecht, N., Jackson, B., Passamaneck, S., Piattelli, D. and Rabello, A. (eds.), *An Introduction to the History and Sources of Jewish Law* (Oxford: Institute of Jewish Law, Boston University School of Law/Clarendon Press, 1996).

Hoenig, S., *The Essence of Talmudic Law and Thought* (Northvale, N. J./London: Jason Aronson, 1993).

Holz, B. W. (ed.), *Back to the Sources: Reading the Classic Jewish Texts* (New York: Summit Books, 1984).

Horowitz, G., *The Spirit of Jewish Law* (New York: G. Horowitz, 1953, repr. Bloch, 1993).

Jackson, B., *Essays in Jewish and Comparative Legal History* (Leiden: E. J. Brill, 1975).

Jacobs, L., *A Tree of Life [:] Diversity, Flexibility and Creativity in Jewish Law* (London/Portland, Ore.: Littmann Library of Jewish Civilization, 2000).

The Jewish Law Annual.

Naamani, I. T., "Marriage and Divorce in Jewish Law" (1963) 3 Journal of Family Law 177.

Rackman, E., *Modern Halakhah for Our Time* (Hoboken, N.J.: KTAV, 1995).

Rakover, N., *Guide to the Sources of Jewish Law* (Jerusalem: Library of Jewish Law, 1994).

Rosen, J., *The Talmud and the Internet* (London/New York: Continuum, 2000). Rotenstreich, N., *Tradition and Reality: the Impact of History on Modern Jewish Thought* (New York: Random House, 1972).

Roth, J. L, "Responding to Dissent in Jewish Law: Suppression versus Self-Restraint" (1987) 40 Rutgers Law Review 31.

Sherwin, B. L., *In Partnership with God: Contemporary Jewish Law and Ethics* (Syracuse: Syracuse University press, 1990).

Shilo, S., "Equity as a Bridge between Jewish and Secular Law" (1991) 12 Cardozo Law Review 737.

Silberg, M., *Talmudic Law and the Modern State* (New York: Burning Bush Press, 1973).

Sinclair, D., *Jewish Biomedical Law* (Oxford: Oxford University Press, 2003).

Steinsaltz, A., *The Essential Talmud*, trans. Galai, C. (New York: Basic Books, 1976).

Stone, S. L., "In Pursuit of the Counter-Text: The Turn to the Jewish Legal Model in Contemporary American Legal Theory" (1993) 106 Harvard Law Review 813.

Warburg, R. F, "A Bibliographic Guide to *Mishpat Ivri*: Books and Articles in English" (1986) 1 National Jewish Law Review 61.

参考网页

http://www.biu.ac.il/JH/Responsa (Global Jewish Database, books of responsa, searchable)

http://www.fordham.edu/halsall/sbook-law.htm#index (a responsum, texts of Maimonides)
http://www.legaltheory.demon.co.uk/jlpf.html (texts of lectures, links)
http://www.megalaw.com/top/jewishlaw.php (Halakhah on web, links, page of Talmud)
http://www.mucjs.org/links.htm#8 (Centre for Jewish studies, Jewish law & ethics, links)
http://www.sacred-texts.com/jud/index.htm (texts of Talmud, Maimonides)
http://www.torah.org/learning/jewish Iaw.php3 (introductory levels, business halakhah, links)
http://www.ucalgary.ca/~elsegal/SEGAL.html (Babylonian Talmud, Maimonides, Caro)

第五章
大陆法传统：以人为本

原生传统和犹太传统都形成了一些贯穿其存续过程的、对它们进行定义和身份定位的恒量（constants）。这些恒量——宇宙的神圣性和《摩西律法》——将生活中的其他现象都降至次要的地位，或成为义务的客体。民法传统正是从这样的传统模式中起源的，这并非易事。旧传统中存在着对创新，乃至于对创新的观念的强烈抵制。由于民法传统并未植根于一个单一的、启示性的法律文件，因而并没有一个直接的起始点，也就意味着不存在一种新传统突然降临并取代了其他传统，以及开辟自身的空间（空间对民法传统而言很重要）作跃进式起跑。在我们所认知的欧洲的大部分存续时间里，欧洲民族都是作为原生民族而存在。[1] 如果他们要拥有属于自己的特定法律传统的话，他们就不可能只遵循犹太传统，也不会保持原生传统不变。他们必须构建一种传统。这个过程与这种斗争持续了超过两千年，而且还在继续。

我们知道，大陆法或者民法的历史大体分为两个阶段，即罗马法阶段和现代民法阶段，后者开始于公元11世纪罗马法被"重新发现"。然而，事情并不是这样发生的。所

---

[1] 关于4世纪至5世纪欧洲的"非罗马人"是以"口耳相传为主"的民族，Lupoi, *Origins European Legal Order* (Cambridge: Cambridge University Press, 2000) at 24, 25（但是口头文化"向书面转变"）。

谓的断层,即"黑暗"时代(西方语言仍不可避免地这样称呼它)根本不存在。[2] 自罗马法起源至今,就欧洲法律的性质一直存在着重大的而且持续不断的讨论(在这里用争论一词也许更合适)。这种争论在罗马法衰落之后仍在继续;只是随着罗马帝国的衰微,其他的法律概念呈现出更强的上升势头。但罗马法还是一直存在的。这并不是说罗马法成了名存实亡的幽灵[3];只是它的再造能力及其得到的社会拥护已经大不如前。在相当一段时间里,罗马法无法使民众信服。因此,如果我们尝试寻找一种民法传统,我们必须清楚地知道所有的观点,弄清摸彩桶内每一样事物。民法传统在今天呈现出一些重要的特征——最显著的当然是法典化——但是,这些都是现有的特征,我们不能通过回

---

[2] 关于贬义成分相对较少的"中"世纪概念, J. Roberts, *History of the World* (London/New York: Penguin, 1995) at 472 ("完全以欧洲为中心的用法,对其他传统的历史毫无意义可言……具体表达了一种消极的观念,即这些世纪都毫无价值,除了他们那个及时的立场……人们最早是在 15 世纪到 16 世纪时,对这段时期进行总结归纳,并贴上这样一个标签");关于以下观点,即"人们中世纪早期法律的传统印象,即 20 世纪早期的法律史研究所呈现的,至今仍为许多研究 12 世纪到 13 世纪法律变革的专家所接受的那个图像,实在不应该继续保留",W. Davies and P. Fouracre, *The Settlement of Disputes in Early Medieval Europe* (Cambridge: Cambridge University Press, 1986) at 228, 维护了支持性的观点, at 214 (中世纪争端解决机制并不专断,而是具有历史的合理性),222 ("非理性的"证明方式只是最后的手段,通常只作为社区裁决的仪式化办法),228 ("程序,不管多么粗糙,都是可操作的,并对利用程序的人们来说具有一定的意义") and 240 ("就世界上大部分地区所奉行的标准而言,欧洲各地的社会都是残暴不堪的",而中世纪的诉讼程序"则是法律制度向这些持续被压迫和对抗所撕裂的社会施加影响的唯一方式");H. L. Ho, "The Legitimacy of Medieval Proof" (2004) 19 J. Law & Rel 259 (关于理解"源自内部"的证明制度的必要性)。当今美国的街头俗语吸纳了"中世纪"一词所暗含的毁损性(乃至暴力性)意义,例如"我真想把你揍一顿"("I'm gonna git Medieval on your ass.") B. Ward-Perkins, *The Fall of Rome and the End of Civilization* (Oxford: Oxford University Press, 2005) at 181 (引用了《牛津英语词典》(OED)和塔伦蒂诺(Tarantino)的电影《低俗小说》里的内容)。

[3] 试比较,关于罗马法的"幽灵故事",Vinogradoff, *Roman Law in Medieval Europe* (1968) at 13. 然而,对于查士丁尼的《学说汇纂》(Justinian's Digest),支持延续传统的人(罗马法当时在意大利仍有一定的市场,它存在于专门为北方民族所制定的法典(例如,《勃艮第人罗马法》(the Lex Romana Burgundorium)或《西哥特人罗马法》(the Lex Romana Visigothorum))中;存在于那些"散落"于各图书馆的《学说汇纂》抄本中;还以希腊语、拜占庭语言的形式存在)和反对延续传统的人(保存完好的拉丁语文献只有比萨手稿——现藏于佛罗伦萨的劳伦图书馆(可供调阅),7 世纪之后的著作中再没有出现对《学说汇纂》的引用,关于古希腊语的知识匮乏)发生了激烈的争议。关于这个争议的概况("任一方……均未准确无误"),C. Radding, *The Origins of Medieval Jurisprudence* (New Haven/London: Yale University Press, 1988) at 8 ff.; 关于语言学证据,W. Muller, "The recovery of Justinian's Digest in the Middle Ages" (1990) 20 BMCL 1, at 1, 但是,"长时期不被引用"相当于《学说汇纂》的"彻底消亡"。然而,即使假定《学说汇纂》的规范性在这段时期彻底消亡,它也是一种被延宕或冻结的传统(参见第二章"保护身份"),因此,延续与不延续的主张之间泾渭分明的对立,是不恰当的。关于断裂式发展对于现代性传统的重要意义,参见第一章序言。

顾历史来认定它们一直都是这个传统的核心价值。历史上有着太多的开始和中断,太多的反复和重新再来,所以我们不能把传统看成是一成不变的。这就已经让我们意识到民法在改变。也许变革才是世代相传的东西;但很多人不会同意这种说法。

传统之构建

在大约3000年前,欧洲是一个非常原生的地方。尽管人口密度超过美洲等地,但生活方式也许没有什么不同。(西方化的)行动并不是发生在欧洲,而是在更南面和更东面的地方。埃及人已经建起了金字塔;巴比伦正成为世界七大奇迹之一。所以,在那些地方早已出现了在一无所有的基础上建造文明的范例(他们不正是需要从零开始的精神吗?)。希腊人肯定很了解这些文明的成果,所以今天最大的争议就在于希腊哲学是希腊人原创,抑或是建立在已知学问的基础上。[4] 最终,欧洲,特别是古罗马的一些人认为,所有这些精彩的思想都会对法律产生影响(法学家向来必须调整法律以适应他们所处的社会现实)。因此,古罗马开始出现可被定性为法律的事物。但是,他们并未制订民法典;立法工作进展缓慢(再次强调,原生和非原生传统之间不存在清楚无误的分界线)。

(自公元前8世纪建国时起)古罗马内部,在社会的上层和中下层之间一直有着许

---

[4] M. Bernal, *Black Athena*: *The Afroasiatic Roots of Classical Civilization*, vol. I, *The Fabrication of Ancient Greece* 1785—1981 and vol. II, *The Archaeological and Documentary Evidence* (New Brunswick, N.J.: Rutgers University Press, 1987,1991); H. Olela, "The African Foundations of Greek Philosophy" in E. C. Eze, *African Philosophy* [:] *An Anthology* (Oxford: Blackwells, 1998) at 43 (克利特岛(Crete)的居民主要是西埃塞俄比亚人,柏拉图和亚里士多德在埃及学习); cf. R. Lefkowitz and G. M. Rogers, *Black Athena Revisited* (Chapel Hill, N.C.: University of North Carolina Press, 1996); 有关罗马法起源于更早的而且更具思辨性的埃及或中东模式的辩论, R. Yaron, "Semitic Elements in Early Rome" in A. Watson (ed.), *Daube Noster*: *Essays in Legal History for David Daube* (Edinburgh/London: Scottish Academic Press, 1974) at 343; J. Gaudemet, *Les naissances du droit* (Paris: Montchrestien, 1997); P. G. Monateri, "Black Gaius: a Quest for the Multicultural Origins of the 'Western Legal Tradition'" (2000) 51 Hastings LJ. 479; 关于犹太教的影响,参见第四章"犹太法律的示范;";关于文献中所反映的这种早期东方影响, *The East Face of Helicon* (Oxford: Oxford University Press, 1997); and more generally W. Burkert, *Babylon, Memphis, Persepolis*: *Eastern Contexts of Greek Culture* (Cambridge, Mass.: Harvard University Press, 2004) 但是,在第16页和第18页提到,希腊人本有可能采用现代的字母形式,并从左向右地书写,就像我们所读到的那样。

多纷争。所以到最后,他们(在经过正式的合议过程以及派人到希腊进行法律探寻之后[5])在铜板上刻下了一些关于如何解决争端的最基本的原则,试图以此抚慰民众。这些所谓的《十二铜表法》(时间约为公元前450年,或第一圣殿倾倒之后,亦即不成文摩西律法的时代)常常被当做是罗马法以及大陆法的开端(第一次通过立法实现的法律"征用"),然而,这些东西真的只是在特定的时间在特定的城市所进行的一次和平努力而已。[6] 许多重要的事情早就已经出现了(譬如,前苏格拉底哲学),而要形成一种独立传统的话,后面要做的还有很多。传统的形成就是跨越数个世纪的工作、工作和工作,而没有什么普世大同的期待。

渊源和制度

原生传统并没有所谓的法律渊源。那么法律渊源会是什么东西呢?历史上一种法律渊源的形成,意味着在当时出现了一种用于实施改变或动摇的合法手段,即一种对这个必须被变革的世界的威胁。因此,你首先必须将法律渊源的概念,置于人们对他们的生活应该如何被管理的问题的思考方式中。这意味着一个循序渐进的过程;你不能简单地创设一些法律渊源。这会被认为是不正当的。所以,罗马法传统并不是从所谓的立法中产生的,更不是法典化。当时的确有一些偶然的立法,与此同时,其他的社区还保留着他们的原生性质,然而,立法针对的是具有普遍重要性的特定问题。今天,我们称之为公法,但当时的立法只是形式上非常有限的公法,对个人的生活几乎或完全没有影响。涉及民众的法律必须从所有民众都以某种形式参与、并因其过程的参与性而具备合法性的制度中产生的。这也是原生传统的做法,尽管是在最脆弱的制度框架之内。

建立制度,通过公众的广泛参与,促进法律传统的发展壮大,这在世界范围内有两个主要的典范:一个是罗马法;另一个就是普通法。二者具体的做法虽然不尽相同,但都主

---

[5] M. Voigt, *Die XII Tafeln: Geschichte und System* (Aalen: Scientia Verlag, 1966) at 10—16(希腊语翻译人员甚至参与了铜表法的起草,有些内容直接来自希腊语文献)。然而,关于美索不达米亚的影响,R. Westbrook, "The Nature and Origins of the Twelve Tables" (1988)105 ZRG 74. 这些铜表有可能在其制成60年之后便已经毁灭,而罗马的历史记录仅始于公元前2世纪,因此这种填补"传统空白"的工作颇为繁重,而且富有争议; M. T. Fogen, *Romisches Rechtsgeschichten*, 2nd edn. (Gottingen: Vandenhoeck & Ruprecht, 2003) at 63—74("有效的文本")。关于木质文表(tabulae)发展成为罗马法主要记载形式的重要意义, E. Meyer, *Legitimacy and Law in the Roman World [:] Tabulae in Roman Belief and Practice* (Cambridge: Cambridge University Press, 2004), notably at 22 (文表通常是木质的,对其进行蜡封刻字,然后折叠或堆叠在一起组成一部"法典"("codex")),39 (到公元3世纪,开始形成建立文表馆(tabularium)的需求)。关于"法典"概念的后续发展,见本章"渊源和制度"。

[6] 关于"充公",M. Humbert, "Les XII Tables, une codfication?" (1998) 27 Droits 87 at 109.

张通过公众对制度框架的参与来实现法律的发展。你自己并不能实现这种发展,你能做的只是创造一个可能的起始点,并一连守候几个世纪。

即使在当时,罗马人也并没有建立法院系统并鼓励人们去求助。他们的初衷是很狭窄、很谨慎的。他们并未创造一个(未来可能会分裂的)职业法官群体;他们只是让他们的贵族或望族的一员(即承审员)以一种凭良知但外行的方式对个案进行裁断。在帝国的后期,这种模式引发了许多(被证明的)关于腐败的投诉;到那时才形成了上诉机制。[7] 而且,由于这些人都是贵族,并不是任何人都能请他们为自己的争议进行裁判。这种请求由一位官员,即执政官[8](一开始是由另一位贵族)来掌管,他有权在每年就职的时候,在一份布告上,指定可由贵族进行裁判的案件种类。在罗马法历史上的大部分时间里,当有人依法向执政官提出控诉时,执政官就会对承审官必须裁判的案件内容制作成书面程式令状。这就是(取代了较早的、仪式主义的语言程式(legis actiones)程序的)书面令状程序,如果你是一位普通法律师,你会觉得这种程序类似于某种令状制度(writ system),你真的说对了(但后者的出现要再晚一些)。直至罗马帝国末期,法院系统才作为持续扩张并日益腐败的罗马公权力的一部分在这个暮气沉沉的帝国里建立起来;此前请求承审官裁断案件的特别程序也因此而成为规则。从此,直接到法官面前进行告诉、而无须经过官方筛选的做法延续了上千年。

因此,当时并没有(或几乎没有)立法,法官全是外行。即便需要裁断的问题已经(由执政官)为他们做成了书面陈述,难道就可以指望他们懂得如何裁断了吗?他们需要外界的协助,而且必须是忠诚可靠的协助。于是,他们决定由祭司院(College of Pontiffs)的神职人员专门负责解释法律(决定其真实含义)。阿兰·华生最近写道,"我们不能夸大"这个决定"对整个西方世界后来的法律发展所产生的重要性"。[9] 从祭司及其后继者,即法律学家(jurisconsults,他们只是顾问,并不能做任何裁断)的不断发展的专

---

[7] J. Harries, *Law and Empire in Late Antiquity* (Cambridge: Cambridge University Press, 1999) at 110—13 ("上诉"), 153 ff. (承审官"令人讨厌的贪欲",各种监管的措施,包括个人责任);关于诉讼费成为向法庭求助的主要障碍,尽管政府公布了"收费明细表",但它里面充满了"故意为之的含糊其辞的条文主义细节", C. Kelly, *Ruling the Later Roman Empire* (Cambridge, Mass.: Belknap Press, 2004) at 138.

[8] 这个词似乎来源于 prae, 即预先控制的意思,有人认为执政官的职位旨在维系贵族对法律的控制,尽管已有《十二铜表法》; T. C. Brennan, *The Praetorship in the Roman Republic* (Oxford: Oxford University Press, 2000) at 62. 关于罗马法诉讼程序,参见 Jolowicz, *Historical Introduction to Study Roman Law* (1972), chs. 13 and 23; Buckland, *Text-Book Roman Law* (1963), chs. 13—15; Kaser, *Roman Private Law*, (1968), Pt. Seven.

[9] A. Watson, "From Legal Transplants to Legal Formants" (1995) 43 Am. J. Comp. Law 469 at 472 (解释的重要性,对"外来"(即异教)观点的排斥,对当事方经济和福祉考量的排除)。

业知识中产生了法律是一门学问、采用书面形式并要求严谨推理这样一整个观念。在帝国时期,法律典籍记载在纸草手卷之上;手卷随后变成了活页,最后装订成卷册(抄本)形式。[10]

实体、世俗法律

因此,罗马法起源于法律学家就具体个案或争议所给出的法律意见(或者"释疑解答")。所形成的法律也与生活非常相像,就像塔木德法律那样。罗马法当时有所谓人法(law of persons)或家庭法,反映了由家长、妻子和孩子以及奴隶所构成的古罗马家庭生活。婚姻在双方表达了以丈夫和妻子的关系共同生活的意思之后即可成立,但后来附加了形式各样的庆祝活动。古罗马奉行严格的一夫一妻制;蓄妾现象虽然存在,但所生子女不具有合法性,须计入母系血缘而不得成为父方的家庭成员。当然,这些子女也有可能准正,特别是父母双方事后结为夫妇的话。收养也是有可能的,当时有着各种形式的监护或守保护制度。既然婚姻是以合意为基础,所以,一般来讲,离婚不论对丈夫或是妻子而言也是如此。[11]

我们在前面提到,犹太法规定了财产所有权,而现在我们看到了[罗马法体制下]财产管理的多重标准。其对象可以世袭财产或世袭之外的财产;公有财产或神圣不可侵犯的财产*;主物或从物;动产或不动产。其分类不断细化。[12] 所有权制度在本质上是私

---

[10] Honoré, "Justinian's Codification" (1974) at 859; 称作"法典"(拉丁语原意为树干或木块)是因为原来的载体均系木质,更易于打开,而对基督教徒而言,则比羊皮卷册更易于藏匿;关于法典基于其易于书写的特性而对"西方理性"的转变所产生的重要意义, B. Stock, *Listening for the Text* [:] *On the uses of the past* (Baltimore: Johns Hopkins University Press, 1990) at 125("使索引、事实搜寻、以及参考知识的积累变得更容易")。

[11] Jolowicz, *Historical Introduction to Study Roman Law* (1972) at 235(谈到了奥古斯都(Augustus)为解决离婚率居高不下的问题所作的各种努力,大部分都归于失败); D. Johnston, *Roman Law in Context* (Cambridge: Cambridge University Press, 1999) at 36(离婚并没有耻辱的含义;西方法律现在正朝古罗马模式的方向发展)。妇女受到各种形式的监护,但其中的理由被盖尤斯批评为"似是而非",有人主张,"妇女与男性相比,根本不必要承受这么严苛的限制"。参见 J. Gardner, *Women in Roman Law and Society* (Bloomington: Indiana University Press, 1986) at 5,21,263—4; A. Arjava, *Women and Law in Late Antiquity* (Oxford: Oxford University Press, 1996) at 113 (little de facto power of guardians) and 70,71,129(关于妇女、妻子的财富,男性对于"富有的妻子"的担忧); Johnston, above, at 40(监护制度就是"纯粹的形式",罗马的妇女"甚少有经济独立"的情况); U. Wesel, *Geschichte des Rechts* (Munich: C. H. Beck, 1997) 204(妇女的状况"比在希腊法律之下要好一些")。

* 即私有财产。——译者注

[12] 参见 Buckland, *Text-Book Roman Law* (1963) ch. 5; Kaser, *Roman Private Law* (1968) Pt. Three, §18.

有化的，但也存在某些类似信托的关系，即一个人有责任照管他人的财产。[13] 还有许多亚于所有权的法律形式存在，例如不转移财产占有权的抵押权（hypothec），这是一种抵押权（mortgage）的通用等价形式。[14] 无偿保管货物的寄托（deposit）也是存在的，并对普通法上的寄托（bailment）产生了影响。[15] 此外，合同就是各种各样的合同（采用复数），没有总体的、合意的概念。[16] 因此，那里存在有真正的（要求给付的）合同；口头合同（誓词）；文字合同（书面化）；以及在特定情况下的合意合同（买卖、租赁、合伙、委托（代理））。侵权行为将受到法律惩罚，但并不没有统一的责任概念，不论是过错、过失或某些更严格的形式。根据关于损害如何造成（焚烧、毁坏或抛弃财产，造成肢体残疾等）的客观描述，一旦责任的条件被满足，责任就成立。[17] 责任也只是被描述的客观现象。除此以外，还有公认的准合同的制度，而这可是两千多年以前的事情。

因此，罗马法确实令人景仰，因为当时的法律学家已经能够如此令人信服地对调整复杂的人与人关系的各种条件进行陈述。罗马法律史的发展有许多起伏；而第一流法学家，即其观点持续时间最长的法学家的时代，则从公元前1世纪延续到公元3世纪中期。盖尤斯（Gaius）正是在这个时代的末期写成了著名的《法学阶梯》（Institutes），或称为入门书（hornbook）。从那时起，情势开始趋于稳定；到公元5世纪中叶，基于社会主流的意见，帝国制定了引证法（以建立法律秩序）：伯比尼安（Papinian）、保罗（Paul）、盖尤斯、乌尔比安（Ulpian）和莫德斯蒂努斯（Modestinus）被奉为最高权威；当他们的意见有冲突时，以多数意见为准；当各种意见难分高下（tie）时，以伯比尼安的意见为准。[18] 在同一个世纪晚些时候，罗马帝国就崩溃了；半个世纪后，开始在东罗马执政的查士丁尼一世下令进行法律编纂。经过三四年齐心协力的工作，编纂在公元533年完成，它与巴比伦《塔木

---

[13] 这使很多人，特别是培根（Bacon）和布莱克斯通（Blackstone）坚信，信托制度起源于罗马法。参见 D. Johnston, *The Roman Law of Trusts* (Oxford: Oxford University Press, 1988)。关于其他的解释，参见第七章"比较之实践"。

[14] 虽然抵押制度传统上要求将抵押物的占有权转移给债权人，同时确保债务人在清偿债务之后有赎回的权利，但是罗马法上的抵押权只是一种纯粹的担保机制，并不要求抵押物的占有实行完全转移。

[15] 主要是通过以下判决，Holt C. J. in *Coggs v. Bernard (Barnard)* (1703) 2 Ld. Raym. 909.

[16] W. Buckland and A. McNair, *Roman Law and Common Law: a Comparison in Outline*, 2nd edn. By F. H. Lawson (Cambridge: Cambridge University Press, 1965) at 265.

[17] 参见 Kaser, *Roman Private Law* (1968) at 214,215.

[18] 但是，昂纳（Honorés）教授却认为这是4世纪，伴随着在康斯坦丁堡（Constantinpole）的一所新的设有法学科目的大学的建立而出现的拉丁语复兴的一种表现。Honoré, "Justinian's Codification" (1974) at 862. 关于法学家，参见 Dawson, *Oracles of Law* (1968), ch. 2（"罗马法的遗产"），§§ 3 and 4; Jolowicz, *Historical Introduction to Study Roman Law* (1972) at 374—94, 451—3.

德》的时代大致相当。[19] 这部查士丁尼的主要汇编被称为《学说汇纂》(Digest)或《学说汇编》(Pandects,来源于希腊语,意为一切皆包括在内),但它还是难免挂一漏万。如果它只是包括在没有系统编排的情况下收集的法学家的观点,那么这次编纂只能算是一次观点筛选。其中既有包括,也有排除。[20] 当编纂完成,它就再也不会吸收新的内容了。查士丁尼禁止人们对这部汇编作任何进一步的评论[21];在这点上,它跟《塔木德》截然不同。

罗马法与欧洲法律

罗马人将他们的法律传播至欧洲各地,最北到达今天的德国,最西到不列颠群岛。当时在欧洲,许多人对罗马法并不陌生,但那是征服者的法律,因而并不是总受到欢迎。当罗马人最终被击退之后,其法律也被驱逐,而那些仍旧为每个人所铭记的古老的原生法律因此再一次成为欧洲各地的法律。因此,这是一种在充分了解其他选择的情况下对一种不同的法律传统的再主张(re-assertion)。这种再主张并不是转瞬即逝的;除了意大利和法国南部的一些发展不成熟的罗马法律形态能得以维持外,这种再主张从根本上将罗马法从欧洲版图排挤出去长达数个世纪。即便当11世纪罗马法被"重新发现"之后,反对的声音仍旧持续了好几个世纪,至今并未完全消失。

我们已经了解了在这个时期高于罗马法的原生法律。这些法律几乎都是不成文的;其中没有多少关于合同或者债权债务的内容;其家庭和继承的法律使庞大的家族聚合在一起,因为许多任务都必须由众多的家庭成员共同完成;其物权法主要关注社区的使用

---

[19] 最权威的研究是,Bluhme, "Die Ordnung der Fragmenten in der Pandektentiteln" (1820) 4 ZGR 257;关于最近的评价,T. Honoré, "Justinian's Digest: The Distribution of Authors and Works to the Three Committees" (2006) 3 Roman Legal Tradition 1, notably at 37 关于"一个一致的并且复杂的题目的"分工情况。

[20] 当时有 1528 部经典著作,最后减少到总数的 1/20。Honoré, "Justinian's Codification" (1974) at 877, 878。

[21] 参见 S. P. Scott, *The Civil Law*, vol. II (Cincinatti: The Central Trust Co., 1932), Second Preface to the Digest or Pandects, para. 21, at 196; *The Digest of Justinian*, trans. A. Watson, vol. I (Philadelphia: University of Pennsylvania Press, 1985), at xlix. 查士丁尼还严禁拿讲授罗马法的法学教授开玩笑,不过没有定出惩罚办法。Scott, above, this note, First Preface to the Digest or Pandects, para. 9, at 188; *Digest of Justinian*, above, this note, at liii, liv. 当时还有一本供学生用的简明教科书,*Justinian's Institutes*, trans. P. Birks and G. McLeod, with Latin text of P. Krueger (Ithaca, N.Y.: Cornell University Press, 1987); and E. Metzger, *A Companion to Justinian's Institutes* (London: Duckworth, 1998)(一本关于教科书的教科书)。

权,而非任何正式的或个体的所有权概念。[22] 其法律上的概念为保有(seisin,法语 saisine,德语 Gewehr),其性质通常为连带或集体共有("干草归一人,再生者归其他人,或者树木归一人,芳草归其他人")。[23] 当代瑞士法律中的公有地就是一种欧洲形态的原生观念的典范。[24] 当时,封建主义将法律及其民族都附着于土地之上;它还助长了精英阶层的膨胀和社会不平等的加剧。到那时为止,基督教已经传遍整个欧洲;6 世纪的奥古斯丁(Augustine)开始宣扬内省(innerreflection)与属灵(spirituality);12 世纪的阿奎那(Aquinas)将基督教与希腊哲学联系起来,认为应当为人类的发展和创造留有一定的空间。

在 11 世纪到 13 世纪欧洲发生的一些喧嚣事件中,罗马法迅速回归。在很短的时间内,国家与教会的分离被确立,大学出现,法律职业形成,司法证据制度发生了实质性的变革,罗马法复兴,希腊哲学重见天日;普通法也开始了它自己特有的、不平凡的历史。与此同时,迈蒙尼德也撰写了他自己的改革性的《塔木德》。这一切的迅速发生,与当时阿拉伯人已经占领了包括西班牙的环地中海地区的大片土地有密切的关联。这些阿拉伯人也有一些富有影响力的关于法律的观点。[25] 不论最根本的原因是什么,欧洲的第一次文艺复兴*标志着原生法律的基础地位受到了进一步的挑战,而非常有意思的事情也随之而来,一系列不同的法律传统罕见地同时出现了。

我们在前面章节提到,原生传统的法律程序本质上是开放性的;它们没有诸如罗马法的执政官或者普通法的书记官(保存令状的人)等障碍。我们还提到,罗马法通过采

---

[22] 参见第三章,关于研究这个时代的(法律、民族及其他事物的)的一本新期刊,*Early Medieval Europe*, first vol.: Longman, 1992, 刊登的文章,诸如 P. Amory, "The meaning and purpose of ethnic terminology in the Burgundian laws" (1993) 2 Early Med. Eur 1. 在罗马法的影响下,欧洲大陆原生法律在 5 到 6 世纪时也开始了成文化;参见 *The Laws of the Salian Franks*, trans. K. F. Drew (Philadelphia: University of Pennsylvania Press, 1991),关于在英国的类似发展,参见第七章,注解 1。

[23] A.-M. Patault, *Introduction historique au droit des biens* (Paris: Presses universitaires de France, 1989) at 134;关于欧洲占有概念的社区性,参见 F. Joiion des Longrais, *La conception anglaise de la saisine du xiie au xive siècle* (Paris: Jouve, 1924), notably at 43. 在诺曼征服之前,在英国盛行的条顿人的(Teutonic)土地占有方式,包括福克兰(folcland)制,即民众依习惯法所占有的土地;参见 K. Digby, *An Introduction to the History of the Law of Real Property with Original Authorities* (Oxford: Clarendon Press, 1875) at 3.

[24] 参见第三章"生活之道"。

[25] 关于这个时期欧洲法律对伊斯兰法律的"吸收",这在今天"甚少被承认,只留给学术界研究",H. Hattenhauer, *Europäische Rechtsgeschichte*, 2nd edn. (Heidelberg: C. R Müller, 1994) at 160;关于在大陆法和普通法中都存在的伊斯兰现象,参见第七章"法官和审判"。

* first European renaissance,本书作者将欧洲 11 世纪至 13 世纪的变革称为第一次文艺复兴,注意与通常所说的 14 世纪至 17 世纪的文艺复兴相区别。——译者注

纳所谓的特别程序废除了这种障碍,这意味着这种障碍的支配地位的丧失(公元4世纪)。因此,这两种传统都有所谓实体法的概念;不论其成文与否,它们都强调了实体义务,也许甚至有实体权利。由于实体法的存在,当时一般认为,法官必须查清事实,然后实体法才能准确地适用。程序必须是调查性的(investigative)(与普通法法学家的理念不同)。[26] 同样,还必须建立上诉法庭,因为根据一些独立于判决之外的标准而言,在实体上有误的判决是不合法的。它必须被撤销。[27] 因此,在11世纪的欧洲大陆出现了某种内在的一致性。如果历史上发生了关于选择何种类型法律的大辩论,那么所有人,基于程序、法庭或机构必须开放的要求,都会同意那样的一场辩论应该围绕选择何种类型的实体法来展开。[28] 用普通法的语言来说,那一个封闭的令状制度从来都不会有任何真正的问题。而用现代的语言来说,则是没有人会提出所谓的欧洲原生法律和罗马法之间的不可比性的议题。在没有任何概念性或制度性障碍,并受到高度文明的阿拉伯世界的直接外部挑战的情况下,欧洲必须在法律制度的发展上统一步调。当时,基督教已不再是主要的障碍了;从4世纪起它一直在教会之内发展自己的法律形式(即后来的教会法),[29] 到12世纪,主要的法律著作都是由教会法学家,特别是格拉提安(Gratian)所编写。[30] 教

---

[26] 关于采用德国模式的大陆法诉讼程序,参见 B. Kaplan, A. von Mehren and R. Schaefer, "German Civil Procedure" (1958); J. Langbein, "German Advantage in Civil Procedure" (1985);关于不同类型的程序的命名,参见本章"建立国家法律"。

[27] 这个表述来自 A. Tunc, in "La Cour judiciaire supreme: Enquete comparative; Syn these" Rev. int. dr. comp. 1978. 5 at 23 ("判决与法律相符,则应被维持;与法律不符,则应被撤销。它应被撤销;如继续存在,则令人厌恶")。

[28] Lupoi, *Origins European Legal Order* (2000) at 197 关于作为大陆法历史特征的,随时并且不延误地向法官求助的权利。

[29] "教规"("canon")一词来源于希腊语"kanon",意为测量尺或规则。

[30] 他的《不和谐教规之协和》(*Concordance of Discordant Canons*)一书,约作于12世纪40年代,被称为"西方历史上第一部全面而系统的法律专著";Berman, *Law and Revolution* (1983) at 143. 对其与声名日隆的罗马法之间有密切关系的起源所作的计算机调查研究,A. Winroth, *The Making of Gratian's Decretum* (Cambridge: Cambridge University Press, 2000),在第1页提到,格拉提安"只能确信是一位天堂里的人物"。教会法如今已成为罗马天主教会的内部法律,此外还有英格兰教会的"教会"("ecclesiastical")法和其他教会形式各异的内部法令。关于教会法连续的法典化过程(1500,1917,1983)以及天主教会的正式制度(可见,大量地复制了世俗的西方法律),参见 J. Gaudemet, *Le droit canonique* (Paris: Cerf/fides, 1989); P. Valdrini (ed.), *Droit canonique*, 2nd edn. (Paris: Dalloz, 1999); J. Hite and D. Ward, *Readings, Cases, Materials in Canon Law* (Collegeville, Minn.: The Liturgical Press, 1990), Pt. IB (尤其是引用了泰勒(J. Taylor)的文章,《神父时代的教会法》("Canon Law in the Age of the Fathers")第43页,"可与任何国家的法律制度相媲美的一种法律,一种真正的法律"以及第48页,关于基督教教义从犹太教义分离出来的过程中"基督教哈拉卡"的发展); R. Helmholz, *The Spirit of Canon Law* (Athens, Ga.: University of Georgia Press, 1996); *Ius ecclesiae: Revista internazionale di diritto canonico*.

会法在欧洲原生传统缓慢的覆灭过程中发挥了重大影响,从而在罗马法之外占据了一席之地(而成为"二元法律",或者更准确地说,一种和另一种法律,拉丁语 utrumque ius)。[31]

然而,这是一个漫长的过程,因为,假如罗马法被视为法律训练的基础的话,那么它仍然保留着的古罗马的特征就需要被彻底变革以适应现代欧洲的情况。所以,那些伟大的、新式的、将法律和神学作为基础学科的大学,就肩负起了将罗马法现代化的使命。最终,罗马法成为欧洲大陆法的构建基础。这个过程持续了好几个世纪,并充满了学理上的模糊性。几个世纪以来,那些对罗马法进行注释的人所展现的似乎更多的是犹太法的精神,而非大陆法精神。他们更热衷于提问(quaestiones)而非解答;更热衷于收集观点而非筛选观点;更热衷于辩论而非行动。他们或许自认为在复兴一种更加古老的、讲究修辞艺术(rhetoic)的传统。[32] 在意大利,他们的学理领袖是巴图鲁斯(Bartolus),在随后的几个世纪里,有一种说法说"我们都是巴图鲁斯主义者"(siamo tutti Bartolisti)。[33] 然而,用一般性的语言来说,这个过程也在创造一种新的、具有可适用于欧洲任何地方的实体法。它在当时被称为是共同法或 ius commune(欧洲历史上出现过许多的这样的共同法,但各不相同,我们这里谈到的共同法是以"两种法律"*为基础的)[34];它慢慢地开始在欧洲各地以劝谕性方式发挥它的影响。[35] 在这个过程中,基督教会扮演了一个主要的、统一领导的角色。[36] 这个继受的过程,就像后来国家的概念在世界范围内被接受一样,因地域不同而不同。这种统一的实体法对德意志国家的影响最为深远,这些国家都有作为第一罗马帝国以及(性质完全不同的)神圣罗马帝国(即查理曼大帝的国家)后裔的自我认同。但是,这种法律遭到了法国国王们的抵制,他们并不认为自己与那些德意志诸侯们同属一个新帝国。这样的抵制也在斯堪的纳维亚地区出现,启蒙运动的理念

---

[31] Wieacker, *Private Law in Europe* (1995), ch. 4("教会法及其对世俗法律的影响")。二者并未融合,产生了许多关于它们之间差异的文章。

[32] 关于修辞传统,以及同时存在的意大利法律研究风格(mos italicus),T. Viehweg, *Topics and the Law*, 5th edn., trans. W. Cole Durham Jr. (Frankfurt: Peter Lang, 1993) notably at 53,54;关于与围绕中心内容进行注释,就像塔木德对密什那那样的犹太经文的相似性, van Caenegem, *Historical Introduction to Private Law* (1992) at 51;关于犹太经文,参见第四章"行文的风格"。

[33] 参见 W. Rattigan, "Bartolus" in J. MacDonell and E. Manson, *Great Jurists of the World* (London: John Murray, 1913) at 45, with refs.

* 指大陆法和普通法。——译者注

[34] 关于在全球化时代复兴的多种共同法,参见 Glenn, *Common Laws* (2005)。

[35] 关于共同法文献的缓慢而大规模的增长,参见 Going (ed.), *Handbuch der Quellen* (1973—7)。

[36] Bellomo, *Common Legal Past* (1995), notably at 101("一个统一的、基督教的帝国"的概念)。

在进入"北方更加寒冷的气候"之后便失去了它的一些吸引力。[37] 抵制常常是以旧的法律,即本身通常被视为是由神所启发的原生法律的名义进行的。德语中,对那些富于理性的新生代罗马法律师进行宗教性和习惯性的诬蔑就是,"律师,败坏的基督徒"("Juristen, böse Christen")。[38] 在为教会正本清源的改革过程中,路德也对律师进行了攻击。"你们想成为律师的真正原因",他说,"就是钱。你想变得富有。"[39] 这样的说法至今仍伴随着我们。

构建国家法律

尽管如此,法律中的理性传统永不会改变。当时,有太多优秀的思想在涌动,这样一种"清晰观点的混合"必然带来更多的发展。那些操纵着政治权力人对这些新思想的特点并非一无所知。在 17 世纪,路易十四的一系列敕令开创了欧洲大陆中央集权创建国家法律制度的先河。将法语记载的法律(French Law)作为法国法(as French Law)来教授的理念,早在 16 世纪便已形成[40],在同一个世纪,法语通过立法被确立为法国的官方语言,即使当时只有少数人能说法语。1804 年,拿破仑主持下的法国私法编纂,这是世

---

[37] Zweigert and Kötz, *Introduction Comparative Law* (1998) at 285(斯堪的纳维亚国家早在 17 世纪便已制定了完整的法律,甚至是法典,但是(第 284—5 页),并没有"科学化"、过分的概念化或大范围引进理论体系);D. Tamm, *Roman Law and European Legal History* (Copenhagen: DJOF, 1997) at 218(罗马法并不被认为是普通法的一个分支)。

[38] 参见 Strauss, *Law, Resistance and State* (1986);J. Whitman, "Long Live the Hatred of Roman Law!" Rechtsgeschichte 2003. 40(关于现在对狭义的、唯物的、不足以反映古罗马宗教仪式、忠诚规范、道德标准的罗马法进行再批判的需要,以对非西方的法律传统作出回应);关于欧洲的反对意见,R. Moore, *The Origins of European Dissent* (Oxford: Basil Blackwell, 1985);J. Scott, *Domination and the Arts of Resistance* (New Haven, Conn.: Yale University Press, 1990)(关于永远相伴的压迫和反抗,引用了埃塞俄比亚的谚语,"当高傲的领主走过的时候,聪明的农民会深深地鞠躬,并悄悄地放屁");E. P. Thompson, *Customs in Common* (New York: The New Press, 1993) at 102(与土地有关的习惯从不是"事实",而是一种包含了实践、传承的期待和规则的充满希望的环境)。

[39] Strauss, *Law, Resistance and State* (1986) at 183.

[40] T. Carbonneau, "The French Legal Studies Curriculum: Its History and Relevance as a Model for Reform" (1979—80) 25 McGill L. J. 445 at 448—52("路易十四对法学教育的改革")。

界上第一次国家的、系统的、理性的法典化。[41] 它被视作一部使法兰西国家得以凝聚的法典,根据它的第一条规定,法典的生效范围,得连续每天以巴黎为中心向外作同心圆扩展,每天扩展的幅度都比前一天更大。1900 年的《德国民法典》则将系统性法律思维推向了更高的层次。尔后,整个欧洲,包括东欧和俄罗斯,都不得不制定自己的法典。这是一种终于有了出头之日的理念,是长期斗争的巅峰,是一种有着悠久历史的传统的顶点。

今天,原生法律在欧洲近乎绝迹,只有生活在斯堪的纳维亚和俄罗斯北部的萨米人还在某种程度上保留着这种传统。[42] 当萨维尼为法学的"历史学派"进行辩护而在德国扬名立万的时候,他所说的并不是古老的原生(德语 volk)法律,而是古老的罗马法——与新生的国家法典相对的欧洲古老的、罗马时代的、统一的法律。[43] 而且,欧洲大陆和拉丁美洲的法律程序和制度,都反映了成文法的存在。既然它存在,它就必须被强制性地执行,而法官则必须主动建构足以证明法律适用的正当性的事实基础。普通法律师则

---

[41] 关于法国的法典化进程以及法典的概况,参见 J. Vanderlinden, *Le concept de code en Europe occidental du XHIe siecle au XIXe siecle* (Brussels: Institut de sociologie, 1967)(法典的概念是一个全体的概念,包括了所有或绝大多数的具有约束力的法律,有助于对法律的理解); C. Szladits, "Civil Law System" (1974) 15 at 67 ff.; Herman and Hoskins, "Perspectives on Code Structure" (1980); R. Batiza, "Origins of Modern Codification of the Civil Law: The French Experience and its Implications for Louisiana Law" (1982) 56 Tulane L. Rev. 477; C. Varga, *Codification as a Socio-Historical Phenomenon* (Budapest: Akademiai Kiado, 1991)(法典有助于"中产阶级的转化",如今再也没有法典规定的法律和法官判定的法律之间的尖锐对立了); Wieacker, *Private Law in Europe* (1995) at 257 ff. (所谓的"自然法典"); R. Zimmermann, "Codification: history and present significance of an idea" (1995) 3 E. R. P. L. 95 (对作为"特殊历史现象"的法典化进程的概述); H. P. Glenn, "The Grounding of Codification" (1998) 31 University Calif. Davis L. Rev. 765 (以魁北克、俄罗斯、越南为例,说明现在法典的制定是根据当地具体情况,不再是"自然法典")。

[42] T. G. Svensson(ed.), *On Customary Law and the Saami Rights Process in Norway* (Tromso: Universitetet I Tromso, 1999); M. Ahren, "Indigenous Peoples' Culture, Customs, and Traditions and Customary Law-the Saami People's Perspective" (2004) 21 Ariz. J. Int'l. & Comp. L. 63.

[43] 他认为新生的国家法典不过是当今的、现代的罗马法,in his 8-vol. treatise, *System des heutigen romischen Rechts* (Berlin: Veit, 1840—9)。但是,萨维尼其实是一个法典论者,尽管他反对法典的制定,可是,他自己就为法典化做了许多准备工作。萨维会挑选它们需要的东西,甚至会吸收与它们所拣选的事物相对立的事物。关于罗马法传统的现状,参见 Zimmerman, *Law of Obligations* (1990); Zimmermann, *Roman Law, Contemporary Law* (2001), notably at 100 关于《德国民法典》"扎根于普通法",其本身是"一个延续的传统的一个转型的阶段";关于罗马法对现代法典化进程的持续影响,H. Ankum, "Principles of Roman Law Absorbed in the New Dutch Civil Code" in A. Rabello (ed.), *Essays on European Law and Israel* (Jerusalem: The Harry and Michael Sacher Institute for Legislative Research and Comparative Law, 5757—1996) at 33.

将其贬斥为"纠问式"的程序。[44] 大陆法世界则对此没有任何叫法，只把它看成是一种在万事俱备的情况下你必须遵循的程序。法官是被假定为通晓法律的（jura novit curia），他们必须在法律应被适用的场合适用法律。[45] 法官还必须是常驻的（resident）；成文法不会等待法官们开车（或者坐飞机）巡回办案。法院系统，虽然可以考虑适用原生法律，或者如果你愿意的话，称其为习惯法，但它并不是正式的法律渊源，当然，需要再次说明的是，这种情况似乎正在改变。因此，欧洲现在认为原生法律主要存在于世界上的其他地方，对原生传统的争论就是对另一种在本质上在欧洲已经丧失其支配地位、但现在又重新崛起的法律传统的争论。今天，对法律的理性传统的反对主要是对这种传统在欧洲范围内的进一步扩张的反对。这牵涉到法律身份、欧洲各种不同的传统之间的关系等重大问题：欧洲的法律中还有其他的法吗？或者说，是否其他的法律只在欧洲之外存在？[46]

法典的理性

至此，我们已经讨论了我们所知道的大陆法传统的一些显著的特征——法典、大量的常驻的司法审判官员、由法官控制的程序（我们就称其为纠问式好了）、不容许法官造法、法学教授的历史声望（与耶稣关于"律法师"（teachers of the law）的论断形成鲜明对比）。[47] 有些特征相对地比较古老，存在了上千年（常驻法官、纠问式程序、法学教授）；

---

[44] 相应地，大陆法律师也会将普通法的"抗辩式"程序看成是"纠问式"。比较中立而不带贬损色彩的表达应该是，"调查式"和"抗辩式"。关于普通法世界的程序变革，即强化了法官的职能，从而更接近民法模式，参见第七章"普通法与民族—国家"。
[45] 参见 J. A. Jolowicz, "Da mihi factum dabo tibi jus: A problem of demarcation in English and French law" in *Multum Non Multa: Festschrift für Kurt Lipstein* (Heidelberg/Karlsruhe: C. F. Müller, 1980) at 79.
[46] 参见下文"欧洲身份"。
[47] 参见第四章《塔木德》与腐败"。但是，关于当前的学院派影响力下降和司法领导力的上升，S. Vogenauer, "An Empire of Light? Learning and Lawmaking in the History of German Law" (2005) 64 Cambr. LJ. 481, at 500（在德国，教授以权威身份决定法律命运的时代"一去不复返了"）；P. G. Monateri, "Shifting Frames: Law and Legal 'Contaminations'" in Lena and Mattei, *Introduction Italian Law* (2002) 21 at 29（意大利教授们对于理论和"智慧"的过分强调，造成了"对知识分子的普遍不满"，从而使司法的角色得到强化）；关于"原理"在法国的得失，Ph. Jestaz and C. Jamin, *La doctrine* (Paris: Dalloz, 2004), notably at 166, 296（关于对社会科学新近成果的质疑，其本身被认为是无法产生可预期的结果，引用了美国的争论）。

有些则是后来出现的(法典、不容许法官造法)。[48] 因此，即便是传统的一些基本特征，也经历过很多的变迁。如果我们审视这个传统从《十二铜表法》到现在的整个发展过程，会发现这种变迁其实更大。面对传统所呈现的所有多样性，我们该如何归纳它的根本特征呢？

法律的扩张

大陆法传统的历史大部分都与原生法律传统有着不可分割的联系。然而，这个历史是大陆法的扩张史，当然，罗马帝国覆灭之后原生法律重新崛起的约500年时间是个显著的例外。大陆法的角色首先在罗马帝国内发生扩张。从帝国早期充满刚性并且形式化的程序、并在本质上只适用原生法律的时候起，大陆法就不断地在实体和程序两个方面发展壮大。它的内容在实体上足以处理所有的社会问题，并在大概一千年之后，法院系统最终向全民开放。令状程序制度对一种不断扩张的实体法而言，已显得过分严格。

自其被重新发现时起，罗马法继续着它的扩张，尽管它必须再一次赢得那些恪守原生方式的人。它这样做的基础在于它在大学和中央政治权威中树立的地位。它的成功也部分在于对原生法律的吸收。那些所谓的各地习惯都被成文化了(《巴黎习惯法》就是一个典型)；其内容因此变得有书面依据可循；如果书面的内容改变了，习惯的内容就会随之改变。[49] 当这些书面的内容被称为法令或者法典时，那么立法者或者立法机关的创造法律的权力就变得更加确定。法律可以在立法的权限之内进行扩充。最令人惊讶的例子就是《法国民法典》的第1382条，这一条简单地规定，任何因自身过错而导致他人受到损害的人都必须为此损害进行赔偿。罗马法规定的各种具体的过错行为都不见了，由具体的损害案件所催生的客观责任原则也没有了。这些都被斯多葛(Stoic)哲学的一项原则所取代，即巨大的解释权和[法律]对社会生活的无所不及。1900年的《德国民法典》中对关于侵权行为的规定则是一个更具体的例子，特别是它拒绝了所谓的道德

---

[48] 关于大革命前，法国法律史上一贯对判例法的适用，Dawson, *Oracles of Law* (1968) ch. 4 ("法国的偏离")，notably at 337 ("一份文表就可以表明，从1600年到1750年，法国在遵循先例方面要远胜过英国")；关于"法官制定的"法国行政法，Bell, *French Legal Cultures* (London: Butterworths, 2001), ch. 5, and 256.

[49] 关于这个过程，参见 H. P. Glenn, "The Capture, Reconstruction and Marginalization of 'Custom'" (1997) 45 Am. J. Comp. Law 613; and more generally, J. Gilissen, *La Coutume* (Turnhout, Belgium: Brepols, 1982), with references; van Caenegem, *Historical Introduction to Private law* (1992) at 35—45, 68; 关于欧洲早期的立法观念，即对已具有约束力的内容进行陈述，很有可能因为"习惯"的变革而再次呈现，J. Kelly, *A Short History of Western Legal Theory* (Oxford: Clarendon Press, 1992) at 139, 185, 186.

或非财产性的损害。这可能跟萨维尼有点关系,他主张法律不应该涉足人类的情感世界。然而,当代的判例法已经承认了隐私权,而侵权行为法(Deliktsrecht)现在在德国所具有的潜在影响与其在法国一样巨大。[50]

国家正式法律的增多必然意味着其他形式的社会凝聚力或"黏合"(glue)的减小。原生传统已大体被排除;宗教和宗教性的道德标准还保留着一席之地,但并不是在公共生活中(所以,教会和国家的分离在一些地方但不是所有地方获得了正式承认);那些细微的、本地的生活方式——社区的、工作的、比赛的——已受到法律的制约,并且不可避免地消亡,尽管当代的法律社会学为使其重回法律生活做了大量的工作。在没有制度性障碍(令状程序)的情况下,法律可以在本质上涉及任何事务,从而使其文本迅速增多。不仅仅是民法典;还有刑法典、商法典、城市法、行政法、森林法、税法、体育法,而它们又会有各自的实施条例,如此类推,不断深化。国家,自其在17世纪被概念化并被命名之后,似乎被认为是"无所不能"。[51] 它可以公开宣布自己是唯一的法律渊源,但这种说法被拿来跟那个靠拉自己的靴襻爬出沼泽地的孟豪森男爵(Baron of Munchausen)相提并论。[52] 法律变得专门化[53];就其调整范围而言,它几乎成了犹太法律,但其表述方式有着明显的不同。

法律的表述

随着世俗的大陆法不断扩张,它的语言也在改变。这跟人文主义以及人文主义(或明确的)理性有关系。《塔木德》几乎调整一切的事务,但它从不放弃来自日常生活的技

---

[50] 从 1954 年联邦最高法院(Bundesgerichtshof)的一个判决开始,reported at BGHZ 13,334.

[51] M. van Creveld, *The Rise and Decline of the State* (Cambridge: Cambridge University Press, 1999) at 183 (emphasis in original) and 126 关于"国家"一词只在 17 世纪才开始使用。试比较,关于最近宣称的,绝对适用法典(codes of exclusive application)的理念的失败,及重塑法律传统的历史渊源的需要,E. Bucher, "Rechtsüberlieferung und heutiges Recht" ZeuP 2000.394.

[52] J. Griffiths, "Recent Anthropology of Law in the Netherlands and its Historical Background" in K. von Benda-Beckmann and F. Strijbosch (eds.), *Anthropology of Law in the Netherlands: Essays of Legal Pluralism* (Dordrecht: Foris, 1985) 11 at 41. 有时,这是一个自证的过程("拉自己的鞋襻",该习语源于孟豪森男爵的冒险经历,有自吹自擂的意味——译者注)。

[53] 关于所谓的现代民法的回归特性,即放弃以特定形式侧重对特定阶层、族群或利益群体进行管理的一般法律规范,参见 B. Oppetit, "Les tendances regressives dans l'evolution du droit contemporain" in *Mélanges Holleaux* (Paris: Litec, 1990) 317;关于在整个西方法律中出现的类似趋势,B. Rudden, "Civil Law, Civil Society, and the Russian Constitution" (1994) 110 LQR 56 at 67 ("毋庸置疑,在许多国家,法律在某种程度上出现了从契约到身份的回归,因为出于公共政策的原因,特定的阶层得到照顾,从而受到的保护要大于其他人;例如,房屋承租人、以自己的房屋作担保的借贷者、工人和消费者")。

术模式,即其民间综合性(folksy intricacy)。出于一些尚不甚明确的原因,这种法律风格终究不能满足民法传统的需要。倒不是罗马人有什么意见;他们的法律,用一个生僻的词汇来形容,就是决疑式的(casuistic)[54],并且是极端的决疑。其表述的抽象程度很低,接近于描述日常事件的层次。这就是为什么它的合同法是复合形式的原因;生活中有着多种的交易,而法律则必须紧扣这些交易的情形,反之却不然。有关侵权行为(又是复合形式的)和家庭关系的法律也是如此。因而,原生方式仍旧影响着罗马社会;即便法律交由法学家来解释,原生生活方式仍在法律上留下了自己的烙印。我们再一次遇到中间地带。对罗马法进行重新发展的巴图鲁斯主义者的提问风格,仍然保有着某种风格上的谦逊。提出问题比获得(日后可能发生改变的)答案更重要;理解比遵循更重要;社会契约的重要性并不仅仅在于它的精确度。然而,巴图鲁斯主义的风格,或传统,并没有维持下去;随着时间的推移,它变得难以令人信服,并如前文所说[55],屈从于宣告性或禁止性的风格("该不动产属于……";"不得……")。在西方所知的法律哲学的思想中包括一种哲学主张,即法律是主权者的命令。现在,大部分人都认为这样的主张过于简单,不足以成为一种法律哲学,但是,它也许从来就不是一种哲学,其表达的不过是对法律形成过程的一种观察。16世纪约瑟夫·卡罗编写的犹太法律评述同样省去了许多已经废止的法律,他在这一点上甚至超越了迈蒙尼德。[56]

然而,在大陆法世界,法律表述仍有多种形式。《法国民法典》相对来说没有太强的技术性;它的语言接近日常生活,结构也并不复杂。它主要由法律从业者根据民众的读写能力来起草。由于它把语言的简明和优美特性与概念范畴结合了起来,这部法典在世界范围内被广泛地效仿。有人说,这部法典在制定的时候不得不在更罗马化的法国南部和更原生化的法国北部之间实现一种折中。《德国民法典》的制定则更晚;让包括萨维尼在内的学说汇纂派(pandectists)有了另一个世纪的时间来对他们的观点进行提炼。这

---

[54] 诡辩(Casuistry,来自拉丁语 casu,即案件)原本是处理个案或特定案件的神学法则,也是犹太思想中不可或缺的内容,不过大多数人都没有看到它的真实价值。它在奉行基督教的西方世界的地位其实更加特殊,常常充当一种与"基本原理"("first principles")的推理方式相对立的"不祥之兆"("sinister application")(《牛津英语辞典》)。参见 A. Jonsen and S. Toulmin, *The Abuse of Casuistry* (Berkeley/Los Angeles/London: University of California Press, 1988),以及下文的讨论,参见第十章"二价和多价"。关于法律表述从附条件的、讲故事的("如果一个人偷了一只羊……")形式到相对的、分类的("偷了一只羊的……")形式的风格转变,这也反映出了一种"一般化、系统化的追求",D. Daube, *Ancient Jewish Law: Three Inaugural Lectures* (Leiden: E. J. Brill, 1981), Lecture III("形式就是信息"), notably at 73.

[55] 参见第四章"行文风格"。

[56] 关于犹太教的这些法典化行为,参见第四章"成文教谕的扩散"。

部法典大概是所有民法典中最抽象的一部,它有一个具有介绍性的适用于法典所有其他部分的总则篇,这一篇试图对行为能力、承诺或意思表示等基本概念进行解释,以便于后续的适用。没有人会把阅读这部法典当做是一种乐趣。在德国,它被贬称为"教授的法律"(Professorenrecht),并被恶意地嘲弄。[57] 然而,它也同样有它的吸引人的地方和优点,并被广泛地效仿,尤其是在大陆法世界以外的地方,包括美国。

法律在抛弃了决疑的表达而倾向于技术性的和抽象的表达之后,变得难以理解。因此,那些催生这种改变的人们,即大学教授,难免有利己之嫌。然而,我们不能按所谓利己的共谋来解释大陆法传统。有一些更为根本的原因促成了法典的制定及其表述的理性。这关系到人的价值,以及将人从外裹的大量社会结构中解放出来的需要。在欧洲,摒弃原生传统有着众多的理由。

以人为本和权利的增长

如果你生活在 14 世纪或者 15 世纪的欧洲,你很有可能会是某种奴隶。也许你不会被称为奴隶(有许多别的称呼)[58],但你的生活将承担着义务,这种义务并不是对你敬爱的神的义务,而是对一个你可能很讨厌的领主的义务。简言之,原生传统已经变成,尽管那里保存了对宇宙的敬仰,但有的人却要恪尽大多数的责任,而少数人则因此获利,其所获甚至是暴利。面对这种严重的社会不平等,有的人感觉受到了侵害,而不会认为这是什么普遍性的事物或是这种情形是必然的。如果这就是所谓的原生传统,那么这个传统已经变得腐败、分化并有了等级制度。来自并生活在这个传统内部的人们对此坚信不疑,因而希望通过建立另一种传统来改变自身的命运。

启蒙运动的思想将传统思想描绘成一种束缚而且不可改变。但是,启蒙运动思想本身的成功恰恰就是原生传统内在脆弱性的最好佐证。传统本身并不具有、其对自身也没

---

[57] 参见英文版, R. von Jhering, "In the Heaven of Legal Concepts" in M. Cohen and F. Cohen, *Readings in Jurisprudence and Legal Philosophy* (New York: Prentice Hall, 1951) at 678—89(难以进入的司法概念的天堂,萨维尼几乎被拒绝进入;这个天堂充满了各种活跃的司法概念和机器——发丝分离机器、虚构机器、辩证液压解释印刷机、用于探触事物底部的辩证钻孔机、令人眼花缭乱的辩证演绎过程)(该作者使用了一系列比喻来形容司法过程的繁杂——译者注)。

[58] 英语中的"农奴"("serf")一词,来源于拉丁语的"servus"(即奴隶),或"villein",相当于德语中的"Knecht"或处于"非自由状态"("unfrei")或属于"财产附庸"("estate bondage")("Gutsuntertanigkeit")。关于欧洲历史上的奴隶制,尽管不愿意使用明确的表述,U. Wesel, *Geschichte des Rechts*, above, at 286, 308. 它在欧洲一直持续到 19 世纪,于 1833 年在英格兰被废止,相继在其他地方,包括 1861 年在俄罗斯,1865 年在美国和 1888 年在巴西,被废止。J. M. Roberts, *A History of Europe* (New York/London: Allen Lane/Penguin, 1996) at 130, 220, 325.

有任何的控制力;传统是否具有说服力,取决于其当前对人们进行说服的效果。当时在欧洲,旧体制已渐渐失去人心;甚至法官们(当时法官的数量很庞大)也变得腐败。他们不是买官以图利,就是卖官以自肥。在波尔多,当大革命来临之际,人们将该地区高等法院,或称为大理院(Parlment)的半数法官送上了断头台。[59] 那个唯一的、伟大的教会也同样腐化了。[60] 人们希望摧毁整个社会结构。他们要把自己从中解放出来(s'arracher)。[61]

这场巨大的革命要求实现一种更大的变革。当时的法律充满了人身关系和义务。人们被禁锢在既有的通常是分等级的人身关系中,那就是法律强加给他们的地位。因此,不仅仅必须对法律进行改革,还必须确立起压倒一切的进行法律改革的理由。人们不只是消极地对腐败进行控诉,而且也积极地在人性(human nature)和犹太—基督传统所确认得关于人性的神圣中找到了这些理由。这是一个漫长的认知过程,可以追溯到(现在西方社会所熟知的)《旧约》中关于神按照自己的形象创造人类个体的理念[62],以

---

[59] Dawson, *Oracles of Law* (1968) at 370, n. 22;关于司法制度可能成为"维护的逻辑"(参见第一章"传统和腐败")的牺牲品的多种方式,参见 J. Sawyer, "Judicial Corruption and Legal Reform in Early Seventeenth-Century France" (1988) 6 L. & Hist. Rev. 95. 1573 年,阿尔法公爵(Duke of Alva)在从佛兰德斯(Flanders)寄出的一封信中写道,"法庭上受理的任何案件,不论刑事或民事,都像是屠宰店里的肉一样被出卖"; F. Braudel, *The Mediterranean*, trans. S. Reynolds (New York: HarperCollins, 1992) at 494. 可见,这就是为什么在 19 世纪中期,杜米埃(Daumier)创作了一系列针对律师的讽刺画(有着"职业性湿润的双眼"的"辩护人"("Le défenseur"))。

[60] 关于教会形形色色的"二级功能"(再次涉及维护的逻辑),以及"律师、文员和政客"追名逐利的机会,E. Cameron, *The European Reformation* (Oxford/New York: Clarendon Press/Oxford University Press, 1991) at 21, 30(路德认为,教会中"无数的寄生虫"无异于"一群等待羊群出现的狼") and 36(1539 年,他又提出了一个极富反叛性的观点,"牧师结婚,总比觊觎其他人的妻子要好")。

[61] 关于人类的智慧在于将自身从各种桎梏和本能行为中解救出来(s'arracher),参见 L. Ferre, *Le nouvel ordre ecologique: l'arbre, l'animal et l'homme* (Paris: Grasset, 1992) at 49. 但是,人类运用智慧摆脱自身所处的传统,就是另外一回事了。这在启蒙运动中并没有发生,至今也没有,但是人类的确有着对各种传统进行选择的余地,某些传统确实比另一些更宽松。关于在启蒙运动时期占据主流地位的传统的渊源,参见本章"法律作为理性的工具"。

[62] 参见第四章"《塔木德》中的个人"; and R. Ruston, *Human Rights and the Image of God* (London: SCM Press, 2004), notably at 286("世俗世界对于基督教历史亏欠了一笔巨大的、却至今未获承认的债",主张自然权利是欧洲基督教徒在面对其他族群而作出回应时"最可被接受的方式","通常是在某些彻底的道德和人性灾难之后",诸如东印度群岛殖民、大西洋奴隶贸易、大屠杀,"下一个是什么,全球化?"……"民主或者死亡")。

及唯名论（nominalism）的哲学理念，即个体事物及个人均为世界之组成部分。[63] 既然人类（不同于动物或树木）是按照神的形象创造的，那么他们就应该在世界上扮演神的使节或代表的角色。他们有权对万物行使统治权，就像神对于整个世界那样[64]，而他们也有权力或统治权（potestas）确保得到他们应得的东西。过去被看做是对法律关系作双方面表述的罗马法条文[65]，如今只用以阐述单方权利，而法律则变成了确保这些权利得到保护的世俗规定。法律变得主观化，并且伴随着主观化，它产生了权利的概念。在法语中，法律（le droit 或英语 law）一词产生了主观权利（le droit subjectif 或英语 rights）的概念。这种变化在物权法上意味着罗马法的个人所有权必然变成一种绝对形式的所有权，从而禁止公有形式的所有权，而信托则在大陆法上变得根本不可能（只在德意志地区以

---

[63] 维利（M. Villey）对这场争论的历史作了详细的记述。参见 M. Villey, "La genèse du droit subjectif chez Guillaume d'Occam" (1964) 9 Arch. phil. dr. 97; and more generally Villey, *Pensee juridique moderne* (1975); Villey, *Droit et droits de l'homme* (1983); cf. B. Tierney, "Villey, Ockham and the Origin of Individual Rights" in J. Witte Jr. and E Alexander, *The Weightier Matters of the Law*: Essays on Law and Religion (Atlanta, Ga.: Scholars Press, 1988) at 1; B. Tierney, *The Idea of Natural Rights*: Studies on Natural Rights, Natural Law and Church Law (Atlanta, Ga.: Scholars Press, 1997)（对 12 世纪关于格拉提安的评述中涉及的主观权利概念进行了识别）; most recently C. Donahue, Jr., "Ius in the subjective sense in Roman law. Reflections on Yilley and Tierney" in D. Maffei (ed.), A *Ennio Cortese*, vol. I (Rome: II Cigno, 2001) 506（在罗马法文献中找到了主观权利的概念，但在注解 16 中承认，单凭维利"牵强"的主张，这个概念难以被科学地阐述）；关于权利概念与革命的并行发展，参见 Glenn, "Revolution and Rights" (1990) at 9。

[64] 因此，英语世界的洛克，在坚持传统的基础上，小心翼翼地指出，人类的财产从本质上说是上帝赋予人类的。然后，他点出了重点（传统后来的发展也以此为目标），人类也有"征服地球"的使命，J. Locke, *Two Treatises of Government*, ed. M. Goldie (London: J. M. Dent, 1993) at 130; 关于此前人类作为上帝使者的概念的历史发展，M.-E Renoux-Zagamé, *Origines theologiques* (1987) notably at 109, 191—5; and a partial English version in M.-F. Renoux-Zagamé, "Scholastic Forms of Human Rights" in W. Schmale, *Human Rights and Cultural Diversity* (Goldbach, Germany: Keip Publishing, 1993) 121; W. Pannenberg, "Christliche Wurzeln des Gedankens der Menschenwürde" in W. Kerber (ed.), *Menschenrechte und kulturelle Identitat* (Munich: Kindt, 1991) at 61。

[65] 参见 Villey, "Genese du droit subjectif" (1964), above, at 106; Tuck, *Natural Rights Theories* (1971) at 7—9（特别是关于必须为邻居的土地进行分洪的法律）；但是，试比较，关于一个罗马法上更主观的观点，G. Pugliese, "'Res corporals', 'res incorporates' e il problema de diritto soggettivo" in *Studi in onore di Vincenzo Arangio-Ruiz*, vol. III (Naples: Jovene, 1953) at 223。

一些受限制的形式继续存在)。[66] 合同变成了意思自治(autonomous wills)的合意的结果[67];一切具名合同或特定合同如今都必须基于合意而成立。就合同的基础而言,对价或议价的概念都不是必需的。侵权责任则变成以过错为基础(如在法国)或以权利为基础(如在德国);古老的案件特殊责任也变得不复存在。这里没有不是公牛的公牛(ox-which-is-not-an-ox)。[68] 家庭法最终也变得更强调合意和隐私。[69] 权利当然不是绝对的。其权威的要义是:法律控制权力行使的条件和方式。[70] 这可以当做是一般性的标准,而具体的内容则一直有待确定。[71] 然而,权利是一种促进人类尊严之基本条件的强有力的工具。就欧洲的情况而言,权利毋庸置疑地发挥了重大的作用。而且,这种发展具体是由欧洲的情况以及过去和将来大体上仍将继续统治欧洲的宗教所决定的。然而,传统的这个部分不时地被人遗忘。忘却那些得出结论的理由没有什么不合逻辑。你只是从摸彩桶中选择你想取出的东西就行了。

---

[66] 关于物权法的发展,对 12 世纪的教皇训令(papal bulls)进行回顾,参见 Renoux-Zagamé, *Origines Theologiques* (1987), above; Renoux-Zagamé, "Scholastic Forms of Human Rights" (1993);关于物权法争论对信托概念的影响,参见第七章"比较之实践"。然而,信托制度正在大陆法世界重现,这是由于普通法的反馈,尽管普通法难以协调多种的财产概念。参见 A. Gambaro, "Trust in Continental Europe" in A. Rabello (ed.), *Aequitas and Equity: Equity in Civil Law and Mixed Jurisdictions* (Jerusalem: The Harry and Michael Sacher Institute for Legislative Research and Comparative Law, Hebrew University of Jerusalem, 1997) at 777, notably at 787 ("信托潮"); M. Cantin Cumyn, "L'avant-projet de loi relatif à la fiducie, un point de vue civiliste d'outre-atlantique" Dalloz 1992. I. 117; C. Larroumet, "La fiducie inspirée du *trust*" Dalloz 1990. I. 119;关于历史上的差异, V. de Wulf, *The Trust and Corresponding Institutions in the Civil Law* (Brussels: Bruylant, 1965); C. Witz, *La fiducie en droit privé français* (Paris: Economica, 1981);关于一种更概括的恢复共有财产概念(duplex dominium)的必要性, D. Heirbaut, "Feudal Law: the Real *Ius Commune* of Property in Europe, or: Should We Reintroduce *Duplex Dominium*" (2003) Eur. Rev. Pr. L. 301.

[67] A. Rieg, *Le role de la volonté dans l'acte juridique en droit civil français et allemand* (Paris: LGDJ, 1961).

[68] 关于犹太教债权债务法律中的"公牛"规定,参见第四章"神授法律的适用"和"行文风格"。

[69] 参见 V. Frosini, *Il diritto nella società tecnologica* (Milan: Giuffre, 1981) at 126—31;关于国家的家庭法在这个方向上的集中发展, F. Rigaux, "Le droit comparée comme science appliquée" Rev. dr. int. et dr. comp. 1978. 65 at 65; J. B. D'Onorio, "La protection constitutionnelle du mariage et de la famille en Europe" Rev. trim. dr. civ. 1988. 27;关于更宽泛的比较, Glendon, *State, Law and Family* (1977).

[70] 关于中世纪思想中权利与义务的互相依赖性, J. Coleman, "Medieval Discussion of Human Rights" in Schmale, *Human Rights and Cultural Diversity* (1993), above, 103, notably at 110;从作为 17 世纪的洛克和霍布斯(Hobbs)的前辈的 12 世纪巴黎的约翰和 14 世纪的奥卡姆(的威廉)(Ockham)出发,追寻权利理论的起源(第 115—18 页)。

[71] M. Delmas-Marty, *Towards a Truly Common Law*, trans. N. Norberg (Cambridge: Cambridge University Press, 2002) at 79, 80 (构建在"摇摆不定的"概念之上的权利理论)。

一旦权利形成,不论其出身、种族或财富(这些都是过去人们最关心的东西),人人都能拥有的时候,社会平等的理念也就开始形成了。既然人们从权利当中获得了反抗压迫的力量,人类的自由也就有了保障。因此,西方文明所有重要的概念汇聚成了某种一揽子的包裹(package),而它的基础就是以人为本,现在看来,即便人本身被视为犹太教和基督教的上帝所授意的代表,这仍旧是一个非常抽象的概念。而且,一旦这个理论包裹成形,你就必须仔细观察,看看它是否被正确地适用,或者这个传统是否正忽略某些人或某些事物。如果出现这样的情况,就必须有人从传统的内部、或外部、或内外部同时站出来指明。然而,如果要弄清这个理论包裹是否起到了应有的作用,你就需要有执行这项工作的手段,而且你必须对这样一项庞大的工程保持非常理性的心态。

法律作为理性的工具

犹太—基督传统对法律的影响是巨大的。在基督教的思想中,人类不仅仅是作为神的代表并分享了神的理性力量而成为世界的中心[72],而且由于人的理性,加上神的启示的帮助,人能够清楚地感悟到这重关系,而人类的理性可被用来完成神的指示。宗教理性主义者,如笛卡尔(Descartes)、格老秀斯(Grotius)、普芬道夫(Pufendorf)和洛克,都从这重关系中发展出来那些在原生传统中所没有的人类法律的基础。《圣经》还说道"恺撒的物当归恺撒,神的物当归神"[73],所以《圣经》的经文明确允许对可作为人类法律存在的法律进行建构。[74] 它的灵感和授权都是宗教性的,但它的发展则是(某种被定义的)人类理性的内容。因此,法律表述方式的改变源于把明确的人类理性置于比原生或

---

[72] M.-E Renoux-Zagamé, "Scholastic Forms of Human Rights" in Schmale, *Human Rights and Cultural Diversity* (1993), above, 121 at 134,135.

[73] Matt. 22:21;另参见 John 18:36("我的国不属于这世界")。

[74] 参见 F. Braudel, *A History of Civilizations*, trans. R. Mayne (New York: Penguin, 1993) at 333,334 ("西方的基督教过去和现在都是欧洲思想的主要元素——这包括了理性思维,它虽然对基督教产生了冲击,但却是起源于其中"); R. Brague, *La Loi de Dieu* (Paris: Gallimard, 2005) notably at 15, 16 (基督教从未有教会与国家分离的时刻,因为这种区分一直存在于它的教义中),160 (因此,中世纪基督教在圣灵和世俗之间进行分配),167 (基督教会对国家在世俗城市中的角色进行了分配,世俗社会的概念是基督教与帝国关系的产物); P. Prodi, *Eine Geschichte der Gerechtigkeit* [: *Vom Recht Gottes zum modernen Rechtsstat*, transl. A Seemannn (Munich: C. H. Beck, 2003)(西方或基督教的正义概念植根于宗教和世俗权力的二元性之中,拒绝统一,"单一范畴规范"概念当前所面临的问题以及相应产生的将国家法律"神学化"的压力);但是,关于持续存在的、假定的基督教和法律思想的分离,M. McConnell, R. Cochran, A. Carmella (eds.), *Christian Perspectives on Legal Thought* (New Haven/London: Yale University Press, 2001)(标题中的有效词汇是"关于"("on"),与"在……之中"("in")相对)。

犹太传统的间隙理性更高地位的必要性。而明确的理性的地位则源于确保人性征服世界而不被世界所征服的必要性。因此,法律在经过大约1500年的讨论之后,被确认为载有人类的理想,是人类的一种工具。权利是必需的,而确保权利受到尊重的法典也是必需的。

法律上的理性是什么意思呢?启蒙运动时代的法学家并没有简单地发明一种当时的法律理性。他们走进了,或者说回到了很久以前的、富有理性批判的古希腊(或者也许是古埃及)法律传统以及(来源于世界之属性的)"自然"法传统。[75] 这意味着什么,它对今天的法律传统又有什么影响?这在根本上意味着两样东西。第一,人类所进行的构建是可能的;可以是从无到有的发展。[76] 因此,如果宗教允许人类的创造,古希腊的思想则认为人类的创造是可能的。第二,创造的方式就是通过逻辑思维,而逻辑则具体表现为自亚里士多德开始就众所周知的矛盾律,有时又叫排中律。这并不是很复杂,虽然有时看上去如此。亚里士多德认为,你不可能做到的、在辩论中任何人也不会让你做的事情,就是同时声称某事物在同一方面既是又不是。换句话说,在相反的两样事物之间没有中间可能(它被排除了)。你在孩童时就听过这个说法——你不能吃了你的蛋糕同时还有拥有它。如今,人人都懂得这个道理。在矛盾的事物之间是没有中间地带的。[77] 如果你想把它写成一个公式,你可以写"[A]或[非A]"。"[A]和[非A]"就意味着吃了你的蛋糕同时还拥有它。因此,一旦你知道两样事物互相矛盾,或者当两样事物被定义和划清界限而你就知道它们是互相矛盾的时候,问题就解决了。你看到了不可调和的

---

[75] Wieacker, *Private Law in Europe* (1995) at 205 ff.(理性在欧洲是一场"革命",但"与所有重大的变革一样,它的所有细节都又一种连贯的传统所预示",在这里,这种传统扩展到了希腊);关于基督教的影响(上帝作为最高存在,或拉丁语 summa natura),Brague, *Loi de Dieu*, above, at 261;但是,关于自然法在今天作为天主教和新教传统的"历史包袱"和"禁制的遗产",E. Schockenhoff, *Natural Law & Human Dignity*, transl B. McNeil (Washington D.C.: Catholic University of America Press, 2003) at 1。

[76] 关于当代生活的一个基本而古老的特征,参见 E. Severino, *La tendenza fondamentale del nostro tempo* (Milan: Adelphi, 1988)。关于欧洲思想对希腊思想的继续吸收,这是通过罗马思想进行的,而罗马思想本身则被视作一种革新的工具而非新思想的来源,R. Brague, *Europe: La voie romaine*, 2nd edn. (Paris: Criterion, 1993) at 36—40, 97—112 (多重文艺复兴的概念), 114, 123—5, 142 (欧洲作为一个对外部世界开放的大熔炉);关于希腊的知识扩张概念,K. Popper, "Back to the Presocratics" in K. Popper, *Conjectures and Refutations*, 3rd edn. (London: Routledge & Kegan Paul, 1969) at 151。关于希腊思想的具体影响,尤其是斯多葛派对罗马法学家的影响,Kelly, *Short History of Western Legal Theory* (1992), above, at 45—52; J. W. Jones, *The Law and Legal Theory of the Greeks* (Aalen: Scienta Verlag, 1977) at 312 ("令人难以捉摸的影响了罗马所有智力活动的环境"); S. Strömholm, *L'Europe et le droit*, transl. F. Durand (Paris: Presses universitaires de France, 2002) at 53 (特别是自然法的观念)。

[77] 然而,关于某些人吃掉了半个蛋糕的严肃问题,参见第十章"二价和多价"。

差异,或是隔离,或也可能是不可比性(incommensurability),或非常可能是冲突(我们建立冲突法的概念就是因为那些定性不同的法律会被看做是互相冲突的)。但是,你现在所看到的是一种精确性,因为你懂得了和谐一致的概念,而和谐一致正是你可以构建的东西,这跟徘徊在众多的差异当中而犹豫不决有着天壤之别。

演绎法正是来源于这种逻辑形式;从一个论点出发,以一种和谐一致的方式,你便会得到进一步的、从这个观点推演出来的结论(或者有的人说,由这个论点所必然产生的结论)。所以,时至学说汇纂派的时代,这种思维方法已经高度发达,而学说汇纂派则将其进一步纳入到法律当中。[78] 这就是为什么《德国民法典》有着那样一种风格。按照特定的逻辑原则,这部法典是非常逻辑化的作品。《德国民法典》还有着很重的希腊色彩,这也可能就是它后来对希腊影响深远的原因。所以,按照在矛盾事物中必须进行二选一的逻辑原理,法律中蕴含的理性是非常逻辑化的。这是否意味着它具有普遍性呢?这么说吧,它似乎与犹太传统中的"这些和这些"并不和谐[79],而原生传统则是可以包容许多互不相同的生活方式的。因此,我们似乎又回到兼容并包的概念及其与各种不同的世界观的关系上来了。西方逻辑似乎并不是法律或者任何别的事物的唯一思维方式。

然而,一旦你以古希腊(或古埃及)的方式进行逻辑思考,你就能够构建从金字塔,到神庙,到大型的哲学或法律作品等各种事物了。将法律作为一种理性的工具来使用,你还可以建立一个现代国家,这样的国家从本质上讲就是由正式的成文法所构建的,尽

---

[78] 关于由18世纪的基督徒沃尔夫(Wolff)始创的法典论思维的逻辑结构,Herman and Hoskins, "Perspectives on Code Structure" (1980) at 1019, 在999,1000页也对所使用的演绎方法进行了举例(如果对私有财产的权利是不证自明的话,那么在地役权的问题上,应该针对需役地的所有者作出严格的解释); Wieacker, *Private law in Europe* (1995) at 218,253—5,296; R. Berkowitz, *The Gift of Science* [:] *Leibniz and the Modern Legal Tradition* (Cambridge, Mass.: Harvard University Press, 2005)(莱布尼茨(Leibniz), 卒于1716年,他本身也是一位法学家,是法律科学(Rechtswissenschaft, 又译作法学——译者注)的开创者);关于不矛盾律(laws of non-contradiction, 这是矛盾律依据逻辑关系而具有的别称——译者注),以及作为法国法典化进程基本性质的排中律, D. De Béchillon, "L'imaginaire d'un Code" (1998) 27 Droits 173 at 182;关于法律体系, H. Kelsen, *Pure Theory of Law*, trans. M. Knight, from 2nd German edn. (Gloucester, Mass.: Peter Smith, 1989), at 206 ("不矛盾原则")。

[79] 参见第四章"传统和运动"(希勒学派和沙迈学派的"这些和这些"的互相矛盾的论述,都代表了《塔木德》)。这里部分说明了犹太传统的立场,因为这个传统拒绝接受最终证明(参见第四章"推理风格");关于欧洲所接受的允许进一步演绎的证明形式,参见 Herman and Hoskins, "Perspectives on Code Structure" (1980), at 998,999。

管它还有赖于一种跨国性的法律传统以支持它的多种国家形式的存在。[80] 因此,在一些奉行大陆法传统的地方,人们更多地说"法治国家"(state of law)而不是法治(rule of law),因为法律跟现代国家是不可分割的;它创造了国家;它又依赖国家的强制力;国家则尽其最大的力量保证法律的持续效力和完整性。国家的正式建立对于法律制度的持续发展是很重要的。随着国家的发展,尤其是向民主制方向的发展,立法和行政的功能也会发展,并从那种不够成熟的政府争端解决体制中分离出来。因此,我们现在有了国家与教会的分离,以及国家内部各种权力的分立。[81] 如果司法得到了重视和保护,它将会在这个过程中实现独立。但是,民法传统中的司法独立概念遇到了一些问题。慑于旧体制下的情况,没有人愿意继续接受"法官的统治"(gouvernement des juges),因此,针对大陆法系司法官员的持续的怀疑主义,甚至是(通过对职业发展体制的控制而进行的)调查,强化了法典乃至立法的基础地位。在卷帙浩繁的案件材料中,甚至很难感受到司法官员的分量。如果每个人都有预先定义的权利(这无论如何都不用依赖司法裁判),那么对权利的侵害必然先于判决而发生,而司法的功能主要在于对既有权利遭到侵犯的诉求进行确认,并予以救济。假设这是一个既有权利的世界,那么世界上就没有任何司法群体能够跟上侵权诉求增加的速度,而大陆法世界所积压的案件数量甚至会比普通法世界呈现出更规律的增长。[82] 权利使人们摆脱了旧体制;现在的问题是人们伴随着权

---

[80] Glenn, "Nationalist Heritage" (2003); Glenn, "Tradition juridique nationale" (2003); Glenn, *Common Laws* (2005) at 51—3; H. F. Dyson, *The State Tradition in Western Europe: A Study of an Idea and Institution* (Oxford: Marton Robertson, 1980); A. Harding, *Medieval Law and the Foundations of the State* (Oxford: Oxford University Press, 2002). 正是这个深深扎根的传统,在短时间内并至少在西方的土地上,保持了国家的继续存在,不过"失败国家"("failed states")现在也开始出现了;参见 Glenn, "Nationalist Heritage"(2003),以及第七章"世界范围内的西方法"。

[81] 大陆法国家的分权通常比普通法国家更彻底,这主要取决于司法权的地位。大陆法学说主张行政权以一种分离而独立的方式发挥作用,而司法权则不可以超出本身的独立权限而介入行政权的运作。此外,司法权对立法的控制也产生了很严重的问题。因此,私法法庭(private law courts)通常不承担行政法职能;而是交由专门的行政法庭(法国的传统)或完全独立的行政法院系统来执行,这个系统既独立于私法法庭,也独立于行政权之外(后来的德国传统)。但是,大陆法世界的部分地区仍继续遵循传统观念(即建立新的机构需要更多的花销),因此传统法庭继续承担着大量的司法控制的工作(丹麦、墨西哥等)。然而,公法和私法之间的制度性差异如今也在英国法律中显现出来;参见第七章"正式的限制与非正式的包容"。因此,即使在同样的传统中,对国家的概念也会有不同的解读。

[82] 关于法国案件积压情况的恶化,参见 E. Tailhades, *La modernisation de la justice: rapport au premier ministre* (Paris: La documentation française, 1985), notably at 36(法国上诉法院无法及时处理的案件数量由 1971 年的 10 万件上升到 1983 年的 30 万件); and more recently J.-M. Coulon, "Réflexions et propositions sur la procédure civile: Rapport à M. le Garde des Sceaux" Gaz. Pal. 17—18 Jan. 1997, at 2, notably at 3(截至 2000 年,大量积压的案件导致法国的司法行政系统,在上诉法院一级,近乎瘫痪)。

利将走向何方,以及行使权利的机制又是什么。

因此,我们看到了一种在法律上具有明确理性的大陆法传统。它已经发展了很长的时间,而它最辉煌的时刻(那些制定伟大法典的时刻)现在大概已经终结。如今,这种传统面临着许多本质的问题,而伟大的理论对此却没有具体的办法。大陆法传统有一些明显的弱点,引来了内部(那些在法院系统中列队守候的人)和外部的诸多批评。稍显戏剧化的是,有人竟然谈到了国家的终结。[83] 但是,民法传统拥有无尽的资源;它的构建对它自身的规范性和解释性力量来说,确实让人叹为观止。它已经使得人类活动的繁荣成为可能。但它还能继续改变世界吗?它能通过改变自己而获得新生吗?

改变世界和改变法律

原生法律从不真正提及变革;变革确实会发生,但那都是自然界生命的一部分。犹太法律则公开主张变革,以及人类的创造,但是对这一切,它都用神的爱及其终极权威来概括。古罗马法学家则奉行古希腊的思想,后者将变革看做是一种事物转化的过程,其发生与否取决于一个人的哲学观念以及客观世界的实际情况。因此,你我现在对变化有了更深的认识;我们可以理解它的全部,并置身其中。在罗马法中存在着一个有限的法律改革的概念;但似乎还没有通过法律改变世界的观念。然而,既然法律现在正从世界独立出来,这就成为一种概念可能性。

罗马法的自我否定

假如世界和法律正在互相分离,你怎么可能既制定法律却又不允许它改变世界呢?毋庸置疑,罗马人制定了自己的法律,而且很清楚自己在制定法律。[84] 他们甚至能够制定出经久不衰的优秀法律。然而,古罗马的法学家,在方法、结构和哲学层面,都避免改变世界;他们的立法只表现为可用于制定法律条文的人类智慧的形式;立法的本质仍旧

---

[83] J.-M. Ghehenno, *La fin de la democratic* (Paris: Flammarion, 1995), ch. 1 ("国家的终结")。

[84] Watson, *Law Making in Later Roman Republic* (1974); W. Gordon, "Legal Tradition, with particular reference to Roman Law" in N. MacCormick and P. Birks, *The Legal Mind: Essays for Tony Honoré* (Oxford: Clarendon Press, 1986) 279 at 282; M. Humbert, "Droit et religion dans la Rome antique" in *Mélanges Felix Wubbe* (Fribourg: Editions de l'Université de Fribourg, 1993) 191 at 199 ("专业人士"所创造的法律) and 192 (《十二铜表法》之前的原生法律("predroit")与后来的正式法律(ius humanum)之间的重大区别;传统的观点也认为,在古罗马,宗教和法律始终是分离的,但这种说法遭到了质疑)。

是这个世界及其活动的产物。所以,罗马法在表述上有着非常强的决疑色彩;在其大部分的历史中,都受到令状程序的限制;也不存在有组织的法律职业,法律费用最初无人提及,然后被禁止,后来则被限制[85];留给解释和争论的空间很大;执政官布告的制度缺乏条理,就像查士丁尼的《学说汇纂》那样[86];也没有关于制度的清晰或实用的概念。[87]简单地说,就是没有任何实现重大和实质法律改革的机制[88]或传统,因此,也就没有改造世界的机制或传统了。然而,罗马人留下了一个法律改革的概念;执政官可以修改布告;语言程式的程序也更改为令状程序,后来又为特殊程序*所取代;法学家重拾实体法;还出现了法律虚构以掩盖进行中的变化(legal ficitons)。[89]但是,这就是当时所有的改变了;罗马法再没有进一步的突破。

对变革的概念实行变革

(11 世纪到 13 世纪)西方第一次文艺复兴所带来的改变可以说并未走出罗马时代的法律变革概念的限制。这些改变主要在原生法律的背景下发生,但仍然停留在罗马法的框架之内。证据的形式发生了改变;可以通过书面形式引用罗马法,并产生更多的书面内容;法律职业阶层开始形成(尽管只是以"宣称"对法律的信仰为要件,但就正式的和制度化的报酬体制而言,这时已经超越了罗马法);法庭向所有来者开放(但还没有在拥有与众不同的法律的不列颠群岛实行)。人们花了几个世纪才促成了这些改变。五百年后,以法律为工具、通过理性对变革的限制进行检验的时刻终于到来。

要想改变一些东西,你首先必须将它从其他物中隔离或分离出来,然后你才能对其

---

[85] R. Pound, "What is a Profession? The Rise of the Legal Profession in Antiquity" (1949) 19 Notre Dame Lawyer 203 at 224, 225; Zimmermann, *Law of Obligations* (1990) at 415(律师的使命毫无正当依据可言,因此不被认为是一种职业)。法学院直到帝国后期才出现,特别是在贝鲁特(Beirut); L. Maruoti, *La tradizione romanistica nel diritto europeo*, vol. I (Torino: G. Giappichelli Editore, 2001) at 57.

[86] Watson, *Spirit of Roman Law* (1995) 472.

[87] J. Gaudemet/Tentatives de systématisation du droit à Rome" (1986) 31 Arch. phil. dr. 11, notably at 15, 28 (引用了各种资料,说明到公元前 1 世纪为止,由于对希腊思想的发现,法律一直朝向比原来更"严密"的方向发展;但后来,非系统性成为主流);A. Cock Arango, "El Derecho Romano se formo a base de realidades objetivas no por teorias o sistemas" in *Studi in onore di Vincenzo Arangio-Ruiz* (Naples: Jovene, 1953) at 31.

[88] Gordon, "Legal Tradition" (1986), above, at 283.

* extraodinary procedure, 拉丁语 cognitio extraordinaria。——译者注

[89] 关于罗马法的各种拟制,参见 J. Hadley, *Introduction to Roman Law* (New York: Appleton, 1907) at 94—6.

施加影响（这也包括了国家，国家首先需要有明确的疆界），你还需要一个使改变能够发生的历史时间概念（从那时到现在的改变）。这个过程的时间部分似乎在古希腊哲学[90]和基督教思想中都可以找到根源；自耶稣复活时起，基督教便开始从犹太传统中分离出来[91]，它在死后重生的理念中创造了一个将来救赎的时间点，成为生命和时间导向的目标。所以，现在的状态与在可预见的将来会到来的救赎状态是有区别的，而我们现在的所作所为会影响到将来的状态。延缓满足（deferred gratification）所包含的就是一种关于将来的和偶然的时间概念；圣奥古斯丁则强烈地反对循环时间观。剩下来的问题就是关于改变的目标了，这些客体必须从原生和犹太传统归放它们的神圣模型中分离出来。这项庞大的任务似乎已被人们通过发现事实（facts）而实现，而法律在其中扮演了很重要的角色，至少有一位对此不大满意的非法学家也承认了这一点。阿拉斯代尔·麦金泰尔（Alisdair MacIntyre）告诉我们，事实的概念是在17世纪被创造出来的，它起源于法律和罗马法上的事实（factum）概念（例如以 non est 开头的法谚），即正式的法律文件所代表的，是经过宣誓的、法律（至少出于有限的一些法律目的）假定为真实的事实。[92] 然而，一旦你放松了可证现实（verifiable reality）的概念，那么事实便在你的法律之外了，它们只是作为看观察的现象，而存在于那些根据非事实的（不可视的，或者再用华丽的说法，形

---

[90] 参见 L. Schulz, "Time and Law. How the Life-World Acceleration Affects Imputation in Criminal Law" in (1998) Rechtstheorie, Beiheft 18, 405 at 410（在雅典哲学的开初，线性时间概念便取代了时间循环概念，前者主张一个无止境的时间流，所有的可能性都可以在其中实现）; C. Taylor, *Sources of the Self: The Making of the Modern Identity* (Cambridge, Mass.: Harvard University Press, 1989) at 463（自由理性所产生的客观化世界观，包含了一种时间的空间化概念，即将时间看做一系列的分散时刻，并由特定的因果链条将其连接起来）。关于线性的、世俗的法律体系将时间作为权利配置标准（例如，担保物权的登记）的方式，J.-L. Bergel, *Théorie générale du droit*, 2nd edn. (Paris: Dalloz, 1989) 122 ff.（"法律中的时间"）; and more generally P.-A. Cote and J. Fremont, *Le temps et le droit* (Cowansville, Quebec: Yvon Blais, 1996); G. Winkler, *Zeit und Recht* (Vienna/New York: Springer-Verlag, 1995)（对公法作了强调）。但是，关于这种西方的时间传统与现代科学观点的一致性，参见第一章"过去在变化中的呈现"。

[91] 关于犹太传统向历史性、偶然性时间观念的发展，始于神创造世界的观念，但对于救赎则犹豫不决，参见第四章"《塔木德》、神授意志和变革"；关于欧洲法律所表达的时间概念，B. Grossfeld, *Kernfragen der Rechtsvergleichung* (Tübingen: J. C. B. Mohr, 1996) at 246—7。

[92] A. MacIntyre, *Whose Justice? Which Rationality?* (Notre Dame, Notre Dame University Press, 1988) at 357; 关于在英美法传统（Anglo-American tradition）中，从法律到历史到科学地对事实概念进行探源，B. Shapiro, *The Culture of Fact* (Ithaca/London: Cornell University Press, 2000), notably at 11（"事实问题"是摆在陪审团面前的一个问题，而不是已经确认的真相）；关于罗马法的事实行为（action in factum）概念所蕴含的相同理念，R. Dekkers, "Le fait et le droit. Problemes qu'ils posent" in Centre national de recherches de logique, *Le fait et le droit* (Brussels: Bruylant, 1961) 7 at 8。

而上学的)主张而明确存在的任何模型之外。[93] 但是,事实的概念现在遇到了不仅仅是来自西方思想的外部的挑战,还有来自其内部的挑战。[94]

就这一点,我们可以讨论一下法学家的角色。你可以提出一个有力的论点,认为法学家并未发掘事实,而只是对法律更感兴趣。他们对法律所做的一切,只是为处理世界上的其他关系提供一个范本罢了。但是,有的法学家的确把法律变成了事实,而且是名存实亡的事实,他们的理念是罗马法并非对整个欧洲都有规范性,而只是约束罗马人这个在特定时间制定了自己特有的法律的特定民族。这样的法律思维出现在法国,尤其是通过16世纪居雅士(Cujas)的著作表现出来,而重要的是当时的法国人正努力摆脱重新兴起的罗马法(让人想起了那些德意志诸侯)。[95] 因此,从具体的政治情况中我们可以看到一种重大的哲学变化正在形成(或者至少是一种后来被认为是重大的哲学变化;也许居雅士当时并不喜欢那些德意志诸侯)。正如他们所说,在居雅士的影响下,意大利法律研究风格(即巴图鲁斯主义者)至少向高卢法律研究风格(即居雅士主义者)作了一些

---

[93] 关于西方科学并非简单的获取知识的方法,而是一套独特的宇宙哲学,构成一种"仿如我们并不身在其中"(原文为意大利语)的世界观,但并不与宗教矛盾,因为它起源于此,参见 B. Appleyard, *Understanding the Present: Science and the Soul of Modern Man* New York: Doubleday, 1993) at 191;关于传统的科学思维风格,A. Crombie, *Styles of Scientific Thinking in the European Tradition* (London: Duckworth, 1994). 关于学术性的、抽象的拉丁语对西方科学发展的重要性,参见 W. Ong, *Orality and Literacy: The Technologizing of the Word* (London/New York: Methuen, 1982) at 113, 114。

[94] H. Putnam, *The Collapse of the Fact/Value Dichotomy* (Cambridge, Mass.: Harvard University Press, 2002),特别是关于某人生性残忍一类的论述的性质,但在第31页认可了"认知价值与道德价值"的差异; R. Boudon, *Le juste et le vrai: études sur l'objectivité des valeurs et de la connaissance* (Paris: Fayard, 1995), notably at 36—7(以同样的方式产生的集体规范性判决和集体实证性判决);关于最近把神置于宇宙之中(而不再是之外),且神不以世界为穷尽的神学尝试("万有在神论的转变"), P. Clayton and A. Peacocke, *In Whom We Live and Move and Have Our Being* [:] *Panentheistic Reflections on God's Presence in a Scientific World* (Grand Rapids/Cambridge: William B. Eerdmans, 2004), notably at xviii, xix. 主张神不以世界为穷尽的万有在神论,与主张上帝无处不在的泛神论或万物有灵论(原生信仰模式),是有根本区别的。关于印度教教义中的类似理念,K. Ward, "The World as the Body of God: A Panentheistic Metaphor" in Clayton and Peacocke, supra, at 62. 这个理念,对于人类对待环境的态度(更不用说对其他人的态度了)以及西方思想与其他主张世界神圣而非"事实"的宗教及其宗教法律的关系,都产生了重大的影响。

[95] 参见 C. Phillipson, "Cujas" in MacDonnell and Manson, *Great Jurists of World* (1913), above, 45 at 83, with refs;关于被大多数法学教授以代表"幼稚的法学观点"为由而忽略的意大利法学先驱,这种忽略直到阿尔卡多(Alciato, 1492—1550)提出"对传统法学的历史性观察与澄清",方才破除,P. F. Grendler, *The Universities of the Italian Renaissance* (Baltimore: Johns Hopkins University Press, 2002) at 437—42, also at 16, 144—5, 159, 关于"普通"(ordinarius)级别的意大利法学教授之间激烈的薪俸竞争,例如,有资格在普通教学日进行授课;但是,由于照本宣科而被减薪。

让步,而主张过往,甚至是法律的过往都没有规范性可言的观点得到了明确。[96] 因此,随着法律的客观化,即摆脱了所有自然、宗教、甚至相关的社会背景之后[97],法律成为重大改革和创造的客体。再也没有任何限制了,没有任何人类法律以外的事物可以限制它的发展,或者限制它的增长。法律成为纯粹的人类创造性的产物,它是一个人类发明的事实。因此,你可以说,如果法学家只对法律感兴趣的话,那么将自然界其他所有事物转化为事实的工作就肯定是由科学家完成的了。问题是,通常被认为是现代科学发展主要推动者的弗朗西斯·培根(Francis Bacon),(在英国皇室和民众的心目中)无疑也是一位法学家。[98] 而且,他显然还是一位腐败的律师,一个对以法律为底线的理念并不真正理解的人(他收受了当事人的银器,尽管没有影响到判决),因此可以说,科学的现代世界实际上是一位腐败律师的创作成果。这大概就是为什么他们会说,当世界走到终点的时候,会由一位律师来谢幕。

因此,法国的法学家和那些具有科学倾向的人所致力实现的就是精神和物质的分离。物质就是物质,而我们生活在西方的人都认为精神在物质之上(尽管现在有的人主张,精神也只是一种物质而已)。[99] 同样,法律也不过是一种物质,由每个特定的社会产生。巴图鲁斯和巴尔德斯(Baldus)为克服"分离物之分离率"(separatorum separata ratio)[100]所作的努力,在几个世纪以来一直受到非议,这也使卡洛斯·富恩斯特今天对现

---

[96] 参见 van Caenegem, *Historical Introduction to Private Law* (1992) at 56 ("罗马法变成"一种学术遗迹、一座历史纪念碑、一种只被学者研究的已死的法律")。

[97] 因此,需要发展一种"独立于社会延续性之外的权威模式"。J. Pocock, "Time, Institutions and Action: An Essay on Traditions and their Understanding" in P. King and B. Parekh (eds.), *Politics and Experience: Essays Presented to Professor Michael Oakeshott* (Cambridge: Cambridge University Press, 1968) 209 at 229; 并参见 Roberts, *History of World* (1995), above, at 550 ("一种至高无上、没有任何法律限制的立法权是国家的标志的观点"的形成)。

[98] 参见 D. Coquillette, *Francis Bacon* (Stanford: Stanford University Press, 1992), notably at 12, 38, 39, 75, 239 (关于与民法的相似性,包括英语的民法著作,对普遍法律的观点), 222 (关于考证了培根对收受贿赂作出忏悔的现代研究成果); J. de Montgomery, "Francis Bacon" in MacDonnell and Manson, *Great Jurists of World* (1913), above, 144, notably at 145 (先在法国学习了三年,然后回到格雷律师学院(Gray's Inn), 158 (法典化的鼓吹者), 148—51 (卷入了"包围着整个英格兰司法制度的腐败环境")。

[99] 参见第二章"异域视界"。

[100] F. Calasso, *Introduzione al diritto commune* (Milan: Giuffre, 1970) at 73, cited by M.-E Renoux-Zagamé, "La methode du droit commun: Reflexions sur la logique des droits non codifies" Rev. hist. fac. dr. 1990. 133, at 148.

实颇有微词。[101] 卡洛斯·富恩斯特被证明是一位 21 世纪的巴图鲁斯主义者。[102] 随着精神和物质的分离,你不仅仅会看到分离的法律,还可能看到分离的法律哲学和法律社会学学科,其中任何一门学科在世界上的其他法律传统中都不存在,至少不会作为单独的学科存在,这些学科的基础理念是,你可以在缺乏事实基础的情况下纯粹通过思考而获得法,以及你可以在缺乏规范基础的情况下纯粹通过观察事实而获得法。由此可见,我们可以认为,法律不需要任何与生活有关的东西,生活也不需要任何与法律(或规范)有关的东西。我们在某种程度上已经脱离了原生和犹太世界[103],尽管从未出现完全的断裂或跳跃的情况,而只是一些可预期的、均以旧有状态为基础的、持续的改变。新的传统也没有完全排除旧传统,后者持续观察着新生的方式,并时刻准备着在新传统出现问题的时候为其提供参考意见。旧传统能够提供参考意见,因为一个传统从其他传统中发展成型的过程所具有的增长与对话的特性,确保了新旧传统之间交流的畅通。

实证法与实证科学

在过去的三个世纪里,在西方科学界和法律界所发生的许多事情产生了一个观念,即你既可以改变世界,也可以改变法律,因为它们都只是实在的客体或建构。这个观念的两个方面密切相关,而最能说明它们之间互相依赖的关系的说法大概就是,你不能利用法律来阻止世界的变革。你不能阻止科学家改变世界,因为这就是一个没有规范性意义的事实,但是,我们现在看到这样的观念有了一些改变,部分原因在于原生传统持续发挥的影响。即便如此,基本的立场还是很坚定的;只要法律还是实证的(或现行的,或人为制定的)法律,那么它就不可能真正阻止人们从事类似的实证活动。你根本不可想象科学家的工作会构成对法学家的挑战而迫使其作出应对;应该说这两个群体的基本目标在本质上是一致的。因此,当科学家通过对现实世界的观察和学习,建构一个更新的实证世界的时候,法学家也在建构作为人类理性工具的更新的实证法。把法律作为命令看

---

[101] 参见"第一版序言";关于西方法律思想对分离和界线的强烈坚持,H. P. Glenn, "Legal Traditions and the Separation Thesis", forthcoming in Ned. tijd. rechtsphil.

[102] 同上注。

[103] 法律与世界的融合是蕴含在整个原生传统之内的;就犹太法律而言,这种融合,至少在很大程度上,是由犹太法律的表述所实现的,从而使其看上去、听上去都非常的接近生活,参见第四章"行文风格"。因此,对二者而言,按法律行事就是一种自然的生活方式。当你可以假定人们会恪守法律,因为那是他们自己的法律,你又何必去问他们是否愿意遵守? 犹太教思想并不真正地鼓励科学的发展。参见第四章"《塔木德》、神授意志和变革"。

待的观点大概是最早的对这种观念的抽象表达[104],但是实证法的观点后来得到了充分的发展和认同,值得注意的是,其在普通法传统中也是如此,从而使这个传统具有更强的普遍性。现行法律的根基在于一种预先设定的基础规范[105],这种规范允许现有机构正式制定法律,并使其与其他传统或历史渊源(或延续)的关系模糊化。由此可见,罗马法可被"移注"(decanted)到《法国民法典》并彻底丧失其作为罗马法的身份,而法国法则因此抹去了它与罗马法之间可辨认的纽带关系。[106] 或者说,实证的、正式制定的法律最终会以事实上的社会接受为基础,因而并不是完全地和唯一地取决于正式的颁布程序。将正式的和非正式的实证主义连接起来的那个狡猾的学说,即哈特(H. L. A. Hart)的理论,对实证法的观点进行了补充——它甚至在法律必然具备的社会性中吸收了一点原生和犹太法律传统的内容。[107] 然而,法律既然来自于事实,那么它就已经丧失了来源于自然或者神授意志的固有的规范性。所以,如果事实改变而人们开始普遍地、经常地违反法律的话,要使人们重新遵守法律秩序就变得很困难了。当代社会学的要义,作为一个简单的事实[108],本身就包含了一些对同样作为简单事实的法律的令人不安的解读。对此的解决办法可以是制定更多的法律,而今天世界各地加快立法的状况也是显而易见

---

[104] 法律命令说在 19 世纪中期由约翰·奥斯丁(John Austin)在英国提出,但他后来深受德国法学思想的影响,所以这个学说由杰里米·边沁(JeRémy Bentham)先行发表,如果不算是出版的话。参见 J. Austin, *The Province of Jurisprudence Determined* (New York/Cambridge: Cambridge University Press, 1995);关于奥斯丁在接到伦敦大学的教职任命之后,却立刻出发前往波恩的故事, J. Austin, *Lectures on Jurisprudence*, 5th edn., ed. R. Campbell (New York: James Cockcroft, 1875) at vi, vii(当时,奥斯丁以对德国的伟大的法学家充满了"崇高的敬意")。

[105] H. Kelsen, *Pure Theory of Law*, above, notably ch. 5 on "The Dynamic Aspect of Law", s. 34("规范性命令的合法性理由:基本的规范")and s. 35("法律秩序的等级结构"),构建了凯尔森式的规范金字塔。关于犹太和伊斯兰传统的倒金字塔体系,参见第四章"成文内容的扩散"以及第六章"沙里阿:渊源";关于西方法律思想中金字塔形的法律概念的历史, J. Vanderlinden, *Comparer les droits* (Diegem, Belgium: Kluwer/Story-Scientia, 1995) at 260。

[106] 参见 Carbonnier, "Usus hodiernus pandectarum" (1982) at 110(罗马法"贯穿于法典的条文当中")and 107(当前对更直接、更狭义的吸收模式的需求, current need for more direct form of reception, of limited nature, "大量的由人们不时随心所欲地从古老的渊源中摘取的法律内容")。

[107] H. L. A. Hart, *The Concept of Law*, 2nd edn. (Oxford: Clarendon Press, 1994), notably at 116("因此,一个法律制度的存在必须具备两个最低限度的必要条件。一个是:凡是按照最终承认规则而有效的一切规则,必须一一被遵守。另一个是:这一制度中确立合法性标准的规则以及变革与裁断的规则必须由国家机关官员当做公务行为的共同准则而有效地接受")。

[108] 关于对理性—法律权威的遵从, R. Inglehart, "Changing values, economic development and political change" (1995) 47 Int. Soc. Sci. J. 379,见上文,第一版序言。

的。[109] 我们真不知道这一切最终会带来什么样的后果。

革命、系统、语言和解释

当代民法传统的自我表现有许多方式,实证法观点则是其中之一,而所有的方式都是相互关联的。法国法作为大陆法传统的一个主要代表,也向世界发出了革命的信号,这并不是人们原来所想象的对一种更早的、现已没落的传统的回归,而是一种与过去的坚决而且富有创造性的决裂。我们从《法国民法典》的历史渊源探究中可以发现它的许多内容根本不属于创新,也许它本身根本就不能被认为是一种全新的法律起始点,[110] 然而,"革命"一词现在已经成为西方世界以及所有西方语言中被过度使用的词汇之一,法律对此也有一定关联。一种革命的传统已经诞生,这并非只是夸夸其谈。

当代实证法已被认为是系统性的法律,由于它可以轻易地被修改,即使是多样的、连续性的系统,也可以通过修法来实现新旧交替。[111] 这已经告诉我们,作为当前互动因素统一体的系统概念,正承受着应变疲劳。实证法观点也被应用于其他学科,尤其是生

---

[109] 关于规范的膨胀,B. Oppetit, "L'eurocratie ou le mythe du législateur supréme" Dalloz 1990. 1. 73.

[110] 关于一个详细的论述,否定了完全挣脱原有法律思维的可能性,Glenn, "Law, Revolution and Rights" (1990) at 9 (革命只可能在僵化的现行法和制度身上发生,因为后者可以成为革命的对象,反抗现有环境则是不可能的事情);关于革命的概念代表了一种"把部分无认为是整体的谬论",K. Minogue, "Revolution, Tradition and Political Continuity" in King and Parekh (eds.), *Politics and Experience* (1968), above, 283 at 305;或"取决于我们将事物纳入单一视野的程度",P. Shrecker, "Revolution as a Problem in the Philosophy of History" (1969) 8 *Nomos* (*Revolution*) 33 at 49 (巴士底狱(Bastille)暴动在法国皇权法制下属于非法变革,法国基础法律体制内的合理与合法行为);关于苏联旨在去除民法的革命的失败,M. Jankowski, "Le droit romain en Union soviétique" Rev. his. dr. fr. et étr. 1990. 43.

[111] J. Raz, *The Concept of a Legal System: an Introduction to the Theory of Legal System*, 2nd edn. (Oxford/New York: Clarendon Press/Oxford University Press, 1980);关于法律体系建构的起源和发展,W. Krawietz, *Recht als Regelsystem* (Wiesbaden: Franz Steiner Verlag, 1984), notably at 65 ff. 系统性思维高度依赖于亚里士多德式的或二元性的逻辑以及一致性概念,因为一个系统是被假定为在内部一致的情况下进行运作的。系统通过排除矛盾因素而实现自我定位,因此,矛盾因素与系统无关。关于各个"法系",包括了所谓的互相"开放"的法系,它们之间的关系,参见下文"欧洲身份"。关于法律和科学中的系统性思维,T. Barton, "The Structure of Legal Systems" (1992) 37 Am. J. Juris. 291 (特别是关于法系概念的历史);C. Grzegorczyk, "évaluation critique du paradigme systémique dans la science du droit" (1986) 31 Arch. phil. dr. 281, notably at 301 (如果法律实证而理性的话,法系概念最终并不会十分丰富或多产(即不会"féconde"),而是变得不可或缺)。

物科学领域,这个领域原有其科学起源[112],但最近已变得颇有弹性[113],这是因为出现了主张基本模糊或非线性物理世界的科学观点的缘故。当我们将注意力集中在一个系统的现有要素时,系统性思维与实证法一道,宣称社会的延续大体上与规范性没有关联。然而,如果你主张系统可以通过广泛的非一致性来承受一些异常的灾难的话,这个系统的概念除了一种完全形式化的意义之外,却又不能发挥什么明显的功能或效用,得不到广泛的遵从。尽管如此,很多人都对西方思想的系统性特征予以否认,其中最突出的就是法国的立法者,他们坚持说他们的民法典,特别是它的简明和对非罗马的法国法律的保留,避免了系统性思维。[114] 甚至那些推行某种传统的人,都不完全清楚他们推行或应

---

[112] C. von Linne (Linnaeus), *Systema naturae* (London: Trustees of the British Museum, 1956)(1st edn. 1735, 建立了分类方法);但是,关于在17世纪末19世纪初,莱布尼茨在起草法律文件过程中对系统概念的应用,Berkowitz, *Gift of Science* (2005), above, at 54 ff.("法律体系"("Systema Iuris"));关于当代生物学中的自生性(即自我参照或自我复制的)系统,并催生了法律上的自生性原理,H. Rottleuthner, "Les métaphores biologiques dans la pensée juridique" (1986) 31 Arch. phil. dr. 215, 解释了法律自生性原理的生物学背景, as developed notably by N. Luhmann, in *Law as a Social System*, transl. K. A. Ziegert (Oxford: Oxford University Press, 2004), notably at iv ("社会作为一个全面的系统"); and G. Teubner (ed.), *Autopoietic Law: A New Approach to Law and Society* (Berlin: Walter de Gruyter, 1988); G. Teubner, *Law as an Autopoietic System* (Oxford/Cambridge, Mass.: Blackwell, 1993)。

[113] 关于可以包容灾难的系统概念,I. Ekeland, *Mathematics and the Unexpected* (Chicago: University of Chicago Press, 1988) at 88—90, 106;关于社会科学中可以容纳最具"策略性、创新性或反叛性的选择"的系统,S. F. Moore, "History and the Redefinition of Custom on Kilimanjaro" in J. Starr and J. Collier, *History and Power in the Study of Law: New Directions in Legal Anthropology* (Ithaca N. Y./London: Cornell University Press, 1989) 277 at 287, 288, with further refs.

[114] R. Sève, "Système et Code" (1986) 31 Arch. phil. dr. 77 at 82 (因此,卡巴克雷斯(Cambacérès)说道:"所谓建立一套理论或一个系统的想法都是天方夜谭。一个系统啊!我们从来就没有过的……我们唯一可以辨认的权威就是大自然")。In *Les grands systèmes de droit contemporain*, llth edn. (Paris: Dalloz, 2002) with C. Jauffret-Spinosi (English-language 3rd edn. (London: Stevens, 1985) with J. E. C. Brierley),该书为本书提供了巨大的参考价值,因此,虽然碍于该书书名,但大卫(David)教授还是谨慎地使用了"法系"一词,更多的是作为对一致性和差异性的说明手段(英文版第20、21页)。"主要法系的概念"似乎只限于大陆法、普通法和社会主义法系,当然,法系的概念在这三种传统中都扮演了或扮演过重要的角色。其他的法律传统则被置于"其他法律概念及其社会秩序"的标题之下。总的来说,对"法律家庭"("legal family")一词的使用比"法系"一词更频繁。"法律家庭"的概念还见于Weir's translation of Zweigert and Kötz, *Introduction to Comparative Law* (1998), 德语原文为"Rechtskreis", 字面意义为"法律的领域"。Cf. U. Mattei, "Three Patterns of Law: Taxonomy and Change in the World's Legal Systems" (1997) 45 Am. J. Comp. Law 5 at 14 ("法系从来不会'是'。它们总是'变成'")。关于对法国的法系进行定义的愈加困难,因为在法国,法律日渐被认为是争端解决的方法或一系列解决办法的集合,B. Oppetit, *Droit et modernité* (Paris: Presses universitaires de France, 1998) at 113, n. 1;关于19世纪到20世纪出现的对于法系概念的批判,即视其为互相冲突,而无法开展必要的对话或交流,H. P. Glenn, "Doin' the Transsystemic: Legal Systems and Legal Traditions" (2005) 50 McGill L. J. 863。

该推行至何种程度。

当代的非正式实证主义者,即那些践行法学社会学的人,提出了文化概念以取代系统概念。文化似乎是一个现有的、不明确的、包罗万象的系统,它可能比起系统概念会有一些优势,但仍旧是一种不可能奉行任何规范性理念的西方式的建构。[115]

同样,既然法律通过正式的语言被正式地表述,那么我们也可以很自然就得出结论,法律是语言。在这个问题上,一些西方和大陆法原理都追随着西方其他的学理趋势,强调把语言看做是个人与社会发展的主要控制因素。[116] 那么,集体探究意思所得到的共识所作出的解释要比根据信息接收者所赋予的意思所作的解释要更少的主观性。然而,这里也存在一种挥之不去的质疑,尤其是在以人类思维为基础的认知科学(我们一如既往地必须以一种不受语言控制的方式决定要做什么)[117],以及民法作为一种集体的、智慧的合议过程的产物的观念之中。如果没有完美的创作者,至少作者还是存在的,他们

---

[115] 关于针对法国"普遍主义"的德国"文化主义"回应,参见 M. Sahlins, *How Natives Think: About Captain Cook, for example* (Chicago/London: University of Chicago Press, 1995) at 10—14, with refs (但如今"它和以它为基础的人类学都衰落");also at 10 关于 18 世纪 50 年代"文明"一词在法国的出现;and more generally F. Barnard, "Culture and Civilization in Modern Times" in P. Wiener (ed.), *Dictionary of the History of Ideas: Studies of Selected Pivotal Ideas*, vol. I (New York: Charles Scribner's Sons, 1973) at 613, notably at 613, 614 ("文化"和"文明"的概念在 18 世纪的欧洲都有一定的市场,截至 20 世纪中期,总共出现了 164 种"文化"的定义);关于对"不顾行为方式"的文化概念的抗议,Brague, *Europe* (1993), above, at 133;关于"无法认定任何可视为导致差异的特定因素",R. Cotterell, "The Concept of Legal Culture" in D. Nelken (ed.), *Comparing Legal Cultures* (Aldershot/Brookfield, Vt./Singapore/Sydney: Dartmouth, 1997) 13 at 20; R. Cotterell, "Law in Culture" (2004) 17 Ratio Juris 1, notably at 9 ("文化的概念应该被分解为多个独立的单元,那样它的模糊性和不确定性就会降低"); H. P. Glenn, "Legal Cultures and Legal Traditions" in M. Van Hoecke (ed.), *Epistemology and Methodology of Comparative Law* (Oxford: Hart Publishing, 2004) at 5 ("文化"作为族群特征会撕裂族群,引发冲突); M. Chanock, "Human Rights and Cultural Branding: Who Speaks and How?" in A. An-Na'im, *Cultural Transformation and Human Rights in Africa* (London/New York: Zed Books, 2002) 38 at 41 ("树立作为统一体的文化概念的趋势……统一体和文化本就是对立的概念……使特定的文化得到加强,并压制了多元化的声音,其结果是只有主流文化得到认同")。针对伊斯兰或犹太教的"文化"概念的反对意见则更多。例如,参见, T. Ramadan, *Western Muslims and the Future of Islam* (Oxford: Oxford University Press, 2004) at 214 ("伊斯兰不是一种文化")。关于西方殖民扩张过程中所形成的作为一种普遍历史概念的"文明",参见第七章"世界范围内西方法"。

[116] 参见第二章"可比性:苹果和橘子";关于法律和语言的民法传统讨论,参见 *Le langage du droit* (1974) 19 Arch. phil. dr.; J.-L. Sourioux and P. Lerat, *Le langage du droit* (Paris: Presses universitaires de France, 1975).

[117] 参见第二章"可比性:苹果和橘子"。

持续的观点需要有持续的回应。[118] 立法及其解释只是延续讨论的手段,而绝不是使其终结或限制其范围的手段,这样的观念在现代大陆法研究中得到了很好的体现。[119] 因此,在找寻最真实的意思的意义上,解释仍旧是民法传统的核心,就像在古罗马时代一样。这也许可以解释为什么民法传统的许多立法保有持久的质量。对于这个现象,很难展开进一步的讨论,它所有的意涵还有待发掘。[120] 那么,如果民法传统保有着巨大的解释性而非创造性空间,这会对它与其他法律传统的关系产生什么样的影响呢?

民法与比较法

身份认同在欧洲一直是个问题。这样的身份有很多,我们由此可以看出原生传统按照地域来划分族群的重要性。想想那些有着奇怪名字的最终推翻了罗马帝国的部落吧。他们全都是原生民族,都生活在欧洲,大多数人最终成为唯一教会的追随者。所以,我们似乎看到,人们可以同时成为小族群和较大的族群的成员,同时遵循特定类型的和较为普遍的信息,同时作为勃艮第人和天主教徒、或巴伐利亚人和德意志人,或罗马人和泛欧洲人而存在。在国家出现以前,人们似乎总是面临着这种特殊身份和一般身份之间的相

---

[118] 关于犹太传统完美的创作者及其所带来的解释过程,参见第四章"《塔木德》和《摩西律法》"和"行文风格"。

[119] 参见 Atias, *épistemologie juridique* (1985); Rémy, "éloge de l'exégèse" (1982)。关于法律双语主义(像加拿大)或多语主义(像欧盟、瑞士)反映了法律的"超语言学"特质, D. Jutras, "énoncer l'indicible: le droit entre langues et traditions" Rev. int. dr. comp. 2000. 781 (各种语言学上对规范进行表述的努力都只能传达规范的内涵);关于多语种文本的"共同编写", J. -C. Gemar and N. Kasirer, *Jurilinguistique/tics: Between Law and Language* (Brussels & Montreal: Bruylant & Themis, 2005), notably at xiii, citing Ricoeur("常常可以对同样的事物作出不同的解读")。而且,每种法律语言都伴随着一种"超语言"("language beyond")("outre-langue"),即一种对前者作出贡献的语言,例如,法语就对法律英语作出了重大的贡献("不法侵入"("trespass")、"侵权"("tort")、"抵押"("mortgage"),法律英语中的双重表达方式也对其历史上的双语影响进行了说明,例如,"遗嘱"("will and testament")、"给付"("give and grant")); N. Kasirer, "L'outre-langue du droit", forthcoming in *Mélanges Jacques Vanderlinden* (Moncton, 2007)。

[120] 关于法国的法律谚语,参见 H. Roland, *Adages du droit français*, 3rd edn. (Paris: Litec, 1992);关于具体的谚语或格言的持续的有效性, E. Putman, "Sur l'origine de la règle: 'Meubles n'ont point de suite par hypothèque'" Rev. trim. dr. civ. 1994.543; H. P. Glenn, "A propos de la maxime 'Nul ne plaide par procureur'" Rev. trim. dr. civ. 1988.59。法学家的传统(Juristentradition),与法律传统本身不同,它充当了法律传统的一种工具,关于对此观点的支持, H. Izdebski, "La tradition et le changement en droit: l'exemple des pays socialistes" Rev. int. dr. comp. 1987.839 at 879。

互影响,所以,原生方式首先与罗马法发生冲突,继而是教会法,然后是复兴的罗马法。欧洲似乎要通过这样的历史来说明,你可以拥有不止一个身份。后来,国家出现了,但今天的欧洲国家和各国的人民正在与一种新型的泛欧洲法律进行互动。因此,当欧洲社会的所有复杂性都汇集在一个相对较小的空间里的时候,我们看到了一个精彩纷呈而且从未中断的各种传统之间信息交换的过程,以及各种身份之间互相依存的多种表现。这个可辨识的过程甚至在罗马时代以前就已经开始了。后来它加快了自己的速度。

欧洲身份

如果说3000年前,欧洲人想弄清楚自己的身份是相对比较简单的事情。身为欧洲人并没什么关系,因为如果你是徒步旅行的话,这是一个广袤的地域,而你也不会碰见多少不是欧洲人的人。当时既没有正式的泛欧洲形态的内容,更没有欧洲人的教会。所以,就像在原生世界的其他地方那样,身份的创制最初是以出生和居住地为依据的[121],然后是以一个人对其最先进入的社区的生活方式持续不断的遵循为依据。然而,在欧洲,这样的民族数量众多而且彼此相邻,因而他们可以想出一些办法来处理彼此之间的法律关系,即以一种概括的法律选择的形式,规定一个民族的属人法始终对其成员有约束力,而不论其成员迁徙至何处。[122] 至少,我们知道这点在原生民族被罗马人统治的时代是存在的,至于它何时开始出现就不大清楚了。因此,这些不成文的传统相互之间有着经常的联系,但由于他们有着很多共通之处,所以没有太大的冲突问题[123],而一个传统对另一个传统的影响也很好地维持在原生选择的范围之内。

随着罗马法的发展,传统之间的关系变得更复杂,也更显著。罗马法实际上由两种法律组成,我们一直讨论的只是其中一种,即适用于罗马人自己(他们当然知道自己是谁,因为罗马法对此做了大量的说明,也并不排斥身份的改变)的公民法(ius civile)。还有一种法律,但也是处于罗马帝国的保护之下,适用于非罗马人的民族——拉丁语的 ius gentium,或万民法。因此,罗马人的做法相当于对他们与其他民族的法律关系进行了简化。他们并不关注各地法律的多样性;而只是说,"其他民族与我等不同,因此他们所有

---

[121] 参见第三章"原生方式和其他方式"。

[122] H. Batiffol and P. Lagarde, *Droit international privé*, 7th edn., vol. I (Paris: LGDJ, 1981) at 10; 关于属人法的继续适用,参见 L. Stouff, "Étude sur le principe de la personnalité des lois depuis les invasions barbares jusqu'au XIIe siècle" (1894) Revue bourguignonne 1—65, 273—310.

[123] 参见 Vinogradoff, *Roman Law in Medieval Europe* (1968) at 126 ("中世纪的人并没有强烈的历史多元性观念")。

人将由非罗马法管辖,我们认为该法有以下特点。"在这个过程中,罗马人并未简单地将公民法强加于世界上其他地区;他们对公民法进行了调整,以适应其所遇到的外部环境。[124] 所以,在这里我们接触到了后来被称为比较法的一种形式,尽管当时它并未被这样定位,也不具备任何正式的方法。当时那些处理跨传统问题的法学家只是适用那些看上去合适的法律[125],而以这种方式缓慢发展起来的法律则开始对公民法本身产生影响,当然是完全非正式的影响。用现代的语言来说,罗马法并未承认法律冲突的问题,也没有形成任何处理法律冲突的规定。他们在认可两大种类的互相开放的法律的同时,只是以一种很粗略的方式适用那些有据可查的法律。这两种法律必须是互相开放的,因为根本不存在实现封闭的手段。原生不可能被封闭;而法学家们的罗马法也没有实现根本变革的机制;因此,不存在任何足以实现像封闭那样的根本改变的机制。然而,罗马万民法的理念并没有消除特定的身份。人们说:"如果罗马人想为非罗马人制定一般的法律,那是他们的自由,但我还是勃艮第人。"由此可见,我们现在要处理的是三种类型的法律传统——原生、万民法和公民法——以及三种类型的身份,尽管有的只在具体环境中才有意义。

在某种意义上说,一切随着罗马帝国的崩溃,甚至是罗马法的复兴而变得更简单。人们一如既往地认为自己是勃艮第人或巴伐利亚人,而没有其他选择。当罗马法开始成为欧洲大陆的共同法时,它还产生了一个更大的欧洲身份的概念(因此,现在的欧洲学生交换项目是以 16 世纪泛欧洲协和人文主义者伊拉斯谟(Erasmus)的名字命名)。但是,我们现在又重新回到了双重身份上来,即本地的身份和欧洲的身份,而不是罗马时代的三重身份。我们已经知道,在本地法律与现代的、欧洲化的罗马法之间存在着许多反复,原生传统对理性的罗马法传统所带来的现代化进行了强烈的抵制;而我们也已经大体知道哪个传统最终获胜。这个过程,即人们对现代的、理性的法律的遵循,造成的结果就是在欧洲创造了新的身份,即那些民族—国家(nation-states),其民众可以通过公民资格来确认身份。这种国民身份,既不是本地的,也不是欧洲的,而是介乎其间。

民族—国家,以及作为向国家效忠手段的公民身份的建立,意味着其他形式的身份

---

[124] 关于这个过程,Glenn, *Common Laws* (2005) at 4—6 (还涉及非罗马法对罗马民法的影响,尤其在罗马帝国的各省之内)。

[125] 在这个过程中他们也许模仿了希腊人的做法,即在适当而且没有重大损害的情况下,援用其他城市的法律。参见,R. Bauman, "Comparative Law in Ancient Times" in A. Tay (ed.), *Law and Australian Thinking in the 1980s* (Sydney: Organizing Committee of the 12th International Congress of Comparative Law, 1986) 99; K. Assimakopoulou, "Comparative Law in the History of Greek Law" (1986) 39 Rev. hell. dr. int. 323 at 325.

的消亡,至少在法律的规定上是如此。[126] 因此,作为理性工具的法律现在变得非常的工具化。它不仅仅被正式定义为实质的解决方案,从而排除所有其他的方案和声音,还具备了将民众约束在一个单独领土之内的功能,从而创造了一种前所未有的身份。人们再也不会是一座城市的公民;对于一个地区、对于一片原本奉行原生法律的区域的依附,如今只能化为一种思乡的愁绪。虽然原住地的概念在瑞士的法律上还保有一点重要性,尽管如今成了原住州(canton of origin),而在西班牙,曾经有一些实行原生法律或原在法律(derecho foral)的区域,但是后来国家开展了去除其法律特性的行动,并取得了很好的效果。[127] 它统一了其固有领土内的各民族和地域的法律(我们后面会谈到,这种统一的方式也会对比较法产生影响)。这个席卷欧洲的法律统一过程,结果却在欧洲形成了新的法律不统一现象。法律变成了"领土碎片"。[128] 尽管欧洲在过去总会有某种形式的法律共同性(原生、教会、罗马——原有的或复兴的),然而如今每个国家都主张本国法律的主体性。每个国家都(通过旨在作出普遍性规定的法典)实现自己的统一,结果这些统一的结合对任何更大范围的统一却起到破坏作用。因此,我们可以看到系统性思维对法律的总体效用。系统要求界限;这就是国家的边界。系统要求一致性;这由法律渊源的单一性予以保证。系统是互相冲突的;作为所有正式法律学科之一的欧洲国际私法学应运而生,它同样具有国家属性。有的国家甚至要求法官强制执行国际私法,从而使涉外关系的当事人不能随意通过合意来规避正式法律之间的差异。[129]

然而,这个欧洲法律和欧洲身份发生重大分裂的时代只延续了相对较短的一段时间,如果我们从1804年《法国民法典》算起,则不超过一个半世纪。到20世纪中期筹建欧共体的时候,一种崭新的欧洲法律又在酝酿之中了。它最初的目标是正式的法律,即构建一种全新的、范围更大的欧洲法律理性。显然,这个过程现在碰到了各种障碍,尽管布鲁塞尔的立法成果非常丰硕。18世纪和19世纪欧洲的立法一体化是成功的,因为当

---

[126] 尽管如此,大部分的欧洲人,本身作为天主教徒,还是像遵守他们本教派的法律那样,遵守教会法。然而,这变成了一种私人事务,大体上与正式的国家法律没有关系。

[127] 但是,国家的不稳定也催生了一种新型的特殊性,它产生于国家法律之间的重合和冲突,其本身就强化了地方身份的观念,例如在阿尔萨斯—洛林地区(Alsace-Lorraine);参见 H. P. Glenn, "The Local Law of Alsace-Lorraine: A Half Century of Survival" (1974) 23 I. C. L. Q. 769。

[128] H. Going, "Die Bedeutung des Rechts in der neureren Geschichte Europas" in W. Fikentscher, H. Franke and O. Kohler (eds.), *Entstehung und Wandel rechtlicher Traditionen* (Freiburg/Munich: Verlag Karl Alber, 1980) 755 at 760.

[129] 然而,关于国际私法规则的强制性以及当前的欧洲法律融合过程,参见 Glenn, "Harmonization" (1993) 1,主张对欧洲各国法律的关系作一种和谐的而非冲突的假设。

时在法律领域,新的理性正在取代原生世界的残余。现在,一种新的一体化,即一种新的理性,必须去克服既有的一体化,即既有的理性。[130] 然而,欧洲法律一体化进程已经让位于欧洲融合(harmonization)进程,后者给予各国在执行欧盟政策方面一定程度的自主权。这种非正式融合进程,就是一种新共同法的非正式形成过程,其进展反而更加迅速。[131] 今

159

---

[130] 有关欧洲法律统一与和谐的研究成果,G. Kegel and K. Schurig, *Internationales Privatrecht*, 8th edn. (Munich: C. H. Beck, 2000) at 97 (for biblio.); N. Jansen, "European Civil Code" in J. Smits (ed.), *Elgar Encyclopedia of Comparative Law* (Cheltenham: Edward Elgar, 2006) 247, notably at 48 (欧洲民法典的制定"在可预见的将来并不可行") and 256—8 (biblio.); B. De Witte and C. Forder (eds.), *Common law of Europe and future of legal education* (1992); R. Schulze, "Le droit privé commun européen" Rev. int. dr. comp. 1995. 7, notably at 10,11, 关于"法律的基本原则"和"共同的传统"; A. Hartkamp, M. Hesselink, E. Hondius, C. Joustra, E. du Perron and M. Veldman (eds.), *Towards A European Civil Code*, 3rd edn. (The Hague: Kluwer, 2004); P. Legrand Jr., "Against a European Civil Code" (1997) 60 MLR 44; J. Basedow, "The renascence of uniform law: European contract law and its components" (1998) 18 Legal St. 121, with further refs; at n. 14; P. de Vareilles-Sommieres, *Le droit privé européen* (Paris: Economica, 1998); F. Werro (ed.), *New Perspectives on European Private Law* (Fribourg: Editions Universitaires Fribourg, 1998); W. Van Gerven, "A Common Law for Europe: The Future Meeting the Past?" (2001) 4 Eur. Rev. Pr. L. 485; L. Niglia, "The Non-Europeanisation of Private Law" (2001) 4 Eur. Rev. Pr. L. 575; S. Vogenauer and S. Weatherill, *The Harmonisation of European Contract Law* (Oxford: Hart, 2006). 据说,最近"大家关注的焦点已从起草一部全面的[欧洲]民法典,转移到了一系列的框架性指导方针、一部法典、一系列重述和原则的起草工作上来"; S. van Erp, "Editorial" (2003) 7.1 E. J. C. L., http://www.ejcl.org/71/71.html (with links to E. U. documentation); 关于就法律问题对欧洲民法典所作的保留,M.-T. Meulders-Klein, "Towards a European Civil Code on Family Law? Ends and Means" in Boele-Woelki, *Perspectives for the Unification and Harmonisation of Family Law in Europe* (Antwerp: ntia, 2003) 105, notably at 117 ("可能会以法律重述为基础")。关于正式的法律一体化的范围与限制,H. Kötz, "Rechtsvereinheitlichung-Nutzen, Kosten, Methoden, Ziele" RabelsZ 1986. 1; P. Behrens, "Voraussetzungen und Grenzen der Rechtsfortbildung durch Rechtsverein-jaatlichung" RabelsZ. 1986. 19; R. David, "The International Unification of Private Law" in International Association of Legal Science (K. Zweigert and U. Drobnig, eds.), *International Encyclopedia of Comparative Law*, vol. II, (Tübingen/The Hague/Paris: J. C. B. Mohr (Paul Siebeck)/Mouton, 1971), ch. 2, at 5; H. P. Glenn, "Harmonization of Private Law Rules Between Civil and Common Law Jurisdictions" in International Academy of Comparative Law, XIIIth International Congress General Reports (Cowansville, Quebec: Yvon Blais, 1992) at 79。

[131] 关于泛欧洲、民法——普通法论著的出现,H. Kötz, *European Contract Law*, trans. T. Weir, vol. 1 (Oxford: Clarendon Press, 1998), C. von Bar, *The Common European Law of Torts* (Oxford: Oxford University Press, vol. 1,1998, vol. 2, 2000); casebooks, the Ius Commune series (tort, contract, unjustiaed enrichment)(Oxford: Hart Publishing); and histories, J.-L. Halperin, *Histoire des droits en Europe* (Paris: Flammarion, 2004), notably at 18 ("一个还是好几个法律传统?"), 331 ("国家传统旺盛的生命力")。一部非立法性的、非权威性的欧洲合同法原则陈述也已起草完毕;参见 O. Lando and H. Beale (eds.), *Principles of European Contract Law Parts 1&2* (The Hague: Kluwer, 2000), O. Lando, E. Clive, A. Priim and R. Zimmermann, *PECL Part 3* (The Hague: Kluwer, 2003); 关于探寻欧洲私法"共同核心"的特兰托(Trento)计划的成果,M. Bussani and U. Mattei, *The Common Core of European Private Law* (The Hague: Kluwer International, 2003)。关于研究和教育在这个过程中所扮演的基础角色,M. Faure, J. Smits and H. Schneider, *Towards a European ius commune in legal education and research* (Antwerpen/Maastricht: Intersentia/METRO, 2002)。

天，法律职业已经从狭隘的领土范围内松绑，从而在全欧洲范围内更自由地流动[132]，国际私法也已经丧失了它在各国法律合理排序方面的基础性地位。[133] 与此同时，还有众多在欧盟或《欧洲人权公约》之下运作的欧洲法院。它们在创造着欧洲的判例法（宣示着法官的回归）。人们甚至在设想一种不同形式的法律逻辑，它更能包容差异，更"模糊"（非亚里士多德主义的）并能够在一个更大范围的欧洲体制内协调具体的各国法律的冲突。[134] 欧盟的运作带来了一种与国家身份并行的新的欧洲身份或公民资格（结果让我们所有外国人在机场排长队）。[135] 城市也变成了跨传统活动的新地域，这是世界范

---

[132] 参见 R. Goebel, "Professional Qualifications and Education Requirements for Law Practice in a Foreign Country: Bridging the Cultural Gap" (1989) Tulane L. Rev. 443; R. Bain, G. Endreo and J. Simpson, "Le libre établissement des juristes en Europe (mythes et réaltiés)" JCP 1988. 1. 3324; G. Gornig, "Probleme der Niederlassungsfreiheit und Dienstleistungsfreiheit fur Rechtsanwälte in den Europäis chen Gemeinschaften" NJW 1989. 1120; H. P. Glenn, "Private International Law and the New International Legal Professions" in *Mélanges von Overbeck* (Fribourg: Presses de l'Université de Fribourg Suisse, 1990) at 31; 欧盟也已经制定了有助于一国律师永久移民其他成员国的法律。律师行业组织也相应地制定了新的行为准则，以协调律师的跨境业务活动。参见 Council of the Bars and Law Societies of the European Community (CCBE), *Cross Border Practice Compendium* (Deventer, Netherlands: Kluwer, 1991)。

[133] 国际私法的适用，需要有完整的和系统性的国家法律制度作为基础。参见 H. Batiffol, *Aspects philosophiques du droit international prive* (Paris: Dalloz, 1956) at 16, 24; Krawietz, *Recht als Regelsystem* (1984), above, at 51（关于法系的法律系统概念（notion of legal system of legal systems）（System von Rechtssystemen））。然而，即使在公法领域，各国公民身份与欧洲身份的界限也开始出现模糊。参见，特别是 X. Pretot, commenting on C. E. Apr. 19, 1991, Dalloz 1991. II. 399（"可以说，这种双重的身份，反映出一种从行政规定到国际标准的可渗透性，当然还不够清晰，毕竟只有几年的时间"）。

[134] Delmas-Marty, *Truly Common Law* (2002), above, at 73（关于"有限的主权"，"相对的以欧洲为先"）and 59, 66（关于非等级制度之间的关系）; M. Delmas-Marty, *Le flou du droit* (Paris: Presses universitaires de France, 1986); F. Ost, "La jurisprudence de la Cour européenne des droits de l'homme: amorce d'un nouveau 'jus commune'?" in De Witte and Forder, *Common Law of Europe and future of legal education* (1992) at 683; 关于欧洲和各国司法界基于合作义务而进行的"对话"，F. Lichere, L. Potvin-Solis and A. Raynouard (eds.) *Le dialogue entre les juges européens et nationaux? incantation ou realité?* (Brussels: Bruylant, 2004)，特别是第17页，与以前所谓的法官之间的"战争"的说法形成鲜明对比。关于模糊的或多元的逻辑，参见第十章"二价和多价"。

[135] C. Closa, "The Concept of Citizenship in the Treaty of European Union" (1992) 29 CMLR 1137; 关于理论性争论，D. Zolo, *La cittadinanza: Appartenenza, identità, diritti* (Rome/Bari: Editori Laterza, 1994)。

围内大规模人口移动的结果,这种情况可能在欧洲最为显著。伊斯兰传统也回来了。[136]
因此,我们可以看到,欧洲人进行自我身份定义的标准,可以是承载着他们那些错综复杂
的法律的大城市;可以是那些在本地与欧洲大陆之间越来越多地扮演调停角色的他们的
国家;还有他们的欧洲,它之所以是欧洲是因为它不排斥任何其他人。[137] 他们肩负着多
重身份,但是,当外部挑战出现的时候,他们会毫不犹豫地站起来捍卫其中的任何一个。
本地的地域身份也在复苏——巴斯克人、科西嘉人、佛兰德人以及东欧各民族,他们对新
近的弱势国家没有什么记忆——这些身份主张国家需要证明自己的正当性,并反对将建
构理性(contructive rationality)的法律传统强加它们头上,他们的反对是在传统的内部进
行的。在欧洲以外的新大陆法世界里,地区诉求与原生法律,例如[墨西哥的]恰帕斯,
之间的联系更加清楚。[138]尽管在美洲的自由贸易区中,无论是大陆法还是普通法区域,
却几乎看不到任何支持法律或身份一体化的诉求。[139] 因此,进行对话的机会越来越多,

---

[136] 这给西方国家法律和伊斯兰法律都提出了疑问。就欧洲国家法律而言,国籍的狭隘定义可能很讽刺地导致伊斯兰法律通过国际私法规则而更多地被适用。关于这个棘手的调整过程,其实这个过程在普通法国家经常在某种程度上被规避,人们只要适用(新取得的)居住地的法律来解决这些问题便可,J. -Y. Carlier and M. Verwilghen, *Le statut personnel des musulmans: droit comparé et droit international privé* (Brussels: Bruylant, 1992); S. Aldeeb and A. Bonomi (eds.), *Le droit musulman de la famille et des successions à l'épreuve des ordres juridiques occidentaux* (Zurich: Schulthess, 1999), notably at 158 ff. (通过适用居住地法律或遵循国内公共法令,而避免适用伊斯兰离婚规则); J. Basedow and N. Yassarim (eds.), *Iranian Family and Succession Laws and their Application in German courts* (Tübingen: Mohr Siebeck, 2004), notably at 72, 76(关于伊朗法律对一夫多妻制的限制,对丈夫单方宣布离婚的权利的废除)。但是,关于即使在国家框架内也有必要进行的调整和协调,考虑到宗教自由的诉求及其实践, C. Landheer-Cieslak, *La religion devant les juges français et québécois de droit civil* (forthcoming, Yvon Blais/Bruylant)。关于伊斯兰教对国家法律的认可,参见第六章"伊斯兰大离散"。

[137] E. Morin, *Penser l'Europe* (Paris: Gallimard, 1987) at 48, 49 ("欧洲实际上并不存在,因为在法律上根本没有欧洲的概念"); C. Varga, "European Integration and the Uniqueness of National Legal Cultures" in de Witte and Forder (eds.), *Common law of Europe and future of legal education* (1992) at 721;关于欧洲附属性原则(European principle of subsidiarit)的出现——将规范的问题留给最底层级解决——G. Bermann, "Taking Subsidiarity Seriously: Federalism in the European Community and the United States" (1994) 94 Col. L. Rev. 331。

[138] 在当地,墨西哥政府摒弃了其在国内其他地方所奉行的双重法律"体系"的理念。在这里,我们感受到许多交流上的困难,而且都与制度的概念有关。具体地说,我们似乎看到了一个腐败的、形式主义的制度(这是根据那位努力改变这种状况的前任墨西哥总统的说法而得出的),这个制度拒绝承认或接触一种诚恳的、非正式的制度。理论只能告诉你这些;接下来你自己必须做更细致的观察了。

[139] H. P. Glenn, "North America as a Medieval Legal Construction" (2002) Global Jurist, vol. 2, Issue 1, Article 1 (http://www.bepress.com/gj), repr. in Bussani and Mattei, *Common Core*, above, at 49 (北美的经验说明,共同市场本身并不要求正式的法律一体化); H. P. Glenn, "Harmony of Laws in the Americas" (2003) 34 U. Miami Inter-Am. L. Rev. 223 (关于非正式一体化的技术)。

保护身份

偶尔也伴随着争论。让人们相信他们具有不止一种身份是不可避免的,而欧洲在这方面也许会(再一次)引领世界潮流。这种情况也许有些令人困惑,但它正走向另一种形式的种族清洗。

保护身份

原生法律对各族群的身份几乎没有保护。人们会迁徙流动,但有许多原因造成他们走不了很远。犹太法律有叛国和异端的概念,但它们的适用范围有限,毕竟犹太传统明文许可不同意见的发表(所以它们主要适用于不遵守判决的层面,而非学理上的异议)。两种传统都允许它们的民众离开,或者退出(exit),而在当代世界,这一点也是相当显著的。在这方面,各国的实践各不相同,有的国家使原生民族脱离它们的原生身份变得很困难。[140] 然而,拉丁美洲各国人口的混合性(mixité)恰恰表明,传统本身对于人们的退出没有限制。大陆法世界也有异端、叛国或煽动性言论的罪名,但第一个罪名已经随着启蒙运动中言论自由权利的出现而消失。科学家在不会因为他们的科学追求而被杀害。[141] 宗教裁判所的制度在墨西哥一直持续到 19 世纪,为全世界之最,但(至少从 16 世纪开始)它不对原生民族作出异端的控诉。但犹太人和外国人则不能豁免。[142] 然而,叛国和煽动性言论的罪名还是伴随着我们,而且不需要战争状态就可以执行。

大陆法传统的国家也允许它的民众离开,而许多人也确实这样做了,新世界的发展也因此受益。[143] 但是,这些人是否可以通过简单的意思表示放弃他们的公民身份的问题,仍有一点模糊。有的国家并未就国籍的丧失作出规定,但他们似乎并不惩罚这方面

---

[140] 参见第三章"国家作为中间地带",关于为原生民族进行"保留"的概念。

[141] 关于 1697 年发生在苏格兰的最后一次对异端分子的公开绞刑,随后的不成功的异端审判,以及身为物理学家和医学教师的皮凯恩(Archibald Pitcairn)的"目标",参见 MacIntyre, *Whose Justice? Which Rationality?* (1988), above, at 243—5;关于 18 世纪中期荷兰的酷刑,参见 M.-S. Dupont-Bouchard, "Criminal Law and Human Rights in Western Europe (14th—18th Centuries). The Example of Torture and Punishment. Theory and Practice" in Schmale, *Human Rights and Cultural Diversity* (1993), above, 183 at 186, 187;关于 18 世纪末期发生在波兰的对"最后的异端"的火刑,参见 Roberts, *History of World* (1995), above, at 649.

[142] G. F. Margadant S., *Introduccion a la historia de derecho mexicano*, 10th edn. (Naucalpan: Editorial Esfinge, 1994) at 126—8.

[143] 然而,社会主义国家却对人口迁徙进行了限制。参见 A. Dowry, *Closed Borders: the Contemporary Assault on Freedom of Movement* (New Haven/London: Yale University Press, 1987).

的意图。[144] 所以,不存在所谓民事上的背叛。[145] 相比较而言,大陆法传统对身份的保护更多的是通过排斥外人来实现的。既然国家以领土为基础,法律也是这样,那么人们只要进入了这个国家,就会在某种程度上遵守该国家的法律并从中获益。因此,通过国营的大众运输系统,我们就可以看到当代大陆法国家针对外国人进入其领土所设置的各种庞大而大体有效的障碍。[146] 欧洲各国在这方面有着充分的合作;所有的这些马车都在一致行动。在人口流动方面,作为促进人类自由和选择的工具而建立的国家,却成了打压自由和选择的力量。对民众权利的宪法保障并不被解释为具有普遍适用的效力;只有处于国家内部的人可以享受这些权利。所以,对于机场究竟是属于国家的内部还是外部,就出现了许多复杂的争论。这是国家传统的一个脆弱方面;甚至在哲学和实践之间还会存在某种脱节和疏忽。这引来的众多的批评,而且不仅仅是外部的。领土的障碍意味着归化入籍的规定已经变得不那么重要了。(具有不同的本地传统的)各个国家在这方面作出了截然不同的规定,人们通常对比的是法国(奉行选择入籍)和德国(奉行出生入籍)。然而,这样的对比太肤浅了。要行使你的选择权成为法国公民,你首先必须进入法国;最近德国修改了规定,让已经进入德国的人更容易获得国籍。有许多人确实进入了这两个国家,以至于形成了长期稳定的外来居住人口,从而产生了一种必需"融入"(integration)的说法。在这方面,我们似乎正奉行着一种关于被融入的其他人(integrated other)的观念——其实他们就是我们伸手可及的邻居。对欧洲人来说,基于欧洲公民身份和欧洲内部迁徙自由的形成,欧洲国家身份也已经出现了混合现象。因此,身份,尤其是那些人为建构的身份,在大陆法世界得到了许多的保护。它们其实是最脆弱的。它们依靠正式法律而存在,因而也必须由正式法律来保护。

比较之科学

比较是各种传统之间关系的核心。所以,在原生时代和罗马时代,人们进行了大量的比较。一般说来,这是不可避免的。同样,大陆法和教会法传统之间也有着大量的联

---

[144] R. Baubock, *Transnational Citizenship*: *Membership and Rights in International Migration* (Aldershot/Brookfield, Vt.: Edward Elgar, 1994) at 123;关于在历史上,个人不具备放弃法国国籍的能力,参见 C. Wells, *Law and Citizenship in Early Modern France* (Baltimore/London: Johns Hopkins University Press, 1995) at 97.
[145] 关于这个概念,参见第六章"乌玛及其保护"。
[146] 关于这些国家体制的复杂性,参见 H. P. Glenn, *Strangers at the Gate*: *Refugees*, *Illegal Entrants and Procedural Justice* (Cowansville, Quebec: Yvon Blais, 1992),特别是第 12、13 页关于复杂性和可接受性的关系。

系,这是鉴于当时的大学对二者同时进行研究,你也会因此成为(现在通常也是这样,如果你愿意读到那样的级别的话)一名法学(包括这两种传统)博士。他们甚至出版了关于如何同步学习这两种传统的教科书。[147] 然而,随着系统性思维的增长,比较研究也必须具有系统性的观念逐渐占据了上风。如果要构建系统,那么系统性比较对于这种构建及其日后的提炼而言,是至为关键的。因此,比较的过程,即保持各种传统互相之间的联系的智识过程,本身就在大陆法传统的内部受制于传统本身的各种特性。如果大陆法传统是理性和系统性的,那么只需要引入其他的观念或概念,一切就都可以被混合在一起。大陆法传统对系统的定义可以说是开放性的,但必须是一种可支配的开放性。

世界上最早的、被迫进行的比较或超比较研究,发生在居雅士主义盛行的16世纪。其他的法律体系(尤其是过去的那些)根本没有内在的规范性或者可提供的直接的范例,然而,在当时体系的构建过程中,对其他体系进行深入探讨往往可以得到不错的灵感。因此,居雅士主义者对罗马法表现出了浓厚的兴趣,但最感兴趣的还是他们能够从那些被正式禁止的法语记载的法律中获得什么。不久,他们又开始探究法国的"习惯"法,把它当做罗马法的一种替代(法国共同法的概念作为各种"习惯"的必要综合也开始形成)。[148] 博丹(Bodin)对建立一种以比较为基础的普遍法律的想法颇为赞许,但他真正看重是知情理性(informed rationality)。[149] 因此,我们应该抛弃一种可能是不恰当的观念,即在比较法研究中假定,每个民族都有自己特定的法律,并且通过比较可以更好地构建这种特定性。在这种观念中,比较已经被理性主义力量所吸收。传统正不断地与自己本身取得一致。

因此,从那以后,比较法便在民法思想中具有正式的、结构性的地位。由于不受限制的比较法研究可能会动摇法律传统的根本,所以它的使用被设定了一些限制。即使罗马法也难免遭到这样的贬斥。在西班牙,罗马法被正式禁止援用;在法国,人们不得根据

---

[147] 关于一份1491年的学生统一学习方法指导手册(student guide to the utriusque iuris methodus),参见Going (ed.), *Handbuch der Quellen*, vol. I (1973) at 352.

[148] J.-L. Thireau, "Le comparatisme et la naissance du droit français" Rev. hist. fac. dr. 1990. 153 at 160,177 ("为的是获得一种习惯性的普通法,而不是创造出一种罗马法的替代物"),而罗马法的优良传统都得到了保留(at 188,189);关于16世纪欧洲的一种人文主义现象,参见A. Wijffels, "Arthur Duck et le *ius commune* europeen" Rev. hist. fac. dr. 1990. 193 (包括了英国的罗马法主义者).

[149] J.-L. Thireau, "comparatisme et naissance du droit français" (1990), above, at 169; J. Franklin, *Jean Bodin and the Sixteenth-Century Revolution in The Methodology of Law and History* (New York: Columbia University Press, 1963) at 37,69 ff.;关于犹太法律的适用,参见第四章"犹太法律的示范?".

罗马法进行违法指控。[150] 这样的做法必然会导致司法实践中对于外来法律渊源的完全排斥；尽管各国的做法略有不同，但这种现象的出现，几乎就是将本地法律渊源限制为清一色立法渊源的做法的必然结果。持续的比较法研究的好处是有助于立法改革，但由于这种补充功能并不总是被援用，而且常常更多地取决于政治状况而不是法律状况，因此比较法主义者借用科学的外衣来避免遭到迫害。他们通过承担对全世界实证法进行研究并对其进行科学的乃至生态性的分类的任务，主张自己的学科是一个自治的，甚至超越立法机构的学科。比较法因此变成了分类学，为了对全世界的法律进行分类以及制定出分离的而且独立存在的各项分类标准，他们留下了大量的著作。[151] 不论这项工作从法律实践以及持续的传统证明工作中如何地被剔除，它确实让大陆法世界获得了其他法律世界的信息。这是一种被抑制了的信息，就好像被藏在一座现有的现代法律博物馆里一样，但如今，这些信息被释放出来了。因此，19 世纪比较法科学传统的增强，亦即大部分当代的比较法协会和团体建立的时候，对理性主义传统而言产生了潜在的威胁。其他的信息和思想已经挥之不去。尽管正式限制援用外来渊源的做法继续盛行于欧洲，尤其是法国，然而最近的调查显示，比较研究还是照样在暗地里进行。[152] 因此，不论你如何限制，传统之间仍在继续对话。[153] 对信息进行控制是一件很困难的事。

---

[150] Carbonnier, "Usus hodiernus pandectarum" (1982) at 109, 110.

[151] 参见, L.-J. Constantinesco, *Traité de droit comparé*, 3 vols. (Paris: LGDJ/Economica, 1972, 1974, 1983); 关于分类工作的总结，认为西方的比较模式过分局限于单一的法律制定方式, Vanderlinden, *Comparer les droits* (1995), above, at 328, 417; 关于最近出现的对分类工作的静止状态的批评, Mattei, "Three Patterns of Law" (1997), above; B. de Sousa Santos, *Toward a New Legal Common Sense*, 2nd edn. (London: Butterworths, 2002) at 192（分类"所告诉我们的，更多是以欧洲为中心的比较法的意识形态，而不是各种法律家庭的意识形态"，但是，鉴于当前"剧烈的法律全球化"，法律比较学比以往任何时候都"更相关和更急迫"，所以我们比较法主义者丰富的知识积累"绝不可忽视"), 254（原生民族争取法律自治的斗争说明，比较法"对管理着世界上千百万人的社会生活的，具有深厚基础的法律传统和法律文化的忽视"到了何种程度); H. P. Glenn, "Comparative Legal Families and Comparative Legal Traditions" in M. Reimann and R. Zimmermann, *The Oxford Handbook of Comparative Law* (Oxford: Oxford University Press, 2006), 421 with refs; 关于作为一个平等主体求同存异的过程的比较法观念的复兴, H. P. Glenn, "Comparing" in E. Oriicii and D. Nelken, *Comparative Legal Studies: A Handbook* (Oxford: Hart Publishing, forthcoming 2007)。

[152] M. Lasser, "Judicial (Self-) Portraits: Judicial Discourse in the French Legal System" (1995) 104 Yale L. J. 1325 at 1370（法国最高法院法官的工作包括了查找"任何适当的外国（通常是欧洲）立法规范或司法判决"); 关于民法传统国家更为开放的对令人信服的权威（persuasive authority）的引用, H. P. Glenn, *Droit québécois et droit français: communaute, autonomie, concordance* (Cowansville, Quebec: Yvon Blais, 1993); Glenn, "Persuasive Authority" (1987)。

[153] 关于非分类的、围绕具体问题的比较法，参见 the major undertaking of the International Association of Legal Science, the *International Encyclopedia of Comparative Law*, under the successive direction of K. Zweigert and U. Drobnig, of the Max-Planck-Institut für ausländisches und internationales Privatrecht in Hamburg, Germany。

那么,根据现有的信息交换,大陆法传统的情况又如何呢? 大陆法传统在生态学(绝对物权与此并不一致)、动物问题(笛卡尔据说把它们描绘为——对他说了什么是现在还存有争议——没有灵魂的机器,但人们倾向于认为动物温驯而美丽,并希望它们成为自己的家庭成员)[154]、经济不平等(拥占性个人主义(possessive individualism)、比例不断增大的财富向比例不断减小的人群集中、伊斯兰传统对此提出了批评)[155]、以及难民问题(伊斯兰传统也提出了批评)等方面,不断受到批评。最近还有经济学家根据调查结果提出,大陆法传统缺乏效率,但这个说法被其他的经济学家和更能说明问题的西欧大陆国家的经济发展所否定。[156] 尽管如此,大陆法传统在历史上对于整个世界的影响是

---

[154] 因此,《德国基本法》,即宪法在2002年进行了修改,以建立保护动物的国家责任,不过是在该法第二章("联邦和州")而非第一章("基本权利");《瑞士民法典》亦于2002年进行了修改,在新增的第641a条中规定,"动物非物",因此受法律制度的保护,不过物法对它们仍然适用(证明所有权、买卖,等等)。因此,传统的将世界分为人和物的二分法至此不再成立。

[155] U. N. Population Fund, *State of World Population* 2002 [:] *people, poverty and possibilities* (New York: United Nations Publications, 2002) at 14(全球性的和各国国内的贫富差距正在拉大);T. Pogge, *World Poverty and Human Rights* (Cambridge: Polity, 2002) at 99, 100. 由于西方的物权法具有如此明显的问题,所以人们就世界贫困人口的计算方法,展开了有关方法论的重大争论。应该通过对比各国人均GDP来测量呢? 还是应该计算人口比重,从而使中国和印度的快速增长可以有效地消除世界范围内的不平等? 或者,这些数据统计应该涉及个人收入和消费,从而也可以显示各国国内的收入不平等? 关于这场争论,B. Milanovic, *Worlds Apart* (Princeton: Princeton University Press, 2005), at 39, 87, 108(只有计算人口比重的方式显示,不平等状况在缓和);G. Firebaugh, *The New Geography of Global Income Inequality* (Cambridge, Mass.: Harvard University Press, 2003), at 5—6, 15—16, 22—3(自19世纪早期以来,全球性的收入不平等状况迅速恶化,国际性的不平等在20世纪末达到顶峰,同时国内的不平等开始扩大)。

[156] 关于这场争论的中性概述,引用各种资料,可以看到,就相对效率的问题无法得出任何一般性的结论,不过,如果只是针对司法系统自身的腐败的话(这也许只是把腐败推向别处),普通法司法制度也许对解决腐败和稳定性的问题更有效用,F. B. Cross, "Identifying the Virtues of the Common Law" forthcoming [2007] Sup. Ct. Econ. Rev., accessible at http://ssrn.com/abstract = 812464; and for further scepticism, F. Schauer, "The Failure of the Common Law" (2004) 36 Ariz. St. L. J. 765(普通法历史上所谓的法官造法的说法多少有些夸大,因为司法制度是指争端解决和实际适用法律的工具;第187页,甚至在那些倾向于制定更准确的规则并"实现一向是民法传统的比较优势的……指引功能"的普通法国家,普通法的方式正在慢慢被抛弃)。大陆法国家的反应更加有力,特别是对于 Reports of the World Bank which echo the criticisms (accessible at http://worldbank.org), under publications *Doing Business in* 2004/05/06. 参见 Association Henri Capitant, *Les droits de tradition civiliste en question* (Paris: Société de legislation comparée, 2006)(对所谓的经济发展决定法律渊源的基本原理提出质疑;通过分析指出法律的缺陷;坚持法国民法的可进入性、灵活性与确定性特质);关于大陆法/普通法的二分模式不能反映国家法律对这些法律传统的综合运用(例如,参见第七章关于美国法律的讨论,"普通法与民族—国家"),因此,对计量经济分析而言,这也是一种不可靠的分类,M. Siems, "Legal Origins: Law & Finance v. Comparative Law?", accessible at http://ssrn.com/abstract = 882054. 关于中国作为经济增长与特定西方法律传统之间相互联系理论的一个主要反例,F. Allen, J. Qian and M. Qian, "Law, finance, and economic growth in China (2005) 77 J. Fin. Econ. 57(儒家学说的重要意义)。

毋庸置疑的,而许多对大陆法传统的效仿都是出于一种单纯的钦佩,特别是在普通法世界出现的效仿。另一方面,很大一部分影响还来自于殖民扩张的过程,这就把法律和政治统治的关系这个棘手问题提了出来。

世界范围内的民法传统

你很难真正地回避一个说法,那就是民法传统在某种程度上与政治统治联系在一起。先是罗马人的统治,然后是世俗民族主义者的统治(原生方式因此而消亡),再者随着殖民主义扩张的进程,整个世界成为民法传统的势力范围。[157] 西方的宗教明显地具有劝诱性,但西方的法律,尤其是民法传统也是如此吗?尽管在欧洲本身都缺乏普遍性,但是,它们的理性还是必然地具有普世性的雄心吗?是否西方人本质上都是基督教原教旨主义者,使得他们相信他们的生活方式是如此的正确,以至于在世界上其他地方都要得到遵守吗?如果我们要理解法律传统之间的关系,这些问题似乎都值得继续探讨,但是,这很难避免将西方法律作为一个整体来讨论。普通法传统也在世界上许多地方得以建立,这同样主要是殖民扩张的结果。因此,也许只是基于这一个原因,我们就应当把普通法和大陆法传统看做是,与其他传统相比,代表了某些共同的理念。然后,只要我们把普通法传统也纳入讨论的范围,那么我们就可以讨论一种具有普遍性的西方法律了(别忘了还有人权法)。然而,在普通法形成之前,伊斯兰法律传统就已经开始了它的信息积累工作。

参考书目

Arnaud, A. -J., *Les origines doctrinales du Code civil Français* (Paris: LGDJ, 1969).

Atias, C., *Epistémologie juridique* (Paris: Presses universitaires de France, 1985).

Bell, J., *French Legal Cultures* (London/Edinburgh/Dublin: Butterworths, 2001).

—— Boyron, S. and Whittaker, S., *Principles of French Law* (Oxford: Oxford University Press, 1998).

Bellomo, M., *The Common Legal Past of Europe* 1000—1800 (Washington: Catholic University of A-

---

[157] 因此,欧洲的民法在拉丁美洲、非洲、东欧和俄罗斯(社会主义法制之前,甚至过程当中)都具有统治地位,或极其重要的影响,而在日本、中国,以及东南亚,其影响虽然有限,但仍然非常重要。但是,今天,伴随着其他法律传统的批评和再生,民法传统的影响相对地减弱了。关于俄罗斯的情况,W. Butler, *Russian Law* (Oxford: Oxford University Press, 1999), ch. 2 ("革命前的遗产")但承认一种"法律秩序的多样性"(at 29)和"农民的习惯法"(at 30)。

merica Press, 1995).

167　　Berman, H., *Law and Revolution: The Formation of the Western Legal Tradition* (Cambridge, Mass.: Harvard University Press, 1983).

——*Law and Revolution, II: The Impact of the Protestant Reformations on the Western Legal Tradition* (Cambridge, Mass.: Belknap Press, 2003).

Brierley, J. E. C. and Macdonald, R. (eds.), *Quebec Civil Law: an Introduction to Quebec Private Law* (Toronto: Emond Montgomery, 1993).

Buckland, W., *A Text-Book of Roman Law from Augustus to Justinian*, 3rd edn. rev. by Stein, P. (Cambridge: Cambridge University Press, 1963).

Carbonnier, J., "Usus hodiernus pandectarum" in Graveson, R., Keuzer, K., Tune, A. And Zweigert, K. (eds.), *Festschrift für Imre Zajtay* (Tübingen: J. C. B. Mohr, 1982) 107.

——*Droit civil*, 27 edns., 4 vols. (Paris: Presses universitaires françaises, 1955—2002).

Cohn, E. J, *Manual of German Law*, 2nd edn., 2 vols. (London/Dobbs Ferry, N. Y.: British Institute of International and Comparative Law/Oceana, 1968,1971).

Coing, H., Zur Geschichte des Begriffs "subjektives Recht" in *Das subjecktive Recht und der Rechtsschutz der Persönlichkeit*, Arbeiten zur Rechtsvergleichung No. 5 (Frankfurt/Berlin: A. Metzner, 1959) at 7.

——(ed.) *Handbuch der Quellen und Literatur der neueren europäischen Privatrechtsgeschichte*, 3 vols. (Munich: C. H. Beck'sche Verlagsbuchhandlung, 1973—7).

David, R. and Brierley J. E. C., *Major Legal Systems in the World Today*, 3rd edn. (London: Stevens, 1985), Pt. One ("The Romano-Germanic Family").

Dawson, J., *The Oracles of the Law* (Ann Arbor: University of Michigan Law School, 1968).

de Witte, B. and Forder, C. (eds.), *The common law of Europe and the future of legal education* (Deventer, Netherlands: Kluwer, 1992).

Dickson, B., *Introduction to French Law* (London: Pitman, 1994).

Esser, J., *Grundsatz und Norm in der Richterlichen Fortbildung des Privatrechts*, 4th edn. (Tübingen: J. C. B. Mohr, 1990).

Foster, N. and Sule, S., *German Legal System and Laws*, 3rd. edn. (Oxford: Oxford University Press, 2002).

Fromont, M. and Rieg, A. (eds.), *Introduction au droit allemand*, 3 vols. (Paris: Cujas, 1977, 1984,1991).

Gény, E, *Méthodes d'interprétation et sources en droit privé positif* (Paris: LGDJ, 1919).

Glendon, M., *State, Law and Family: Family Law in Transition in the United States and Western Europe* (Amsterdam/New York: North-Holland, 1977).

——Gordon, M. W. and Osakwe, C., *Comparative Legal Traditions* (St. Paul: West Publishing,

1994), Pt. II ("The Civil Law Tradition").

Glenn, H. P., *On Common Laws* (Oxford: Oxford University Press, 2005).

——"Harmonization of law, foreign law and private international law" (1993) 1 European Review of Private Law 47.

——"Law, Revolution and Rights" in Maihofer W., and Sprenger, G., *Revolution and Human Rights*, *Proceedings of the* 14*th IVR World Congress*, *Edinburgh*, 1989 (Stuttgart: Franz Steiner Verlag, 1990) at 9.

——"The Nationalist Heritage" in Munday, R. and Legrand, P, *Comparative Legal Studies: Traditions and Transitions* (Cambridge: Cambridge University Press, 2003) at 76.

——"Persuasive Authority" (1987) 32 McGill Law Journal 261.

——"La tradition juridique nationale" Revue internationale de droit comparé 2003. 263.

Herman, S. and Hoskins, D., "Perspectives on Code Structure: Historical Experience, Modern Formats, and Policy Considerations" (1980) 54 Tulane Law Review 987.

Honoré, A. M., "The Background to Justinian's Codification" (1974) 48 Tulane Law Review 859.

Jhering, R., *Law as a Means to an End*, Modern Legal Philosophy Series, vol. V, trans. Husik, I. (Boston: Boston Book, 1913).

Jolowicz, H. F., *Historical Introduction to the Study of Roman Law*, 3rd edn. rev. by Stein, P. (Cambridge: Cambridge University Press, 1972).

Kaplan, B., von Mehren, A. and Schaefer, R., "Phases of German Civil Procedure" (1958) 71 Harvard Law Review 1193 & 1443.

Kaser, M., *Roman Private Law*, 2nd edn., trans. Dannenbring, R. (London: Butterworths, 1968).

Koschaker, P., *Europa und das römisches Recht*, 4th edn. (Munich: C. H. Beck, 1966).

Langbein, J., "The German Advantage in Civil Procedure" (1985) 52 University of Chicago Law Review 825.

Lawson, F. H., *A Common Lawyer Looks at the Civil Law* (Ann Arbor: University of Michigan Press, 1953).

Lawson, F. H., Anton, A. and Brown, L., *Amos and Walton's Introduction to French Law*, 3rd edn. (Oxford: Oxford University Press, 1967).

Lena, J. and Mattei, U., *Introduction to Italian Law* (The Hague: Kluwer Law International, 2002).

Lewis, A. and Ibbetson, D., *The Roman Law Tradition* (Cambridge: Cambridge University Press 1994).

Lupoi, M., *The Origins of the European Legal Order*, trans. Belton, A. (Cambridge: Cambridge University Press, 2000).

Mancini, G. F., "Politics and the Judges—the European Perspective" (1980) 43 Modern Law Review 1.

Merryman, J. H, *The Civil Law Tradition*, 2nd edn. (Stanford: Stanford University Press, 1985).

——Clark, D. and Haley, J., *The Civil Law Tradition: Europe, Latin America, and East Asia* (Charlottesville, Va.: The Michie Co., 1994).

Nicholas, B., *An Introduction to Roman Law* (Oxford: Clarendon Press, 1962).

Rémy, P., "Éloge de l'exégèse" (1982) 7 Revue de la recherche juridique 254, repr. in (1985) 1 Droits 115.

Renoux-Zagamé, M.-E, *Les origines théologiques du concept moderne de lapropriété* (Geneva: Droz, 1987).

Sawer, G., "The Western Conception of Law" in International Association of Legal Science (Zweigert, K. and Drobnig, U., eds.), *International Encyclopedia of Comparative Law*, vol. II, ch. 1 (Tübingen/The Hague/Paris: J. C. B. Mohr (Paul Siebeck)/Mouton, 1975) 14.

Schlesinger, R., Baade, H., Herzog, P. and Wise, E., *Comparative Law*, 6th edn. (Mineola, N. Y.: Foundation Press, 1998).

Stein, P., *Roman Law in European History* (Cambridge: Cambridge University Press, 1999).

Strauss, G., *Law, Resistance and the State: the Opposition to Roman Law in Reformation Germany* (Princeton: Princeton University Press, 1986).

Szladits, C., "The Civil Law System" in International Association of Legal Science (Zweigert, K. and Drobnig, U., eds.), *International Encyclopedia of Comparative Law*, vol. II, ch. 2 (Tübingen/The Hague/Paris: J. C. B. Mohr (Paul Siebeck)/Mouton, 1974) at 15.

Tuck, R., *Natural Rights Theories: Their Origin and Development* (Cambridge/New York: Cambridge University Press, 1979).

van Caenegem, R., *An Historical Introduction to Private Law*, trans. Johnston, D. (Cambridge: Cambridge University Press, 1992).

Villey, M., *La formation de la pensée juridique moderne*, 4th edn. (Paris: Montchrestien, 1975).

——*le Droit et les droits de l'homme* (Paris: Presses universitaires de France, 1983).

Vinogradoff, P., *Roman Law in Medieval Europe* (Cambridge/New York: Speculum Historiale/Barnes & Noble, 1968).

von Mehren, A. and Gordley J., *An Introduction to the Comparative Study of Private Law*, (Cambridge: Cambridge University Press, 2006).

von Savigny, F. K., *Of the Vocation of Our Age for Legislation and Jurisprudence*, trans. Hayward, A. (London: Littlewood, 1831).

Watson, A., *Law Making in the Later Roman Republic* (Oxford: Clarendon Press, 1974).

——*The Making of the Civil Law* (Cambridge, Mass.: Harvard University Press, 1981).

——*The Spirit of Roman Law* (Athens, Ga./London: University of Georgia Press, 1995).

Wieacker, F., *A History of Private Law in Europe: with particular reference to Germany*, trans. Weir, T. (Oxford: Clarendon Press, 1995).

Zekoll, J. and Reimann, M., *Introduction to German Law*, 2nd edn. (The Hague: Kluwer, 2005).

Zimmermann, R., *The Law of Obligations: Roman Foundations of the Civilian Tradition* (Cape Town/Wetton/Johannesburg: Juta, 1990).

——*Roman Law, Contemporary Law, European Law [:] The Civilian Tradition Today* (Oxford: Oxford University Press, 2001).

Zweigert, K. and Kötz, H., *Introduction to Comparative Law*, 3rd edn., trans. Weir, T. (Oxford: Clarendon Press, 1998), chs. B. I ("The Romanist Legal Family") and B. II ("The Germanic Legal Family").

参考网页

http://home.hetnet.nl/~otto.vervaart/canon_law.htm (canon law overview, literature, links)

http://home.hetnet.nl/~otto.vervaart/medieval_law.htm (roman law in Europe, links)

http://home.hetnet.nl/~otto.vervaart/roman_law.htm (roman law history, sources, links)

http://pantheon.yale.edu/~haw6/gratian.html (Gratian scholars, links to texts, translations)

http://www.fordham.edu/halsall/sbook-law.html#index (roman law in Europe, germanic law)

http://www.iuscivile.com (roman law sources, literature, current teaching, research, links)

http://www.jura.uni-sb.de/Rechtsgeschichte/Ius.Romanum/english.html (texts, discussion, links)

http://www.legifrance.gouv.fr/html/codes_traduits/liste.htm (English trans. of French codes)

http://www.mpier.uni-frankfurt.de/institut/english/index.html (virtual reading room)

http://www.netserf.org ("barbarian", canon, roman law)

http://www.romanlegaltradition.org (on-line roman law journal)

http://www.ucl.ac.uk/history/volterra/resource.htm (on line resources for roman law)

http://www.upmf-grenoble.fr/Haiti/Cours/Ak (roman law library, English-Lingua Anglica-texts, including Digest)

第六章
伊斯兰法律传统：后世启示之法

当穆罕默德,亦即后来的先知,开始聆听上帝(God)或安拉(Allah)[1]的声音时,当时他的周围有许许多多的法律。先知出生于公元 6 世纪末(这是当时的纪年),比查士丁尼《学说汇纂》的完成大约晚三十五年,而跟巴比伦的塔木德经的撰写(而非完成)大致处于同一时期。耶路撒冷的《塔木德》在一至两个世纪之前已经完成。穆罕默德出生在所有这些地方都要往南的麦加,它位于今天的沙特阿拉伯,从耶路撒冷出发向红海方向大约七百英里。这片土地当时并不属于罗马帝国的一部分,但位于贝鲁特的法律学校当时仍在开办,其毕业生犹随处可见,一直到进入下一个世纪。因此,人们对罗马法并不陌生,由于犹太人遍及世界各地并遵循着自己的法律[2],犹太教法律也一样为人所知。后来,有些人带着他们的纠纷来见穆罕默德,并请他帮助解决。这些人被认为都是闪米特人(semitic)或中东人(都是诺亚之子闪的后裔)[3],并且当时那里的土地边界概念很薄弱,如果不是完全没有的话。[4] 因此,当他们迁徙时,他们往往带着自己的法律,这样

---

[1] 这是"Al allah"和"the God"的缩写形式。安拉有 99 个为人类所知的名字;据说第一百个只有骆驼才知道,因此骆驼才有了"谜一般的笑容!",参见 L. Rosen, *The Justice of Islam* (Oxford: Oxford University Press, 2000) at 6.

[2] 关于阿拉伯半岛西南部出现的一个犹太君主国,乃由于米亚提的国王皈依犹太教的原因,参见 B. Lewis, *The Middle East: 2000 Years of History from the Rise of Christianity to the Present Day* (London: Weidenfeld & Nicolson, 1995) at 45;关于犹太人"在伊斯兰形成期的数个世纪里构成相当部分的信仰伊斯兰的人口",参见 M. Hodgson, *The Venture of Islam: Conscience and History in a World Civilization*, vol.1, *The Classical Age of Islam* (Chicago/London: University of Chicago Press, 1974) at 316,317.

[3] 麦加人声称自己是亚伯拉罕和伊斯梅尔的后代,传统称他们的庙宇,即卡巴(像黑色立方体,位于麦加),由亚伯拉罕修建以崇拜唯一上帝(the One God),参见 M. M. Pickthall, *The Meaning of the Glorious Koran: an Explanatory Translation* (New York: Penguin/Mentor, undated) at ix.

[4] 西方的土地边界观念引入到阿拉伯半岛跟石油业的发展结合在一起,参见 H. Liebesny, "English Common Law and Islamic Law in the Middle East and South Asia: Religious Influences and Secularization" (1985—6) 34 Clevel. St. L. Rev. 19 at 31.

就出现了不同的法律。

在穆罕默德时代,成文法的概念已经深深地植根于世界。然而在阿拉伯半岛,成文法并没有完全替代原生法律,因此,很多穆罕默德的人民曾经忠诚过的法律乃是一种特殊形态的敬天道德规范,它仅仅只是告诉人们他们的生活方式。[5] 正是由于所有的这些,伊斯兰被描述为一个"继承性文明"[6],尽管我们把所有的文明都看做是文明的继承者可能更加准确,原生文明除外。不过,伊斯兰作为继承性文明则更为明显,因为在它出现的时候,许许多多的其他文明已经在周围建立起来了。在这种情况下,要让别人相信你是一种新的生活方式的先知可能会被看做是自以为是,据称,穆罕默德曾经问他的妻子赫蒂澈(直到这个妻子去世,他只有一位妻子)他是否应当把他所获得的上帝的启示告诉他人。[7] 她鼓励他这样做,就这样,具有巨大法律影响的第三次启示得以向世人公布。

植根于后世启示的传统

犹太人、基督徒和穆斯林都崇拜同一个上帝,他的教义通过三个先知揭示出来——摩西、耶稣和在时间上最晚的穆罕默德。然而,在时间最晚并不意味可以将所有之前的启示清除或废除[8],因为较早的启示也是上帝的旨意。因此,给穆罕默德的启示和较早的启示之间的关系,是以上帝的不断隐约出现以及给穆罕默德的启示的性质为条件的。给穆罕默德的启示跟其他的启示不同。给摩西的启示相对简洁并在时间上很有限,尽管其寓意丰富。在耶稣的教义中,上帝的旨意是通过耶稣自己的发言表达的,比如《福音》

---

[5] 参见 Rahim, *Muhammadan Jurisprudence* (1911) 2—16 ("伊斯兰之前的阿拉伯人习惯和惯例"),特别是关于家庭法; Schacht, *Islamic Law* (1964), ch. 2 ("伊斯兰之前的背景",对已经发展起来的商法的了解); Khadduri, *War and Peace* (1955) at 20—2; Fyzee, *Outlines*, (1974 at 6 ff; Hodgson, *Venture of Islam* (1974), above, at 103 ff. ("伊斯兰之前的世界"); Lewis, *Middle East* (199? above, at 42 (关于穆罕默德之前数个世纪的"骆驼游牧");关于两种法律的共存,一种适用于定居和商业的需要,另一种适用游牧的环境,参见 Hallaq, *Origins Islamic Law* (2005) at 18.

[6] F. Braudel, *A History of Civilizations*, R. Mayne 译(New York: Penguin, 1993) at 41,特别是它跟犹太教和基督教的关系。但跟伊斯兰之前的阿拉伯世界的关系仍然还有一些疑点。

[7] Pickthall, *Meaning of Glorious Koran* (undated), above, at x, xi; Stowasser, *Women* (1994) at 87, 122; M. Rodinson, *Muhammad*, A. Carter 译 (New York: New Press, 2002) at 73; 但是,关于穆罕默德后来的妻子们,参见 M. Ruthven, *Islam in the World* (London: Penguin, 1984) at 85—7.

[8] 伊斯兰对于废除的争论,参见本章"圣战",关于更早的基督教犹太人的讨论(包罗主张废除塔木德法律),参见第四章"塔木德的退避?"。

就以不同的风格被传播。然而,上帝给穆罕默德的启示却是逐字逐句的,从他住在麦加时开始,直到他后来胜利返回麦地那,前后共经历大约23年的时间。[9] 由于给穆罕默德的启示是逐字逐句地,它被别人记载在皮革、陶瓷片、棕榈树干甚至骨头(包括骆驼肋骨)上。[10] 它从一开始就是书面的,内容相当丰富(大约有6000节经文),并在一开头就说到上帝是"用笔来教"。[11] 因此,这本圣书,即古兰经,其字面意义就是"宣读"(the Reading),由于穆罕默德不识字而不能阅读,给他的启示就是给一个不能读的人的读物(天书)。假如你不是一个穆斯林,你或许并不会相信这些,但是越来越多的人相信它是真的,特别是当他们读过"宣读"之后。古兰经让那些阅读和研究过它的人信服,因为有人说过这是一本无人能够模仿的著作,决非人手可以写出来。因此,即使你并非出生于这个传统,通过阅读你仍然可能对它以及穆罕默德在揭示它的过程中的角色产生信服。

然而,读古兰经是一项很大的工程,特别是如果你最感兴趣的是它的法律。古兰经里面没有太多的法律,在六千多节经文中只牵涉到大约五百来节,而且它们还非常分散,并没有特别的、明显的顺序。古兰经的其余部分也没有明显的顺序,即使它按照穆罕默德自己的指示记录下来,他告诉那些负责抄录的人所有不同经文的位置,以致他的继承人能够最终将这些经文收集一起。因此,古兰经包含着一些法律,但并非太多,并且难于找寻(尽管现在基于网络的电脑搜索已经方便了对经文的一般性查找)。[12] 然而,它对后来的法律却是一种灵感,一种源泉,当所有的整理一旦完成,其意义将会开始显现。

---

[9] "先知跟启示中的字没有任何关系;给他的其实跟现在我们所读的是一样的",参见 Doi, *Shari'ah* (1984) at 48。因此,穆罕默德是"最后的先知。通过他……上帝向人类传达了最后的信息",参见 J. Roberts, *History of the World* (London/New York: Penguin, 1995) at 317. On "Beginnings", K. Armstrong, *Islam: A Short History* (New York: Modern Library, 2000) at 3—23;启示的渐进特征是对思考和记忆的一种帮助,参见 M. H. Kamali, *Principles of Islamic Jurisprudence*, 3rd edn. (Cambridge: The Islamic Texts Society, 2003) at 20.

[10] A. M. de Nola, *L'lslam: Sloria e segreti di una civilta* (Rome: Newton & Compton, 1998) at 58; Rahirn, *Muhammadan Jurisprudence* (1911) at 19; Rodinson, *Muhammad* (2002), above, at 83.

[11] 第96章第4节。穆罕默德并未像耶稣那样被描述成是在创造奇迹或死而复活;他的话的启示特征依赖于这些话本身。I. Khaldun, *The Muqaddimah* (Princeton: Princeton University Press, 1967) at 73(它自己本身就是那令人惊奇的奇迹。它是自己的证明)。

[12] G. R. Brunt, *Virtually Islamic [:] Computer-mediated Communication and Cyber Islamic Environments* (Cardiff: University of Wales Press, 2000) at 19—21(之前古兰经是被记住的,而现在则是"可以网上浏览的");尽管古兰经的结构表明它作为一个"看不见的整体"的特征,不能只是被部分地遵行,参见 Kamali, *Islamic jurisprudence* (2003) at 18。

沙里阿：渊源

伊斯兰法也有金字塔般的渊源，或许最好是将它看成是个倒金字塔，就像犹太法的渊源一样。[13] 位于那奇迹般的、支撑一切的位置点上的正是古兰经本身，它是其他一切的基础。进一步的渊源乃在它之上发展和传播，每一种渊源都依赖于它前面的渊源，而最终所有的渊源都建立在古兰经之上。法律和它进一步的渊源的发展经历了数个世纪，伊斯兰跟犹太教和基督教一样都费了很长时间才建立起来。因为我们在这里确实不能用公元前（BC/AD）或公元（BCE/CE）纪年，接受这种纪年的传统（往往）是多种传统的结合。伊斯兰时代始于它自己纪元的 1 世纪，也就是公元 7 世纪，因此它是 1/7 世纪。[14] 之后你只要加 6（从伊斯兰纪年转换到公元纪年）或减 6（从公元纪年到伊斯兰纪年）。因此伊斯兰 4 世纪就是公元 10 世纪，伊斯兰 14 世纪就是公元 20 世纪，以此类推。一旦你掌握了这点，两者都很简单，而且当你思考另一种纪年时，记住这点也很重要。

伊斯兰法律的整体被称为沙里阿*，而沙里阿就像犹太教的哈拉卡一样，意为道路。[15] 人生道路的概念在原生思想中也非常重要，因此，在所有的传统中，我们都发现一种通过自己名称或概念来解释自己在人们日常生活中重要性的努力。我们从这种名称中马上就能体会到某种规范的意味。斐格海大全（corpus of fiqh or fikh）包括了相当部分的沙里阿，它有时被西方著作称为伊斯兰法"科学"或法理学，尽管它的字面意思只是"理解"。[16]

---

[13] 关于宗教和世俗的法律金字塔，参见本书第四章"成文教谕的扩散"。

[14] 更准确的说是，公元 622 年穆罕默德撤退（the Hijra）到麦加标志着伊斯兰时代和伊斯兰历法的开始。这是撤退元年，在伊斯兰，后面的年从这年开始计算，并被称为 AH。然而，由于日历中不同年份的长度不同，西方和伊斯兰的年的关系并非总是一致的。关于年份列表，参见 Calder, *Early Muslin: Jurisprudence* (1993) at 12。

* 亦即教法。——译者注

[15] 关于作为道路的哈拉卡，参见本书第四章"哈拉卡和阿加达"。"伊斯兰"一词意思是顺从于神，"穆斯林"是它的一个衍生。

[16] 有时沙里阿的表述仅限于古兰经本身和先知的言行，或逊奈，参见本章下文。斐格海衍生与剩下的、明显更属于人的渊源，参见本章下文。然而，沙里阿和斐格海的区别是 20 世纪"现代主义者"或"改革主义者"的主张，参见 Bleuchot, *Droit musulman*, vol. I (2000) at 18, 19（"解放"）。因此它不仅被"世俗主义者"所援用，也为那些对"伊斯兰国家"概念有兴趣的"伊斯兰主义者"所使用，参见本章"很伊斯兰的对位交流"；R. Baker, *Islam without Fear* (Cambridge, Mass.: Harvard University Press, 2003) at 112—13（"和斐格海有关的详尽细节"）。斐格海也被称为是关于自我和反对自我的知识、允许的或要求的、或允许的和禁止的。Rahim, *Muharnmadan Jurisprudence* (1911) at 48, 49。因此需要研究法律和理解（usul al-fiqh）的渊源（或根源）以及研究它的分支或内容（furu al-fiqh）。关于最近一份英文版的综合性的 usul al-fiqh 教材，Kamali 著《Islamic Jurisprudence》(2003)，在 xvii 页跟"主要关注历史的"西方著作相对比。

198 世界法律传统

除了《古兰经》之外,你还需要学习和理解伊斯兰教法律中的什么呢？直接源于古兰经的是一些评论或注释,而自然而然享有最高权威的评论或注释非先知本人的莫属。伊斯兰法在这个方面跟犹太教法一样,因为二者都有正式的成文启示以及没那么正式的或口头的先知启示的发展。[17] 相反,耶稣则只是讲话,基督教因此而被描述为"法律力度薄弱"(尽管它的法律影响并不弱)[18]的一种宗教。因此,在犹太教法中有《摩西律法》(Pantateuch),亦即成文的摩西启示,和口头的传统,或密什那,它最初源于摩西本人。同样,伊斯兰有古兰经,以及先知在实践和解释古兰经时的注释和行为。这些构成了逊奈(Sunna),其字面意义是先知自己选择或走过的道路,逊奈的内容可以在圣训(hadith)或惯例——亦即从先知自己开始、通过持续的、可靠的交流而传到现在的信徒的那些论述——中找到。[19] 圣训必然包括两部分:作为正文的规范性陈述以及它所经历的、证明其真实性的证据的传承细节或传述线索(isnad)。[20] 因此,圣训真伪的判断并非根据其所包含的智慧[21],而是根据它的可靠性(可靠的、一般的、弱的)和关于如何判断和归类

---

[17] J. Wegner, "Islamic and Talmudic Jurisprudence: The Four Roots of Islamic Law and Their Talmudic Counterparts" (1982) 26 Am. J. Legal Hist. 25,暗示着塔木德的影响。

[18] 该表述是突尼斯的 Y. B. Achour 教授在 1995 年博洛尼亚第十七届世界法哲学大会上的宣读他的论文《Nature, raison et revelation dans la philosophic du droit des auteurs sunnites》时提出的。

[19] 名词 hadith 源于动词 hadatha,意味"成为新的"(类似于希伯来语的 hadash),参见 A. Guillaume, *The Traditions of Islam* (Oxford: Clarendon Press, 1924) at 10。我们通过交流的方式,这里以讲话的形式,而后来是其他的交流方式,知道什么对我们来说是新的。消息带来新的事物,但它只是对听者来说是新的,它已经成为更大的信息基础,亦即西方所谓的传统的一部分。因此,在西方语言中,传统的概念大体来说跟传播的过程,或传承,相关联,这并不能充分反映被传播的信息对于接受者来说(通常是启示性的)新的含义。使用"tradition"一词作为对"hadith"的翻译被广为使用,但确实有争议。如果从新的获得者来看,某个词表明"启示性的新"以描述现有的信息和教谕,西方的想法是否是一样的？关于对把"hadith"翻译成"tradition"的批评,参见 Hodgson, *Venture of Islam* (1974), above, at 64。

[20] Guillaume, *Traditions of Islam* (1924), above; M. Maulana, *A Manual of Hadith* (London: Curzon Press, 1977); Pearl and Menski, *Muslim Family Law* (1998) at 6; Coulson, *History Islamic Law* (1964) at 63; Doi, *Shari'ah* (1984) at 24, 25, 45, 49, 53,举例说明圣训的链条("根据布哈里(chapter 30, Tradition 26)说,'阿布丹告诉我们(说):海珊说过:艾本思林从阿布赫拉里告诉他,先知……说……'")并确认了六套圣训集,第 52—54 页。

[21] 尽管圣训跟古兰经或其他传统相矛盾而引起一些问题。关于调和圣训,参见本章"公议、圣训和启示"。

数以万计——若非数以十万计的话——被记载的圣训而最终积累起来的知识。[22] 从记载中遴选出真正的圣训成为斐格海(即法理学)的一项重要任务。对于是否允许记录直接从先知那里获得的圣训曾有过争议[23]，许多圣训尽管是真实的，却没有被记录下来；而其他的一些圣训纯粹就是伪造的，传统也承认这点。(由于我们后面将谈到的原因)在这些圣训中进行筛选的必要性和过程对伊斯兰法来说极其重要。[24]

正如仅仅是成文的摩西律法和密什那不足以支撑犹太教法和整个犹太教一样，伊斯兰法走向一种更明确的、以教理公意或公议(ijma)形式出现的渊源，很明显，这种渊源在其来源上要更具人性化。[25] 因此，伊斯兰法和塔木德法在发展中存在真正的相似之处，尽管二者在内容和后续的发展上存在差异。这样一来，公议处于金字塔的第三层，这一点跟犹太教一样。然而，我们至少在第一印象上，或许是最终，能够从公议的概念中发现它不同于犹太教的持续对话或主张的地方。

公议由共同的宗教信念构成[26]，但是形成共同点或共识并不容易，一旦形成的话，它能够抵御自身的解体。共识只能通过辩论和讨论来建立，在先知之后至少一个世纪，

---

[22] 这些标准涉及圣训被传述的数量、传播是否被中断、传述者的声誉和传统内容中的任何政治动机。参见 Guillaume, *Traditions of Islam* (1924), above, at 86, 87; G. Juynboll, *The Authenticity of the Tradition Literature* (Leiden: E. J. Brill, 1969) at 7; Doi, *Shari'ah* (1984) at 57 (notably on "broken" traditions); J. Burton, *An Introduction to the Hadith* (Edinburgh: Edinburgh University Press, 1994) at 110 ff. 关于分类的标准。关于布哈里是伟大的"传统主义者"或圣训的收集者，参见 A. Merad, *La tradition musulmane* (Paris: PUF, 2001) at 61。关于7/13世纪关于圣训的论述，这些论述因支持"推理而非传述"和读起来"像是一本法典"而著称，参见 Ibn al-Salah al Shahrazuri, *An Introduction to the Science of the Hadith*, E. Dickinson 译(Reading: Garnet, 2005)(列举了65类圣训——可靠的、公正的、弱的、有支持的、未中断的、松散的、异常的、孤立的、伪造的等)。

[23] Guillaume, *Traditions of Islam* (1924), above, at 15—17, 以碑刻的形式支持圣训；但却因害怕跟古兰经发生混淆而不愿记录圣训，参见 Kamali, *Islamic Jurisprudence* (2003) at 77。

[24] 参见本章"公议、圣训和启示"。

[25] 西方法中的类似(尽管不是相同)的定义包括中世纪后期的法律职业者的一般意见(the communis opinio doctorum)、美国法的一些重述和现代德国法的主流见解(herrschende Meinung)。关于公议和前两者的比较，参见 P. Owsia, "Sources of Law under English, French, Islamic and Iranian Law-A Comparative Review of Legal Techniques" (1991) 6 Arab Law Q. 33 at 41。

[26] Coulson, *History Islamic Law* (1964) at 77; 关于共议的建立，参见 Rahim, *Muhammadan Jurisprudence* (1991) 115—36; Hallaq, *Islamic Legal Theories* (1997) at 75 ff.; Weiss, *Spirit of Islamic Law* (1998) at 122—6; Bleuchot, *Droit musulman*, vol. II (2002) at 451 (关于必要的共议各方之间的不同——整个共同体、先知的最早的同伴、当前的法学家等); Kamali, *Islamic Jurisprudence* (2003) at 228—9 (整个共同体的乌玛的共议的经典定义；先知的同伴的公议只是被一般性地接受)。

辩论和个人推理（ra'y）的过程似乎很激烈。[27] 但是，正如西方经验后来也同样表明的那样，理性的辩论不会产生一个一般性的共识，最多只是一些共识池（pools of consensus），每一个共识池都依赖于以前的合法权威以及当前的诠释和提炼。在伊斯兰的经验中，这点反映在不同法律派别的出现、甚至是不同的伊斯兰运动中，以致在推行公议的概念时必须以多元形式来理解一种共识。对于这一点我们还有更多的要说，但是这些说法主要是受某个具体的圣训的驱使，先知的这个特殊的论述宣称："我的人民决不赞成谬误。"[28] 一致意见一旦在某个层次的伊斯兰社会形成，它将被最高权威所批准，它作为法律渊源的合法性只被古兰经本身和逊奈所超越。因此，一般来说，公议被认为是伊斯兰法的第三渊源，尽管它的表现形式一直是多样的。在这点上，我们看到一些类似于犹太教法的派别和运动的东西，尽管犹太教本身具有流动性和宽容（不需要有共同点）的特点，这种派别和运动最终固结在犹太教法律上。然而，宗教上对共识的认可有着更深远的影响，这些影响跟伊斯兰法中关于变革的概念有关。[29]

　　伊斯兰法最重要或首要的渊源是格雅斯（qiyas），或者类推，它列居第四（继古兰经、圣行和公议之后）。[30] 这一点对于西方法学家来说将显得很奇怪，因为他们不习惯把推理或逻辑形式归作法律的渊源。在他们看来，它们可能对法律的各种形式的运作提供启迪或推动，但本身则不能被看做是法律渊源。然而，当今西方法律渊源被认为是实证的或正式的（自然地排除个人推理），而伊斯兰法律渊源则被认为是非实证或非正式的，尽管它们主要是成文的。因此，考虑到既有的渊源很可能确实需要补充，我们这里有必要对那些可以用于补充现行渊源的推理的类型作些说明。尽管犹太教法并未广泛认可这种类型的推理，但很多种推理形式在犹太教法中都曾经被使用过。伊斯兰的主张立场之所以重要并不只是因为它允许个人以类推形式进行推理，而在于它对那些更确定性的推理的排除。因此，承认类推为渊源代表着一种在严格遵循圣训和承认更确定形式的思维

---

[27] 参见 Noth, "Die Sharia." (1980) at 428（最初的观点的多样性表现为各种学派，它们的出现防止了对法律的垄断）。

[28] 关于圣训，参见 A. Brohi, "Die Rechtsideen in Islam" in May, *Islamischem Rechtsdenken* (1986) 13 at 22, 23 (giving as sources Ibn Maga, *Sunan*, Cairo, 1953, vol. II at 1303; at-Tirmidi, *Sunan*, Cairo, 1964 ff., Pt. 3, at 315); Doi, *Shari'ah* (1984) at 65; *Coukon, History Islamic Law* (1964) at 77, 78; Kamali, *Islamic Jurisprudence* (2003) at 240。

[29] 参见本章"重开'努力之门'"。

[30] Hallaq, *Islamic Legal Theories* (1997) at 83 ff., with refs; Kalami, *Islamic Jurisprudence* (2003) at 264 ff. (with examples at 267 (from contract of sale to other contracts))。

之间所做的妥协。[31] 因此,在定义伊斯兰法的渊源中,我们不仅看到渊源的状态本身,而且还看到它对其他渊源的必要排除或者变革的潜在途径。共识一旦建立,它将在宗教上被认可,这样减少了不同共识的可能性;个人推理是法律渊源之一,但仅限于类推形式。然而,这些被认可的伊斯兰渊源提供了大量的成文法律,它们都要求某种机构性的执行。

卡迪的司法和穆夫提的智慧

卡迪(qadi),或法官,是国际上最为知名的伊斯兰法律角色,这主要归因于普通法法官对卡迪职能过于任意的特征所作的毁谤性评论。[32] 这些评论是在一个对法官造法和法官适用法律比当前的普通法世界要更为自信的时代背景中作出的,今天很少人会否认审判法官在个人评价和处置上存在实质性的权力。[33] 卡迪的职能是依据伊斯兰法处理争议,这个过程表现出高度的正直和公正。[34] 然而,卡迪在伊斯兰法的地位跟在普通法传

---

[31] N. Coulson, *Islamic Jurisprudence* (1969) at 6, 特别是关于沙里阿的角色; N. Hurvitz, *The Formation of Hanbalism* (London/New York: RoutledgeCurzon, 2002) at 103,104(关于罕百里的反对)。然而,关于伊斯兰共同体对于使用更肯定性的人类推理形式的不同意见,参见本章"伊斯兰经文和伊斯兰推理:伊智提哈德(Ijtihad)的角色"和"重开'努力之门'"。

[32] 例如,Makdisi, "Legal Logic and Equity in Islamic Law" (1985) 33 Am. J. Comp. Law 63 at 63—5(伊斯兰法官的最终形象被形容为"真正错误的")。这种谴责很大程度上是马克斯·韦伯造成的,参见他 Max Weber, *Economy and Society: An Outline of Interpretive Sociology* (New York: Bedminster Press, 1968), notably vol. III at 976("卡迪法官不懂得任何理性的'判决规则'")。

[33] 关于对"卡迪法官"的批评的"讽刺性"特征,相对于英美法的衡平和陪审团判决的历史原则,参见 F. Vogel, *Islamic Law and Legal System* (Leiden: Brill, 2000) at 29。

[34] 关于卡迪的任职资格和任命程序,参见 A. Falaturi and R. May, "Gerichtsverfahren und Richter im traditionellen islamischen Recht" in May, *Islamischem Rechtsdenken* (1986) 47 at 55, 56, 63, 64; Milliot and Blanc, *Droit musulman* (1987) at 537; Doi, *Shan ah* (1984) at 11—13; Schacht, *Islamic Law* (1964) at 188,189; Khadduri, *Islamic Conception of Justice* (1984) at 145,146; Hallaq, *Origins Islamic Law* (2005), notably at 80—3(将任命权授予主法官,伊斯兰法官的"相当程度的独立");关于更早时期的沙里阿法庭的独立,随着国家结构的出现而衰落,参见 S. H. Nasr, *The Heart of Islam* (San Francisco: HarperSanFrancisco, 2004) at 254. Accord R. W. Bulliet, *The Case for Islamo-Christian Civilization* (New York: Columbia University Press, 2004) at 66—8(乌玛在历史上"自为一体",法国革命和拿破仑占领埃及打破了专制和沙里阿之间的动态紧张关系,带来某种"一个真正的专制君主运用现代欧洲手段能够实现什么的幻影")。那里过去还有大量的建立卡迪职能结构的司法伦理道德,参见 M. I. H. I. Surty, "The Ethical Code and Organised Procedure of Early Islamic Law Courts, with Reference to al-Khassaf's *Abadal-Qadi*" in M. A. Haleem, A. O. Sherif and K. Daniels, *Criminal Justice in Islam* (London/New York: Tauris, 2003) 149, notably at 152(禁止为卡迪安排"特殊的宴请"), 155(卡迪的"高薪")。然而,在传统内卡迪的角色现在已经退缩到仲裁的角色,参见 G. Sayen, "Arbitration, Conciliation and the Islamic Legal Tradition in Saudi Arabia" (2003) 24 U. Pa. J. Int'l. Econ. L. 905。

统中法官的地位并不相同。因此,他们看司法过程和司法决定的角度也有所不同。近年来普通法似乎有向伊斯兰的看法靠近的趋势,因此可能重新回到普通法本身更早期的观点。

卡迪解决争议发生在西方所称的"发现法律审判"(law-finding trial,或 rechtsfindungsverfahren)的阶段[35],因此,简单适用先前存在的规则或简单地将事实归入规则的观念在理解整个司法程序中明显缺失。司法程序被理解为一个动态的过程,在这个过程中所有的案件都被看做是不同的和特殊的,每一个案件都必须找出完全适合的法律。因此,每一个案子所适用的法律也各不相同,而所有的当事人和卡迪都负有仆从上帝的义务去揭示案件的客观情况和适当的法律准则。由于当事人负有这样的义务,他们不能以任何方式随意中断司法过程,并被贴切地看成是卡迪在找法过程中的同伴。这个过程不是普通法上所谓的对抗性的,但也不是大陆法正式程序上的纠问式的。那里甚至几乎就没有多少程序法[36],曾有人说:"法律判决……强调妥协和具体案件的证据,而非遵循宽泛的原则或适用抽象的普遍规则。"[37]这非常像是普通法程序较早时期的观点;它还让人想起现代的案件管理制度、审前会议、甚至强制性调解。法律代理并非这种程序中不可缺少的部分,但最近的证据显然没有发现它跟这种程序的任何基本原则不相协调。[38]

---

[35] Falaturi and May, "Gerichtsverfahren" (1986), above, 47 at 50。关于大陆法历史,特别是德国法中的"发现法律"的含义,参见 G. Strauss, *Law, Resistance and the State: the Opposition to Roman Law in Reformation Germany* (Princeton: Princeton University Press, 1986) at 48。

[36] Noth, "Die Sharia" (1980) at 431;关于程序法,包括卡迪邀请争辩和出具证据,参见 Milliot and Blanc, *Droit musulman* (1987) at 559—61。

[37] Cammack, "Islamic Law in Indonesia's New Order" (1989) at 73;关于卡迪的角色主要是让人们自己协商他们之间的可允许的关系,参见 L. Rosen, *The Justice of Islam* (Oxford: Oxford University Press, 2000) at 53, 58, 283,一种够格为"极好的谬论"的观点出现在 H. Gerber, *Islamic Law and Culture* 1600—1840 (Leiden: Brill, 1999) at 12, 13, 117(在摩洛哥,卡迪要求当事人必须在同一个社区居住很长的一段时期,伊斯兰法才这样使用);同时阅 D. Powers, *Law, Society and Culture in the Maghrib*, 1300—1500 (Cambridge: Cambridge University Press, 2002) at 19, 20, 24, 50—2(根据已研究的记录,"司法判决中的判决理由"与韦伯的"卡迪正义"含义不符,尽管它们最初的目的是调解);Bleuchot, *Droit musulman*, vol. II (2002) at 635(关于卡迪最初的调解义务)。

[38] Falaturi and May, "Gerichtsverfahren" (1986), above, at 73。然而,伊斯兰的司法原则上是"绝对的免费","没有成本和费用";I. al Faruqi and L. al Faruqi, *The Cultural Atlas of Islam* (New York/London: Macmillan/Collier Macmillan, 1986) at 269。律师的出现只是19世纪后的事情,参见 Lewis, *Middle East* (1995), above, at 188,关于在11/17世纪的奥特曼帝国存在极少量的律师,参见 C. Mallat, "From Islamic to Middle Eastern Law: A Restatement of the Field" (2003/04) 51/52 Am. J. Comp. L. 699/209, at 211;然而,关于律师在刑事程序中,参见 A. O. Sherif, "Generalities on Criminal Procedure under Islamic Shari'a" in Haleem et al., *Criminal Justice* (2003), above, 3 at 7("例行性地被允许"),关于给穆法提的意见以报酬,参见 A. Guenther, "Hanafi *Fiqh* in Mughal India" in R. Eaton (ed.), *India's Islamic Traditions* 711—1750 (Oxford: Oxford University Press, 2003) 209 at 219。

由于当事人自己负有义务对案件提出跟上帝的知识相协调的理解,因此,口头证言受到极大地重视,而书面证据则原则上被排除,尽管它在例外的情况下或为了支持口头证言而可能被接受。[39]

卡迪的判决一旦作出,其内容非常简单,不附书面理由,通常也不提供任何明确的理由。通过这点,当事人双方,同时也是程序中的同伴,被期望去理解发生了什么以及为什么。由于缺乏判决理由,那里也就没有案例报告制度。[40] 没有案例报告,也就没有先例的概念,更不用说任何更严格的遵循先例原则的概念。跟犹太教法律一样,既判力的概念也必然更弱。[41] 伊斯兰法(跟犹太教法和普通法一样)没有上诉法院;败诉方的救济就是重新找回作出判决的卡迪。[42] 当事人并不能从最初的判决中得到什么解脱,但是该判决的执行还是有可能的,尽管跟伊斯兰法相冲突的判决(根据司法外标准)不能改变当事人在上帝眼中的地位。[43] 你可能赢,但最终仍旧输了。如果你遵循传统的话,你肯定会考虑到这一点。这就有点像所谓的必须"在法律范围内"行事。[44]

作为审判者,卡迪既未对法律的发展作出贡献,也没有跟那些最有学问的人一起在这个过程中占有一席之地。因此,就像在大陆法里,法院之外有着广阔的专业知识空间。在这里,穆夫提,或法律顾问,似乎扮演着一个跟古罗马法学家和现代欧洲的法学教授

---

[39] Lewis, *Middle East* (1995), above, at 124; Pearl and Menski, *Muslim Family* Law (1998) at 18.

[40] 尽管卡迪有由记录员保管的备忘录,记录着证据和实际的判决,以及经常还有收到的法塔瓦(法律意见——译者注),关于细节,参见 C. Imber, *Ebu's-su'd: The Islamic Legal Tradition* (Edinburgh: Edinburgh University Press, 1997) at 52, 53 ("非常程式化")。大陆法风格(简洁的)的案件报告和法官的判决理由现在出现于某些伊斯兰国家,至少在被理解为世俗的法院的判决中是如此。参见 I. Edge, "Comparative Commercial Law of Egypt and the Arabian Gulf (1985—6)" 34 Clevel. St. L. Rev. 129 at 140(法国报告模式;埃及的判决最具影响,报告做得最好;律师事务所建立自己的报告汇编)。

[41] Milliot and Blanc, *Droit musulman* (1987) at 562(所有的判决都可以被下达该判决的法官或另一法官修正);关于穆罕默德对法官的训示"你们不应当因为你们最初的判决而觉得不能撤销",参见 Khaldun, *Muqaddimah* (1967), above, at 173。关于塔木德法中没有严格的既判力概念,参见第四章"神授法律的适用"。

[42] Liebesny, "English Common Law and Islamic Law" (1985—6), above, at 20; Anderson, *Law Reform in Muslim World* (1976) at 13; Coulson, *History Islamic Law* (1964) at 163; Falaturi and May, "Gerichtsverfahren" 1986), above, at 90, 91; Khadduri, *Islamic Concept of Justice* (1984) at 146. Cf., 关于在穆斯林统治下的西班牙通过一个法官或 radd 向哈里发申诉,参见 Milliot and Blanc, *Droit musulman* (1987) at 547.

[43] Falaturi and May, "Gerichtsverfahren" (1986), above, at 88; Weiss, "Theory of ljtihad" (1978) at 206.

[44] 关于它在塔木德传统中的含义,参见本书第四章"哈拉卡和阿加达";关于穆斯林获得"存在于法律的神圣形式和命令之中"的真理的思想,往往跟伊斯兰内部的苏菲派学说相联系,参见 S. Nasr, "Islam" in A. Sharma, *Our Religions* (San Francisco: HarperSanFrancisco, 1993) 425 at 465, 477。

（在向法院提供 Gutachten 或意见方面）极为相似的角色。由于他们没有任何正式的职责，而且还拥有广博的实用知识和很强的分析能力，穆夫提成为把大量的法律跟极为具体的案件相互联系起来的最有效的途径。穆夫提的意见，亦即法塔瓦（fatwah），经常被呈交法庭以协助法官思考。因此，正如最近的著作表明[45]，法特瓦并非被简单地丢弃或埋在档案之中；它们是收集的对象，甚至系统性地被收入到大的教理著作，或福鲁尔（fu-ru）。因此，一个主要问题就是：伊斯兰法是否——就像经常被人们所肯定的那样——只是一种关于人们如何生活和法院应当做些什么的理想论述，而跟实践没有任何真正的接触。尽管这种接触在任何可找到的法院实务的最终结果中都不明显，但它却存在于法学家的实际工作过程中。神圣的法律和现实世界之间是存在反馈的。

在伊斯兰法的生活当中，那里明显地缺乏制度性的支持。在这方面，伊斯兰法跟它的直接前身，即阿拉伯原生法律，最为接近。确实，卡迪在正式的制度中占有一席之地，但除此之外，伊斯兰法只是在伊斯兰社会中维续着。那里没有伊斯兰立法者（尽管现在在伊斯兰法域内有国家立法者），没有上诉或最高法庭（它们同样伴随国家而出现），没有什么跟大评议会（Grand Sanhedrin）相对应之物，也没有机构化的等级性教会。[46] 伊玛目（imam）只是领祷者，在每个社区，穆安津（muezzin）是祈祷者的司赞。那些伊斯兰法学者不以任何方式被授权或授予证书；他们纯粹是学识渊博并因此而闻名。[47] 因此，从真正意义上来说，法律的权威被赋予私人的或宗教的共同体，而非任何政治统治者。

---

[45] Hallaq, *Authority Islamic Law* (2001) at 190 ff.; W. Hallaq, "From *Fatwas* to *Furu*" (1994); Hallaq, "Model *ShurutWords* and the Dialectic of Doctrine and Practice" (1995) 2 Islamic Law & Soc. 109；关于穆夫提作为"法律思想和实践的联系"，参见 J. Tucker, *In the House of the Law*: *Gender and Islamic Law in Ottoman Syria and Palestine* (Berkeley: University of California Press, 1998) at 20。关于法塔瓦在伊斯兰的什叶派传统中的特别重要性（例如，它宣布萨曼·拉什代的作品亵渎了神灵），参见本章"学派和教派"；关于穆夫提的一般角色，参见 Schacht, *Origins of Muhammadan Jurisprudence* (1964) at 73—5; M. Masud, B. Messick and D. Powers (eds.), *Islamic Legal Interpretation*: *Muftis and their Fatwas* (Cambridge, Mass. / London: Harvard University Press, 1996), notably B. Messick, "Media Muftis: Radio Fatwahs in Yemen" at 310（当代穆夫提的观点每天通过广播传给全国的听众）。

[46] S. Haider (ed.), *Islamic Concept of Human Rights* (Lahore: The Book House, 1978) at 69; Noth, "Die Sharia" (1980) at 419; Weiss, *Spirit of Islamic Law* (1998) at 15, 16。

[47] A. Brohi, "Die Rechtsideen", (1986), above, at 27; Calder, *Early Muslim Jurisprudence* (1993) at 164（"名誉和地位……作为个人人格和公共的印象非正式地［获得］"）；Hallaq, *Islamic Legal Theories* (1997) at 117—23, 144—7（特别是关于伊智提哈德、法律专家和穆夫提之间的角色重叠，法律意见被公共机构所接纳的那些人的伊智提哈德）；Weiss, *Spirit of Islamic Law* (1998) at 128, 133, 134。关于穆夫提大概在他们死后的非正式但是书面的排名，参见 Hallaq, *Authority Islamic Law* (2001) at 17（第七也是最低级别的是那些不能"分清左和右"的人）；Kamali, *Islamic Jurisprudence* (2003) at 491（第七级不能分清"瘦和胖，左和右"，而只是堆砌他们所发现的任何东西，"就像一个在漆黑的夜里堆柴的人"）。

在2/8世纪时曾经发生通过立法来统一伊斯兰法的运动。[48] 但它最终失败了,自此以后,那里就有了对伊斯兰国家这一思想的概念性难题。[49] 伊斯兰意图提供一种跟上帝之间的个人关系。相对来说,它的制度性腐败可能性很小。[50] 这点正是伊斯兰传统的部分魅力所在。

实体性沙里阿

伊斯兰世界之外的每个人都听说过丁丁点点的伊斯兰。从其他传统来看,即使这丁丁点点通常都颇为引人注目。而整个的伊斯兰法律却并不显得引人注目,并且其引人注目的部分也有着各种各样的例外和限制。这并非是说西方报纸对伊斯兰法的报道必然是不准确的,但是有很多的法律并没有被报道,而产生对话的往往不是那些引人注目的部分。那些对话乃是基于其他的论点。

伊斯兰的家庭法和继承法深受穆罕默德所遇到的阿拉伯原生法律以及他本人对此的反应的影响。总的来说,这是一种私人的、双方合意而成的法律,因为那里没有有组织的教会或国家来为此设定条件和进行管理。婚姻乃基于双方同意,尽管可以加上仪式的要求[51],在什叶派传统中甚至还有一种正式类型的临时婚姻。[52] 在部分伊斯兰世界,

---

[48] Coulson, *History Islamic Law* (1964) at 52.

[49] 参见本章"微妙变化"(关于跟世俗政权的一般关系)和"和伊斯兰的对位交流"(关于和国家结构的关系)。

[50] 参见 Braudel, *History of Civilizations* (1993), above, at 100("此外,跟其他社会一样,伊斯兰也有自己的财阀,数量很少,但势力更为强大。信念和传统经常被那些特权者作为维护他们自己利益的借口,使得一些社会像他们那样是真正地'中世纪的',像伊朗那样封建[在伊朗王朝统治之下],或像沙特阿拉伯那样陈旧——尽管或许甚至因为它的石油"); Aldeeb Abu-Salieh, *Musulmansface aux droits de l'homme* (1994) at 253—5(详细描述某些阿拉伯领导人的巨额开支)。随着伊朗国王的倒台,伊朗政府在宫殿、服务、马厩和专职秘书等方面的开支急剧下降,参见 J.-P. Digard, "Shi-isme et Etat en Iran" in O. Carre (ed.), *L'lslam etl'Etaten Iran* (Paris: Presses universitaires de France, 1982) 4 at 84;伊斯兰国家的腐败,跟其他地方一样,往往表现为"家庭优先",参见 Ruthven, *Islam in World* (1984), above, at 178,179。然而,关于教义腐败,有人从永恒的经文中解读认为纯粹源于人本身,参见本章"重开'努力之门'"中关于伊智提哈德(ijtihad,即独立判断。——译者注)的讨论。

[51] M. Khadduri, "Marriage in Islamic Law: The Modernist Viewpoints" (1978) 26 Am. J. Comp. Law 213 at 213, 214; D. El Alami and D. Hinchcliffe, *Islamic Marriage Divorce Laws of the Arab World* (London/The Hague/Boston: CIMEL/Kluwer Law International, 1996)(包括当代国家法的条文); Cammack, "Islamic Law in Indonesia's New Order" (1989) at 59; Milliot and Blanc, *Droit musulman* (1987) at 298, 299.

[52] Amin, *Islamic Law* (1989) at 75; S. Haeri, *Law of Desire: Temporary marriage in Shi'i Iran* (Syracuse: Syracuse University Press, 1989); Aldeeb Abu-Salieh, *Musulmans face aux droits de l'homme* (1994) at 169; J. Nasir, *The Islamic Law of Personal Status*, 3rd edn. (The Hague: Kluwer Law International, 2002) at 59—61。临时婚姻被认为比非正式的性关系要更为可取,尽管这种观点在正统的伊斯兰中并不流行。

婚姻双方可能非常年轻,甚至低于 13 岁。[53] 很显然这背后有经济的动因,但在过去,这种动因则更加明显,因为阿拉伯原生法律允许新娘买卖。穆罕默德对此作出了改革,规定妻子有权单独接受来自丈夫或其家庭任何的付费。[54] 跟较早时期的犹太教法律一样,婚姻可以是多配偶的,最多允许有四个妻子。[55] 在伊斯兰论战中,这一点是有争议的,[56] 穆罕默德一夫一妻的第一段婚姻就被巴基斯坦总理贝·布托所引用,而她的丈夫也显然遵循着一夫一妻制。多妻制在突尼斯被立法所废除;而在其他地方这种做法则不大可能被接受。[57] 然而,妻子有权在合同中对一夫一妻婚姻作出规定,并且滥用多妻制的丈夫(一个不能提供扶养的人)将可能会受到制裁。[58] 在历史上,离婚通过丈夫宣布塔拉克*的方式进行,在有伊斯兰人口居住的西方这种方式也颇为有名。[59] 对此,穆罕默德做了又一次的改良,在离婚生效之前设立了一段缓期或等待期。[60] 婚姻的合意特征也为此提供了一种救济,它允许预先约定离婚必须经过双方同意。很多国家也允许司

---

[53] Amin, *Islamic Law* (1989) at 81, citing North Yemen, Pakistan, Bangladesh; Aldeeb Abu-Salieh, *Musulmansface aux droits de l'homme* (1994) at 161—3;这种包办婚姻在有些情况下可能会导致国家法上的刑事责任,关于更全面的讨论,参见 L. Carroll, "Marriage-Guardianship and Minor's Marriage at Islamic Law" (1987) 7 Islamic and Comp. Law Q. 279.

[54] Coulson, *History Islamic Law* (1964) at 14. 穆罕默德本人对于妇女和婚姻的看法现在被频繁地引述。这隐含了一些关于法律渊源和妇女地位等大的问题。参见本章"沙里阿中的个人"和"跟伊斯兰的对价交流"。

[55] Khadduri, "Marriage in Islamic Law" (1978), above, at 214 ff.

[56] Nasir, *Status of Women*, (1994) at 26—8; Aldeeb Abu-Salieh, *Musulmans face aux droits de l'homme* (1994) at 166—9; Stowasser, *Women* (1994) at 121.

[57] 关于突尼斯的立法,参见 1956 年《突尼斯个人地位法》第 18 条规定("多偶婚姻被禁止"),参见 El Alami and Hinchcliffe, *Islamic Marriage Divorce Laws* (1996), above, at 242,239 ("这样做的理由是人不可能公平和平等对待两个妻子;基于此禁止男子娶超过一个妻子");关于这个结论源于对《古兰经》第四章第三节的严格解释("如果你担心不公平,那么就娶一个")和第四章第 129 节("你不可能在女人之间做到公平,即使你是这样希望的"),参见 Mallat, "Islamic to Middle Eastern Law", above, at 269. 其他国家为此建立了一些条件,比如法院和/或之前妻子的允许。多妻的范围很难确定。在 19 世纪的南亚,不超过 2% 的婚姻是多妻的。A. M. Serajuddin, *Shari'a Law and Society: Tradition and Change in South Asia* (Karachi: Oxford University Press, 2001) at 178—9.

[58] Hinchcliffe, *Islamic Marriage Divorce Laws* (1996), above, at 26, 27.

* talaq,意为休妻。——译者注

[59] 关于其形式,参见 Schacht, *Islamic Law* (1964) at 163,164; Milliot and Blanc, *Droit musulman* (1987) at 350 ff.;关于西方法中对它的"包容",参见 Y. Meron, "L'accommodation de la repudiation musulmane" Rev. int. dr. comp. 1995.921; for common origins of talmudic and islamic repudiation in Deut. 24:1, Aldeeb Abu-Salieh, *Musulmans face aux droits de l'homme* (1994) at 178,179.

[60] Coulson, *History Islamic Law* (1964) at 14.

法离婚。[61] 收养在伊斯兰法中不存在。这是因为所有的穆斯林都有照顾儿童的义务，而在西方著述中，这点也跟先知娶他养子的前妻有某种关联。[62] 在伊斯兰法中，抚养儿童的一般义务是个很严肃的观点，它对于那些急需帮助的人来说是个很大的支持，但是在有些国家，收养已经获得立法的批准。[63] 伊斯兰将遗嘱可处分的财产限制在不超过全部财产的三分之一；关于对剩下的固定份额和一般的无遗嘱继承的处理的法律非常复杂（要记得可能有多个妻子的情况）。妇女跟男子并不享有均等的份额，她们一般只获得同一顺序的男子继承人的一半。这种做法以男子所负支持家庭的义务作为辩解的理由（辩解其实也意味着批评的存在）。[64]

在承认私有财产（阿拉伯语 milk）和国家或公共财产方面，伊斯兰财产法和西方财产法之间的类似之处非常广泛。[65] 此外，在承认一种慈善基金，即瓦格夫（waqf，或教产，特别是用于建立教育机构，包括法律学校）方面，伊斯兰承认土地上的相互重叠的权利形式，了解信托的普通法律师对此会感到非常的熟悉，而尽管伊斯兰的制度主要是在近几个世纪受大陆法的区分所有权观念的影响。[66] 然而，跟西方法律相比，土地的使

---

[61] Nasir, *Status of Women* (1994) at 74 ff.; Amin, *Islamic Law* (1989) at 79.

[62] Coulson, *History Islamic Law* (1964) at 13.

[63] Amin, *Islamic Law* (1989) at 75；关于跟法律相符的收养的普遍做法，参见 Milliot and Blanc, *Droit musulman* (1987) at 415—17.

[64] M. Khan, *Islam and Human Rights*, 4th edn. (Tilford: Islam International Publications, 1989) at 52; and see generally N. J. Coulson, *Succession in the Muslim Family* (Cambridge: Cambridge University Press, 1971); J. Makdisi, "Fixed Shares in Intestate Distribution: A Comparative Analysis of Islamic and American Law" [1984] Brigham Young U. L. Rev. 267; Milliot and Blanc, *Droit musulman* (1987) at 475 ff., notably at 480 for testaments; Aldeeb Abu-Salieh, *Musulmans face awe droits de l'homme* (1994) at 141—6; and cf. D. Powers, *Studies in Qur'an and Hadith: The Formation of the Islamic Law of Inheritance* (Berkeley/Los Angeles/London: University of California Press, 1986)，认为穆罕默德实际上所授之法不同于后来发展起来的法律，特别是在遗嘱继承方面有了更大的空间。

[65] R. Debs and F. Ziadeh, "Der Begriff des Eigentums im islamischen Recht" in May, *Islamischem Rechtsdenken* (1986) at 93; C. Mallat, *The Renewal of Islamic Law: Muhammad Bager as-Sadr, Najafand the Shi'i International* (Cambridge: Cambridge University Press, 1993) at 114; Rahim, *Muhamrnadan Jurisprudence* (1911) at 12(个人所有权甚至在先于伊斯兰的时代就已经盛行，尽管实际上只限于动产)，261—79（关于财产法的实质内容）；关于学派之间就私人和集体形式的所有权的辩论，参见 Khadduri, *Islamic Concept of Justice* (1984) at 138（支持私人所有权的观点获得胜利）；尽管直到 19 世纪，仍然只有相对少量的土地被私人持有，参见 N. S. Hopkins, "Land Tenure" in J. Esposito (ed.), *The Oxford Encyclopedia of the Modern Islamic World*, vol. II (New York/Oxford: Oxford University Press, 1995) 446.

[66] 关于瓦格夫，参见 Rahim, *Muhamrnadan Jurisprudence* (1911) at 303—10；关于它们之间的关系，似乎在瓦格夫和信托之间存在着某种关联，参见本书第七章"比较之实践"。

用,进一步说是财产的使用,在伊斯兰法中被放到一个更为广阔的社会背景当中。在这点上伊斯兰法跟较早时期的西方法律颇有相通之处[67],因为绝对财产所有权被视为最终属于上帝,以致个人所有权尽管受到尊重,但仍需服从一项更大的义务,即"对于所有的财富,整个社会都有权分享"[68],更具体地来说,"那些有需要的人对那些比他们处境更好的人的财产享有权利"[69]。这些一般性义务就是扎卡特(zakat,天课)———一种救济穷人的伊斯兰义务(被认为这是一种礼拜行为而非税收,因为繁荣是以真主安拉的愉悦来定义的)———的来源,但它仍被批评说只创造了相当少的收入[70]。与伊斯兰对浪费和挥霍的警告一道[71],伊斯兰法被认为是环境友好的(绿色是伊斯兰最喜爱的颜色),然而有人说"我们今天已经没有再按照那些相关的一般性指南行事了"[72]。

债法和商法也深受古兰经所包含的广泛道德的影响,其施行的方式则更为精确,也无疑更为有效。因此,合同法被描述为"合意产生的,而(尽管)非允诺性的"[73],而要求

---

[67] M.-E Renoux Zagame, *Les origines theologiques du concept moderne de la propriete* (Geneva; Droz, 1987), notably at 155,191,193(调查世界对人类的神圣让步)。

[68] Khan, *Islam and Human Rights*, (1989), above at 49, citing 2: 108, 3: 190; Mallat, *Renewal of Islamic Law* (1993) at 114。

[69] Khan, *Islam and Human Rights* (1989), above, at 49, 56; Aldeeb Abu-Salieh, *Musulmans face aux droits de l'homme* (1994) at 218—31; and see Mallat, *Renewal of Islamic Law* (1993) at 114 关于财产分享的道德价值;以及第 117 页关于单独的宗教,而非科学,能够建立"对于利益的新的理解以及超越纯粹的商业或物质背景的理论与损失的概念"。

[70] 关于扎卡特和税收的区别,参见 Y. Al Qardawi, *Fiqh az-Zakat*: *A Comparative Study* (London: Dar Al Taqwa, 1999) at 623 ff. (扎卡特被沙里阿定义为为了固定的目的、受到宗教的启发,而税收则是由国家为了多种目的征收的),660(扎卡特受到宗教的、道德的、法律的、和行政的认可的支持),693(尽管大多数国家没有收取和分配的制度),and xxi (关于需要使新的财产"可以扎卡特");关于对此的批判,参见 *The Economist*, 6 Aug. 1994, at 9; Aldeeb Abu-Salieh, *Musulmans face aux droits de l'homme* (1994) at 229,230 ("扎卡特的边缘化")。

[71] 《古兰经》第 6 章第 142 节("不要浪费。真主确实不喜欢浪费之人"),圣训中先知警告说要友善对待动物,参见 M. Khan, *Islam and Human Rights*, (1989), above at 47 (禁止殴打或在动物脸上打烙印)。

[72] Amin, *Islamic Law* (1989) at 73,引用关于水的必要的纯净度,并在第 74 页推论说,伊斯兰世界"在这方面已经大大落后于工业化国家";关于伊斯兰的环境保护的理论基础,参见 S. Haneef, "Principles of Environmental Law in Islam" (2002) 17 Arab Law Q.241(人类作为上帝的代表,对自然世界负有责任);Othman A. Llewellyn, "The Basis for a Discipline of Islamic Environmental Law" in R. Foltz, F. Denny and A. Baharuddin, *Islam and Ecology* (Cambridge, Mass.: Harvard University Press, 2003) 185, notably at 198(所有托付给人类的财产都禁止浪费)。

[73] B. Zysow, "The Problem of Offer and Acceptance: A Study of Implied-in-Fact Contracts in Islamic Law and the Common Law" (1985—6) 34 Clevel. St. L. Rev. 47 at 76; and see Schacht, *Islamic Law* (1964) at 145 (在哈乃斐法律中,赠与合同的签订不需要对应的回报或对价);关于过错,参见 J. Makdisi, "An Objective Approach to Contractual Mistake in Islamic Law" (1985) 3 Boston U. Int. LJ. 325。

交换转让物,或被描述为带有过去内涵的话语,甚至反映了前伊斯兰(pre-islamic)时代买卖由多个单方交付构成的情形。其深层的思想就是一种"同等履行"或者"互惠"[74],这种共同和同等付出的观念构成普遍禁止商业性利巴(riba,利息,有时也指高利贷,看具体如何解释)的深层原因。任何预先确定的投资回报,假若不分担风险,都将被看做是一种不当得利或占有他人财产。[75] 基于类似的原因,作为限制个人责任的公司人格制度在传统中从未受到承认。虽然它被国家立法所创立,但伊斯兰国家的法庭通常拒绝将责任仅限于公司财产。[76] 此外,具体取决于不同的法学学派和保险的种类,保险合同的合法性也受到怀疑,因为它们可能会牵涉到给被保险人带来不成比例的回报,甚至是投机。[77]

因此,尽管其贸易量,伊斯兰世界的市场并非是完全自由的市场。它必须遵守更广泛的古兰经法律,后者通常禁止投机和不公平的风险分配。[78] 具体到银行业来说,这意

---

[74] Chehata, "Islamic Law" (1974) 138 at 139, 140(互惠的概念优先于个人意思自治的概念); Zysow, "Problem of Offer and Acceptance" (1985—6), above, at 76;然而在赠与合同中,自由意志取代了互惠,参见 Schacht, Islamic Law (1964) at 145, 157, 158。

[75] N. D. Ray, Arab Islamic Banking and the Renewal of Islamic Law (London/Dordrecht/Boston: Graham & Trotman, 1995); I. Shihata, "Some observations on the question of Riba and the challenges facing 'Islamic Banking'" in C. von Bar (ed.), Islamic Law and its Reception by the Courts in the West (Cologne: Carl Heymanns Verlag, 1999) 177 at 183; M. Lewis and L. M. Algaoud, Islamic Banking (Cheltenham, UK/Northampton, Mass: Edward Elgar, 2001) at 29。在巴基斯坦最高法院作出一个判决之后,利息在巴基斯坦被取消,参见 A. von Sponeck, "Islamization of Economic Laws and the Riba Judgment in Pakistan: An Overview in Comparison with the Law of Iran" (1994) 14 I. C. Q. L. 77(关于一审判决); M. Jaffer, "Pakistan Supreme Court: Laying the Foundation for an Islamic Economy" (2001) 10 Commonwealth Lawyer, No. 1 (April) 23。

[76] 由于缺乏"位于西方资本主义核心"的罗马法上的法律人格概念,伊斯兰法因此"对发展并非有帮助",参见 D. Lal, Unintended consequences (Cambridge, Mass./London: MIT Press, 1998) at 63;关于司法对公司人格的虚构的拒绝,参见 C. Mallat, "Commercial Law in the Middle East: Between Classical Transactions and Modern Business" (2000) 48 Am. J. Comp. L. 81 at 114; N. Saleh, "Arab International Corporations: The Impact of the Shari'a" (1993) 8 Arab Law Q. 179 at 181("责任原则在伊斯兰极为神圣",公司管理人员因为公司债务被投入监狱并不鲜见)。由于国家法采纳了公司形式,因此很可能对其所进行了"拟人化",参见 T. Koraytem, "The Islamic Nature of the Saudi Regulations for Companies" (2000) 15 Arab Law Q. 63, at 66—7;尽管 what would be contributing structural reasons for the absence of the corporation, T. Kuran, "The Absence of the Corporation in Islamic Law: Origins and Persistence" (2005) 53 Am. J. Comp. L. 785(害怕产生对公司的忠诚,合伙和瓦格夫的角色"令人惊奇的成功")。

[77] S. Mankabady, "Insurance and Islamic Law" (1989) 4 Arab Law Q. 199. 这点甚至在西方法律中也有"不可保利益"。

[78] 关于"伊斯兰经济"(在什叶派传统中)的发现,参见 Mallat, Renewal of Islamic Law (1993) at 113 ff., notably at 161 关于对高利贷的禁止; C. Mallat, Islamic Law and Finance (London: Graham & Trotman, 1988);关于合同自由一般原则的缺失(尽管在某些种类的合同存在一定程度的自由),参见 Schacht, Mamie Law (1964) at 145.

味着银行(伊斯兰银行于 1963 年首先在埃及被引入)不能只是收取贷款利息,而必须获得货物或在受金融支持的企业中持有股份,分担损失的风险和可能的利润。为此而产生了高度发达的商业工具,在这个过程中合伙法(由于缺乏公司)承担着极其重要的功能。[79] 最常用的合伙(通常跟银行一起)有三种形式,它们的名字近似得几欲混淆。对于买卖中的融资,由于没有利息贷款,那里有穆拉巴哈(murabaha),即银行首先取得财产,然后加价卖给最终的买方。对于合伙双方都注入资源(例如一间银行和一个企业家)、规定由双方或所有人负责管理的普通合伙,那里有穆沙拉卡(musharaka),甚至有"递减的穆沙拉卡",即银行所占的份额随着时间的过去而逐渐被收回。最后,对于纯粹的投资,那里有穆达拉巴(mudaraba),它跟穆沙拉卡类似,但只有一个合伙人提供资金,而另一方则负责管理投资(在这里银行两种角色都可承担)。[80] 穆达拉巴可能是意大利的康曼达契约(commenda)或克里甘提(collegantia)的蓝本,后者被用来为商人的旅行进

---

[79] 下面的具体内容可参阅 Ray, *Arab Islamic Banking* (1995), above, at 37 ff.; and indicating, at 80, 81, 伊斯兰传统内部对于银行业的分歧;and more generally, A. Saeed, *Islamic Banking and Interest: a Study of the Prohibition of Riba and its Contemporary Interpretation* (Leiden/New York/Cologne: E. J. Brill, 1996) (主张新的作出合理的意见的过程(ijtihad)以发展伊斯兰银行业);F. Vogel and S. Haves, III, *Islarmc Law and Finance: Religion, Risk and Return* (The Hague/London/Boston: Kluwer Law International, 1998) (同样是关于革新伊斯兰的商业技术);H. Alqabid, *Les banques islamiques* (Paris: Economica, 1990); F. Al-Omar and M. Abdel-Haq, *Islamic Banking* (Karachi/London: Oxford University Press/Zeb, 1996) 12—19; S. A. Meenai, *The Islamic Development Bank: a case study of Islamic co-operation* (London/New York: Kegan Paul International, 1989) (关于伊斯兰资产融资的发展);Amin, *Islamic Law* (1989) notably at 105—19; Aldeeb Abu-Salieh, *Musulmans face aux droits de l'homme* (1994) at 245—8 (批评伊斯兰制度产生比西方更高的回报率;穆达拉巴代表在西方发展起来的合伙以规避禁止高利贷的规定)。

[80] Lewis and Algaoud, *Islamic Banking* (2001), above, at 40—5。这种合同用于客户到银行存款。他们不会收到任何利息(西方银行的客户也日益意识到这种现象),然而,他们有权分享银行的利润。存款人被发现可以接受这种做法。类似于伊斯兰的西方理性受到阿奎那的认可,这种理性根据风险分担来"确定贷款和合伙"(*societas*)之间的重要的道德差别,参见 A. Jonsen and S. Toulmin, *The Abuse of Casuistry* (Berkeley/Los Angeles/London: University of California Press, 1988), ch. 9 ("利润:以高利贷为例"),notably at 185 ff. 西方思想开始容忍利息是将其作为一般禁止高利贷的一种例外,特别是当债务人因为未及时还款,致使债权人无法再使用该贷出的笔钱因为造成损害的情况下。罗马法通过支付债权人在两种状态之间的差额而允许利息。这种例外在 15 世纪当利息的理论从例外中产生而成为常态,认为利息的正当性不仅仅纯粹存在贷款的结束,而在于贷款的产生,参见 J. Noonan, *The Scholastic Analysis of Usury* (Cambridge, Mass.: Harvard University Press, 1957); J. Oldham, *English Common Law in the Age of Mansfield* (Chapel Hill: University of North Carolina Press, 2004) at 165—69 (关于英国立法在 1571 年到 1623 年期间的犹豫和害怕"迫使资本流向国外")。

行融资,并被认为是西方"金融革命"的起源。[81] 伊斯兰合伙是否能够提供公司的所有经济上的好处而同时避免它们的诱惑呢？有些人说不,但是西方类型的公司最近已经失去一些它的光泽(因为自己陷入各种形式的腐败当中),而伊斯兰式的融资则不断走向世界。伊斯兰债券(sukuks)现在已在西方国家发行；西方银行业正在推出"伊斯兰抵押贷款"；同时,西方的律师事务所也在发展这方面的专业技能。[82] 道琼斯推出伊斯兰市场指数以推动伊斯兰式的"道德投资"。[83] 因此,伊斯兰金融既非社会主义(消灭市场),亦非资本主义(解放市场)。它是另一种思维的方式。并非因其伊斯兰倾向而知名的《经济学家》杂志曾经评论说,它"可能要更好"。[84]

伊斯兰刑法的制裁要比其内容更为著名。最为知名的条文是古兰经第5章38节："对于偷盗的男女,当割去他们的手。"即使你擅长条文拆析(deconstruction),这一条文也是非常的直截了当,现在它在传统内(这是当然的事情)外都引起了很大的争论。近些年也有不少的手被砍掉。如果你想在伊斯兰国家偷什么东西的话,你得好好想清楚。然而,如果被发现犯有盗窃罪的话,谁也不确切知道你将会丢掉一只手还是两只手都丢掉。这种争论是怎样的呢？那些赞成剁手的人提出很多的理由：推翻古兰经的一部分不可能不带来系统性的效果；上帝所言即其所意指的解释原则；威慑力问题；不可能得出剥夺自由会没那么残忍或带来更少的伤害的结论；它已被伊斯兰人民所接受；西方犯罪学和威慑手段的失败[85]；以及这种手段在伊斯兰社会的适当性,因为"在那里所有的犯罪动机

---

[81] J. M. Hobson, *The Eastern Origins of Western Civilisation* (Cambridge：Cambridge University Press, 2004 at 119—20.

[82] 债券和抵押贷款都不能牵涉利息,因此二者都牵涉归属于"贷方"或他的提名人的财产所有权,这些财产然后租给"借方"以获得租金。关于英国的例子,参见 http://www.mortgages.co.uk/islamic-mortgage.html。在海湾国家以外的地方发行的最早的两只债券,一只以美元计价,另一只以欧元计价,都是在 2003 年发行的,参见 *The Economist*：Oct. 25, 2003 at 79；*Frankfurter AllgemeineZeitung*, 6 Nov. 2003 at 31（债券由 German Land 或 Sachsen-Anhalt 省发行,它将从指定的公共信托人那里租用公共建筑,该信托人收取债券的收益后再将租金交给伊斯兰投资者）；关于一家大型美国公司从事"中东—伊斯兰金融投资"的情况,参见 www.kslaw.com。

[83] 参阅 http://www.djindexes.org。

[84] *The Economist*, Apr. 4, 1992 at 49; and see *The Economist*, Aug. 6, 1994 at 17（关于伊斯兰的调查）("new left... should now be looking to Islam with an interested gleam in its eye")。

[85] 参见 Amin, *Islamic Law* (1989) at 52—5; Doi, *Shari'ah* (1984) at ii("没有法律系统原生于此；只有从人类智慧获得的支持才能够从犯罪和剥削的恶魔手中治愈我们的社会")；一般性论述,参见 D. Forte, "Islamic Law and the Crime of Theft：An Introduction" (1985—6) Clevel. St. L. Rev. 47(有意思的是,作者推定"伊斯兰法关于盗窃的理性受到现代的系统分析的现实"(第53页),这种观点即使在伊斯兰内部也前后不一；比较伊斯兰法和西方18世纪以前对盗窃施行的死刑制度和中国的凌迟做法(第50页)。

都被消除"。[86] 而那些反对剁手的人既更为雄辩,也更具想象力。他们认为这种手段应当用于,而且也实际上只用于,那些有加重情节的"极端和冷酷的案件"中,而任何的减轻情节或不确定都可以作为免除的理由[87];而且可能最为有趣的是,剁手的概念应当看做具有第二层含义——剁手是为了限制或杜绝;手是力量或能力的象征。跟割舌被看做是强制性安静一样,这种表达体现出一种模式,它既允许对古兰经的坚持,也允许非肢体伤害的惩罚方式。[88] 这种情形正如不是公牛的公牛也有着像公牛的影子一样。[89]

沙里阿和神启

因此,伊斯兰法代表着一种高度发达和复杂的法律传统。[90] 神启既没有明确地提供所有的答案,但也未阻止相关的探讨和辩论。犹太教法的例子已经证明了这点。另外,争论也不仅仅就实体法的具体问题、受到的启示或这个过程所允许的推理的种类等展开。它在相当长的时期内还触及启示及其衍生的整个法律之间的关系。因此,如果你是穆斯林的话,你不能仅仅求助于启示而不管别的;由于启示在支持社会实践中的分量,证明穆罕默德的启示作为法律渊源的正当性具有现实的必要,但那里同时也面临着内部和外部的挑战。当然,古兰经本身是第一位的理由,进一步的理由则可以在伟大的法学家的学说中找到。然而,伊斯兰经典时期的法学家[91]从来不必基于人权概念以回应西方的观点,因为当时的西方法律本身也并非基于人权而制定。西方的学术研究也不像现

---

[86] Mallat, *Renewal of Islamic Law* (1993) at 116; cf.,关于砍手的前伊斯兰阿拉伯法,参见 Rahim, *Muhammadan Jurisprudence* (1911) at 7。

[87] Khan, *Islam and Human Rights*, (1989), above, at 74; M. S. Al-Ashmawy, *l'islamisme centre l'islam* Paris/Le Caire: La Decouverte/Al-Fikr, 1987) at 99 (在存疑的情况下援引圣训敦促仁慈); Imber, *Islamic Legal Tradition* (1997), above, at 213—15,关于进一步的限制,特别是需要多个目击证人。在这种制裁被法典化的法域,马来西亚的吉兰丹州,那里有 15 种例外(包括在执行之前返还财产),并且该规定只适用于年满 18 岁的穆斯林和自己选择使用该种刑罚的非穆斯林;A. Harding,"The *Keris*, The Crescent and the Blind Goddess: The State, Islam and the Constitution in Malaysia" (2002) 6 Singapore J. Int. & Comp. L. 154, at 174。关于程序保证(无法律无犯罪,无罪推定,证据无存疑,等等),参见 Haleem et al., *Criminal Justice* (2003), above。

[88] Khan, *Islam and Human Rights* (1989), above, at 75。

[89] 关于塔木德法的技术模式,参见本书第四章"神授法律的适用"和"行文风格"。

[90] 关于复杂传统的概念,参见 D. Armstrong, "The Nature of Tradition" in D. Armstrong, *The Mature of Mind and Other Essays* (Ithaca: Cornell University Press, 1981) 89 at 90, 102, 103 以及相关的讨论课参阅本书第十章"复杂传统"。

[91] 从 3/9 世纪到 6/12 世纪。

在这样将注意力贯注在伊斯兰身上。因此,伊斯兰法学家的著作不仅仅将其精力贯注到沙里阿的形成,也贯注到对整个伊斯兰法律事业的不断论证中。

沙里阿和卡拉姆

沙里阿和犹太教法一样极其深入它们的信徒的日常生活。斐格海因此而被称为一种"法律与道德的综合科学",这不应当理解成两个独立概念的结合使用,而是二者的一种融合,或一种合成。[92] 因此,斐格海跟哈拉卡一样,不仅适用于西方所称的民法和刑法领域,而且也适用于礼仪、膳食、卫生和祈祷。[93] 那么,是否沙里阿之外就没什么了呢?那里没有跟犹太智慧中的阿加达被缩减的领地相对应的东西吗?没有内在良心的残余领地吗?那里当然有,尽管它没有一个简洁的整体名称。所有的人类活动都有伊斯兰对应的型态,从规范性来说,跟法律可能走得最为接近的就是被称为卡拉姆(kalam)的哲学神学。[94]

然而,作为执行上帝旨意的手段,沙里阿却比卡拉姆更受倚重,因而也更为重要。在 3/9 世纪,在卡拉姆和沙里阿的支持者之间曾经发生一场很大的辩论,最终,"简单地说,法律赢得了对哲学思想的胜利"。[95] 因此,法律之外的生活尽管有,但并不多,古兰经中那些被认为是非法律的部分跟(法律或道德的)义务的观念之间关系并不紧密。当然,当法律调整范围如此宽广时,它已不可能完全通过世俗的方式来执行。因此,在伊斯兰世界,你一样能够找到大陆法的自然之债和犹太教法的"生活在法律范围内"的对应概念。正如我们已经看到的,卡迪的判决能够得到执行,即使它跟神授法律相违背,它也一样被执行,而你也将倾向于去适应它。[96]

---

[92] Coulson, *History Islamic Law* (1964) at 83.

[93] Ibid.; Brohi, "Die Rechtsideen" (1986), above at 19; Hallaq, "Logic of Legal Reasoning" (1985—6) at 8:(islamic law "all-encompassing")。然而,制裁的灵活性则取决于所涉行为的种类,常见本章"微妙变化"。

[94] 参阅 G. Makdisi, "Guilds of Law" (1985—6) at 7.

[95] Ibid., at 6, 7(法被支持作为哲学思考和"夸大的信仰"之间的中间地带); Malek, *Tradition et revolution* (1993) at 46; M. Fakhry, *A History of Islamic Philosophy*, 2nd edn. (New York: Columbia University Press, 1983), notably at 203, 204 (收到希腊哲学启发的神学思考的精神"并未完全被熄灭",后来的法学家不能够继续早期的法学家和经训学家的"纯粹"形式); Brown, *Rethinking tradition* (1996) at 13 ff.; Weiss, *Spirit of Islamic Law* (1998) at 25—30(卡拉姆最终被看做是"法理学的侍女");依赖于亚里士多德的演绎逻辑,尽管它自己的神学思考和来自希腊哲学的法尔萨法(falsafa); Nasr, *Heart of Islam* (2004), above, at 81(卡拉姆的教义在沙特阿拉伯的宗教性大学中仍然被禁止)。

[96] 参见本章"卡迪的司法和穆夫提的智慧"。

公议、圣训和启示

正如犹太教法,启示需借助人来解释和执行,而在这两种传统中,人们的努力都带来巨大的成果。如果古兰经的法律内容只包括大约500节经文的话,法学家们的著作现在则充斥着各个图书馆。[97] 因此,跟犹太教法一样,真正的法律就是那些人世间的法学家们所创制的,它不仅提供了基本的人世间的规范,也在有关事实*发生之后(正如这些法学家所说)将启示合法化。这种观点很好地体现在西方关于伊斯兰的学术研究中,而这种研究往往具有最高的价值。它提供了伊斯兰本身不是很有兴趣提供的、关于伊斯兰的信息,因此,我们现在不仅受益于伊斯兰对古兰经的永恒教义的论述,考虑到超越古兰经以发展法律的必要,我们也可以获益于那些对伊斯兰法律传统发展的事实所作的更具体的研究。不同的论述可能并不会相互抵触,但它们当然也可能被认为是抵触的(神授法律注重原则,而人制定的法律则关注实践)。

西方关于伊斯兰的研究集中在伊斯兰法发展中的三个至关重要的方面:作为逊奈证据的圣训产生的历史过程,公议的发展,以及公议与古兰经以及逊奈之间的理论关系。[98] 尽管要公平地对待这种西方研究的范围是不可能的,但这种研究的一般结果则表明伊斯兰法发展的整个过程的特殊性和可能性,这个过程在穆罕默德之后持续了大约三至四个世纪之久。因此,伊斯兰法作为法律据说真正开始于先知去世之后大约一百年左右,当时一些法学家把非正式的和管理的实践以学说的形式正式地表达出来。公议是一种法学派别的产物,这些派别及其具体的学说只是在这个时候才开始出现。[99] 正是在这之后的一个世纪,逊奈作为具有神圣的特征而被明确下来,特别是受到伟大的伊斯兰法学家阿尔沙斐仪的支持。最终的结果是,不管是关于逊奈的重要性,还是具体的圣

---

[97] R. Arnaldez,"Laloimusulmane"(1993) at 85.

* 指上帝给予穆罕默德的启示。——译者注

[98] 关于第四个问题,即非伊斯兰法律对其制定的影响,常见本章"跟伊斯兰的对位交流"。

[99] 参阅 Schacht, *Origins of Muhammadan Jurisprudence* (1950) notably at 138 ff; Pearl and Menski, *Muslim Family Law* (1998) at 9("认定 Schacht 的观点为邪说");Calder, *Early Muslim jurisprudence* (1993) notably at 198,199(Schacht 的理论"既是灵活的,又是令人信服的",尽管在某些历史时期和对于"规范性和模范性的模式"有所保留)。

训的实际选择,都不包含在古兰经里,而是在其后学说发展的成果之中。[100] 后来,由于历史研究的结果,逊奈和公议二者的神圣特征受到了挑战。公议本身"作为司法原则……是穆斯林法理学自我宣称的一种假说",正是这种自我宣称的假说,亦即公议,"保障了整个传统(逊奈)的正当性"。[101] 因此,"以神意来精确识别"庞大的伊斯兰法"是一种虚构"。[102] 尽管有些西方的历史研究可能跟伊斯兰教义相协调,但不能说所有的都是,伊斯兰法从根本上受到这种研究的挑战。伊斯兰法学家对于这种对他们学说的过去所作的检讨又是如何反应的呢?

对于这种现代西方学术研究的挑战,伊斯兰作了两种类型的回答:第一种回答基于启示的一般性质;第二种则更具体地基于伊斯兰社会自身的情形。第一种回答实际上已经由犹太教法学家作了回答。上帝之前已经听到过这些,现在给出了相同的答案,因为上帝还是相同的上帝。作为完美的创作者,人们对上帝旨意的奉行的各种类型都已经被记录下来,因此,历史研究不可能证明任何事情。如果它是准确的,它只是表明了上帝的记录;如果它是不准确的,那么它只是历史,而作为历史,它是可以进行争论的。因此,如果说公议是合法化其他一切的永恒之物,它"最多算是一种过于简单化,在最终的分析中,最多属于一种因果倒置……(因为)作为……主要渊源的合乎逻辑的结果,这种共识(公议)早已自动地获得了保证"。[103] 如果你已经读过古兰经并相信它的话,历史研究不会构成任何的威胁。因此,正如人们自豪地说,"我们服从而不创造"。[104] 因此,就像

---

[100] Coulson, *History Islamic Law* (1964) at 56, 61(逊奈仍是人的独立推理和对众多圣训的字面解释之间的一种妥协;圣训受到有效性标准的制约,公议形式的推理则需要被合法化);Anderson, *Law Reform in Muslim World* (1976) at 8;选择合法的圣训的过程以及众多的伪圣训,参见 Guillaume, *Traditions of Islam* (1924), above; luynboll, *Authenticity of Tradition Literature* (1969), above, notably at 100(所有的穆斯林神学家都承认伪造的存在)以及第八章(关于伪造的政治原因是为了合法化其对穆罕默德的继承);G. Juynboll, *Muslim tradition* (Cambridge: Cambridge University Press, 1983), notably at 9,10(圣训的著述直到1/7世纪才被"标准化");Brown, *Rethinking tradition* (1996) at 87 ff.; A. Walker, *The Caliphate* (New York: Barnes and Noble, 1966) at 12,46; Doi, *Shari'ah* (1984) at 54—7(布哈里认可了 600,000 则圣训传述中的 7,397 个);Hallaq, *Islamic Legal Theories* (1997) at 60—8; Kainali, *Islamic jurisprudence* (2003) at 87("伪造的圣训")。

[101] Coulson, *History Islamic Law* (1964) at 77;关于"信仰圣训的民众"和"法律学者"之间的斗争,参见 I. Lapidus, *A History of Islamic Societies* (Cambridge: Cambridge University Press, 1988) at 104.

[102] Coulson, *History Islamic*, Law (1964) at 85.

[103] Owsia, "Sources of Law" (1991), above, at 40; al Faruqi andal Faruqi, *Cultural Atlas* (1986), above, at 276(伊斯兰在3/9世纪已经接触并拒绝了"被创造"的观点);Hallaq, *Islamic Legal Theories* (1997) at 76;关于在伊斯兰中历史研究方法的拒绝,参见 Pearl and Menski, *Muslim Family Law* (1998) at 13。

[104] R. Charles, *Le droit musulman* (Paris: Presses universitaires de France, 1965) at 8.

犹太教法一样,伊斯兰法能够使其主要渊源受到更新的渊源的诠释力的制约。《摩西律法》受到《塔木德》的诠释;古兰经则受到公议所确定的逊奈的解释。[105] 各种形式的人的理解可能会产生矛盾,因此有必要协调关于逊奈的不同传述,亦即不同的圣训。[106] 但是,没有什么能够挑战那些基本的记录。

第二种回答跟伊斯兰尤为具体相关。这种回答中有一种类型通过表明经典教义和实践之间的根本相似性来挑战历史研究的主张。这种挑战在近来表明了法塔瓦(fatwah)在法律发展中的重要性,以及它们在先知去世后的下一个世纪中被教法吸纳是如何发生的,以致古兰经的法律影响被人们很快地意识到并立即付诸实践。在现实中,伊斯兰法并非事后添加的东西。[107] 更一般地来说,伊斯兰法跟犹太教法不同,它的具体历史可以看做是源于古兰经启示的不同本质。这是一种比它之前的那些启示具有更为完整文字记录的启示,与此相应地它留给人们发展的余地也就更加少(尽管仍有相当的余地)。这种发展可以通过共识的方式来进行("我的人民决不会赞成谬误"),但不会通过个人(根据该传统的最主要的形式)的不断努力而获得。因此,好的圣训当然必须跟差的圣训相区别开来,因为它们约束着众多的人的行为。如果没有共识,还有别的什么方式能让一个人把某些东西放到法律里面吗?即使西方的历史是精确的,而只有实践和后来的启示才是伊斯兰的一部分。

---

[105] Coulson, *History Islamic Law* (1964) at 57; Walker, *Caliphate* (1966), above, at 12; Burton, *Introduction to Hadith* (1994), above at 179(古兰经本身被沙斐仪用于宣称逊奈独立于它);关于塔木德的关系,参见第四章"塔木德和犹太律法"。

[106] Coulson, *History Islamic Law* (1964) at 58; A. A. An-Na'im, "Problems of Universal Cultural Legitimacy for Human Rights" in A. A. An-Na'im and F. Deng, *Human Rights in Africa*: *Cross-Cultural Perspectives* (Washington D.C.: Brookings Institution, 1990) 331 at 358; Doi, *Shari'ah* (1984) at 54.

[107] Hallaq, "From *Fatwas to Furu*" (1994);关于逊奈的概念甚至在先知之前就存在,常见 Hallaq, *Islamic Legal Theories* (1997) at 3, 11;关于自先知的时代开始,伊斯兰继承法"以持续方式"发展,尽管方向上有改变,参见 D. Power, *Studies in Qur'an and Hadith*: *The formation of the Islamic Law of Inheritance* (Berkeley/Los Angeles/London: University of California Press, 1986), notably at 8;关于对 J. Schacht 的历史研究的准确性的进一步挑战,参见 M. Al Azami, *On Schacht's Origins of Muhammadan jurisprudence* (Riyadh/New York: King Saud University/John Wiley and Sons, 1985); Pearl and Menski, *Muslim Family Law* (1998) at 13 (with refs); Y. Dutton, *The Origins of Islamic Law* (Richmond: Curzon, 1999), notably 157ff. (直接依赖于马立克对古兰经、逊奈或先知的实践的论述,它被持续地传播,跟后来理解的圣训或言论不同)。

伊斯兰经文和伊斯兰推理:伊智提哈德的角色

在穆罕默德时代,所有已知的法律在表达上都带有决疑的色彩。罗马法处理的是具体的案件;犹太教法反映了日常生活中的实例;而原生法律则从过去和现在的生活经历中缓慢地构筑着自己的信息基础。伊斯兰法并未偏离这种泛传统的传统。考虑到伊斯兰法在个人日常生活中的重要性,以及需要被众多的人马上理解的需要,它是否本可以选择其他的表达方式颇值得怀疑。法塔瓦融入伟大的经典著作的过程跟这种形式的表达是完全协调的,并为这种表达作出了自己的贡献。因此,读伊斯兰法就像读其他形式的、以决疑方式表达的法律一样,在面对伊斯兰法律条文的时候,来自于其他传统的法学家将立刻感到非常的自在。以下是一则被称为非契约租赁的伊斯兰经典推理:

> 若结果发现一个人未经他人允许而耕种他人之土地,即使以无权使用的方式,那么(适用如下):若该土地属于私人财产,且该所有人将其保留为农用(以佃农耕种形式),如果有习惯性的分成比例,该比例应予以考虑;若没有习惯,并且他(即土地所有人)将土地保留乃为了租种出去,耕作的农民可以取得所有的收成,但必须向土地所有人支付适当的租金;如若不是(亦即如果土地并非为了租种出去而准备),并且若土地的价值(由于耕种)发生减少,耕种者应当赔付减少的价值。若土地价值并未减少,他无需赔偿;若土地属于瓦格夫,且存在(关于佃农耕种的分成比例的)习惯,并且该习惯(比适当租金)对于瓦格夫要更为有利,则习惯在法律上更为相关;否则(适用)支付适当租金。本条规定亦适用于土地属于孤儿或苏丹的财产之情形……[108]

受宗教启发的法律读起来却不像宗教;它读起来倒像法律,其表达方式跟伊斯兰思想中所固有的推理类型有关。

伊斯兰法律理性的性质是伊斯兰社会中,法律对卡拉姆(一种更为臆想性的、神学哲学)的支配以及将类推(qiyas)作为权威性渊源包括进来的最终结果。而那些更确定的西方演绎推理则在原则上被排除出去。如果法律不同于卡拉姆,它要更忠实于本来的文字的话,那么,它不可能把自己转化成一种新的、法律形式的卡拉姆。在传统发展过程当

---

[108] 引自 B. Johansen, "Casuistry: Between Legal Concept and Social Praxis" (1995) 2 Islamic Law & Su; 135 at 141—2 (square brackets by Johansen);关于伊斯兰经文和推理的性质,参见 Chehat, *Islamic Law* (1974) at 138.

中,我们同样能够看到神的启发和具体的社会环境的同时存在。亚里士多德的逻辑在这里并不陌生,但被认为跟古兰经的研究不相容而饱受批评。[109] 因此,正如古兰经本身的编排没有秩序一样,伊斯兰法的结构不可能做到西方观念中那样的系统性。而且这方面的智识手段也无从获得,或者至少不被该传统的主要论述所认可。但仍旧有说法说伊斯兰法学家"在抵制逻辑对法律的影响方面没有普通法法学家做得那么成功"[110],伊斯兰法的庞大规模表明了这个过程在某些方面所进行的创造。这种趋势在先知之后的那个世纪表现得最为明显,那时,个人推理(ra'y)和智识努力(伊智提哈德)被普遍认可而盛行一时。在其后的两个世纪中,教法学派发展建立了主要的教法学说,并且,演绎推理作为次要的形式也在这个过程中被使用(不得饮酒,啤酒是酒……)。然而,随着那些巨著的完成和圣训的编撰,人的进一步创制跟法的神圣性以及过去的施行显得不相协调(再次令人联想起"我的人民决不会赞成谬误")。因此,大致在3/9世纪至7/13世纪期间发生了一件持续支配后来伊斯兰法的一般讨论的事件。它被称为"关闭努力之门",更准确的说是取消伊智提哈德(即努力或尽力——这是一个非常重要的词)和肯定形式的理性在伊斯兰法中的位置。[111] 对此,宪法学家后来意识到这种取消难于约束那些后继者,并且关闭大门在特征上显然只是非正式的。考虑到传统的性质,人们,或者说至少大部分人,只是同意进一步的努力已经变得跟传统不相容。而这点从未发生在犹太教的法律史上,不过犹太教的法律历史毕竟不同。它为什么恰恰发生在伊斯兰身上已成为众多猜测的目标,因为大约在同一时期,曾经对西方发展提供了众多激励的伊斯兰科学(几

---

[109] Arnaldez, *La loi musulmane* (1993) at 87; Fakhry, *History of Islamic Philosophy* (1983), above, notably at xix(关于法学家所反对的、受到希腊的启示的投机性神学);Weiss, *Spirit of Islamic L*; (1998) at 67, 68(例举对类推的反对,将其视为可能导致将允许演绎和归纳的一般性的规则和归类,这是一种受到反对的"人的计划的表达");关于西方和伊斯兰理性的比较的一份非常详尽的参考书目,常见 Makdi, "Legal Logic and Equity"(1985), above, at 67.

[110] Hallaq, "Logic of Legal Reasoning" (1985—6) at 80.

[111] 关于该过程,参见 Pearl and Menski, *Muslim Family Law* (1998) at 14, 15(对冲突观点的概述);Coulson, *History Islamic law* (1964) at 72, 80—2; Fyzee, *Outlines* (1974) at 98; E Rahman, *Islamic Methodology in History*(Karachi: Central Institute of Islamic Research, 1965)(大门从来未被正式关闭;后来的作者回顾并认定它已经关闭;逐步紧缩的过程);Weiss, "Theory of *ijtihad*" (1978) at 208(发生"比理论所需更多的历史事件……博识之士们达成一项不可改变的共识认为就进一步的公议不必要而且也站不住脚");Malek, *Tradition et revolution* (1993) at 48; J. Thompson and R. Reischauer, *Modernization of the Arab World*(Princeton: D. Von Nostrand and Co., 19666)at 40, 41.

何、算法、普通数学、医学、天文)也同时被中断。[112]

然而,数个世纪以来,伊斯兰法中支配性的思想就是塔格利德(taqlid),它通常被非常轻蔑地称作模仿。它被比作遵循先例(stare decisis)。塔格利德可能是间隙性(interstitial)理性中最谨小慎微的一种形式,这种理性主张刻意的、明确的低调内敛。它令人回想起拜占庭作品合辑对之前的文字的刻意复制,其原创性只能在复制的顺序和方式中才能发现,尽管它们并不完全一样。[113] 然而,由于法律不仅仅是文本的复制,伊斯兰的理性从未被抹去,而只是否定任何形式的理性的过分自傲。我们若仔细研究,仍能察觉出它的革新[114];它的种种决疑思维也可能产生出人意料的灵活性[115];甚至塔格利德的刻意努力也涉及内省和良心的施展。[116] 它的个性总是在某种程度上表现出来。

沙里阿中的个人

然而,对人的推理在法律发展中的限制和对市场行为的限制表明了个人在整个伊斯兰法律传统中的地位。在那里,纯粹的主观被禁止;法律没有构筑个人的支配权;法律语言中缺乏跟主观意义上的"权利"相对应的词。[117] 但是,个人在传统中的重要性却没有什么疑问。在这种跟大陆法中权利学说发展过程中所使用的语言极为相似的语言中,人

---

[112] 关于失去地中海地区的严重性和结果造成的隔绝,常见 Braudel, *History of Civilizations* (1993), above, at 84,85;关于在 13 世纪巴格达被鞑靼人攻陷所带来的后果,常见 Coulson, *History Islamic Law* (1964) at 81;Doi, *Shan ah* (1984) at 69。然而,内部原因不能小觑,因为地中海地区和整个欧洲当时并未提供多少推动,而巴格达的沦陷在这个过程当中也来得比较迟。关于"内部原因"的重要性和神意的实质渊源将被完全探究的观念,参见 Coulson, *History Islamic Law* (1964) at 81。大门的关闭不仅在很大程度上阻碍了新的法律的发展,也阻碍了运用伊智提哈德来解构那些旧的法律,因此这种关闭跟异端学说的发展关系紧密,常见本章"乌玛及其保护"。关于伊斯兰科学的衰弱,参见 T. Huff, *The rise of early modern science: Islam, China, and the West* (Cambridge: Cambridge University Press, 1993) at 48.
[113] 参见本书第一章"传统作为信息:概念的摸彩桶"。
[114] J. Makdisi, "Formal Rationality in Islamic Law and Common Law" (1985—6) notably at 109.
[115] 常见本章"微妙变化"。
[116] Weiss, "Theory of *Ijtihad*" (1978) at 207;Hallaq, *Authority Islamic Law* (2001) at ix(塔格利德"对于遵循某特定的权威性法律学说有着理性的和高度权衡的坚持")(以某种熟悉的戒环对其进行描述)及第 86,87 页关于它的类型。
[117] Haqq 一词在使用上与西方的权利概念和义务概念上是相容的,很大程度上跟 jus 在罗马法上使用的方式相似(阿拉伯词 huquq 专用于指"人权",Huquq 是 huqq 的复数形式。Haqq 是个神启的词,意为真实。——译者注)。常见 Geertz, *Local Knowledge* (1983) at 188,189;关于罗马法中模糊的 jus 的概念,参见第五章"以人为本和权利的增长"。

类被称为上帝在地球上"副摄政"、"继承人"和"代理人"。[118] 伊斯兰法的整个结构都关注个人正义和相互尊重的实现,沙里阿的规定使得"贵族身份根据出生、种族、财富和语言划分……具有不尊重人的嫌疑"。[119] 如果说权利在欧洲成为一种推动人们脱离专横的等级制度的必要手段的话,伊斯兰则拒绝任何的等级,甚至包括宗教中的等级,因而权利既是不必要的,还可能会破坏相互之间的义务。

不过,通过"给予民生以优先于自由的地位"[120],伊斯兰法并无意保证平等地对待所有的人。或许它应当做这样的保证,也或许这是它的终极目标。但是,完全的平等或许是不可能的,并且最终来说也是不可思议的[121],或许形式上的法律平等的观念不应当被用来掩盖伊斯兰提出要消灭的那些实质的、重大的不正义。因此,我们可以发现,伊斯兰致力于通过实现集体目标(一个古老的故事)来证明形式上的不平等(特别是对妇女和非伊斯兰信徒的)的正当性。然而,有迹象表明,伊斯兰人民甚至包括穆罕默德对此也并不完全相信,西方观点对形式平等的坚持产生了一些效果。但是,这必然要求改革伊斯兰法,这是个比任何具体法律问题都更大的问题。

公议和变革

作为永恒上帝的后世启示,古兰经同时肯定了人类(具有上帝的模样,是地球上的副摄政)死后重生[122](正如基督教所发展起来的观点一样)的重要性和走向最终救赎的时间观念。因此,变革作为概念和现实在这种背景之下完全是可能的,尽管现在在原生法

---

[118] Khan, *Islam and Human Rights* (1989), above, at 49; Mallat, *Renewal of Islamic Law* (1993) at 124; 以及《古兰经》第 35 章第 39 节("是他使你们为大地上的代治者"),《古兰经》第 95 章第 5 节("我确已把人造成具有最美的形态")。或者,在大陆法传统中,人类被视为上帝的代表,参见本书第五章"以人为本和权利的增长"。

[119] Doi, *Sfiarfflfe* (1984) at 9.

[120] Ibid.

[121] 关于西方法中的定义问题,常见 P. Westen, "The Empty Idea of Equality" (1982) 95 Harv. L. Rev 537(回顾亚里士多德建议以相似的方法对待相似的事物,以不相似的方法对待不相似的事物;没有标准供确定相似和不相似;如果发现相关标准,平等的概念将是多余的);M. Minow, *Making All the Difference: Inclusion Exclusion and American Law* (Ithaca, N. Y./London: Cornell University Press, 1990) at 20("什么时候可以强调人们之间的差异而以不同的方式对待他们,或在这基础上污蔑和阻碍他们? 在什么情况下以同样的方式对待所有的人意味着对于他们的差异漠不关心,并在这基础上污蔑和阻碍他们")。

[122] Nasr, *Heart of Islam* (2004), above, at 246("跟基督徒一样,穆斯林不仅相信灵魂的不死,也相信身体的复活")。

律中已被移除。然而,在对待潜在的变革以及对它进行控制方面,伊斯兰既不同于犹太教,也不同于基督教。在恺撒时代,基督教最终任由人们去实现他们所进行的变革(至少在伽利略之后是这样的),而犹太教则把整个世界裹在一张义务之毯中,以致科学从根本上说就是无趣的,犹太教科学这个概念本身就是一种矛盾修辞。[123] 伊斯兰可以被看做是这两种态度的结合。世界是神圣的。"事实是规范性的:让它们偏离善的轨道并不比上帝撒谎更为可能"。[124] 然而,作为一项天职,人类必须追求各种知识。一则圣训说,学问远在中国,亦当求之[125],伊斯兰科学的繁荣可部分归结为知识和同时使用希腊文和印度文的原因。因此,在开始于5/11世纪的第一次十字军东征时,伊斯兰的科学水平要远远超过当时的欧洲,尽管应当承认,历史作为知识的一个主要分支,在那里并无多大发展。[126] 因此而产生的一个问题就是,是否伊斯兰的义务之毯裹紧了持续进行的、艰辛的科学探寻,最终导致努力的大门被轻轻地关上,不仅在法律方面,也包括科学方面。先知旨意要求的知识已经积累起来了,因而后面的变革要求必须被消音。当然,仍然有人对此并不赞同,今天传统内部的争论仍在如火如荼的继续。因此,变革仍然可能发生。它可能作为观点——反映在法学学派之间的关系和伊斯兰的不同概念上——多样的结果而发生;它可能在一系列被允许的事业中通过微妙的改革手段发生;它还可能通过重新开启那扇著名的大门而发生(这是个极大的争论)。

学派和教派

伊斯兰社会内部的区别和成员所遵从的信息的差别是如此普遍和制度化,以致有人

---

[123] 参见本书第四章"《塔木德》、神意和变革"。

[124] Geertz, *Local Knowledge* (1993) at 189;并参见 M. Abdal-Rahim, *Human Rights and the World's Major Religions* (W. H. Brackney, ed.), vol. 3, *The Islamic Tradition* (Westport: Praeger, 2005) at 16("伊斯兰的世界观不承认通常对物质和精神所作的二分");S. H. Nasr, "Islam, the Contemporary Islamic World, and the Environmental Crisis" in Foltz et al., *Islam and Ecology* 2003), above, 85 at 96("自然是神圣的", 尽管"神圣专属于上帝";"自然并非为我们使用而存在");相应地,伊斯兰对时间的看法也是"非简单直线的",常见 Nasr, *Heart of Islam* (2004), above, at 18.

[125] Khan, *Islam and Human Rights*, (1989), above, at 47.

[126] 关于伊斯兰科学,参见 Huff, *Rise of early modern science* (1993), above,主张法律和公司组织形式在推进或阻碍科学的进步方面的重要性;关于科学在伊斯兰的历史,参见 Mattat, *Renewal of Islamic Law* (1993) at 2("史学传统的相对无关",为西方的历史研究留下很多的空间);关于历史考察的相对无关,参见本章"公议、圣训和神启";尽管14世纪伊斯兰世界曾有历史研究,参见 Khaldun, *Muqaddimah* (1967), above.

现在提起伊斯兰时使用复数(islams)。[127] 这或许是记录所有传统的动态活力的最好方式,因为所有的传统都呈现出这样的类似差别以及不同形式的共性。在伊斯兰中,这种差别以伊斯兰首个世纪就业已存在的法律学校(madhahib, sing. Madhhab)的形式被制度化。可能一开始的时候这样的学校有数百所(一般依附于清真寺作为生活和教学场所),尽管有些要比另一些声望要高得多,而到了5/11世纪时,这样的学校仅剩下四所。[128] 最古老的那些来自麦地那和库发(在伊拉克南部),它们最终以它们最著名的老师的名字而命名为马立克派和哈乃斐派。它们最终在2/8世纪末得以稳固地建立起来;二者都经历了早期的拉尔伊(ra'y)或创造时期,尽管由于麦地那是先知自己的城市,麦地那的马立克派被认为要比库法的哈乃斐派(以它对契约自由的强调而知名)略微要保守一些。[129] 伟大的法学家沙斐仪阐述了逊奈的神圣特征,他去世于3/9世纪早期,他的学说产生了第三个学派,该学派最终被认为占据着中间的立场。文字主义(literalist)传统(追本溯源)源于伊玛目·罕百里的学说,他去世于3/9世纪中期。[130] 这些法律学校跟我们现在所知的法学院或法律系是一样的,不同之处只是他们的学说在过去和现在都是传统中的主要法律渊源。它们甚至被称作"宪法部门"(在没有宪法的情形),它们的连贯性通过塔格利德得以保证。[131] 它们的老师对于它们所认可的全部法律有着共同的事业心和责任感。

因此,谈论伊斯兰法有点像是谈论美国法。它们二者都属于非常概括性的表达,为了解决一个问题,你必须知道该适用哪个学派的法律,或哪个州的法律。然而,跟美国模

---

[127] 例如,参阅 A. Azmah, *Islams and Modernities* (London/New York: Verso, 1993)。

[128] G. Makdisi, "Guilds of Law" (1985—6) at 6; C. Melchert, *The Formation of the Sunni Schools of Lc,: 9th—10th Centuries C. E.* (Leiden/New York/London: Brill, 1997),特别是"传统化"的过程(转向圣训); M. H. Kahn, *The Schools of Islamic Jurisprudence* (New Delhi: Kitab Bhavan, 1991); and more generally, Goulson, *History Islamic Law* (1964) at 36—53, 71—3; Pearl and Menski, *Muslim h'amily* L; (1998) at 16,17; "Brohi/Die Rechtsideen" (1986), above, 13 at 24; Arnaldez, "La loi musulmane" (1993) at 88; Dr *Shari'ah* (1984) at 27; Afchar, "Muslim Conception of Law" (1975) at 90—3;关于学派的扩散,参见 Hallaq, *Origins Islamic Law* (2005), Ch. 7, notably at 172(通过法官的任命、教学圈子的建立和教学体现的价值)。

[129] F. J. Ziadeh, "Law: Sunni Schools of Law" in J. Esposito (ed.), *The Oxford Encyclopedia of the Mode-Islamic World*, vol. II (New York/Oxford: Oxford University Press) 456 at 457。

[130] 另一个文字主义学派,扎西里(Zahiri),甚至公开谴责类比推理,后来该学派销声匿迹,尽管其学说仍然为人所知并可以查到,这是一种失去生气的亚传统。参见 Coulsor *History Islamic Law* (1964) at 71,73。

[131] S. A. Jackson, *Islamic Law and the State* (Leiden: Brill, 1996) at 72。

式相对的是,适用每个学派的法律都是个人遵循而非领土至上的结果。[132] 因此你会发现归属不同学派的人几乎遍及世界各地,尽管其中的一些地方有些学派要比其他学派更为盛行。学派中最为古老的库法哈乃斐派有着数量最为庞大的信徒,并向北和向东传播到我们现在所说的以色列、叙利亚、黎巴嫩、约旦、土耳其、伊拉克、阿富汗、前苏联西南部的穆斯林地区,并继续传播到印度和巴基斯坦。它还传播到苏丹和东非。它的长期历史同伴,即麦地那的马立克派,则向西传播,现在盛行于北非和西非以及尼日利亚北部。后来的沙斐仪派则传播到更远的东部(尽管它也盛行于沙斐仪去世时所在的埃及),盛行于整个东南亚的伊斯兰社区。罕百里(倾向于文字主义)派长期影响着沙特阿拉伯,尽管它起源于2/8世纪和3/9世纪繁华的巴格达("一千零一夜",辛巴,阿拉丁,等等)这些学派既在实体法方面也在法律渊源方面相互区别。因此,各个学派在离婚的基础方面主张各不相同;在禁止利巴(riba)或利息/高利贷的范围方面也存在重要差别。[133] 在伊斯兰时代的首个世纪所采纳的不同圣训,加上各学派所发展起来的公议的具体形式,共同导致了这些差异。两种在逊奈成为教法之前就已经开始传授的最为古老的学派,即哈乃斐派和马立克派,仍然坚持一系列的法律推理技术[134],尽管赞成禁止伊智提哈德。

伊斯兰教义是如何处理这种内部的分立呢,这个问题又是如何跟伊斯兰内部的变革联系一起的呢?上帝通过承认推理的多元价值(polyvalent)形式的有效性再一次给出了答案。犹太教的"这些和这些"原则把公开冲突的学派引向可调和的差别的行列[135];穆斯林的对应原则表达得甚至更为清楚,这就是伊赫提拉弗(ikhtilaf)原则,或原则的差异,它用无穷无尽的比喻来表达,譬如树和枝、河与大海、线和衣服,并被另一则伟大的圣训

---

[132] 至少伊斯兰学说是如此。某特定国家的法可能要求纯粹的国家立法,也可能吸纳某单一学派的法律。

[133] Coulson, *History Islamic Law* (1964) at 96, 79(古兰经禁止六种商品交易中的不公平,其中包括金和银,问题是这种禁止通过类比能推及多远;哈乃斐学派将其推及所有的通过称量出售的可代替商品;其他的学派将其限于多种食物)。

[134] 哈乃斐学派承认伊斯提哈桑(istihsan)的概念,它有时指法律上的优先选择,允许在相互竞争的法律渊源中作出选择。它经常被视为某种形式的法律上的衡平,尽管这种跟衡平的类比受到置疑。参见 J. Makdisi, "Legal Logic and Equity" (1985), above。马拉奇学派接受伊斯提拉赫(istislah)的概念,或者说根据"公共利益"来判决,这个概念跟"公共政策"一样像是一匹难于驾驭的马。关于这两个概念,参见 Pearl and Menski, *Muslim Family Law* (1998) at 15; Doi, *Shari'ah* (1984) at 81, 82; Hallaq, *Islamic Legal Theories* (1997) at 107—13。罕百里对圣训经文的偏爱超过公议和格雅士。Hurvitz, *Formation of Hanbalistn* (2002), above, at 103 ff.

[135] 参见第四章"学派、传统和运动"。

正式地认可:"我的社会共同体内观点的分歧是真主仁慈的表现。"[136]你可能会想知道这跟"我的人民决不赞成谬误"是如何联系起来的,但是,如果你以这种冲突的和矛盾的方式思考的话,那从根本上来说是你的问题,而不是上帝的。如果你多读一点古兰经,并且仔细地体会它,你最终将能够调和差异和共识的概念。[137]

由于差异和共识这两个概念在伊斯兰中本质上是可调和的,自然的结论便是,信仰这种或那种学派并不必然是一辈子的决定,人们可以自由地利用伊斯兰所容忍的差异,特别是在需要的时候改变自己的学派。用西方的语言来说,在伊斯兰中不存在法律冲突、法律欺诈或法律规避的概念;从某一学派退出转到另一学派总是可能的,即使它是表现为问题驱动的。[138] 此外,由于个人选择学派的可能性的存在,对伊斯兰的立法重述不必依照属人法制度,但是它可以为某特定地区采纳唯一一个学派的教谕,或从该学派中的规范中挑选以达到最优的结合*。[139] 由于伊斯兰里面存在众多的信息,你可从中选择很多,尽管我们这里所说的信息仍是普遍符合正统性要求的信息。在整个的摸彩桶中还有其他的信息,既有非正统的伊斯兰的,也有来自西方的。

目前我们已经开始谈论伊斯兰传统主导的或主要的形式,目的是先给读者一个大致的印象。我们所谈到的这些学派都是正统的,或逊尼学派,它因信奉那些他们认可为支持逊奈的圣训而得名(因此通过其名称来表明自己是真正的、或首要的传统形式)。伊斯兰社会还有着更大的分歧,这些在1/7世纪导致教派产生和战争爆发的分歧涉及指定先知继承人的方式。这是一种深刻的宗教和政治分歧,不仅仅限于具体的法律问题。有

---

[136] 参见 Coulson, *History Islamic Law* (1964) at 86—9, 102(这项原则明确产生于3/9世纪后期,缓解了之前的好辩和不宽容的态度); Noth, "Die Scharia" (1980) at 420(分歧更多的是最初的相同的终点,而非不可调和的分歧的表达 Doi, *Shari'ah* (1984) at 85, 86("就伊斯兰的基本原则而言"不存在任何分歧); Owsia, "Sources of Law" (1991), above, at 33; Gerber, *Islamic Law* (1999), above, at 73—7(也是关于各法律学派范围内的伊赫提拉弗或宽容,因此对创始人忠诚很大程度上被缓和)。

[137] 当然这里有个很容易的、直接源于经文的回答,即协商一致只是对公议这种法律渊源所需要的,而学派之间的分歧同样源于他们所认可的圣训的不同。然而,更一般地来说,那里有一个更大的共识的概念,亦即整个伊斯兰(或整个犹太教)都必须宽容和掩盖分歧。

[138] Thompson and Reischauer, *Modernization* (1966), above, at 40; Coulson, *History Islamic Law* (1964) at 182, 183(引用印度的国家法院接受这个原则,在相关案件中当事人不能根据沙斐仪法律结婚而宣布转向哈乃斐学派,婚姻被认定为有效); A. M. di Nola, *L'lslam: storia esegreti di una civilta* (Rome: Newton and Compton, 1998) at 96。

* 这个过程称为塔哈由或 takhayyur,即选择。——译者注

[139] Noth, "Die Scharta" (1980) at 429; Coulson, *History Islamic Law* (1964) at 182—93;关于塔哈由(折中主义)在东南亚作为弹性因素,参见 Serajuddin, *Shari'a Law and Society*, above, at 6 ff.("寻找那些将符合现代生活需要的……先例")。

些人认为继承人可以简单地通过准民主的程序选出;另一些人则认为继承需通过神权来决定,他们被称为伊斯兰"正统主义者"(legitimists),亦即什叶派。选择局限在先知的同伴或他的家族。[140] 那些主张在家族中选出的人结成阿里(他是先知的女婿)党(shi'a),但他们在争夺权力的斗争中失败。后来他们继续追随阿里的后代(什叶派传统中的伊玛目),其在数量上达到 12 个。因此什叶派传统内部的支配性传统就是这些伊玛目或"十二人"传统。[141] 当这些圣源中的最后一个人去世之后,我们可以认为忠诚的力量(有人说是惯性)接管了一切,什叶派传统的努力之门也轻轻地转动关上。然而,如果你曾经研究过伊朗革命的话,你将知道什叶派可能代表着伊斯兰传统内部最生机勃勃、最积极的群体。若不再有先知的直接继承人的话,那里仍然必须要有一位最适合这项任务并被授予全权以代表上帝旨意的伊玛目。因此,神圣性在这里授权当前所作的一切努力,至少直到一位新的先知到来之前。[142] 伊智提哈德是强制性的,尽管由于它乃是以上帝的名义进行,因此必须局限于那些学识最为渊博、最有能力的诠释者。亚里士多德的演绎法在这里不仅被允许而且受到鼓励[143],共识和类推的"正统"渊源地位在这里几乎没有位置。伊玛目的思考过程最为重要,他们一开始只有一个,后来扩展到六个,他们被赋予职位,自 12 世纪早期以来还被授予阿亚图拉*的荣誉头衔。[144] 跟 16 世纪到 18 世纪的大

---

[140] 关于整个问题,参见 Hourani, *History of Arab Peoples* (1991) at 61, 158, 181 ff.; Lewis, *Middle East* (1995), above, at 62—7; Walker, *Caliphate* (1966), above, at 55 ("legitimists"); Tabataba'i, *Introduction to Shi'i Law* (1984), ch. 1; Digard, "Shi-isme et Etat en Iran" (1982), above; Coulson, *History Islamic Law* (1964) ch. 8; Afchar, "Muslim Conception of Law" (1975) at 93—6.

[141] 关于什叶派的进一步的亚传统,参见 Pearl and Menski, *Muslim Family Law* (1998) at 17; Coulson, *History Islamic Law* (1964) at 106;关于什叶派所认可的圣训的四套经集,从先知和伊玛目以降,参见 Tabataba'i, *Introduction to Shi'i Law* (1984) at 5(构成了跟逊尼派的六套经集的对应)。

[142] Digard, "Shi-isme et Etat en Iran" (1982), above, at 70,关于"填补空白"的需要,以及第 71 页,关于什叶派伊玛目的巨大权力;Doi, *Shari'ah* (1984) at 80(关于伊玛目被推定的"一贯正确"特征);Tabataba'i, *Introduction to Shi'i Law* (1984) at 6—11(关于使用"推理",甚至"纯粹推理"作为法律渊源)以及前言(无页码)关于(长期而持续的革新传统);Mallat, *Renewal of Islamic Law* (1993) at 30; Coulson, *History Islamic Law* (1964) at 106;伊朗的库姆大学对伊斯兰学说的计算机化,参见 *DieZeit*, Sept. 23, 1994 at 17.

[143] Tabataba'i, *Introduction to Shi'i Law* (1984) at 29("理性的主张在亚里士多德的演绎法的基础上被承认,它根据该逻辑规律的原则带来了确定性")(强调) and 31, 33 and 40 在什叶派法律中那些更忠诚于圣训、共识和类推(什叶派中的逊尼教义)的人反对演绎的方式;Weiss, "Theory of Ijtihad" (1978) at 211(关于"人的智力具有更大的能力衍生出法律知识")。

* ayatollah,意为安拉的象征。——译者注

[144] Digard, "Shi-isme et Etat en Iran" (1982), above, at 71.

陆法学者一样,什叶派在这个过程中也使用比较法作为辅助渊源,什叶派法律传统可能最适宜看做是逊尼法律(或者更精确地说,源于一些逊尼学派的法律)和更为自主地衍生出来的什叶派准则二者的结合。[145] 在所有的这些当中,伊玛目(阿亚图拉)在作为法的渊源和法律意见(法塔瓦)的提供者方面几乎扮演着独一无二的角色。因此,伊斯兰内部除了一种没那么有活力的传统之外,还有着一种极有活力的传统。并且那里还存在着互相转变的可能性。[146] 为了保持信仰的稳定,人们必须对正统与非正统的关系深信不疑。

微妙变化

然而,大多数逊尼法学家都信奉逊尼法律对变革的限制,这意味着他们研究的都是一些被认为已经固定下来的法律渊源(它们是否不可改变则是另一个不同的问题)。但是,在这方面他们跟大多数传统中的法学家一样,更愿意根据权威而非他们自己想出来的一些东西(尽管有例外)来提出观点。因此,对于现有的案件,所适用的法律通常被假定是确定的,而不管它到底是不是,那些操持法律的人知道,在可能适用的任何"准则"和任何"事实"之间都存在大量的可操作的空间。如果案子可以这样处理也可以那样处理的话,那么在个案层面,根本性的180度的变化完全是可能的,许多办法可以做到这一点。在一些有上诉概念的法域,这点通常伴随着一个有意思的规律,即大约所有三分之一的案件都将上诉。因此,尽管伊斯兰传统比任何其他传统在稳定性的观念上都走得更远,但在其运作中,它并不比其他任何法律传统更能够保障稳定或精确不变的结果。伊斯兰法律运作中的不稳定或微妙变化的因素是什么呢?

在伊斯兰法实践中,不稳定性似乎有两种基本类型。一种存在于传统本身的运作,存在于它的概念、技术和结构中不可避免的游移性。另一种则存在于放弃这些概念和结构的直接适用而支持某种形式(更自由的)代表性权威的过程当中。我们先来讨论后者,伊斯兰经常承认某种形式的世俗法律权威。有人说它不得不如此,因为它的公法确

---

[145] Tabataba'i, *Introduction to Shi'i Law* (1984) at 46,关于 al-Shaykh,亦即4/11世纪的"什叶派中第一本著名的比较法著作"的作者,和第43页关于什叶派法律表现为一种"混合";关于什叶派和逊尼派法律的分歧,参见 Coulson, *Islamic jurisprudence* (1969) at 31(什叶派的临时婚姻,逊尼派法律对男系在继承中的优先的习惯法的保留)。

[146] Thompson and Reischauer, *Modernization* (1966), above at 40(所提到的所有学派,包括什叶派,都存在变革的可能性);cf. Fyzee, *Outlines* (1974) at 78,79("任何其他的逊尼派"都存在变革的可能性)。然而,跟发生在逊尼学派之间的甚至是关于特殊交易的变化相比,跨越正统/非正统界限的变革将不可避免地没那么频繁发生。

实太少了。世俗统治者因此可以在他们认为合适的时候制定法律,这些法律被不同地称为国家政策(siyasa)、世俗法(kanun,跟在教会法或 canon law 一样,同样来自于希腊语 kanon)或投诉裁判(mazalim)。当然,它们必须局限于伊斯兰传统所允许的范围之内。[147] 因此,这里同样有所有地方的法律都存在的经典问题之一,即确定具体的规则是否相冲突,或是否具有某种可辨别的协调成分的存在。它跟确定州或省法律跟最高的联邦法律之间是否协调非常类似,没有人把这称为简单的过程。20 世纪之前,世俗权力运用得并不多;但自此之后则被大量运用[148](这里可能有西方的影响,但也有可能是宗教本身转而更为关注世俗事务的一个过程,这点跟伊斯兰法律传统的范围是完全相容的)。因此,如果你偏向理性的话,你可以在逊尼传统中立法或帮助其立法的产生。上帝是最终的立法者,但很多事情都可以以上帝的名义来做,如果上帝旨意的传达中存在着大的分歧,谁以及以什么标准来决定你是否已经走得有点太远呢?即使你只是重述某一学派的学说,这个过程仍然掩盖了原来的法(就像法国"移注"罗马法那样)。[149] 将其推至极致,立法可以看做是废除伊斯兰法,据说在突尼斯取消一夫多妻过程中,这点就已经发生。[150] 另一方面,如果司法机关不能改变神授法律的效力的话(你最好要有这种意识),[151] 立法可能在本质上将受到同样的限制,因此,尽管它已经是白纸黑字,但仍要受到最高形式的审查。但在 14/20 世纪的大部分时间里,立法过程明显处于上升趋势。现在的前景则更加模糊不定。

　　伊斯兰传统可能也能包容本地的、非正式的传统,假如它跟伊斯兰的教义相容的话。这不是伊斯兰法的一种独立渊源,而是伊斯兰法对其他法律渊源的包容,并被认为对于

---

[147] A. Amor, "La place de I'lslam dans les constitutions des Etats arabes. Modèle théorique et réalité juridique" in G. Conac and A. Amor, *Islam et droits de l'homme* (Paris: Economica, 1994) 13 at 13; Brohi, "Die Rechtsideen" (1986), above, at 20.

[148] David and Brierley, *Major Legal Systems* (1985) at 473 ff.;关于直至 1976 年的过程,参见 Anderson, *La-Reform in Muslim World* (1976);关于 16 世纪的调和企图,参见 Imber, *Islamic Legal Traditiv* (1997), above, at 40—51, 95(以哈乃斐的条款重新规定奥特曼的土地使用期限和税收制度)。国家法和伊斯兰法之间的关系现在很复杂。关于创建"妥协性"立法的企图,参见 Coulson. *History Islamic Law* (1964) at 153;关于国家法和伊斯兰法的相互依存,参见 K. Bälz, "Die 'Islamisierun' des Rechts in Ägypen und Libyen: Islamische Rechtsetzung im Nationalstaat", RabelsZ 199s 437; O. Arabi, *Studies in Modern Islamic Law and Jurisprudence* (The Hague: Kluwer, 2001), notably at 18—19(沙里阿是"活的现实"和"实证的国家法"), 200("新的伊智提哈德"和"重建"沙里阿与国家法)。

[149] 关于法国的过程,可用 Carbonnier 教授的话来形容,可参见 第五章"实证法律和实证科学";关于这个跟印度法有关的问题的急性特征,参见本书第八章"印度法在印度"(印度法的国家化过程)。

[150] 参见本章"实体性沙里阿"。

[151] 关于遵循先例在伊斯兰中的限制性概念,参见本章"卡迪的司法和穆夫提的智慧"。

伊斯兰法的领土扩张具有根本的重要性。[152] 因此，那些被称为习惯（urf）或惯例（阿达特）的非正式地方传统[153]在印度尼西亚、印度、中亚（特别是阿富汗）和非洲仍保留着相当的重要性。[154] 伊斯兰可能不会因此而改变，但作为非正式传统变化的结果，它甚至可能在伊斯兰的信徒中变得不起作用或被废弃。伊斯兰法对于奴隶制度谈到很多，但它并不需要它，因此，当奴隶制做法消失时，关于奴隶制的伊斯兰法律就变成伊斯兰传统中无效的部分。

如果你回头再看该传统本身，观察它的运作手段，你会从过去的案件中发现改变你案子结果的方法（但不是案例控制一切）。类推可以朝不同方向进行[155]；在公议仍然存在的范围内（产生公议的伊智提哈德的大门已经关上，但公议仍是一种渊源），公议的要求并没有正式的表述（谁的共识？以何种形式？等等）[156]；伊斯兰思想中内在的决疑法

---

[152] M. Alliot, "Uber die Arten des 'Rechts-Transfers'" in W. Fikentscher, H. Franke and O. Kohler (eds.), *Entstehung und Wandel rechtlicher Traditionen* (Freiburg/Munich: Verlag Karl Alber, 1980), 161 at 166; Bleuchot, *Droit musulman*, vol. H (2002) at 459—60（在非洲甚至取代了因盗窃砍手的制裁）。

[153] 关于习惯和传统的合并损害了传统的规范性内容，参见本书第一章"作为信息的传统：概念的摸彩桶"以及在原生法律背景下，参见第三章"法和宇宙"。

[154] 关于伊斯兰法和其他传统的关系，参见本章"伊斯兰大离散"；关于习惯和惯例在伊斯兰思维中，参见 E. Graf and A. Falaturi, "Brauch/Sitte und Recht in der traditionellen islamischen lurisprudenz" in May, *Islamischem Rechtsdenken* (1986) 29 at 31; K. Ephroz, "Custom as a Source of Muslim Law-A Study of its Importance" in S. Gupta, *Personal Laws* (Delhi: Commercial Law Publications, 1983) at 31; Anderson, *Law Reform in Muslim World* (1976) at 11（特别是关于对商业传统的依赖，即使它违反了伊斯兰对高利贷的禁止；原生法律在很多非洲伊斯兰法域的盛行，譬如摩洛哥，尼日利亚北部）；Milliot and Blanc, *Droit musulman* (1987) at 140（关于北非的惯例）；M. Kemper and M. Reinkowski, *Rechtspluralismus in der Islamischen Welt* (Berlin/New York: Walter de Gruyter, 2005)，特别是关于俄罗斯和中亚，特别是在伊斯兰作者在编写阿达特的第一和第二种现象中，结果产生了"阿达特法典"。在阿富汗，90%的人口使用部落的"荣誉法典"，所学的伊斯兰法很少为人知道，并且官方的立法纯粹被忽略。在那里，水流的分享使用跟宪法"完全不同的方式"进行，那里也没有离婚制度。F. Gailani, "Human Rights in Afghanistan: Law and Reality" in E. Cotran and M. Yamani, *The Rule of Law in the Middle East and the Islamic World* (London: Tauris, 2000) 144 at 147—8.

[155] Noth, "DieScharia" (1980) at 428.

[156] 关于公议的众多手段，参见 M. Shabbir and K. Ephroz, "Does Muslim Law In India Need To Be Reconsidered" in Gupta, *Personal Laws* (1983), above, at 43（只能够追溯过去，并认为公议存在）；Doi, *Shari'ah* (1984) at 67; Thompson and Reischauer, *Modernization* (1966), above, at 39；关于沙斐仪的学说对公议的限制效果，参见 Coulson, *History Islamic Law* (1964) at 80（随着现有的公议的一贯正确的效果传播开来，个人推理或伊智提哈德的使用慢慢地被紧缩）。

据说扩大了法官行动的余地[157];不同学派都认可像司法选择(伊斯塔哈桑,或 istihasan)和公共利益(伊斯提斯拉赫,或 istislah)这样模棱两可的概念。[158] 最近对伊斯兰法律学者(他们的整体被称为乌拉玛,或 ulama)所作的一项研究把他们的作品形容为"一种持续的话语传统"(discursive tradition),并把这些学者本身形容为"变革的监护人"。[159] 在伊斯兰的阐述过程中的非二元模式也存在极大的灵活性。行为不只是分成两类,既允许性的和禁止性的。它落入五种类型中一种:强制性的、奖励性的、不干预的、不赞同的和禁止性的。[160] 这些类型都存在灵活性,而进一步的灵活性则存在于确定它们的界限过程中。而且,由于不禁止的(或多或少)就是允许的,因而当事人可以在容忍的范围内自由地调整他们的行为。因此,丈夫可以授予他们妻子离婚的权力[161],更一般的还有,当事人可以建立本可能被视为不真实、规避、虚构或者纯粹的诡计的交易以形式上保持在禁止性的行为之外。利巴(riba)在你我之间是禁止的,但如果你需要一笔贷款而我有钱的话,你可以把你的手表卖给我,并同时同意在后来某个时候以更高的价格将其购回(即双重交易)。你得到你需要的现金;我拥有手表作为担保;而手表只是担保,你可以通过支付约定的价格将其购回。[162] 你可以通过这种方式逃避哈乃斐派和沙斐仪法律;不过,

---

[157] Johansen,"Casuistry"(1995),above,at 154,155(法律概念并不具普遍和统一适用的效果,而是随地理位置和法律领域的不同而不同;跟比作是大陆法的"有争议的问题"(quaestiones disputatae)(在这里的伊斯兰中,为巴托理斯提(the Bartolisti)传统);从一个概念的核心逐级过渡到另一个概念,允许包容社会的高度差别)Hallaq, Authority Islamic Law(2001)at 165 ff.(观点的多样性和不确定多为变革的因素);关于在家庭法中适用这种灵活性,参见 Tucker, House of the Law(1998),above,at 182.

[158] 参见本章"学派和教派"。

[159] M. Q. Zaman, Ulama in Contemporary Islam [:] Custodians of Change(Princeton:Princeton University Press,2002)at 32(当确信没有其他办法只有变革的时候,乌玛"能够在司法传统中'发现'资源以合法化所需的变革"),97("跟教育和司法机构相联系的……的话语传统");关于沙斐仪对伊斯兰学者推理的试探性质的看法,参见 T. Ramadan, Western Muslims and the Future of Islam(Oxford:Oxford University Press,2004)at 51("我们的意见是对的,尽管它可能被证明是错……我们认为我们的反对者的观点是错的,尽管它可能被证明是对的")。关于和普通法相似,都是法庭和教学机构中的"实用推理的运用框架",缺乏确定的或有拘束力的规则,参见第七章"改变思想"。

[160] Kamali, Islamic jurisprudence(2003)at 44—6(阶层或价值衍生于古兰经所使用的语言);Doi, Shari'ah(1984)at 59,关于随之而来的一整套制裁措施;Brohi,"Die Rechtsideen"(1986),above,at 25;Cammack,"Islamic Law in Indonesia's New Order"(1989)at 59;Khadduri, Islamic Concept of Justice(1984)at 143;Coulson, History Islamic Law(1964)at 83(这种方式将法律深深地延伸到被视为道德的领域,几乎不留下什么空间);Weiss, Spirit of Islamic Law(1998)at 18—22.

[161] 参见本章"实体性沙里阿"。

[162] David and Brierley, Major Legal Systems(1985)at 469;Coulson, History Islamic Law(1964)at 140,141;关于伊斯兰内部思想中关于海也勒(hiyal,即法律虚构——译者注)的争议,参见 Khadduri, Islamic Concept of Justice(1984)at 152,153.

马立克法则关注真实意图,拒绝任何诡计(尽管不禁止改变学派来避免这种拒绝)。对于罕百里思想来说,诡计和计谋甚至不被赞成。如果你确实有损失而需要争辩的话,那里还有一个漂浮不定的概念,即"启示背景"(circumstance of revelation),它将经文的解释限定在启示发生时的背景。但是,正如你可能想到的一样,对于它的适用范围并没有一致的意见。[163]

重启"努力之门"

在伊斯兰世界,每个人都知道那扇已经关上的"努力之门",这是一个强大的隐喻,具有巨大的影响力。[164] 然而,那里从来就没有这样一扇门,也从来无所谓(那种任何人能看见或听见的)关上,但是,每个人都能够立刻明白关上的门意味着什么。这是一个无声的但却有效的障碍,如果你打开并穿过它的话,你绝不可能知道另外的一侧将是什么。因此,支持关门的人认为,上帝的旨意在现有的教义中已经完全实现,但是重新开启那扇大门将带来涉及未来的方向甚至伊斯兰的身份的根本性问题。[165] 然而,伊斯兰内部对这个问题的论战被形容为"激烈的"。[166] 有人说这扇门应当重启[167],至少是为那些古兰经禁令中最不准确的那些而开启[168];另外一些人则说这扇门已经开启[169],或者甚至从

---

[163] Arnaldez, "La loi musulmane"(1993)at 86,参见本章"圣战"中关于这个概念的适用。

[164] 参见本章"伊斯兰经文和伊斯兰推理:伊智提哈德的角色"。

[165] 参见 Noth, "Die Scharia"(1980)at 430(没有塔格利德的强制力,谁来指引沙里阿德方向?)。

[166] Coulson, *History Islamic Law*(1964)at 203;致力于复兴伊智提哈德的历史,可以追溯到 17 世纪,参见 Brown, *Rethinking tradition*(1996)at 22 ff., 43 ff.(关于经典主义论者将古兰经的解释从圣训中解放出来)109(现代"复兴主义者"保留圣训的神圣特征同时将其放入现代社会进行审查)。

[167] Brohi, "Die Rechtsideen"(1986), above, 13 at 23; M. Arkoun, *Pour une critique de la raison islamique*(Paris: Maisonneuve & Larose, 1984), notably at 38;关于主张这种观点的埃及和印度的主要著作者,参见 Coulson, *History Islamic Law*(1964)at 203; Shabbir and Ephroz, "Muslim Law In India"(1983), above at 42, citing M. Iqbal; Hallaq, *Islamic Legal Theories*(1997), ch. 6("Crises of Modernity: Toward a New Theory of Law"),区分伊斯兰宗教实用主义者和伊斯兰宗教自由主义者。

[168] Doi, *Shari'ah*(1984)at 38, 39(因此,对于关于战争、和平、圣战、战利品以及跟非穆斯林的关系等都是可以接受的;而对于犯罪领域中详尽的禁令则是不可接受的)。

[169] Arnaldez, "La loi musulmane"(1993)at 89(在 19 世纪已经开启); Nasir, *Islamic Law of Personal Status*(2002), above, at 14; S. Belaid, *Islam et droit*, 2nd edn.(Tunis: Centre de Publication Universitaire, 2000)在法律事务中"重新解释"古兰经的必要性,因为最初的条文太少了。

未关闭。[170] 这种开启如何能够发生,或它是如何发生的呢?理性主义传统一直存在于伊斯兰中;它现在既提出了这个过程能够如何发生的技术上的主张,也提出这个过程为什么必须发生的实质性论点。重启能够发生是因为这个关闭的过程从来就没有一个正式的过程;这扇大门只是在风中摇曳,开启它和关上它一样容易。此外,集体的伊智提哈德跟公议没什么两样,都是一种持续有效的渊源。[171] 伊斯兰银行业的复兴以及什叶派伊斯兰发展起来伊斯兰经济学,都表明有着伊智提哈德的伊斯兰仍旧是伊斯兰。[172] 在现代环境中重新思考伊斯兰(有人甚至提出"现代化",尽管这似乎偏离了目标)不仅是必要的,也是抵制殖民主义化和非伊斯兰的影响的需要。因此,内部的争论跟外部的争论是紧密相联的,今天没有人能够说出,就其主要渊源整体而言,沙里阿是不是不可改变的。由于不可改变原则的存在,这种争论(它不只是对话)仍在继续。

伊斯兰与世界

上帝给摩西的启示带来了犹太人的概念,使他们区别于他们原生时代的祖先,给穆罕默德的启示以及对它的信仰缔造了一个被称为伊斯兰的社会共同体。它之所以是一个共同体是因为它承认一条沿着前进的道路,即沙里阿,并且表现出充分的共同特征,以致通过比较可以识别出来。很大程度上是由于爱德华·萨义德的著作,伊斯兰社会的身份,更一般的来说是被称为"东方主义"的概念,已经成为近来很多大的争议的目标。萨义德抨击说,单一伊斯兰的概念是西方思想的发明,其目的是为了建立自己的认同和优

---

[170] Hallaq, *Authority Islamic Law* (2001), at 62; W. Hallaq, "Was the Gate ofijtihad Closed?" (1984) 16 Int. J. Middle East St. 3, repr. in Edge, *Islamic Law and Legal Theory* (1996) at 287; Gerber, *Islamic Law* (1999) at 2,8,72,117(整个伊斯兰法有很好的结构,具有灵活性,可以在法塔瓦中找到伊智提哈德); Kamali, *Islamic Jurisprudence* (2003) at 768—9(伊智提哈德对公议、格雅斯只是一般性的描述,还有其他的推理),493(伊智提哈德不再必要的历史观点是"糟糕的设想和站不住脚的");关于孟加拉国的一个司法判决拒绝承认大门的关闭(并且拒绝枢密院对大门关闭的确认)参见 *Rahman v. Begum* (1995) 15 BLD 34。我在此感谢 Werner Menski 博士提供这个参考。关于大门在什叶派传统中从未关闭,参见本章"学派和教派";关于伊智提哈德在沙特阿拉伯"仍然存在并开展得很好",尽管罕百里对沙里阿渊源的观点对其有所限制,参见 Vogel, *Islamic Law and Legal System* (2000), above, at 83。

[171] Shabbirand Ephroz, "Muslim Law in India" (1983), above, at 42, citing M. Iqbal.

[172] 参见本章"实体性沙里阿"。

越感,并将伊斯兰生活描述成去人性化的、静止的。[173] 然而,在萨义德之前已有西方历史学家指出伊斯兰的认同和伊斯兰的领土所存在的"潜在分裂",以及它把极为分散的伊斯兰人民从地理位置和本地生活上拉拢到一起。[174] 因此,关于是否存在一种伊斯兰、或者是否有众多的伊斯兰、或者是否只有一种略微不同的人类生活方式的问题,从整体来说取决于你所选择去研究的信息。如果你看到的是古兰经,并承认塔格利德*的约束力(就以特定的实质性条款来约束人民而言,它具有相当程度上的西方法律的效果,在这里这种效果被视为是永久性的),那么就只有一种伊斯兰。如果你看到的是伊斯兰法的种种活力,包括不同的学派、什叶派法律、本国形式的和外国形式的沙里阿,你将倾向于多种伊斯兰的观念。[175] 如果你把所有的闪米特人加在一起,或把所有的宗教人口加在一块,伊斯兰不会占太多的数量;(然而)这只是另一群原教旨主义者的动机。因此,身份不是固定的,并在其存在的范围内相互依赖。但是,伊斯兰的身份特别复杂。它出现较晚,必须在世界上创造自己的一席之地,而且还跟其他每一个人都有着关系。当前的修正主义主张还给将来的身份带来巨大的影响。然而,要反驳霍拉尼教授的一般结论很难,他认为,到4/10世纪末期为止,那里存在"一种跟非穆斯林的制度完全不同的仪式、教义和法律的系统阐述",它产生了"一种身份……一种信徒的共同体(乌玛,或 umma)"。[176] 因此,身份在差异中产生;它的存在取决于对这些差异

---

[173] E. Said, *Orientalism* (New York: Vintage, 1979);关于它在确定难民申请上的后果,参见 M. Akram, "Orientalism Revisited in Asylum and Refugee Claims" (2000) 12 Int. J. Refugee L. 7, notably at 8, 18—19 (新东方主义受到"最近的许多运动,譬如现代女权主义和促进人权人士,包括普世主义者和文化相对主义者"的"推动",导致其支持者对"伊斯兰法律"的肤浅讽刺,注定了难民申请本身的命运,它抑制了难民的声音,并损害了那些真正的和可能更准确的基于迫害提出的申请)。

[174] Braudel, *History of Civilizations* (1993), above, at 95, 96, and 76, 77 ("穆斯林思想跟不稳定的小集团联系紧密……它既是统一的又是众多的,即是普遍的又在区域上是多样的");Lewis, *Middle East* (1995), above, at 73 (伊斯兰帝国内的非常激进的运动,所有的运动都在伊斯兰范围内而非反对它);关于批评萨伊德自己"二分"欧洲和东方,视关于殖民的论述为统一的,"未在地理位置和时间上作区分",参见 N. Peabody, *Hindu kingship and polity in pre-colonial India* (Cambridge: Cambridge University Press, 2003) at 9, with refs.

  * taqlid,或效仿。——译者注

[175] 考虑到伊斯兰信息的传播的增长和它内部的多样性,并考虑到不同观点的可见性,互联网能够用于加强伊斯兰共同体和乌玛。参见 Bunt, *Virtually Islamic* (2000), above, at 6, 9, 11—12 ("网络伊斯兰环境","有声的伊斯兰","数字化的伊斯兰"),38—9 ("穆斯林多元化在线")。

[176] Hourani, *History of Arab Peoples* (1991) at 47, 57。在一个伊斯兰男子和一个非伊斯兰女子的混合婚姻情况下,伊斯兰个人的身份取决于父亲的伊斯兰身份;伊斯兰女子不能跟非伊斯兰男子结婚;Weiss, *Spirit of Islamic Law* (1998) at 151;Y. Friedmann, *Tolerance and Coercion m Islam* (Cambridge: Cambridge University Press, 2003) at 161 ft. ("跨信仰的婚姻")。

的理解。

乌玛及其保护

由于先知敦促他的信徒们到处寻求知识[177]，早期的穆斯林法学家是否选择有意忽略当时存在的法律——不管是原生法律、罗马法、犹太教法还是其他法律（现已成为化石的）——值得怀疑。这些法律当时都非常知名，并很容易找到。因此，一种带有破坏性的低声争辩仍在持续，即伊斯兰法是否真正的是伊斯兰的，或者它是否只是模仿其他所有的法律。[178] 即使是伊斯兰的宗教法律中也存在例证以证明阿兰·沃森的观点，即法律借取是法律发展的主要手段。[179] 这种观点类似于对启示与传统的关系以及它们相对首要性的关注，它们都拥有一些相同的支持者。因此，对有些人来说，不管启示如何，传统才是伊斯兰法真正的渊源，并且，启示也不可能提供全部的法律，它必须通过伊斯兰化过程从其他地方获得。后者代表着一种跟西方法律中著名的"移注"（decanting）相同的建设性借鉴。[180] 因此，伊斯兰的源头不在于古兰经和逊奈中，而在于"现存的习惯（原生）法和管理实践"。[181] 另一些则把贡献者的名单延至罗马、拜占庭、波斯和犹太教法，这种观点得到以色拉伊利亚特（isra'iliyat）——一种可以辨别出犹太教的影响的圣训——的

---

[177] 参见本章"公议和变革"。

[178] 跟这个争论相应的是涉及伊斯兰宗教作为一个整体的问题，有些人指出其经文跟犹太教和基督教有重叠，另一些人声称它们已被古兰经所废除。这个争论对非伊斯兰民众在伊斯兰法中的地位有重要影响。参见本章"圣战"。

[179] A. Watson, *Legal Transplants*: *An Approach to Comparative Law*, 2nd edn. (Athens, Ga.: University of Georgia Press, 1993).

[180] 参见本章"微妙变化"和第五章"实证法律和实证科学"。正如在欧洲，这个过程在伊斯兰世界也受到坚持将其转化为地方语言的推动。早期的伊斯兰统治使用希腊语，1/7 世纪以阿拉伯语取代，当时希腊官员被告知他们"当前的职位被上帝收回"，从而结束了长期的语言上的权宜之计（modus vivendi）。Braudel, *History of Civilizations*, (1993), above, at 72.

[181] Anderson, *Law Reform in Muslim World* (1976) at 8; Schacht, *Origins of Muhammadan Jurisprudence* (1950); Calder, *Early Muslim Jurisprudence* (1993); Coulson, *History Islamic Law* (1964) at 39; B. Tibi, "The European Tradition of Human Rights and the Culture of Islam" in An-Na'im and Deng, *Human Rights in Africa* (1990), above, 104 at 126; Hallaq, *Origins Islamic Law* (2005) at 25, 33（例如，伊斯兰创立之前时期的对仍然挂在树上的未成熟的枣而非摘下的干枣进行交易，属于早期的期货交易）。

存在的支持。[182] 另外一些承认联系的存在,但否认其影响。[183] 影响当然是可能的,甚至还包括直接的吸收,因为原生法律、犹太教法律、后来的罗马法和伊斯兰法的根本特征在哪里都是一样的。这些法律都是实体性的,都对当事人和裁判者直接公开,都是在本质上公开的裁判或法院架构中运作。它没有早期罗马法或普通法的程序的和审判的限制。因此,据许多人认为,有清楚证据表明,相当部分的伊斯兰法内容跟其他法律并无二致。

伊斯兰人民和其他民众由此应当得出什么结论?这可能又是一个关于历史的古老论战,伊斯兰的反应大多只是简单地否认历史。[184] 然而,即使历史是真实的,并且至少是可能的,对于伊斯兰的本质来说似乎并不是什么大的问题。因此,问题并不是什么原创性(一个西方的概念)的问题,而是启示的问题。穆罕默德从未宣布已经废除旧的阿拉伯法律,而只是将其转移到一个合适的方向。[185] 很多旧的法律都得以保留下来,但是

---

[182] 参阅 Arnaldez, "La loi musulmane" (1993) at 83; Hallaq, *Islamic Legal Theories* (1997) at 113; Pearl and Menski, *Muslim Family Law* (1998) at 7, 8, 493(关于瓦格夫是否具有前伊斯兰的根源,以及相关的参考)。关于可能的影响,试比较 J. Schacht, "Foreign Elements in Ancient Islamic Law" (1950) 32 J. Comp. Law & Int. Law 9, and S. Fitzgerald, "The Alleged Debt of Islamic to Roman Law" (1951) 67 LQR 81, both reproduced in Edge, *Islamic Law and Legal Theory* (1996) at 3, 13; and P. Crone, *Roman, provincial and Islamic Law* (Cambridge: Cambridge University Press, 1987)(还有希腊的影响、其他的东方影响,尽管在第 2 页指出,伊斯兰传统"针对外来影响的诋毁武装到牙齿";尽管"东方主义"对"债"和"借"的讨论的批评乃基于"第九级的观点")。W. Hallaq, "The Quest for Origins or Doctrine? Islamic Legal Studies as Colonialist Discourse" (2002—3) 2 UCLA J. Isl. & N. East. L. 1, notably at 5。关于塔木德的可能影响,参见 J. Wegner, "Islamic and Talmudic Jurisprudence: The Four Roots of Islamic Law and their Talmudic Counterparts" (1982) 26 Am. J. Legal Hist. 25; A. Geiger, *Judaism and Islam* (New York: KTAV Publishing, 1970) notably at 64—70(尽管很少从道德和法律规则中"借鉴");关于以色拉伊利亚特,参见 Juynboll, *Authenticity of Tradition Literature* (1969), above, at 14; Stowasser, *Women* (1994) at 22, 23(随着伊斯兰法律科学的上升,以色拉伊利亚特的影响已经下降,尽管在古兰经中妇女角色方面仍然具有影响力);关于圣训"以色拉伊利亚特来讲述并没有什么损害",参见 Doi, *Shan ah* (1984) at 28, 29。

[183] Brohi, "Die Rechtsideen" (1986), above, at 18,举例表明旧约和古兰经经文之间的相似,以及 Falaturi 的评论,在第 27 页,谈论这个主体的争议特征;参见 Calder, *Early Muslim Jurisprudence* (1993), at 209—14, notably at 213(媒介并非漏斗,它允许某物从某孤立的文化有机地传到另一孤立的文化……绝不是整个体系都被传播,经书和经文为此目的被具体地翻译)。

[184] Falatur, Comment on Brohi, "Die Rechtsideen" (1986), above, at 27; David and Brierley, *Major Legal Systems* (1985) at 463.

[185] Guillaume, *Traditions of Islam* (1924), above, at 11(先知"对于任何小小的偏离其祖先的道路都非常谨慎",表现得甚至像是古老的信念的修建者);Schacht, *Islamic Law* (1964) at 11(目的"不是创建新的法律系统");Anderson, *Law Reform in Muslim World* (1976) at 10,将融合逊尼和更为激进的什叶的立场跟创制不同的伊斯兰经文做比较。

妇女的地位却经历了重大的变革。[186] 而且,那些保留的法律,以及那些从别的地方引进的法律,并非被抄袭下来,而是作为真正的法律被揭示出来。就像古老的、启示前的犹太法,它通过启示获得新的地位,从此以后不再以它旧的面貌出现,而是作为上帝的法律存在。启示不仅仅超越传统;它还超越任何的建设性借鉴过程。这并非是法学家在建设性地借鉴;而是上帝在启示。[187] 因此,伊斯兰传统和其他传统之间存在共同的法律(这不是一个简单的结论)。但是,在伊斯兰法中,它作为法律将显得更清楚。

因此,伊斯兰共同体可通过它对伊斯兰教义的信奉而识别出来,而这种教义本身也是可以鉴别的。由于这种教义包含很多(或一些)属于在它外部传授的内容,以致那些教义的界限很难精确地描述出来,这也可能跟伊斯兰共同体本身的界限很难准确地描述有关。在"统计学内的"穆斯林范围内[188](有点像不做礼拜的基督徒,上帝知道这样的人有不少),这是真的,但伊斯兰要比其他的信仰和其他的法律要更为关注共同体的界限和保护。为什么会这样我们并不完全清楚,这个话题时至今日仍然具有高度争议性,但如果你是穆斯林的话,你必须注意不忠的后果,不管是以异端的形式还是以叛教(apostasy,源于希腊语 apostasis,意为疏远或背弃)的形式。

启示在伊斯兰思想中要比在犹太教和基督教中担负更大的责任。在基督教世界中揭示出来的法律很少也很珍贵,而《塔木德》尽管全部都是启示,但它所说的内容仍存有大量的争议。然而,伊斯兰法则是启示的全部,并且,尽管它是决疑式的,但它的叙述使用了一种宣告式的、命令式的语气,而非争论式的。因此,如果你做错了任何事情,你即违反了上帝的指示,这一点比在任何别的地方都更为清楚。[189] 所以说尽管犹太教和基

---

[186] Schacht, *Islamic Law* (1964) at 13; Pearl and Menski, *Muslim Family Law* (1998) at 4,5(继承向妇女开放,嫁妆付给妻子,塔拉克受到等待期的约束,多妻限于四个,并有平等对待的义务);Lapidus, *History Islamic Societies* (1988), above, at 30(古兰经"为家庭个体成员引入新的自由和尊严");Fyzee, *Outlines* (1974) at 6(注意到 James Colville 爵士的观点,即伊斯兰妻子在20世纪早期以前处境要好于英国的妻子);参见本章"实体性沙里阿"。

[187] E. Klingsmüller, "Entstehung und Wandel rechtlicher Traditionen im islamischen Recht' in Fikentscher" (1980), above, 375 at 376 关于更早的法律是"宗教制裁"。

[188] Cammack, "Islamic Law in Indonesia's New Order" (1989) at 54,提到印度尼西亚的人口。

[189] Coulson, *History Islamic Law* (1964) at 80("一旦形成,公议将是永远正确;尽管理论上承认它可能通过后代的类似的公议而废止,但反对它将会构成异端,因此在实践中将是不可能的");Brohi, "Die Rechtsideen" (1986), above, 13 at 23; D. Arzt, "The Treatment of Religious Dissidents under Classical and Contemporary Islamic Law" in J. Witte Jr. and J. van der Vyver, *Religious Human Rights in Global Perspective*: *Religious Perspectives* (The Hague/Boston/London: Martinus Nijhoff, 1996) at 387; Doi, *Shan ah* (1984) at 39(如果统治者没有适用古兰经,则是"一种背叛",因为它"违反人权或忽略了正义和平等的原则")(关于伊斯兰的人权概念,参见本章"跟伊斯兰的对位交流")。

督教都曾利用异端指控,并为此大开杀戮,但现在二者都已经不再适用它(尽管它们可能由于谋反,亦即异端的世俗形式,而开杀戒,并惩罚蛊惑人心的言论)。伊斯兰并没有到达这个阶段,并可能永远不会。它是不同的,并且知道自己为什么不同,那些没有遵循的人可能只是没有完全理解它。而且,异端理论源于逊尼派、什叶派和第三种异议派别,即哈里哲派(kharijites),而不是古兰经所固有的。随着宽容(伊赫提拉弗或 ikhtilaf)在各学派和教派之间产生,为异端而进行的杀戮已经减少,并且可能再次减少,并被思想弥合的方式所取代。在 2005 年,一个世界性的穆斯林学者大会因此宣布一项"相互承认"众多学派的解释的政策,这将否定那些关于异端和叛教的夸大的主张。[190] 同样的,关于谁被认为是不信教者(kafir)这样一个"以前的棘手问题"也为宽容的解决让道:只有伊斯兰的根本要素受到否认和不信奉才会招致制裁。[191] 不过,伊斯兰关于异端的概念对于伊斯兰国家市民政权则很有用处,这可能将延长它的生命。对异端的惩罚也跟长期以来围绕人权而跟伊斯兰所进行的以及伊斯兰内部的论战紧密关联。[192]

叛教跟异端紧密相联,因为你通过抛弃信仰而挑战它,并可能为别人树立了一个榜样。在主要的、复杂的法律传统中,伊斯兰是唯一具有可操作性的叛教概念的传统,这点令人感到非常好奇,因为它也是吸引最多新成员的宗教和法律传统。然而,据说退出就是出局,在这方面,古兰经对很多人来说是令人恐怖地精确。"如果他们(异端分子)折转(向敌人),那么,不管你在哪里发现他们,抓住并杀了他们。"[193] 然而,争论仍在持续,因为这个概念可能是穆罕默德在斗争中所处的紧急情形下所必需的(启示背景原则),[194] 而且,古兰经中有另一经文说,"对于宗教,绝无强迫",[195] 这通常是用来讨论非

---

[190] The Economist, July 30, 2005, p.41("大聚会:智慧者对暴力者的反对")。
[191] Schacht, *Islamic Law* (1964) at 131;关于对政治权威的"反叛"的(相对)宽容,因为这些反叛者至少根据对伊斯兰法的一种可能的"解释",参见 K. A. El Fadl, *Rebellion and Violence in Islamic Law* (Cambridge: Cambridge University Press, 2001), notably at 32,61(跟强盗的区别)237("符合某种解释")327(尽管忠于法学家而非政治命令)。
[192] 参见本章"跟伊斯兰的对位交流"。
[193] 《古兰经》第 4 章第 89 节。
[194] D. Little, "The Western Tradition" in D. Little, J. Kelsey and A. Sachedina, *Human Rights and the Conflicts of Culture: Western and Islamic Perspectives on Religious Liberty* (Columbia: University of South Carolina Press, 1988) at 30, and on the larger doctrine, Arnaldez, "La loi musulmane" (1993) at 86。伪善的缺点据说是穆斯林在先知抵达麦地那不久所发生乌胡德之战失去生命的主要原因。背教开始被视为一种叛变,因此一开始就具有政治性,参见 Nasr, *Heart of Islam* (2004), above, at 50(也被视为"书上的法律"但"从未适用过")。
[195] 《古兰经》第 2 章第 256 节。

自愿地皈依伊斯兰这种情况,但近来被探讨是否可适用于叛教。[196] 再者,那里还有人权的主张,据此,对叛教的惩罚在伊斯兰内部的论战中被认为是一个"问题"。[197] 此外,惩罚只适用于正式皈依另一宗教。没有宗教,也没有宗教法律,能够有效地监督在人的一生中信仰的强度。伊斯兰或许已经从西方的研究中了解到这一点。随着时间的过去,殉道者将趋向于胜利。

跟伊斯兰的对位交流

正如在其他地方,西方殖民主义以及地方的反抗,导致西方关于国家的概念在伊斯兰的土地上被采纳。因而伊斯兰思想的政治形态(尽管不是宗教的或法律的)可以认为是一种西方的形式,至少其基本的轮廓是如此。因此,在伊斯兰内部,伊斯兰思想和跟西方国家概念相关联的思想之间有一种持续不断的交流。那里有伊斯兰知识分子,也有更不具伊斯兰色彩的知识分子。并且,在跟非伊斯兰世界特别是西方的讨论中,还存在着相同的对位交流,而西方国家中的伊斯兰民众为这种交流也作出自己的贡献。尽管这种交流经常伴随着激情,传统之间的关系被形容为"多孔的"(porous)[198],当伊斯兰文明处于高潮并把思想传播到西方的时候是这样[199],当思想的流向掉转的时候仍旧

---

[196] A. Sachedina, "Freedom of Conscience and Religion in the Qur'an" in Little, Kelsey and Sachedina, *Human Rights and Conficts of Culture* (1988), above, 53, notably at 66,67 and 86("伊斯兰和西方关于宗教自由的根本承诺之间有着很多的相同之处");S. A. Rahman, *Punishment of Apostasy in Islam*, 2nd edn. (Lahore: Institute of Islamic Culture, 1978) at 25(在第 9 和 10 页也主张,在古兰经中未提到对背教"在今世"的惩罚,在第 154 页,认为背教并非是可惩罚的,除非它跟"颠覆社会经济"相联系);Belaid, *Islam et droit* (2000), above, at 353,354。跟逊奈授权处死的经文相比较,参见 S. Zwemer, *The Law of Apostasy in Islam* (London/Edinburgh/New York: Marshall Brothers, 1925)。

[197] Amin, *Islamic Law* (1989) at 57;关于伊斯兰争论的热烈程度,参见 Bleuchot, *Droit musulman*, vol. II (2002) at 713—14("上帝并非是盲信");G. M. Hussein, "Basic Guarantees in the Islamic Criminal Justice System" in Haleem et al., *Criminal Justice* (2003), above, 35 at 42(惩罚"在今生就是死亡");A. Saeed and H. Saeed, *Freedom of Religion, Apostasy and Islam* (Aldershot: Ashgate, 2004), notably at 88 ff.(今天"大部分"乌玛都遵循着"现代以前的观点",然而这些观点今天却受到挑战和限制);Friedmann, *Tolerance and Coercion* (2003), above, notably at 199(从那以后,古兰经授权处罚,"已经确立的法"给予悔过的机会)。

[198] Horowitz, "Qur'an and Common Law" (1994) at 244.

[199] 关于伊斯兰传统对西方法的贡献,参见本书第七章"法官和审判"和"比较之实践";关于伊斯兰对西方科学的贡献,参见本章"伊斯兰经文和伊斯兰理性:伊智提哈德的角色";关于喝"黑色液体"的咖啡(qahwa),参见 Lewis, *Middle East* (1995), above, at 162,163.

210 是这样。[200] 从西方角度来看，它们之间的争论集中于宪政主义、人权和平等。而从伊斯兰的角度来看，这是一个承认上帝的旨意、国际社会正义和共同体的问题。这场论战中可能永远都不会有胜利一方。

公法已经成为西方法律传统很大的一个部分，尽管它在伊斯兰法中被西方观察家形容为一种"虔诚的希望"。[201] 因为伊斯兰的信仰认为，一个不公正的统治者最终将受到惩罚，尽管不是在这个世上，所以将其视为一种虔诚的确信可能是最好的。因此，世上的伊斯兰国家对于伊斯兰思想家来说是一种具有挑战性的想法。但是，它是什叶派学者——尽管不是排他性的——领导的伊斯兰法革新的一部分。[202] 然而，迄今为止还没有一个伊斯兰国家的模式，并且，关于神启的法律跟国家立法当局、甚至国家法院的审判如何协调的争论也非常热烈。有些人认为伊斯兰国家"在概念上是不可能的"，因为把沙里阿当做国家法来执行将否定上帝的法的伊斯兰和启示本质。[203] 因此，一些"伊斯兰主义者"所支持的国家颁布沙里阿法典将不会推动伊斯兰的信仰，甚至可能最终会有害于它，就像欧洲"习惯法"的编写一样。[204] 其他的人则将目光转向传统内部的哈里发（caliphs，字面含义是"继承人"）以及现存的世俗规范（kanun）与法庭（mazalim），以寻求

---

[200] 伊斯兰原教旨主义将科学视为西方的和魔鬼的，拒绝承认伊斯兰科学对西方思想的主要贡献，参见 A. Mayer, "The Dilemmas of Islamic Identity" in L. Rouner, *Human Rights and the World's Religions* (Notre Dame: University of Notre Dame Press, 1988) 94 at 104。在这里，从伊斯兰的角度来看，当代西方本身也在掩盖跟伊斯兰的遥远的联系。同样，现代西方视伊斯兰法为宗教法，而倾向于掩盖宗教在西方法的创制过程中的角色。

[201] David and Brierley, *Major Legal Systems* (1985) at 474；关于"事实上"的统治者的概念，参见 Coulson, *History Islamic Law* (1964) at 82, 83；关于基于"古兰经之外没有其他的宪法"抵制世俗宪法的思想，参见 S. Belaïd, "Les constitutions dans le Tiers-Monde" in M. Troper & L. Jaume, 1789 *et i'invention dela constitution* (Paris/Bruxelles: LGDJ/Bruylant, 1994) 100 at 104 描述了没有宪法的选择，宪法受宗教优先"声明"的约束（如伊朗），或将伊斯兰传统吸纳到宪法中（在埃及、叙利亚和其他许多国家）。

[202] 参见 Digard, "Shi-isme et Etat en Iran" (1982), above, at 64（什叶派内部的两种传统，其中一种支持世俗权力，另一种则反对，因此分属于君主制主义者和反君主制主义者、宪法主义者和革命论者，民主主义者和霍梅尼主义者）；Mallat, *Renewal of Islamic Law* (1993) 特别是指出一个统一的"伊斯兰法和宪法"；Hourani, *History of Arab Peoples* (1991) at 162; Amor, "La place de l'Islam" (1994), above, at 13; M. Hermassi, "De la theorie de l'Etat en Islam" in Conac and Amor, *Islam et droits de l'homme* (1994), above, at 28; Walker, *Caliphate* (1966), above, notably at 47（"统治者手中的无限权力"可能从波斯君主那里继承而来）；Tibi, "European Tradition of Human Rights and Culture of Islam" (1990), above；关于国家身份和伊斯兰身份的竞争，参见 Malek, *Tradition et revolution* (1993) at 49, 50（国家是民族的最理性的形式）。

[203] A. A. An-Na'im, "*Shari'a* and Positive Legislation: is an Islamic State Possible or Viable?" (1998—9) 5 Ybk. Islamic & M. E. L. 29, at 29.

[204] 参见第五章"法律的扩张"。

调和伊斯兰的实质和起源于西方的制度、甚至是民主制度的办法。[205] 这种调和也受到西方法律的多样化的推动,后者已经从把主权和法律看做是命令的集权观念,稳步地转向把它看做是管理、合作和互相依存的观念。颁布的国家法已经失去它的一些决定性,把独立性受到保障的法官看做是国家当局不再是正确的。伊斯兰的司法审查是一种可以利用的选择,尽管它的运作机制跟在其他地方一样都存在着争议。

对伊斯兰国家的关注据说推动了"伊斯兰人权传统"。[206] 而有些人则走得更远,主张说国家的存在必然意味着人权的存在,因为二者在西方通常是平行发展的。[207] 然而,正如西方的国家模式并没有在伊斯兰国家中被复制,西方的人权模式也没有被直接地继受,尽管有一种努力值得令人关注,那就是以人权的语言对伊斯兰的原则作重新阐述以及论证分歧的合理性。[208] 这样一来,那里存在着大量的伊斯兰人权宣言(从未正式地引入到国家法)和大量的关于人权和伊斯兰教义之间的调和的伊斯兰的和西方的著述。[209] 争论

---

[205] K. A. El Fadl, "Islam and the Challenge of Democratic Commitment" (2003—4) 27 Fordham Int'l. LJ. 5, notably at 71(民主对于伊斯兰是合适的,因为伊斯兰"否认国家的神圣的伪装")。关于以及现存的世俗规范(kanun)与法庭(mazalim)的适用法域,参见本章"微妙的变化";关于哈里发法律的详细情况,参见 E. Tynan, *Institutions du droit public musulman* (CEDROMA/Universite Saint-Joseph: Beirut, 1999), notably at 129 关于第一位哈利法的选举,后来则通过前任哈利发指定;第817页 ff. 什叶派关于从穆罕默德家族和后代指定哈里发的教义。

[206] Tibi, "European Tradition of Human Rights and Culture of Islam" (1990), above, at 112; Abd al-Rahim, *Islamic Tradition* (2005)。

[207] A. Mayer, *Islam and Human Rights: Tradition and Politics*, 2nd edn. (Boulder, Colo./San Francisco and London: Westview Press and Pinter Publishers, 1995) at 10。这种观点不能以正式语言来理解,因为,例如英国法,对权利的概念并没有共鸣;参见本书第七章"权利理性"。因此,在普通法传统内的观点是如何产生对人的价值的尊重,这种争论大致跟鼓吹西方人权的人和伊斯兰法学家之间的争论类似。

[208] 关于伊斯兰人权公约,参见 Abd al-Rahim, *Islamic Tradition* (2005) at 158 ff. (Cairo, Islamic Declarations, Arab Charter); Aldeeb Abu-Salieh, *Musulmans face aux droits de l'homme* (1994)。

[209] 参见 S. Aldeeb Abu-Sahlieh, "Muslims and Human Rights: Challenges and Perspectives" in W. Schmale (ed.), *Human Rights and Cultural Diversity* (Goldbach: Keip Publishing, 1993), at 239; Aldeeb Abu-Salieh, *Musulmans face aux droits de l'homme* (1994); A. A. An-Na'im, "Human Rights in the Muslim World: Socio-Political Conditions and Scriptural Imperatives" (1990) 3 Harv. Hum. R. J. 13(特别是需要跨文化的方法和跟伊斯兰渊源合作,而非强加西方的概念); Conac and Amor, *Islam et droits de l'homme* (1994), above, (特别是第5页,关于寻求"趋同点和……裂隙发育区"以"超越争议"); Haider (ed.), *Islamic Concept of Human Rights* (1978), above; Khan, *Islam and Human Rights*, (1989), above; Little, Kelsey and Sachedina, *Human Rights and Conflicts of Culture* (1988), above; Rouner, *Human Rights and World's Religions* (1988), above, (Pt. Two; Islam, with articles by M. Farhang, N. Keddie and A. Mayer); Abd al-Rahim, *Islamic Tradition* (2005) at 11, 25(强调在传统范围内而非责任之上;儿童的权利"相应地被看做是父母的责任或义务"); M. A. Baderin, *International Human Rights and Islamic Law* (Oxford: Oxford University Press, 2003), notably at 6(需要"从伊斯兰法的主题内部"来建立国际人权概念,使用伊斯兰的麦斯莱哈(maslahah,或福利)概念和欧洲的对情况作恰度评估原则(margin appreciation)作为调和手段)。

双方之间有一点是共同的,那就是把对人的尊重置于首要位置。[210] 而不同点则在于正式的权利概念是否是这样做的最有效的手段。伊斯兰法学家对权利原则的有效性提出质疑,指出在那些接受权利存在的国家却存在着普遍的、明目张胆的违反[211],对那些据说是普世性的规则进行地区化或国家化[212],并指出"对那些公共利益进行社会安排"的必要性。[213] 西方的法学家坚持个人自由和个人平等、有效的法院制裁、惩罚方式的相称和非任意性。这里没有什么主张是糟糕的。因此,人权已经部分地被伊斯兰的宣言所吸纳,但随后却将其服从于沙里阿。在这里人权以集体权利的面目出现,这种权利本身的发展来自西方国家[214]、社会主义法律学说[215]和原生及环保主义的代际(inter-generational)权利概念。[216] 在这种背景之下,伊斯兰以一种更大的、泛传统的思维方式的特殊类型出现。

在妇女地位方面,人权的争论表现得更加尖锐,因为古兰经规定:"男人是支配妇女的,因为真主使他们比她们更优越,又因为他们所费的财产(以扶养她们)。"[217] 然而,"支配"本身并非法律规范,因此提高妇女地位是一个更大的争论的一部分,即公议的不可改变性(由于它的更精确的准则)和圣训"我的人民决不会赞同谬误"的持续效力。[218]

---

[210] 关于共同的学说基础,参见本章"沙里阿中的个人"。

[211] R. Hassan, "Rights of Women Within Islamic Communities" in Witte, and van der Vyver, *Religious Human Rights in Global Perspective* (1996), above, 361 at 361—3, with refs. 一个未引用的最佳例子是在许多拉丁美洲国家,经典的权利学说是法学院中的标准论题(standard fare)。伊斯兰的主张也呼应了美国的塔木德传统的支持者近来的批评。参见第四章"《塔木德》中的个人"。

[212] Aldeeb Abu-Salieh, *Musulmans face aux droits de l'homme* (1994) at 23(阐述伊斯兰法学家的立场)。

[213] Doi, *Shari'ah* (1984) at 8.

[214] 参见 W. Kymlicka, *Multicultural Citizenship: a Liberal Theory of Minority Rights* (Oxford: Clarendon Press, 1995, notably ch. 3(个人权利和集体权利),及其参考书目。

[215] 参见前苏联《民事立法基本原则》第5条:"民事权利受法律保护,其行使违背社会主义社会在共产主义建设期间的目标除外。在行使权利和履行义务过程中,公民和组织应当遵守法律并尊重社会主义社会生活规范和共产主义社会建设的道德准则。" in V. Grebenikov (ed.), *Rights of Soviet Citizens: Collected Normative* Arts (Moscow: Progress Publishers, 1987) at 34, 35.

[216] 关于它们之间的相似之处,参见 B. Weiss, "Our Rights and Obligations to Future Generations for the Environment" (1990) 84 Am. J. Int. Law 198, at 205,关于代际权利和义务,参见第三章"法律和宇宙"和"变革与自然界"。

[217] 《古兰经》第4章第34节;关于经文的当前解释,参见 B. Stowasser, "Gender Issues and Contemporary Quran Interpretation" in Y. Haddad and J. Esposito, *Islam, Gender, and Social Change* (New York/Oxford: Oxford University Press, 1998) at 30。

[218] 因此,要挑战沙特阿拉伯最近针对妇女的一项判决(戴胸罩,穿高跟鞋,驾驶汽车)需要对伊斯兰的权威著作作广泛分析,参见 K. A. El Fadl, *Speaking in God's Name: Islamic Law, Authority and Women* (Oxford: Oneworld, 2001), notably at 178, 180(判决被批评为没有公布法律方式和指示性的证据,以及选择性证据)。

不断提高妇女地位据说是古兰经内在的要求,因为它的效力跟伊斯兰之前的阿拉伯法有关联。[219] 不同的学派之间对待这个问题也各不相同[220],以致建立在各学派的公议之上的伊斯兰法律改革能够把"改善妇女地位……作为它的主要目的"。[221] 改革也可以在现有条文的框架之内进行,正如通过允许结婚妇女通过合同设定更多的选择那样。因此,

---

[219] 参见本章"实体性沙里阿";Mayer,"Dilemmas of Islamic Identity"(1988), above, at 110; Pearl and Menski, *Muslim Family Law* (1998) at 4; Falaturi and May,"Gerichtsverfahren"(1986), above, at 64(关于妇女成为卡迪法官的不同意见,实际上是被拒绝);Hassan,"Rights of Women"(1996), above, at 361(古兰经被解释为男女平等,相互为保护人)。更多的参见 J. O'Connor,"Rereading, recon-ceiving and reconstructing traditions: feminist research in religion"(1989) 17 Women's St. 101 at 117; N. R. Keddie,"The Rights of Women in Contemporary Islam" in Rouner, *Human Rights and World's Religions* (1988), above, at 76(特别是第 92 页关于"对古兰经和伊斯兰法律与传统进行更深刻的研究,以找出平等主义立场的伊斯兰基础");Q. Kahn, *Status of Women in Islam* (New Delhi: Sterling, 1990); Nasir, *Status of Women* (1994) at 26; S. Iqbal, *Woman and Islamic Law* (Delhi: Adam Publications, 1997); Esposito, *Women in Muslim family Law* (1982); Stowasser, *Women* (1994)(特别是第一部分关于古兰经对妇女在穆罕默德之前的宗教历史上的态度:诺亚、劳特和亚伯拉罕的女人们;摩西生活中的女人们;希巴女王拜莱盖丝;玛丽);M. Afkhami, *Faith and Freedom: Women's Human Rights in the Muslim World* (Syracuse: Syracuse University Press, 1995),特别是第一部分的文章("妇女、伊斯兰和父权制");Haddad and Esposito, *Islam, Gender and Social Change* (1998), above; N. Othman,"Grounding Human Rights Arguments in Non-Western Culture: Shari'a and the Citizenship Rights of Women in a Modern Islamic State" in J. Baucr and D. A. Bell, *The East Asian Challenge for Human Rights* (Cambridge: Cambridge University Press, 1999) 169, notably at 177 ff.,,关于马来西亚发生的一场论战;M. Qureshi, *Status of Women in Islam* (New Delhi: Reference Press, 2003), notably at ix(伊斯兰是世界上第一个宗教授予"妇女以跟男子平等的尊敬地位",尽管权利由于"性别、生物学上的和社会现实的"不同而有所区别)。关于在 1990 年以后阿拉伯国家妇女地位的改善,参见 R. A. Beck-Peccoz, *La modernizzazionedeldiritto difamiglia neipaesiarabi* (Milan: Giuffre, 1990) at 84—152("改革");关于埃及和巴勒斯坦的改革努力,参见 L. Welchman (ed.), *Women's Rights and Islamic Family Law* (London: Zed Books, 2004), notably at 3 关于"国家父权制"概念。关于把握经文之外的妇女生活的社会现实,参见 A. Sonbol (ed.), *Women, the Family and Divorce Laws in Islamic History* (Syracuse: Syracuse University Press, 1996) notably at 5("书面和实际现实有着清楚的差距");A. Sonbol,"Women in Shari'ah Courts: A Historical and Methodological Discussion"(2003) 27 Fordham Int 'I. L. J. 225, notably 246 ff.(伊斯兰妇女在"现代之前的"奥特曼社会的主要情况,国家劳动法和其他法律所施加的限制);T. S. Dahl, *The Muslim Family* (Oslo: Scandinavian University Press, 1997)(开罗贫困地区的妇女,是跟伊斯兰至高无上经典的"大传统"相对的"小传统");Tucker, *House of Law* (1998), above, notably at 182 关于穆夫提"软化男女在婚姻中的二分"的做法。关于伊朗内部的激烈争论,参见 Z. Mir-Hosseini, *Islam and Gender* (London/New York: I. B. Tauris, 2000), notably at xvi, 6, 7("本土的女权主义","伊斯兰女权主义""伊斯兰和女权主义是相容的")。

[220] Pearl and Menski, *Muslim Family Law* (1998) at 8(库法的马立克法官比麦地那的哈乃斐法官更多提到宽容)。

[221] Coulson, *History Islamic Law* (1964) at 190.

跟犹太教法律在这里正受到重新评估一样[222]，伊斯兰内部对于性别平等也有很多的说法。

这些争论促使伊斯兰思想家对西方思想作出反应。西方思想同样也需要对伊斯兰的思想作出反应，尽管这更多地发生在所谓"发展中国家"中的非正式争论当中，而非在西方的著述中。伊斯兰关于社会正义的思想在这里有着深刻的影响。在那些面对"全球性经济"（谁的全球化？）中对更低的工资总是保持灵敏的游移资本的贫穷民众中，公共援助和协助的力量非常强大。[223] 在这样的生活中没有机会的窗口，而只有需要。古兰经允许人们竞争，但竞争的种类也规定在古兰经中："故你们当争先为善。"[224]此外，伊斯兰社会正义的一般概念要高于集体的利益，这一点尤其表现在关于避难者方面。"在他们之前已安居故乡而且确信正道的人们，他们喜爱那些前来寻求庇护的教胞们，他们对于那些教胞所获的赏赐，不但不怀怨恨，而且关心（那些教胞）要甚于自己，尽管他们自己也有急需。"[225]对于世界上大约一千五百万的难民来说，这比向航空公司申请获准飞向那些他们一无所知的异国他乡要更具吸引力。它对西方自由迁徙理论家[226]和西方难民支持者来说也同样颇具吸引力，因此，伊斯兰和西方思想又一次找到某种交集。伊斯兰在为国际发展进行资产融资方面的智慧——合伙而非债务——在西方也得到认可。[227]

---

[222] 参见本书第四章"《塔木德》中的个人"。

[223] 参见 J. Goytisolo, "Out of Stagnation: Parallels between old Spain and Islam today" TLS, Feb. 3, 1995, at 3 （"对于那些利益被西方新出现的一般教条（极端自由主义、现代主义、金钱主义、无限制的贸易、作为全球购物中心的行星）所排斥的人来说，伊斯兰给了他们这样一种意识，即伊斯兰系统……比那些统治他们的压迫性制度更为宽容"）；Armstrong, Islam (2000), above, at 6 （"社会正义……是伊斯兰的至关紧要的美德……它具有实际的同情心"）；关于作为在地方上紧密联系在一起的第一世界和第二世界之间的分层因素的"全球流动性"，参见 Z. Bauman, Globalization: The Human Consequences (New York: Columbia University Press, 1998) at 87, 88.

[224] 《古兰经》第5章第48节。

[225] 《古兰经》第59章第9节；并参见 Khan, *Islam and Human Rights*, (1989), above, at 83 （"伊斯兰不会对流动和定居自由试图作出任何限制，不管是在一国范围内还是超出它的边界"）；International Law Association London Conference (2000), Committee on Islamic Law and International Law, *L'asile et les refugies dans la tradition musulmane* (London, 2000), at 18（接纳难民之责任）, 29（尽管伊斯兰国家在实践中并未一贯保持其伊斯兰信念）。

[226] 参见 I. Carens, "Aliens and Citizens: The Case for Open Borders" (1987) 49 Rev. of Politics 251, reprinted in W. Kymlicka (ed.), *The Rights of Minority Cultures* (Oxford: Oxford University Press, 1995) at 331.

[227] 参见本章"实体性沙里阿"。同样的，伊斯兰的这种哲学受到《经济学家》杂志的认可。参见1994年8月6日第17、18页（如果西方人"重开他们的大脑"来体会他们"共同的归属"，将有可能出现一个更为宽松的21世纪，以致西方"将更有可能解决自己的问题"。

然而，伊斯兰传统不仅仅跟西方进行思想上的交流。什叶派对沙里阿关于经济活动的规范进行重新思考的灵感在很大程度上是为了呼应"共产主义对解决'社会平衡'（social balance）的呼吁"。[228] 当伊斯兰思想为它不同于右的道路辩护时，它的左路并不会被人包抄。伊斯兰跟犹太教法之间也存在（和平的）交流[229]，考虑它们具有共同的忠诚对象，这种交流对它们来说是合适的。每一种传统在启示的救赎能力和缩小制度性差异方面都包含着很高价值的信息。

伊斯兰大离散

由于较早时期的伊斯兰文明的扩张和当代的移民和归化模式，伊斯兰人口现在遍布世界各地。在历史上，整个世界被分成伊斯兰教地区（dar al-islam，或 abode of islam）和战争地区（dar al-harb 或 abode of war），尽管一个后来的、更具包容性的概念，即和平地区（dar al'sulh 或 abode of peace）现在被引入进来。[230] 因此，伊斯兰法和其他法律之间的交流通常发生在东道国的宪法大伞之下，不过，随着东道国法律在不同程度地取代沙里阿的适用，对乌玛*的鉴别变得没那么精确了。即使在伊斯兰土地上情况也是一样，譬如在土耳其，非伊斯兰法律已经在很大程度上取代了沙里阿。据说现在我们"很难获得穆斯林国家的法律全貌"[231]，这种情形是因为对某特定国家来说，决定沙里阿的重要性的背景情况不止一个。该国家的领土曾经可能，也可能不处于伊斯兰的统治之下，其人口中包括的穆斯林人口可能是多数，也可能是少数（其历史特权和政治意义也不相同）；原生或西方传统的影响可能是重要的，也可能不那么重要，这可能部分取决于有着高度差异的殖民地经历。当前还存在一些正式的复兴进程，譬如在苏丹和巴基斯坦，以及非正式的"复苏"，譬如在摩洛哥。[232] 然而，（不像在沙特阿拉伯、伊朗、苏丹和巴基斯坦）在

---

[228] Mallat, *Renewal of Islamic Law* (1993) at 9, 11.

[229] Y. Meron, "La rencontre contemporaine entre le droit juif et le droit musulman" Rev. int. dr. comp. 1984. 59; G. Libson, *Jewish and Islamic Law: A Comparative Study of Custom During the Geonic Period* (Cambridge, Mass.: Harvard University Press, 2003), notably at 174, 182（比较研究的成果"相当薄弱"，尽管惯例可用于"连接"这二者，以及它们各自跟"现实"之间的关系）；关于这段历史，参见 S. D. Goitein, "The Interplay of Jewish and Islamic Laws" in B. Jackson (ed.), *Jewish Law in Legal History and the Modern World* (Leiden: E. J. Brill, 1980) at 61.

[230] Nasr, *Heart of Islam* (2004), above, at 163.

* 即共同体。——译者注

[231] David and Brierley, *Major Legal Systems* (1985) at 479.

[232] O. Azziman, *La traditionalisation du droit: tradition juridique islamique et droit prive marocain* (Rome: Centra de studi e ricerche di diritto comparato e straniero, 1993), at 10 ff.

那些沙里阿不是国家法律的国家,有两种比较明显的广泛的模式。

　　第一种模式是伊斯兰法作为伊斯兰人民的法律的正式地位受到保障(尽管经常被限制在某些事务上)。在印度,由于在英国殖民化之前曾受伊斯兰的统治达数个世纪,伊斯兰法作为属人法仍适用于穆斯林少数民族。它的地位受到1937年的立法的保证,这项立法同时阻止了地方习惯对于沙里阿的优势地位的不断增长,在这里,东道国的立法加强了伊斯兰法(残留)的角色。[233]　其他地方,譬如非洲,伊斯兰属人法可能流行于某特定区域,比如尼日利亚的北部。[234]　在这里,伊斯兰法则经常跟"本地法"混合在一起,而且原生和伊斯兰传统都跟西方法律渊源保持距离。[235]　多种传统的共存在东南亚也很明显,在这里,伊斯兰人口不管是在占多数还是占少数情况下,伊斯兰法都跟当地的原生传统,特别是马来西亚和印度尼西亚的阿达特法,以及西方法律共时共存。[236]

---

[233] 参见 Gupta, *Personal Laws* (1983), above; Pearl and Menski, *Muslim Family Law* (1998) at 33,36—8; Fyzee, *Outlines* (1974) at 58,65(注意伊斯兰和印度法律之间的"两栖共同体")。印度在莫卧儿皇帝统治之下时,哈乃斐学派的伊斯兰法是这块大地上的法律(印度法退缩到例外的和个人的适用)。英国人并不承认当时伊斯兰的首要地位,使其退缩到属人法地位,同时(在1853年)引进欧洲的法律渊源和英国法院的管辖权概念。参见 Liebesny, "English Common Law and Islamic Law" (1985—6), above, at 20。早在8世纪穆斯林就开始他们在巴基斯坦和印度的扩张,到17世纪晚期,莫卧儿王朝的统治延伸到这两个国家。"穆斯林的冒险方针最初是打碎和攫取类型的;系统的征服直到12世纪才开始:第一个持久的穆斯林国家是德黑里的苏丹国,直到1206年才建立"。F. Fernandez-Armesto, *Millennium* (London/New York/Toronto/Sydney/Auckland: Bantam, 1995) at 105。

[234] Anderson, *Law Reform in Muslim World* (1976) at 6.

[235] 同上,特别是第 xi, 2, 3 页(根据"穆罕默德习惯法"做成的遗嘱范例);N. Rouland, *Anthropologie juridique* (Paris: Presses universitaires de France, 1988) at 347, 348(关于"伊斯兰习惯法"的建立,受到马立克学派跟原生的、前伊斯兰的阿拉伯法和贝多因法之间的联系的推动);R. Sacco, M. Gaudagni, R. Aluffi Beck-Peccoz and L. Castellani, *Il diritto africano* (Turin: UTET, 1995) at 106,112(原生法律和伊斯兰法律之间的关系是理解非洲法律现实的钥匙)。伊斯兰法本身被殖民当局视为"习惯"法,但相关的反应,参见 A. A. Oba, "Islamic Law as Customary Law: The Changing Perspective in Nigeria" (2002) 511. C. L. Q. 817;关于伊斯兰法和阿达特法在东南亚的合并现象,参见 M. Hooker, *A Concise Legal History of South-East Asia* (Oxford: Clarendon Press, 1978) at 112,113; Z. bin Zakaria, "The Legal System of Malaysia" in ASEAN Law Association, *ASEAN Legal Systems* (Singapore/Malaysia/Hong Kong: Butterworths, 1995) 77 at 84(穆斯林的婚姻和离婚法律在马来西亚被不同的阿达特法律所采纳);Ruthven, *Islam in World* (1984), above, at 265(伊斯兰法的扩张在很大程度上是由于众多的本地的神跟安拉之间的趋同化)。

[236] Hooker, *Islamic Law in South-east Asia* (1984); M. B. Hooker, "The Law Texts of Muslim South-East Asia" in M. B. Hooker (ed.), *Laws of South-East Asia*, vol. I, *The Pre-Modern Texts* (Singapore: Butterworths, 1986) at 347; Horowitz, "Qur'an and Common Law" (1994); R. Lukito, Islamic *Law and* Adat *Encounter* (Jakarta: Logo—2001), notably at xvii(遇到"对话而非简单的对峙");T. Lindsey (ed.), *Indonesia: Law and Society* (Sydney: Federation Press, 1999), Part II("多元和类并:阿达特法和沙里阿");Special Issue "Islamic Law in South-east Asia" (2002) 4 Aust. J. Asian L. (No. 3).

第六章 伊斯兰法律传统：后世启示之法

第二种模式是多数西方国家所采纳的模式，这种模式以法律的国家渊源的排他性为特征，并因此在原则上否认属人法的存在，不管是原生法律，伊斯兰法，还是其他法律。然而，西方国家之间也相互不同，它们在政教分离的原则以及纯粹的立法渊源在国家法律中的首要地位等方面有着重大的差别。因此，非国家的法律也可能会得到认可。[237] 此外，所有的西方国家都认为它们的司法在原则上是替补性的或处分性的，这为通过协议方式采纳伊斯兰法留下一个很大的空间。[238] 甚至是像在法国这样的国家，政教分离是最高的宪法秩序，立法（在理论上）具有排他的重要性，宪法也开始在一定程度上保护伊斯兰的惯例（以及由此推断它保护伊斯兰法，因为所有的伊斯兰惯例都植根于伊斯兰法）。[239] 此外，在许多西方国家，宗教裁判所也可以在私底下为其信徒运作，有迹象表明，在这些国家，沙里阿裁判官在处理穆斯林民众的纠纷解决方面正越来越活跃。[240] 因

---

[237] 正如发生在澳大利亚、加拿大的原著民土地权利主张，在一定程度上原生家庭法也受到认可；参见本书第三章"关于生活方式"。然而，宗教法律的认可则受到更多的抵制。当前代表性的就是英国拒绝认可在本地有住所的人的伊斯兰式离婚，参见 L. Collins (gen. ed.), *Dicey and Morris on the Conflict of Laws*, 13th edn. (London: Sweet and Maxwell, 2000), vol. II at 730.

[238] M. Rohe, "Der Islam und deutsches Zivilrecht" in H.-G. Ebert and T. Hanstein (eds.), *Beiträge zum Islamischen Recht II* (Frankfurt: Peter Lang, 2003) 35, notably at 60 (德国法为"私人"秩序留下很大的空间，尽管"平行法律秩序"是一种新的现象); M. Rohe, "Rechtliche Perspektiven eine-deutschen und europaischen Islam" RabelsZ 2000.256.

[239] 参见 C. E., Nov. 27, 1989, Gaz. Pal., Dec. 8—9, 1989 at 21 (官员可以禁止穿戴宗教服饰，特别是头巾，尽管只是在存在公共秩序风险的情况下); C. E., Nov. 27, 1996, J. C. P. 1997. II. 22808 (戴头巾本身是正当的，被学校禁止只是在骚乱的情况下才有可能)。但是在 2004 年，法国通过一项立法禁止"公开的"的宗教标志出现在学校;Law no. 2004—228 c; March 15, 2005, J. O. March 17, 2004, 该法案成为《教育法典》第 L 141-5-1 条。该法是否与《欧洲人权公约》之间是否协调尚未被确定，但据称 2004 年的该法律并未推翻法国行政法院于 1989 年 11 月 27 日判决的理由; C. Hafiz and G. Devers, *Droit et religion musulrnane* (Paris: Dalloz, 2005) at 210.

[240] 关于在英国适用沙里阿解决争端，参见 Pearl and Menski, *Muslim Family Law* (1998) at 77-8f S. Shah-Kazemi, *Untying the Knot [:] Muslim Women, Divorce and the Shariah* (London: Nuffield Foundation 2001), notably at 9—11 关于穆斯林法（沙里阿）委员会（英国）在推动婚姻纠纷解决方面所做的工作;A. Quraishi and N. Syeed-Miller, "No Altars: a survey of Islamic family law in the United State" in L. Welchman (ed.), *Women's Rights & Islamic Family Law* (London: Zed, 2004) 177 at 182 (关于考虑到法院诉讼的成本，在美国告知对方使用伊斯兰争端解决方式), 215 (美国法院将集团案件提交给伊玛目，然后对结果进行确认), 关于在魁北克建立沙里阿委员会（据说是"北美第一个"）, *The Gazette*, Feb. 20, 1994 at A-3, and Ontario, *The Globe and Mail*, Dec. 11, 200: 21 A-1。然而, 2006 年安大略省通过立法规定，如果所适用的法律非加拿大法律，将不予承认家庭事务中的正式仲裁，参见《仲裁法修正案》(1991, S. O. 2006), 第一章；关于其背景, 参见 M. Boyd, *Dispute Resolution in Family Law: Protecting Choice, Promoting Inclusion* Toronto; The Queen's Printer, 2004), accessible at http://www.attorneygeneral.jus.gov.on.ca/english/about/pubs/boyd.

此,伊斯兰法在生活在西方的伊斯兰民众的生活中可能扮演着一个重要的角色,不管其受到国家的承认与否。[241] 不仅仅是西方法学家对西方的伊斯兰少数民族有着理论的兴趣;伊斯兰这边也对伊斯兰法能够在多大程度承认穆斯林对非伊斯兰法律的遵守也存在很大的疑问。[242] 他们确实遵守当地的国家法,同时保留着伊斯兰的身份,这大量地表明了圣战在伊斯兰法的现代地位。

圣战

在殖民世界众多地方的过程中,伊斯兰使用了后来西方所使用的相同手段:宗教的狂热、商业的活力和军事力量。[243] 圣战(jihad)的观念通常被认为支持着所有的这一

---

[241] 参见 von Bar, *Islamic Law and its Reception* (1999), above; S. Poulter, *English Law and Ethnic Minority Customs* (London: Butterworths, 1986), and review by W. Menski (1988) 37 I. C. L. Q. 218 表明"就我们目前所知,坚持不同形式的种族习惯离婚在英国非常少";Pearl and Menski, *Muslim Family Law* (1998), ch. 3("穆斯林法在不列颠",主张"英国的沙里阿");关于穆斯林就是否在英国敦促承认伊斯兰法,参见 D. Pearl, "Islamic Family Law and Anglo-American Public Policy" (1985—6) 34 Clevel. St. L Rev. 113 at 126; and more generally, S. Aldeeb Abu-Sahlieh, "L'impact des droits musulmans sur un droit 'laic'. Le cas de la Suisse" Prax. juri. rel. 1991. 18; Aldeeb Abu-Salieh, *Musulmans face aux droits de I'homme* (1994) at 392—401; S. Aldeeb Abu-Sahlieh, "Conflits entre droit religieux et droit étatique chez les musulmans dans les pays musulmans et en Europe" Rev. int. dr. comp. 1997. 813; J. Syrtash, *Religion and Culture in Canadian Family Law* (Toronto: Butterworths, 1992); Quraishi and Syeed-Miller, "No altars *in U. S*" (2004), above,关于伊斯兰家庭法在美国的渊源,在法庭内外的实践。关于伊斯兰在伊斯兰法域对西方属人法的认可,参见本章"圣战"。

[242] 参见 K. A. El Fadl, "Islamic Law and Muslim Minorities: The Juristic Discourse on Muslim Minorities from the Second/Eighth to the Eleventh/Seventeenth Centuries" (1994) 1 Islamic Law & Soc. 141, notably at 165—75,(同样是)关于伊斯兰学派之间的分歧(哈乃斐更属地化,其他的则更属人化),178("实际的妥协是不可避免的,穆斯林法学家可能已经意识到任何控制或规范行为的企图必定会被那些生活在不同历史环境中的穆斯林少数族裔的忽略");P. Glenn, *On Common Laws* (Oxford: Oxford University Press, 2005) at 134 ff; Ramadan, *Western Muslims*, above, at 95—6 关于服从本地法的义务构成默认的阿曼(aman)或入境和安全保障协议的一部分;Pearl and Menski, *Muslim Family Law* (1998), at 2—65 (特别是关于哈乃斐和沙斐仪学派的更灵活的观点,尽管在伊斯兰法中没有"统一的司法指导");关于阿拉伯国家法院通过适用伊斯兰法律而非外国国家法解决属于外国世俗国家的公民的个人身份问题,参见 R. A. Beck-Peccoz, "Cittadinanza e appartenenza religiosa nel diritto internazionale private. II caso dei paesi arabi" (1993) 9 Teoria politica 97.

[243]《古兰经》第3章第103节(译文摘自马坚译《古兰经》——译者注);尽管对于其主要动机和最有效的方式还存在争议。关于"含在穆罕默德教义和行动中的普世主义",参见 Hourani, *History of Arab Peoples* (1991) at 22;被征服民众的迅速遵从之后的武力使用,参见 Lewis, *The Middle East* (1995), above, at 55,57(阿拉伯帝国的阿拉伯化和被征服民族的阿拉伯化是"真正的奇迹");Doi, *Shari'ah* (1984) at 444(圣战"从来不是为了获得土地和殖民主义而战",而是"传播他们所认为的真理到任何受到统治者或受压迫的民众的邀请的遥远土地")。

切——但是这个词不意味着战争,而只是努力或奋斗,因此,对于圣战的概念能够证明何者的正当性,伊斯兰思想还存在着(传统上的)教义上的含糊。西方(即使使用"战争"一词)也同样地争辩说,十字军东征是圣战、正义战争、贸易战、甚至是文化战。似乎清楚的是,古兰经作为后来的启示,它宣扬转意归主。"你们中当有一部分人,导人于至善,并劝善戒恶"是引用最为频繁的经文[244],然而伴随它的是同样著名的"对于宗教,绝无强迫"。[245] 因此有人说,将圣战解释为宗教战争"完全是未经《可兰经》认可的,只可能是通过断章取义从那里节选出来的"。[246] 尽管如此,在传统的信息基础里挑拣和选择是一种普遍做法,这正是伊斯兰法学家通常被要求去做的。因此,宗教战争以圣战的名义被发起,尽管这种做法似乎跟伊斯兰从1/7世纪到8/14世纪的崛起相吻合,并随着这种教谕和实践在后来的衰弱而衰弱。[247] 此外,恐怖主义近来被形容为"完全超出了伊斯兰法"[248],并且,把圣战看做是为了和平也是有可能的。

---

[244] 《古兰经》第3章第103节;关于"圣战传教士"的概念,参见 Doi, *Shari'ah* (1984) at 437;Maulana, *Manual of Hadith* (1977), above, at 253;T. W. Arnold, *The Preaching of Islam*: *A History of the Propagation of the Muslim-faith* (Lahore:Ashraf Printing Press, 4th repr. 1979)。

[245] 《古兰经》第2章第256节。

[246] Arnold, *Preadimg of Islam* (1979), above, at 451;and see Khadduri, *War and Peace* (1955) at 56(圣战"并不必然是"战争或战斗);R. Firestone, *Jihad*: *The Origin of Holy War in Islam* (New York/Oxford:C University Press, 1999),拒绝直接发展成军事的圣战,收集古兰经的"非军事的经文"和其他,at 69 ff。关于圣训在圣战中的角色,参见 Maulana, *Manual of Hadith* (1977), above ch. 19。

[247] M. Khadduri, *The Islamic Concept of Justice* (Baltimore:Johns Hopkins Press, 1984) at 165—9(宗教战争的概念由沙斐仪在2/8世纪后期提出,经过一段时间的沉寂之后,防御性的圣战概念从8/14世纪开始占据主导);M. Khadduri, *War and Peace in the Law of Islam* (Baltimo-e-Hopkins Press, 1955) at 58(圣战作为正义战争的概念);B. Ye'or, *The Dhimmi*: *Jews and Christians* under, Islam, trans. D. Maisel, P. Fenton and D. Littman (Rutherford/Madison/Teaneck and London/Toronto:Faieleigh Dickinson University Press and Associated University Presses, 1985) at 161,应用4/10世纪的 al-Qayrawani 中的文字("我们马立克派主张对于我们的敌人,在邀请他们拥抱安拉的宗教之前最好是不要开始有敌意,除非他们首先攻击我们");Aldeeb Ab-*Musulmans face aux droit de l'homme* (1994) at 377—80;关于生长的活动,参见 Noth, "Die Scharia" (1980) at 435,关于它更近以来在什叶派的历史,Digard, "Shi-isme et Etat en Iran" (1982), above, at 71。关于穆斯林的扩张纯粹是为了劫掠和统一,参见 Armstrong, *Islam* (2000), above, at 27—30。

[248] H. A. Haleem, O. Ramsbotham, S. Risaluddin and B. Wicker, *The Crescent and the* Cross (London/New York:MacMillan/St. Martin's, 1998) at 97,引用《古兰经》第35第17节,"没有灵魂应当承担另一个人的负担"。

此外，任何侵略性形式的圣战的范围都受到深深嵌入伊斯兰思想中另一教义的控制，那就是赋予犹太人和基督徒的一种特殊地位（印度人被并入到他们当中），他们被称为其他的"圣经的子民"，跟穆斯林一道崇拜同一个上帝[249]。这些人还被称为吉玛（dhimma），其地位源于一个虚构的协定（吉玛获得居住权以作为对交税的回报），并且"指出跟罗马法和犹太法中的概念的相似性是恰当的"[250]。因此，历史上犹太人在穆斯林的统治之下的处境要好于在基督教的统治之下[251]，只是在近几个世纪以来通过西方思想的改变，其地位才发生了变化。如今，据说吉玛人"被排除在特别属于穆斯林的特权之外，但另一方面，他们也免于那些特别属于穆斯林的责任"，"对于其他方面，穆斯林和吉玛实际上在整个的财产法、合同法和债法上都是平等的"[252]。然而，只有在古兰经和伊斯兰思想中存在更广泛的对其他主要（西方）宗教的宽容，吉玛的法律概念才会有可能。当伊斯兰世界还在辩论穆罕默德的启示是否废除了早前的启示时，古兰经自身使用了确认和宽容的语言。"我降示你这部包含真理的经典，以证实以前的一切天经……我

---

[249] Pearl and Menski, *Muslim Family Law* (1998) at 7（特别是关于印度的同化，这推测起来应该是可能的，因为印度宗教经文和印度对多神或单一神的宽容，参见第八章"时间和婆罗门"）；Ye'or, *Dhimmi* (1985)，有关正义的经文从 161 页开始；Khadduri, *War and Peace* (1955) at 175 ff.；N. Rouland, S. Pierre-Caps and J. Poumarede, *Droit des minorities et des peoples autochtones* (Paris: Presses universitaires de France, 1996) at 116—35.

[250] Pearl and Menski, *Muslim Family Law* (1998) at 7; and see S. Herman, "Legacy and Legend: The Continuity of Roman and English Regulation of the Jews" (1992) 66 Tulane L. Rev. 1781.

[251] 参见 M. R. Cohen, *Under Crescent and Cross: The Jews in the Middle Ages* (Princeton: Princeton University Press, 1994); Rouland, Pierré-Caps and Poumarede, *Droit des minorities* (1996), above, at 65（阿拉伯在711 年征服西班牙是一种解放）；E. Schochetman, "Jewish Law in Spain and the Halakhic Activity of its Scholars before 1300" in N. Hecht, B. Jackson, S. Passamaneck, D. Piatelli and A. Rabello (eds.), *An Introduction to the History and Sources of Jewish Law* (Oxford: Institute of Jewish Law, Boston University School of Law/Clarendon Press, 1996) 271 at 272. 在伊斯兰管辖的法域范围内，"伊斯兰对非伊斯兰属人法的认可被形容为在所有已知的法律制度史中是独一无二的"; al Faruqi and al Faruqi, *Cultural Atlas* (1986), above, at 268. 关于西方拒绝承认西方属人法，参见本章"伊斯兰大离散"。

[252] Schacht, *Islamic Law* (1964) at 132, 143; A. R. Awang, *The Status of the Dhimmi in Islamic Law* (Kuala Lumpur: International Book Services, 1994) at 167,168; 关于基于人权理由批评伊斯兰的不平等对待，但并未讨论西方对待外国人的做法，参见 Mayer, "Dilemmas of Islamic Identity" (1988), above, 94 at 143.

第六章 伊斯兰法律传统：后世启示之法　249

已为你们中每一个民族制定一种教律和法程。"[253] 当伊斯兰在那些圣经的子民们*之外的土地上变得重要时，它对地方习惯法（urf）的宽容也使得当地的惯例得以持续下来[254]，同样地，在宗教中没有强迫。

由于这些不同的原因，圣战在今天更多的是从古兰经的文学意义上来看待，它是传播先知旨意的义务，是抵御外部世界对其信仰的侵略之职责。[255] 因此，伊斯兰内部的争论实际上是关于外部挑战的范围和反应的适当途径。由于20世纪60年代穆斯林兄弟会在埃及的建立，关于反应的适当途径的争论已经变得更加激烈，而这一段时间也是西

---

[253] 《古兰经》第5章第48节，不废除早前的启示，参见 F. Rahman, *Major Themes of the Qur'an* (Chicago: Bibliotheca Islama, 1980) at 167, 170（同时引用《古兰经》中被忽视的一个邀请，"信奉天经的人啊！你们来吧，让我们共同遵守一种双方认为公平的信条……"）；Brohi, "Die Rechtsideen" (1986), above, at 17, 18（以旧约和古兰经的类似语言为例）；Hourani, *History of Arab Peoples* (1991) at 21（犹太人、基督教徒、索罗亚斯德教的教徒和穆斯林"在最初的几个世纪中……相互之间比他们后来要更为开放"）。穆罕默德只是到了麦地那之后才意识到犹太人和基督徒可能不会追随他，在那里承认他们为社会共同体。F. Rahman, *Major Themes of the Qur'an* (1980), above, at 163—5；Hourani, *History of Arab Peoples* (1991) at 18；Kamali, *Islamic Jurisprudence* (2003) at 306—12（只是在不一致的情况下才废除）。然而，关于废除早前的启示，参见 Arnaldez, "La loi musulmane" (1993) at 83, 84（尽管更早期的启示在当时是正确的，并且上帝不会有错误）；进一步的参考，参阅 Graf and Falaturi, "Brauch/Sitte und Recht in der traditionellen islamischen Jurisprudenz" (1986), above, at 32；Friedmann, *Tolerance and Coercion* (2003), above, ch. 4（"背教"）。这场争论可能最好是不要以二元方式理解为废除与不废除，而是麦除的范围和为谁废除。然而，根本废除的支持者需要克服关于犹太—基督教的教义（可以理解的是，保罗对废除的支持没有被犹太人所遵从；参见第四章"塔木德的追避？"，以及授予圣经的其他追随者的特殊地位）。不废除说还为此提供了一条安抚后世先知们的途径，例如19世纪末伊斯兰的阿哈默底亚运动（Ahmadiyya movement），大约有一千万信徒跟随先知阿哈默德，他们坚持劝谕式而非激进式的传道。

＊ 指犹太人和基督教徒。——译者注

[254] 参见本章"微妙变化"；Alliot, "Rechts-Transfers" (1980), above, at 166.

[255] 参见 R. Peters (trans. and annot), *Jihad in Mediaeval and Modern Islam: the chapter on jihad from Averroes' Legal Handbook "Bidayat al Mudjtahid" and The Treatise "Koran and Fighting" by the late Shaykh Al-Azhar. Mahmud Shaltut* (Leiden: E. J. Brill, 1977), notably at 31—8；Doi, *Shari'ah* (1984) at 437；Little, Kelsey and Sachedina, *Human Rights and Conflicts of Culture* (1988), above, at 84.

方法律和西方法律技术在伊斯兰的土地上的扩展可能达到最高峰的时期。[256] 伊斯兰思想也有效地利用了列宁关于帝国主义是资本主义的必然特征这一思想,因此,其捍卫自己的需要得到了一些必要的支持。如果说圣战现在是一场防御之战,它的适当性(和手段)需要对外界的挑战作出某种评估。这种挑战来自于西方,来自大陆法和普通法传统联合的资源。

参考书目

"Abd al-Rahim, M., *Human Rights and the World's Major Religions* in Brackney, W. H. (ed.), *The Islamic Tradition*, vol. 3 (Westport: Praeger, 2005).

Afchar, H., "The Muslim Conception of Law" in International Association of Legal Science (Zweigert, K. and Drobnig, U., eds.), *International Encyclopedia of Comparative Law*, vol. II, ch. 1 (Tübingen/The Hague/Paris: J. C. B. Mohr (Paul Siebeck)/Mouton, 1975) at 84.

Aldeeb Abu-Sahlieh, S. A., "Introduction à la lecture juridique du Coran" (1988) 65 Revue de droit international et de droit compare 76.

——*Les Musulmans face aux droits de l'homme: religion & droit & politique* (Bochum: Dr. Dieter Winkler, 1994).

Aldeeb Abu-Salieh, S. A., see Aldeeb Abu-Sahlieh, S. A.

Amin, S. H., *Islamic Law and its Implications for [the] Modern World* (Glasgow: Royston Ltd.,

---

[256] 关于为了重新取得平衡而进行重新伊斯兰化,参见 Graf and Falaturi,"Brauch/Sitte und Recht"(1986), above, at 45; N. R. Keddie, *An Islamic Response to Imperialism: Political and Religious Writings of Sayyid Jamal al-Din "al-Afghani"* (Berkeley/Los Angeles/London: University of California Press, 1968); R. Patel, *Islamisation of Laws in Pakistan?* (Karachi: Paiza Publishers, 1986); M. Salah, "La mondialisation vue de l'Islam"(2003) 47 Arch, philos. dr. 27, notably at 37—8(乌玛基于协商(而非强加)的合意,保持在更大的团结问题上的一致);关于西方的"反伊斯兰"传统,参见 A. Hussain, *Western Conflict with Islam: Survey of the Anti-Islamic Tradition* (Leicester: Volcano Books, 1990), notably at 66(如果不理解西方的反伊斯兰传统,就不可能理解穆斯林世界反西方的情绪); N. Daniel *Islam and the West* (Oxford: Oneworld, 1997), notably at 156, 157(基督教徒因为伊斯兰在理论上同意使用武力而谴责伊斯兰时,他们在使用武力对付伊斯兰方面内部并不一致;在因为穆斯林"拒绝争论"而"蔑视"穆斯林的同时,他们自己跟伊斯兰社会进行切割);由于法律在穆斯林社会属于"定义性特征",因此"在伊斯兰管辖的法域进行法律'现代化'和'大量毁灭'法律是疏远伊斯兰的主要原因"。W. Hallaq,"'Muslim Rage' and Islamic Law"(2003) 54 Hastings L. J. 1705, notably at 1714, 1715;关于"现代主义"是"历史上最狂热、最教条和极端主义的意识形态之一……完全不能容忍任何反对它的世界观,譬如美洲原住民族的世界观,以致其整个社会都被这种意识形态所强制性地粉碎",参见 Nasr, *Heart of Islam* (2004), above, at 109。

1989).

Anderson, J. N. D., *Law Reform in the Muslim World* (London: Athlone Press, 1976).

Arab Law Quarterly (The Hague: Kluwer).

Arnaldez, R., "La loi musulmane à la lumière des sciences coraniques" (1993) Archives de philosophic du droit 83.

Bleuchot, H., *Droit musulman*, 2 vols. (Aix: Presses universitaires d'Aix-Marseille, 2000, 2002).

Brown, D., *Rethinking tradition in modern Islamic thought* (Cambridge: Cambridge University Press, 1996).

Calder, N., *Studies in Early Muslim Jurisprudence* (Oxford: Clarendon Press, 1993).

Cammack, M., "Islamic Law in Indonesia's New Order" (1989) 38 International & Comparative Law Quarterly 53.

Charles, R., *Le droit musulman*, 4th edn. (Paris: Presses universitaires de France, 1972).

Chehata, Ch., "Islamic Law" in International Association of Legal Science (Zweigert, K. and Drobnig, U. eds.), *International Encyclopedia of Comparative Law*, vol. II, ch. 2 (Tubingen/The Hague/Paris: J. C. B. Mohr (Paul Siebeck)/Mouton, 1974) at 138. Coulson, N. J., *A History of Islamic Law* (Edinburgh: Edinburgh University Press, 1964) (with extensive further bibliography at 242 ff.).

——*Conflicts and Tensions in Islamic Jurisprudence* (Chicago/London: University of Chicago Press, (1969).

——"Islamic Law" in Derrett, J. (ed.), *An Introduction to Legal Systems* (London: Sweet and Maxwell, 1968) at 54.

David, R. and Brierley, J. E. C., *Major Legal Systems in the World Today* (London: Stevens & Sons, 1985), Pt. Four, Title I ("Muslim Law").

Diwan, P. and Diwan, P., *Muslim Law in Modern India*, 6th edn. (Allahabad: Allahabad Law Agency, 1993).

Doi, A. R. I., *Shan ah: The Islamic Law* (London: Ta Ha Publishers, 1984).

Edge, I., *Islamic Law and Legal Theory* (Aldershot/Singapore/Sydney: Dartmouth, 1996).

Esposito, J. L., *Women in Muslim Family Law* (Syracuse: Syracuse University Press, 1982).

Fyzee, A. A. A., *Outlines of Muhammadan Law*, 4th edn. (Delhi/Bombay/Calcutta/Madras: Oxford University Press, 1974).

Gambaro, A. and Sacco, R., *Sistemi giuridici comparati*, 2nd edn. (Turin: UTET, 2002), ch. XI ("Il diritto dei paesi islamici").

Geertz, C., *Local Knowledge* (New York: Basic Books, 1983).

Hallaq, W. B., "The Logic of Legal Reasoning in Religious and Non-Religious Cultures: The Case of Islamic Law and the Common Law" (1985—6) 34 Cleveland State Law Review 79.

——"*From Fatwas to Furu: Growth and Change in Islamic Substantive Law*" (1994) 1 Islamic Law and Society 29.

——*A History of Islamic Legal Theories: An Introduction to Sunni Usul al-Fiqh* (Cambridge: Cambridge University Press, 1997).

——*Authority, Continuity, and Change in Islamic Law* (Cambridge: Cambridge University Press, 2001).

——*The Origins and Evolution of Islamic Law* (Cambridge: Cambridge University Press, 2005).

Hooker, M. B., *Islamic Law in South-East Asia* (Singapore: Oxford University Press, 1984).

Horowitz, D. L, "The Qur'an and the Common Law: Islamic Law Reform and the Theory of Legal Change" (1994) 42 American lournal of Comparative Law 233.

Hourani, A., *A History of the Arab Peoples* (Cambridge, Mass.: Harvard University Press, 1991).

Islamic Law and Society (Leiden: E. J. Brill, thrice yearly).

Kamali, Mohammad Hashim, *Principles of Islamic Jurisprudence*, 3rd edn. (Cambridge, UK: The Islamic Texts Society, 2003).

Khadduri, M., *War and Peace in the Law of Islam* (Baltimore: Johns Hopkins Press, 1955).

——*The Islamic Concept of Justice* (Baltimore: Johns Hopkins University Press, 1984).

Khadduri, M. and Liebesny, H. J., *Law in the Middle East*, vol. I, *Origin and Development of Islamic Law* (Washington, D.C.: The Middle East Institute, 1955).

Lev, D., *Islamic Courts in Indonesia: A study in the political bases of legal institutions* (Berkeley: University of California Press, 1972).

Linant de Bellefonds, Y., *Traité de droit musulman comparé*, 2 vols. (Paris: Mouton, 1965).

Makdisi, G., "The Guilds of Law in Medieval Legal History: An Inquiry into the Origins of the Inns of Court" (1985—6) 34 Cleveland State Law Review 3.

Makdisi, J., "Formal Rationality in Islamic Law and the Common Law" (1985—6) 34 Cleveland State Law Review 97.

Malek, R., *Tradition et revolution: L'enjeu de la modernité en Algérie et dans l'Islam* (Paris: Sinbad, 1993).

Mallat, C., *The Renewal of Islamic Law: Muhammad Baqer as-Sadr, Najaf and the Shi'I International* (Cambridge: Cambridge University Press, 1993).

May, R., *Beiträge zu Islamischem Rechtsdenken*, Vol. II, Studien zu nichteuropaischen Rechtstheorien (Stuttgart: Franz Steiner Verlag, 1986).

Milliot, L. and Blanc, F.-P., *Introduction à l'éude du droit musulman*, 2nd edn. (Paris: Sirey, 1987).

Nasir, J. J., *The Status of Women Under Islamic Law and Under Modern Islamic Legislation*, 2nd edn. (London/Dordrecht/Boston: Graham & Trotman, 1994).

Noth, A., "Die Scharîa, das religiöse Gesetz des Islam—Wandlungsmöglichkeit, Anwendung und Wirkung" in Fikentscher, W., Franke, H. and Köhler, D. (eds.), *Entstehung und Wandel rechtlicher Traditionen* (Freiburg/Munich: Verlag Karl Alber, 1980).

Pearl, D. and Menski W., *Muslim Family Law*, 3rd edn. (London: Sweet & Maxwell, 1998).

Peters, R. (trans. and ann.), *Jihad in Mediaeval and Modern Islam* (Leiden: E. J. Brill, 1977).

Rahim, A., *Muhammadan Jurisprudence* (Lahore: All-Pakistan Legal Decisions, 1958 repr. of 1911 edn.).

Rayner, S. E., *The Theory of Contracts in Islamic Law* (London: Graham and Trotman, 1991).

Rosen, L., *The anthropology of justice: law as culture in Islamic society* (Cambridge/New York: Cambridge University Press, 1989).

Salem, N. A., *Unlawful Gain and Legitimate Profit in Islamic Law: Riba, Gharar and Islamic Banking* (London/Dordrecht/Boston: Graham & Trotman, 1992).

Schacht, J., *The Origins of Muhammadan Jurisprudence* (Oxford: Clarendon Press, 1950).

——*An Introduction to Islamic Law* (Oxford: Clarendon Press, 1964).

Stowasser, B., *Women in the Qur'an, Traditions, and Interpretation* (New York/Oxford: Oxford University Press, 1994).

Tabataba'i, H. M., *An Introduction to Shi'i Law. a bibliographical study* (London: Ithaca Press, 1984).

Tyan, E., *Histoire de l'organisation judiciaire en pays d'Islam* (Leiden: E. J. Brill, 1960).

Weiss, B., "Interpretation in Islamic Law: The Theory of *Ijtihad*" (1978) 26 American Journal of Comparative Law 199.

——*The Spirit of Islamic Law* (Athens, Ga./London: University of Georgia Press, 1998).

Ye'or, B., *The Dhimmi: Jews and Christians under Islam*, transl. Maisel, D., Fenton, P. and Littman, D. (Rutherford/Madison/Teaneck/London/Toronto: Fairleigh Dickinson University Press & Associated University Press, 1985).

Zweigert, K. and Kotz, H., *Introduction to Comparative Law*, 3rd edn., trans. Weir, T. (Oxford: Clarendon Press, 1998), ch. 22.

参考网页

http://islamonline.net (fatwa bank)

http://www.al-islam.com（topical classification of koran, hadith）
http://www.al-islam.org（texts, under "islamic laws"）
http://www.arches.uga.edu/~godlas/home.html（Sunna, schools of law）
http://www.djindexes.com（for dow Jones islamic investment indexes）
http://www.e-cfr.org/eng（European council for fatwa and research）
http://www.law.emory.edu/IFL（islamic family law）
http://www.fiqhcouncil.org（views of Fiqh Council of North America）
http://www.fordham.edu/halsall/sbook-law.htm#index（hadith, links）
http://www.islamcatalogue.uni-leipzig.de/islawindex.html（Islamic law, links, by country）
http://www.karamah.org/articles.htm（muslim women lawyers for human rights）
http://www.law.harvard.edu/faculty/vogel/courses/islamic/courses（current islamic legal thought）
http://www.library.cornell.edu/colldev/mideast（islamic law by subject, country）
http://www.megalaw.com/top/islamic.php（links）
http://www.namlnet.org（U.S. national association of muslim lawyers）
http://www.nyazee.com（islamic law and banking infobases）
http://www.quran.org.uk（Koran portal, texts, commentaries）
http://www.sacred-texts.com/isl/index.htm（Koran, hadith, sufi texts）
http://www.soas.ac.uk/Centres/IslamicLaw/Materials.html（islamic and middle Eastern materials）
http://www.usc.edu/dept/MSA（compendium of muslim texts）

第七章
普通法传统:审判之德

如果说伊斯兰法在 1/7 世纪进入一个拥挤之境,那么四个世纪之后,当诺曼人怀着对土地的期待而启程横渡海峡时,当时的法律甚至更多,其中包括伊斯兰法。不列颠岛早已有原生法律,后来又有罗马法,再后来又是原生法律[1](这种反复是欧洲相当部分地区所共同经历的一种模式),此时的基督教教会法律对市民生活的影响正持续上升。[2] 欧洲的商法在(当时)没有边界的贸易世界也正在形成之中[3],而罗马法(后来

---

[1] 可能以略微罗马化的形式出现,因为罗马的范例被认为在 7 世纪时艾特尔伯赫特(肯特国王)的法律草拟中发挥了影响。Baker, *Introduction to English Legal History* (2002) at 2(引用比德的论述)。罗马的占领几乎持续了公元的头四个世纪。参见 W. Senior, "Roman Law in England before Vacarius" (1930) 46 LQR 191。关于肯特王国干预"异教徒的"立法("如果一个冒犯性的词能够以非冒犯形式使用"),参见 G. Sayles, *Law and Legislation from Aethelberht to Magna Carta* (Edinburgh: Edinburgh University Press, 1966)(在第一页中引用;否认罗马的影响)。然而,关于诺曼征服前的立法的重要性和王室司法制度的存在,尽管由于"潮湿、火灾或书虫的危险",严重危及这些记录的保存,参见 P. Wormald, *The Making of English Law: King Alfred to the Twelfth Century* (Oxford: Blackwell, 1999), citation at 479。

[2] 在不同的教会法体系出现之前,它主要是使用罗马法的形式,但在诺曼人到来之前,它在英国可以由于教堂对它的使用而识别出来。R. H. Helmholz, The Canon Law and Ecclesiastical Jurisdiction from 597 to the 1640s, vol. I of J. Baker (ed.), *The Oxford History of the Laws of England* (Oxford: Oxford University Press, 2004) at 63,尽管在 64 页指出,这"并非一个法学家的时代"。自从 1070 年之后,教会的管辖在诺曼人统治时期逐步形成。同上, at 106—10, 134—5;Hudson, Formation of English Common Law (1996) at 48—50(注意到教会和世俗法院之间的合作的许多证据)。早期的教会法院的管辖涉及家庭法事务和继承,但也涉及一些更一般的基于良心的教会救济形式。参见 R. Helmholz, "he Early Enforcement of Uses" (1979) 79 Col. L. Rev. 1503;S. Devine, "Ecclesiastical Antecedents to Secular Jurisdiction over the Feoffment to the Uses to be Declared in Testamentary Instructions" (1986) 30 Am. J. Legal Hist. 295;H. Going, "English Equity and the Denunciatio Evangelica of the Canon Law" (1955) 71 LQR 223。

[3] R. van Caenegem; *An Historical Introduction to Private Law*, trans. D. Johnston (Cambridge: Cambridge University Press, 1992) at 83, 84(商法创建于 12 至 15 世纪;书面的汇编出现于 12 世纪 50 年代);尽管在盎格鲁—萨克森时代市镇的商业事务归市镇管理,参见 Kiralfy, *Potter's English Law*, (1958) at 187。

256　世界法律传统

被歌德形容为"潜水鸭"[4])则正在重新浮出水面。因此,在英国,市民生活的规范中并不缺少法律,它没有留下一个明显的空间给任何新的、特别的法律传统的出现,而留给传统的创制那就更少了。[5]

范·卡内冈因此而得出结论说,普通法传统存在的最好解释是诺曼人军事征服英国的历史意外或偶然。用"偶然"一词,他只是指我们不可能对当时的环境作充分的解释,当然也不可能作法律上的解释。[6] 作为这个历史意外的结果,第一个有确定(尽管主要是地理方面的)边界和中央政府的、可确定的现代国家在欧洲产生了。由于这一切,诺曼人得出结论认为,他们可以做些什么以发展一种能够响应诺曼人以及当地需要的法律秩序。然而,由于当时到处充满着敌意以及到处都是陌生的语言,他们能够发展什么样的法律受到明显的限制。因此,这里似乎同样不能说是创制一种全新的传统,而只能说是诞生,事件虽小但却很重要,它使后来的发展成为可能。这种发展就是我们现在称之为普通法传统的发展,但从更高的、欧洲的角度来说,它也是一种特殊的法律的发展,区别于它从中发展起来的、欧洲的背景环境。

诞生和发展

在1066年征服之后的大约一个半世纪里,操法语的诺曼人作为英国的国家统治者汇聚了普通法的基本成分。如果你把自己放在他们的位置上,并想想在当时环境下你自己会做些什么,很可能你也会做同样的事情。任何明智的君主在当时可能做的事情都受到明显的制约。另一方面,在11世纪和12世纪,欧洲法律的很多道路都在敞开着,那里有着种种可供享用或需要避开的智识的诱惑。我们现在已经知道,最终的结果就是诺曼人谨慎地抽取(来自欧洲大陆的)新的思想,然后使它们适应英国的法语民族和英语民族的法律、政治和社会生活需要。对于这点,一个最为著名的比喻是,跟罗马法嫁接,随

---

[4]　P. Stein, *Roman Law and English Jurisprudence Yesterday and Today* (Cambridge: Cambridge University Press, 1969) at 3, citing J. P. Eckermann, *Conversations with Goethe*, trans. J. Oxenford (London: Everyman's Library, 1930) at 313.

[5]　关于英国法律在诺曼人发展它之前缺乏特征,参见 van Caenegem, Birth of Common Law, (1988) at 89, 110;关于保有(seisin)的不同类型,封地占有(saisine)和支配权(gewere)在不列颠岛和欧洲大陆都曾经盛行一时,参见 F. Joüon des Longrais, La conception anglaise de la saisine du XIIe au XIVe siécle (Paris: Jouve, 1924) at 43。因此,争论转向英国法是更接近罗马法还是日耳曼法。参见 Kiralfy, *Potter's English Law* (1958) at 631, with refs.

[6]　van Caenegem, *Birth of Common Law* (1988) at 106, 107。

后对它产生免疫力。[7] 将其看做是某种推动或某种启动也同样准确。

法官和审判

诺曼人的法律秩序的唯一途径就是通过一个忠诚的法庭来建立,整个王国都是如此。这点使普通法传统直接区别于其他传统。这里没有虔诚的天主教徒,没有可用的神启,也没有渊博的、本土的教义大全。因此,作为君主,你不可能依赖上帝,依赖民众,或依赖你自己的立法。你需要一群能够把更新的、更有效率的和更现代的国王的和平带到王国各个角落的忠诚的裁判官。当然,你也不能像罗马人那样任命望族或贵族来承担这项司法任务。因为你的贵族只会讲法语;而他们的,即英国的,则不可信任(假如他们还幸存的话)。因此,你需要的是某种永久的司法官员之职,使他们能够以一种受约束、有效率的方式来工作。此外,能够充当此任的唯一选择就是那些教士,他们能够读和写,并通常已经受过教会法(和民法)的训练。[8] 由于他们能够读和写,因而,你可以针对某个具体案件给他们明确的书面指示(书面追踪),由此能够对他们的行为作事先的控制,或在必要的时候作事后的控制。他们的数量不可能太多,否则他们将花费(王室的钱袋或倒霉的诉讼当事人)太多。而且,若能够把民众拉入他们的工作中的话,那将会是明智的决定,因此,如果把实际的判决交给当地民众(可以先让他们宣誓),那么,在很多的案件中法官能够只是问些适当的问题,然后便离开这里到下一个城镇去。跟其他所有的法院不同,在王室法院进行的诉讼在原则上没有什么是强制性的,这种诉讼数量众多,而且仍然经常使用一些更古老的证据手段(火、水之类的东西)。[9] 这样一来,通过使用当地的

---

[7] H. Brunner, "The Sources of English Law" in *Select Essays in Anglo-American History*, vol. II (Boston: Little, Brown, 1908) 7 at 42(是国家法免于罗马法的"破坏性影响")。

[8] 参见 H. Cohen, *History of the English Bar and Attornatus to* 1450 (London/Toronto: Sweet and Maxwell/Carswell, 1929) at 151; R. Turner, *The English Judiciary in the Age of Glanvill and Bracton*, c. 1176—1239 (Cambridge/New York: Cambridge University Press, 1985) at 88—107; Plucknett, *History Common Law* (1956) at 232—6(然而,警告说并非所有的教士法官都是宗教法专家); Hudson, *Formation of English Common Law* (1996) at 133,134(关于"持续的重整"),150, 229。

[9] 然而,关于对这些证据手段在当时背景下使用的辩解,参见第五章引言部分;关于它们在英国背景下的使用的说明,参见 Hudson, *Formation of English Common Law* (1996) at 72, 77("不要轻易将其当做迷信",其整体的使用"似乎是已经被接受"); R. Bartlett, *Trial by Fire and Water: The Medieval Judicial Ordeal* (Oxford: Clarendon Press, 1986), notably at 26(只是在缺乏其他手段时使用)139(陪审团被认为是某种考验);关于法官在西方传统中(不像其他传统)的整个重要性源于基督教的一项理念,即上帝将在审判之中直接显现,参见 R. Jacob, "Le jugement de Dieu et la formation de la fonction de juger dans l'histoire européenne" (1995) 39 Arch, philos. dr. 87。因此,德语中把审判称为"Urteil",直接源于日耳曼语的 ordal 或 ordeal。关于王室法院的选择性管辖权,参见 Hudson, *Formation Common Law* (1996) at 116, 139,140(尽管国王"邀请原告们到他那里来"); D. Stenton, *English Justice between the Norman Conquest and the Great Charter* 1066—1215 (Philadelphia: American Philosophical Society, 1964) at 78("封建的法官应当是不错的,封建领主们也是……也需要承担责任")。

知识,更快、更有效率、更理性的王室法院能够不花费太大的代价就使自己悄悄地在这块土地上滋长起来,而且它们(至少在开始的时候)还服从于某种形式的王室审查,尽管这种审查只是为了了解发生了什么。

我们可以通过两种方式来看这套司法体系和司法程序。通常的方式是看那里实际发生了什么,一种最好的说法认为,这是对王室处理那些向国王提出的控诉的过程的"司法化"。[10] 刚开始的时候,每个人都来找国王以及他的顾问,然后他们将事情转给御前大臣(Chancellor),然后由御前大臣来确保事情得到某类法官的正确处理。法官必须保持公正,因为没有其他人参与处理,而程序也得合乎征服之后的情形。因此,本地情况(即使其起源是一种意外)和本地的智慧反应对于普通法传统的产生似乎至关重要。如果你稍微退后来看,并想到在这一切发生的时候,许多同样的事情也发生在整个欧洲,那么你将发现这个过程似乎受到一些更大的西方思维模式的启发。在当时,文艺复兴运动席卷了整个欧洲(伊斯兰理念和科学的发展似乎在一定程度上推动了它的发生)。[11] 成

---

〔10〕 van Caenegem, *Birth of Common Law* (1988) at 34.

〔11〕 关于伊斯兰是"那个时代的巨大威胁",导致西方基督教产生出"一种富有进攻性的不妥协以作为一种防御反应;这是一种自身不安全的迹象",J. M. Roberts, *A History of Europe* (New York: Allen Lane/Penguin, 1996) at 105—7, 119, 145, 146, 160;关于伊斯兰是"最终被称为'欧洲'的地区的唯一的最大的刺激",所有更早时期的基督徒都生活"在伊斯兰的阴影之中",参见 N. Davies, *Europe: a History* (London: Pimlico, 1997) at 266;关于十字军东征的一般影响和伊斯兰通过西班牙和西西里所带来的影响,参见 E. J. Passant, "The Effects of the Crusades upon Western Europe" in J. Tanner, C. Previté-Orton and Z. Brooke, *The Cambridge Medieval History*, vol. V (Cambridge: Cambridge University Press, 1926) 320, notably at 331(关于西班牙穆斯林学者的影响,他们翻译阿拉伯语写成的希腊哲学);W. Watt, *The Influence of Islam on Medieval Europe* (Islamic Surveys, No. 9)(Edinburgh: Edinburgh University Press, 1972), notably at 29(大多数欧洲不知道他们所采纳的制度的伊斯兰特征),60,61(到 12 世纪时,大多数有价值的阿拉伯著作被翻译成拉丁文),79(转向希腊哲学部分原因是受到欧洲所声称的跟伊斯兰相区别的启发),85 ff.(列出源于阿拉伯语的英语单词,比如 admiral, alcohol, alcove, banana, coffee, cotton, sherbet, soda,等等);关于穆斯林高等教育中心在 3/9 和 4/10 世纪中的存在,要早于西方大学的建立(开罗的 Al-Azhar 大学可追溯到 975 年),参见 B. Lewis, *The Middle East: 2000 years of History from the Rise of Christianity to the Present Day* (London: Weidenfeld and Nicolson, 1995) at 190,191;关于更早的中国的高等教学中心,参见第九章"亚洲的时空"。希腊的智慧传播到西方主要是通过从阿拉伯语翻译,并在很大程度上是受到犹太翻译家的促进,关于具体情况,参见 R. Brague, *Europe, la voie romaine*, 2nd edn. (Paris: Criterion, 1993) at 55, 56, 87—91. 关于包括在这些 12 世纪的翻译中的伊斯兰法律条文,参见 M.-T. d'Alverny, *La connaissance de VIslam dans Voccident médiéval* (Aldershot/Brookfield, Vt.: Variorum, 1994) at V 591—600, VI 238—45;关于阿拉伯对亨利二世(普通法机构的主要建筑)以及在牛津大学创立过程中的影响,参见 C. Burnett, *The Introduction of Arabic Learning into England* (London: British Library, 1997), at 31—5, 58—60, 61 ff. 因此,牛津大学的黑色学位袍等都源于库姆;V. S. Naipaul, *Beyond Belief: Islamic Excursions Among the Converted Peoples* (London: Abacus, 1999) at 217。

文形式的法律在每个地方都正赢得相对于原生法律的优势地位;法律职业在每个地方都获得了发展;"非理性"的证据形式在每个地方都被抛弃;人的智慧和法律相互协调的新理念也出现在每一个地方,特别是在罗马法的理念中。因此,普通法的出现对于英国来说既是一般的也是特殊的,并且对于欧洲来说也既是一般又是特殊的。如果"现代化"是一个属于欧洲的进程的话,普通法则以它自己的方式开创了一条先河,但它仍属于一个更大的进程的一部分。

作为职业化法官的英国法官不同于业余的罗马法官。但其审判方式跟罗马法官的有着惊人的相似。[12] 在两者中,实际的决定,即法律发现,都属于业余人员的工作:在罗马是由法官或承审员(iudex)来承担,而在英国则是陪审团。在两者中,他们都是根据指示工作,在罗马该指示来自裁判官(praetor),而在英国则来自法官。并且在两者中,控告方都必须经历一种甄别的过程,在罗马案件需要符合裁判官的告令的要求,而在英国则必须属于用于启动王室程序的王室书面命令或令状所规定的类别范围。基于令状的英国司法程序很可能是一种原创。[13] 11世纪和12世纪中使用的一种罗马—大陆法程序是后来才有的特别程序,在这种程序中,开放的法院(open courts)纯粹由控诉当事人主导并适用实体法。英国法学家知道这种程序,其中还有人为此写过一本书[14],但并没有书面迹象表明英国法在当时对更早的罗马法的程式诉讼程序(formulary procedure)有所了解。要么是它已为英国法所知并影响了英国的程序法,要么就是这种罗马/英国方式只是建立那些最终将产生一种法律传统的制度的唯一方式。

在英国法律制度形成期间,对其产生影响的似乎还有伊斯兰法律。[15] 为培养王室法院工作所需的新的法律职业者,英国律师最终创建了律师会馆(the Inns of Court),它

---

[12] Pringsheim, "Inner Relationship between English and Roman Law" (1935).

[13] 然而,关于之前的盎格鲁—萨克森王室令状的发展,以及诺曼人类似的 requenoissants 程序,参见 van Caenegem, *Birth of Common Law* (1988) at 31, 82, 97;关于英国的"recognitions"概念(指宣誓过的陪审团成员对事实问题所作的正式回答),参见 R. C. van Caenegem, *Royal Writs in England from the Conquest to Glanvill: Studies in the Early History of the Common Law* (London: Selden Soc./Professional Books, 1972) at 51。关于令状程度和诉讼种类,参见本章"律师的法:围绕系争点而争辩"。

[14] 关于罗马法程序,参阅 William Longchamp, "King Richard's viceroy and the true rule of England" in G. Woodbine, "The Origins of the Action of Trespass" (1924) 33 Yale L. J. 799 at 813.

[15] 关于后来的影响,参见 G. Makdisi, "The Guilds of Law in Medieval Legal History: An Inquiry into the Origins of the Inns of Court" (1985—6) 34 Clevel. St. L. Rev. 3;并参阅 G. Makdisi, *The Rise of Colleges: Institutions of Learning in Islam and the West* (Edinburgh: Edinburgh University Press, 1981), notably at 287 (西方的发展大致落后于伊斯兰世界一个世纪,"拒绝承认其影响将意味着持续中世纪对待伊斯兰的态度")。

们在长达数个世纪中负责普通法的教学,而牛津和剑桥的法律教学则仅限于罗马法。最早的会馆(inns)附属于教会,就像麦扎希布(madhahib,即伊斯兰法律学校)附属于清真寺一样。麦扎希布在5/8世纪达到其规模和学术发展的顶峰,诺曼人也正是在这一时期征服了英国。第一次十字军东征始于1095年;在接下来的那个世纪中叶,伦敦有三所附属于教会的著名学校或学院,它们都要早于律师会馆、预备律师会馆(the Inns of Chancery)和牛津最早的学院。[16] 此外,两所幸存下来的律师会馆,即内殿和中殿,其传统跟1120年建立于耶路撒冷的圣殿武士团(Order of the Knights Templar)有着紧密的联系。后者在毗邻(已毁的)所罗门神庙附近的阿克萨清真寺附近拥有营盘,因此,他们的全称是基督和所罗门圣殿贫苦骑士团。[17] 他们于1128年在英国设立机构,不久以后他们的财产转给了律师。因此,"会馆在基督教的西方作为学习机构在历史上跟伦敦和巴黎联系在一起;而这两个城市的会馆又在历史上轮流跟圣城耶路撒冷联系一起。这种类型的会馆,起源于巴格达和哈里发帝国东部,后来向西传到其他大城市,包括耶路撒冷和整个西班牙和西西里岛的城市"。[18] 诺曼人当时也在西西里岛,他们在1072年征服了帕勒

---

[16] Makdisi, "Guilds of Law" (1985—6), above, with references。律师会馆(inns of court)的起源本身可以追溯到14世纪40年代;参见 J. H. Baker, *The Third University of England: the inns of court and the common law tradition* (London: Selden Soc, 1990) at 7, 9,对于之前的会馆的存在,学界有着广泛的一致。参见 R. Roxburgh, *The Origins of Lincoln's Inn* (Cambridge: Cambridge University Press, 1963)(律师会馆的产生本身跟爱德华一世的法律教育改革,特别是1292年的枢密令相联系);H. Ringrose, *The Inns of Court* (London: Paul Musson, 1909) at 2(禁止牧师在世俗法院出庭导致1207年将学生安置在酒店或会馆中);D. Barton, C. Benham and F. Watt, *The Story of Our Inns of Court* (London: G. T. Foulis and Co., 1924) at 4, 7(在12和13世纪,伦敦的法学院由牧师控制,现有的记录不足于将其发展追溯到有组织的机构);R. Pearce, *A History of the Inns of Court and Chancery* (Littleton, Colo.: Fred B. Rothman, 1987) at 1(在史蒂芬国王统治的1135年—1154年这段时期的学习法律的修道院);P. Brand, "Legal Education in England before the Inns of Court" in J. Bush and A. Wijffels, *Learning the Law: Teaching and Transmission of Law in England* 1150—1900 (London/Rio Grande, Ohio: Hambledon Press, 1999) 51, notably at 57(关于1234年在伦敦禁止教授"法律")。

[17] 关于耶路撒冷的神庙,参见第四章"植根于启示的传统"。

[18] Makdisi, "Guilds of Law" (1985—6), above, at 14, 并在第9页提出一个更广的观点,即伊斯兰学校发展了中世纪的学术方法(包括一般认为属于12世纪的彼得·阿贝拉德的是与否、辩证与争论等方法)。

莫后,统治着这个"集拉丁、阿拉伯和希腊传统之大成于一身的璀璨文明"[19]直到下一个世纪末叶。他们允许伊斯兰法在他们的统治之下继续被适用,他们也不可能忽略伊斯兰的各种制度。此外,诺曼人在西西里岛和英国之间的交流也非常频繁。[20]

律师的法:围绕系争点而争辩

普通法在中世纪英国土地上大量的法律和法律机构之中成长起来。它围绕着御前大臣为解决个人纠纷而发布的各种命令而积累了大量的知识。每一种令状都产生出一种适合所涉争议类型的、需要遵守的特别程序。如果你不是普通法律师,甚至即使对有些普通法律师来说,令状和诉讼程式(forms of action)都是一个充满漆黑、复杂和走向繁琐的世界。它们现在正逐渐失去其影响。但是,如果不理解它宽广的范围和功能的话,你不可能真正地理解普通法传统。它们无处不在;所谓令状之外无普通法,没有陈述案件或将其呈递到法官面前的途径。它们还使法官能够在普通法制度的等级中获得和维持他们的特权地位。

令状在形式上是国王向王室官员(通常是司法行政官,因此有一句经典之词便是,"国王问候司法行政官……")所作的一种指示,以表明司法行政官应当做什么以推进争议的调查。它可以命令司法行政官要求被告出庭和答辩;扣押财产,除非被告提出正当理由以继续保有该财产;选任陪审团;等等。梅特兰曾经把每一种令状跟相应的诉讼程式形象地形容为"鸽笼"。原告必须从中作出选择;不能在诉讼中途改变(即使案子充斥着意外),没有可适用的令状是完全可能的。"无救济则无违法"(Where there is no reme-

---

[19] Berman, *Law and Revolution* (1983) at 410, 413 and 415(关于诺曼人在西西里岛建立竞争性的文官考试,可能是受到由穆斯林和犹太人报告的中国例子的启发);Watt, *Influence of Islam* (1972), above, at 21, 25(西西里岛的罗杰把伊斯兰关于世界地理的知识带到西方;还依赖阿拉伯人对中国技术的改进,开始使用造纸代替埃及的纸草;关于整个冒险故事,参见 J. J. Norwich, *The Normans in Sicily: the magnificent story of the "other Norman Conquest"* (London: Penguin, 1992), notably at 7(北欧的诺曼人赋予法律的重要性), 52, 53(伊斯兰自9世纪以来统治西西里岛,对其他宗教的宽容), 190—3, 442(在诺曼西西里国王罗杰二世统治期间,西西里岛是一个多种族、多语言的和谐社会;罗杰"真正的崇拜"穆斯林文明), 364(罗杰的老师是希腊人和阿拉伯人), 464, 518(罗杰周围都是顶尖的欧洲和阿拉伯世界的科学顾问,他本来也会讲阿拉伯语;阿拉伯人是他的顾问中最大的群体;西西里岛当时是"三个大陆的文化清算中心"; P. Aubé, *Les Empires normands d'Orient* (Paris: Perrin, 1991), notably at 167, 168(关于诺曼人对既存法律的尊重,特别是对穆斯林的尊重)。

[20] J. Makdisi, "The Islamic Origins of the Common Law" (1999) 77 N. Car. L. Rev. 1635, notably at 1717 ff.(许多诺曼官员在英国和西西里都有家,尽管它们之间的旅程需要7个星期)。

dy there is no wrong)。[21] 因此，普通法最终由一系列程序路径（通常被称为救济）构成，以使案件能够呈递到陪审团面前并陈述案情。陪审团对于我们今天所称的实体性判决享有专有权利。除实体法外，令状制度（截至13世纪中叶，大概有50种令状；随后的六个世纪中大约只增加了25种）对现代普通法程序和法官的角色也有着深刻的影响。

因此，用现代语言来说，普通法就是一种程序法；不管存在着什么实体法，最终都被其掩盖，用梅因的话来说则是，"隐藏"在它的"缝隙"之中。[22] 这种程序在世界上过去是，现在也是独一无二的，如今它可能是普通法最为独特的特征。原生法律中没有审理（trial），也几乎没有什么程序；罗马法不使用陪审团；犹太法和伊斯兰法都不（怎么）使用代理，当事人更被期望是进行合作而非争辩；而在现代大陆法中，负责调查的是法官。在普通法世界，所有的这些汇聚在一起，从而造就了一种极其不同的事物。法官的职能不是判决案子；这项工作被交给了陪审团。然而，法官还是有事情要作出判断，特别是关于所发生的案子是否落入控诉方所选择的令状范围；否则法院将没有管辖权（令状的选择不仅是有拘束力的，它还包含了所有被授予的王室职权）。刚开始的时候，陪审团知道案子的所有案情（本地的知识，本地法律），因此，律师的任务就是针对他们想从陪审团获得的判决是否落入令状范围而进行辩论（"围绕系争点而争辩"，或"pleading to issue"）。当最终需要证人时，律师们仍继续就系争点进行辩论，同时在令状范围内提出他们所需的事实。法官没有义务去发现"客观"事实；律师也没有。[23] 没有什么外部法律明确规定它所适用的事实。由于陪审团成员还有白天的工作，而且他们大多数目不识丁，争论和证据都以口头方式进行，这个过程慢慢地被称为"审理"（古老的审理乃通过神裁，但现在已经从根本上被改变）。审理颇具戏剧色彩，其中法官扮演着指挥但又疏远的角色，这点符合他作为法律来源的身份。由于被免于发现事实之责任，又有出庭大律师（barrister）就法律和事实提供建议（这些出庭大律师在历史上享受着法官般的待遇，长期

---

[21] Maitland, *Forms of Action* (1954) at 4, 5。令状可以发给封建领主，要求领主法庭作出判决（权利令状）。同前，at 6.

[22] H. S. Maine, *Dissertations on Early Law and Custom*: *lectures delivered at Oxford* (London: John Murray, 1883) at 389.

[23] 今天，程序的控辩形式被认为是最好的确定事实的途径，尽管它在开始的时候未有这项功能。这种观点在获取事实真相以正确适用预先存在的法律意义上，表明普通法是多么地靠近大陆法思维。大陆法长期以来就承认获取事实真相的必要性，从未接受它们的部分呈现。如今，两种传统都在问相同的问题，但是二者之间仍有很多的对立表达（例如"纠问式的"和"控诉式的"；"控辩式的"和"调查式的"，参见第五章"构建国家法律"中的讨论）。

以来享受职务豁免,尽管现在已不再如此),法官因此可以专注于那些令状的一般轮廓和法律的一般轮廓。令状的范围最终根据很少量的威斯敏斯特王室法官在外出巡回中所作的判决来确定[24],这种令状以王室命令的精炼语言最终固定下来,但它并不具有遵循先例的意味。那里只有初审法官,没有上诉法院。法官对什么是允许的完全自己决定。因此,你最好不要去想着他们已经犯错。[25] 当然,对于陪审团来说,他们是不可能犯错的。

隐藏的法律

如果你完成了你的令状所要求的全部事项,而且陪审团也相信你,那么你将赢得你的官司。因此,我们或许可以说程序基于案情而预示着实体法;这纯粹是因为除了陪审团之外没人知道实体法是什么。陪审团是法律的发现者,在当地的不成文法和中央王室法院之间扮演着极为重要的媒介角色。然而,令状是基础性的,因为它们决定你什么时候能接触到陪审团,并成为指示那些隐藏的实体普通法的最好的可用指标。它们表明一个诚实的受害人什么时候可能获得救济;它们暗示着债的存在。这种伟大的令状逐渐地覆盖了整个人的活动领域,而这种领域被其他的法学家(大陆法的、伊斯兰的、犹太的、印度教的)认为属于实体法领域。有一种令状叫做新近侵占令状(writ of novel disseisin,在这里你得习惯于这些古老的、现在的意思已经改变的法律法语[26]——它的意思是 nou-

---

[24] 其技术表达语言是初审审判(nisi prius)。案子在威斯敏斯特审理,除非(初审)法官按照固定的巡回路线来到其地方巡所(local assizes)。

[25] 特别是由于在他们之外几乎没有什么标准来判断他们已经犯错。当然,这也有例外的可能,特别是根据(审理的)记录主张适用法律错误(error of law),以致作后来的审查(通过一群初审法官聚在一起——财政法院)成为可能。但是由于缺乏书面的实体法,因此也就没有适用实体法的错误。跟现在一样,陪审团以奇怪的和令人惊奇的方式作出"他们自己的审判";S. F. C. Milsom, *A Natural History of the Common Law* (New York: Columbia University Press, 2003) at 27. 因此,普通法、犹太法和伊斯兰法没有上诉法院乃基于非常不同的原因。在宗教传统中,法律在法官之外,但法官并没有最后的发言权,因此唯一的救济就是重新找回你的法官,请求更正错误。而在普通法中,法官之外没有(成文)法,因此(即使是)一审法官有最终的发言权,同时陪审团对案情有最终决定权。由于法官在普通法中的崇高地位,他们判决的终局性对于实证法律上的普通法概念具有根本性的意义,尽管法官对此并不认同。参见本章"正当理性"和"变化的思维"中相关的讨论。

[26] 参阅 J. H. Baker, *Manual of law French*, 2nd edn. (Aldershot: Scolar Press, 1990); J. H. Baker, "The Three Languages of the Common Law" (1998) 43 McGill L. J. 5(关于普通法形成期间的三种语言,即法语、拉丁语和英语,英语"并非主要的,甚至不是第二位的");关于法语在英国成为书面语言,而非在法国,参见 M. T. Clanchy, *From Memory to Written Record*: *England* 1066—1307, 2nd edn. (Oxford: Blackwell, 1993) at 18;关于法语对法律英语的影响,参见第五章"革命、系统、语言和诠释"。

vell dissaisine,用于保护那些新近被剥夺占有的土地)。它后来被收回土地令状(writ of ejectment,来自拉丁语)所补充,甚至在很大程度上被后者取代,那些土地未被保有但存在承租合同的人可以申请该令状。家庭法中没有令状;这是教会法的范畴(并且那里没有离婚、收养和准正等制度,一直到19世纪和20世纪才通过相关的立法)。有的令状用于约束其他法院,成为现代行政法(该法后来包括更多)的先驱。[27] 有一种特殊的债务和契约令状(二者都是为了清算金钱,但后者仅适用于加过封签的契约)涉及商法——如果当初有的话——上所有可能的令状。还有一种令状被称为令状之母,即侵权(tresspass),它原来适用于涉及直接使用暴力的伤害(un assaut)或殴打(une batterie)。后来它逐渐扩展到整个的债法,但仍然在样子上表现得像它原来的范围。[28]

因此,令状首先反映了一个农业的,非商业的,甚至是原生的社会状况。这个社会呈现出一种封建的架构,但这仅仅只意味着为原生的生活方式提供某种架构,而非为法律改革提供巨大的动力。再者,这些令状完全是本土的创造,即便是对它们所进行的学术研究最终也是复杂而又具原创性的,属于另一种形式的间隙理性(interstitial rationality)。它的复杂性,特别是其本土性,对于它跟其他传统的交流,尤其是罗马法和大陆法传统的交流,表现出某种不可渗透性。然而,普通法对于大陆法(和其他)影响的免疫力已经被夸大(其国家法后来的孤立特征已经表现在这种最早的原型当中)。在英国还有很多其他的法律,它们不仅在普通法产生的时候,在它产生之后也对其发挥影响。这样一来,古老的、原生的法律获得新的、充满活力的执行手段,而重新浮出的罗马法也得以在欧洲展开它第一次真正的征服。正如神启在其他传统中为古老的法律带来了新的面貌,普通法法学家也以有限的和有保留的形式认可一些其他的思想。罗马法在那里具有很高的知名度。帕维亚的兰弗朗克(Lanfranc of Pavia)是征服者威廉的"右手",他主张罗马法和征服前的法律之间具有协调性。[29] 伦巴底的瓦卡留斯(Vacarius)曾在12世纪广泛地传

---

[27] 见下文"正式限制和非正式包容"。
[28] 关于不同的侵犯令状形式,参见本章"改革隐藏的法",关于侵犯令状开始的"朦胧"最终导致在1700年对其直截了当提出正式的要求,参见 D. J. Ibbetson, *A Historical Introduction to the Law of Obligations* (Oxford: Oxford University Press, 1999) at 14—17,159。
[29] Pollock and Maitland, *History of English Law* (1898) at 77。

授罗马法。[30] 布雷克顿使用罗马法的对物诉讼和对人诉讼(real and personal action)的概念创造了普通法上独一无二的不动产和动产(real and personal property)概念[31]。随着普通法法院个人化土地跟其主人之间的关系,罗马法和普通法共同的不动产保有(seisin)这一古老概念被最终抛弃,以保持跟新的大陆法和教会法在理论上的一致。[32] 新近侵占令状(novel disseisin)部分起源于教会法的"侵夺之诉"(actio spolii),后者本身又起源于罗马法的禁止暴力占有令状(interdict unde vi)。[33] 直到13世纪末,权利令状跟所有权(proprietas)概念、占有令状(possessory assizes)跟占有权概念才最终被联系在一起。[34] 因此,从总体吸收罗马法规则这一意义上来说,英国从未有过像德国那样的对罗马法的继受。然而,普通法中还是有很多的可以辨别出来的罗马法思想,这些思想经过

---

[30] F. de Zulueta and P. Stein, *The Teaching of Roman Law in England around* 1200 (London: Selden Soc., 1990), notably at xxiii(瓦卡留斯编排的沿用至今的主要教材"Liber Pauperum",针对那些"不能应付或者买不起优士丁尼法典全本"的学生而设计)。关于瓦卡留斯的影响和罗马法在1150年1250年之间的角色,特别是跟格兰维尔和布雷克顿著作的关系,参见W. Holdsworth, *Some Makers of English Law* (Cambridge: Cambridge University Press, 1966) at 20, 21(罗马法是成文理性而非成文法律;由于法律执业者不能理解罗马法,自14世纪以来布雷克顿的影响力开始下降); G. Keeton, *The Norman Conquest and the Common Law* (London: Ben. 1966) at 71 ff.; P. Vinogradoff, *Roman Law in Medieval Europe* (Cambridge/New York: Speculum Historiale Barnes & Noble, 1968) at 97; P. Stein, *The Character and Influence of the Roman Civil Law* (London/Ronceverte, W. Va.: Hambledon Press, 1988) at 167—85; Kiralfy, *Potters English Law* (1958) at 632—5; van Caenegem, *Birth of Common Law* (1988) at 101(特别是关于罗马法使用中的"非机械"特征); Q. Breen, "The Twelfth Century Revival of the Roman Law" (1945) 24 Or. L. Rev. 244 at 282 ff.; Woodbine, "Origins of Action of Trespass" (1924), above, at 812—15; F. Wieacker, "The Importance of Roman Law for Western Civilization and Western Legal Thought" (1981) 4 Boston Coll. Int and Comp. L. Rev. 257 at 260; H. Berman, "The Origins of Western Legal Science" (1977) 90 Harv. L. Rev. 894 at 899.

[31] Vinogradoff, *Roman Law in Medieval Europe* (1968), above, at 14, 15;并参见D. Seipp, "Bracton, the Year Books, and the 'Transformation of Elementary Legal Ideas' in the Early Common Law" (1989) 7 Law and Hist. Rev. 175。格兰维尔更早时期的作品在其形式和思想上近来被形容为"跟金雀花王朝的欧洲大陆法学者和在欧洲大陆接受训练的英国人的感受力,而非本土形式的感受力更为一致"; B. O'Brien, "The Becket Conflict and the Invention of the Myth of Lex Non Scripta" in Bush and Wijffels, *Learning the Law* (1999), above, 1 at 15.

[32] 其结果为衡平法的干预和信托的产生预留了口子。参见本章"比较之实践"的讨论。

[33] Vinogradoff, *Roman Law in Medieval Europe* (1968), above, at 98, 99; Woodbine, "Origins of Action of Trespass" (1924), above, at 807。由于年代顺序原因,卡内冈教授对此并不赞同,但他承认罗马财产法可能影响了普通法的法基本概念的发展,参见van Caenegem, *Birth of Common Law* (1988) at 387—90;关于这一点的争论,参见J. Martinez-Torron, *Anglo-American Law and Canon Law*; *Canonical Roots of the Common Law Tradition* (Berlin: Duncker & Humblot, 1998) at 175—7 (with refs).

[34] van Caenegem, *Royal Writs* (1972), above, at 311.

研究、处理并以不同的方式和不同的语言发挥其作用。一旦这个进程启动,二者之间将出现某种根本上的协调性,尽管它们的差别仍然存在。因此,令状制度和大陆法的实体法之间并没有根本的不可比性。令状制度和神启的法律之间也没有不可比性的存在。同样地,自 11 世纪以来,犹太法先后对普通法的发展也施加了极大的影响。在开始的时候,普通法在很大程度上就是土地法。然而,由于被禁止耕作和持有土地,犹太人于是转向从事商业,导致犹太商法高度发达。当英国的商业开始出现时,因规范犹太人和非犹太人之间的商业关系而著称的犹太惯例自然成为普通法发展的典范。[35] 另外,由于伊斯兰学识在世界上的地位,现在人们也认为伊斯兰法对这种由普通法法官开始发展起来的法律作出了重大贡献。[36] 这确确实实是个繁忙的时代。

社群之法

一个国家能够以军事方式被征服,但不应当以军事方式来统治。因此,诺曼人将地方陪审团吸收到他们新建立的、现代的王室法院的运作之中。然而,他们创建中的普通

---

[35] 参阅 J. Rabinowitz, "The Influence of Jewish Law on the Development of the Common Law" in L. Finkelstein, *The Jews: Their History, Culture and Religion*, 3rd edn., vol. I (New York: Harper and Row, 1960) at 823,具体对犹太法模式的依赖涉及以下事务:针对土地的执行(扣押法令)、自签担保(recognisance)、总体让渡("从世界开始的那一刻起",反应了犹太人的历法)、不动产担保、亡夫遗产、抵押贷款、附条件或罚金保证金、陪审团审判(开始的时候以同意为条件,犹太世俗裁判庭;"将某人交给陪审团裁判"的语言出现在犹太的典籍中以及甚至"国法"的最高权威的概念;J. Rabinowitz, *Jewish Law: Its Influence on the Development of Legal Institutions* (New York: Block Publishing, 1956, ch's 18—22); J. Shapiro, "The Shetar's Effect on English Law-A Law of the Jews Becomes the Law of the Land" (1983) 71 Georgetown L. J. 1179(关于犹太人的抵押(gage)是后来的抵押贷款(mortgage)的起源)。此外,犹太人的影响还在诺曼征服以及犹太人到达英国之前就已经发生;Wormald, *Making of English Law* (1999), above, at 416("阿尔弗雷德国王和马赛克传统")。关于对犹太法影响的承认,参见 E. H. Burn, *Cheshire's Modern Law of Real Property*, 12th edn. (London: Butterworths, 1976) at 804, n. 2(该章在后来的版本中被省略),关于约翰·塞尔登(关于赛尔登社会,见 http://www.selden-society.qmw.ac.uk)是"非犹太人中的最伟大的犹太法学者",参见 B. Cohen, *Jewish and Roman Law* (New York: Jewish Theological Seminary of America, 1966) at xxv。然而,犹太法的影响在很大程度上是脆弱的。诺曼征服后头两个世纪发展起来的早期的英国权利让渡法律在 13 世纪末期随着犹太人被驱逐而实质上消失,直到 19 世纪和 20 世纪才重新出现,参见 R. Zimmermann, *The Law of Obligations* (Cape Town: Juta, 1990) at 67。

[36] 关于西西里岛作为伊斯兰世界和英国法律思想的导管,特别是债务诉讼、土地占有救济和陪审团审判等思想表明伊斯兰和普通法之间的"极其相似",参见 Makdisi, "Islamic Origins of Common Law" (1999), above;关于伊斯兰智慧的总的影响,特别是对亨利二世的影响,以及西西里岛的连接作用,参见本章"法官和审判"。

法在很多的其他方面都是社群性（communal）的。纵然其征服是军事性的（至于有些人说这是法律征服则是另一回事）[37]，它也没有残暴地强行推行征服者的法律。强行推行的做法被认为只有在后来法律仅采取成文形式的时候才有可能，但在11世纪的时候，你完全不可能去考虑创造一种全新的法律"系统"，或大规模地开展法律变革。你怎么可能清除那些遍布乡间各个角落的本地非正式传统呢？你用什么来清除它们？将普通法植入一个充满活力而且不是太友好的社会是一个浩大的工程，它需要从多个方面来努力。

正式限制和非正式包容

普通法在相当程度上受到它的创制者的制约。它的法院并没有主张大范围的专有管辖权，尽管人们只要选择使用它们就可以使用。更显然的是，令状制度将普通法的管辖范围仅限于那些获得王室核准的案件。这样一来，其他的事情则可以通过古老而且总是管用的习惯手段来进行救济，许多证据表明，冻结令状授予程序正是迫于封建领主的压力，后者拥有他们自己的法庭来提供救济。因此，普通法跟罗马法一样，其发展和范围受到正式的、内部的限制，但它跟所有其他的法律在这点上则不同，普通法的法官也准确地感受到这种限制是不可克服的。这些法官享有王室的权威，但除此之外他们什么也没有，然而，很显然权威之外的东西还有很多。因此，正如罗马的万民法和欧洲大陆的其他共同法（common laws），英国的普通法只是一种补充性法律，而非一种强制性法律。此外，它还必须设计为共同性的法律，以区别于那些跟它有经常性互动的本地的、特别的法律（威尔士、肯特和所有其他的地方，包括爱尔兰及更远的法律）。[38] 当然，一旦管辖权被援用，它所作的判决则具有拘束力，但是，那种以一整套确定的规则来约束王国内每一个人的意识在那里并不存在。这点对于任何源自普通法之存在的身份具有明显的后果。

由于普通法受到必然的、正式的制约，它为其他类型的法律和其他类型的社会黏合（social glue）留下了广阔的空间。它在这方面跟犹太法和伊斯兰法之间几乎没有什么相同之处，跟原生法律之间也缺乏共同点。因此，在普通法的历史中，法律和道德的区分并非仅仅只是一个哲学的构建；它纯粹是事物本来的面目，并在很大程度上它必须如此。

---

[37] 参见本章"正当理性"。

[38] Glenn, *Common Laws* (2005)；关于当时的当地法律和法庭的特征（16世纪期间大约有 12,000 领主法院），参见 J. Baker, *The Oxford History of the Laws of England*, vol. VI, 1483—1558 (Oxford: Oxford University Press, 2003) at 117, 291—3 ("地方特征的多样是整个国家的特征")；309 (本地法对普通法的影响)。

道德也不能像它在大陆法中那样在普通法形成之初就去影响和充实它;程序之毯不仅保护它免受罗马法的威胁,也使它免受对更高层次秩序的援用所带来的威胁。另外,它甚至给法学教授们留下的位置也不是太多。耶稣对此早已予以认同。[39]

因此,古老的原生法律就像在征服前被古老的百户法庭(Hundred Courts)所适用那样,它现在则继续被本地的领主法庭(feudal courts)和王室法院的陪审团所适用。如果当地民众本身能够控制裁决,他们就不可能过多地反对王室的审判,并且,依赖当地习惯使王室程序获得所需的正当性。自 11 世纪以来,随着教皇和国王们的新型关系延伸到整个欧洲,正式的教会法庭承担了家庭、继承甚至诽谤等事务的管辖权,但它并没有侵犯王室法院必要的管辖权。因此,教会法庭和王室法院之间关系非常和睦,当然,这个进程本身也受到那些担任普通法法官的教士们的推动。[40]

但是,王室法院确实向整个王国内的法院和国家机构投下一张"自然"正义之网。其存在使它们能够在正义失败、管辖过度及其他情况下站出来出面处理。不过,王室法院在这种情况下所进行的干预并不会给其他裁判机构的权限带来威胁,也不会给后者所适用的法律带来威胁。确实,监督也可以看做是加强被监督法院的真正的法律和真正的管辖权。当前的普通法法院在行政法上管辖权的基础就源自于这个过程。其结果导致,跟欧洲大陆国家的行政法院相比,普通法法院跟案件之间仍旧保持着更为疏远的距离。在后来,监督权力最终突破仅仅只是向教会当局和整个国家机构下达偶尔为之的禁令的范畴,但在整个普通法审查过程中,王室法院对初审判决仍然保持着适当的尊敬(现在被

---

[39] 关于耶稣和律法师,参见第四章"塔木德和腐败"。

[40] 关于民事化程度和相互尊重,参见 W. R. Jones, "Relations of the Two Jurisdictions: Conflict and Cooperation in England during the Thirteenth and Fourteenth Centuries" (1970) 7 St. Med. & Renais. Hist. (O. S.) 77; W. Bassett, "Canon Law and the Common Law" (1978) 29 Hastings L. J. 1383 at 1407 ff.;关于棘手情况下的"妥协",譬如教士普通法法官必须参与死刑的定罪,参见 R. H. Helmholz, "Conflicts between Religious and Secular Law: Common Themes in the English Experience, 1250—1640" (1991) 12 Cardozo L. Rev. 707, notably at 718(教士们直接退出;法官可以随时撤换自己)。二者之间关系还受到教会律师在普通法法庭作为关于宗教法规的证人的频繁出现(同前,第 723 页),以及宗教法庭审理之后的一般程序的推动,宗教法庭极为强调案件的调和和特性,从而在案件的"事实上的"解决的无数可能性中掩盖任何正式规则(它们可能跟其他正式规则相冲突)的观念,这一点可回顾伊斯兰法的程序(参见第六章"卡迪的司法和穆夫提的智慧")以及普通法自身的程序(参见本章"正当理性")。关于宗教法程序,参见 C. Donahue, "Roman Canon Law in the Medieval English Church: Stubbs vs. Maitland Re-Examined After 75 Years in the Light of Some Records from the Church Courts" (1974) 72 Mich. L. Rev. 647 at 705。当然,宗教裁判官跟普通法法官一样有着相同的相互包容的问题,特别是对于地方的原生法律。譬如,参见 H. Pryce, *Native Law and the Church in Medieval Wales* (Oxford: Clarendon Press, 1993)。

称为"尊重",或"deference")。[41] 普通法法官的保留态度主要跟他们这一级别的法官数量稀少有关;但这本身又可能是基于对普通法的保留之必要性有着更高的视角。不管出于什么原因,那里确实存在极大的保留,其范围甚至为其他法庭的进一步产生——特别是海事法院和衡平法院——留下了空间。它们后来的出现跟普通法传统中变革的概念有着深刻的联系[42]。

社群关系

普通法的社群(communal)特征除了表现在陪审团的使用和对其他机构的包容上,也表现在其他的方面。它包括表达方式和普通法本身的运作。由于普通法既受到限制又不同于道德,它的限制在很大程度上来说是属于社会性的,尽管这种限制在形式上乃通过令状的脱漏(从反面间接地)表达出来。普通法和其他法律都有自己的空间,这种空间在不同机构的运作中以及在跟原生的封建世界的关系过程中自己形成,而不能被认为是由于某种被明确承认的原则所导致。因此,普通法必须根据它周围的社会来表达自己。否则它将承受不被认可和不被接受的风险。它必须反映所在社会的情况,以获得它们的认可并成为其一部分。它若不这样表达,而是纯粹以自我的语言或罗马法的语言来表达的话,它将不可能谨慎地滋长起来。因此,即使在今天,普通法仍然经常使用在特征上更接近犹太法或伊斯兰法而非大陆法的历史语言来表达。就其表达而言,它不可能、也没有在后来现代化它本身。

由于在英国不存在责任(liability)的一般原则,而是像犹太法、罗马法和伊斯兰法一样,只有具体种类的违法,因此,那里仍保留有侵权行为(注意要使用复数)法。侵权令状(the writ of trespass)涵盖所有直接引起的伤害,它不同于故意引起的伤害,因为当地的人对于什么是"直接"立刻就会有相同的意识,而对于人的主观意图则没有。其他的侵权行为涉及纵火、牲畜的非法侵入(足够的直接,如果你了解牲畜的话)或穿越放置危险

---

[41] 关于宗教法庭的审查,参见 Helmholz, "Early Enforcement of Uses" (1979), above; R. H. Helmholz. "The Writ of Prohibition to Court Christian before 1500" (1981) 43 Med. St. 297; G. B. Flahiff, "The Writ of Prohibition to Court Christian in the Thirteenth Century" (1944, 1945) 6, 7 Med. St. 261, 229;关于审查的权利扩大到国家机构,特别是一开始对排水委员会的审查,参见 L. Jaffe and E. Henderson. "Judicial Review and the Rule of Law: Historical Origins" (1956) 72 LQR 345;关于英国法中大陆法式的公私法划分的出现,参见 J. Allison, *A Continental Distinction in the Common Law: an Historical and Comparative Perspective on English Public Law* (Oxford: Clarendon Press, 1996)(这种划分被认为对传统的普通法法域并不合适,那里缺乏系统性国家法律意义上的成熟理论、司法和行政权的分立和调查式诉讼程序)。

[42] 参见本章"改革隐藏的法律"。

商品的土地。将侵权行为推向非财产性的(non-patrimonial)或纯粹的经济性损失领域后来被证明是极为困难的。至于合同法的发展[43]，它本身必须从那些它应当规范的事实中产生，是那些已经实际发生的事情的自然结论，因此，假若当事人为某物支付了价金，提供了对价，那么他们当然应该拥有该物。陪审团可以利用这些思想；他们实际上也已经知道这些。因此，你不能使用类似有意识行为的规范效果这样的词语来指示他们。

在普通法中，土地不能被拥有，而只能被持有和获益。这点到现在仍然如此，至少在其正式的表达方面是这样的。因此，普通法从来没有绝对权利论者，没有那种人对土地的统治权的概念，也没有支配权或所有权的概念。土地使用权通过使用关系性词语来定义，所有被"持有"的土地都是从它最初的授予者，即国王，以一种允许无限制地享有和继承的方式来授予。今天，如果你在普通法世界购买一处房产，你却不能成为它的所有者(尽管这点对于大陆法来说是难以置信的)，而是无条件继承的不动产(fee simple)的持有人，这是封建制度允许的自由持有土地的最佳形式。它定义着你跟其他人在所持有的土地上的关系。保有(seisin)——一种直接的、古老的、上帝赐予的使用和收益的形式——的概念在罗马法化的世界中消失(就像封地占有(sasine)和支配权(gewere)一样)很久之后在这里依然存在。通过这种方式，普通法法官把普通法引入一条让人容易理解的道路。假若他们不能发现这样的路，他们将不会作出判决。若法律对他们来说不够清楚，他们就没有判决的义务，因此，他们也就不会作出判决[44]。

正当理性

陪审团不留下任何关于他们如何思考的书面记录，但在确定令状的界限过程中，仍有证据显示普通法所适用的司法理性的存在。科克在17世纪跟国王的斗争中(弗兰西斯·培根在这里再次出现)提出"法律的正当理性"(the right reason of the law)[45]，他的

---

[43] 关于该程序，同上。
[44] 关于法官的拒绝判决，参见 Baker, "English Law and Renaissance" (1985) at 58(如果他们最终还有疑虑，那么他们什么也不做。法官不作为在当时不像现在这样，不能看做是对责任的抛弃，因为它鼓励和帮助当事人在案情被权衡之后自己解决他们之间的分歧)。
[45] Co. Litt, f. 183b. 科克借用西塞罗的概念，同时将其服从于自己的目的。对于西塞罗来说，"真正的法律就是正当理性……顺应自然，适用于所有的人，是不可改变和永恒的"，参见 *De Republica III*, xxii.

这种说法并非是指培根和居雅士派所提出的法律理性[46]，而是一种"人为的理性的完善"，它"从长期的研究、观察和经验中获得"，并源于"长期以来的众多继承"，以致没有人能够认为"个人的理性……要比法律更为英明，后者是完美的理性"。[47] 因此，正当理性根植于一种属于间隙传统的背景性传统，这种传统游移在现有的原则和范畴之中，而不会把超越那些已经被明确认可的结论范畴的东西强加于人。它是格雅斯（qiyas），是类比推理[48]，它通过共识或公议（ijima）获得其合法性[49]，就像伊斯兰法一样（尽管它在这里绝不是结论性或明确的）。这种理性作为普通法的理性显然具有其原因。它源于自身的、必然根植于社会现象的表达方式，是缺乏更高的权威（不管是智识性的还是实证的）来捍卫那些影响更为深远的演绎和构建形式的结果。它的世界里只有法官，他们本身就是法律探索者和法律发现者，但他们的判决并不能拘束*，不能作为起点，因为他们的数量很少，并且相互又都是同僚。谁能够"约束"一个具有同样的才能、同样的权威的同僚呢？

---

[46] 关于在欧洲大陆受训的培根在推进科学和大陆法思维方面的贡献，参见第五章"变革关于变革的思想"。培根选择跟国王和大陆法思想站在一起，他认为"普通法法官应当像是狮子，但是国王属下的狮子，要注意，他们不得制衡或反对君主的任何观点"。科克对此并不认同。关于当时的一部戏剧，参见 C. D. Bowen, *The Lion and the Throne*: *the Life and Times of Sir Edward Coke* (1552—1634) (Boston: Little, Brown, 1957); D. Coquillette, *Francis Bacon* (Stanford: Stanford University Press, 1992), notably at 195 关于培根使用狮子作为象征，以上引述这段著名的文字是在 1625 年添加在早前作品上；关于培根是法典化历史上的"中心灵魂人物"，参见 G. Weiss, "The Enchantment of Codification in the Common Law World" (2000) 25 Yale J. Int'l. L. 435 at 472. 关于法律理性教育从人类生活的根本特征开始所作的持续努力，参见 J. Finnis, *Natural Law and Natural Rights* (Oxford: Clarendon Press, 1980), 关于该书所阐述的自然法思想，参见第五章"法律作为理性的工具"。

[47] Co. Litt, f. 97b.

[48] G. Postema, "Philosophy of the Common Law" in J. Coleman and S. Shapiro (eds.), The Oxford Handbook of Jurisprudence and Philosophy of Law (Oxford: Oxford University Press, 2002) 588 at 594（"既非演绎，亦非归纳，而是类比"；关于其当代的辩护，参见 C. Sunstein, "On Analogical Reasoning" (1993) 106 Harv. L. Rev. 741, notably at 741（"法律的历史悠久的观点"）（"time-honored view of law"）and 779（类比的意思"存在于它们的使用之中"）; L. Weinreb, *Legal Reason*: *The Use of Analogy in Legal Argument* (Cambridge: Cambridge University Press, 2005), notably at 13（"在自然法中的"类比推理跟演绎和归纳推理不同）89—90（类推的需要是由于规则和人类经验总是需要"在界限上的不确定性"）；关于不可能通过归类和概念的清楚区分来"描绘"普通法，参见 S. Waddams, *Dimensions of Private Law*: *Categories and Concepts in Anglo-American Legal Reasoning* (Cambridge: Cambridge University Press, 2003)

[49] 参见第六章"沙里阿：渊源"和"微妙变化"; J. Baker, *The Law's Two Bodies* (Oxford: Oxford University Press, 2001)（特别是在第四页关于"普通法是法律职业者之间的共识"，以及正式法律渊源与非正式的口述传统的普遍共存，特别是在律师学院）。

* 其他的法官。——译者注

因此,普通法乃通过先例的积累成长起来,但遵循先例——正式依附于每一个判决的那种拘束性权威——的概念可能在普通法大部分历史中都不存在。[50] 案例只是作为共同经验的一部分而用于后来的推理当中,但绝不构成不可改变的法律。曾有陪审团提到过既判力(res judicata)的概念,但后来并没有怎么再使用。普通法的程序和普通法的理性跟教会法的程序之间有着很多的共同点,在程序上的共性推动了它们相互之间的关系。没有哪个法官将其工作提升到作为固定规则的高度;也没有那个法官在后来对他们以前的工作通过必要的演绎来进行这种提升;更没有谁特别崇尚判决结果的一致性。普通法世界当时的判例汇编反映了这种状况;它极为随意(为人的记忆留下相当的空间),因此被人形容为"有索引的大杂烩"。[51] 如果案例被收录汇编,汇编通常以"……以此判决"("...and so to judgment")结尾。除了当事人,没有谁去关心谁赢了官司。[52] 法官的理性也不会对当地的原生法律构成冲击。它甚至还使后者以陪审团裁决的形式永久保留下来,并在根据社会要求创制令状的过程中跟它站在一起。因此,普通法将自身定位为王国的法律,而其源头则比那场征服(它只是军事上的)甚至还要早,它还通过智识性自我否定来不断巩固自己。[53]

这是一种关系之法,或双向义务之法,它不是那种将注意力集中于个人法律权力或利益的法律。它不是权利之法,主观权利(大陆法语言的说法)的概念在英国普通法的

---

[50] 参见 G. J. Postema, "Roots of our Notion of Precedent" in Goldstein (ed.), *Precedent in Law* (1987) at 22; more generally, with refs: M. Lobban, *Common Law and English Jurisprudence* (1991); Lieberman, *Province of Legislation Determined* (1989)。"先例"(precedent)一词可能最早出现于 1557 年的一个案件;它当时跟遵循先例的概念相去甚远,后者指"19 世纪思想的产物";H. Berman, *Law and Revolution* II (Cambridge, Mass.: Belknap Press, 2003) at 273—5.

[51] 该形容由托马斯·霍兰(Thomas Holland)提出,引用在 N. Marsh, Review (1981) 30 I. C. L. Q. 486 at 488。该评论跟阿兰·华生(Alan Watson)形容摄政官的令和优士丁尼的学说汇撰为"杂乱的"相似。参见第五章"罗马法的自我否定"。法律年鉴中最初是在羊皮纸上(在六年中耗费了超过一百万只羊的生命)正式记载法庭记录(plea rolls),后来也非正式地记载争论的内容,参见 Baker, *Common Law Tradition* (2000) at 135 ff.;法庭记录源于"伊斯兰的做法",参见 Clanchy, *Memory to Written Record* (1993), above, at 140。精确的报告并非必需,因为"报告时大众了解案件的主要证据,而非法律本身"。Baker, *Oxford History of Laws* (2003) at 487,尽管在第 489 页,提出到 1150 年的时候,印刷在纸上的年鉴被引用最为频繁。

[52] 参见 T. F. T. Plucknett, *Early English Legal Literature* (Cambridge: Cambridge University Press, 1958) at 103, 104("判决就是没人知道,没人关心的东西")。

[53] 关于否认法律的征服(而只是国王个人的改变)是普通法的一个原则,参见 J. G. A. Pocock, *The Ancient Constitution and the Feudal Law: a Study of English Historical Thought in the Seventeenth Century*, 1st edn. (Cambridge: Cambridge University Press, 1957) at 16, 17, 68, 69, 126.

历史中重要性很小,甚至没有。权利在英国法中的存在甚至在进入 20 世纪后仍然被否定[54],权利法案或隐私权在当代英国受到的抵制可以通过它对于权利的总体上的不安来解释,就像人们对权利会给英国媒体的报道习性带来的庇护或者关照感到不安一样。即使是在《欧洲人权公约》被引入英国法之后,法院也将不能阻止主要的立法,而只是被授权宣布具体法律和公约权利之间不相容的地方。[55] 因此,英国的经验跟欧洲大陆的相比并不相同,在后者中,权利作为克服封建等级制度的重要工具而发展起来。而英国的法官则或许跟这点有关联,因为他们从来都不是具体攻击的目标(那些非寻常的不逊除外,但后者很快就会受到藐视法庭的处理)。但他们从未被视为敌对的、冷漠的专制独裁的一部分,比如说像法国法官曾经经历的那样。[56] 英国的司法并不是完美的,并且它的地位也将发生改变,但它在使自己置身于麻烦之外以及推进共同法理念方面确实做得颇为出色。但在这个过程中,权利并非是必须的,它在真实反映社会的过程中甚至可能是一种刺耳的、不和谐的音符。这里的一切都存在着种种的不平等,从最早佃农制度(另种形式的奴隶制的另种说法)开始,但社会还有很多非法律的手段以带来自身的变革。普通法自身也能通过致力于平等、自由和权利的方式被修改,而无需放弃它明确的社群性特征。

递增性变革

因此,在诺曼征服后的一个半世纪里,以法官作为领导性角色的普通法传统开始出现。这种传统至今仍然是可辨别出来的,至少在法官和司法判决的重要性方面是如此。然而,就像在整体上重新修造阿尔戈号船(希腊神话中的一条船)那样,几乎没有使用任

---

[54] F. H. Lawson, "'Das subjektive Recht' in the English Law of Torts" in *Selected Essays*, vol. I (Amsterdam/New York: North-Holland, 1977) 176 at 179, 182; G. Samuel, "'Le droit subjectif' and English Law" (1987) 46 Cambr. L. J. 264 at 267, 286. 这一切都发生在 1689 年《权利法案》的政治性声明背景之下。

[55] Human Rights Act, 1998, c. 42 (Eng.) (http://www.hmso.gov.uk/acts/acts1998/19980042.htm);其颁布之后关于不协调的主张"相对要少很多",参见 S. Sedley, "The Rocks or the Open Sea: Where is the Human Rights Act Heading?" (2005) 32 J. Law and Soc. 3 at 10; B. Dickson, "Safe in their hands? Britain's Law Lords and human rights" (2006) 26 Legal Studies 329 at 339, 343(只有三次主张不协调;没有补偿的命令)。然而,这表明了国际和欧洲人权条约的重要性,参见 C. McCrudden and G. Chambers, *Individual Rights and the Law in Britain* (Oxford: Clarendon Press, 1994)。

[56] 关于法国革命期间和之后针对法官的暴力,以及整个(可憎的)"法官统治"概念,参见第五章"以人为本和权利的增长"和"法律作为理性的工具"。

何原来结构的遗留部件。[57] 船还是那条船，普通法也还是普通法，但如果一个 12 世纪的英国律师来到当代的普通法世界，不管是它所起源的社会还是其他的普通法社会，他都将发现很多的惊奇。

变革隐藏的法

罗马法和 12 世纪的大陆法都习惯于有限的变革概念。罗马法早已经发生变化，更准确地说是被罗马法学家所改变，而在 11 世纪和 12 世纪泛欧洲的文艺复兴运动中，多数古老的原生法律也发生了改变。普通法参与了这个进程，当诺曼人在改革他们的司法管理的时候，他们肯定知道自己正在改变事物。当时还没有改变世界的观念以及把世界当做死气沉沉等待改造的事实，但至少法律在一定程度上被认为还是可以通过改革来改进的。因此，这一点让我们再次跟原生世界保持着一定的距离，同时，在普通法本身的自主性问题上，任何的宗教上的束缚都变得相当的边缘化。法学家可能是宗教人士，但他们乃在宗教法庭而非国王的法庭中从事宗教法业务。原生世界在普通法当时的意识中仍然占据着重要位置（因为它必须考虑到地方陪审团，并偶尔也要考虑到地方的法院）。另外还得注意所有的其他法域——那里都有智慧的民众，他们的影响不可能仅仅一笔带过而消失。因此，当罗马法学家只是在他们所描述的变革范围内施行某种自我否定时，普通法法学家则在现实中施行着必要的自我否定。他们所起的作用只是众多中的一种，而产生统一的法院系统需要花费很长的时间，比如说 800 年。[58] 然而，惯性并非是描绘这种情势的最好方式；这种状况跟平衡更为相关。由于普通法法官身后的国家政府的威信、财富和狡诈，尽管法官们代表着一种上升的势力，他们在前行当中仍必须相当谨慎。因此，法律的变革固然能够发生，这一点已被法学家和法官所认可，并也在促使其从内部发生，但它必然是个递增性（incremental）的变化过程。

内部递增的变化发生在法律的表达和对法律的规避中。那里有很多类似于伊斯兰手段的窍门和虚构。活担保（living security，或 le gage vivant）被用来规避（当时）对利息的禁止（贷方占有用作担保的土地，并可从中获得利润）。而带有利息的死担保（dead security，即抵押）的产生要晚一点，这种担保使得借方可以只是支付利息而自己保留土地所产生的孳息。虚构也有很多；它们克服了法院的地域性限制（因此，法国的哈弗勒尔

---

[57] 这项比拟源于 Matthew Hale 爵士，不像科克，他主张普通法能够改革和适用。参见 P. Stein, "Legal History: The British Perspective" Rev. hist. dr. fr. etr. 1994. 71 at 74.

[58] 参见本章"变革根本：程序"。

在概念中变成了位于肯特郡)以及令状的死板(为了以更新、更灵活的收回土地令状起诉,但是该令状仅限于租赁关系,于是一个土地被侵占的所有人可以虚构一个租约,然后以一个著名的租户,John Doe*的名义提起诉讼)。虚构可以维护现有的法律(这种法可能是好东西),但由于每个人——包括法官——都认为完全可以接受的原因,它又允许每个人都去规避它。它周围不再有各种活跃的学派来批评它们。[59] 法律的类别也被认为具有不同的内容。如今的无条件继承的不动产(fee simple)跟原来也大不相同,它实际上很难跟大陆法的所有权相区分开来。在令状范围内还有案例,更准确地说是类案诉讼(action on the case),这种诉讼使用侵权令状来提起以指控侵犯行为,但也诉称特定案件的背景环境构成某种侵犯(trespass),这样一来,侵权行为可以延伸到那些普通法法官所认为的普通法应当覆盖的民事侵权行为。首先那里有简单的侵权,它针对的是直接造成的损害(如果你希望像大陆法律师那样并根据主观意图来思考的话,你也可称其为侵权或 delict),其次,那里也有针对非直接造成的损害的侵犯(树被车撞倒后躺在路上,准侵权或 quasi-delict),再次,那里还有针对所承担债务的侵犯(债务诺言(indebitatus assumpsit)),因此,到 16 世纪时普通法对合同之债显然已经作出了考虑,至少在对价存在的情况下如此,尽管违反合同仍然被视为一种侵权行为而缺乏大陆法意义上的合同独立性。[60] 普通法所拒绝的,或它所不能支持的,其他法院通常都会捡起来。如果其他法院对变革的请求作出某种反应,普通法本身并不必效仿。实际上,这也是普通法的一种变革方式——它作策划,但之后交给别的法院去实施。

变革根本:程序

罗马的程式诉讼程序存在了大约八个世纪;令状和诉讼程式也是如此。如果你有正式的法律,即人们知道他们可以接触到的、包括正式制裁的那种法律,那么,或许那些限

---

* John Doe,意为某人,是英美法诉讼程序中对不知真实姓名的当事人的称呼。——译者注

[59] 关于此类虚构,参见 L. Fuller, *Legal Fictions* (Stanford: Stanford University Press, 1967)。

[60] 因此,在违反合同的案件中,你可以总是主张责任的侵权基础(令状的选择是原告的事情;违反合同是一种侵权)以及合同基础,尽管这点现在受到置疑,正如它在大陆法世界中长期以来那样(选择或竞合)。关于损害赔偿之诉(assumpsit)的发展,参见 A. W. B. Simpson, *A History of the Common Law of Contract: the Rise of the Action of Assumpsit* (Oxford: Clarendon Press, 1975);关于普通法上重要的合同互惠(reciprocity)概念,对价概念(一个缩小的概念)最终基于此产生,参见 Ibbetson, *Historical Introduction Obligations* (1999) at 19—20, 74, 80—83。该概念可能是"日耳曼的"概念;它跟伊斯兰的"互利"(mutuality)概念相呼应,参见第六章"实体性沙里阿",关于伊斯兰对英国法的影响,参见本章"法官和审判"和"隐藏的法律"。

制诉讼的制度的存续都将不再必需。到那时,若有些人可以接触法律的内容而另一些人却不能——这跟诉讼中的胜方和败方并非一回事——这样的区别对待在社会中将成为一种过于鲁莽的现象。有人以很聪明的方式开始对此发出抱怨,但其抱怨并非针对某具体案件,而是总体上的不足。如果法律之外的制度不能承担它们过去所能承担的工作,法律就必须公开,对人们了解的需要保持中性(至少是形式上的),从而使那些古老的特权不会被自动的永久化。我们似乎不知道罗马时代是谁在发出抱怨;转向公开法院(使特别的程序变成了普通程序)或许只是某人特别感兴趣的计划(pet project)。而在英国,这个控诉者是杰里米·边沁,他几乎抱怨英国的一切,特别是法院。他甚至想法典化英国的普通法,并跟所有的优秀的改革家一样,对改革目标实现的可能性进行有意的夸大。如果你不能像法国那样法典化实体法的话——因为这里没有这样的实体法,那么你所能做的唯一事情就是对程序进行法典化了。程序是普通法的核心,如果有什么问题出现的话,那么问题肯定就是出在这里。因此,从根本上改革法律必然意味着改变程序,改革令状和诉讼程式。当然,它的完成是递增性的,前后历时超过半个世纪,并启用了一种枯燥的、听起来像是中性的程序语言。这里没有人会梦想谈论革命,然而,改革对普通法所产生的效果却远远超过法国和美国的政治革命给它们国家的法律所带来的影响。[61]

这些改革在实质上做了三件事。第一件事是在1832年取消了由御前大臣办公室授予令状以启动诉讼的形式要求。由于御前大臣办公室此前签发令状只是一道程序,这种取消确实意味着诉讼在概念上从现行法律中被解放出来。不管什么样的赢输可能性,也不管是基于什么样的权利主张,诉讼都可以提起。因此,在欧洲大陆的法院早已开放了数个世纪之后,普通法法院才有了第一次真正意义上的开放,诉讼权利的提法也成为一种普遍的习惯。从这时起,权利的实质内容存在于英国,尽管没有人使用这些用语来谈论它。在私人签发令状的做法确立之后(现在只需用一种标准格式就可以传唤被告出庭),19世纪中叶开始的下一步骤便是进行清理。在以往的辩论中,你总是必须陈述你的令状和你的诉讼程式,以此使你的诉讼"发出声音",但是陈述诉讼程式的形式要求并未因法院的开放而被取消。人们可以起诉,但他们的律师必须在所有事实被了解清楚之前就以书面形式预先说明什么理由可能让他们最终胜诉。这通常非常困难,而且往往是不可能的,但修改诉讼程式被认为是很奇怪的事情并会受到猜疑。因此,在开放法院之后我们有了公开诉答(open pleading),或事实诉答(在美国被称为"法典诉答",那里当时

---

[61] 因此,在美国,诉讼程式一直保存到19世纪,直到1848年的《纽约田地法典》(New York Field Code)才将其废除。

有民事诉讼法典),因此,人们只需陈述他们的案子(就像古老的类案诉讼),并期待法律(这时的法律必然是实体性的、待于适用的,而不再是隐藏的)被适用。由于在寻找法律过程中,事实的各个方面现在都可能成为诉答的目标,你不能真正指望陪审团来解决所有的事情,因此,陪审团成为可自由选择的。很快,在民事案件中陪审团成了一种高度的例外(不过美国又是个例外,在那里陪审团制度受到宪法的保障)。

因此,自19世纪中叶以来,普通法法官必须对案子作出判决,亦即根据案件事实和所适用的实体法来判决。他们是从哪里获得法律的,又是如何获得的,正是普通法的实体法所发生的全部故事。故事的一部分是借鉴其他地方的法律(甚至上帝也这样干)[62],而另一部分则是一个把旧的程序法转化成新的实体法的著名过程。用梅特兰精辟的话来说:"我们已经埋葬了诉讼程式,但它们仍然从坟墓中统治我们。"[63]这不仅仅只是手腕问题。如果你把令状和诉讼程式看成是某种看得见的壤土,它塑造、尽管也掩蔽着那些隐藏的法,而将这些壤土清除将显露出底下的内容。在以前你可以去找陪审团,若他们相信你的话,你将赢得官司,而现在实体法则赋予你权利(或更为可能的是,被告根据实体法对你负有义务)。因此,尽管程序改革在普通法历史上具有深刻的意义,它们也在旧的程序世界和新的实体世界之间架起一座桥梁。新的实体法带着旧的令状的所有印记,并大量地使用其语言。然而,法官们仍然还需要从外面借鉴,因为令状制度毕竟只走到这么远。而且,由于法官现在需要对案子作出判决,出现司法错误的可能性也因此而产生,这种错误既可能是关于案情的,也可能发生在将实体法运用到不同的事实概念过程当中。因此,一种类似欧洲大陆的上诉法院应要求在1875年建立起来。正如在欧洲大陆,你现在甚至可以有两级上诉,因为若经允许,你可以越过上诉法院一直上诉到上议院。不仅法律跟程序的关系在本质上跟大陆法世界的是一样的,现在一般管辖的法院也像大陆法法院那样呈三级体制(旧的各种各样的一审法院也基本上被合并)。

这些根本性的、递增性的改革并没有影响法官或出庭大律师在诉讼过程中的角色。程序仍旧是控辩式的,出庭大律师在诉讼当中仍享有很多的自由。尽管现在的法官必须对整个案件进行审判,但他仍然既无需对举证承担直接的责任,也无需对整个诉讼的管理承担直接责任。因此,法官的角色从根本上来说仅限于审理过程以及任何偶然的临时申请(preliminary motions),而不卷入任何更积极的案件参与活动。有人现在以司法的客

---

[62] 关于伊斯兰之前已知的神启的法律,参见第六章"乌玛及其保护",关于普通法的程序,参见本章"比较之实践"。

[63] Maitland, *Forms of Action* (1954) at 2.

观性和公正性来证明这种新的制度合理性,但这种需要只是自 19 世纪改革之后才出现。改革后的大约一个半世纪以来,它们的全部效果尚未能体现出来,法官和律师在诉讼中的角色现在是深度辩论和进一步改革的目标。[64]

然而,通过所有这些,法官的正式地位仍然保持着它自 1701 年通过王位继承法(The Act of Settlement)以来一直的样子,法官的任命不再根据国王的意愿作出,而是按照任期内品行端正(quamdiu quamdiu se bene gesserit)标准来进行。[65] 该原则可能是普通法传统单个最为重要的部分,它创立于普通法传统的前六个世纪,之后在传统中保持下来。根据任期内品行端正标准来任命意味着一个法官不得被免职,除非通过几乎不可能的程序(同时向上下两院提出),而这种事情在英国从来就没有发生过,实际上它在大部分的普通法世界中也没有发生过。随着法官的任命更为接近一个人的法律生涯的结束而非开始,那里缺乏对法官职业的控制(正如在大陆法),也没有有效的免职手段。法官还享有优厚的俸禄保证,其具体待遇取决于各普通法国家。在英国,对地位高尚的法院法官没有现行的惩戒手段,他们在履行职务过程中还享有民事豁免权。[66] 在普通法中也不存在法官误判损害赔偿之诉(prise à partie)。

为什么普通法传统要建立法官独立的正式原则是一个很大也很有意思的问题。这样的原则在其他传统中并不存在,因此它纯粹是普通法历史上的产物,这种传统自诺曼人到来之后就已经把法官和法官的判决放到极为重要的位置。另外,这还有直接的政治原因,司法独立很显然是 17 世纪整个宪法斗争和谈判的一部分,当时法官跟议会结盟,共同反对王室的行政权力。然而,除了历史原因以外,还应当指出的是,普通法司法独立是在一个很有意思的时代背景下取得的。这就是启蒙时期,这是一个解放人的所有创造力、想象力和才能的时代。在社会和政治领域,启蒙意味着给所有的事物指引方向,但在这里,在普通法司法领域,则是要创建一个不能被指引的机构(即使是高层级法官也不能对低层级的任期制法官做什么)。此外,若按照启蒙思想,启蒙性的辩论最终将能够达成共识,法官也可以成为这个(主要是政治性的)进程的一部分,而无需享有任何特殊的地位。世界上其他地方的法官也大致持这样的立场,甚至在部分普通法世界也是如此,然而,普通法在创建独立司法过程中,最终在启蒙运动和对理性共识的期望之间脚踏两只船。理性辩论之外的法官仍然是必需的;若果真如此,他们的独立性仍有更大的必要,因

---

[64] 参见本章"普通法和民族—国家"。

[65] 参见 Lederman, "Independence of Judiciary" (1956); S. Shetreet, *Judges on Trial: a Study of the Appointment and Accountability of the English Judiciary* (Amsterdam: North-Holland, 1976)。

[66] 然而,关于它在普通法世界中的形式,参见本章"普通法和民族—国家"。

为在一个启蒙的、更抽象的社会,作出具体决定和保护至关重要的利益仍然会遇到更大的压力。然而,独立法官可以自由地贯彻法律,作为执法者,他们无需执行别人的法律。因此,独立法官适用法律并非因为他们在任何实证的、法律的意义上有义务这样做(他们没有义务做任何事情,包括判决案子),而是因为他们自己在法律范围内对独立处理案件的道德所作的承诺。他们自由地成为探索法律的人,而非适用法律的人。他们是一些自我约束的"松散大炮*",对整个制度来说无疑是危险的。

改变思想

法律思想在普通法世界受到跟社会结合的需要的深刻影响,因此,那里的学说性项目不多,但若存在,往往更令人印象深刻,就像13世纪和15世纪的布雷克顿和利特尔顿(Littleton),然后是17世纪的科克和18世纪的布莱克斯通(Blackstone)那样。这种司法和学说克制跟原生和宗教思想是完全协调的,因此说被需要也是一种美德。然而,如果没有重要的智识转变,普通法的内部发展和19世纪的巨变就不可能发生。在欧洲大陆,主要的转变就是启蒙运动,其最好的代表就是16世纪的居雅士(在创建法国法的过程中,罗马法被作为事实来研究,并使用比较法作为工具)[67],这个世纪也大体上是将普通法上的侵权令状运用到合同责任的时期,因此,许许多多的思想都卷入到令状的世界。贝克教授把英国革新思想的源泉锁定在自1490年到1540年的律师会馆(甚至比居雅士还早一点),认为这个过程"表面上是对更详细的法律的普遍要求"之一,而实际上"可能跟文艺复兴时期的人文主义有关联"。[68] 科克在后来对利特尔顿的著作进行评论当中,其风格也向演绎转变,并以更系统化的方式阐述旧的法律的意义。比较法在英国也开始流行,它对普通法、大陆法和教会法之间的关系作了广泛的研究和著述。[69] 当时许许多多的信息都在那里传播以寻求获得使用的可能。到18世纪时,据称布莱克斯通对普通

---

* loose cannon,习语,指失去控制、无视权威、打破常规的人。——译者注
[67] 参见第五章"变革关于变革的思想"。
[68] Baker, "English Law and Renaissance" (1985) at 46.
[69] 参阅 D. Coquillette, "The Civilian Writers of Doctors' Commons: Three Centuries of Juristic Innovation in Comparative, Commercial and International Law (Berlin: Duncker & Humblot, 1988); B. Levack, *The Civil Lawyers in England*, 1603—1641: *a Political Study* (Oxford: Clarendon Press, 1973);关于亨利·斯佩尔曼和约翰·塞尔登对17世纪文学的"枝繁叶茂"的影响,"在欧洲大陆人文主义迟来的影响下",Stein, "Legal History", above, at 73;关于欧洲大学的训练对英国律师的影响,参见 J. Woolfson, *Padua and the Tudors: English Students in Italy 1485—1603* (Toronto/Buffalo: University of Toronto Press, 1998), ch. 2 ("法律学习")。

法的全面论述中重现了许多古老的法律,其中很多都是本质合法的"王国的习惯",但它也深深地留下了系统化、罗马法的分类和国家法意识等特征。[70] 布莱克斯通对许多事情都雄心勃勃,但这并不包括制定法律的想法。[71]

到19世纪时,英国思想很大程度上发展到跟大陆法的思想相协调的地步。如果边沁的法典化项目只是一种不可能的话,那么关于国家的、实证的、建构的法的思想这时候则获得了众多的支持,但逻辑作为普通法工具的角色仍然受到持续的抵制。然而,普通法本身能够发展出自己的逻辑形式——某种类型的折中——特别是通过遵循先例原则的产生,这种原则主张法院的每一个判决都代表某种法律规则,有点类似于法典的条款,因此,实证规则系统可以在英国存在,它是同类型的重要思想的大陆形式在本地的忠实对应物。因此,19世纪有两种重要的思想出现,一是法官事实上在造法(有约束力的法)[72],二是系统性的学说论著详细阐述了法官的法。[73] 不过这里有很多的模糊之处,因为如果法官是自由地造法的话,由于他们受制于在先存在的法律,那将会产生一些问题。然而那里仍有足够的一致以让人们开始将普通法,或者至少是英国的,看成是"法律系统"[74],当时已经存在的英国法律哲学无疑在欧洲大陆的纯粹法(pure law)和实证法

---

[70] 作者们后来对英国法的自主阐述都避免"卷入历史和其他法律传统"并掩盖"他们所处传播的朴素法律的历史来源",参见 A. W. B. Simpson, "Innovation in Nineteenth Century Contract Law" (1975) 91 LQR 247 at 256, 257.

[71] Cairns, "Blackstone" (1984), notably at 350—1,关于罗马法的影响;然而关于布莱克斯通的作品的精妙,参见 A. Alschuler, "Rediscovering Blackstone" (1996) 145 U. Pa. L. Rev. 1.

[72] 关于遵循先例在整个19世纪的发展阶段,包括"有拘束力"的法的概念,参见 J. Evans, "Change in the Doctrine of Precedent during the Nineteenth Century" in Goldstein (ed.), Precedent in Law (1991), above, at 45—54, 68;同时参阅 R. Cross and J. W. Harris, *Precedent in English Law*, 4th edn. (Oxford: Clarendon Press, 1991), notably at 24, 25(先例直到1869年才得到遵行);关于根据传统对先例和遵循先例原则的解释,参见 L. Smith, "The Rationality of Tradition" in T. Endicott, J. Getzler and E. Peel, *Properties of Law: Essays in Honour of Jim Harris* (Oxford: Oxford University Press, 2006) 297, notably at 301(传统的理性和规范性即使在没有正式的遵循先例的原则情况下也可以发挥作用,法律传统包含路径依赖的理性形式)。随着遵循先例原则的发展,法院的判决书长了很多;J. L. Goutal, "Characteristics of Judicial Style in France, Britain and the USA" (1976) 24 Am. J. Comp. Law 43 at 58, 61—5.

[73] A. W. B. Simpson, "The Rise and Fall of the Legal Treatise: Legal Principles and the Forms of Legal Literature" (1981) 48 U. Chi. L. Rev. 632.

[74] J. Raz, *The Concept of a Legal System: an Introduction to the Theory of Legal System*, 2nd edn. (Oxford/New York: Clarendon Press/Oxford University Press, 1980),对于相同的大陆法争论的主题做了同样的阐述,参见第五章"革命、系统、语言和解释";关于批评法律系统概念是内部相互冲突的(产生"法律冲突")并跟相互依存的当代含义不相协调,参见 H. P. Glenn, "Doin' the Transsystemic: Legal Systems and Legal Traditions" (2005) 50 McGill L. J. 863。

的理论基础上推动了其发展。[75] 案例法可以表现得跟立法一样具有系统性。然而,自从19世纪实证法、法律构建达到高潮以来,普通法理论和实践经历了很多的变化,更古老的、持续存在的普通法概念正被保持下来。因此,普通法并非一套规则或法律,而是一个"适用推理的执行框架",其中,"没有……哪种阐述是绝对的权威"。[76] 根据这种阐述可以看出,遵循先例原则明显地跟过去不一样。[77] 然而,在19世纪,理性主义传统在普通法中获得更稳固的地位,如果不是在更早的16世纪的话。因此,刚过去的那个世纪(20世纪)被定义为"变革的世纪",这种变革是由"法律著作和法理教育之间的交互作用"所产生的一种"智识改革",因此,"任何关于普通法作为单纯的法官造法的观念,只要存在,都已经变得极具误导性"。[78] 这里的重点是学说对法律的贡献;现在还有立法,关于它还有更多的需要讨论。[79]

然而,我们可以把普通法看成是一个实证的系统,就像大陆法一样,跟现代科学有着广泛的相容性。二者都可以看做是实证的努力,而物质世界已经丧失了很多的神圣特征。弗朗西斯·培根曾经在欧洲大陆接受训练,但他是英国法学家。[80] 因此,那里现在也存在一种法律属于语言的观点,这种观点对于法律解释过程的影响受到极大的注意。[81] 同时,

---

[75] 参见 Hart, *Concept of Law*, (1994),另外也见于实证法的大陆法理论的讨论当中,参见第五章"实证法律和实证科学"。

[76] Postema, *Philosophy of Common Law*, above, at 597; and see J. Bell, "Sources of Law" in P. Birks (ed.), English Private Law (Oxford: Oxford University Press, 2000) 3 at 13(普通法判决是"跨越国界的""对于普通法根本原则的临时性阐述")。

[77] 参见本章"普通法和民族—国家"。

[78] Birks, "Adjudication and interpretation in common law" (1994) at 159.

[79] 参见本章"普通法和民族—国家"。

[80] 参见第五章"实证法律和实证科学"。

[81] 参见 P. Goodrich, *Reading the Law: A Critical Introduction to Legal Method and Techniques* (Oxford/New York: Blackwell, 1986); S. Fish, *Is there a Text in this Class? The Authority of Interpretive Communities* (Cambridge, Mass.: Harvard University Press, 1980); J. B. White, *Heracles' Bow: Essays on the Rhetoric and Poetics of Law* (Madison, Wis.: University of Wisconsin Press, 1985); D. Klinck, *The Word of the Law: Approaches to Legal Discourse* (Ottawa: Carleton University Press, 1992); O. Fiss, "Objectivity and Interpretation" (1981—2) 34 Stan. L. Rev. 739; T. Murphy and G. Staunton, "Law and Literature" in T. Murphy (ed.), *Western Jurisprudence* (Dublin: Round Hall, 2004) at 465(法律在文学之中和作为文学);关于大陆法和普通法对于立法解释的态度的共同基础,参见 P. -A. Côté, "L'interprétation de la loi en droit civil et en droit statutaire: communauté de langue et différences d'accents" (1997) 31 Rev. jur. Thémis 45(大陆法和普通法都从采纳了由共同法(ius commune)减损产生的严格条文解释的原则); R. Zimmermann, "Statuta sunt stricte interpretanda? Statutes and the Common Law: A Continental Perspective" [1997] Cambr. L. J. 315(主张更自由、更协作性的解释原则,像在当代德国法中所盛行的那样)。

由于普通法终于受到人们的系统性地思考,针对这种可确定的系统所进行的革命也就在概念上具有可能性。因此,普通法已经知道什么是革命,这种革命把我们带进一个更大的普通法世界和更大的世界关系之中。

普通法和非普通法

　　普通法传统若要为那些在不同时期跟它发生某种联系的众多法律秩序持续展现某种共同性,那么它必须具有高度的灵活性和包容性。从伊斯兰或犹太教的角度来看,普通法的学派似乎散布世界各地,就像其他复杂的主要传统一样,一定程度的内部宽容对于维持一个包罗万象的传统来说是必要的。因此,正如伊斯兰的形式有多种,普通法的类型也有多种,尽管没有哪一种看法是无争议的。而且,由于普通法传统在内部已经多样化,它跟其他传统的关系也得到了加强。因此,普通法内也经常存在着身份和交流问题,尽管那里还涉及支配和腐败这样的大问题,这些跟大陆法及其跟世界的关系的类似问题是一致的。

普通法和民族—国家

　　由于英帝国的原因,普通法传统扩张到世界的很多地方,整个军事、经济和法律的统治必须回过头来探讨。然而,其结果则是将普通法思维嵌入世界上不同的社会,至今仍有许多还松散的聚在英联邦和英联邦律师协会周围,但无论是英联邦还是英联邦律师协会在范围上跟普通法世界都不是相同的。一般来说,这一切就像是普通法的思想和众多的民族—国家之间的婚姻,这种婚姻有时也很麻烦。然而,普通法传统在英国跟许多的法律秩序共同生存,因此,我们或许仍然可以称其为单一的普通法传统,因为这种传统对顺从的要求远远要少于其他的传统,特别是伊斯兰。因此,我们可以用复数形式称谓伊斯兰,因为对这种要求很高的传统的偏离是如此的要紧,但普通法传统则是唯一的,因为怎样偏离它都没有太大的关系。这种法律对国家的要求可能符合普通法所产生的环境;但这种要求很难跟伊斯兰法的广度和神圣性相一致。然而,单一普通法传统的观点仍然受到国家确认和国家认同的严格考验。

　　世界上关于普通法传统的性质的观点的多样可能源于普通法在英国地位的不明确。尽管它跟英国的认同之间的关系非常之不清楚,可识别的普通法最终在某个阶段发展起来。范·卡内冈曾经推断说:"由于普通法已经成为她政治体制的一个主要部分、她的国家良心的一个因素和她的社会秩序的基础,英格兰成为罗马法海洋中的一座孤岛。"[82] 英格兰,当然还有苏格兰和威尔士,本就是一座岛,该论述并不足于推断出普通法构成对英国的认同。此外,普通法传统,还有所有那些司法中的"松散大炮",并不能起到相同于其他法律传统的确定作用,后者通常通过以前留下的规则和原则延伸到更多的人生活当中。如果你追随原生、犹太、伊斯兰和大陆法,你对这是什么意思会有非常清楚的实质性认识。只要普通法的存在还是像如此幽灵般的,追随普通法传统将更加困难。现在英国的国籍观念跟欧洲大陆法国家相比更无定型而且更为多样[83],其在解决私法问题上也远没有那么重要,在个人身份、家庭法、婚姻财产和继承等事务中,住所是决定适用不同国家法的首选标准。普通法尽管本身是可识别的,但却是个弱势的识别特征。它可以在整个世界到处传播,但这样做却并不能加强国家的认同,因此为包容其他的(属人)法留下了广阔的空间。[84] 因此,跟曾经存在于大陆法世界的(在那里以万民法的形式)一样,普通法也具有为了国家认同而进行国家化的这样一种趋势。不像原生、犹太或伊斯兰法律,西方法律具有可掌控性,并且它也可以给予国家指引。这就是使西方法成其为西方法的原因。然而,跟对于立法的调控相比,对于法官的调控是一个更为艰难的过程。普通法的国家化意味着触动普通法法官,触动传统本身。

这点在美国体现得最为明显和深思熟虑。美国法通常被看做是属于普通法"家族"[85],但是今天的美国法远非那么显而易见。在很多方面美国法都代表了一种对普通法原则的有意拒绝,而偏向于明显来源于大陆法的更确定的思想。这些思想并非是美国以某种方式做的重复发明,而是在 19 世纪的大规模的变革过程中,直接从大陆法渊源中

---

[82]　van Caenegem, *Birth of Common Law* (1988) at 105.

[83]　L. Fransman, *British Nationality Law and the 1981 Act*, 2nd edn. (London: LexisNexis, 1998).

[84]　参阅 A. Estin, "Embracing Tradition: Pluralism in American Family Law" (2004) 63 Maryland L. Rev. 540, notably at 541—2(美国法官"为传统的繁荣留下空间");D. F. Forte, "Islamic Law in American Courts" (1983) 7 Suffolk Trans. L. J. 1; S. Poulter, *Ethnicity, Law and Human Rights* (Oxford: Oxford University Press, 1999);这种争论甚至发生在刑法的强制世界(不过在那里意图非常关键),参见 A. D. Renteln, *The Cultural Defense* (New York: Oxford University Press, 2003).

[85]　David and Brierley, *Major Legal Systems* (1985) at 397 ff.; cf. A. von Mehren, *The U.S. Legal System: Between the Common Law and Civil Law Legal Traditions* (Rome: Centre de studi e ricerche di diritto comparatoe straniero, 2000).关于美国法的一些有用的概览,可参阅 Morrison (ed.), *Fundamentals American Law* (1996); Levasseur, *droit des états-unis* (1994); Farnsworth, *Introduction Legal System United States*, (1996); Clark and Tansay, *Introduction Law United States* (2002).

吸收过来的法律信息。[86] 整个过程复制了欧洲大陆在国家法律构建过程中对比较法和外国法的使用——这点像是新大陆的居雅士。这一点在实体法中表现得比较明显，特别是在继受权利思想方面，但最为明显的则是在法律体制和法律渊源方面。因此，作为一种"把普通法切入新出现的人民主权的制度中的手段"，普通法被重新构思为一种地方的、官方的产品。[87] 因此，国家法官不再享有英国意义（即对人民主权主张的一种否定）上的独立，司法选举的一般模式也开始出现（尽管现在由于随后的改革在重要性上大为降低）。后来，国家法院的法律引用呈现出一种集中于本地法的模式，这点跟大陆法上本地渊源的排他性（exclusivity of local sources）概念极为相似。[88] 由于每个州都有自己的法官和普通法，因此在联邦体制中，联邦政府也应当具有自己的法官，甚至自己的普通法。麦迪逊的观点"一个政府若没有适当的行政和司法，就像是一个没有手和足而不能

---

[86] 关于对该主题进一步阐述的部分论著，参见 P. Stein, "The Attraction of the Civil Law in Post-Revolutionary America" (1966) 52 Va L. Rev. 403; W. Brison, "The Use of Roman Law in Virginia Courts" (1984) 28 Am. J Legal Hist. 135; M. Hoeflich, *Roman and Civil Law and the Development of Anglo-American Jurisprudence in the Nineteenth Century* (Athens, Ga.: University of Georgia Press, 1997); M. Hoeflich, "John Austin and Joseph Story: Two Nineteenth Century Perspectives on the Utility of the Civil Law for the Common Lawyer" (1985) 29 Am. J. Legal Hist. 36; M. Hoeflich, "Roman Law in American Legal Culture" (1992) 66 Tulane L. Rev. 1723; R. Helmholz, "Use of the Civil Law in Post-Revolutionary American Jurisprudence" (1992) 66 Tulane L. Rev. 1649; J. Stychin, "The Commentaries of Chancellor James Kent and the Development of an American Common Law" (1993) 37 Am. J. Legal Hist. 440; J. Langbein, "Chancellor Kent and the History of Legal Literature" (1993) 93 Col. L. Rev. 547; M. Reimann (ed.), *The Reception of Continental Ideas in the Common Law World* (Berlin: Duncker & Humblot, 1993); E. Wise, "The Transplant of Legal Patterns" (1990) 38 Am. J. Comp. Law (Suppl.) 1. 关于该过程一直持续到20世纪，参见 S. Riesenfeld, "The Influence of German Legal Theory on American Law: The Heritage of Savigny and His Disciples" (1989) 37 Am. J. Comp. Law 1（特别是关于高度抽象的"担保交易"，对于普通法思维来说完全是陌生的）。

[87] Horowitz, *Transformation of American Law* (1992) at 20, 引用1798年 J. Root 的一篇文章"On the Common Law of Connecticut"。国家法报告也在同一时期作为国家普通法的官方信息材料出现，参见 Nelson, *Americanization of Common Law* (1975), 关于它的"工具书化"，参见 Horowitz, *Transformation of American Law* (1992).

[88] J. Merryman, "Toward a Theory of Citations: An Empirical Study of the Citation Practice of the California Supreme Court in 1950, 1960, and 1970" (1977) 50 Calif. Law Rev. 381, notably at 394—400（引用其他州的法律的情况只占全部引用的10%左右；对非美国法律的引用少于1%）；L. M. Friedmann, R. A. Kagan, B. Cartwright and S. Wheeler, "State Supreme Courts: A Century of Style and Citation" (1981) 33 Stan. L. Rev. 773; W. Manz, "The Citation Practices of the New York Court of Appeals, 1850—1993" (1995) 43 Buff. L. Rev. 121, notably at 153（在1850年引用外国权威占25.7%，而在1993则少于1%）。

活动的、纯粹的身体躯干"颇为盛行。[89] 因此,法官被视为既是政府的正式参与者,也必然地附属于立法机构。联邦的普通法并未被视为概念上的难题,它存在于美国法的大部分历史中,甚至出现在涉及不同州的公民的所谓多元案件(diversity cases)中,在这种案件中管辖权从州法院转移出来交给联邦法院。[90]

立法在美国也占据跟在大陆法上同样的比重,并受到跟在大陆法上同样的对待。许多州都有民事诉讼法典和刑法典;全国最大的州,即加利福尼亚,还有一部民法典。[91] 此外,立法还受到广泛的、自由地解释,以保持跟大陆法学说一致,这种目的性解释现在又重新回到英国法当中。[92] 甚至控辩程序的重要性现在也在下降。由于庞大的大陆法式的案件积压,仍然把诉讼交给私人之手被认为是制造不必要的延误和费用,因此出现了"案件管理"(case management)法官,跟大陆法法官的程序管理(le juge de la mise en état)更为接近。"案件管理"如今在其他地方也在施行,特别是在加拿大(包括魁北克,因此其民事程序慢慢回到它的法国起源上)以及最近以来的英国。[93] 案件积压这个弊病在美国也影响到遵循先例的概念。由于法院公开以及上百万件的案子,若说每个案例都是一个法律显然会很困难。同样的问题也出现在英国,据说遵循先例的概念最终是在

---

[89] 参见 J. Elliot (ed.), *Debates on the Adoption of the Federal Constitution at the Convention held in Philadelphia* (1907) at 158, 159, as cited in H. A. Johnson, "Historical and Constitutional Perspectives on Cross-Vesting of Court Jurisdiction" (1993), 19 Melb: U. L. Rev. 45 at 51, n. 32.

[90] *Swift v. Tyson*, 41 U. S. 16 Pet. 1 (1842)。该判决后来在 *Erie R. R. Co. v. Tompkins*, 304 U. S. 64 (1938)一案中被推翻,但并非主要基于普通法的不可化约性(irreducibility),但因此不会冲撞州的主权和州对州的事务的普通法的控制。关于多元案件之外的联邦普通法,参见 M. A. Field, "Sources of Law: The Scope of Federal Common Law" (1986) 99 Harv. L. Rev. 883(通过对其发展施加限制)。关于其他普通法法域对于联邦普通法观念的抵制,参见本节,以下。关于大陆法法域中对多元案件的法典化,参阅《墨西哥民法典》。

[91] 关于美国法典化的一般情况,以及加利福尼亚、佐治亚、蒙大拿、南北达科他等州的民法典,参见 Weiss, "Enchantment of Codification" (2000), above, at 511

[92] *Pepper v. Hart* [1992] 3 WLR 1032 (HL)(允许参考国会辩论中的议事录);关于反复(尽管反对它),参见 S. Vogenauer, "A Retreat from Pepper v. Hart? A Reply to Lord Steyn" (2005) 25 OJLS 629, notably at 653 关于库克大法官询问是否"被看见公开地读国会议事录就像是看色情电影被抓住一样"。因此,直接给予立法以"平白的意思"——普通法的历史上的态度——在美国成为有高度争议的,尽管它在最近的美国最高法院的某些判决中重新出现。

[93] 参见伍尔夫大法官(Lord Woolf)的报告,*Access to Justice*, *Final Report*(London: HMSO, 1996),最终导致新的 1999 年民事诉讼法的产生;关于批判性评论,参见 A. Zuckerman, "Lord Woolf's Access to Justice: Plus ça change..." (1996) 59 MLR 773(成本的根本问题和律师使诉讼复杂化的金钱上的动机引起的延误;案件管理不足与完全清除这些动机;德国根据所提出的诉讼金额而费用固定的模式);关于案件管理和控辩制系统,"程序正义"(争端解决)和"实体正义"(确定真相)的对比,参见 J. A. Jolowkz, "The Woolf Report and the Adversary System" (1996) 15 CJQ 198.

自我毁灭,因为按照该原则,所有的判决都必须被调和以获得协调的法律表述。[94] 判决必须成批处理以确定它们的来龙去脉,以及是否有不变的法理存在。[95] 为了防止引用案例,或至少是那些"未报告的"案例,美国法做了许多的努力,尽管这种努力受到抵制。[96] 事后看来,遵循先例似乎是个权宜之计,它的死板必然使新的实体普通法最终站稳脚跟。如今,实际的判例或判决的重要性正在减退。这样一来,大陆法的问题也正在成为普通法的问题,二者之间合作和相互理解的空间仍然很大,即使它们之间仍存在着一定程度的问题。

然而,普通法思维在美国法中始终保持着极为重要的地位。联邦法官是独立的;联邦法院对国家法院行使着主要的监督和调控权力(多元管辖,被告把涉及跨州或联邦的问题的案子转移到联邦法院,最高法院对宪法基础进行审查,州法院法官根据联邦的解释对《权利法案》的保障的坚持)。因此,普通法作为国家政治和本地的政治共识的概念受到限制。正如在旧的做法中,美国法还有司法疏远(distant judiciary)的协助。案例被认为是重要的,它以系统性报告为条件,这种方式在大陆法世界的历史上简直是不能想

---

[94] J. A. Jolowicz, "Decisions de la Chambre des Lords" (1979) at 525(法律不是存在于单一的一个判决而是众多的判决之中);Atiyah and Summers, *Form and Substance in Anglo-American Law* (1987) at 121,122(问"遵循先例还剩下什么?")。遵循先例原则在英国的正式削弱发生在 1966 年,当时枢密院通过"the Practice Statement"表明它不再受自从 1898 年以来一直遵行的受自己所作判决的约束。参见 Practice Statement(Judicial Precedent) [1966] 1 WLR 1234; [1966] 3 All ER 77;关于之前的做法,参见 *London Street Tramways Co. v. London County Council* [1898] AC 375。然而该概念的真正衰弱乃在自己的实践当中,在一审法院、上诉法院和最高法院的缩减的规范效力上。有位英联邦法官这样写道:"先例的诱惑在属于普通法的加拿大省份可能比英国退蚀得更快",见 K. Mackenzie, "Back to the Future: The Common Law and the Charter" (1993) 51 Advocate 927 at 929,930。美国最高法院从未认为自己受自己的判决拘束,尽管最初对于下级法院的遵循先例的严格概念以法院的名义支配合议庭的判决实践。参见 H. P. Glenn, "Sur l'impossibilite d'un concept de stare decisis" Rev. rech. jur. Droit prospectif 1993, 1073。

[95] Goutal, "Characteristics of Judicial Style" (1976), above, at 52,关于计算机搜索在美国案例法中的使用("这个过程没有什么是规范性,没有等级或正式权威的应用……没有任何关于拘束力的暗示");关于通过电子形式的案件检索带来的进一步失稳,参见 R. C. Berring, "Legal Information and the Search for Cognitive Authority" (2000) 88 Cal. L. Rev. 1675, notably at 1693(承认"很少人真正地掌握摘要系统……令人难以置信地复杂……很快只剩下它的设计者才能理解")。关于普通法由"当前通过机构性审判原则的应用所产生的规则"构成,参见 Eisenberg, *Nature of Common Law* (1988) at 143(强调)。

[96] M. Brooke Tusk, "No Citation Rules as a Prior Restraint on Attorney Speech" (2003) 103 Col. L. Rev. 1202(19 世纪 60 年代颁布的选择性的和非引用的规则现在倾向于需要修改);C. R. Eloshway, "Say It Ain't So: Non-Precedential Opinions Exceed the Limits of Article III Powers" (2002) 70 George Washington L. Rev. 632(认为不合宪)。

象的。跨国的"盎格鲁—美利坚"法这一古老的思想并没有死,现在甚至正在复活,尽管其实践在司法层面上确实已经变得黯淡。[97] 因此,赋予独立审判的地位是普通法传统的最佳体现,就这点而言,该传统仍然体现在美国。

然而,美国法的特殊禀赋在于它对大陆法和普通法成分的建设性结合。格兰特·吉尔莫评述说,美国律师像是法国传统中"虔诚的 18 世纪理性主义者",而在同一时间,美国法代表着"对法官的无限权力的篡夺(arrogation)"。[98] 这一点在美国宪法中最为明显,个人权利和司法权力成为美国政体的一个主要和独特的特征,尽管现在经常被国外所模仿。在这个过程中,权利的性质已经发生变化。它们现在从个人权力或私法上的统治权(potestas)被概括为受法律保障的普通"利益"或政治主张,能够获得宪法决定的广泛保护。[99] 这一切是如何发生的现在完全不清楚。从历史角度来说,美国革命是另一个历史的意外或偶然,我们可能永远不会知道它的准确解释。有些人不同意传统的"建国"解释,而将其简单归结为英国殖民局(English Colonia Office)的愚蠢。[100] 然而,美国法更确定的构建似乎更受法律理解的影响。跟诺曼人相比,美国律师有着一块空旷的领

---

[97] 参见 Langbein, "Chancellor Kent and History of Legal Literature" (1993), above, at 567(为了众多目的,我们仍然认为英国和美国法律系统构成一个不可分离的所谓"盎格鲁—美利坚法"的整体);Atiyah and Sommers, *Form and Substance* (1987)(尽管它们之间的差别,英国法和美国法仍具有可比性);A. M. Kennedy, "Our Shared Legal Tradition" in American Bar Association, *Common Law, Common Values, Common Rights* (San Francisco: West, 2000) at xxi;关于美国最高法院近来开放使用外国权威,参见 *Lawrence v. Texas*, 123 S. Ct. 2472 (2003);*Roper v. Simmons*, 125 S. Ct. 1183 (2005);讨论该问题的(已经)广泛的而且并不和谐的论著,特别参阅 J. Nafziger, "International Law and Foreign Law Right Here in River City" (1998) 34 Willamette L. Rev. 4 at 19 ff.; G. Jacobson, "The Permeability of Constitutional Laws" (2004) 82 Texas L. Rev. 1763; R. Alford, "In Search of a Theory for Constitutional Comparativism" (2005) 52 UCLA L. Rev. 639; M. Tushnet, "Transnational/Domestic Constitutional Law" (2003) 37 Loyola L. A. Law Rev. 239; A. L. Parrish, "Storm in a Teacup: The U. S. Supreme Court's Use of Foreign Law", forthcoming (2007) University Illinois L. Rev.; 关于对它的更广泛的辩护,参见 H. P. Glenn, "Transnational Common Laws" (2006) 29 Fordham Int'l. L. J. 457. 美国最高法院的 Breyer 和 Scalia 两位法官曾就此问题进行过论战,参见 http://.www.wcl.american.edu/secle/founders/2005/050113.cfm.

[98] Gilmore, *Ages of American Law* (1977) at 10, 35.

[99] 关于权利的广度,参见 R. Dworkin, *Taking Rights Seriously* (Cambridge, Mass.: Harvard University Press, 1978).

[100] 参阅 D. Cook, *The Long Fuse: England and America, 1760—1785: a British Perspective on the American Revolution* (New York: Atlantic Monthly Press, 1995);关于美国革命是"又一次英国革命","其革命的语言……都从欧洲和它的领导人那里借用过来……以树立自己的旧世界的形象",参见 F. Fernandez-Armesto, *Millennium* (London/New York: Bantam, 1995) at 325(因此预示着当代许多追求国家地位的运动的衍生性质)。

域——或者是通过将原生美国法边缘化从而在概念上创造这样一个领域。因此,那里没有什么需要克制以保护地方的感受,也没有什么保护当地的生活模式的需要以使新的事业得以合法化。地方的生活模式有待于创建,而法律则是这种创建的工具,甚至是根据许多旧世界的法律(包括大陆法)。边界不仅仅可以是具体的;它也可以是法律上的——未知的法律土地。为建立新的国家认同,普通法不能仅仅只是在那里漫步;这种认同必须用跟法国国王们使用的同样的方式来收割。法律在这里履行着一种定位的功能,就像它在历史上定位犹太人和伊斯兰民众那样,尽管这里的认同是一种新的并且声称是世俗的。这种法律可能已经不是过去样子的普通法,不过,普通法一直就有变革的概念。

在世界其他地方,普通法传统持续由不同的国家分享,因此它们的法律认同被淡化,尽管并未危及其民族—国家的存在。各国的引用模式表明先例大量地作为说服性权威(persuasive authority)被跨法域使用[101];共同的普通法概念通过或者像加拿大那样,在原则上维持一个单一的法院系统,或者像澳大利亚那样通过某种"本地人的权宜之计"(autochthonous expedient)将许多涉及联邦事务的诉讼交给州法院,从而阻碍法院体制的联邦化。[102] 这些国家通常不存在一个联邦普通法法院,甚至也没有州或省的普通法。普通法保持其游移特征。它这样做并未顾及在英联邦内对独立的、不同的普通法这一观点有着某种正式的承认[103],因此普通法传统也有"这些和这些"的逻辑[104],或它自己的伊赫提拉弗*。[105] 这些差异并不局限于构成普

---

[101] 参阅 Glenn,"Common Law in Canada"(1995)at 283 ff.("普通法权威的模式");关于更详细的情况,参见 Glenn,"Persuasive Authority"(1987);关于这种类型的"普通法"的普遍性"跨国性和源于法国、德国、意大利和荷兰的渊源当中",参见 Glenn, *Common Laws*(2005)。

[102] H. P. Glenn,"Divided Justice? Judicial Structures in Federal and Confederal States"(1995)46 S. C. L. Rev. 819;关于其进来在澳大利亚的发展,参见 B. Opeskin and F. Wheeler(eds.), *The Australian Federal Judicial System*(Melbourne:Melbourne University Press, 2000),值得注意的是,澳大利亚最高法院拒绝进一步允许案件从州的管辖转移到联邦管辖。

[103] 参见 H. Marshall,"The Binding Effect of Decisions of the Judicial Committee of the Privy Council"(1968)17 I. CX. Q. 60;J. Crawford, Australian Courts of Law(Melbourne:Oxford University Press, 1982)at 171("普通法成为不是一种而是很多种");Laskin, *British Tradition in Canadian Law*(1969)at 60.

[104] 参见第四章"学派、传统和运动"。

* ikhtilaf,即差异。——译者注

[105] 参见第六章"学派和宗派"。

通法的实证判决。[106] 然而,地理位置和司法职业化影响了法官的地位。法官惩戒现在也出现在普通法世界的美国和其他地方,品行端正期间不被罢免的观念慢慢得变得跟官方申斥相容。[107] 然而,法官的惩戒仍然还是法官内部的事情。

那些坚持普通法的人的身份并没有受到普通法的好好保护,尽管亵渎(blasphemy)的概念在传统上构成普通法的一部分,在一定程度上保护着基督教而非其他宗教,或者至少不是伊斯兰。[108] 其他方面的认同只是跟在大陆法中一样受到谋叛和蛊惑人心等国家概念的保护,然而,通过改变国籍或更容易做到的改变住所在现在是一件很寻常的事情,尽管更早期的普通法中有不可放弃的效忠的概念(至少是为了服兵役的目的)。跟大陆法国家一样,身份现在主要是通过边界保卫来保护,国家在普通法世界中跟在大陆法世界中一样,都是人员自由流动的障碍。尽管普通法可以在国家之间流动,但成文法则不行,跟它的接触受到严格的控制。人权在这里并没有超越它们的国家性、实证性和属地性特征。正如在大陆法传统国家一样,在一国领土范围内对不同法律身份予以承认有很多问题,除非是(在有些情况下)涉及原住民族方面以及通过国际私法正式规则的

---

[106] 参见 K. M. Hogg, "Negligence and Economic Loss in England, Australia, Canada and New Zealand" (1994) 43 I. C. L. Q. 116, notably at 117("普通法内的分歧");A. Watson, "The Future of the Common Law Tradition" (1984) 9 Dalhousie L. J. 67 at 84("许多规则有着共同的来源,对它们的理解仍然发挥影响,即使它们在不同的法域开始表现得相互区别");进一步参阅 Matson, "The Common Law Abroad" (1993) notably at 754(正式继受英国法的时间大致不相关);Harding (ed.), *Common Law in Singapore and Malaysia* (1985);然而这个过程中不可避免地带有自己的特征,参见 P. Girard, "Themes and Variations in Early Canadian Legal Culture: Beamish Murdoch and his Epitome of the Laws of Nova Scotia" (1993) 11 Law & Hist. Rev. 101;关于在南太平洋地区的 Somea 普通法的继受,既没有一个"具体日期",普通法也只是"时不时"地存在,参见 J. Care, T. Newton & D. Paterson, *Introduction to South Pacific Law* (London/Sydney: Cavendish, 1999) at 72;澳大利亚也是"时不时的",参见 A. Mason, "The common law in final courts of appeal outside Britain" (2004) 78 Aust. L. J. 183 at 186, and 189("普通法继承……可能在有些方面跟英国法院宣布的普通法并不相同")。

[107] 在一个涉及司法纪律案件中,通过批评或申斥一位高等法院法官,最终导致他的辞职,参见 "Report and Record of the Committee of Investigation into the Conduct of the Hon. Mr Justice Berger and Resolution of the Canadian Judicial Council" (1983) 28 McGill L. J. 378;关于法官风纪机构的增长,参见 H. P. Glenn, "La responsabilite des juges" (1983) 28 McGill L. J. 228, at 244 ff.

[108] R. v. Chief Metropolitan Stipendiary Magistrate, *ex parte Choudhury* [1991] 1 QB 429(普通法上的亵渎罪由于历史原因仅限于使用粗鄙语言污蔑基督教;因此鲁西迪的《撒旦诗篇》不是亵渎);然而,在美国继受普通法过程中,这种思想被"逐渐减弱",参见 S. Banner, "When Christianity Was Part of the Common Law" (1998) 16 Law & Hist. Rev. 27.

290　世界法律传统

运作(它在有明显"涉外"联系的情况下可以包容外国身份和外国法律)。[109]

比较之实践

在普通法大部分历史中,它都处在成为一种共同法的过程之中,它的历史首先就是一部跟其他法律的关系的历史,这些法律在一定程度上来说在英国及欧洲也都是共同法。普通法跟它最早的、最重要的对话者,即原生法之间就是如此,后来当教会法院出现并运作时,它跟教会法之间也是如此。在研究普通法的成长中,我们必然要提到它们之间不可避免的相互影响,以及更有意思的是,这个过程背后的和谐。这一点既是因为普通法法官出自教会背景并对领主法庭行使审查权力的关系,也是因为他们对程序有着共同的看法,而拒绝优先考虑那些固定的抽象规则或结果的一致性。如果规则的价值要比具体事实要小,规则并不会被视为有冲突。尽管罗马法在英国并没有特定的法庭作其代表,但同样的智慧观点也被发现存在于罗马法。因此,维纳格·鲁道夫(Vinogradoff)评论说,"机构对机构、参考点对参考点地衡量罗马法对普通法的影响是不可能的,而只能以总体的方式研究法律思想的发展。"[110]因为思想是流动的,所以法律也是流动的,没有人会对(在某种预先确定的范围内)追踪精确的结果很有兴趣。程序是用来处理案件的,因此它必然是决疑式的,但是案件本身并不制定法律,因此案件之间并不会冲突。在普通法之外,同样的态度也出现并盛行于教会法中,梅特兰曾经尖锐地批评斯塔布斯(Stubbs)的观点,后者认为英国的教会法院最好被看做是在形式上独立于欧洲大陆的教会法院。[111]

在信托的发展中,将一般的法律思想放到具体的机构和历史背景中的过程可能体现得最为清楚。为精确地确定信托在其他法律中的前身,法学家们曾作出巨大的努力。它

---

[109] 关于在大陆法和普通法传统中,根据其他法律传统来处理少数族裔事务的争论,参见第三章"国家作为中间地带"(原生法律)、第四章"塔木德的退避?"、第六章"伊斯兰大离散"和第八章"普世包容?"(印度教法律)。

[110] Vinogradoff, *Roman Law in Medieval Europe* (1968), above, at 117, 118.

[111] F. W. Maitland, "Church, State and Decretals" in F. Maitland, *Roman Canon Law in the Church of England* (London: Methuen, 1898) at 51; van Caenegem, *Royal Writs* (1972), above, at 361, n. 2, with refs; C. Donahue, "Roman Canon Law in the Medieval English Church: Stubbs vs. Maitland Re-Examined After 75 Years in the Light of Some Records from the Church Courts" (1974) 72 Mich. L. Rev. 647 at 700; S. Whittaker, "An Historical Perspective to the 'Special Equitable Action' in Re Diplock" (1983) 4 J. Legal Hist. 3 at 21—3;更具体地,关于教皇训令在英国的影响,参见 C. Duggan, *Canon Law in Medieval England* (London: Valorium Reprints, 1982) at 365 ff.; C. Duggan, *Twelfth-Century Decretal Collections and their Importance in English Legal History* (London: Athlone Press, 1963), notably at 146—55.

被认为是具体地来自于罗马法的委托遗赠(fideicommissum)、日耳曼法中受托人(Salmann)和伊斯兰法中的瓦格夫(在十字军东征期间,它由于圣·弗兰西斯在英国建立基于虔诚目的的赠与制度之前对埃及的访问而得到了强化)。[112] 然而,所有这些观点都假定存在我们今天所理解的法治以及明确的法律制度,譬如信托,那样才可能准确地发生从一个法律"系统"到另一个系统的某种转移。然而,更早时期的律师似乎并没有这样想。在他们看来,信托可以简单看成是英国背景下的一些相当有影响的法律思想的结晶。首先,普通法法院对财产概念进行个体化(根据新兴的大陆法和教会法学说,以个体化保有的方式进行);其次,而教会法院及后来的衡平法院则执行原生法律和基督教法律中的债法,后者认为财产是一个公共的概念,以致一个法定所有权人(legal owner)可能对于一个衡平法上所有人(equitable owner)负有义务。[113] 因此,信托从众多混合的法律思想的当中拼凑起来。所以我们说它是通过比较的实践而产生的。

普通法法院在这个相互影响的过程中如此的满不在乎,以致在它们的创立之后别的法院也开始在英国出现,这无疑对前者的管辖权带来冲击。商业法庭开始兴盛起来,它们适用无国界的商人法,这种法包括了伊斯兰的支票(sakk)和背书(法语中为aval,源于hawala)概念[114]和犹太法所提供的一整套担保措施。[115] 那些大的、获利颇丰的海事行为

---

[112] 关于fideicommissum,参见D. Johnston, *The Roman Law of Trusts* (Oxford: Oxford University Press, 1988)。起源罗马法学的观点受到霍尔姆斯的反对,他认为起源于日耳曼法信托制度上的Salmann或Treuhand;参见O. W. Holmes, "Early English Equity" (1885) 1 LQR 162;关于这项争论,参见H. P. Glenn, "Le trust et It jus commune" in P. Legrand (ed.), Common Law d'un siecle I'autre (Cowansville, Quebec: Yvon Blais, 1993) at 87, repr. in English as "The Historical Origins of the Trust" in A. Rabello (ed.), *Aequitas and Equity: Equity in Civil Law and Mixed Jurisdictions* (Jerusalem: The Harry and Michael Sacher Institute for Legislative Research and Comparative Law, The Hebrew University of Jerusalem, 1997) at 749; R. Helmholz and R. Zimmermann (eds.), *Itinera Fiduciae: Trust and Treuhand in Historical Perspective* (Berlin: Duncker & Humblot, 1998)。关于瓦格夫,参见H. Cattan, "The Law of Waqf" in M. Khadduri and H. Liebesny, *Law in the Middle East*, vol. I, *Origin and Development of Islamic Law* (Washington, D. C.: The Middle East Institute, 1955) at 203, notably at 214, 215(按照年代学的证据"更为支持使用权[和后来的信托]源于瓦格夫");关于由于圣·弗兰西斯在埃及的情况,参见Passant, "Effects of Crusades" (1926), above, at 325;关于他在阿拉伯思想创造了辉煌文明的西西里岛的足迹,参见Norwich, *Normans in Sicily* (1992), above, at 5.
[113] 关于该观点的详细情况,参见Glenn, "Trust et jus commune" (1993), above,关于早期宗教法庭的执行使用权的工作,参见R. Helmolz, "Trusts in the English Ecclesiastical Cnurts 1300—1640" in Helmholz and Zimmermann (eds.), *Itinera Fiduciae* (1998), above, notably at 171(认为英国信托法的一些成分受到共同法的影响是有道理的。该过程逐步发生,并没有引起当时人们的太多注意)。
[114] J. Schacht, *An Introduction to Islamic Law* (Oxford: Clarendon Press, 1964) at 78;关于伊斯兰对西方合伙概念的影响,参见第六章"实体性沙里阿"。
[115] Rabinowitz, "Influence of Jewish Law on Common Law" (1960), above, at 823;并参见本章"隐藏的法律"。

被海事法院所接管,它也适用一套主要起源于欧洲大陆的法律,并为海事社会提供了普通法所不能提供的极大好处。[116] 更主要的是,普通法在整体上被笼罩在衡平法院(或大法官法院)的制度化和衡平法的阴影当中。这种情况的发生纯粹是因为普通法的有限特征,导致那些寻求公正的人重新返回它的源头,即国王,把他们的投诉转给御前大臣。御前大臣是教士并且受的是大陆法的训练,他以大陆法、罗马法的方式来调查投诉,并跟大陆法模式一样,基于融合了道德的、一般的、实体性的法律原则来作出判决。[117] 因此,御前大臣和衡平法院开始执行土地的法定所有人的信托义务,准予合同的实际履行(以及经扩张后适用于合同的侵犯令状,但只能判令赔偿损失),允许抵押中的借方当事人在即使赎回期已过的情况下也可以取回他们的财产(即赎回的衡平权利),发出禁止令以防止非正当损害(对人的基于良心的衡平),以及允许证据开示(discovery)作为事实调查的一种手段。[118] 在所有这些中,衡平都只是在根据被告人的良心行为意义上"遵循着法律",而非复制任何普通法上的救济。然而,在遵循普通法的过程中,御前大臣必然了解普通法,而普通法律师也开始熟知那些从他们自己的法律移植过来的衡平原则。普通法法院和衡平法院之间的关系在英格兰的管辖的法域当中最为激烈,但是它们在17世纪的时候最终达成了某种妥协。

因此,数世纪以来,普通法和其他法律之间一直存在某种永久性的、制度性的争论。这种争论受到在普通法法院就大陆法的习惯做法作证的大陆法律师、执业于其他法院的正式的大陆法律师协会的存在以及向所有人开放的宏伟的 Doctors' Common* 图书馆的

---

[116] 譬如对物诉讼、船舶抵押和可转让交易票据,以及大陆上大量的合同和侵权责任原则。关于海事法院早期全部继受商人法,形成跟普通法法院的对照,参见 Select Pleas in the Court of Admiralty (London: Selden Soc., 1894) at lxvii。迟至1641年还能听到有人抱屈说"普通法在所有海事案件中什么也不提供不了";参见 G. F. Steckley, "Merchants and the Admiralty Court during the English Revolution" (1978) 22 Am. J. Legal Hist. 137 at 151;"普通法制度的欠缺"在19世纪仍然是海事法院抱怨的目标;参见 F. L. Wiswall, The Development of Admiralty Jurisdiction and Practice since 1800: an English Study with American Comparisons (Cambridge: Cambridge University Press, 1970) at 101。

[117] 因此,大法官法院受到女性诉讼人,特别是已婚的女性的偏好,她们代表了15%的大法官法院的诉讼当事人,但在高等民事法院比例只有5%;E. Hawkes, "'[S]he will... protect and defend her rights boldly by law and reason...': Women's Knowledge of Common Law and Equity Courts in Late-Medieval England" in N. J. Menuge, Medieval Women and the Law (Woodbridge: Boydell Press, 2000) 145 at 153.

[118] 其后来在美国被私人化,采用以口头形式,并被委托给私人律师,这本质上是一种大陆法的调查手段,现用于支持有缺陷的普通法程序方式。

* 一个由大陆法教授和执业律师组建于16世纪的专业协会。——译者注

推动。[119] 因此我们可以说普通法的出庭大律师对于大陆法非常开放并且"根本不会不熟悉"它,尽管未到实际执业的程度。[120] 然而,法律之间这一系列本来(相对的)和谐的、流动的关系在大约 16 世纪时开始发生变化。你可能已经回想到,这段时间正是律师会馆开始以更详细、甚至更系统地思考和教授法律的时期。[121] 从 16 世纪到 19 世纪,普通法变得极具进攻性,它在 16 世纪把诽谤和破产案件从教会法院接管过来[122],把海事法院的管辖赶回了外海,阻止了衡平法院的扩张,并在 18 世纪的时候在曼斯菲尔德勋爵(Lord Mansfield)的指引下把商法吸收进来。[123] 由于 19 世纪普通法的根本改革,跟其他法律的关系必然发生变化,并对其他的法律构成破坏。所有的法院被熔合一起;当教会法院在民事方面的管辖权消失时,衡平法院和海事法院也同样消失(尽管它们的法律作为持续的规范性传统仍然被保留,并优先于普通法适用)。[124] Doctors' Common 在 1858 年被关闭,它的藏书也流失殆尽。此外,由于普通法新的统治权,古老的令状制度从实质上被彻底改造,只覆盖了很小的范围。它们尤其只提供很少的(实质性的)判决的理由。因此,普通法向居雅士的继承者们祈求帮助;波蒂埃(Pothier)成为普通法中的正式权威,"是这个国家中所能取得的最高位置,地位仅次于法院判决"[125],这个过程同样出现在债法领域之外。[126] 如果你仔细观察的话,你会发现有很多的大陆法信息包括在普通法的信息中,尽管这些信息常常被注入普通法的形式而传播到国外。不过,英国的学者现在

---

[119] 参见 D. Coquillette, *Civilian Writers of Doctors' Commons* (1988), above; Levack, *Civil Lawyers in England* (1973), above.

[120] W. R. Prest, *The Rise of the Barristers: A Social History of the English Bar* 1590—1640 (Oxford/New York: Clarendon Press/Oxford University Press, 1986) at 191; and see R. Helmholz, "Continental Law and Common Law: Historical Strangers or Companions" [1990] Duke LJ. 1207 at 1215(普通法律师的图书表明那里有大量的大陆法的书籍;也证明了在实践中的使用)。

[121] 参见本章"改变思想"。

[122] R. H. Helmholz, *Canon Law and English Common Law* (London: Selden Soc., 1983) at 8—15.

[123] 然而,关于 15 世纪更早的对意大利商人法的"继受",参见 Plucknett, *History Common Law* (1956) at 663.

[124] 关于衡平作为持续的、规范性法律系统以区别于普通法,参见 L. Smith, "Fusion and Tradition" in S. Degeling and J. Edelman (eds.) *Equity in Commercial Law* (Sydney: Thomson Law Book, 2005) at 19.

[125] Best J. in Cox v. Troy (1822), 5 B. and All. 474 at 481,106 E. R. 1264 at 1266.

[126] 参阅 Simpson, "Innovation in Nineteenth Century Contract Law" (1975), above; J. Gordley, *The Philosophical Origins of Modern Contract Doctrine* (Oxford: Clarendon Press, 1991) at 134 ff.; P. Birks, "English and Roman Learning in *Moses v. Macferlan*" (1984) Curr. Legal Problems 1 (restitution); P. Birks and G. McLeod, "The Implied Contract Theory of Quasi-Contract: Civilian Opinion Current in the Century before Blackstone" (1986) 6 OJLS 46; B. Rudden, "Comparative Law in England" in W. E. Butler and V. N. Kudriavtsev (eds.), *Comparative Law and Legal Systems: Historical and Socio-Legal Perspectives* (New York: Oceana, 1985) 79 at 81—3(财产)。

也在从事"债"法的著述。[127]

外国法对普通法的这种输血发生在 19 世纪早期。这点也同时发生在美国法中,因此,让人对这些不同的(尽管平行)的政治认同背后所发生的法律事件感到颇为好奇。然而,到了 19 世纪末,由于遵循先例原则的盛行,普通法开始封闭它自己,尽管它这个时候已经存在于整个英联邦,影响范围也比过去要大得多。在此期间,比较法也以更科学的形式开始得到认可,尽管它从未获得它在欧洲大陆的那种类型的科学特征。[128] 至少在长达数个世纪中,比较法实践曾一度跟比较法学出现分野。然而,在 16 世纪时,当实证的、系统的普通法在英国开始出现时,英国的实践跟欧洲大陆的实践之间的差异仅仅只是表现在方法上,而非最终的目的上。在这两个区域,比较法都已经成为一种在系统化自身法律过程中也同时采掘其他法律宝藏的建设性工具。然而,当这个过程一旦完成,封闭又随之而至,比较法学者们又开始一项通常不讨好的任务,即试图说明国家在此过程中的种种内省。然而,这种 19 世纪和 20 世纪的封闭现在很明显已经结束,法律之间潜在的共同点又重新表现出最基本的重要性。这一点在欧洲最为明显,大陆法和普通法现在在欧洲层面上经常协力合作[129],但它们也超越地区的范围,以致美国法也开始对它过去从欧洲所吸取如此之多的信息作出回报。[130] 在这里,可比性同样是受到尊重的。

---

[127] P. J. Cooke and D. W. Oughton, *The Common Law of Obligations*, 3rd edn. (London: Butterworths, 1993); A. Tettenborn, *An Introduction to the Law of Obligations* (London/Toronto: Butterworths, 1984); Ibbetson, *Historical Introduction Law Obligations* (1999), above.

[128] H. C. Gutteridge, *Comparative Law: an Introduction to the Comparative Method of Legal Study and Research*, 2nd edn. (Cambridge: Cambridge University Press, 1949).

[129] Stein, "Legal History", above, at 79("正如梅特兰所认为,由于在大陆法中活动,英国法的发展开始出现。因此,至少在法律历史上,普通法的深度隔绝开始消失"); M. Delmas-Marty, *Towards a Truly Common Law* (Cambridge: Cambridge University Press, 2002) at 52(在欧洲人权法院层面上强制区分普通法和大陆法是一种错误); Glenn, "Civilization de common law" (1993) (然而,在实体法和法官的角色方面作出保留); Lord Oliver of Aylmerton, "Requiem for Common Law?" (1993) at 679—83(跟"欧洲在法律和法律系统方面的革命性变化"之间的关系); Irvine, "Development of Human Rights", above, at 231(在行政法方面,"传统的普通法概念跟它们的大陆法堂兄弟姊妹们聚合似乎是不可否认的"); J. Levitsky, "The Europeanization of the British Legal Style" (1994) 42 Am. J. Comp. Law 347; Markesinis (ed.), *Gradual Convergence* (1994);关于对当代英国初级律师和法国律师的看法,二者在执业中都非常活跃,参见 F. Neate, "Mystification of the Law" (1997) 25, No. 1, Int. Bus. Lawyer 5("大陆法和普通法之间没有什么差别是重要的"); A. de Foucaud, "Civil Law and Common Law in Paris as in New York" (1997) 25, No. 1, Int. Bus. Lawyer 15("大陆法和普通法之间的差别不再制造有害于我们对客户的代理的交流上的问题")。

[130] V. W. Wiegand, "The Reception of American Law in Europe" (1991) 39 Am. J. Comp. Law 229.

世界范围内的西方法

西方民众倾向于认为殖民主义大约发生于 18 世纪和 19 世纪,并且现在已经结束。而其他世界对此的看法显然并不太一致。对他们来说,古希腊人向东殖民;古罗马人则走向四面八方[131];"黑暗时代"(dark ages)是其他每个人的快乐时光;后来的十字军东征又重新开始了这个殖民过程,而这一次以高度军事化的模式持续了数个世纪;后来,一旦有了扩张的手段,西方开始了一次更加世界范围的扩张,并一直持续到今天。跟列宁一样,伊斯兰教对此有很深刻的理解。[132] 希腊人和罗马人的扩张显然是军事性的,十字军东征也是一样,即使它们打着宗教的理由。后来的西方人和西方传统的扩张则更为微妙,总的来说它把各种不同的角色都带进了这段历史的舞台。这里涉及一个关于法律在这个过程中的角色的大问题,尽管几乎不能说法学家在西方的世界探险中处于前锋位置。

另一方面,从总的来说,西方法学家和西方民众视西方思想和西方法律在本质上属于解放性质的和有益的,能够带来"发展"和福祉,同时战胜压迫、歧视和偏见。它并非强行施加的,而是像欧洲的共同法那样纯粹就待在那里,作为解放和救济的手段而等待人们的自由选择。[133] 这不应当被看成是一种扩张,更不用说是帝国主义,而是一种对普世有效的目标的共识。这些都是很不错的观点,可能永远分不清哪一种是最好的。但是对于双方都有更多的需要讨论。

西方的扩张,不管是植根于普通法还是大陆法(我们将回头讨论这点)[134],总的来说通过三种重要的手段或概念来进行。军事方式在需要的时候对它们起补充作用,但令人惊奇的是这个过程很少用到军事武力。第一种手段是西方殖民者的直接出现,亦即一种西方人和西方思想扩张的私人的、非政府性的手段。由于西方的教会现在被认为属于私人领域内活动的机构,因此教会的传教士的活动也应当被视为私人性质的。它的活动也

---

[131] 关于罗马的帝国概念在后来的西方扩张概念中影响,参见 A. Pagden, *Lords of all the World*:*Ideologies of Empire in Spain, Britain and France c. 1500—c.1800* (New Haven/London:Yale University Press, 1995), ch. 1("罗马的遗产")。

[132] 参见第六章"圣战";关于法律帝国主义的概念,参见 J. Schmidhauser, "Legal Imperialism:Its Enduring Impact on Colonial and Post-Colonial Judicial System" (1992) 13 Int. Pol. Sci. Rev. 321.

[133] 很多法律项目都带有"自愿"特征,这些项目通常由西方或国际金融机构提供资金支持,参见 J. Reitz, "Systems Mixing and in Transition:Import and Export of Legal Models" in J. Bridge (ed.), *Comparative Law Facing the 21st Century* (London:British Institute of International and Comparative Law, 2001) at 59.

[134] 参阅本书第五章结论部分的简要讨论"大陆法在世界"。

是遍布各地,并大大延伸到殖民当局的领土范围之外。[135] 这并不是说私人殖民者没有政府的支持;他们经常获得国家的大量援助,特别是公司常常被授予殖民新的地区的垄断特权,就像在北美的英国和法国政权统治之下所发生的那样。当西方殖民发生之前有人定居的地区时,原有的法律被认定仍然有效,尽管正如前面所提到的,这点上存在不同的方法用来调整原有的法律和新的殖民者的法律。[136] 英国的方法原则上说是采用不干涉的做法,使原有的法律适用于原来的定居者,新的法律适用于新的殖民者(即使是这点也有例外)。由于法国法更具普遍性的原因,法国则表现得更为普遍化,因此本地人可以选择适用新的法律。然而,在这两种情形,西方法律都能够成为支配性的,具体取决于西方殖民的进度(印度教法律和穆斯林法在印度都被保留有效,但二者都深受英国法的影响)。[137] 然而,如果殖民发生在之前无人定居的土地上(这是个很有意思的概念),西方法随着西方殖民者本身一起被引进过来。这种情况似乎发生在整个美洲,为了建立新的属地法,原著人口和原生法律在本质上因此而被几乎所有的欧洲列强(包括西班牙、葡萄牙、荷兰、法国和英国)所忽略。西方法律的"继受"思想在西方法律和政治哲学中根深蒂固。如果人类作为上帝的代表在地球上行使其统治权,地球将被征服。在讲英语的世界中,洛克对此说得最为清楚,尽管他明显地是在附和大陆法上财产个人化的概念,该概念自14世纪以来从原生法律中的分享概念中解放出来。对于洛克来说,征服地球意味着"为了人的利益而改善它,为此在它之上添加一些他自己(这里指殖民者的)东西,即

---

[135] 参阅 A. Porter, *Religion versus empire? British Protestant missionaries and overseas expansion*, 1700—1914 (Manchester: Manchester University Press, 2004), notably at 64("世界是一块延伸的土地",英国占有的通常不过是些"立足点")。

[136] 参见第三章"国家作为中间地带"。

[137] 参见第八章"印度教法律在印度"。印度的经历表明,普通法的案例法(由遵循先例原则支持)和偶然的立法相结合的方式跟大陆法的完全立法方式都是同样有效的法律影响方式。关于一个反应的例子,参见 H. Pawlisch, *Sir John Davies and the Conquest of Ireland: A Study in Legal Imperialism* (Cambridge/New York: Cambridge University Press, 1985)。关于西方法律扩张的历史概览可参阅 W. J. Mommsen and J. A. de Moor (eds.), *European Expansion and Law: the Encounter of European and Indigenous Law in 19th-and 20th-century Africa and Asia* (Oxford/New York: Berg Publishers, 1992) 以及 L. Benton, *Law and Colonial Cultures* (Cambridge: Cambridge University Press, 2002);关于从马克思主义角度对此整个进程的看法,参见 A. Papachristos, *La réception des droits privés étrangers comme phénomène de sociologie juridique* (Paris: LGDJ, 1975)。关于这个过程中西方法律教育的移植以代替原生的教育方式的意义,参见 E. Goldsmith, *The Way* (London: Rider, 1992) at 284, 285。

劳动"。[138] 如果这个过程中出现抵抗,军队将被使用(可能最为广泛的使用要属于西班牙了),但持续扩张的主要手段仍是私人。[139] 因此,在特征和手段上,帝国主义并非必然是政府性的;政府可能提供支持和援助,并掌握根本的主权,但持续的影响则是私人企业的事情。随着西方的"全球化"进程[140] 主要依赖于公司的活动和技术的支持,以及大陆法和普通法都曾经为其作出贡献的非正式的、超国家的商人法(lex mercatoria)的发展,这点在近来表现得更为显著。[141] 由于古老的商事传统的复兴和恢复活力,最后一种进

---

[138] J. Locke, *Two Treatises of Government*, ed. M. Goldie (London: J. M. Dent, 1993) at 130;关于相应的"占有仪式"(圈园子,围篱笆),参见 Benton, *Law and Colonial Cultures* (2002), above, at 168;并参见 J. Tully, *Strange Multiplicity: Constitutionalism in an age of diversity* (Cambridge: Cambridge University Press, 1995) at 73—5(供打猎和采集的土地被认为是空地,因为权利排他性地衍生于耕种、培育和改善等形式的劳动;作为同化的结果,原著民族的状况将会更好,因为他们将分享更充裕的商品和雇佣机会)。关于大陆法上的财产概念从原生向个人的过渡,参见第五章"以人为本和权利的增长",关于将私有财产概念用于月球的(明显有利可图的)努力(尽管缺乏耕种和培养形式的劳动),参见 http://www.lunarlandowners.com("销售月球土地长达22年……")。

[139] 即使是西班牙的政府本身也是私人性质的,国家在实质上是授予特许权,参见 N. Rouland, S. Pierré-Caps and J. Poumarède, *Droit des minorités et despeuples autochtones* (Paris: Presses universitaires de France, 1996) at 106; M. Restall, *Seven Myths of the Spanish Conquest* (Oxford: Oxford University Press, 2003) at 36—7(国王军队的神话,记录"征服者"职业中几乎没有士兵)。

[140] 这种形式的全球化的范围不应当扩大。世界银行曾经推论说,全球化的进程"有待于触及一大片的世界经济。大约一半左右的发展中国家民众被经常谈到的20世纪80年代初以来的世界贸易和资本流动量的上升所排除"。参见 The World Bank, *World Development Report 1997: the State in a Changing World* (Oxford: Oxford University Press, 1997) at 12;关于全球化进程的批评,参见 P. Hirst and G. Thompson, *Globalization in Question* (Cambridge: Polity Press, 1996); D. Rodrik, *Has Globalization Gone Too Far*? (Washington D. C.: Institute for International Economics, 1997); Z. Bauman, *Globalization: The Human Consequences* (New York: Columbia University Press, 1998);关于世界上不同形式的"全球化",参见第二章"全球化"。

[141] 商人法的概念仍然具有争议。它代表的不是真正的全球性法律发展,而是某种形式的"全球化的地方主义",参见 B. de Sousa Santos, *Toward a New Legal Common Sense*, 2nd edn. (London: Butterworths, 2002) at 214,是一种大陆法理论和普通法实践的创造(尽管作为一个概念经常受到普通法律师和来自"发展中国家"的律师的抵制)。参阅 L. Trakman, *The Law Merchant: The Evolution of Commercial Law* (Boulder, Col.: Fred B. Rothman, 1983), notably at 23(中世纪的商人法在后中世纪时代"并未死亡"); O. Lando, "The Lex Mercatoria in International Commercial Arbitration" (1985) 34 I. C. L. Q. 747; R. Goode, "Usage and its Reception in Transnational Commercial Law" (1997) 46 I. C. L. Q. 1; B. Goldman, "La lex mercatoria dans les contrats et l'arbitrage international: réalités et perspectives" J. dr. int., 1979. 475; J. H. Dalhuisen, *Dalhuisen on International Commercial, Financial and Trade Law* (Oxford/Portland: Hart, 2000), notably at vi(国家法在国际商业中现在只是在有残缺的情况下才适用)and vii(19世纪欧洲对私法的国家化是一种精神失常); R. Goode, H. Kronke, E. McKenndrick and J. Wool, *Transnational Commercial Law* (Oxford: Oxford University Press, 2004)(关于主要的国际文件,正式的和非正式的,以及评论);关于一个跨国法律电子数据库,参见 http://www.tldb.de。

程对以国家为中心的西方法构成巨大的挑战。这个过程更是(再)发展跨国法律概念这一更大进程的一个组成部分,在这个过程中,法律不是被强行压下来的,而是从过去的权威、最优做法和"认知共同体"的工作中被挑拣出来的。[142] 这点发生在西方法律的很多领域,并跨国界推动了许多非政府性的角色之间的协作。那些遵循其他非西方法律传统的人并不会怎么充满热情来看这一点,然而,这个过程最终将在西方法域范围内推动认可他们的传统为非国家的、跨国家的法律。

构成西方扩张基础的第二个概念是国家。西方帝国主义时代跟民族—国家(nation-state)出现的时代相同,据说"民族的建设不可避免地被视为扩张的过程"。[143] 该过程一方面"在内部"发生,欧洲国家将不同民族纳入进来,它们各自的传统也成功地,或没那么成功地融入该具体国家的传统。另一方面,随着帝国主义时代的到来以及获得国外领土以作为财富来源和扩张的区域,该过程也可能"从外部"发生,首先是发生在西班牙,接着是法国,然后是其他的国家,这个过程中的私人的努力是一个更大的原因[144]。后来,这个过程自我复制,本身作为反对旧的、帝国主义国家的结果的新的国家也开始了自己的扩张,并尽可能多地为自己开拓疆土。因此,"疆界"是一种民族—国家的现象,而非殖民的现象,但它们代表了运作中的同一进程。[145] 当前,绝大部分世界被划分成许多

---

[142] 关于"认知共同体"和它们跟传统的关系,参见第二章"劝谕性权威:创造新(和旧)的认知共同体";详细参阅 H. P. Glenn, "A Transnational Concept of Law" in P. Cane and M. Tushnet (eds.), *The Oxford Handbook of Legal Studies* (Oxford: Oxford University Press, 2003) 839; H. P. Glenn, "Comparative Law and Legal Practice: On Removing the Borders" (2001) 75 Tulane L. Rev. 977; M. Likosky (ed.), *Transnational Legal Processes* (London: Butterworths/LexisNexis, 2002); K. P. Berger, *The Practice of Transnational Law* (The Hague/London/Boston: Kluwer Law International, 2001). 关于当代"劝谕性权威的上升",参见 A.-M. Slaughter, "A Global Community of Courts" (2003) 44 Harv. Int'l. L. J. 191 at 199 ff,详细参阅 A.-M. Slaughter, *A New World Order* (Princeton: Princeton University Press, 2004)(关于跨国"网络",包括政府间的和司法的)。

[143] E. Hobsbawm, *Nations and Nationalism since 1780: Programme, Myth, Reality* (Cambridge/New York: Cambridge University Press, 1990) at 32;关于在欧洲和海外同时扩张的进程及其暗示的空间的概念化(摩卡托的地图并非中性的描述),参见 H. P. Glenn, "The National Heritage" in R. Munday and P. Legrand (eds.), *Comparative Legal Studies: Traditions and Transitions* (Cambridge: Cambridge University Press, 2003) 76; J. Black, *Visions of the World: A History of Maps* (London: Mitchell Beazley, 2003),关于欧洲的地图绘制,"逐渐压下"(subliminated)本土的地图制作传统,特别是在第78—83页关于欧洲地图在领土争端、稳固疆界和分配土地中的作用。

[144] P. McAuslan, "Land Policy: A Framework for Analysis and Action" [1988] J. African Law 185 at 185("抢夺非洲,瓜分太平洋地区,殖民澳大利亚都是在底层组织、政府批准和最终指引的攫取土地的活动")。

[145] 参阅 R. Williams Jr., *The American Indian in Western Legal Thought: the Discourses of Conquest* (New York/Oxford: Oxford University Press, 1990) at 249("洛克理论的运用:殖民激进分子在印度边界的实践")。

的国家领土(但南极洲有着特殊的地位),这一事实清楚地表明这种建立正式组织和边界控制的思想曾经是多么的强大。国家的处处存在(除了在那些它们正在衰弱的地方[146])逐渐成为一种呈进攻姿态的工具以推进西方的其他社会组织概念,其中包括"国际"法传统,它试图(主要是由于缺乏制度的支持)通过调整国家关系来加强国家的认同。这些西方的社会组织概念代表了第三种西方扩张的手段。

国家本身是人的建设性理性的产物,而权利则是对理性的独一无二、上帝所赐的特征的最重要表达。权利是自由的工具,因此,在世界范围内改善人类生存条件很容易被看做是必然要效仿欧洲的模式和使用欧洲的手段。这些正是西方世界作为一个整体现在正在使用的,而新建立的美国和澳大利亚为欧洲的模式和手段增加了自己的巨大影响。对于西方人来说,这一切都具有不证自明的特点,走向西方的生活方式被看做是一个极大的、从整体来说是不可避免的进程,尽管偶尔会遭受挫折,但最终只有某种全球性大灾难才有可能阻挡它的步伐。然而,这种看法跟 19 世纪看事情的方式不谋而合,殖民主义和压制别的民族就发生在那一时期,尽管欧洲人自己当时则正开始享受民族自决、自由和——至少在某些情形下(英国由于学说的原因而持异议)——权利。[147] 因此,西方的自由法律理论在世界上不同地方的适用方式存在重大的差别。[148] 但这种差别并非全然是一种疏漏或滑过;它所依赖的人的本质优越理论甚至可以清楚地追溯到(如果可

---

[146] M. van Creveld, *The Rise and Decline of the State* (Cambridge: Cambridge University Press, 1999), notably at 314(拉丁美洲的国家"只是在一定程度上"是成功的)and 331(其他地方国家只是成为"一具空壳"); R. Gordon, "Saving Failed States: Sometimes a Neocolonialist Notion" (1997) 12 Am. U. J. Int'l. L. & Pol'y. 903. 关于确定国家什么时候"失败"没有固定的标准。有些人现在使用低收入困境国家(LICUS)这样的语言;关于旅行公司不会再送旅游者或旅行团去的 47 个国家(大约世界总数的一半),参见 *Die Zeit* January 5, 2006 at 4. 同时可向各国外交部的旅游咨询部门咨询。

[147] 参见 H. von Senger, "From the Limited to the Universal Concept of Human Rights: Two Periods of Human Rights" in W. Schmale (ed.), *Human Rights and Cultural Diversity* (Goldbach, Germany: Keip Publishing, 1993) 47 at 50—2.

[148] 在西方国家内部也存在差别,因为妇女向来被各种权利宣言的范围所排除,包括在正式的阐述中和在实际的权利中,参见 von Senger, "From Limited to Universal Concept of Human Rights", above, at 53—5, "家长制启蒙"和详细的"分节"包含手法可以追溯到古希腊的政体概念("meros"意思是"部分"),据此,下定义时只包含一个被定义为整体的、肥大的部分,而对其他部分则被默许从定义中摘除,并因此消失。关于 18 世纪法国妇女反对将她们从公民权和人权概念中排除,参见 von Senger 的以上文章;J. Scott, *Only Paradoxes to Offer: French Feminist and the Rights of Man*(Cambridge, Mass./London: Harvard University Press, 1996), notably at 19 ff. 关于 Olympe de Gouges 起草的《妇女和公民权利宣言》。

能不是完全可信的话)阿奎那的实用理性和某些人具有"更高智力"等观念[149],它形成不同民族具有不同的"人性程度"(degrees of humanity)的观念[150]。 直到18世纪中叶,"文明"(civilization)仍然还只是属于法国程序法中的一个概念(由刑事转移到民事法庭),之后才作为一个普遍的历史进程出现[151]。 因此,自由主义跟殖民主义是在同一时期发展起来的(列宁对此肯定会悄悄地颔首赞同),但这被理解为白人男子(而非妇女)的责任[152]。约翰·斯图亚特·穆勒(J. S. Mill)就"非常接近于具有他那个时代的残酷种族主义思想"[153],而西方人类学把"原始民族"的概念甚至一直带进20世纪[154]。 对此的法律反应早在16世纪中期就出现在西班牙的弗朗西斯科·维多利亚的著作之中,他说道:"没有什么事情比发生在印度的贪腐利润和事件更让我震惊和尴尬。甚至提起它们都让我血管内的血液凝固。"[155]时至今日,维多利亚的著作仍是世界上许多原著民提出法律权利请求的理论基础[156],他认为欧洲的和原著美洲人之间差异主要是由于"邪恶而野蛮的教育"的结果,这种教育绝不可能证明当时的殖民实践的任何正当性[157]。 维多

---

[149] M. van Gelderen, "Vitoria, Grotius and Human Rights. The Early Experience of Colonialism in Spanish and Dutch Political Thought" in Schmale (ed.) *Human Rights and Cultural Diversity* (1993), above, 215 at 217.

[150] 同上,at 218; R. Ben-Shalom, "Medieval Jewry in Christendom" in M. Goodman (ed.), The Oxford Handbook of Jewish Studies (Oxford: Oxford University Press, 2002) 153 at 163("因为基督教是一种理性宗教,每个人都应当是基督徒。那些不是基督徒……不是……完整的人");关于原生社会在本质上是达尔文式的,以及占有程度"在社会组织规模中如此之低"以致跟"文明社会的法律思想"不相容,参见 In re *Southern Rhodesia* [1919] A. C. 211 at 233(J. C. P. C.)。

[151] E Braudel, *A History of Civilizations*, trans. R. Mayne (New York: Penguin, 1993) at 3.

[152] 参见 von Senger, "From Limited to Universal Concept of Human Rights" (1993), above, at 65, 66, 关于"高等人种"的"文明化使命";尽管(在一定程度上)存在批评其为帝国主义的启蒙声音,参见 S. Muthu, *Enlightenment Against Empire* (Princeton: Princeton University Press, 2003)。

[153] B. Parekh, "Superior People: the narrowness of liberalism from Mill to Rawls" TLS, Feb. 25, 1994, at 11.

[154] 关于该思想的发展和衰落历史,参见 A. Kuper, *The Invention of Primitive Society: Transformations of an Illusion* (London/New York: Routledge, 1988); A. Pagden, *The Fall of Natural Man. The American Indian and the Origins of Comparative Ethnology* (Cambridge: Cambridge University Press, 1986);关于当前的反应,参见第二章介绍性文字。

[155] F. de Vitoria, *Political Writings*, ed. A. Pagden (Cambridge: Cambridge University Press, 1991) at 331; cited in M. van Gelderen, "Vitoria, Grotius and Human Rights" (1993), above, 215 at 219

[156] 参阅 P. Gumming and N. Mickenberg, *Native Rights in Canada*, 2nd edn. (Toronto: General Publishing, 1972) at 14;以及本书第三章"国家作为中间地带"。因此,在当代一个模拟的访谈中,伊塔洛·卡尔维诺能够让蒙提祖玛宣称:"在我失败的四个世纪之后,你仍然不能确定你已经赢了。"参见 I. Calvino, "Montezuma" in Pronto che tu dica "Pronto" (Milan: Arnoldo Mondadori, 1993) 213 at 225(作者译)。

[157] de Vitoria, *Political Writings* (1991), above, at 290, cited in van Gelderen, "Vitoria, Grotius and Human Rights" (1993), above, at 220.

利亚的观点被巴多罗梅·卡萨斯(Bartolomé de Las Casas)所认可,后者认为这些差异并非由于生物学上的因素,而是由于"遵循不同的习惯"及其他因素。[158]

如果维多利亚和卡萨斯的著作并未显著地滞缓帝国主义的扩张,但它们却成为支持普世人权的现代主张的基础。[159] 从内在于西方世界的观点来看,一旦民族之间的差别(在西方思想中存在已久)被消除,权利和人的自由将成为普世性的概念,就像它们最初所构想的那样。而作为普世概念,它们必将在国家内部和国家之间广为流行,并最终压倒它施行过程中的一切国家障碍。当然,行之有效的人权国际执行手段很少(地区性的欧洲人权法院是个例外,尽管它构成一种合作性的、超国家的人权标准的实证化形式),尽管不那么引人注目的人权辩论对于影响未来的制度具有相当的重要性。然而,人权是否是普世性的呢?

很明显它们不是,尽管这个答案绝不应当阻碍关于它的争论。人权跟西方法律传统紧紧缠绕在一起,并仅仅只存在于后者的范围之内。人权概念的存在源于西方法律思想的两条大的支流。其中之一源于犹太教—基督教—伊斯兰宗教传统,这种传统把人类看成是上帝的影子和作为上帝在地球上的代表。[160] 另外一条则源于希腊(或埃及)理性——这种理性并没有或没有完全被犹太或伊斯兰法律思想所接受——它允许构建权利执行所需的法律制度和概念。[161] 人权在世界上是一个非常特殊的概念,它是"偶然

---

[158] 同上,at 221;关于卡萨斯在听了西班牙人用西班牙语向那些根本就不能理解的原著民族宣读要求承认教皇和王室权威之后,不知道"是笑还是哭"好,参见 H. Thomas, *Rivers of Gold: The Rise of the Spanish Empire* (London: Weidenfeld & Nicolson, 2003) at 264—6, 302.

[159] 关于对这个主题的预有准备的部分讨论,参见 Schmale (ed.), *Human Rights and Cultural Diversity* (1993), above, with extensive bibliography at 334 ff.; J. Waldron (ed.), *Theories of Rights* (Oxford: Oxford University Press, 1984); A. A. An Na'im and F. M. Deng (eds.), *Human Rights in Africa: Cross-Cultural Perspectives* (Washington, D. C.: Brookings Institution, 1990), with refs; D. Little (ed.), *Human Rights and the Conflict of Cultures: Western and Islamic Perspectives on Religious Liberty* (Columbia, S. C.: University of South Carolina Press, 1988); C. Welch Jr., and V. A. Leary, *Asian Perspectives on Human Rights* (Boulder, Colo./San Francisco: Westview Press, 1990); L. S. Rouner, *Human Rights and the World's Religions* (Notre Dame: University of Notre Dame Press, 1988).

[160] 参见第五章"以人为本和权利的增长"。

[161] 参见第五章"法律作为理性的工具"。

的、易变的而非永恒的"[162],其"存在"仅仅是因为传统之间的非常的一致,在世界其他任何地方都没有这样的相合。人权在西方范围内也被看做是一种反应:是对中世纪的封建主义、对帝国的种族主义以及更是对更近以来第二次世界大战之后的国内和国际环境的一种反应。[163]

然而,这点不应当阻止我们对人权概念在西方法律传统之外的适用的争论。传统之间交换着信息。而人权学说的具体和偶然的起源应当影响这种讨论。人权可能在其他地方也有用武之地,但它也可能毫无用处,甚至是有害的,特别是如果那里缺乏法律结构和(未受腐败的)能够使其有效的司法机构。那些遵循着明显拒绝主观定义的法律的传统的民众有可能通过对自己的传统进行加工,最终产生比肤浅地移植权利原则要优越得多的结果。当然,权利原则的结果可以作为一种典范;如果其他原则不包括权利的概念,它们将有可能会受到挑战,这种挑战甚至是内部性的。然而,坚持权利的普世性特征必然被看做是,并将持续被看做是一种现代形式的帝国主义,它使用着跟过去相同的、古老的私人手段。普世权利纯粹是普世化某具体传统的真理的另一种方式。它是自由的不自由,是强迫民众享受自由。然而,如果人们具有相同的潜力,如果所有的人都具有人的理性(这种或那种形式的),如果所有的人作为人类,都有权选择他们自己的生活方式,他们的选择必须受到尊重。因此,权利原则正如其理所应当的那样,最终将对照其他的原则,在具体环境中由具体的民众进行评估。关于这种评估是如何进行的则需要作更多

---

[162] R. Blickle, "Appetitus Libertatis. A Social Historical Approach to the Development of the Earliest Human Rights: The Example of Bavaria" in Schmale (ed.), *Human Rights and Cultural Diversity* (1993), above, 143 at 144;并参见 D. Lai, *Unintended Consequences: the Impact of Factor Endowment, Culture and Politics on Long-Run Economic Performance* (Cambridge, Mass./London: MIT Press, 1998) at 177(当代权利的概念甚至在西方宇宙哲学中也是一个迟到者,"关于这个概念,没有什么是普世的";B. de Sousa Santos, *Toward New Legal Common Sense* (2002), above, at 269("人权只有从西方角度来看才是普世的");R. Pannikar, "Is the Notion of Human Rights a Western Concept" (1982) 120 Diogenes 75(同意);这项结论跟当代道德哲学的重要的、代表性的结论是类似的,后者拒绝最终的公正的概念。参见第二章"可比性:苹果和橘子",关于"人权的普遍适用所导致的新的不安",参见 A. Sajo, "Universalism with Humility" in A. Sajo (ed.), *Human Rights with Modesty: The Problem of Universalism* (Leiden: Martinus Nijhoff, 2004) 1 at 9, and M. Mutua, "The Complexity of Universalism in Human Rights" in Sajo, *Human Rights Modesty* (2004), above, 51, notably at 61("国际人权观念落入欧洲殖民项目的历史的连续统一体中,它把白人当做是那愚昧而野蛮的非欧洲世界的救世主")。

[163] W. Kymlicka, Liberalism, *Community and Culture* (Oxford: Oxford University Press, 1989) at 213—15(直到第二次世界大战之前,自由理论跟国家少数族裔的不同对待都是相容的;对后来的联合国针对纳粹滥用少数族裔保护计划以及美国在 20 世纪五六十年代的黑人和白人关系状况的影响)。因此,人权辩论不仅对国际关系具有重要性,而且对于国家内部的区别对待的可能性也具有重要性。参见第二章"异域视界",以及各具体传统的第四部分关于它们跟其他传统的关系。

的阐述。[164]

西方法律和腐败

如果权利的谈论是西方法律阳光的一面的话,腐败则是它黑暗的一面。没有什么其他的传统——大陆法和普通法之外的其他传统现在正在一起审视着整个世界——如此使自己倾向于腐败。在原生世界中没有多少可腐败的东西;犹太教的拉比们被看做是一种腐败,但主要是基督教徒这样认为,后者这样做除了内部改革以外还有其他的目的;伊斯兰为金钱或公共机构的腐败提供很少的机会,尽管即使是在伊斯兰范围内,仍然有人说对教义不尽力也是某种形式的腐败。然而西方的法律传统为所有腐败都提供了各种前提条件。理念的腐败可能只是最不令人担心的一种。自由理念一般来说并非腐败,尽管它高度地不受任何约束。[165] 然而,在创建大的国家、大的公司结构、大的劳动组织、大的法律阶层——简言之,在创建方方面面的大的机构化精英阶层过程中,西方法律就像是建在温暖湿润的气候环境中的一栋木质结构的大房子,具有所有可能的缺点。它看起来很漂亮,设计优良,但却承受着许多的内部腐烂的风险。为了保存下来,它需要对本身的结构进行保护,如果这点被忽视或成为不可能的话,整个结构将会垮掉。

这种传统的有些形式的腐败在西方法律中得到了有效的处理。种族主义的理念腐败不具有任何科学的基础,现在在法律思想中至少被边缘化,尽管它在此之外仍然还很活跃。那些曾经买官(如在法国)或卖官、以及向当事人索取费用(如在英国,更不用说"吃饭和送礼"了[166])的法官现在获得了财政上的保障。确实,在有些国家,尽管法官收

---

[164] 参见第十章"调和传统";关于所谓的"西方之间——特别是美国——在努力推进普世性的西方文化方面的杂乱无序,以及能力的下降",以致1993年维也纳人权会议被形容为"西方的失败",参见 S. Huntington, *The Clash of Civilizations and the Remaking of World Order*(New York: Simon & Schuster, 1996)at 183, 196。关于"反冲",参见 L. Heifer, "Overlegalizing Human Rights: International Relations Theory and the Commonwealth Caribbean Backlash against Human Rights Regimes"(2002)102 Col. L. Rev. 1832(三个加勒比国家退出人权体制,该地区更支持资本制裁);关于对人权"怀疑"态度,怀疑论者是那种"持续质询的人",而不管那"一大堆"的人权著作,参见 A. Tomkins, "Introduction: On Being Sceptical about Human Rights" in T. Campbell, K. D. Ewing and A. Tomkins, *Sceptical Essays on Human Rights*(Oxford: Oxford University Press, 2001)1 at 1, 3。

[165] 关于传统的多样性,参见第十章。

[166] Baker, *Oxford History of Laws*(2003)at 413 and 414("来一桶鲟鱼……你就不会输掉官司");关于大法官收取费用"导致怀疑他们通过增加诉讼数量和延长诉讼时间来赚钱",参见 M. Lobban, "Preparing for Fusion: Reforming the Nineteenth-Century Court of Chancery, Part I"(2004)22 Law & Hist. Rev. 389 at 395(以及第397页,关于花钱购买职位)。

入相对不高,但他们仍承担着生命受到威胁的、英雄般的工作,以打击政府腐败和有组织犯罪的传统的相互勾结(如在意大利)。[167] 因此,如果法律机构自身能够保持清廉的话,它们可以在很大程度上防止非法律机构的腐败。问题是,众所周知,聚集在法律机构中的腐败力量并不亚于在其他的公共机构。[168] 而且,如果没有外部的腐败势力,它们也还有内部的腐败,这些腐败对于那些身居有利可图、可带来不正当个人好处的位置的人形成来自内部的压力。值得注意的是,腐败问题在西方法律起源的国家中跟在引进西方法律的国家中有些差别。

在西方国家范围内,问题(相对地)局限于保持法律阶层和其他公共机构的基本道德操守,以及通过法律职业阶层(律师和法官)来控制各种崩溃。普遍化的腐败并未达到在其他地方那样的程度,尽管有组织的犯罪在一定范围内比过去影响更深,但这个观点仍然是一个非常脆弱的结论。[169] 在法律阶层范围内,传统内部存在着差别。在传统上,欧洲的法律职业者(包括大陆法和普通法两种类型)是相互分立的,他们各自的活动范围受到内部道德的约束和限制。[170] 从概念角度来说,这是一个不相容性的问题,亦即其行为和他们作为某特殊职业阶层的成员身份之间的不相容。作为公证员*或初级律师**的同时不能作为律师(avocat)或出庭大律师(barrister);作为初级律师不可从事其他形式的商业活动,甚至成为合伙人;一直到最近,作为律师(avocat)不能接受任何受薪的职位,甚至包括其他律师提供的职位。对于惹麻烦的律师设有很多的限制,另外,法律执业的整体规模也保持限制,并通常纯粹是个体式的,就像出庭律师一样。而北美的法律阶层则没有那么严格的界定(多数人的解释是,这是北美作为新的疆土的需要),不相容性的概念在那里几乎不存在。那里不需要什么使律师免于麻烦的结构概念。因此,北美

---

[167] D. Nelken, "Judicial Politics and Corruption in Italy" (1996) 23 J. Law and Soc. 95(关于"干净的手"(clean hands,或 mani pulite)司法运动及"回扣"(tangentopoly 或 kickback)之城米兰)。

[168] 关于拉丁美洲的黑手党(nacro)接管司法管理的计划,参见 J. Witke, "Globalizacion, Estado y Derecho" (1995) 28 Bol. mex. der. comp. 341 at 350("黑手党之国")(un NacroEstado) and 353(非正式的、超越宪法的法律出现以作为处理腐败的国家结构的手段)。

[169] 例如,德国建筑行业的腐败几乎是天天发生,"大家心知肚明"的行贿比例是主要工程的 1.5%—3%,参见 *Die Zeit*, March 18, 2004, at 30.

[170] H. P. Glenn, "Professional Structures and Professional Ethics" (1990) 35 McGill L. J. 424;尽管批评英国的初级律师"在威斯敏斯特纯净的环境中只知道追求个人的好处","默许建立一个事实上的帝国",参见 D. Lemmings, *Professors of the Law: Barristers and English Legal Culture in the Eighteenth Century* (Oxford: Oxford University Press, 2000) at 247,291.

* notary,大陆法将法律阶层分成公证员和律师。——译者注

** solicitor,英美法将法律阶层分成初级律师和出庭律师。——译者注

的律师或者像是美国那样,属于一个统一的、广泛的*职业阶层,或者像是加拿大那样,属于一个融合(尽管还是可以区分出来)的职业阶层。其结果是导致律师事务所规模的扩大,以此适用那些公司客户和大规模诉讼的要求,因此,北美的律师现在受到机构性的忠诚义务(尤其是那些大的律师事务所)的约束,这种忠诚跟对客户的忠诚义务并非总是一致。在北美,很多人认为法律执业是一种商业,因此,律师没有单一的或主导性的义务向那些有需要的人提供援助(法律援助)。那里还曾经有过所谓"迷失的律师"(lost lawyers)的讨论,它针对的是那些忘记自己的主要服务义务的律师。[171] 作为一种社会现象,那里还产生了许多针对律师的玩笑。[172] 特大型的律师事务所和内部工作标准的增长现在也发生在欧洲,英国的初级律师事务所在这方面表现得最为突出,但荷兰和德国的律师事务所也具有同样的趋势。[173] 由于大型律师事务所代理着众多的客户,这些客户之间的关系可能相互冲突,或者,由于律师在特定法律诉讼过程中可能从一个律师事务所跳槽到另一个律师事务所,对利益冲突进行控制必然伴随着这些过程。这种类型的"卫星诉讼"**在西方世界的很多地方已经成为诉讼的昂贵的附属物。随着大型律师事务所越来越国际化,对律师行为的道德制约也在扩大。正如美国和加拿大的联盟,欧洲跨国境的职业道德准则也已经出现,尽管它们通常采用(在道德伦理上很有意思的)一种所谓的道德选择(choice-of-ethics)规则的技术,即主要根据地理位置的考虑,将道德问题服从于某具体法域的道德准则。不过,职业道德的管辖也表现出自身的问题。

当西方法律从其驻在法域(host jurisdictions)或那些跟它们一道发展起来的法域被向外输出时,腐败的问题在当地占有相当大的比例。首先是那里不存在遵守实证法律的积极现象,以致当前西方思想的实证法律学说的基础之一被无情地移除出去(正如它现在在西方正缓慢解体那样)。[174] 这纯粹就是一种薄的(thin)成文法,它没有很好地深入到社会当中,在一个特定国家中,不管是谁上台,谁都可以立刻掌控它。制度没有建立在

---

* 可从事各种法律业务的。——译者注

[171] A. Kronman, *The Lost Lawyer*: *Failing Ideals of the Legal Profession* (Cambridge, Mass./London: Belknap Press 1993);并参见 N. Bowie, "The Law: From a Profession to a Business" (1988) 41 Vanderb. L. Rev. 741。然后,这种道德追求所存在的问题在律师事务所中被复制("攫取和离开"问题)。

[172] "换个灯泡需要多少个律师?你能负得起多少个?",参见 M. Galanter, *Lowering the Bar*: *Lawyer Jokes and Legal Culture* (Madison: University of Wisconsin Press, 2005) at 70,以及整个第 11 章(只发生在美国?)。

[173] 参见 Y. Dezalay, *Marchands de droit* (Paris: Fayad, 1992)。

** satellite litigation,指附属于主体诉讼的诉讼。——译者注

[174] 关于作为简单事实的实际遵从是实证法的基础,参见第五章"实证法律和实证科学",关于世界在坚持"理性法律权威"方面的下降,参见本书第一版序言。

具体的道德或社会传统之上,不管它们主张什么道德要求,最终都跟其他的道德,譬如对家庭或部落的忠诚,相冲突。[175] 其结果便是普遍化的腐败,在有些国家更被称为"蚂蚁似的"(hormiga)腐败,因为蚂蚁堆中的所有的蚂蚁都在忙忙碌碌,更重要的是,包括所有的警察都卷入到腐败当中,他们甚至比那些他们本来应当管辖的人表现得更为可怕和让人退避三舍。在这种环境中,法官和律师若敢做点什么事情,往往会受到可怕的报复;国家本身给他们提供不了任何的保护。[176] 当然,他们可以选择成为腐败问题的一部分。[177] 当西方式的制度和法律移植到国外时,它们并不能在当地为这种法律重建西方式的道德和智识支持,因此,西方式的发展并不能够克服由此产生的大范围的腐败问题。在这个方面,大陆法和普通法似乎并没有什么两样。因此,尽管西方的理念经常自我宣称是普世性的,但对那些为有效施行这种理念所必需的制度进行普世化则是另外一回事。

参考书目

Atiyah, P. S. and Sommers, R. S., *Form and Substance in Anglo-American Law* (Oxford: Clarendon Press 1987).

Baker, J. H., "English Law and the Renaissance" (1985) 44 Cambridge Law Journal 46.

——*An Introduction to English Legal History*, 4th edn. (London: Butterworths, 2002).

Baker, J. H., *The Common Law Tradition* (London/Rio Grande: Hambledon Press, 2000).

——(ed.), *The Oxford History of the Laws of England*, multi-volume (Oxford: Oxford University Press, 2003 ff).

---

[175] 参见第三章"原生民族、国家和人权",关于在所谓的发展中国家中的机构忠诚和社会忠诚的冲突;关于腐败的一般问题,参见第一章"传统和腐败"。因此,国家可视为"有毒的礼物",一种自身包含滥用支配的强大结构;Hardt and A. Negir, Empire (Cambridge, Mass./London: Harvard University Press, 2000) at 132—4。关于腐败在俄罗斯司法架构中的情况,参见 S. Burger, "Corruption in the Russian Arbitrazh [commercial] Courts: Will There Be Significant Progress in the Near Term?" (2004) 38 The International Lawyer 15, notably at 16("还有很多工作要做");关于腐败作为许多中东国家回归到伊斯兰概念的主要原因之一,参见 B. S. B. Ali Al-Muhairi, "Islamisation with the UAE Penal Law: Shari'a in the Modern Era" (1996) 11 Arab L. Q. 34 at 43("对腐败和压迫的反应")。

[176] 参阅国际法学家委员会独立法官和律师中心在《对法官和律师的骚扰和迫害》中的那些有价值的但又令人毛骨悚然的报告。

[177] 参阅 W. Osiatynski, "Paradoxes of constitutional borrowing" (2003) 1 Int. J. Const. L. 244 at 264("从中欧到中亚,到非洲,再到拉丁美洲,法官的腐败都很猖獗",对普通法在缺乏有保证的问责的情况下仍然保障法官独立提出质疑)。

Berman, H., *Law and Revolution: The Formation of the Western Legal Tradition* (Cambridge, Mass.: Harvard University Press, 1983).

Birks, P., "Adjudication and interpretation in the common law: a century of change" (1994) 14 Legal Studies 156.

Buckland, W. and McNair, A. D., *Roman Law and Common Law: a Comparison in Outline*, 2nd edn. by Lawson, F. H. (Cambridge: Cambridge University Press, 1965).

Cairns, J. W., "Blackstone, an English Institutist: Legal Literature and the Rise of the Nation State" (1984) 4 Oxford Journal Legal Studies 318.

Clark, D. and Ansay, T., *Introduction to the Law of the United States*, 2nd edn. (The Hague/London/New York: Kluwer Law International, 2002).

Coquillette, D. (ed.), *The Anglo-American Legal Heritage [:] Introductory Materials* (Durham: Carolina Academic Press, 1999).

Cross, R. and Harris, J. W., *Precedent in English Law*, 4th edn. (Oxford: Clarendon Press, 1991).

David, R. and Brierley, J. E. C., *Major Legal Systems in the World Today*, 3rd edn. (London: Stevens, 1985), Pt. Three ("The Common Law").

Dawson, J., *The Oracles of the Law* (Ann Arbor: The University of Michigan Law School, 1968), ch. 1 ("The Growth and Decline of English Case Law").

Eisenberg, M., *The Nature of the Common Law* (Cambridge: Harvard University Press, 1988).

Farnsworth, A., *An Introduction to the Legal System of the United States*, 3rd edn. (Dobbs Ferry, N. Y.: Oceana, 1996), trans. as *Introduction au systeme juridique des Etats-Unis* (Paris: LGDJ, 1986).

Gilmore, G., *The Ages of American Law* (New Haven: Yale University Press, 1977).

Glendon, M. A., Gordon, M. and Osakwe, C., *Comparative Legal Traditions* (St. Paul: West Publishing, 1994), Pt. Ill ("The Common Law Tradition").

Glenn, H. P., *On Common Laws* (Oxford: Oxford University Press, 2005).

——"Persuasive Authority" (1987) 32 McGill Law Journal 261.

——"La civilization de la common law" Revue Internationale de droit comparé 1993. 559.

——"The Common Law in Canada" (1995) 74 Canadian Bar Review 261.

——"A Transnational Concept of Law" in Cane, P. and Tushnet, M. (eds.), *The Oxford Handbook of Legal Studies* (Oxford: Oxford University Press, 2003) 839.

Goldstein, L. (ed.), *Precedent in Law* (Oxford: Clarendon Press, 1987).

Goodhart, A. L., "The Migration of the Common Law" (1960) 76 Law Quarterly Review 39.

Gordley, J., "Common Law und civil law: eine überholte Unterscheidung" (1993) Zeitschrift für europäisches Privatrecht 498.

Hand, G. and Bentley, D. (eds.), *Radcliffe and Cross: the English Legal System*, 6th edn. (London:

Butterworths, 1977).

Harding, A. J., *The Common Law in Singapore and Malaysia* (Singapore: Butterworths, 1985).

Hart, H. L. A., *The Concept of Law*, 2nd edn. (Oxford/New York: Clarendon/Oxford University Press, 1994).

Holdsworth, W. S., *A History of English Law* (London: Methuen, 1966).

Holmes, O. W., *The Common Law* (Cambridge, Mass.: Belknap Press, 1963).

Horowitz, M., *The Transformation of American Law*, 1780—1860 (New York: Oxford University Press, 1992).

——*The Transformation of American Law: the Crisis of Legal Orthodoxy*, 1870—1960 (New York: Oxford University Press, 1992).

Hudson, J., *The Formation of the English Common Law: Law and Society in England from the Norman Conquest to Magna Carta* (London/New York: Longman, 1996).

Jolowicz, J. A., "Les décisions de la Chambre des Lords" Revue internationale de droit comparé 1979. 521.

——(ed.), *Droit anglais*, 2nd edn. (Paris: Dalloz, 1992).

Kiralfy, A. K. R., *Potter's Historical Introduction to English Law and its Institutions*, 4th edn (London: Sweet and Maxwell, 1958).

Laskin, B., *The British Tradition in Canadian Law* (London: Stevens, 1969).

Lederman, W., "The Independence of the Judiciary" (1956) 34 Canadian Bar Review 1139.

Levasseur, A., *droit des états-unis*, 2nd edn. (Paris: Dalloz, 1994).

Lieberman, D., *The Province of Legislation Determined: Legal Theory in Eighteenth-Century Britain* (Cambridge/New York: Cambridge University Press, 1989).

Lobban, M., *The Common Law and English Jurisprudence* 1760—1850 (Oxford/New York: Clarendon Press, 1991).

Maitland, F. W., *The Forms of Action at Common Law* (Cambridge: Cambridge University Press, 1954).

Markesinis, B. (ed.), *The Gradual Convergence: Foreign Ideas, Foreign Influences, and English Law on the Eve of the 21st Century* (New York: Oxford University Press, 1994).

Matson, J. N., "The Common Law Abroad: English and Indigenous Laws in the British Commonwealth" (1993) 42 International and Comparative Law Quarterly 753.

Milsom, S., *Historical Foundations of the Common Law*, 2nd edn. (Toronto: Butterworths, 1981).

Morrison, A., (ed.), *Fundamentals of American Law* (New York: Oxford University Press and New York University Law School, 1996).

Nelson, W. E., *Americanization of the Common Law: The Impact of Legal Change on Massachusetts So-

ciety, 1760—1830 (Cambridge, Mass.: Harvard University Press, 1975).

Oliver of Aylmerton, Lord, "Requiem for the Common Law?" (1993) 67 Australian Law Journal 675.

Plucknett, T. F. T, *A Concise History of the Common Law*, 5th edn. (London: Little, Brown, 1956).

Pollock, F. and Maitland, F., *The History of English Law before the Time of Edward* 1, 2nd edn., 2 vols. (London: Cambridge University Press, 1898).

Pringsheim, F., "The Inner Relationship between English and Roman Law" (1935) 5 Cambridge Law Journal 347.

Sawer, G., "The Western Conception of Law" in International Association of Legal Science (Zweigert, K. and Drobnig, U., eds.), *International Encyclopedia of Comparative Law*, vol. II, ch. 1 (Tubingen/The Hague/Paris: J. C. B. Mohr (Paul Siebeck)/Mouton, 1975) at 14, notably s. D ("English Common Law") at 24.

Schauer, F., "Is the Common Law Law?" (1989) 77 California Law Review 455.

van Caenegem, R. C., *The Birth of the English Common Law*, 2nd edn. (Cambridge: Cambridge University Press, 1988).

Weir, T., "The Common Law System" in International Association of Legal Science (Zweigert, K. and Drobnig, U., eds.), *International Encyclopedia of Comparative Law*, vol. II, ch. 2 (Tübingen/The Hague/Paris: J. C. B. Mohr (Paul Siebeck)/Mouton, 1974) at 77.

Zekoll, J. and Reimann, M., *Introduction to German* Law, 2nd edn. (The Hague: Kluwer Law International, 2005).

Zweigert, K. and Kötz, H., *Introduction to Comparative Law*, 3rd edn., trans. Weir, T. (Oxford: Clarendon Press, 1998), ch. B. III ("The Anglo-American Legal Family").

参考网页

http://hlsl.law.harvard.edu/bracton (Bracton on line, searchable)

http://home.hetnet.nl/~otto.vervaart/common_law_engl.htm (Literature, sources, links)

http://vi.uh.edu/pages/bob/elhone/elhmat.html (docs, to Edward I, early 14th century)

http://bar.austlii.edu.au (Australasia Legal Information Institute)

http://www.bailii.org (British and Irish Legal Information Institute)

http://www.bu.edu/law/faculty/scholarship/yearbooks (the yearbooks, searchable)

http://www.canlii.org (Canadian Legal Information Institute)

http://www.fordham.edu/halsall/sbook-law.html#index (docs., texts, from anglo-saxon time)

http://www.hg.org (Hieros Gamos legal research center)

http://www.law.cam.ac.uk/resources_history.php (links, many on line original sources and texts)

http://www.law.cornell.edu (U.S. law, world law, by jurisdiction)
http://www.law.pitt.edu/hibbitts/history.htm (English and U.S. legal history)
http://www.glin.gov (Global Legal Information Network)
http://www.netserf.org (English legal history materials, Maitland writings)
http://www.transnational-law.de (transnational commercial law)
http://www.worldlii.org (World Legal Information Institute, links to other information institute)

第八章
印度教法律传统：法律为君王，但究竟是何种法律？

开伯尔山口（Khyber Pass）以外就是突厥斯坦（Turkistan）广袤的土地，那里冬天寒冷，夏天炎热。大约3500年前（出于一些我们将要提到但你可能已经猜到的原因，时间未必精确），据说部分的突厥人开始向南面和西面迁徙，进入了今天的伊朗；其他人则向南面和东面迁移，进入了今天的印度。这些人也许"跟希腊人（Hellenes）、意大利古希腊城邦移民（Italiots）、凯尔特人（Celts）、德意志人（Germanic）以及斯拉夫人（Slavs）都有血缘关系"。[1] 当他们到达南方的平原时，他们自称为雅利安人（aryan），或优等民族[2]，

---

[1] F. Braudel, *A History of Civilization*, trans. R. Mayne (New York: Penguin, 1993 (original French edn. 1963) at 219；关于这次人口迁移的不同说法，以及一些互相对照的观点，Pal, *History of Hindu Law* (1958) at 34—45；K. Klostermaier, *A Survey of Hinduism* (Albany: State University of New York Press, 1994) at 34 ff.；R. Thapar, "The First Millennium BC in Northern India" in R. Thapar (ed.), *Recent Perspectives of Early Indian History* (Bombay: Popular Prakashan, 1995) 80, at 85, 86（认为这并非"雅利安种族"的人口迁移，而是"印度—雅利安"语言向印度地区的扩散）；R. Kochhar, *The Vedic People* (New Delhi: Orient Longman, 2000), notably at 92（假设《吠陀经》的汇编发生在大约公元前1700年的阿富汗，即人口迁移之前）；E. Bryant, *The Quest for the Origins of Vedic Culture* (Oxford: Oxford University Press, 2001), 特别是有关"原生雅利安人"的主题，指出吠陀思想并非源自西方，而是起源于印度次大陆，但同时在第43页又指出，"这样的说法缺乏基本的学术共识"；J. Keay, *India: A History* (London: HaperCollins, 2000) at 29（主张一种"无需大规模移民或强制合作的渐进式文化适应过程"）。

[2] Venkataraman, *N. R. Raghavachariar's Hindu Law* (1987) at 19（"吠陀—雅利安人（雅利安表示高级的文化、声望）"）。因此，伊朗是"雅利安人的土地"。"除了那些极权主义主张"，这些人被描述为是一个"健壮而质朴的民族，他们充满生活情趣……并不崇尚智慧思辨"；Desai, *Principles Hindu Law* (2000) at 5。"雅利安"（"aryan" or "arian"）一词来源于梵语的中的"arya"，表示高贵或良好的家庭。但是，它的基本科学内涵在于语言，即指代那些雅利安或印欧语系语言的人。但是，相比之下，它还被用来描述"血统单元"，S. Molnar, *Human Variation: Races, Types, and Ethnic Groups*, 2nd edn. (Englewood Cliffs, N.J.: Prentice-Hall, 1983) at 5。关于雅利安人可能遭遇过的哈拉巴文明（其本身"几乎不可能属于原生文明"），J. Lipner, *Hindus: their religious beliefs and practices* (London/New York: Routiedge, 1994) at 28。

与他们在当地发现的民族相区别(这完全是一种思想状态)。我们大概可以把两个族群都视为原生世界的不同成员,尽管这些新移民带来了一种关于神圣的知识或《吠陀经》(Veda,源于动词"看")的"褪色的传统"[3]。所以,我们知道了"吠陀—雅利安人"("Vedic-Aryans"),从而将他们与"前雅利安人"("pre-aryans"),或有时与"原住民"("aborigines")区别开来,这些原住民的后裔至今仍然构成了印度人口的大多数。可以预期,新移民的传统会逐步与原住民的传统发生联系,并在这个过程中达成很多的妥协。而且,吠陀经文献记载了大量关于忍耐和多重信仰的内容,所以说,这个过程的发生也存在一些特殊的原因。[4]

当希腊人东征到此(亚历山大大帝在公元前4世纪到达,即古罗马《十二铜表法》颁布之后不久,而希腊社区在这一带生活了数个世纪),他们对于弄清当地的所有信仰实在是不胜其烦。既然他们定居在他们称为印度河(Indus,原为梵文 Sindhu,意为河流)的河流两岸,他们索性就把所有人都称作印度人(indoi)。[5] 所以,印度人的身份最初是与领土而非信仰有关,后来随着信仰的传播,才逐步与信仰相结合。这意味着将吠陀经那诗一般的思想在当地众多的而且互不相同的族群中加以宣扬,进而让至少一部分人接受了这种全新的、复杂的吠陀教义。因此,吠陀法律从未主张要去除原生传统,它的存在是与特定的原生传统紧密联系的,而本地传统的重要性从来就是印度教思想的一个主题。[6] 在对新的吠陀法律产生比对旧有法律更多的认同之前,人们一直恪守着他们旧有的法律。在这个过程中,两种法律都发生了变化,当人们逐步认同这种变化了的吠陀法律时,他们就具有了印度人的身份。如果他们没有这样的认同,那么他们就还是一个独立的共同体。[7] 你可以在法律书籍中找到已经成为印度人的族群列表,它读起来却像诗歌一样:

> 玛杜拉的亚达瓦人(the Yadavas of Madura),
> 帕拉伽的艾扎瓦人(the Ezhavas of Palghat),

---

[3] Watts, *Philosophies of Asia* (1995) at 12;关于吠陀—雅利安人所带来的原始宗教传统,Lipner, *Hindus* (1994), above, at 29; Menski, *Comparative Law* (2000) at 144 ff.(《吠陀经》并未"制定法律",而是坚持一种相互联系的宇宙秩序);关于它的成文证据,参见下文,"关于《吠陀经》、经典和评述"。

[4] 关于印度教和包容,参见下文,"时间和婆罗门",以及"印度教身份"。

[5] Diwan, *Modern Hindu Law* (1998) at 1; Venkataraman, *N. R. Raghavachariar's Hindu Law* (1987) at 19 (作为"外来"表述方式的"印度"一词)。

[6] 参见下文,"萨达切拉与学派"。

[7] *Mayne's Treatise* (1991) at 3, 4.

第八章 印度教法律传统：法律为君王，但究竟是何种法律？ 313

玛拉巴的提亚人（the Thiyyas of Malabar），
堤那危里的玛拉雅人（the Marayars of Tinnevelly），
阿萨姆的桑塔尔人（the Santals of Assam），
焦达讷格布尔的科米曼同人（the Kurmi Mahtons of Chota Nagpur），
孟加拉的阿拉班西人（the Raj Bansis of Bengal），
波罗的波罗卡扎利人（the Boro Borokachari）。[8]

其他多少进行了一些抵制的族群则保留了他们自己的生活方式，或者更彻底地，创立了自己的新宗教。佛教（Buddhism）就是以这种方式在公元前6世纪创立的[9]，其本质是要反对印度教教义的（法律）"形式主义"（"formalism"），此外，耆那教（jainism）和锡克教（sikhism）也都是反对性的异端宗教。在印度，这些异端最后都被印度教法律所吸收，但是各种形式的抵制却持续存在。现在，人们普遍认为，印度教在很大程度上已经丧失了"信经的"（"credal"）意义[10]，除了它的法律，其他教义已不为人所知。[11]

遥远启示的传统

众神似乎不愿意制定法律。其具体内容从来无法显示出神授性，人们说这就是邪灵的所在。因此，《摩西五经》和《古兰经》都是伟大的思想家的创作——他们是刺猬，而不是狐狸，尽管在任何时候只要他们想变成狐狸，他们都可以做到。神无所不知，并懂得派遣代表。在摩西五经和古兰经之后，出现了密什那和逊奈（Sunna，先知言行汇编），然后法学家参与进来，于是有了塔木德和学理性的公议（ijma）。你可以在印度教法律中看到同样的情况：一个启示性的渊源（吠陀经）；一系列最早的解释（圣传书，Smirti），以及最有名的《法论》（dharmasastras）；然后是详细的评述和汇编，后来便成为最主要的文献。然而，我们现在讨论的也许是最古老的非原生法律传统之一，这些传统大约在4000年或

---

[8] Venkataraman, *N. R. Raghavachariar's Hindu Law* (1987) at 21 (citations omitted).
[9] 印度教法学文献对这个传统的记载全部采用基督教纪年方法。这多少体现出了包容的精神，也反映出殖民主义的影响。相比之下，如今主要在印度以外盛行的佛教，也偏好公元前和公元的名称（可见，它们的共同性在增大，基督教纪年法成为它们共同采用的方法。关于犹太—基督教关系中的公元前和公元纪年法，参见第四章序言。
[10] Diwan, *Modern Hindu Law* (1998) at 1.
[11] 这里所说的本质上的模糊性在当代印度立法和司法解释中都有体现，即"无精确定义"可循。Diwan, *Modern Hindu Law* (1993) at 1，并参见下文，"印度教身份"。

更早以前就出现了，因而我们需要考虑到时间的因素，还有每个传统的特殊性。[12] 此外，如果说其他法律传统的结构是正立或倒立的金字塔形[13]，那么对于印度法律传统而言，则没有人会作这样的比喻。它看上去更像是一只飞船或一个氢气球；你可以把它扯下来，但它生命的真正使命就在于漂游。

关于吠陀经、经典和评述

尽管有人将其追溯到公元前 4000 年，但大部分人认为《吠陀经》（即四部经文）是在公元前 2000 年到 1500 年左右，在开伯尔山口以外的地区形成的。[14] 吠陀经又被称为天启书（Sruti），它的词根 sru 有听见的意思，因此，它们记载的都是通过听闻的，或受到启发而获得的内容，而关于它们的神授性和启示性，存在着许多记述。[15] 与其他的启示一样，这些经文的内容并未包含太多的可被辨认为法律的内容，却有很多歌曲、祷文、赞美诗和谚语，所有这些都被认为是印度教生活方式的精华。《吠陀经》（除了这些内容以外）作为一种启示，其独到之处在于并没有突出强调它们的作者是谁，或者强调它们的作者的使者是谁。有的内容只是简单地提到启示，其他则会提到众神（或众女神），而随着时间的推移，有的内容则会提到神*。但是，没有任何人会被认定为使者、或先知、或救世主。这是一种更单纯明了的启示，不过，很显然，经过这么长的时间，启示的方式已经

---

[12] 有关传统延续的各种观点，参见 Mayne's Treatise (1991)，第一版序言（"任何已知法律体系的最古老的起源"）；Derrett, Modern Hindu Law (1963) at 1（法律"已有至少 2000 年的历史了"，习惯法则更长）；Diwan, Modern Hindu Law (1999) at 24（"印度教法律约有 6000 年历史"，"无与伦比的生命力"）；Ghandi, Hindu Law (1999) 1.

[13] 见第四章，"成文教谕的扩散"（犹太传统）；第六章，"沙里阿：渊源"（伊斯兰传统）。

[14] 关于《吠陀经》，参见 Lingat, Classical Law (1973) at 7 ff. 不过，《吠陀经》里面的一些圣歌提到了吠陀—雅利安人的迁徙，这表明是后来编写的内容。由于在成文化之前的千百年里，经文全凭记忆并口耳相传，因而使这个传统在时间顺序方面所固有的模糊性更加"恶化"。Watts, Philosophies of Asia (1995) at 12. 迈因认为，"缺乏可靠的时间顺序"，使编年排序变得困难：Mayne's Treatise (1991) at 15；关于断定日期的问题，Varadaghariar, Hindu Judicial System (1946) at 55 ff. 所以，我们至少在对《吠陀经》的研究中，应该忽略时间顺序的问题，这也是这个传统的中心思想给予我们的启示。参见下文，"时间和婆罗门"。关于后来的时间顺序，Lingat, Classical Law (1973), Pt. One, Appendix（"关于《法论》的时间顺序的一些思考"）at 123.

[15] Sen, Hindu Jurisprudence (1891—2) at 25（"建立在直接的启示之上……不接受任何怀疑主义推理模式的质疑或检验"）；Venkataraman, N. R. Raghvachariar's Hindu Law (1987) at 3, 4（"完全是神的话语"）；Diwan, Modern Hindu Law (1998) at 17（"作为神授法律，它极为神圣，不可违背也不可改变"）；Markby, Hindu and Mahommedan Law (1906) at 13（"源自神授意志，因而永恒而不可改变"）；Watts, Philosophies of Asia (1995) at 12.

* God，使用单数。——译者注

无可考究。与其内容相比,启示本身并不值得铭记。有学者认为,"其原理就是我们中间的某个人,即我们伟大的圣人(rishis),获取了如此强大的灵力(spiritual heights)以至于他们可以跟神直接对话"。[16] 内容似乎是最重要的,而不是那种个人对任何特定的"一体"(我们后面要讨论"一体"的观念)所作的评述,这就使经文免于记载那些更细致的义务——对个人、对特定的权威、圣迹或复兴的义务。它漂游,并在许多其他更特殊类型的信仰之上。更概括地说(因此我们也就不用太专注于它的时间),"……吠陀经与时间和空间无关。它们被认为是没有起源(anadi)、自我存在(self-existent)而且永远无处不在的(immanent)"。[17]

讲授吠陀经是婆罗门成员(Brahmans,源于梵语词根 brh,意为生长或扩张,但婆罗门一词也可以表示除特定可知的众神外的最高等级的概念)的任务,这些人主要依靠记忆进行讲授,并对经文作出各种不同的解释以适应当地的需要。[18] 显然,他们的讲授是通过对各种记忆工具的利用来进行的,这些工具的形式是经藏(sutras)——类似格言的一串串或一系列观点、概念和规则,"只用很简短的几个词,[这些词]构成了一个词串,就好比用线索将珠子串起来一样"。[19] 这些经藏(大约)在公元前800年到公元前200年的时期被记录下来,其重要性在今天已大大降低;它们只是这个传统成文化发展的最早的证据。[20] 这些经藏后来一般被称为圣传书(Smriti,"铭记的",传统,与"听闻的"相区别)[21],而大面积覆盖生活的经典(sastras)、教科书、特别是作为主要法律文本的《法论》

---

[16] Diwan, *Modern Hindu Law* (1993) at 18,19. 所谓圣人就是那些"具有更高的觉悟和知识"的人;Pal, *History of Hindu Law* (1958) at 106.《天启书》的名称本身就表示,那些也许曾经亲眼"看见"神的狂喜的圣人的时代已经结束了,启示也已完成;J. C. Jeesterman, *The Inner Conflict of Tradition: Essays in Indian Ritual, Kingship, and Society* (Chicago/London: Univerisity of Chicago Press, 1985) at 97.

[17] Venkataraman, *N. R. Raghavachariar's Hindu Law* (1987) at 4. 关于犹太传统中类似的有关无时间概念启示的观点,见上文,第四章,"《塔木德》、神授意志和变革"。

[18] Sen, *Hindu Jurisprudence* (1984) at 31;Diwan, *Modern Hindu Law* (1998) at 26. 关于这种做法对后世法学流派的影响,以及对多元性的总体影响,参见下文,"萨达切拉和学派"。

[19] Diwan, *Modern Hindu Law* (1998) at 26;并参见 *Mayne's Treatise* (1991) at 16;Venkataraman, *N. R. Raghavachariar's Hindu Law* (1987) at 4.

[20] Lingat, *Classical Law* (1973) at 18 ff., and 71 ("这些经藏……以一种间接和补充的方式对法律进行了适当的解读")但是(在28页),"如果我们希望,在一种自法律在印度诞生时起就萦绕四周、并在其后一直笼罩着整个传统的氛围中,实现正义的话,"这些经藏的记载"则是非常重要的"。关于最近对经典的最重要部分的翻译,参见 P. Olivelle, *Dharmasutras* (New York: Oxford University Press, 1999),特别是第 xxiv 页关于作为"法律传统"的"达摩的专家传统"。

[21] Lingat, *Classical Law* (1973) at 9 ff.

(我们后面再详细讨论达摩*的问题)的编写,则使这个传统得到了更多的提炼。经典的撰写时期大概在公元前200年到公元400年,随后便降格为一种流派,所以,对它们的编纂主要发生在罗马法的经典时期,同时也可能与密什那以及耶路撒冷《塔木德》的写作时间重合。尽管人们甚少讨论罗马法或犹太法律对圣传书的撰写的影响,但是[印度教传统]对这些发展一无所知的说法是不能令人信服的。至少希腊人就可以充当信使,不过,也有可能是当时的信息传播方向是由东向西的,因此经藏对早期的罗马法产生了影响,而早期的经典对经典时期的罗马法学家也产生了影响。印度法律的"黄金时期"也是一个其他地方的法律传统迅猛发展的时期,这至少是一个伟大的巧合。[22]

《法论》就其总体而言,其论述的内容比严格定义的法律要宽泛得多。其内容延伸到宗教上的遵从以及苦修,或者赎罪,但是,后来逐渐出现了一种趋势,要求集中讨论一些按照今天西方的观念来说更接近法律的东西。《法论》有三部,其中最重要也是成文最早的一部就是摩奴("智慧的人"),或者至少是传说中摩奴所撰写的那一部,毕竟真正的作者据说是不知名的。[23] 摩奴(可能)生活在公元前100年前后,他为回应"长期的对一部法律专著的需求"而进行创作,他的著作被形容为印度和印度教史上的里程碑,是

---

* dharma,梵语,意为法。——译者注

[22] 该表达引自 Diwan, *Modern Hindu Law* (1998) 第26页。"传说"在公元前9世纪,伟大的斯巴达立法者莱克格斯(Lycurgus)旅行到了印度; K. Assimakopoulou, "Comparative Law in the History of Greek Law" (1986) 39 Rev. hell. dr. int. 323. 关于印度教的某些元素可能"通过希腊和埃及的渠道"被罗马法所吸收, M. Sharan, *Court Procedure in Ancient India* (New Delhi: Abhinav Publications, 1978) at 2. 公元前4世纪亚历山大的随从尼亚库斯(Nearchus)和随后希腊派往印度的大使麦加斯忒尼(Megasthenes)都在著作中对印度教法律进行了论述。关于尼亚库斯,参见 E. Bevan, "India in Early Greek and Latin Literature" in E. Rapson (ed.), *The Cambridge History of India*, vol. I, Ancient India (Cambridge: Cambridge University Press, 1922) 391 at 413, 414;关于麦加斯忒尼("少有的研究古印度私法的来源之一"), D. Lach, *Asia: The Making of Europe* (Chicago/London: University of Chicago Press, 1965) at 10;更概括地,关于"在古雅典流行的学术讨论中呈现的"印度思想, Klostermaier, *Survey of Hinduism* (1994), above, at 19;关于截至公元前2世纪,古罗马与古印度的贸易和"秘密联系",参见 C. R. Whittaker, *Rome and its Frontiers: The Dynamics of Empire* (London: Routledge, 2004) at 163—4 (截至公元前26年,每年平均有120艘罗马商船航向印度)。

[23] 参见 *Manu's Code of Law: A Critical Edition and Translation of the* Manava-Dharmasastra, P. Olivelle 编译(New York: Oxford University Press, 2005), notably at 19(由于考虑到结构的一致性,反而主张单一作者),亦可参见无评论内容的平装本, P. Olivelle, The Law Code of Manu (New York: Oxford University Press, 2004)。

第八章　印度教法律传统：法律为君王，但究竟是何种法律？　　317

一部对法律概念、规则和制度的伟大汇编。[24] 在后世的权威争议中，摩奴法典一向被认为是压倒一切的，这可以说是印度教版的引证法（也许比古罗马的更早），而摩奴则是印度教的伯比尼安。[25] 摩奴之后，生活在大约公元 300 年的亚给雅瓦尔克亚（Yajnavalkya）也是一位圣人，他亲自对二十位圣人进行了排名，将摩奴排在首位，而他自己的著作则展示出希腊天文学的知识。[26] 最后，那些伟大的经典还包括了那烂陀（Narada）的著述，其可能成文于公元 4 世纪和 5 世纪，那烂陀的文字没有那么明显的宗教性；据说是集中讨论民法传统；并显示出那烂陀敢于对前代圣人提出异议的作风。[27]

　　一方面，这些经典都是伟大的法律著作，而另一方面，它们都是一种特殊的法律著作。这些经典源于婆罗门的教义，源于远古时期，它们既被（经藏）记录又被人们铭记，其权威性与密什那或逊奈等同。尽管人类不断地创造，但这些创造都来自于它们的本源，而启示作为一个持续的过程始终享有最高的权威。启示本身是"无可争议的"（尽管不断出现各种的解释）。[28] 它们蕴含在《吠陀经》的传统里，而不是写在那些平淡无奇的法律散文当中。它们是由富含韵律的连贯的诗句（或至少是诗歌和散文的结合）所组成，也就很自然地按照诗句而不是章节来编排。[29] 法律在这里是充满诗意的。这有助

---

[24] Diwan, *Modern Hindu Law* (1998) at 29；关于《摩奴法典》及其起源，参见 Lingat, *Classical Law* (1973) at 77 ff.；Aggarwal, *Jurisprudence* (2002) at 53（对佛教的回应）；关于它的时间，参见 *Mayne's Treatise* (1991) at 19, 20（估计是从公元前 5 世纪到公元前 150 年的期间）。

[25] 关于罗马法的以伯比尼安为最终标准的引证法，参见第五章"实体、世俗法律"；关于摩奴的权威，*Mayne's Treatises* (1991) at 18, 19 with refs；Venkataraman, *N. R. Raghavachariar's Hindu Law* (1987) at 5.

[26] *Mayne's Treatises* (1991) at 15, 20；Lingat, *Classical Law* (1973) at 97 ff.（亚给雅瓦尔克亚还是"著名的神学家"和瑜伽方面的宗师）；关于摩奴和亚给雅瓦尔克亚的关系，参见 Jayaswal, *Manu and Yajnavalkya* (1930).

[27] Diwan, *Modern Hindu Law* (1998) at 31；*Mayne's Treatise* (1991) at 21；Lingat, *Classical Law* (1973) at 100 ff., notably at 102（引用了德雷斯特（Dareste）关于那烂陀是否受到罗马法影响的论述）。

[28] Venkataraman, *N. R. Raghavachariar's Hindu Law* (1987) at 4（"来源于神……通过受启示的人进行表达"）；*Mayne's Treatise* (1991) at 29.

[29] 说的更具体一点，就是"被称为塞洛迦（sloka）或阿努斯塔巴（anustbh）的典型的由 32 个音节组成的格律"，建筑或医药等领域的著述也有这样的特点；Rocher, "Hindu Conceptions of Law" (1978) at 1290；E. W. Hopkins, "Growth of Law and Legal Institutions" (1922), above；Lingat, *Classical Law* (1973) at 73. 关于"将以散文形式记载的古老著述诗歌化"的摩奴的法律著述，Hopkins (ed.), *Ordinances of Manu* (1884), above, at xviii；在第 xxi 页还记录了具有韵律形式的罗马法踪迹，特别是《十二铜表法》。梵语原文的诗韵风格经过翻译就会黯然失色。因此，《摩奴法典》第一章第 98 节讲到："婆罗门的降生给了达摩永恒的躯体；他为达摩而存在，也就是为了《吠陀经》的存在。"同上，第 13 页。关于其他具有诗韵形式的法律，参见第三章，"生活之道"（威尔士、爱尔兰法律）；以及第九章，"阿达特法和原生法律"。

于传统的漂游,那么,除了婆罗门成员,还有谁可以将法律变成诗歌呢?

如果这些经典代表了印度教法律的黄金时代,那么后来的评述和汇编则代表了批判、扩张和巩固的时代。评述和汇编持续了 1000 年(从公元 700 年到 1700 年,这个时间应该是更准确的)。[30] 评述和汇编都接受经典的说法,但是评述主要是针对单个的经典作出(就好像对学说汇纂做注释,或科克对利特尔顿的著作进行评论)。所以,印度出现了关于摩奴、梅达蒂希(Medhatihi,生活在 9 世纪,也是伊智提哈德的大门就要关闭的时候)、格温达拉加(Govindaraja,11 世纪,当普通法诞生的时候)以及库鲁卡(Kulluka,13 世纪最有名望的人)的评述;然后,也有关于亚给雅瓦尔克亚的评述,例如(9 世纪)威斯瓦鲁帕(Visvarupa)的《巴拉卡里达》(Balakrida),更有名的要数(11 世纪)威吉纳耐斯瓦拉(Vijnanesvara)的《米塔克沙拉》(Mitakshara)([这部著作]借用迈因(Mayne)的有趣的说法说,"事实上把印度教法律从它的宗教枷锁中解救出来",而且催生了一个重要的学派);[31] 此外,还有关于那烂陀、(7 世纪的)阿撒哈雅(Asahaya)。汇编(nibandhas)的出现总体来说要晚一些,大概从 12 世纪才开始,它们旨在对《圣传书》的内容进行汇总,并取得了不同程度的效果。[32] 此外,还有一些专著,其中最著名的吉姆塔瓦哈那所写的(关于作为印度教法律核心的财产分割和继承的)《达雅巴戛》则催生了另一个重要的学派。

这么多的名字,其实还有更多,足以证明这个传统是一个具有旺盛生命力和崇高声望的成文法律传统,它的文献组成了向来是世界上人口最多的族群之一的主要法律渊源。这些文献都是私人作品,譬如法学家的著作,而它们在没有司法或立法基础的情况下具备了权威性。从它的经典渊源的角度看,印度法律并没有官方性质;也没有建立庞大的机构或具有腐败可能的机构的倾向。这一点,似乎在所有具有明显宗教性质的法律传统中(或多或少地)都有所体现,而不论它们的适用范围如何。如果它们要使神意为人所知,就必须通过文字来实现。

诗一般的正义

然而,即便是私人编写的法律,也需要某种体制,以实现我们今天所讲的适用。但

---

[30] Lingat, *Classical Law* (1973) ch.6("评述与汇编")。
[31] *Mayne's Treatise* (1991) at 32.
[32] 关于拉克什米达拉对传统教义典籍(Krityakalpataru)的评述,Derrett and Iyer, "Hindu Law" (1974) at 143 ff.

是,我们对早期印度教的争端解决机制乃至它的"司法"哲学都知之甚少。[33] 也许在当时,法律适用的概念被视为与成文法律渊源等同。正如前文所讲,诗歌本身不能被适用,因此,当时通行的看法应该是接近于伊斯兰法律的观点,即[法律的适用是]一个当事方和裁判者合作"找法"的过程。[34]《吠陀经》的确提到了某些形式的社群组织。这包括了巴瑞萨(Parishad),一个负责回答"哲学"问题的智者大会;萨米提(Samiti),一个对政策及当时存在的少数立法进行合议的机关;以及萨巴(Sabha),一种充当主要的争端解决机构的乡村理事会。[35]《圣传书》的所有作者都对萨巴作了记载。萨巴设一名主席(pradvivaka),他向国王负责,但在通常情况下,国王都会接受萨巴成员的意见。[36] 如果争端无可避免地变得更加复杂,那么直接依据《吠陀经》充当王座法庭(king's court)角色的萨巴,就会成为所有更加专业的人民法庭的最高审级。因此,当时[在萨巴之下]还存在着库拉(kula),即(扩大的)家庭法法庭;斯拉尼(Sreni),即商事法庭;以及普伽(Puga),即乡村或社区法庭。[37] 而且,当时还有各种上诉机制,有的甚至很复杂,这在宗教性法律传统中是绝无仅有的,大概在当时来说也是全世界绝无仅有的。在整个审级体制(当时确实存在)中,你可以从最低级的库拉开始逐级上诉,经过斯拉尼、普伽,最终到王座法庭。对每个级别的审判结果,都有向上一级法庭上诉的可能,而且每级法庭的上诉管辖权似乎都没有限制。[38] 但是,如果这种体制给人一种开始"现代化"和西方化的印

---

[33] Rocher, "Hindu Conceptions of Law" (1978) at 1302 ("古印度的实际法律实践几乎不为人所知")。然而,试比较,为人所知的内容,Varadaghariar, *Hindu Judicial System* (1946); Sharan, *Court Procedure* (1978), above, notably ch. 2;关于从摩奴到那烂陀的程序规则的发展,Desai, *Principles Hindu Law* (2000) at 23—6; D. R. Davis Jr., "A Realist View of Hindu Law" (2006) 19 Ratio Juris 287 at 304—5 (从"严格的形式主义"到更大的灵活性的发展,伴随着例外与褒贬不一的回应,允许不同的主张,综合了所有认同与否定)。

[34] 参见第六章,"卡迪的司法和穆夫提的智慧";关于《法论》的精神,即实现正义非仅为公共秩序,更为神圣的宗教责任,Varadaghariar, *Hindu Judicial System* (1946) at 122.

[35] Varadaghariar, *Hindu Judicial System* (1946) at 13; Pal, *History of Hindu Law* (1958) at 20, 99; Jayaswal, *Manu and Yajnavalkya* (1930) at 110 ff.

[36] Venkataraman, *N. R. Raghavachariar's Hindu Law* (1987) at 3. 关于国王对经典所负的义务,见下文,"达摩与国王"。

[37] Venkataraman, *N. R. Raghavachariar's Hindu Law* (1987) at 3; Mayne's Treatise (1991) at 10, with references; Varadaghariar, *Hindu Judicial System* (1946) at 100; Desai, *Principles Hindu Law* (2000) at 36, 37; Sharan, *Court Procedure* (1978), above, at 25.

[38] Ibid.

象，或许就言过其实了。当时的庭审没有任何书面记录，也没有专业的辩护人[39]，甚至完全没有通过上诉或任何其他形式的司法判决创造先例的概念。试图在一个不同的法庭寻求不同的判决的做法，可能只是来源于一种对回到同一个法庭的恐惧。至于既判力的概念，似乎只有公元4世纪或5世纪的那烂陀对此予以承认。[40] 这样的承认已经非常之晚；并可能跟当时案件的严重积压有关系。今天，斯拉尼、普伽和库拉都已不复存在，但是，在印度，它们都被看做是（重新兴起的）地方或人民法庭，即五人长老会（Panchayats）或国民法院（Lok Adalats）的古代形态或前身。[41]

诗一般的法律

印度教经典所记载的法律似乎不会有表述上的问题。早在摩奴时代，印度教法律最常被提起的18个类别就是：债务偿还、定金、无所有权买卖（sale without ownership，无权处分（nemo dat）似乎一直伴随着我们）、合伙、赠与返还、拖欠薪俸、契约不履行、解除买卖关系、主仆争议、边界争议、伤害、诽谤、盗窃、抢劫和暴力、通奸、夫妻责任、财产分配和继承以及赌博和打赌。[42] 它包含了"每一个部门法"[43]，然而重点则在于复杂的家庭、

---

[39] L. Rocher, "'Lawyers' in Classical Hindu Law" (1968—9) 3 Law & Soc. Rev. 383, reproduced in V. Nanda and S. Sinha, *Hindu Law and Legal Theory* (New York: New York University Press, 1996) at 141.

[40] Venkataraman, *N. R. Raghavachariar's Hindu Law* (1987) at 5. 关于犹太和伊斯兰传统中既判案件概念的缺失或薄弱，向原法庭申诉成为可能，参见第四章，"神授法律的适用"以及第六章，"卡迪的司法和穆夫提的智慧"。

[41] 关于潘切亚特（Panchayats），或五人长老会，这种机构在当地也许集政治、行政、司法（nyaya）功能于一身，Joly, *Hindu Law* (1975) at 295, 296; S. N. Mathur, *Nyaya Panchayats as Instruments of Justice* (New Delhi: Concept Publishing, 1996); Aggarwal, *Jurisprudence* (2002) 213 ff.（乡村五人长老会盛行于穆斯林统治时期，在英国殖民后衰落，于20世纪50年代复兴，现在因为陷入过分形式主义而再次衰落）；R. Robins, "India: Judicial Panchayats in Uttar Pradesh" (1962) 11 Am J. Comp. L. 239; 关于一个具有种姓制度的、过游牧生活的五人长老会的运作，R. M. Hayden, *Disputes and Arguments amongst Nomads* (New Delhi: Oxford University Press, 1999). 关于自20世纪80年代以来日趋成为调解机构的国民法院（Lok Adalat），P. Bhargava, *Lok Adalat*（*Justice at the Door-steps*）(Jaipur: Ina Shree Publishers, 1998); R. Cranston, "Access to justice in South and South-east Asia" in J. Faunez (ed.), *Good Government and Law [:] Legal and Institutional Reform in Developing Countries* (London: MacMillan, 1997) 233 at 242—4; 关于对实际操作的批评（迟钝的、退休的法官充当调解员；弱势一方的脆弱性），M. Galanter and J. K. Krishnan, "'Bread for the Poor': Access to Justice and the Rights of the Needy in India" (2004) 55 Hastings L. J. 789.

[42] *Manu's Code of Law* (2005), above, at 169 ff.（"审判的依据"）；并参见 Sen, *Hindu Jurisprudence* (1984) at 33, 谁把印度教法律的模式转化为罗马法的模式（人、事物和行动）。

[43] Derrett, *Modern Hindu Law* (1963) at 7.

第八章 印度教法律传统:法律为君王,但究竟是何种法律?

财产和继承关系,这些也都是经久不衰的法律主题。

　　亨利·梅因(Henry Maine)在他的《古代法》(Ancient Law)一书(及其关于个人从身份到契约的进步过程的著名论断)中充分肯定了印度教法律的精神,但同时,他又主张印度教家庭法律与早期欧洲法律的相似性。[44] 这两种法律都关注庞大的家族及其延续,而财产则是维系家庭并使其延续的工具。印度教法律中的婚姻是一套完全宗教性的制度,但它的庆贺形式各有不同。结婚的方式有八种,包括四种获得许可的方式、以及四种"未被许可的"方式,但是很显然,任何一种都可以使婚姻关系成立。在这些方式中,父亲将女儿作为新娘赠送、甚至出卖的观念也是存在的,毫无疑问这牵涉到金钱利益。在这个制度中,未成年并非婚姻无效的根据。[45] 一夫多妻制是被允许的,"但一夫一妻制……则是经文所鼓励的",而当地的传统也可以阻止重婚的出现。[46] 家庭关系一旦形成,其整个财产所得到的保护并非依靠遗嘱的订立,而是依赖家庭共有财产的观念,基于这样的观念,财产本身属于整个家庭,一旦父亲死亡,财产的分配就必须通过正式的程序来进行。这并不是继承法上的什么细微技术问题;它是印度教法律主要学派思想的分水岭。米塔克沙拉学派认为儿子自出生时起,就与父亲同为财产共有人;而达雅巴戛学派则认为共同所有权只在父亲去世后才成立。[47] 妇女是不能继承任何财产的。因此,土地的私有制是可能的,而从公有耕地到私有制的转变应该是发生在摩奴和(提到过通过

---

[44] H. Maine, *Ancient Law: its connection with the early history of society and its relation to modern ideas*, 10th edn. (Boston: Beacon Press, 1963, 1st edn. 1861) at 165("有进步社会的运动,到此处为止,是一个'从身份到契约'的运动。");关于梅因对早期欧洲(罗马—日耳曼)法律与印度教法律所作的比较,参见本书第六、七两章关于继承法的内容。试比较,关于当代西方法律从契约到身份的回归趋势,参见第五章,"法律的扩张"。

[45] Venkataraman, *N. R. Raghavachariar's Hindu Law* (1987) at 35 ff.;关于被称为"正统"或"不正统"的具有不同法律效果的各种婚姻形式,L. Sternbach, *Juridical Studies in Ancient Indian Law* (Delhi: Motilal Banarsidass, 1965) at 347; Lingat, *Classical Law* (1973) at 59, 60;关于备受争议的新娘买卖制度,Hopkins (ed.), *Ordinances of Manu* (1884), above, at 291.

[46] Venkataraman, *N. R. Raghavachariar's Hindu Law* (1987) at 33;然而,关于巴基斯坦和孟加拉境内奉行"属人法"的印度教徒的生存,P. Shah, "Attitudes to Polygamy in English Law" (2003) 52 Int. & Comp. Law Q. 369 at 371.

[47] Markby, *Hindu and Mahommedan Law* (1977) at 35, 36; Trevelyan, *Hindu Law as administered in British India* (1913) at 212, 213; Derrett and Iyer, "Hindu Law" (1974) at 151; Lingat, *Classical Law* (1973) at 62; Rocher, "Hindu Law" (2001) at 6707;关于印度教法律"重新发现"数代同堂的大家庭是一种社会福利机制,尽管在一些邦这种机制已被正式废除,Menski, *Hindu Law* (2003) at 69, 268.

买卖实现土地所有权转让的)亚给雅瓦尔克亚之间的时代。[48]

然而,人们普遍认为,印度教法律的主体现在已被荒废,甚至难以找寻。这种法律以现在在印度已少有人知的梵语所记载,而英国人所作的翻译则具有高度的选择性,因而往往"没有价值"。[49] 18 个类别中,有 16 个现在被认为是已经荒废,从而被英属印度(Anglo-Indian)法律所取代。[50] 余下的两个类别,即财产分配和继承以及夫妻责任,则发生了重大的变化,尤其是在婚姻制度方面。一夫多妻制被永远禁止;[对家庭事务做决定]需要征询妻子的意见;原来被禁止的离婚如今已被允许;未成年人实施的行为无效至少在法律上得到承认。[51] 简言之,印度教法律如今上演的是探寻自身生死的一幕,这对于主要的、复杂的法律传统之间的直接关系而言,是一个非常重大的问题。

因果报应、达摩与国王

印度教法律积累了大量的文献,但其整个传统主要停留在更加庞大的思想领域,即所谓的印度教哲学或神学。因此,我们可以马上意识到这种法律在这个世界上处于什么位置,当然,对于这一切的缘由或者影响,我们尚未可知。而要了解印度教法律形成的根源,你必须首先对印度教思想有一个通盘的了解,然后再通过一种现代印度教法学家在做研究时并不一定采用的方式进行推论。如果你的推论有误,倒也没什么关系,毕竟你自己很可能不是印度教徒,即便你是,这种推论的空间也是很大的。

---

[48] Markby, *Hindu and Mahommedan Law* (1977) at 18, 19;并参见 J. Derrett, "The Development of the Concept of Property in India circa AD 800—1800" (1962) Zvgl Rwiss 15; Joly, *Hindu Law* (1975) at 196—207.

[49] 这是迈因和库普斯瓦米(Kuppuswami)的判断,*Mayne's Treatise* (1991) at 39.

[50] Markby, *Hindu and Mahommedan Law* (1977) at 17. 在英属印度法律体系中存在着一些传统法律的残余,尽管很少。关于(规定红利不得超过总资本额的)丹都帕(damdupat)规则以及类似信托保管的贝纳米(benami)协议(字面上理解为"无名"或将财产至于其他人名下)的保留,David and Brierley, *Major Legal Systems* (1985) at 490, 496, with refs; *Principles Hindu Law*, 15th edn. (Bombay: N. M. Tripathi, 1982) at 680—90; Derrett and Iyer, "Hindu Law" (1974) at 153.

[51] 关于印度教法律中离婚规定的缺失,而借助伊斯兰法律塔拉格(talaq)的情况,B. Jackson, "Evolution and Foreign Influence in Ancient Law" (1968) 16 Am. J. Comp. Law 372 at 376;关于吠陀思想的永续婚姻观念,Pal, *History of Hindu Law* (1958) at 375; Jayaswal, *Manu and Yajnavalkya* (1930) at 229—31. 然而,关于印度教婚姻法的延续,特别是童婚制度以及在某种程度上的一夫多妻制,Menski, *Hindu Law* (2003) at 274—5, 297, 324—5, 374 ff.

因果报应的分量

因果报应*是我们一生的写照，功德会带来幸福和欢乐，而罪孽则会引起悲伤和痛苦。每个人都知道他们要对自己一生的所作所为负责，但印度教思想在这方面远超过了其他宗教。灵魂是不朽的，它不过是暂时停留在一个宿主、即人的身体里面。如果一个人的身体已经死亡，其灵魂并不会简单地漂移到某个既定的、无需确证的地方。它必须在这个地球上另寻宿主，只是宿主的物理形态不同而已，这种说法想必人人都知道，而且都自以为理解。既然是同一个灵魂，具有同一个因果循环的过程，那么它过去的因果宿命则会继续对它产生影响。坏的因果报应显然会排斥救赎，而救赎恰恰是接近婆罗门的途径，所以一次新的生命绝不是一个新的开始。[52] 这就像大陆法传统中的未做遗产清单特典**的继承——负债与资产同等增长，在这样的情形下，新生命不过就是一次清偿孽债的机会而已，当然，这种偿还还是可以做到的。

因果报应的说法来自《奥义书》(Upanishads)，这是吠陀经教义的思辨作品，二者的历史几乎同样久远。它们也都来源于启示——被称为《天启书》——信仰印度教，原则上就是要恪守《天启书》的规定（这个条件很重要）。由于印度教所描绘的生命是同一个灵魂多次轮回的过程，所以你必须谨记，因果报应会在现世和来世造成多种结果，并不仅仅限于法律后果。在这个意义上说，摩奴把法律分成18个类别，这看上去就像西方法律汇编的章节，他所主张的是一种比犹太或伊斯兰传统的主张更为狭窄的法律概念。这种法律概念的产生——可以推断——是源于因果报应和灵魂不灭的教义的持续影响。法学家认为宗教教义不属于他们的研究范围，尽管摩奴对许多严格说来不属于法学范畴的内容进行了研究，但到了那烂陀的时代，神学或哲学则基本上被排除在外。如果你是印度教徒，你就必须去了解这些教义，但是，你不一定需要通过法学家来了解。面对着《奥义书》，法学家们从来就没有、或者说从没想过可以垄断这个领域。在梵语中，甚至找不到跟"法律"一词直接对应的词汇[53]，所以，这些印度教法学家是在缺少理论支持的情况

---

　* Karma，即佛教和印度教中的业，音译"羯磨"，意为个人行为的总和可决定来世的命运。——译者注
[52] 见下文，"印度教法律在印度"。
　** benefit of inventory，拉丁语 beneficium inventarili，罗马法规定，继承人得知被指定为继承人后，应于60日内调查遗产，编制财产与负债目录，而被继承人所负一切债务仅以遗产为限。此目录称为遗产清单特典。——译者注
[53] 尤其是在刑法领域：Rocher, "Hindu Conceptions of Law" (1978) at 1287 ("印度教中的犯罪是超越现世，与来世的观念相联系的")。

下进行了大量的研究。如果"法律"[54]一词从西方语言中被剔除,也许法学研究的成果就会大大减少。

由此可见,印度教有许多的教义存在于法律典籍之外,主要是关于如何生活。这类的经藏和经典,特别是有关政治(arthasutras, arthasastras)和爱情(kamasutras, kamasastras)的著作,也是卷帙浩繁,而摩奴也认为,印度教传统在个人行为方面推崇一种更高的标准,即内心准则(atmanastusti),这是一种"内心道德标准"(这又牵涉到了生活在"法律之内"的问题,在这里也许更突出)。[55] 但是,如果就此作出结论,认为在印度教传统下法律的角色有限,因而存在着西方意义上的法律和道德的分离,那将是对整个传统的背弃。有的西方学者的确持有这样的观点,认为印度教法律的宗教性质"被过分夸大",[56] 而他们的根据主要是印度教法律本身所作的各种区分,例如由世俗规范*管辖的义务和以良知为基础的责任。[57] 假如说印度教法律体系内存在着所谓的"市民法",那么对于任何宗教性法律,如犹太法律和伊斯兰法律,就都可以作出这样的判断了,因此,(除了那些主张这个传统超越了神授启示的学者)一般认为,印度教所有的法律都具有宗教性。或许有人想主张法律和道德的分离,但是,印度教法律之所以成为法律,恰恰是因为(宗教)道德的力量,这种道德力量正是所有法律义务的核心。因此,在传统的内外都有这样的看法,即法律和道德分离的主张会给印度教法律套上"异族的外衣",[58] 这种

---

[54] Derrett, *Modern Hindu Law* (1963) at 499;但是,关于梵语中与规则相对应的大雅(daya)一词,参见,Derrett and Iyer, "Hindu Conception of Law" (1975) at 110.

[55] 关于内心准则及其重要性,参见 Menski, *Comparative Law* (2000) at 154, 155;关于犹太传统的生活在法律之内,参见第四章,"哈拉卡和阿加达",关于伊斯兰传统中的类似观念,参见第六章,"沙里阿和卡拉姆"。

[56] *Mayne's Treatise* (1991) at 12;Derrett, *Modern Hindu Law* (1963) at 2 ("假定这是建立在神学或哲学的基础上或根源于此,就大错特错了")。试比较,Varadagharier, *Hindu Judicial System* (1946) at 26 (迈因"不可当真的"观点,迈因在论述中透露出了他对婆罗门教印度的"惯有的蔑视")。

* vyavahara,世俗能言、能诠、言说。——译者注

[57] Diwan, *Modern Hindu Law* (1998) at 18—19 (不过,枢密院的司法委员会大体倾向于主张法律/道德、命令/指引的区别)。关于与现存的宗教性(achara)或道德性(prayaschitta)达摩义务相区别的,相当于"市民法"的维亚瓦哈拉(vyavahara)的概念,*Mayne's Treatise* (1991) at 6, 11;S. Purohit, *Ancient Indian Legal Philosophy* (1994) at 84 ff.;and Kane, *History of the Dharmasastra*, vol. III (1973) at 242 ff.

[58] Sen, *Hindu Jurisprudence* (1984) at 7;Diwan, *Modern Hindu Law* (1998) at 20 ("与奥斯丁的观点不同……道德观念在法律规则中无处不在");并参见 Lingat, *Classical Law* (1973) at xiii (印度教法学家所必须关心的是各种不可能成为外部限制对象的责任,法律与道德的区别"只对西方法学家有意义");Aggarwal, *Jurisprudence* (2002) at 44 ("宗教和道德与法律的交会")。

分离不是没有可能,但二者永远不可被"分割"。[59] 到此,我们似乎又看到了犹太法律或伊斯兰法律所具有的那种灵活而透明的内部分界线。整个传统都是宗教性的,全部被神授启示所包容,但是,如果你愿意的话,你也可以发展出哈拉卡、沙里阿、维亚瓦哈拉。当然,在印度教法律中,这种做法也许会更容易一些。启示是更加遥远而且更加模糊的;因果报应的分量如此沉重,也许让法律(与其他宗教性传统相比)显得黯然失色;而国王则肩负着非常具体的法律责任,我们现在就来讨论。

达摩与国王

一般认为,犹太和伊斯兰法律传统都是建立在义务之上的传统——对神的义务和继起的根据神意进行学习以及待人接物的义务。但是,在这些传统中,义务的概念是分散的。它无处不在,却从未形成一个抽象的、统一的概念。可是,这恰恰是印度教思想酝酿达摩(dharma,意为法)概念的方式。达摩一词的词根 dhr 表示维系和支持生命的事物,但它本身却无从定义。可以说,达摩包含了所有的社会凝聚因素,维系着个人和社区的生存,并维系着物质与精神生活的延续。它是一种"高度独立、异常坚定的伟大信念"[60](婆罗门阶层真是一群伟大的思想家),即以宏大的、宽泛的形式存在,又体现为特定的、甚至细微的责任。有人说,达摩可以通过它的内容来定义[61],但是它的最终内容就跟它的总体框架一样让人难以捉摸。但是,我们每个人都可以知道我们自己的达摩(这主要由以往的因果循环决定),所以,所谓需要一个总体概念的说法,只是一种系统性的要求,而我们在这里不谈论系统。毋庸置疑,达摩注入到了印度教法律以及整个传统的所有其他义务之中,从某种意义上说,一切我们可以称为法律的事物是而且仅仅是达摩的一部分。然而,达摩却是无处不在,因此,印度教本身就有着不能将法律与道德分离的特定原因。

那么,达摩与国王之间的关系又是怎么样的呢?用现代的语言来说,这里面包含一项重要的宪法性原则,而这项原则在其他宗教性的传统中都没有得到如此的重视,甚至

---

[59] Sen, *Hindu Jurisprudence* (1984) at 7.
[60] C. Geertz, *Local Knowledge* (New York: Basic Books, 1983) at 195, 199.
[61] *Mayne's Treatise* (1991) at 7; Ghandi, *Hindu Law* (1999) at 3;关于"所有的正当性"的概念,参见 Derrett and Iyer, "Hindu Conception of Law" (1975) at 110;关于遍布并统治宇宙的"神秘力量"的观念,Purohit, *Ancient Indian Legal Philosophy* (1994) at 35. 达摩也存在于其他的宗教性法律传统之内;参见 T. Manickam, *Dharma according to Manu and Moses* (Bangalore: Dharmaram Publications, 1977).

在西方法律传统中也没有。[62] 这项原则就是,以国王的达摩强制执行其他人的达摩。按照传统的说法,法律就是国王,或者甚至说法律是国王的国王,而众多的经典也明确规定,在王座法庭上,国王必须适用经典所记载的法律。[63] 因此,一方面,国王作为法律执行者的地位得到了强化,因为他拥有惩罚(danda)的权利[64],即世俗的强制执行方式(当国王使用这种方式,一切都会显得很合法);但另一方面,这种地位却又因为国王必须而且永远将服从法律而被弱化。可以说,我们可以认定一项原则的存在,但是,关键在于法律的执行(这是非常西化的观点),而可以肯定的是,印度教思想并没有主张一些西方法庭所具有的终极裁判角色。事实上,并不存在高于国王的、确保国王遵守法律的世俗权威。但是,国王有自己的达摩,还有因果循环,因此,不遵守法律的国王会不断增加自己的罪孽,坠入万劫不复的境地。[65] 而且,这并不只表示某种遥远的、潜在的、宗教性的惩罚。它意味着生死轮回,一生接一生地偿还孽债。如果你是一个国王,那么被剥夺王位肯定是你难以接受的事情,而坏的因果报应甚至会让你在来世承受比无缘王位还要痛苦得多的厄运。这可能是一些非常不幸的存在形式,而那些被你冤枉的人也许还会伴随你左右。所以,因果循环可以通过想象性的描述来对世俗权威进行教化,这也在某种程度

---

[62] 罗马法主张,统治者不受法律约束;Ulpian, Digest 1.3.31("法律之适用不及于皇帝"), in S. P. Scott, *The Civil Law*, vol. II. (Cincinatti: The Central Trust Co., 1932) at 225; *The Digest of Justinian*, trans. A. Watson, vol. I (Philadelphia: University of Pennsylvania Press, 1985), 13. 这对于正与议会进行权力斗争的英国皇帝而言,是个好消息,也是整个罗马法的少数对法国皇权政府有吸引力的地方之一。封建主义就意味着皇权不可能犯错,其实,这种原理在实行共和体制的美国也还大体存在,它的形式就是,国家可豁免于任何侵权控诉。关于这种原理不可避免的衰落,W. P. Keeton (ed.), Prosser and Keeton on the Law of Torts, 5th edn. (St. Paul, Mich.: West Publishing, 1984) ch. 25 (不过,它还是主张为国家保留一种可以对抗由联邦法律所产生的责任的有效手段)。

[63] *Mayne's Treatise* (1991) at 111(将法律典籍视作王座法庭的一员);Varadaghariar, *Hindu Judicial System* (1946) at 31, 87; Heesterman, *Inner Conflict of Tradition* (1985), above, at 115; Menski, *Comparative Law* (2000) at 164 (国王的义务也及于当地"习惯",参见下文,"萨达切拉与学派");J. C. Heesterman, "India and the Inner Conflict of Tradition" (1973) 102, No. 1 Daedalus 97, notably at 101(关于在传统内,"社会关系中固有的'君主'秩序与超然的婆罗门秩序"之间的冲突)。当然,王座分庭本身,来源于国王的主持正义的达摩。

[64] Lingat, *Classical Law* (1973) at 214; Diwan, *Modern Hindu Law* (1998) at 31.

[65] Lingat, *Classical Law* (1973) at 66, citing *Gaut.*, XII. 48 ("罪恶又回到了他的身上")。

上促使国王对法律保持谦卑。因此,国王可以立法,但必须限制在很次要的方面[66],毕竟法律已经存在于经典当中,而与经典记载相违背的立法将有违国王的达摩,因而造成罪孽。

履行达摩义务

对我们普通人而言,不仅仅要避讳增加自己的罪孽,而且还要臣服于国王的权力,即惩罚权,它将确保我们每个人都恪守自己的达摩。每个人的达摩都不只是一种通常意义上的行善的概念;达摩为我们每个人都进行了人生的定位,甚至指派了这个生命过程中应尽的各项义务。这就是种姓制度(castes),即瓦尔纳*体制产生的根源,这不仅仅是一种严酷的社会等级制度,或封建专制制度,而且是印度教宗教思想发展的必然产物。这就是为什么种姓制度(葡萄牙语 casta 或者 tribe)在今天仍然盛行。这种制度是一个庞大的传统所固有的因素,将这样的制度割裂出来以实行改造和消灭,都将是很困难的事情。成千上万的民众仍旧相信种姓制度,这是他们信仰的一部分。虽然梅因提出了从身份到契约的转变,但是印度大部分的民众从来没听说过这个人。[67]

种姓等级的不同是由前世积累的罪孽所造成的。[68] 如果种姓制度不复存在,那么因果报应就失去了现世的证明,因此,这个制度必须存在。种姓阶级的出现是一种必然的人群分化,或者是按照各种不同的前世作为的后果而进行的等级排列,即一种灵魂的归宿,没有任何的历史文献表明,这种制度是印度特定时期的特定社会环境的产物。至

---

[66] Sen, *Hindu Jurisprudence* (1984) at 30; Diwan, *Modern Hindu Law* (1998) at 22; Lingat, *Classical Law* (1973) at 224 ff. 但是,那烂陀本要赋予国王以绝对的权威;因此,在欧洲发生的大辩论在某种程度上,在更早之前,就已在印度教法律中发生过。当然,那烂陀仍要求国王遵守神授的法律。Diwan, *Modern Hindu Law* (1998) at 32. 但是,关于印度教法律总体上"回避法典化,因此也避免了强人的控制",Menski, *Hindu Law*(2003) at xvi;关于在由婆罗门寺庙有效控制的多种形式生活中,皇权受到限制,D. R. Davies, Jr., *Boundaries of Hindu Law [:] Tradition, Custom and Politics in Medieval Kerala* (Turin: Corpus Iuris Sancriticum et Pontes Iuris Asiae Meridianae et Centralis, 2004) at 44, 103—4 ("坦白讲,在中世纪晚期的卡拉拉邦(Kerala),法律的代言人是统治者和寺庙")。

* Varna,梵语,意为肤色。——译者注

[67] 见上文,"诗一般的法律"。

[68] Diwan, *Modern Hindu Law* (1998) at 15;关于因果报应和生死轮回的观念的发展,参见 Lipner, *Hindus* (1994), above, at 230 ff.

今为止人们所知道的是,种姓制度自《吠陀经》出现时起就已存在,比《圣传书》要早。[69] 种姓或瓦尔纳等级共有四个,每个都有自己特定的达摩:婆罗门(教化的人)、刹帝利(Kshatriya,保护他人的人,均为武士或施主)、吠舍(Vaishyas,经商的人)和首陀罗(Sudras,均为奴仆)。第五等级的贱民(untouchables)在法律上是不被承认的,但是,贱民的概念通常被等同于首陀罗。[70] 前三个种姓等级都属于"再生"种姓,因为当他们成年之后,都要肩负起神圣的职责。此外,还有许多次级种姓集团,所有等级的所有成员在人生的不同阶段都肩负着特定的责任,不胜枚举。既然如此,如果考虑到所有存在的灵魂,种姓制度的运作必然会不堪重负。灵魂的数量数以百亿计(这取决于起始点的位置),但实际活在世上的人只有10亿左右,当然,这个空缺可以通过计算新生的非人类生命体来弥补,这也是印度教看待自然界和动物界的观念所带来的有趣的说法。同样,因果报应的观念与现在普遍接受的观点——种姓身份以父母种姓身份为基础按出生而定——二者之间似乎难以协调。为什么父母的罪过要有我们来承担?难道经典原理中所说的功德不能让人进入一个比前世更高的等级吗?至少在法律文献当中,这被认为是一个既理论又现实的问题,是整个传统的一个弱点。因此,"随着时间的推移,种姓变成了只按出生而定的社会身份的表征。只要这个制度不造成物质权益(material advantages)方面的不对等,那么它所产生的社会不平等就不至于导致仇恨爆发。"[71] 近来的许多变革,"都归功于西方的影响以及教育和公共行政的新方法,已经使这个问题的状况有所改观"。[72] 尽管种姓制度并未许可个人提升自身等级,这本来可以成为一种缓和措施,但

---

[69] Diwan, *Modern Hindu Law* (1998) at 26; Lingat, *Classical Law* (1973) at 30 (关于到《法论》时期,也已"完全建立");关于在印度以外的罗马人和吉普赛人对起源于印度的种姓制度的持续遵循, W. Weyrauch (ed.), *Gypsy Law* (Berkeley: University of California Press, 2001) at 210 ("摩奴的法律在罗马的适用")。

[70] Derrett, *Modern Hindu Law* (1963) at 28.

[71] Venkatararman, *N. R. Raghavachariar's Hindu Law* (1987) at 20.

[72] 同上注。关于西方对持续存在的针对贱民(Dalit,来源于马拉地语,意为破碎的、碾碎的)的歧视和暴力的批评,Human Rights Watch, *Broken People* (New York: Human Rights Watch, 1998), notably at 87 关于印度(警方)无法执行反暴力立法;关于就种姓歧视时候构成"种族"歧视的问题的大辩论, S. T. Umakant, *Caste, Race and Discrimination* (Jaipur/New Delhi: Rawat Publications, 2004), notably 43 ff. ("种姓是种族吗?")很显然,贱民的概念既包括印度教社会秩序所确认的"不可触摸的人",也包括拒绝这种概念的"部落族群"; A. Sharma, *Castes and Tribes in India* (New Delhi: Commonwealth, 1998) at 3, 4.

第八章 印度教法律传统:法律为君王,但究竟是何种法律? 329

是人们日渐认识到,应该对整个种姓制度进行变革。[73] 今天,在印度,宪法明文禁止了以种姓为基础的歧视。现代民族—国家的宪法的效力是一个很大的问题,但是如果它允许人们针对种姓制度提出合宪性争议,那么对于这个制度仍然是个沉重的打击。[74] 由于身份不平等是传统的印度教教义的基础,所以处于被压迫地位的人,譬如妇女,在斗争中就被剥夺了利用印度教平等原则进行抵抗的权利。但是,就像在伊斯兰法律那样,印度教法律也出现了许多改善妇女地位的契机,特别是 1500 多年前那烂陀主张的妇女财产权和继承权[75],如今这成为现代立法力求实现的改革主题。

由于印度社会缺乏一般的平等原则,而达摩的观念则深入人心,所以,代表个人权利的或任何其他形式的权利概念并没有在印度教思想中生根发芽。但是,就像伊斯兰传统一样,人们努力地对印度教传统与权利学说进行协调,以证明不对等的合理性。所以,国

---

[73] Derrett, *Modern Hindu Law* (1963) at 28, 29;关于"梵文化"或采纳婆罗门行为方式的过程,Y. Singh, *Modernization of Indian Tradition* [:] *A Systemic Study of Social Change* (Faridabad: Thompson Press. 1973) at 5(要花"一代人或更长时间"的过程)。然而,这样的变化会受到其他种姓的强烈反对,因此除了发生变革的种姓的大多数成员外,还需要更多的人共同努力。关于完全脱离印度教,见下文,"印度教身份"。

[74] Galanter, *Competing Equalities* (1984);关于美国法律学说对印度所产生的不断增大的影响,R. Dhavan, "Borrowed Ideas: On the Impact of American Scholarship on Indian Law" (1985) 33 Am. J. Comp. L. 505.

[75] Diwan, *Modern Hindu Law* (1998) at 37;关于在土地权益方面持续存在的两性不平等,B. Agarwal, *A field of one's own: gender and land rights in South Asia* (Cambridge: Cambridge Unversity Press, 1994),特别是关于"习惯"法、印度教法律和当代法律的不同角色;以及与贱民妇女相关的"失败的现代性",R. S. Khare, "Elusive Social Justice, Distant Human Rights: Untouchable Women's Struggles and Dilemmas in Changing India" in M. Anderson and S. Guha, *Changing Concepts of Rights and Justice in South Asia* (New Delhi: Oxford University Press, 2000) 198 at 214. 关于在印度教传统中妇女地位的总体情况,参见 J. O'Connor, "Rereading, reconceiving and reconstructing traditions: feminist research in religion" (1989) 17 Women's St. 101 at 119, 120; Srivastava, *Women and the Law* (1985); A. S. Altekar, *The Position of Women in Hindu Civilization: From Prehistoric Times to the Present Day*, 2nd edn. (Delhi: Motilal Banarsidass, 1959); D. Mitter, *The Position of Women in Hindu Law* (New Delhi: Inter-India Publications, 1913, repr. 1984); Klostermaier, *Survey of Hinduism* (1994), above, ch. 23; N. Gupta, "Women's Human Rights and the Practice of Dowry in India" (2003) 48 J. Leg. Plur. 85, notably at 118(关于嫁妆习俗的复杂性和在具体环境下的角色,需要有"对传统和当地情况的敏感度",但是,"对于传统的依靠可以提升改革的合法性及对改革的理解度");关于殖民当局对印度教传统的重新解读(对杀死女婴和殉葬(sati,即寡妇在自己丈夫的葬礼上一并被焚烧死去)等陋习的废止),D. Engels, "Wives, Widows and Workers: Women and the Law in Colonial India" in W. J. Mommsen and J. A. de Moor, *European Expansion and Law: The Encounter of European and Indigenous Law in 19th-and 20th-Century Africa and Asia* (Oxford/New York: Berg Publishers, 1992) at 159.

王的达摩要求对弱者进行保护,而履行了自身义务的人就可以获得权利。[76] 印度宪法对权利概念的引入也大大地推动了这场辩论的进行。这也是今天对印度法律的性质进行定义或尝试进行定义的整体过程的一部分。[77]

印度教法律传统的理性也同样是为达摩的适用而发挥作用。婆罗门的达摩是对源于《吠陀经》的法律进行传授。他们究竟如何把法律提炼出来是一个很有意思的问题,人们也可以找到一些答案,但是并没有证据显示他们只是做了虚构,以充当理性的解读。其实,吠陀经和其他一系列的经典都通过它们的编排形式,让我们对印度教思想的理性有所了解。这并非一种演绎推理,而摩奴的18个法律类别也并非意在将法律系统化。因此,理性的地位是"被限定的和狭窄的"[78],它的影响范围"十分零碎"[79],当然,后来的评述和汇编的发展则具有更大的自由度,甚至后来的经典也是如此(那烂陀,"进步的圣人")。理性的大门从未关闭,许多的研究工作仍在持续扩大。从这个意义上说,变革的观念和对变革的包容,对于印度教法律的继续存在来说是至关重要的。

对变革的包容

在罗马法和普通法(缓慢)的发展中具有重要意义的程序限制或机构限制,在印度教法律中则几乎无迹可寻。在这一点上,印度教法律与犹太和伊斯兰法律一样,直接从原生状态向启示性的实体法发展,法庭和法官的全部意义就在于对法律进行适用。但是,印度教法律通过本身"无可争议"的基本渊源的形式,对任何变革所做的外部限制,却又与犹太和伊斯兰法律相似。[80] 犹太法律承认世界上存在着变革的可能性,然后却用沉重的义务对其进行压制。伊斯兰法律则更进一步,一面明确地鼓励知识的发展,一面却又将知识的大门紧紧地关闭。在这两种传统中,一个获得承认的变革观念竟要四处躲藏,它藏进了犹太法律的对话形态、各种学派学说以及运动当中,也藏进了伊斯兰法律的制度化多元性和灵活性当中。印度教法律也同样认可法律和整个世界发生变革的可能性,但是,它对变革的态度也许跟原生法律最为接近,而不是跟任何别的传统。它仅仅

---

[76] A. Sharma, *Hinduism and Human Rights* (New Delhi: Oxford University Press, 2003) at 14, 19, 32, 但在第34页承认,"与我们对他人权利的认可相比,印度教倾向于给予他人的权利以更多的认可"(emphasis in original)。

[77] 见下文,"印度教法律在印度"。

[78] Sen, *Hindu Jurisprudence* (1984) at 16.

[79] Geertz, *Local Knowledge* (1983), above, at 195.

[80] 参见本章,"《吠陀经》、经典与评述"。

是包容变革,但从不鼓励变革的发生,而只要求变革不对世界的基本和谐造成破坏。如果破坏了,这样的变革就是罪孽,这也同样会遭到报应。因此,对一种成文传统来说,印度教传统真可谓兼容并包。包容并不是这个传统的外延,而是它的中心内涵。而且,包容本身也有一套规范。

时间和婆罗门

原生传统跟印度教传统的相似性,可以从二者对时间的态度上得到证明。二者均不主张过去、现在以至将来的区别;而是强调时间萦绕在我们身旁,循环往复。[81] 在原生世界里,没有年份终结的概念,而是世界的终结、复苏和再生,这是一个永无休止的循环过程,它使万物相互协和。这种循环过程,在印度教传统中就是灵魂的永恒不灭,这是一种非常现实主义的立场。没有人可以离开这个世界;我们永远存在于这个世界上,我们唯一可以寄望的,就是来世行善积德。但是,灵魂还是那个灵魂,处于同样的地位,面临着同样的诱惑。人们可以有不同的行为方式,但在这个永恒的、循环的世界中,变革根本无从谈起。

这也是一个永远由婆罗门阶层统御的世界,这个阶层维系着万物的和谐。这个观念,尤其对于那些接受西方教育的人来说,实在是难以让人接受。印度教神学在形式上,并不像那些影响了西方思想的宗教那样具有"等级"属性。在犹太教、基督教和伊斯兰教的传统中,上帝是至高无上的,是奥斯丁主权者(Austinian sovereign)的意想对象,而我们所有人都是上帝的子民,必须履行上帝赋予的职责。我们也都知道上帝的容貌,那就是我们人类曾有过的更智慧、更古老的容貌。因此,上帝处在一个特定的地位,具备人类的外表,具有统御力(hierarchical function)。如果你希望在印度教中寻找这样一个上帝来顶礼膜拜,这没有任何问题,不过印度教是奉行多神论的,尤其推崇毗瑟挐(Vishnu)和湿婆(Shiva)。然而,就婆罗门阶层而言,不论他们看上去多么的接近神,他们都不是神的一种。这个阶层并没有固定的容貌,没有特定的地位,更不具有统御力。婆罗门是"这个世界的行动者……一种同时扮演所有角色的行动者"。[82] 我们每个人都是神或者婆罗门,婆罗门以我们每个人的容貌出现,而万事万物都蕴含了这种存在的最高形式。既

---

[81] 关于印度教时间观念的轮回性质,Watts, *Philosophies of Asia* (1995) at 12; Sen, *Hindu Jurisprudence* (1984) at 9; Weggel, *Die Asiaten* (1989) at 200; 但是,关于印度教各种时间概念的差异,Lipner, *Hindus* (1994), above, at 251 ff.

[82] Watts, *Philosophies of Asia* (1995) at 6. 婆罗门,就其在世界上拥有绝对的神秘力量而言,还必须与梵天(Brahma),即创造之神,相区别。

然我们每个人都代表着存在的最高形式,那么每个人都是不可或缺的。自我(self)是至关重要的,因此就必须通过达摩来促使我们履行自己的神授义务,逐渐接近婆罗门的完美境界。所以,婆罗门在整个宇宙间无处不在,但我们永远不会知道它的真谛。[83] 既然婆罗门存在于万事万物之中,而从不割裂它们,那么婆罗门就必须以一种不二(advita,来源于 dva 或 duo)或者我们今天所说的非二元(non-binary)形式存在。不能将婆罗门理解为一体或者多个(这是一种只能二选一的思维方式);婆罗门存在于每个人和每样事物当中,所以你不能按照正反法、二分法或者界限论的思维方式去猜度。婆罗门就是无处不在,只有婆罗门阶层的人才知道如何践行这种精神。

由此可见,既然印度教以一种"具有多样化形式的精神统一体"的态度看待整个世界,那么这个宗教必然是"所有信仰的集合"。[84] 每个神或女神都是婆罗门的体现;在极乐世界当中,不存在我和你、主体和客体的区别。自我在没有他人的情况下,也就不成为自我,因此二者在本质上是一体的。如果看不清这种一体化的本质,我们就会陷入对立物悉数分离的幻象(maya)当中。[85] 分离是不可能真正实现的(卡洛斯·富恩斯特肯定也深知这一点)[86],而(从一种事物或形式到另一种事物或形式的)变革也同样是一种幻象。所以,最重要是理解一体化的本质。既然印度教所宣扬的是一种通常意识的转化,即简单地意识到"这就是事物存在的方式",因此它并没有建立任何特别的、固定的信条或原理,也没有任何正式的制度。[87]

现在,你还想改变什么呢?你当然可以改变许多事物,玩捉迷藏的游戏。那些看不清事物存在本质的人整天都在做这样的事情,因此世界上出现了诸多变革,这些都必须得到包容。即便是那些理解了事物存在的方式,即意识已被转化的人,也会对世界存在的具体形态产生偏好,毕竟这个世界还是要以某种形态存在的。腐败也可能是变革的原

---

[83] Watts, *Philosophies of Asia* (1995) at 14, 15.

[84] Venkataraman, *N. R. Raghavachariar's Hindu Law* (1987) at 19, 20 ("印度教……充满了各种变化的信仰和观点……令人惊讶于它的包罗万象和灵活多变……这主要表现为它的折中主义、包容精神以及几乎没有限制的私人崇拜自由";即使是食用动物尸体的查曼教徒(Charmans)也包括在内);Diwan, *Modern Hindu Law* (1998) at 3 (印度教能够"在它的体系内复原所有的思想、观念、异议、实践以及职业,但却保持自身基本的统一");Purohit, *Ancient Indian Legal Philosophy* (1994) at 9 (关于"一位至高无上的神"的概念对法律哲学所产生的必然影响,以及《吠陀经》的"伟大力量"使世界避免由一个神来统治)。

[85] Watts, *Philosophies of Asia* (1995) at 17, 28.

[86] 关于富恩特斯对分离的论述,见上文,"第一版序言"。

[87] Watts, *Philosophies of Asia* (1995) at 19.

因之一,印度教的讨论对此也有提及[88],不过在今天的印度,腐败的问题更多的是与国家联系起来,这点跟世界上其他地方一样。[89] 因此,所谓的变革都不曾被鼓励,但都得到了包容。而且,请不要忘记罪孽;有的变革真的不太明智。

萨达切拉与学派

从某种意义上说,印度教教义具有一种必然性。就像诺曼人(Normans)那样,当吠陀—雅利安人来到南面这片富饶的土地时,面对的是形式各样、纷繁复杂的当地生活方式。因此,《吠陀经》必须解释,为什么人们要接受它们的教义,而最有成效的解释方法就是将教义与当地的生活习惯结合起来。[90] 在任何情况下,《吠陀经》本身没有包含的法律就必须从其他地方获取,而且没有理由不把这样的法律概括吸收进来。甚至可以证明,在当地有效力的传统,也具备着毋庸置疑的神授性。这可以说是一个好消息。因此,当地人从远古时代一直传承下来的萨达切拉*精神,从摩奴开始,也成为印度教法律的一个渊源,即一种达摩的渊源。在现有的著作中,这个渊源通常被称作"习惯"或"用法",在这里,我们可以看到与在西方发生的一样的从规范性信息到反复实践的转变,当

---

[88] Diwan, *Modern Hindu Law* (1998) at 2 ("无论任何时候,只要当一个圣人或宗教改革家希望对印度教进行改革并消除其中的不合理或腐败现象,一个新的教派就会随之诞生。");关于司法过程中的腐败, *The Laws of Manu*, ch.7, verse 124 ("国王应该流放那些心地邪恶的收受了诉讼当事人财物的人,并将其所有财产全部充公")。

[89] C. R. Kumar, "Corruption and Human Rights: Promoting Transparency in Governance and the Fundamental Right to Corruption-Free Services in India" (2003) 17 Col. J. Asian L. 31, notably at 33 ("腐败是印度行政系统当中一个普遍的现象"),34(只有17%的扶贫资金能够到达穷人的手中),35(制度性的腐败造成了"普遍受害"的情况,是对法治的威胁); K. Gupta, *Corruption in India* (New Delhi: Anmol Publications, 2001,针对制度的全面调查,特别是第 xi 到 xii 页(将法院系统工作的长期延误与腐败控制的问题联系起来)。

[90] Derrett, *Modern Hindu Law* (1963) at 1; *Mayne's Treatise* (1991) at 7 (与语法的记录规则的相似性) and 27 (摩奴 18 个法律类别的非系统性反映了"社会的实践需要"); Venkataraman, *N. R. Raghavachariar's Hindu Law* (1987) at 2; Davis, "Recovering the Indigenous Legal Traditions of India" (1999), notably at 164 (《法论》的各种文献"总体来说"是对"习惯"的记载), 166(从习惯,通过收集和"传递",到再生习惯的思维过程); D. R. Davis, Jr., "Intermediate Realms of Law: Corporate Groups and Rulers in Medieval India" (2005) 48 J. Econ. & Soc. Hist. Orient 92 (关于调解机构在创造元典(paribhasa)或补充性规则方面所扮演的角色)。

* sadachara,意为自我分析与自我改正。——译者注

然，萨达切拉的表述清楚地表明，我们正在讨论一种当地的非正式的传统。[91] 印度教传统与其他宗教性或非宗教性传统相比，最大的区别就在于，印度教传统认为，非正式的传统具有比本教经文更优先的效力。[92] 这点可能让人感到吃惊，但你必须懂得包容。如果经文原来只认可在当地有效的规范，那么它们应该保持这种做法；如果这些规范发生了改变，那么法律也应当随之改变。当然，这一切都必须符合达摩的要求，但是，由于它奉行多神论，所以具体的操作方式有很多。传统中新增加的内容不过是此前尚未揭示的启示。[93] 同样，有关传统新内容的新近评述也比早期的经典更具有优先的效力，这可以说是一种冲突（当然，它不会经常被察觉到）。[94] 因此，[在印度教传统下，]一个民族要更改自己的法律并不会遇到什么障碍[95]，当然，这不会受到个人意志的左右，也没有任何正式的程序。

信仰的集合必然带来法律的多样性，而很显然，印度教法律从一开始就具有多样性的特点。婆罗门成员在不同的地区传授不同版本的《吠陀经》，所以各地传统的地位也会得到提升。[96] 经典的记载更关注法律的内容，而诗歌则是无所不包，所以多样性的特点一直都存在，也许人们对此已经习以为常，或者已经不感兴趣了。不同地区的不同族群都有自己的经典，而伟大的经典则让他们顶礼膜拜。有人认为这都是不同的"学派"

---

[91] Lingat, *Classical Law* (1973) at 14（"每个人都应该避免将理想的'习惯'和我们称为习惯的东西相混淆……萨达卡拉（Sadacara）是一种宗教生活方式……它是希斯塔（sistas），即那些受教化而有道德的人世世代代所遵循的实践"）。

[92] *Mayne's Treatise* (1991) at 44—6; Derrett, *Modern Hindu Law* (1963) at 13; Venkataraman, *N. R. Raghavachariar's Hindu Law* (1987) at 14; Diwan, *Modern Hindu Law* (1998) at 21; Desai, *Principles Hindu Law* (2000) at 2; M. P. Jain, *Outlines of Indian Legal History* (1966) at 712; M. P. Jain, "Custom as a Source of Law in India" (1963) 3 Jaipur L. J. 96, repr. in A. D. Renteln and A. Dundes, Folk Law, vol. 1 (Madison: University of Wisconsin Press, 1995) at 49; Trevelyan, *Hindu law as administered in British India* (1913) at 23; Purohit, *Ancient Indian Legal Philosophy* (1994) at 67 ff.; and generally Menski, "Role of Custom in Hindu Law" (1992) notably at 323（《圣传书》的文献原本是由普通人所写，只是其影响后来逐渐扩大）; Kane, *History of Dharmasastra* (1968—77) at 825 ff. 试比较, Sen, *Hindu Jurisprudence* (1984) at 16—20。

[93] 因此，出现了 Venkataraman, *N. R. Raghavachariar's Hindu Law* (1987) 第 17 页的解释。由此可见，传统不能依靠相似性而得到拓展。同上，第 15 页。

[94] *Mayne's Treatise* (1991) at 29; Diwan, *Modern Hindu Law* (1998) at 35—6; Venkataraman, *N. R. Raghavachariar's Hindu Law* (1987) at 5. 因此，印度教的"社会法典"看上去比它的宗教教义"更加严厉"。这似乎就是佛教徒最为反对的; Venkataraman, *N. R. Raghavachariar's Hindu Law* (1987) at 19. 关于解释的实践，见本章下文。

[95] Markby, *Hindu and Mahommedan Law* (1977) at 15（"对于法律的逐步修改，不存在任何障碍"）。

[96] Diwan, *Modern Hindu Law* (1998) at 26.

(sakhas)[97],但大多数人认为,正式的学派只在公元7世纪到12世纪,当评述出现的时候,才逐渐形成,而与此同时,西方的法律也开始变得更加制度化。当时,印度教法律使用更饱满的散文形式进行记载,被认为是变得更具体、更多样化,但是《天启书》和《圣传书》还是将它们统一起来了。两个主要的学派,一个是产生于对亚给雅瓦尔克亚的评述的米塔克沙拉学派(Mitakshara),他们的学说影响了孟加拉以外的印度的大部分地区;另一个是产生于财产分割和继承的法律专著的达雅巴戛学派(Dayabhaga),其影响范围主要是孟加拉地区。[98] 这些学派也不是一成不变的;他们的成员不断地将当地的信息纳入自己的著述;作为对法律概念进行阐述的人,他们本身在整个阐述的过程中就具有更大的自由度。印度教法律全部都是正确的,但是,你可以认为其中一些比余下的要更加正确。[99] 既然多样性本身没有问题,多元的事物最终也会殊途同归,那么你就可以继续追求更大的多元性,因此,(总体的)米塔克沙拉学派又分成一些次级学派,每个都有自己的著作,而民众也会在迁徙的过程中保持他们所奉行的学派观点(与伊斯兰传统一样)。然而,就像伊斯兰传统一样,他们在迁徙到一个新的地方并采纳了当地的法律之后,也可以对自己的法律进行修改。[100] 可以说,抽象的印度教理论并不会对争端解决有直接的帮助。你要做的是去了解这个族群、这个地方、这个学派以及当地的情况。印度教法律统一了,但却变得更具体了。

伴随着这种多样性,以及将古老的、概括的法律经典与新近的、当地的传统结合起来的实际需要,人们总是对印度教法律作出许多的解释,而解释在某种程度上可以消弭实际的法律冲突。如果是纯粹的仪式规则发生冲突,解决的办法很简单,就是二者选其一。如果是惩罚规则冲突,解决的办法是规定只有其中一条规则具有强制性;或者其中一条规则只适用于处理事实问题;或者规定每一条规则各自的适用范围;或者,到最后,以摩

---

[97] *Mayne's Treatise* (1991) at 16;其实,"学派"的概念直到19世纪才由柯尔勃洛克(Colebrook)提出来,关于这个概念,Ghandi, *Hindu Law* (1999) at 22.

[98] 见上文,"《吠陀经》、经典与评述";Derrett, *Modern Hindu Law* (1963) at 22; *Mayne's Treatise* (1991) at 40; Venkataraman, *N. R. Raghavachariar's Hindu Law* (1987) at 6, 7; Markby, *Hindu and Mahommedan Law* (1977) at 16; Trevelyan, *Hindu law as administered in British India* (1913) at 9—22(记录了各学派及其分支流派的主要代表);关于新翻译的法律文本,L. Rocher (ed. & trans.), *Jimutavahana's Dayabhag: Hindu Law of Inheritance in Bengal* (Oxford: Oxford University Press, 2002)(附带梵语原文).

[99] 关于比正确更正确,Derrett, *Modern Hindu Law* (1963) at 3(关于印度教法律的修改与发展) and 5(关于各个作者的巧妙解释);Sen, *Hindu Jurisprudence* (1984) at 22.

[100] Trevelyan, *Hindu law as administered in British India* (1913) at 22.

奴的学说为准。[101]

通过法律实现变革

印度教教义并不反对科学知识的吸收或利用。印度教科学在天文学、数学(包括微分学和三角学)以及"阿拉伯"数字的发明等方面作出了巨大的贡献。[102] 但是,权利意识的缺失以及因果循环理论的盛行使印度教明显地对自然环境和动物世界具有关怀(因而有了对"圣牛"的崇拜)。就像原生、犹太和伊斯兰传统那样,印度教传统对于自然秩序和法律秩序并无区分,所以并没有一个中性的由事实或物体组成的世界。所有的物体都含有生命,虽然充满磨难,但仍是生命。这样的观念深深地植根于印度教的知识概念,这种概念并不那么热衷于探求事物的怎么样,而更看重为什么,例如为什么一个人会有自我意识,为什么其他的事物都有自己存在的方式。这是一种更关注世界万物的联系、而非事物的细节,更关注履行达摩的具体意义(产生了建造庙宇的数学知识)而非"单纯的研究"的科学。与此紧密相连的,是自我发现(self-discovery)和对自我以外的万物的发现,这对包容的观念有着重要的影响。曾经有这么一个故事,一位佛教徒(佛教起源于印度教*)遇见了一只饥饿的老虎,自己便躺下来充作老虎的食物。这似乎要把我们带向一个比包容更高的境界了。

对其他一切的包容

印度教徒都知道自己是谁,但是,印度教的包容精神使族群身份之间的互相依赖比在一般情况下更加重要。在印度教教义中,法律和宗教还存在一定的分裂,以至于印度教教义与法律并不具有必然的联系,这是一种其他宗教性法律传统所不能接受的观念。同样,包容的精神也显然与任何保护身份的举措都有关系,如果这些举措难以或不可能实施,那么这个富含包容精神的传统的延续就很成问题了。对一种世界上最古老的传统作出这样的判断,似乎不太恰当,但是,信息流并不会离去,许多的真理都在主张自己的

---

[101] Sen, *Hindu Jurisprudence* (1984) at 14; Lingat, *Classical Law* (1973) at 158, 159.

[102] 之所以出现这样的名称,是因为欧洲人通过阿拉伯世界发现了这些数字,阿拉伯人则称之为"印度(Hindi)数字"。Weggel, *Die Asiaten* (1989) at 51; G. Ifrah, *The Universal History of Numbers*, trans. D. Bellos, E. Harding, S. Wood and I. Monk (New York: John Wiley, 1999) at 356 ff.

* 对此,东西方学界颇有争议,据征询,印度教徒均持此观念,佛教徒说法不一,中国学界说法与此相反,此处保留作者原意。——译者注

地位。

印度教身份

印度教奉行多神论，包含了多种信仰，所以很难作出一个滴水不漏的定义。如果非做不可，最合适的标准就是恪守《吠陀经》并信仰多样化形式的精神统一体[103]，因此，德雷特(J. D. M. Derrett)作出了这样的判断，"或许最好的检验标准就是，人们是否主张自己是印度教徒，并得到他们身边的社会的承认"。[104] 但是，这种严格的检验标准或界限与包容的精神并不一致。我们似乎可以从中得出两个关于印度教法律的结论。第一个是，今天的印度教法律并不是所有印度教徒的法律，也不是专属于印度教徒的法律。[105] 至少在印度，这种法律适用于佛教徒、耆那教徒和锡克教徒，这些宗教本身却没有发展出普遍适用的法律。[106] 在印度，有一些社区也被认为是信仰印度教，这些社区的成员所适用的是当地的法律传统，并排挤了印度教法律。[107] 因此，基于第一个结论而得出的第二个结论是，身份的基本识别标准是(不断变化的)宗教，而非法律。然而，某些形式的法律身份又在印度教法律内重新形成，但是带有了更加明显的当地传统色彩，这也是印度社会的各个社区所"顽强"保有的特征。[108]

当然，印度教并未出于其包容的精神而完全放弃对身份的保护。印度教也有逐出教

---

[103] 印度最高法院认为此一标准"充分合理而令人满意"，不过，它将印度教描绘为"一种生活之道，仅此而已"，*Sastri Yagnapurushadji v. Muldas Brudardas Vaishya* [1966] 3 S. C. R. 242 (the *Satsangi* decision), at 260, 265；并参见，Venkataraman, *N. R. Raghavachariar's Hindu Law* (1987) at 19, 20, with refs ("但是，人们深知个中的差异，并能轻易地分辨谁是印度教徒，谁不是"); Diwan, *Modern Hindu Law* (1998) at 2; Ghandi, *Islamic Law* (1999) at 4, 5 (通过善意表达和明确的行动皈依印度教, 没有任何仪式)。

[104] Derrett, *Modern Hindu Law* (1963) at 21.

[105] Venkataraman, *N. R. Raghavachariar's Hindu Law* (1987) at 32; R. D. Baird, "On Defining 'Hinduism' as a Religious and Legal Category" in R. D. Baird (ed.), *Religion and Law in Independent India* (New Delhi: Manohar, 1993) at 41.

[106] 尽管这些宗教对印度教有各种反对意见，并且它们本身也是作为印度教的替代宗教而发展出来的，耆那教也因此而否认《吠陀经》的权威，但是该教仍要求其信徒遵循起源于《吠陀经》的法律。当然，印度教法律的各种当地版本，也在相当程度上减轻了其中的冲突。关于佛教和法律，参见第九章，"限制宗教"；关于锡克教，参见 Juss, "Constitution and Sikhs in Britain" (1995)(在第490页提到，"是他们的信仰让他们与众不同而成为独立的宗教")。印度的立法将这个原则推进了一步，宣布印度教法律适用于"任何不是穆斯林、基督教徒、拜火教徒(Parsi)或犹太教徒的人"；Diwan, *Modern Hindu Law* (1998) at 1.

[107] Venkataraman, *N. R. Raghavachariar's Hindu Law* (1987) at 32 对几个不同的社区进行了命名。

[108] Derrett, *Modern Hindu Law* (1963) at 26.

会的惩罚手段,但是它的实践就像任何其他宗教一样充满了争议。[109] 同样,背叛的罪名也是存在的,不过在19世纪已被英国殖民当局所废止,显然,这种罪名最多只会使当事人丧失印度教法律下的权利,并不会带来任何更严重的、像在伊斯兰法律下的处罚。[110] 脱教,与入教一样,做法很简单,只要皈依另一个宗教即可。[111] 在没有正式的入教程序的情况下,印度教法律将继续适用于那些并不遵循该教教义的人(佛教徒、耆那教徒和锡克教徒都是典型的例子),但是,即使是这样一条规则,仍有其例外。"本地治里的遗族"("renoncants of Pondicherry")被允许继续适用法国民法,因为他们从法国人在印度殖民开始就一直选择适用法国法律。如果你是本地治里遗族的一员,那么你的身份就是由法律来定义的,但是很明显,你仍有可能被认为是一名印度教徒。

印度教法律在印度

就好像原生法律制度对西方殖民扩张几乎没有任何抵抗那样,印度教法律在面对外部压力时,也是采取了逆来顺受的态度。这或许是作为核心理念的包容精神或多元主义的一种沉重的体现吧。印度教教义,完全可以向印度的原生民族进行传播,并可能得到广泛的接受,但是,当11世纪穆斯林来到这片土地的时候,印度教法律作为国法逐渐被伊斯兰法律所取代,前者大概只在当地印度教徒的争端解决中保有一些适用的空间。[112] 英国人到来之后,汇编的撰写得以继续,但是,这不可能只是纯粹的文字编纂。英国人想方设法地排挤印度教法律和伊斯兰法律,企图将二者转化为特殊形式,即只对印度教徒和伊斯兰教徒适用的属人法。就这一点而言,印度的遭遇与世界上其他遭受殖民统治的地方是一样的,国家法律要么完全取代当地的法律,要么把当地法律转化为一种特殊的

---

[109] 关于犹太法律,参见第四章,"犹太法律与犹太身份"。

[110] 关于这个罪名的废止,Venkataraman, *N. R. Raghavachariar's Hindu Law* (1987) at 12,关于印度教"对异端不那么在意",A. Sharma, "Hinduism" in A. Sharma (ed.), Our Religions (San Francisco: Harper San Francisco, 1993) 1 at 5;关于关于印度最高法院所作出的,印度教哲学并没有"将任何观点或原则作为异端加以驱逐的理念"的观点,the *Satsangi* decision, above;试比较,关于印度教"正统"的不同形式与相应的各种"异端"概念,不过甚少涉及惩罚,Klostermaier, *Survey of Hinduism* (1994), above, at 49 ff., notably at 63("今天政治性的印度教教义很可能不再有此包容精神")。关于伊斯兰教中的脱教行为,参见第六章,"乌玛及其保护"。

[111] *Mayne's Treatise* (1991) at 65, 66; Diwan, *Modern Hindu Law* (1998) at 3; Venkataraman, *N. R. Raghavachariar's Hindu Law* (1987) at 22.

[112] 关于伊斯兰教在印度的扩张,参见第六章,"伊斯兰大离散";关于穆斯林统治时期五人长老会的延续,见上文,"诗一般的正义";关于作为对穆斯林统治的回应的汇编撰写,Menski, *Comparative Law* (2000) at 173(毋庸置疑,"印度教习惯法"仍继续适用)。

形式,这取决于宗主国的管治理念。然而,对印度教法律的替代,就像对伊斯兰法律的替代那样,属于比较特殊的情况。印度教法律是成文的法律,内容很丰富,而且作为成文法,就意味着会在司法审判中适用。一种成文法被另一种成文法替代,这将使前者作为一种生活方式的延续,受到极大的威胁。成文法也许比不成文法更加脆弱。今天,我们真的不知道印度教法律将何去何从。印度的法律如今被形容为对其本土族群具有"容易觉察的外来性"。[113] 英国人的到来对印度教法律而言,是"毁灭性的"。[114] 与此同时,印度教法律也显示出了惊人的反弹能力,并且向来经得起时间的考验。也许有几百年以后,一切都会揭晓。

在17世纪,英国人与列强一同来到印度,他们并不是"要征服这个国家,而是进行贸易"。[115] 他们在一些港口城市建立了工业体系,到了18世纪,东印度公司(East India Company)的官员"开始在当地的政治活动中扮演一种积极的角色"。[116] 很快,这个国家的主权便"落"入了这些公司职员的手里,新的领土也通过"割让与征服"的方式并入了帝国的版图。[117] 英国皇室自19世纪中叶起,直接对英属印度进行管理。但是英国的殖民政策是,在兼并殖民地的过程中保留既有法律的效力,从而避免出现任何否定对印度殖民的正当性的言论。这无异于给印度教法律打了一针强心剂,它得以作为至少对印度教人口适用的正式法律继续存在,这是它千年来都未曾有过的地位。官方性质意味着需要建立官方的法律渊源,因此当局开展了对印度教经典文献,特别是米塔克沙拉学派和达雅巴夏学派文献的翻译工作,这在某种程度上把印度教法律从所谓的"不通梵语的印度教法学家的空想"的状态中解救了出来。[118] 司法官员在对这些复兴的法律进行适

---

[113] Galanter, *Law and Society in Modern India* (1989) at 15 (还因为"它与大多数人的态度和观念相距甚远,变得声名狼藉",因而回归印度教法律的可能性"微乎其微"。)

[114] David and Brierley, *Major Legal Systems* (1985) at 491.

[115] Markby, *Hindu and Mahommedan Law* (1977) at 3;关于这类公司的正当性,H. J. Leue, "Legal Expansion in the Age of Companies: Aspects of the Administration of Justice in the English and Dutch Settlements of Maritime Asia, c. 1600—1750" in Mommsen and de Moor, *European Expansion and Law* (1992), above, at 129;关于殖民早期的英语宪章,M. P. Jain, *Outlines of Indian Legal History* (1966) at 7—11.

[116] M. P. Jain, *Outlines of Indian Legal History* (1966) at 5.

[117] 同上注,at 9.

[118] Venkataraman, *N. R. Raghavachariar's Hindu Law* (1987) at 14,转述了尼尔森(J. H. Nelson)的评价。但是,关于部分翻译的质量,见上文,"诗一般的法律";关于翻译的过程,包括对固定法律载体的找寻,B. Cohen, "The Command of Language and the Language of Command" in R. Guha (ed.), *Subaltern Studies IV: Writings on the South Asian History and Society* (Delhi/Oxford/New York: Oxford University Press, 1985) 276, notably at 290—5.

用和解释的时候,也会请来梵语学者(Pundits)为其提供协助。因此,英国法律对印度教法律的影响并不是直接而突然的,它也没有损害印度教经典法律渊源的合法性和适用性。其中的变革是非常微妙的,其显现尚需时日。这是一种渐进式的法律"国有化"[119],即国家的立法或司法制度逐步取得统治地位,相当于官方的法律渊源,逐步地将经典的、私人的、启示性的印度教(和伊斯兰教)法律渊源瓦解并取而代之。立法和司法判决轻而易举地成为了官方认可的法律渊源,因为官方就是这样对民众进行教育,并为民众所接受——西方法律就好像是缓缓移动的神车*。世俗法律教育极大地推动了这样的进程,可以毫不犹豫地说,今天印度的法律从业群体,绝对是全世界最庞大的之一。[120]

在英国的统治下,判例法或许更能显示出官方法律的基础地位。在所谓的英属印度法律制度下,印度教法律"并不是经典所记载的法律,而是由法庭所宣布的法律"。[121] 因此,判决变得泾渭分明,其结果视同法律,清晰(如"死亡—疾病"的关系)[122]取代了模糊,习惯变得难以建立,学派的差异变成了正式法律之间的差异,判决被不厌其烦地报告,而传统的法庭则日渐式微。从判决上看,普通法和印度教法律在许多方面都有相通之处,但在当时,印度教法律的性质,整个传统的性质都在发生重大的转变。普通法传统中立法的增多也在印度得到了反映。印度各地的国王向来拥有某种制定规则或法律的权力,但在当时,传统的体制能否适应新的立法实践,是令人怀疑的。最典型的例子就是,在19世纪,印度教有关合同和财产转让的整套法律制度都被国家制定的条例所取

---

[119] Galanter, *Law and Society* (1989) at 17;关于"普通法兴起"的整个过程,M. Setalvad, *The Common Law in India* (London: Stevens, 1960), ch. 1; A. Gledhill, "The Influence of Common Law and Equity on Hindu Law since 1800" (1954) 3 I. C. L. Q. 576, reproduced in Nanda and Sinha, *Hindu Law and Legal Theory* (1996) at 279.

* juggernaut,这个词来源宇宙之王讫里什那的神车Jagannatha,每年例节用车载此神像游行,迷信者相传若能给该车碾死即可升天,所以甘愿为该车辗死的善男信女极多。——译者注

[120] 然而,关于法律职业正对印度教传统实施"内部殖民",Weggel, *Die Asiaten* (1989) at 123.

[121] Venkataraman, *N. R. Raghavachariar's Hindu Law* (1987) at 19. 关于司法判决的"永久"效力,参见Markby, *Hindu and Mahommedan Law* (1977) at 16 (this in 1906);关于先例原则被"嵌入印度法律体系",M. P. Jain, *Outlines of Indian Legal History* (1966) at 727.

[122] J. Derrett, "Sanskrit Legal Treatises Compiled at the Instance of the British" (1961) 63 ZvglRwiss 72 at 112, cited by Galanter, *Law and Society* (1989) at 24. 根据"正义、公平和良知"进行裁判的原则,即一种大陆法的原则,如今也开始发挥影响,当然,这个原则本身还是要受到先例的拘束,H. Liebesny, "English Common Law and Islamic Law in the Middle East and South Asia: Religious Influences and Secularization" (1985—6) 34 Clevel. St. L. Rev. 19 at 27.

代，而且"在商法、刑法和诉讼法的领域，也出现了全面的法典化"。[123] 摩奴著名的 18 个法律类别中，只有家庭法和继承法得以保留。然而，即便是这两个领域的法律，在印度获得独立的时候，也受到了立法当局的干预，立法者们并未废止旧法，但却将其重新订立，写入所谓的《印度教法典》(Hindu Code)。[124] 如今，经典所记载的法律都变成了立法，这意味着所有的印度教徒有了一套单一的、共同的条文化标准。除了这些立法，现在还有印度宪法，它对包括印度教徒、伊斯兰教徒和其他族群在内的印度人民的权利作出了规定。大陆法和普通法的全套制度如今都在印度得以建立——实体法、权力、判例法、立法、法典以及司法审查。它看上去很像美国的法律制度，不过还是有一些重大的区别。

主要的区别在于法律适用的对象人群。印度法律适用的对象并不是西方的人群，而是本国广大的农村人口。宗教、政治以及法律思想的次级层面（sub-strata），赋予了西方法律今天在西方各国所具有的规范性，但是这一切在印度都不存在。各地的传统互不相同，却都是有关生、死和个人责任的重要信息，并已延续了数千年。国家制定的或司法判定的法律却并没有得到广泛的、积极的遵循。在《印度教法典》制定之后的半个世纪里，已经有人不断地指出，古老的法律理念仍在延续——种姓自治、包容差异、逃避或忽略法律。当然，传统的社会也会利用正式的法律来实现自己的目的（就像在非洲和拉丁美洲

---

[123] Galanter, *Law and Society* (1989) at 18. 法院系统也在 1860 年实现常规化。关于废止旧法的新立法列表，Venkataraman, *N. R. Raghavachariar's Hindu Law* (1987) at 12, 13；关于法典化的整个过程及其正当性证明，参见 M. P. Jain, *Outlines of Indian Legal History* (1966) at 600 ff., notably at 603（只有通过法典化，才能实现法律的一元化，法律才能被"系统化"并且"在某种程度上变得清晰而准确"）。关于印度教的合同法，Jayaswal, *Manu and Yajnavalkya* (1930) at 175 ff.（"无效的或可撤销的合同——公证和登记——神和国家的法令——债务——利息……优先权规则——债券——债权债务的变更——公证和登记……"）；Aggarwal, *Jurisprudence* (2002) at 69 ff.（买卖、定金、典当、抵押、汇票、合伙）；Sternbach, *Juridical Studies* (1965)（定金、典当、保证人资格、雇佣）；Joly, *Hindu Law* (1975), notably at 237 关于由买方先行试用（即附带试用期间）的买卖。

[124] 关于整个过程，尽管《印度教法典》也被认为是一栋"未完成"的房屋，但它仍旧是属人法总体结构的一部分，D. M. Derrett, *Religion, Law and the State in India* (Delhi: Oxford University Press, 1999), notably at 321. 关于持续的，但显然已经衰微的，制定一部统一的印度民法典的努力，J. H. Mansfield, "The Personal Laws or a Uniform Civil Code?" in Baird, *Religion and Law* (1993), above, at 139, notably at 142（世界范围内对宗教和民族方面的少数者的日益增大的支持，所产生的影响）and 176（即使那些倾向于制定统一民法典的人也认为，应该将某些族群，特别是"部落族群"，排除在法典的适用范围之外）。

那样)。[125] 因此,也许有一天我们会看到《印度教法典》,就像迈蒙尼德的著述那样[126],回归到它的民众当中,被大量的评述所淹没,这一切都取决于整个传统的持续的、启示性的发展。如果法律是君王,那么印度教法律早已告诉我们,是人民决定了何种法律能够成为君王。

普世包容?

印度教法律可以它多种形式中的一种或多种进行推广,乃至实现普世化,但是这样的做法似乎与其宗旨相违背。如果在法律或其他事物中确实存在着一种最高形式,那么,我们为什么要执意以一种自己发展出来的形式去强行替代其他业已广泛存在的形式呢?还有,要选择哪一种我们自己发展出来的形式去实行替代呢?在这个传统中,多样性并不只是一种缓解对抗和适应当地情况的方式;它是核心思想。它是那些最伟大的参与者的所有面具,而他们的伟大之处就在于他们的面具的多样性。换一种思路,我们可以说,虽然认同的形态不一致,但人人都是印度教徒。因此,印度教思想和法律产生了重要的影响,尤其是在东南亚地区,摩奴长期以来被奉为权威,而印度教观念也在阿达特法

---

[125] Galanter, *Law and Society* (1989) at 33, 49 (村落在官方和当地法律之间进行拣选,具有"双重法系"的特征);U. Baxi, "People's Law in India, The Hindu Society" in M. Chiba, *Asian Indigenous Law in Interaction with Received Law* (London/New York: KPI, 1986) at 216; B. Cohn, "Some Notes on Law and Change in North India" in B. Cohn, *An Anthropologist among the Historians and Other Essays* (Delhi: Oxford University Press, 1987) 554 at 568—71 (种姓差异对本应是双方平等的诉讼的影响);关于发生在非洲和拉丁美洲的法律拣选现象,见上文,第三章,"国家作为中间地带";对于经典持续具有的规范性的思考,C. Singh, "Dharmasastras and Contemporary Jurisprudence" (1990) 32 J. Indian L. Inst. 179, notably at 188 关于对公共财产管理进行"重新认识";R. Dhavan, "Dharmasastra and Modern Indian Society: A Preliminary Exploration" (1992) 34 J. Indian L. Inst. 515, notably at 539,关于"作为现存社会秩序的一部分"而延续下来的经典秩序,信仰支撑着这种秩序,使其"未受损害";Menski, *Comparative Law* (2000) at 184, 185 (即使是法典化的印度教法律也"保持了它的原生和吠陀概念根源",古老的因果循环观念等,这些都是不可废弃的),202(国家法律"不过薄薄……几页纸而已");Menski, *Hindu Law* (2003) at 24, 26(印度教法律潜入"地下",遵循这种法律的人口数量却是在增长,而非下降)and 194 (问题并不在于一种二元存在,也不在于印度教法律本身,而在于评估印度教法律注入到国家法律的程度),211(宪法、法律中的印度教概念);C. J. Fuller, "Hinduism and Scriptural Authority in Modern Indian Law" (1988) 30 Comp. St. Soc. & Hist. 225, notably at 246 (印度最高法院所采用的推理技术与所引用的经文"反映出一种对传统五人长老会推理模式的延续")。

[126] 参见第四章,"推理风格"。

中多有体现,尽管如此,印度教法律从来没有重大的或特定的扩大其适用地域范围的意图。[127] 印度教法律,在那些它被正式确立为属人法的地区,像东非国家[128],或者在一些当地印度教徒有意尽可能地坚持其传统法律的西方国家,也都得到了广泛的适用。此外,还存在着英国的印度教法律,就好像英国的沙里阿那样,二者都是人们对本地和遥远的两套传统的一并遵循,并进行综合适用的结果。[129] 不论是否得到法律的许可,这样的综合适用都是肯定会发生的;这只是一个特定的族群如何运用其所有信息的问题。

---

[127] M. B. Hooker, *A Concise Legal History of South-East Asia* (Oxford: Clarendon Press, 1978), ch. 1 ("印度法律世界:缅甸、泰国、占城(Champa,占族古国,在今天的越南中部。——译者注)和柬埔寨、以及爪哇的法律文本");Weggel, *Die Asiaten* (1989) at 260, 264, 265 (不认为印度教的影响是出于商业或军事原因,而是赞同婆罗门成员在生活的许多方面所具有的专门知识);见下文,第九章,"限制宗教";A. Huxley, "The Reception of Buddhist Law in S. E. Asia" in M. Doucet and J. Vanderlinden (eds.), *La réception des systèmes juridiques: implantation et destin* (Brussels: Bruylant, 1994) 139 at 142 ff. (由受捐者而非捐助者所主导的对印度教法律的吸收)。今天在印度所发生的,主张印度教复兴(Hindutva)的政治运动,也并不具有扩张主义的倾向,不过,他们做追求的具有统一法律的印度教国家的建立,在许多方面都与印度教传统不符。关于从西方视角所做的批评,B. Cossman and R. Kapur, *Secuiarism's Last Sigh? Hindutva and the (Mis)Rule of Law* (New Delhi: Oxford University Press, 1999);以及从传统内部,关于这种"政治性的印度教"的"极不传统的"性质,S. Khilnani, *The Idea of India* (New York: Farrar, Straus and Giroux, 1997) at 186, 188("与印度历史上的任何事物都背道而驰");A. Sen, *The Argumentative Indian* (London: Allen Lane, 2005) at xii, xiii (作为对抗印度教复兴运动的手段的"辩证的传统","对话的传统"),47(印度教传统的"宽泛而包容"的部分)and 51(印度教复兴运动对"博大而兼容并包的印度身份概念"构成了挑战);F. Chenet, "La modndialisation vue de l'Inde" (2003) 47 Arch. philos. dr. 55, notably at 79(印度教身份的灵活性在全球化的时代是一个巨大的优势)。因此,印度教复兴运动本质上是西方化的(统一、多数主义),与印度教传统是根本对立的。

[128] 关于印度教法律在世界范围内的适用(这里所引用的国家或地区,部分是沿用当时的旧称,包括印度、巴基斯坦、缅甸、马来亚、新加坡、阿丹国(古国名,今译作亚丁,故地在今亚丁湾西北岸一带。——译者注)、坦桑尼亚、肯尼亚、乌干达、苏里南、英属西印度群岛、尼泊尔),Derrett and Iyer, "Hindu Conception of Law" (1975) at 107.

[129] 例如,参见 W. Menski, "Legal pluralism in the Hindu Marriage" in R. Burgard (ed.), *Hinduism in Great Britain: the perpetuation of religion in an alien cultural milieu* (London: Tavistock, 1987) 180; S. Poulter, *Ethnicity, Law and Human Rights* (Oxford: Oxford University Press, 1999); and generally P. Shah, "Globalisation and the Challenge of Asian Legal Transplants in Europe" [2005] Sing. J. L. S. 348, notably at 354 (将当前欧洲国家拒绝承认外国属人法的做法,与它们在殖民过程中坚持本国法律对本国国民的域外适用的做法,进行比较)。

参考书目

Agarwal, D. N., *Hindu Law* (Allahabad: University Book Agency, 1993).

Aggarwal, D. D., *Jurisprudence in India Through the Ages* (Delhi: Kalpaz, 2002).

Carman, J. B., "Duties and Rights in Hindu Society" in Rouner, L. S. (ed), *Human Rights and the World's Religions* (Notre Dame: University of Notre Dame Press, 1988) at 113.

David, R. and Brierley, J. E. C., *Major Legal Systems in the World Today*, 3rd edn. (London: Stevens and Sons, 1985), Pt. Four, Title II ("Law of India").

Davis, Jr., D. R., "Recovering the Indigenous Legal Traditions of India: Classical Hindu Law in Practice in Late Medieval Kerala" (1999) 27 J. Indian Phil. 159.

Derrett, J., *Introduction to Modern Hindu Law* (Oxford: Oxford University Press, 1963).

——*Essays in Classical and Modern Hindu Law*, 4 vols. (Leiden: E. J. Brill, 1976—8)

Derrett, J., "Das Dilemma des Rechts in der traditionellen indischen Kultur" in Fikentscher, W., Franke, H. and Köhler, O. (eds.), *Entstehung und Wandel rechtlicher Traditionen* (Freiburg/Munich: Verlag Karl Alber, 1980) at 497.

——and Iyer, T. "Hindu Law" in International Association of Legal Science (Zweigert, K. and Drobnig, U., eds.), *International Encyclopedia of Comparative Law*, vol. II, ch. 2 (Tübingen/The Hague/Paris: J. C. B. Mohr (Paul Siebeck)/Mouton, 1974) 143.

——"The Hindu Conception of Law" in International Association of Legal Science (Zweigert, K. and Drobnig, U., eds.), *International Encyclopedia of Comparative Law*, vol. II, ch. 1 (Tübingen/The Hague/Paris: J. C. B. Mohr (Paul Siebeck)/Mouton, 1975) 107.

Desai, S., *Mulla [on] Principles of Hindu Law*, 17th edn. (New Delhi: Butterworths, 2000).

Diwan, Paras, and Diwan, Peeyushi, *Modern Hindu Law: Codified and Uncodified*, 12th edn. (Faridabad: Allahabad Law Agency, 1998).

Ebert, K., *Rechtsvergleichung: Einführung in die Grundlagen* (Berne: Verlag Stämpfli and Cie AG, 1978), ch. 11 ("Der Rechtskreis des Hindu-Rechts") at 124.

Galanter, M., *Competing Equalities: Law and the Backward Classes in India* (Berkeley: University of California Press, 1984).

——*Law and Society in Modern India* (Delhi/Bombay/Calcutta/Madras: Oxford University Press, 1989).

Gambaro, A. and Sacco, R., *Sistemi giuridici comparati*, 2nd edn. (Turin: UTET, 2002), ch. XII ("Il diritto indiano").

Ghandi, B. M., *Hindu Law* (Lucknow: Eastern Book Company, 1999).

Hopkins, E. W., "The Growth of Law and Legal Institutions" in Rapson, E. J. (ed.), *The Cambridge History of India*, vol. 1, *Ancient India* (Cambridge: Cambridge University Press, 1922) at 277.

Jain, M. P., *Outlines of Indian Legal History*, 2nd edn. (Bombay: N. M. Tripathi, 1966).

Jain, M. S., "The Law of Contract before the Codification" (1972) Journal of the Indian Law Institute 178.

Jayaswal, K., *Manu and Yajnavalkya—A Comparison and a Contrast: A Treatise on the Basic Hindu Law* (Calcutta: Butterworth, 1930).

Joly, J., *Hindu Law and Custom*, trans. Ghosh, B. (Varanasi/Deihi: Bhartiya Publishing, 1975).

Juss, S., "The Constitution and Sikhs in Britain" [1995] Brigham Young University Law Review 481.

Kane, P. V., *History of Dharmasastra (Ancient and Medieval Religions and Civil Law in India)*, 5 vols., 2nd edn. (Poona: Bhandarkar Oriental Research Institute, 1968—77), notably vol. III.

Lingat, R., *The Classical Law of India*, trans. Derrett, J. D. M. (Berkeley/Los Angeles/London: University of California Press, 1973).

The Laws of Manu, transl. Doniger, W. and Smith, B. (London: Penguin, 1991).

Manu's Code of Law, transl. and ed. Olivelle, P. (New York: Oxford University Press, 2005).

Markby, W., *Hindu and Mahommedan Law* (Delhi: Inter-India Publications, 1906, 1st repr. 1977).

Marsh, N. (ed.), *Some Aspects of Indian Law Today* (London: British Institute of International and Comparative Law, 1964).

May, R., *Law and Society, East and West. Dharma, Li, and Nomos: Their Contribution to Thought and to Life* (Wiesbaden: Franz Steiner Verlag, 1985).

Mayne's Treatise on Hindu Law and Usage, 13th edn. rev. by Kuppuswami, A. (New Delhi: Bharat Law House, 1991).

Menski, W., "The Role of Custom in Hindu Law" in (1992) 53 *Recueils de la Société Jean Bodin pour l'Histoire Comparative des Institutions, Custom* (Brussels: De Boeck University, 1992) at 311.

——*Comparative Law in a Global Context: The legal systems of Asia and Africa* (London: Platinium, 2000), ch. 3 ("Hindu Law").

——*Hindu Law: Beyond Tradition and Modernity* (New Delhi: Oxford University Press, 2003).

Nanda, V. P. and Sinha, S. P. (eds.), *Hindu Law and Legal Theory* (New York: New York University Press, 1996).

Pal, R., *The History of Hindu Law in the Vedic Age and in Post-Vedic Times down to the Institutes of Manu* (Calcutta: University of Calcutta, 1958).

Purohit, S., *Ancient Indian Legal Philosophy: Its Relevance to Contemporary Jurisprudential Thought* (New Delhi: Deep and Deep, 1994).

Rocher, L., "Hindu Conceptions of Law" (1978) 29 Hastings Law Journal 1283.

——"Hindu Law" in Smelser, N. and Baltes, P. (eds.), *International Encyclopedia of the Social & Behavioral Sciences* (Amsterdam: Elsevier, 2001) at 6705.

Sen, P. N., *General Principle[s] of Hindu Jurisprudence* (Allahabad: Allahabad Law Agency, 189—92 Tagore Law Lectures, 1984 repr.).

Setalvad, M. C. *The Role of English Law in India* (Jerusalem: Magnes Press, Hebrew University, 1966).

——*The Common Law in India*, 2nd edn. (Bombay: N. M. Tripathi, 1970).

Srivastava, T. N., *Women and the Law* (New Delhi: Intelltectual Publishing House, 1985).

Sternbach, L., *Juridical Studies in Ancient Indian Law* (Delhi: Motilal Banarsidass, 1965).

Trevelyan, E., *Hindu Law as administered in British India* (Calcutta/Simla/London: Thacker, 1913).

Varadaghariar, S., *The Hindu Judicial System* (Lucknow: Lucknow University, 1946).

Venkata Subbarao, G. C., "Influence of Western Law on the Indian Law of Trusts" (1957) Revista del Instituto de derecho comparado 108.

Venkataraman, S., "Influence of the Common Law and Equity on the Personal Law of the Hindus" (1957) Revista del Instituto de derecho comparado 156.

——*N. R. Raghavachariar's Hindu Law: Principles and Precedents*, 8th edn. (Madras: Madras Law Journal Office, 1987).

Watts, A., *The Philosophies of Asia* (Boston/Rutland, Vt./Tokyo: Charles E. Tuttle Co., 1995), ch. 2 ("The Mythology of Hinduism").

Weggel, O., *Die Asiaten*, (C. H. Beck: Munich, 1989).

Zweigert, K. and Kötz, H., *Introduction to Comparative Law*, 3rd edn., trans. Weir, T. (Oxford: Clatendon Press, 1998), ch. 23 ("Hindu Law").

参考网页

http://www.art.man.ac.uk/CASAS/pdfpapers/pomolaw.pdf ("postmodern" hindu law, by W. Menski)

http://www.hindubooks.org/women_in_the_sacredlaws (women in hindu law)

http://www.hindulinks.org (links)

http://www.hindunet.org/dharma_philosophy (dharma)

http://www.hindunet.org/scriptures (Vedas, Manusmriti)

http://www.legalserviceindia.com (law in India)

第八章 印度教法律传统:法律为君王,但究竟是何种法律? 347

http://www.sacred-texts.com/hin/index.htm (Vedas, Upanishads, law of Manu)

http://www.thehindu.com/thehindu/lr/2003/11/02/stories/2003110200290333.htm (review of Menski, *Hindu Law*)

http://www.vedamsbooks.com/law.htm (books on law published in India)

第九章
亚洲法律传统：革新（借楫于马克思？）

亚洲这一概念或许更多地体现在西方而非亚洲的思维当中，亚洲地区当前的多样性亦远甚于前。然而，相当部分的亚洲地区对于法律表现出一种根本性相同的态度——一种与本土、智慧和精神等方面的多样性相协调的态度。事实上，亚洲最近以来涌现出许多谈论亚洲法律思想是如何区别于西方法律思想的观点。尽管我们现在所要面对的是超过世界一半的人口，并且只有更高的视角才能发现它们之间的共同特征，但探寻亚洲法律传统的研究也正因此而理之所然。亚洲在历史上就被看做是一块广袤的土地，西起莫斯科（有这种说法），东抵菲律宾。这种认识源于欧洲人对自己和任何位于他们以东的地区（希腊语 Aσíα，"太阳升起的地方"）所作的二元划分，但是随着人们对被称为欧亚（Eurasia）（那里甚至还有所谓的中央欧亚）的中间结合部的认识，这种粗糙的划分现在正失去其意义[1]，以致我们现在将亚洲局限于被称之为东亚（或"远"东）的地区显然要更为现实。然而，即使作这样的界限，从历史角度看，亚洲仍然涵盖了一些我们前面已经谈到的具体的法律传统（包括土著法、犹太法、伊斯兰法和印度法的传统），并且现今它也正从大陆法系和普通法系的资源中广泛撷取营养。不过，除了具体传统之外，有些看法态度明显地更属于亚洲，它们代表着一种亚洲人所固有的观点，并必然涉及所有那些亚洲人已经知道的具体传统。

尽管亚洲宗教（犹太教、伊斯兰教和印度教除外）均选择不去太多地关注法律，但这是如何做到的似乎颇不可思议。或许，它们只是那些历史悠久的文明长久积累起来的机

---

[1] P. Perdu, *China Marches West*: *The Qing Conquest of Central Eurasia* (Cambridge, Mass.: Belknap Press of Harvard University Press, 2005) at xiv "二元划分现在已经消失"，"中央欧亚现在已被美国国务院使用，提醒我们'欧洲'和'亚洲'乃人为的截然划分，实际上二者之间并不存在明显的地理、语言或社会边界"）。关于（东）亚洲"共同的地区遗产""不同于具体的国家传统"之观点，参见 G. Rozman (ed.), *The East Asian Region*: *Confucian Heritage and its Modern Adaptation* (Princeton: Princeton University Press, 1991) at vii—viii.

巧的产物吧[2]，这些文明不知怎的躲过了历史的炮火而长久地保存下来。因此，我们同时面对久远的年代和广泛的多样性，而事物的久远往往证明是对多样性最为直接的支持。艾兹拉·庞德曾经引用成汤皇帝的盘铭，在其《常新》一诗中写到：

> 日日新，
> 斤草，
> 立木，
> 生长。*

成汤所关注的并不是"新"，而是通过当代的持续劳作来复兴"旧"，从而使旧的传统得以大规模地延续和光大。[3] 因此，有一种说法说，在中国，法律的创制要比其适用要简单得多，其原因就在于非正式法律传统持续支配着现代的、正式的法律传统[4]，许多强有力的观点也指出，这是将如此众多的民众真正凝聚在一起的唯一出路。不过，这种旧的传统在亚洲也同样面临着新的传统中的挑战。正如印度法和普通法一样，我们将再次看到，世界上最古老的法律传统之一现已经面临着直接而强大的挑战。

教化之传统

宗教和神启在亚洲法律传统中基本上没有什么位置。跟明确的宗教法律传统相比，亚洲法在这点上或许要更接近于西方法律。当然，如果你足够努力的话，你也可能处处从中找到宗教的影子。不过，不管是亚洲还是西方，均未明确依赖宗教和神启来作为法的直接渊源。或许亚洲最伟大的传统规范渊源非儒家思想莫属，不过儒家思想并非宗

---

[2] G. Geertz, *Local Knowledge* (New York: Basic Books, 1983) at 233.

* 这三行是庞德给〔新〕字所作的解说："Cut underbrush"（砍伐树丛）即是"斤"（以斧砍伐）；"pile the logs"（堆积木块）即"立木（亲）"，亦即指将木块堆立起来；"Keep it growing"（使之继续成长）则是对"新"字的整体解说。——译者注

[3] E. Pound, *The Vantos of Ezra Pound*, re. edn. (London: Faber & Faber, 1975) at 265, cited in R. Hughes, *Culture of Complaint* (New Yor/Oxford: Oxford University Press? The New York Public Library, 1993) at 110. 关于在伊斯兰思想中传统被称为圣训，以及什么是新，参见第六章，"沙里阿:渊源"。

[4] J. Sagot and H. Xie, "La Chine: Etat de droit? Etat de non droit?" Gaz. Pal., July 2—4, 1995, 6 at 7。关于在五千年文明史中中国非正式传统的例外，参见 A. Chen, *Introduction to Legal System* (2004) at 1；关于知识产权法中的一个生动的例子，参见 W. Alford, *To Steal a Book is an Elegant Offense: Intellectual Property Law in Chinese Civilization* (Stanford: Stanford University Press, 1995), noting, at 25, 在中国，"跟过去交流的需要急剧地缩减了除国家之外的其他人限制使用其表达的范围"。

教。而亚洲的宗教，譬如佛教、道教或日本神道教，所关注的多是一些非法律的问题。同时，在拒绝将规范性根植于正式的体制和制裁方面，至少在 13 世纪（或大致）以来，亚洲法律传统就有别于西方法律传统。因此，你所看到的正是一种纯粹的传统——它既不是当前的实证主义也不是启示的真理——一种主要诉诸教化而非强制的传统。它是一种伟大而友善的教化的传统，以我们每一个人为基础而建立起来。这也是一种需要革新的传统。这种传统既没有先验的存在，也不能简单的抛弃。它含有原生法的成分，但这种原生法律思想在亚洲已得到极大的提炼。[5]

阿达特法（Adat Law）和原生法律

亚洲人的生活在很大程度上仍然保留着原生的特征，就亚洲的原生传统而言，它跟存在于非洲、美洲和南太平洋的其他传统是一样的。西伯利亚的因纽特人在生活方式上与加拿大和北斯堪的纳维亚的因纽特人就相当接近，并都面临着相似的对原生规范的认可的难题。[6] 但在亚洲其他地方，原生法律的境况似乎好很多，这或许跟亚洲法律的教化特征有关联吧。阿达特法在东南亚（特别是印度尼西亚和马来西亚）的存在以及原生法律与儒家思想之间的长期关系都反映了这点。

阿达特法至少在其起源方面属于原生法律。[7] 阿达特一词源于阿拉伯语 Ada，意为回归或重复，我们在此也可看出它具有传统（回归之所在）和习俗（重复性的行为）的

---

[5] 关于将其跟原生法进行比较，承认原生的和亚洲的非正式规范为法律，参见 E. Sacco, M. Guadagni, R. Aluffi Beck-Peccoz and L. Castellani, *Il diritt africano* (Turin: UTET, 1995) at 21, 22; 关于中国人闯荡到东南亚之后的"中国法"（被看做是习惯）的概念，参见 M. B. Hooker, "Law and the Chinese Outside China: A Preliminary Survey of the Issues and the Literature" in M. B. Hooker, *Law and the Chinese in Southeast Asia* (Singapore: Institute of Southeast Asia Studies, 2002), 1 at 8 ff. 关于西方以"（欧美）法外之世界"来否认中国法的存在，参见 T. Ruskola, "Legal Orientalism" (2002) 101 *Mich. L. Rev.* 179 at 181.

[6] 关于北亚的原住民，包括西伯利亚人和（日本）北海道的阿伊努人，参见 I. Schulte-Tenckhoff, *La Question des peoples autochtones* (Brussels/Paris: Bruylant/LGDJ 1997) at 81 ff.

[7] Geertz, *Local Knowledge* (1083), above, at 208（"被发现存在于共同的例行性乡村生活之中"）;Weggel, *Die Asiaten* (1989) at 119, 120（特别是关于其家长制和女家长制特征；共有和农业特征；和印度传统的影响）;M. B. Hooker, *Adat Law in Modern Indonesia* (Kuala Lumpur/New York: Oxford University Press, 1978)（特别是关于阿达特法的内在多样性，以及在34—9页，关于根据血族和领土的结合来确定阿达特族群）;M. B. Hooker, *Adat Laws in Modern Malaya: Land Tenure, Tradition Government, and Religion* (Kuala Lumpur/New York: Oxford University Press, 1972); B. Ter Har, *Adat Law in Indonesia* (New York: Institute of Pacific Relations), 1948（特别是在第 81 页关于土地上的群体权利）;关于阿达特法的"传统韵文形式"，参见 M. B. Hooker, *Islamic Law in South-East Asia* (Singapore: Oxford University Press, 1984) 162.

含义。克里福得·葛兹(相对罕有地)在呼应西方法律理论的论述时曾经写道[8],阿达特法并非习俗,习俗的概念可归结为潜在的无需思考的习惯,它代表着一种态度或礼节,并介于社会共识和道德风范之间。[9] 从这点来说,阿达特法是一种信息或内容;人们根据对它的持续相关性所作的评估,不断重复着对这些戒律的遵从或不遵从。与其他形式的原生法律一样,阿达特法同样是脆弱的,它既几乎没有明确的保障手段,也鲜有普世化的趋向。然而在亚洲,甚至在一些伊斯兰法已被多数人所广泛接受的法域内,它最终幸存了下来,因而我们这里看到的是更为温和的、甚至能够为非伊斯兰信徒留有位置的另一种伊斯兰。[10] 这其中缘由或许可以归结为更广泛意义上的亚洲传统的影响;也可能与阿达特法本身近来的种种具体化形式相关联,在西方殖民化的影响下,阿达特法在表达上变得更加正式。[11] 这点并不会使得它更具抗拒性,但的确让它更为明晰可见。

因而,阿达特法代表着一种特别的、亚洲版的原生法律之例证,它在亚洲的存在告诉我们非正式传统的诸多价值。另一种原生法律存在于中国的封建制度当中,它被看做是由西方众所周知的孔子所创立和发展的一种规范性的最初来源。

---

[8] 参见第三章:"法律和宇宙"。
[9] Geertz, *Local Knowledge* (1983), ABOVE, at 185, 210 ("volkgedachte not volksgebruik"), citing F. von Benda-Beckmann, *Property in Social Continuity: Continuity and Change in the Maintence of Property Relations though Time in Manangkabau, West Sumatra* (The hague: martinus Nijhoff, 1979) at 113, 114, 并注意阿拉伯语的"urf"跟西方意义上的习惯更加接近;同时在第 213 页引用发现真理(truth finding)的概念,"真理是跟环境结合的,是原则性的"。关于 urf 和发现真相在伊斯兰传统中的概念,参见第六章:"卡迪的司法和穆夫提的智慧"和"微妙变化";关于印度尼西亚最高法院内"不成文民法"(阿达特法)和"成文民法"的管理分工,参见 Ali Budirdjo, Nugroho, Reskodiputro, *Diagnostic Assessment of Legal Development in Indonesia*, vol. I (Jakarta: 1997) at 129.
[10] 关于伊斯兰思想中其他宗教的特权地位,参见第六章"圣战";关于苏菲(sufi)"神秘主义"对亚洲伊斯兰法的影响,参见 Hooker, *Concise Legal History of South-East Asia* (1978) at 48, 49, 61, 62;然而,关于穆斯林法和阿达特法的结合,参见第六章:"伊斯兰大离散"。
[11] 关于在印度尼西亚围绕阿达特法所展开的斗争,大致发生在那些想抛弃它的人和那些想将它发展(一种本土的国法大全)的人之间,参见 Geertz, *Local Knowledge* (1983), above, at 208; Weggle, Die, Aisaten (1989) at 119; C. Fasseur, "Colonial Dilemma: Van Vollenhoven and the Struggle Between Adat Law and Western Law in Indonesia" in W. J. Mommsen and J. A. de Moor, *European Expansion and Law: the Encounter of European and Indigenous Law in 19th-and 2oth-Century Africa and Asia* (Oxford/New York: Berg publishers, 1992) AT 237; P. Burns, *Concepts of law in Indonesia* (Leiden: KITLV Press, 2004), notably at 249—51(阿达特法的统一概念由 Van Vollenhoven 所提出,Leiden 学派被国家主义政治势力当做"神圣的国家神话"而取代)。

礼和法

孔子（孔夫子）的讲学布道发生在公元前 6 世纪和 5 世纪这段伟大的社会变革时期。这是一个旧的封建秩序解体的时代，我们大致可将其看做是欧洲中世纪末期，尽管要比后者早一两千年。[12] 人们说，这是一个通过创制正式法律来规制事物，从而在新的中央集权的社会结构中建立一个统一的、平等的秩序的时代。他们的观点很广泛并颇有活力，我们将稍后论述。不过以事后眼光来看，我们现在可以发现，这些观点大多是通过引述孔子和他的许多弟子的论述，以发展一种诉诸引导和教化而非命令和惩罚的社会和道德哲学。这点仿佛像是在欧洲，一位伟大的世俗哲学家通过一种（或许可以）永久阻滞启蒙运动、权利以及实证法律发展的方式来复兴中世纪所有的那些和谐而美好的东西。那本可以是位彻彻底底的哲人，但欧洲并未产生这样的人。这或许可能与欧洲封建主义的本质及其所产生的品德（或缺乏此类品德）有关吧。然而，通过对既有封建传统的精妙传承以及伟大的重构和诠释，孔子在中国却成功地做到了。他是礼的哲人[13]，尽管这点有多种意味，但最主要的则是他否定了正式法律和正式制裁的持久和有效的规范性。因此，儒家哲学并未对社会规范的细节作详尽描述。当然你应当做的是理解它的基本思想（这正是我们将要做的），一旦理解之后，你就会不再去关注那些正式法律的细节问题了。

不过，中国有着悠久的正式法律和正式制裁的传统，尽管法相对于儒家的礼或教化而言，只是扮演着次要的角色。西方的讨论把那些在中国主张法治的人称为法家（legalists，有时也称作现实主义者），他们大约出现于公元前 8 世纪，甚至早于孔子，比十二铜

---

[12] 欧洲和中国的封建主义（在公元前 11 世纪—公元前 3 世纪的周朝）的可比性，参见 Bodde and Morris, *Law in Imperial China* (1967) at 15。关于孔子之前中国法律的差异及其发展到成文形式，参见 Liu, *Origins Chinese Law* (1998)。

[13] 在韩国称为"Ye"。关于孔子复古和改革的措施（他的贡献有两种传统），参见 M. Kaltenmark, *La philosophie chinoise*, 2nd edn. (Paris: Presses Universitaires de France, 1980) at 12; Liu, *Origins of Chinese Law* (1998) at 101。经典著作，或"经"，在孔子之前已经存在，因此这里很清楚没有"创造的神话，也没有类似圣经中的创世纪"；参见 de Bary, *Trouble with Confucianism* (1991) at 2. 3（孔子是传统的传播者）；Schwartz, *World of Thought in Ancient China* (1985) at 66, 67（孔子是"传播者"，但也是革新者）。儒家认为礼由古代的圣人所创立；当代的乱象是由于没有理解它；儒家的主要责任便是研究和解释礼，并使其对当今具有意义，使其复活，参见 Bodde and Morris, *Law in Imperial China* (1967) at 19。

表法也大约要早两个世纪,而与早期的印度教《法论》时代大致相同。[14] 有传说称,法是由公元前 2300 年前曾一度繁荣的"蛮人"苗族所发明的(儒家弟子与该传说有着某种关联),其时间甚至早于汉谟拉比。[15] "法"一词原意为范式、模式或标准,它在某个时候演化成被强加的标准之意,并与犯罪行为和违反社会秩序的行为紧密相关。[16] 伴随着封建等级制度的衰落和战国混战所带来种种问题,法家从真正意义上发展壮大起来,并尽其本分地向社会阐明为什么需要变革。这些颇令人想起中世纪后期欧洲受理性主义思想影响的法学家(所谓"法学家,即坏的基督徒")与一些不那么重视正式法律的人之间的那场辩论。可以肯定的是,孔子的著作已致力于将社会协调起来,但至少自公元前 6 世纪后期以来,第一批成文的刑法典还是终于开始出现。[17] 然而,随着政治结构持续恶化,人们互相攻讦,大变革那一刻终于降临,中华帝国(中央之国)在秦的统治下于公元前 221 年建立起来。正如法学家与欧洲国家的出现有着诸多关联一样,法家在现实中似乎与这些事件也有着千丝万缕的关系,但法在中国之后的发展却与西方大相径庭。秦帝国是一个法的帝国,法的概念在其创建过程中作为关键的理念发挥重大的作用。但法在秦帝国并未被视为规范私人活动和经济活动的手段,亦非维护宗教价值的途径,而被看做是维护政治和公共秩序的工具。[18] 它被称作以法治国(rule by law)[19],该短语尽管简单但却意味深长。这样一来,法所关注的是犯罪行为和行政管理,它的首要指向并

---

[14] Kaltenmark, *Philosophie chinoise*, above, at 54, 并参见 Vandermeersch, *La formation de Légisme* (1965); Ch'u, *Law and Society in Traditional China* (1965) at 241 ff. 9 (主张法家关注公民的平等); Ren, *Tradition of Law and Law of Tradition* (1997) at 19—22 (同样是关于平等的概念); Schwartz, *World of Though in Ancient China* (1985) ch. 8 ("法家思想:行为科学"); B. Zhengyuan Fu, *China's Legalists: the Earliest Totalitarians and Teir Art of Ruling* (Armonk, N. Y./London: M. F. Sharpe, 1996); Liu, *Origins of Chinese Law* (1998), chs. 6 and 7, notably at 179 ("真正的目的是……为了证明当代统治者的绝对立法权力的正当性")。

[15] Bodde and Morris, *Law in Imperial China* (1967) at 13; 关于法家思想在其中的干预程度,参见 Folsom, Minan and Otto, *Law and Politics* (1992) at 5.

[16] Bodde and Morris, *Law in Imperial China* (1967) at 11.

[17] 关于一些具体的颁布时间,参见 A. Chen, *Introduction to Legal System* (2004) at 8; Kaltenmark, *Philosophic chinoise*, above, at 54; Bodde and Morris, *Law in Imperial China* (1967) at 15. 所有的早期法典都没能保存下来,现今完整保存的最早法典为 653 年的唐律,"仅仅只关注公共事务,系行政性的和刑事性的"; A. Hulsewe, "Ch'in and Han Law" in D. Twitchett and M. Loewe (eds), *The Ch'in and Han Empires*, vol. I of *The Cambridge History of China* (Cambridge: Cambridge University Press, 1986).

[18] Bodde and Morris, *Law in Imperial China* (1967) at 11.

[19] Von Senger, *Einführung in das chinesische Recht* (1994) at 20.

非普罗大众,而是政府官员[20]。它还跟尚武思想(militarism)紧密关联(所谓"富国强兵"),并在实践中表现出一定程度的西方所称的"学说不宽容",这包括焚烧儒学著作。[21] 由于众多的此类原因,加上在程度上超越了以法治国所带来的残酷压迫(所谓"轻罪重刑")[22],秦帝国最终只维持了很短一段时间便在十四年之后土崩瓦解。自此之后,法积重前行(毕竟人们对此记忆深刻),再也没有恢复它曾经拥有的威信。这点与法国的"法官统治"的概念有些类似,即当遭到大规模的社会抵制时,法本身显然无力应对。在汉代新政权的统治之下,儒家成为新帝国的正统学说,因而问题已演化成,在一个正迅速失去封建等级特征的新的政治秩序中,儒家能够如何发挥其作用的问题。最终的结果表明,儒家需要帮助,它需要来自法学家的帮助。

当儒家思想在公元前3世纪某个时候成为帝国的官方学说时,法典已经存在了大约四个世纪。儒家当时尽可主张废除这些法典,也可寻求废除那些至少已经成为次要的传统,或者选择对其作出调整以适应儒家的教谕,从而保留并利用它们。他们当然最终选择了后者,这是一种更安全、更明智的政治手段,当然也合乎儒家所代表的中庸思想[23]。就这样,刑法/行政法法典的传统被延续了下来,一直到最后一个封建王朝,即于1911年灭亡的清朝。中国历代法典精密复杂,其特征经常被认为近乎神圣,以致在18和19世

---

[20] Tay, "Struggle for Law in China" (1987) at 563; Folsom et al., *Law and Politics* (1992) at 7; Weggel, *Die Asiaten* (1989) at 115; and see Ren, *Tradition of Law and Law of Tradition* (1997) at 24("中国人二人成家;三人成府")。

[21] Bodde and Morris, *Law in Imperial China* (1967) at 27; de Bary, *Trouble with Confucianism* (1991) at 46(法家丞相宣布以古非今者族);关于西方焚毁法典,特别是那些犹太传统的法典,参见第四章"犹太法律和犹太身份"。

[22] J. Chen, *Chinese Law* (The Hague: Kluwer Law International, 1999) at 11, citing *The Book of Lord Shang*; A. Hulsewé, "The Legalists and the Laws of Ch'in" in W. Idema, *Leyden Studies in Sinology* (Leiden: E. J. Brill, 1981), 1 at 2(赏罚二柄,慎赏,重罚);关于基于乱世优先使用法意图复兴法家道德观(尽管忽略了执行中的残酷),参见K. Winston, "The Internal Morality of Chinese Legalism" [2005] Sing. J. L. S. 313, notably at 330—5(主张法律适用的普遍性应当跟法治的理解更为一致)。

[23] 关于儒家思想并非"一种永恒的而是一种不断演进的思想,它分成许多学派,与时俱进,并对各种外部刺激作出反应"(包括佛教和西方哲学),参见M. Ng, "Are Rights Culture-bound" in M. Davis, *Human Rights and Chinese Values: Legal, Philosophical and Political Perspectives* (Hong Kong/Oxford/New York: Oxford University Press, 1995) 59 at 66.

纪的欧洲深受钦羡,其最终版本也被翻译成法语、俄语和英语。[24] 从法家的角度来看,以上这些也可看做是一种对自己的辩护;他们的法律工程(仅仅)属于刑法和行政法,既能够对统治秩序提供支持,又能够被保留在更广义的儒家学说的范畴之内。然而由于秦朝的灭亡,法的进程受到无可挽回的破坏,它再也没有超越作为其发端的刑事和行政范畴。众多私法领域被法典排除在门外,现在成为儒家的"礼"的专有领域。[25] 儒家后来对法典的改造进行了不懈努力,最终促成了被称作为法典"儒家化"的进程,儒家社会的关系准则因此最终跟法家的实证法律表述紧密结合在一起。[26]

帝国制度

这样一来中国社会便成了大棒和胡萝卜的结合,大棒随时都存在,但胡萝卜却拥有理论上的优势。统治者也因此不再被认为享有绝对的统治权,尽管法家的法律本可以这样明确规定。[27] 不过,在对专制统治者实施制约方面,儒家却显得软弱无力,而往往只

---

[24] Tay, "Struggle for Law in China" (1987) at 563;并参阅 Bodde and Morris, *Law in Imperial China* (1967) at 7(法典所提供的整个内容要比同时代的欧洲广泛得多);P. Keller, "Sources of Order in Chinese Law" (1994) 42 Am. J. Comp. Law 711 at 715(法典近乎神圣的特征导致产生次要形式的法律,这种现象持续到20世纪);G. MacCormack, *Spirit of Traditional Chinese Law* (1996), notably at 27—31, 33, 34;关于蒙古人(忽必烈可汗)对该传统的贡献,参见 P. Heng-chao Ch'en, *Chinese Legal Tradition under the Mongols*(Princeton: Princeton University Press, 1979),notably at 41(中国法和蒙古人的习惯法的混合),76(限制刑讯逼供),79(击鼓鸣冤),91(1247年的法医学教材,比所有的欧洲同类书籍都要早)。

[25] 然而,家庭法领域一些重要方面则被法典化(特别是合意离婚),参见 MacCormack, *Spirit of Traditional Chinese Law* (1996) at 88—91(然而,家庭法的措施通常是刑事制裁);M. Palmer, "The Reemergence of Family Law in Post-Mao China: Marriage, Divorce and Reproduction" in Lubman (ed.), *China's Legal Reforms* (1996) at 110;记载因家庭事务诉诸衙门的档案记录比儒家理论所建议的更加频繁,至少是在近几个世纪,参见 K. Bernhardt and P. Huang (eds.), *Civil Law in Qing and Republican China* (Stanford: Stanford University Press, 1994);M. Allee, *Law in Local Society in Late Imperial China: Northern Taiwan in the Nineteenth Century* (Stanford: Stanford University Press, 1994);P. Huang, Civil Justice in China (Stanford: Stanford University Press, 1996)(一些对个案的有益讨论);参考 M. Bastid-Bruguiere, *Tesprit de la codification chinoise' Droits* 1998, 129(尽管私人利益在诉讼中的存在,法典化仍是一种行政权力的工具);Epstein, "Codification of Civil Law in People's Republic of China" (1998) at 159(一些民法的原则被法典化,但却跟其他明显属于公共犯罪的行为一道被刑事化)and 161("中国的民法领域从未产生出自治的论述")。

[26] 关于儒家的概念被吸收到实证法律之中,参见本章"儒家化"。

[27] Folsom et al, *Law and Politics* (1992) at 16;Kaltenmark, *Philosophie chinoise* (1980), above, at 55

是谈论他们的不赞成态度,或拒绝跟专制君主相见和谏言献策。[28] 当然专制君主对此也并不是太在乎,并且历史上似乎也不乏此类君主。在缺乏明确的分权观念背景下,专制君主的政令交由地方官吏执行,他们同时行使着我们今天称之为行政和司法的职能。[29] 这些地方官吏很显然不是独立官员。他们对法典条文必须严格遵照执行,而有关法律解释的问题则须上奏朝廷。[30] 精心构筑的上诉制度的存在使裁决的正确性能够得到保证[31],造成错判的官员有可能受到行政甚至刑事处罚。[32] 不过这项功能的法律意义却被明显地忽视,有说法指出这是有意地纵容腐败。结果便形成许多诸如"胜诉失友"、"宁死勿讼"和"讼则终凶"之类的众多格言。儒家偏爱调解,如有争讼的可能,它将被一切可能的方式阻止。法律职业阶层的存在根本都不用去考虑,尽管长期以来,非正式的讼师由于那些不幸深陷于法律机器的人的存在而不可避免地发展起来。[33] 由于缺乏一个法律职业阶层,地方官员包揽一切事务——包括调查、指控、质证和审判。[34] 这里称其为"纠问式"是有道理的。

---

[28] de Bary, *Trouble with Confucianism* (1991) at 16(儒家思想把责任完全寄予唯一的、高贵的统治者,而犹太教则把责任寄予整个人民);关于(高度例外的)反对暴政的义务,参见 Von Senger, *Chinesische Recht* (1994) at 19; Folsom et al., *Law and Politics* (1992) at 13; Bunger, "Entstehen und Wandel des Rechts in China" (1980) at 457(不断引用成例来约束皇帝,是一种非绝对主义国家的思想)。皇帝的责任源于民本的观念;A. Chen, *Introduction to Legal System* (2004) at 12; R. Ames, "Rites and Rights" (1988) at 206.

[29] Bodde and Morris, *Law in Imperial China* (1967) at 5(地方官吏也缺乏正式的法律训练);L. Vandermeersch, "An Enquiry into the Chinese Conception of the Law" in Schram, *Scope of State Power in China* (1985) at 5; Folsom et al., *Law and Politics* (1992) at 7; A. Chen, *Introduction to Legal System* (2004) at 15.

[30] Bunger, "Wandel des Rechts" (1980) at 456; Huang, *Civil Justice in China* (1996), above, at 107,108

[31] Bodde and Morris, *Law in Imperial China* (1967) at 5; Folsom et al., *Law and Politics* (1992) at 9;关于独立裁判官的缺失,参见 de Bary, "Neo-Confucianism and Human Rights" (1988) 183 at 187.

[32] Folsom et al., *Law and Politics* (1992) at 9.

[33] Von Senger, *Chinesische Recht* (1994) at 22, on "Winkelkonsultenten"; A. Chen, *Introduction to Legal System* (2004) at 16(非正式的讼师不被尊重,"有时甚至因挑拨诉讼或起草不正确的诉状而受惩罚"); MacCormack, *Spirit of Traditional Chinese Law* (1996) at 25("诉讼骗子"、"讼棍")。

[34] Folsom et al., *Law and Politics* (1992) at 7; Bodde and Morris, *Law in Imperial China* (1967) at 5; MacCormack, *Spirit of Traditional Chinese Law* (1996) at 146(中国不存在"非理性"的证明手段的历史,地方官有从当事人和证人那里确定事实真相的任务);Wang Chenguang, "Introduction: An Emerging Legal System" in Wang Chenguang and Zhang Xianchu, *Introduction to Chinese Law* (Hong Kong/Singapore: Sweet & Maxwell, 1997) at 6(缺乏司法公正在中国导致对正式司法系统的不信任,存在从智者和官员个人那里寻求公正的做法)。

礼在亚洲

中国因其强大而影响着亚洲的一切,但其他各国对儒家礼的学说之继受程度却并不相同。受其影响最大的或许莫过于韩国[35]和日本[36],尽管这两国都经历了(不同的)认可正式法律渊源的过程。日本也曾出现强烈依赖业已确立的角色地位和习惯的封建等级结构以及幕府统治。跟中国一样,日本社会里也没有法学家的角色。日出之国(在中国看来)同样继受了自公元前1世纪起就开始影响中国的佛教。佛教也是一种强化法律缄默(Legal reticence)的传统,其原因我们将会在后面谈到。在亚洲南部,新加坡现在官方正式地传授儒家思想,而在越南,儒家思想在家庭关系上被称为是"全能的"。[37] 儒家思想的影响在伊斯兰占主导的印度尼西亚和马来西亚则开始递减,在那里,伊斯兰以自身的方式跟那些制定自己法律的人打交道。在其他南部国家,大体上来说佛教要比儒家思想更加盛行。[38] 正如在日本,儒家对巩固正式法律的角色来说无足轻重,但对亚洲的教化传统而言却关系重大。

亚洲之道

尽管亚洲法律传统跟西方传统(在其世俗方面)及那些受宗教启发的传统(在拒绝正式法律和制裁方面)有着相似之处,这两方面的结合却使其跟后两者仍保持着深层次

---

[35] C. Shin-yong (ed.), *Legal System of Korea* (Seoul: The Si-sa-yong-o-san Publishers, 1982) at 13—18, 203—7(继受中国法律和儒家思想);S. Song (ed.), *Introduction to the Law and Legal System of Korea* (Seoul: Kyung Mun Sa Publishing, 1983) at 43—5, 112—40; W. Shaw, "Traditional Korean Law and its Relation to China" in Cohen et al., *China's Legal Tradition* (1980) at 302(认为正式的法律继受,特别是在刑法领域,超过对儒家思想的继受,但在第321页提出相反的证明);Rozman, *East Asian Region* (1991), above, at 84 (18世纪以前的"规范的"儒家社会)。

[36] C. Steenstrup, *A History of Law in Japan until* 1868 (Leiden: E. J. Brill, 1991) at 18(在公元7世纪进入儒家秩序的世界),24(使用不成文法直到大约公元500年左右);Noda, *Introduction to Japanese Law* (1976) at 22, 23, 25(尽管儒家思想在9世纪时受到"忽视");Rozman, *East Asian Region* (1991), above, at 111, 147(在19世纪前的"新的尊重")。

[37] E. Ungar, "Law and Memory, De Jure to De Facto: Confucianization and its Implications for Family and Property in Vietnam" in M. B. Hooker, *Law and Chinese in Southeast Asia* (2003), above, 65 at 83.

[38] 参见本章"限制宗教"。然而,儒家思想和中国式的法典在越南影响非常大。参见 Hooker, *Concise Legal History of South-East Asia* (1978) at 73 ff., notably at 79(中国式的条文和儒家思想);N. Huy and T. Tai, "The Vietnamese Texts" in M. B. Hooker (ed.), Laws of South-East Asia, vol. I, The Pre-Modern Texts (Singapore: Butterworths, 1986) 435 at 450("法律的儒家化")。

的不同。它在本源上属于世俗性的法律,但在正式的形式、涉及的范围和效力等方面仍受到极大的限制。在中国,这种限制就是世俗的儒家思想;而在其他地方,亚洲宗教在限制法学家的角色方面也起着同样的作用。然而,在我们目前谈论的亚洲传统中,每个角落都存在着对世俗立法者的主要角色的否定,以及对彻底的宗教法律之思想的否定。简言之,那里普遍存在着对通常所谓的"法"的否定。尽管有大学(Great learning)的晓谕,这种传统仍是一种世俗的、主要是非正式的法律传统。除了这些累积的对亚洲传统的印象之外,接下来我们将探讨这样一种传统究竟是否可能。

礼的范畴

如果你是第一次接触亚洲法,你将对它如何能够主要由行政法和刑法来构成感到困惑。那所有其他领域内的事情是怎样调整的呢?那里只对某些事情进行规范而对其他在日常生活中同样重要的事情却不予规范,这是如何做到的呢?那里只有很少量或没有家庭法,没有普遍适用的关于民事侵权、债和合同的法律,也没有关于耕作的法律,又是如何做到呢?确实,亚洲法律传统在很大程度上缺乏西方的民法或私法概念,这点至少使其运作显得倾向于垂直而非水平。[39] 然而,由于缺乏正式的私法,其他事情留给了"自由企业"(free enterprise)的说法严格上来说似乎并不准确,毕竟它意味着真正的、市场驱动的社会的存在。[40] 我们当然只能再次采用另一种思维来思考法律的问题。我们必须考虑作为礼而存在的法,这是一种博雅的,甚至是书面的,但并非正式的规范传统,其教化的力量如此之大以至于可以有效调整所有那些未纳入法定制裁范围的社会生活领域。因此,我们既可以说中国的社会生活具有"丰富的规范性",但也需要注意中国

---

[39] Bodde and Morris, *Law in Imperial China* (1967) at 4(如果通过法律来处理对他人的控告,案件将被转到国家当局);A. Chen, *Introduction to Legal System* (2004) at 22(关于商法在传统中国的缺失);然而,考古证据表明,至少在公元前3世纪中国就有了书面的合同,参见 Sagot and Xie, "La Chine: Etat de droit? Etat de non droit?" (1995), above, at 6;关于在汉代(公元1世纪和2世纪)商业合同的执行途径,尽管有儒家的抵制,参见 H. Scogin, "Between Heaven and Man: Contract and the State in Han Dynasty China" (1990) 63 S. Calif. L. Rev. 1326;还有观点认为:"尽管书面合同被用来表述交易条款和条件,但它们一般不会得到国家的正式认可,而是得到以家庭和行会为中心的非正式组织的保证的支持",参见 P. Potter, *The Economic Contract Law of China* (Seattle/London: University of Washington Press, 1992) at 9, 10; accord V. Hansen, *Negotiating Daily Life in Traditional China: How Ordinary People Used Contracts 600—1400* (New Haven: Yale University Press, 1995) at 5—6("私人协议不依赖司法系统的执行")。

[40] 参阅 de Bary, *Trouble with Confucianism* (1991) at 48(许多事情都留给了私人来处理,这或许在今天"可称为自由企业")。

(正式)法律的偶然和不可靠性等特征[41],其自古以来皆是如此。中国和亚洲的规范性世界跟其他有大量过着群体生活的人口的地方并无二致。但是,它是一种多元的法律秩序,不同形式的规范相互交织其中,同时也不时发生摩擦,一方面每一种规范都承认其他规范的必要性,但它们同时也忙着在分界线上推搡争抢自己的地盘。[42]

礼的范畴因而远大于法,至少在西方是这样理解的。正如没有人能够成功地、结论性地对法作出定义,礼难于定义也很平常。不幸的是,最狭义的礼正是你将最常见到的,它被定义为典礼和仪式。礼当然包括仪式,但是礼据称"并不像西方人所理解的仪式那样具有迷信、形式主义和非理性等贬义含义"。礼不是对外在模式的被动顺从。它是一种需要个人付出和自重的社会构成。[43] 因此,对礼的性质的更广泛、更精确的论述是存在的,就像原生法律一样,一旦你超越了西方思维的束缚,你将获得对非正式规范性的理解。就整体而言,礼被不同的人定义为"道德法"[44],是"习惯性的、为个人所内化的非法典化的法律"[45],是"一个文明国家的具体制度和行为模式"[46],是"道德和社会行为准则"[47],是"礼节"[48],是"我们遵循道(human Way)的要求而共有的礼貌、习惯和传统"[49]。在日本,"礼"一词变成义理(giri),并经常被翻译成忠诚或感恩的普遍责任。[50] 因此,儒家

---

[41] Keller, "Sources of Order" (1994) at 711(注意到西方需要以正式的中国法律来跟中国人打交道;但在中国内部本身这种需要却少得多);X. Li, "La civilisation chinoise et son droit", Rev. int. dr. comp. 1999. 505 at 514(把礼跟立法、习惯和学说一道作为中国法律的渊源)。

[42] 关于亚洲规范性的种类,参见 Folsom et al., *Law and Politics* (1992) at 6; Weggel, *Die Asiaten* (1989) at 115(关于"道德秩序");R. Sacco, "Mute Law" (1995) 43 Am. J. Comp. Law 455.

[43] Ames, "Rites and Rights" (1988) at 200, 203(英语中"礼仪"(ritual)通常带有负面和正式的含义,而中国的"礼"则没有);在较早时期,作为自然道德的礼和作为仪式的礼之间的区别被儒家本身所忽略,参见 Liu, *Origins of Chinese Law* (1998) at 78 ff.

[44] D. Tan, "Judicial Independence in the People's Republic of China: Myth or Reality" (1994) 68 Aust. L. J. 660 at 663.

[45] J. Ching, "Human Rights: A Valid Chinese Concept?" in W. de Bary and Tu Weiming, *Confucianism and Human Rights* (New York: Columbia University Press, 1998) at 67 at 74.

[46] Bodde and Morris, *Law in Imperial China* (1967) at 19.

[47] A. Chen, *Introduction to Legal System* (2004) at 10.

[48] Bunger, "Wandel des Rechts" (1980) at 449; de Bary, *Trouble with Confucianism* (1991) at 33; Ames, "Rites and Rights" (1988) at 200("使社区成为一个人自己的社区")。

[49] H. Rosemont Jr., "Why Take Rights Seriously? A Confucian Critique" in Rouner (ed.), *Human Rights and World's Religions* (1998), above, at 167.

[50] G. Rahn, "Rechtsverständnis" in W. Fikentscher et al. (eds.), *Entstehung und wandel rechtlicher traditionen* (1980) 473 at 486; Noda, *Introduction to Japanese Law* (1976) at 174 ff.; Noda, "Far Eastern Conception of Law" (1975) at 134, 135; M. Chiba, "Three Level Structure of Law in Contemporary Japan, the Shinto Society" in Chiba, *Asian Indigenous Law* (1986) at 301.

思想乃介乎宗教规范和实证法律之间,并必然地在两方面都维护自己的权威。

制约法律

在西方看来,儒家的礼和法家的法之间的对立是再明显不过了,这种对立因西方法律——不管是资本主义的还是社会主义的——的引进更加凸显出来(见后文)。然而,这种争论在亚洲非常之久远,西方模式主要被用来论证那些长期被关注,甚至在过去不同时间内(至少部分地)被奉行的那些理论观点。因此,儒家对实证法律模式的沉默并非基于缺乏了解或忽视;它在特征上极具原则性和理性,尽管其理性所指向的并非理性法律。

儒家观点对人性从根本上持正面态度,认为善可以通过劝谕和身授或礼得到培养和提高。[51] 礼相当注重关系,个人的成就被视为家庭、职业或政治角色的成就。由于礼并非主权者的命令(尽管它甚至有可能以书面形式记录下来),它能够通过共识的方式来灵活地诠释,它通过规范之间的相辅相成而非争议其内容来实现社会的和谐。这就是礼创建社会的过程,不管属于社会的哪一层次,所有人都必须具有,因而即使那些正式的仪式也成为一种对其背后目标以及每个参与者价值的表达和确认。又因为礼的灵活性,它允许个体差异,其表达优美,颇有诗意,在具体细节上决不会流于单调和一致。[52] 简而言之,礼是实践理想的工具。[53] 因此,商业关系最好不要沦为一纸文书,而应当被视作当前的和谐和互利的关系。如果一方坚持将最初的协议条款作成正式文书,文字也不应当阻碍为了当前的和谐关系而作必要的调整。这样一来,所有的权利主张都是个别的、基于特定情势的,并被置于它们现行的、帮助性的和人性化的裁判框架中处理。这种"炉边公正"(fireside equity)[54] 掩盖了任何尖锐的、文本驱动的分歧。所有各方都应当着眼于长远;君子求大同而非细节上的一致,而小人则正好相反。[55]

由于法家在公元前3世纪的短暂胜利,儒家并未将自己的思想看做是完整的、穷尽

---

[51] Bodde and Morris, *Law in Imperial China* (1967) at 21; Weggel, *Die Asiaten* (1989) at 188.

[52] Bodde and Morris, *Law in Imperial China* (1967) at 21.

[53] Ames, "Rites and Rights" (1988) at 202.

[54] Tay, "Struggle for law in China" (1987) at 562. 因此,极大地依赖于个人、相互尊重和诚信。用罗马法的格言来说,情势要优先于协议的约束。关于"中国化"的合同,它们往往要篇幅更短,用字更少,参见 Y. Dezalay and B. Garth, *Dealing in Virtue: International Commercial Arbitration and the Construction of a Transnational Legal Order* (Chicago/London: University of Chicago Press, 1996) at 262; 关于合同关系在日本被视作可比拟于婚姻关系,参见 G.F. Margadant S., *El derecho japonés actual* (Mexico City: Fondo de cultura económica, 1993) at 280; 关于关系比因此产生的合同要更具约束力,参见 Hayley, *Spirit Japanese Law* (1998) at 149.

[55] Ames, "Rites and Rights" (1988) at 201.

所有的体系,在必要时他们甚至也用法来辅助处理那些确实无可救药的情形。这种做法有利于加强儒家的主张,因为礼现在能够对那些更高层次的事务在必需的时候发挥作用。因此,法家和西方社会坚持让法律扮演更大的角色的主张从根本上被看做是愚蠢的观点,是将人性善——它可以通过正式的途径和力量获得——的最低限度主义的观点误认为最大限度主义(儒家的)观点。总而言之,儒家社会是那种做自己主张应当做的事情的社会,它在正式法律和实际行为之间不留下任何的空隙。相反,正式法律不劝导高尚行为,而只会带来操弄文字、诉讼和过度规制。[56] 儒家认为,徒法不足以自行;若没有人的适当支持,它们只会最终消亡。

制约宗教

作为世俗、理性的哲学,儒家思想也与植根于宗教的规范性相对立,尽管孔子自己也笼统地提及遥远的上天[57]。儒家观点认为,宗教很容易走向两种不良道路之中的一种——或是复杂的成文法律(犹太、伊斯兰、印度传统),或是专注于不死灵魂或者顿悟,从而影响了日常生活和现行的人际关系(基督教、佛教、道教和神道教)。在它的中国根据地上,儒家思想对犹太教、伊斯兰和印度教传统深入它的西部的传播几乎不作任何抵制,它也没有压制伊斯兰席卷东南亚,尤其是在印度尼西亚和马来西亚。它更多的是强硬反对其他的亚洲宗教,尽管其结果往往因时因地不同而有所差异。

佛教作为对印度教的抵制起源于印度。[58] 佛*,或醒者(现实生活中的释迦牟尼),

---

[56] Bodde and Morris, *Law in Imperial China* (1967) at 17(引用儒家反对公元前6世纪的第一部法典时所提出的主张);关于观点"中国对正式法律在解决冲突中的价值的怀疑……可能跟全球的趋势是完全同步的",参见 K. Turner, "Introduction: The Problem of Paradigms" in K. Turner, J. Feinerman and R. K. Guy (eds.), *The Limits of the Rule of Law in China* (Seattle: University of Washington Press, 2000) 3 at 4, 5.

[57] Kaltenmark, *Philosophie chinoise* (1980), above, at 14; de Bary, *Trouble with Confucianism* (1991) at 10—12 关于儒家和宗教的不同(儒家没有建立教士制度,没有个人的上帝,没有人对上天反应的意识,没有最后的圆满或回报的期望,没有末日审判;尽管圣人有些类似于先知),关于从儒家思想和中国的理性主义的自然秩序的思想之间的区别(黄老思想和西方的自然法传统明显类似),参见 R. Peerenboom, *Law and Morality in Ancient China: the Silk Manuscripts of Huang-Lao* (Albany: State University of New York Press, 1993), noting at 253,这种观点在儒家思想面前走向衰弱。

[58] Watts, *Philosophies of Asia* (1995), ch. 6;关于一般性的论述,参见 P. Harvey, *Introduction to Buddhism: Teachings, History, and Practices* (Cambridge: Cambridge University Press, 1990); R. Gethin, *The Foundations of Buddhism* (Oxford/New York: Oxford University Press, 1998). 关于佛教对印度教的批评(种姓、精英主义),参见 R. Thapar, "Society and Law in the Hindu and Buddhist Traditions" in R. Thapar, *Ancient Indian Social History* (New Delhi: Orient Longman, 1978) 26, notably at 32, 33.

* Buddha,指释迦牟尼。——译者注

来自于尼泊尔,他生活在公元前6世纪或甚至更早。佛教反对许多的印度教思想——它的形式主义(他所看到的)、它的启示、它的种姓制度——并提出一种被很多人视为宗教性的、对世界的不同理解。佛教教谕甚广,被描述为"人类对人世和宇宙迄今为止所创立的最成熟、最具真智慧的理论"。[59] 这确实不简单,它不是由思考法律的人所创,因为佛心中还有其他非法律的事情。但现在也有人声称,佛的教谕中包含着尚未被人理解的法律蕴意。

佛教是一种非常讲求平等的哲学。[60] 它的平等遍及万物,并源于它所赋予物质世界,包括人类的虚幻特征。人类不具有对其他事物作壁上观的任何特殊地位。[61] 他们本身跟其他事物一样都是虚幻的,因此,佛教的真实目的是实现和理解我们自己以及周围事物真实的瞬息特征。当这点发生,当我们获得了顿悟(涅槃),我们将成为小我的人,[62] 我们看整个世界将会是一个相互关联的世界,并最终理解其中的一与众之间、相互矛盾但却必不可少的对立物之间的关系。[63] 这是一个被称为"中道"(Middle Way)的

---

[59] Watts, *Philosophies of Asia* (1995) at 82. 尽管佛教不涉及创造万物的上帝的理念,但它仍是一种"提供面对现实中的苦难的实用方法"的宗教,并为此而使用祈祷和仪式。Gethin, *Foundations of Buddhism* (1998), above, at 64, 65.

[60] 佛教的某些形式的禅(源于梵语"dhyana")甚至否认明确的教导,而由个人自己去发现真理。师父会教导说,他不会教任何东西,只会讨论那不可教的"无"。关于佛教乃对话或方法,而非教义,其中,经书只是"入门",参见 Watts, *Philosophies of Asia* (1995) at 77, 80.

[61] 关于山、河、草和树的成佛,参见 T. Unno, "Personal Rights and Contemporary Buddhism" in Rouner (ed.), *Human Rights and World's Religions* (1988), above, 129 at 138;关于"万物皆空"的概念,参见 A. David-Neel, *Buddhism* (1977) at 134—8. 关于佛教教义中关于物质现实的本质和现代西方量子理论之间的明显相似,参见 F. Capra, *The Tao of Physics*, 3rd edn. (New York: Flamingo, 1992), notably at 361, 362(自然中没有有形的部分,只有关系、模式和能量的网络;需要考虑的是过程,而非结构);G. Zukav, *The Dancing Wu Li Masters: an Overview of the New Physics* (New York: William Morrow & Co., 1979), notably at 32(理在这里是"普遍的秩序"或"普遍的法律"(因此和"仪式"保持相当的距离),物是物质或能量,这两个字构成中国字的"物理",或"有机能量的模式"),212(现代科学推论没有宇宙中"最终的事物",只有能量),253—6(西方科学支持佛教的万物为"虚"和万象皆有赖于万物之间的相互依存的观点)。

[62] 关于非我的教义,它形容人是一个精神和肉体相互作用过程的集合,参见 Harvey, *Introduction to Buddhism* (1990), above, at 50—3; Gethin, *Foundations of Buddhism* (1998), above, at 133—57; Unno, "Personal Rights and Contemporary Buddhism" (1988), above, at 130, 133.

[63] Unno, "Personal Rights and Contemporary Buddhism" (1988), above, at 140;如果不跟外物在相比较和对比,我们不可能推论出准确的、单一的物的存在,参见 Watts, *Philosophies of Asia* (1995) at 44—7, 59(瑜伽或 yoga, 指结合或连接,与多数被认为是开化的人所感受到的分离(sakyadrishti)的短视感觉之间的对比)。

世界，它不讲求中庸，而是一个集合所有对立物的世界。[64] 一旦获得涅槃，你将重返万物世界或跟它们交往的游戏，但你这时对它们的特点以及你跟它们之间的关系已经有了全新的理解，这样你的行为将全然不同。其结果之一便是，你将成为一个极其宽容的人，甚至是个带有神秘感的化外高人。

尽管佛教向北传播到中国、韩国、日本，另一分支则向南更为强势地传播到缅甸、柬埔寨、老挝、斯里兰卡、泰国和越南，但由于它的教义所限，佛教法学家并不多见。但是，它的传播乃以非政治性、非制度化的方式进行的，只是晓谕人们世界之道，仅仅是在西藏曾经取得了某种政治共识。[65] 总体而言，它所发展的某种正式秩序只局限在佛家僧人这个圈子之中，而任由外部社会游移选择、甚至颁布实证（尽管必然不是真正的）的法律。[66] 儒家

---

[64] Watts, *Philosophies of Asia* (1995) at 82.

[65] 关于佛教在政治、法学和经济层面缺乏成功（否则，这一切又将会是怎样呢），参见 R. Thurman, "Social and Cultural Rights in Buddhism" in Rouner (ed.), *Human Rights and World's Religions* (1988), above, 148 at 148; de Bary, *Trouble with Confucianism* (1991) at 58（通过问"他们如何替代市民服务"这样的问题，佛教徒作为可行的政治力量将大打折扣）；关于寺庙在西藏曾经成为权力中心，参见 Thurman, "Social and Cultural Rights in Buddhism" (1988), above, at 160。西藏以前的法律受佛教启发尤深，参见 R. French, *The Golden Yoke: the Legal Cosmology of Buddhist Tibet* (Ithaca, N.Y./London: Cornell University Press, 1995), notably at 13—15（西藏社会以前可区分为僧侣或精神探求者与精神拥护者），41—4（西藏以前的法典起源），64（非二元性或消除二元相反的原则），72（多元的时间概念，但在西藏以前的法律上并非连续计算，小因果的迟延，没有限制期限，因果不需要现世的联系，强调"什么"和"如何"而非"何时"），134（若当事人不清楚和证据不够时，通过掷骰子来诉诸神灵是一种可接受的争议解决方式），344，345（没有终局或结案，没有遵循先例和既判力的概念，争端被认为解决之前保持平和心态的必要性）。关于佛教僧侣的戒律，参见 Harvey, *Introduction to Buddhism* (1990), above, at 224—9。

[66] "佛教法律"的概念在缅甸出现最频繁，那里有一股皈依印度教的《法论》（dharmasastras）和跟当地的非正式传统结合的进程。参见 O. Lee, *Legal and Moral Systems in Asian Customary Law: the Legacy of the Buddhist Social Ethic and Buddhist Law* (San Francisco: Chinese Materials Center, 1978) at xx, xxi, 151, 169; R. Okudaira, "The Burmese Dhammathat" in Hooker, *Laws of South-East Asia* (1986) at 23, notably at 55（佛经并不以编辑而成的经文形式使用，可能是因为缺乏具体的法律规则，摩奴法典现在仍然被认为是可适用的）；尽管佛教对此进程的影响，以及结果形成的佛教法律的概念，参见 A. Huxley, "Buddhist law as a religious system?" in A. Huxley (ed.), *Religion, Law and Tradition* (London/New York: Routledge Curzon, 2002) at 127。然而，即使在寺院范围内，也没有"佛教法律系统的存在"，而只有对先前行为的认可；O. von Hiniiber, "Buddhist law According to the Theravada-Vinaya: A Survey of Theory and Practice" (1995) 18/. Int. Ass. Buddhist St. 7, at 7。其他人视"缅甸佛法"为殖民产物，参见 H. McGeachy, "The Invention of Burmese Buddhist Law: A Case Study in Legal Orientalism" (2002) 4 Aust. J. Asian L. 30。关于印度经文在泰国重新发挥作用的类似过程，参见 P. Kovilaikool, "The Legal System of Thailand" in ASEAN Law Association, *ASEAN Legal Systems* (Singapore/Malaysia/Hong Kong: Butterworths Asia, 1995) 383 at 384; S. Sucharitkul, "Thai Law and Buddhist Law" (1998) 46 Am. J. Comp. Law (Suppl.) 69; K. Prokati, "Die Rechtskultur und die Rolle der Rechtskreislehre in Thailand" in H. Scholler and S. Tellenbach, *Die Bedeutung der Lehre vom Rechtskreis und der Rechtskultur* (Berlin: Duncker & Humblot, 2001) 77, notably at 78—80（佛教对印度等级制度的拒绝）。

利用佛教的"空"[67]——相对于儒家实在的入世而言——从整体上取代了佛教在中国所扮演的主导角色(大约自公元1世纪开始),同时也削弱了它在韩国、日本和越南的影响力。然而,尽管有这种长期的差异,儒家和佛教在拒绝非常认真地对待实证法律这点上则联合一致。它们都是大的亚洲传统的一部分。

其他的亚洲宗教进一步加强了这种大的传统。道教是中国的另一伟大宗教,历史上它跟佛教在不屑于俗务方面相互呼应。[68] 它主张无为的哲学,并为此给出了深刻而精要的理由,这对很多人都具有不可阻挡的吸引力。道家认为"法令滋彰,盗贼多有",更为精辟的是,"治大国若烹小鲜"。[69] 我们因此应当不尚贤,使民不争,不贵难得之货,使民不为盗。你可以看到法令、尚贤和贵货等这一切是多么的危险,跟佛教所宣称的相互依存和对立调和一样,道家也宣称:

> 有无相生,
> 难易相成,
> 长短相形,
> 高低相倾,
> 音声相和,
> 前后相随。[70]

道的意思是道路,或者原则或信条,因此,道家的主张提出了对世间万物的大的构想,尽管法律在道德世界中并没有多少位置。法律被看做纯粹是推进利益集团的地位的工具[71],因此,无为之道不仅是最不具损害的做法,而且也最可能带来积极的利益。儒家对道家的反应跟对佛家的是一样的。有胜于无,他们提出以礼,亦即通过和谐共识来进行社会构建,来代替实证法律和虚无。

---

[67] de Bary, "Neo-Confucianism and Human Rights" (1988) at 188.

[68] Watts, *Philosophies of Asia* (1995) ch. 7; Kaltenmark, *Philosophic chinoise* (1980), above, 33—47; Noda, "Far Eastern Conception of Law" (1975) at 121,122。

[69] T. Cleary 译, *The Essential Tao* (San Francisco: Harper, 1993) at 44, 46.

[70] Cleary 译, *Essential Tao* (1993), above, at 9.

[71] 这种观点似乎是道教根据简单直觉所提出的,尽管在近来的美国的一些著述中有人提出更明确的理论基础。例如,参见 R. Posner, *Economic Analysis of Law*, 6th edn. (New York: Aspen, 2002) § § 19.3 ("[立法]过程为立法创建了市场,在这个市场中立法者可以向那些能够以金钱或选票帮助他们的选举前途的人'出售'立法保护")。

在日本,神道教(shintoism)因其缺乏对社会的直接指引而跟佛教及道教是一致的[72],以致受儒学启发的社会和谐概念能够以日本特有的形式保持其显著地位。因此,那些属于亚洲特有的观念持续存在于整个亚洲的一系列宗教和世俗的观点之中,它们都或隐或显地反对正式的法律。但这绝不意味着亚洲社会的高度统一。亚洲宗教和哲学的分歧正是亚洲不同的社会根本态度的原因[73],但它们有一点是共同的,即教化和典范是唯一可行的社会团结的方式。这一点既存在于现实法律的表达方式之中,也体现在那些被认为支配着正式法律的非正式规范之中。

儒家化

儒家思想最明显的特征是通过礼及其赋予人际关系的首要性来表现自己,但它也包括一个对既有正式法律的儒家化过程。这两种形式的规范性都缺乏抽象的准则和抽象的个人的概念。根据儒家经典,在任何情况下,礼和法都必须针对处于特定社会关系中的个人,并以足够的细节使他们认可那些社会引导所需的信息。因此,礼使用的语言非常精确而具体,它用成文的形式寻求调整那些相似的行为,有证据表明这点可媲美犹太法和伊斯兰法[74]。因此,礼通过人们所熟悉和认可的概念——它用"胡桃和桑叶"而非物和财产[75]来表达自身,其成文的刑法条文具有很强的决疑色彩。光杀人罪就不止一种,而是20种,以罪犯和受害人的身份(族内族外、人的尊卑)和犯罪手法相区分。[76] 礼同时也要求众多的例外,因此,明显严厉的犯罪与制裁定义能够通过对任何减轻情节的

---

[72] Rahn, "Rechtsverstandnis" (1980), above, at 479, 481(神道教是万物有灵论和多神论的结合,可追溯到日本的起源时期)。

[73] 关于佛教和儒家思想对经济活动的不同看法(佛教更少受经济驱动,儒家强调节俭、竞争和结社),参见 Weggel, *Die Asiaten* (1989) at 153, 155, 160, 170 and 177(没有单一文化能够提供发展所需的至关重要的处方;没有单一的"东方模式";"看东方"的格言应当以"看四周"来代替);关于儒家思想跟社会与经济发展的关系性概念之间的协调,即使权利和可预测的司法执行的缺失,参见 D. Clarke, "Economic Development and the Rights Hypothesis: The China Problem" (2003) 51 Am. J. Comp. L. 89; F. Allen, J. Qian and M. Qian, "Law, finance, and economic growth in China" (2005) 77 J. Fin. Econ. 56, notably at 59, 60(对于那些将经济增长和具体的西方法律传统联系起来的论者来说,中国构成一个主要反例;"影响中国社会价值和制度的最主要力量是被广为接受的跟孔子有关的理念")。

[74] 关于塔木德法和伊斯兰法的文体,参见第四章"行文风格"和第六章"伊斯兰经文和伊斯兰推理:伊智提哈德的角色")。

[75] Weggle, *Die Asiaten* (1989) at 177.

[76] Bodde and Morris, *Law in omperial China* (1967) at 29; Von Senger, *Chinesische Recht* (1994) at 20;关于儒家化的概况,见 Ch'u, *Law and Society in Traditional China* (1965) at 267 ff.; Ren, *Tradition of Law and Law of Tradition* (1997) at 22, 23.

考虑而得以缓和。审判的正式程序也相应地演变成非正式的争端解决过程,因为在两者之中只有具体事件和具体关系的特定性才是首要的,而非所查证的任何人际关系之上的规范性。典范优于规则;教育胜过惩罚;象征优于概念;甚至法的性质也期望被改变以增加其效率和实现更高的理想目标。

这种理性内在于整个儒家过程,它不仅羞辱了宗教的,尤其是亚洲宗教的"神秘主义",而且对一般性概念也充满着怀疑。它的存在清楚地体现在既定目标和具体手段两方面,尽管它是一种社会行为的理性,而非一种探析理性(rationality of enquiry)。因此,中国在其儒家模式中一直到新近都不存在一个广泛的、总括性的、西方意义上的哲学的概念。[77] 它只有一种哲学,这种哲学专注于那些具体的、特定的、动态的和实用的事物,而其目标只有一个,就是社会关系的和谐存续,它必然流传数千年。[78] 在这里,理性体现在那些带有合理性的具体历史场景之中,并得到后者的支持,而道德则"通过跟历史上的特定典范相类比而清晰地表达出来"[79]。特定性在这里具有自己的特点,它拒绝那些超出其界限的思想,它关注从中撷取最大限度的指引,并同时关注保持其新。

然而有一点颇为重要,即儒家的理性趋近于佛教或道教的理性。在寻求社会和谐方面,佛教和道教都宣扬无我或无为作为理解世界相互依存特点的方式。在对细节、特定性和关系的关注方面,儒家与它们并无二致。佛教看到并承认对立,认为对立物之间相互依存;而儒家则看到现实的无限等级,一切都相联相谐,没有什么会如此不和谐以致带来决裂。[80] 昼始于夜央。它们是否必然是相互依存的对立呢?或者是另一方不断变化的阴影?很显然,在哪一种情况下它们都不可能相互分离。深层的和谐必须摈弃那些表面现实的冲突观点。然而,由于它的正式界限和冲突,正式法律具有掩饰其深层和谐的不幸趋势。

礼、社会和谐和权利

根据目前所述,你可看到社会和谐和社会关系在大多数类型的亚洲传统中的重要性。它们的重要性产生了非正式规范性的概念,减低了对惩罚和制裁的强调,使道义和

---

[77] Kaltenmark, *Philosophie chinoise* (1980), above, at 6; Noda, "Far Eastern Conception of Law" (1975) at 123("儒家和理性主义者")。
[78] Weggle, *Die Asiaten* (1989) at 213.
[79] Ames, "Rites and Rights" (1988) at 207.
[80] Ding, *Understanding Confucius* (1997) at 201—3(和谐就像烹饪和音乐,它依赖于多样性;宇宙万物都以这种或那种方式相互连结在一起)。

法律在表达风格或方式上完全不同。现在西方观点认为这还导致个体的湮没和人的重要性和价值的下降。然而,儒家思想并非只是源于礼和和谐的概念;它们本身也需要建设和维护,特别是反对那些关于人性的竞争性概念(如法家的支持者对人性的灰暗描述)和个人自治与自由(现在大体上来自西方理论,但也有来自亚洲本土的声音)。但是,儒家并非只是刚刚开始担忧这些事情。儒家思想本身就是对这些事情的千百年来的反映,最重要的是,它试图视自由和自我为不证自明的主张,并将其融入一个更大的、具有包容性的结构当中。很明显,儒家思想以一种复杂传统所用的方式,不求否认,但求融合。

　　孔子所感受的早期中国传统在特征上清楚地带有原生性质,它将人简单地置于一个更大的、轮回的世界,这个世界要求人们支持,当未能得到时则将实施报复。[81] 然而,儒家思想主张一种脱离原生传统的、具体而详尽的社会哲学,随着中国社会日趋复杂,它发展成为一个更广泛而确定的学说体系。由于维护战国诸国之间的和谐显然比保持宇宙间的和谐更为重要,因此,它有必要通过更具体地专注于人世的方式来实现。这些方式体现在正式国家或国家体制下的现有人际关系形式中——这种观点至今仍然流行。[82] 这样的关系有很多:家庭、行会、工作、年龄、村庄、朋友——所有这些关系都暗含、甚至明确包含着维持自身和存续的信息。因此,儒家认为,社会和谐必须来自于社会本身而非凌驾其上,社会和谐不大可能从无处中生有。儒士及也许不可缺少的法学家的任务便是辅佐和辨识现有的社会和谐的途径。这点包括对个人理想的认可和培养,因为所有现行机构和关系都必然是由个人构成的。社群和关系被宣示为具有首要性,它们使个人能够很容易地从中认识到自己,个体的价值和理想由于维护和繁荣这些社群和关系将得到认可和表彰。个人并未排除在这种推论之外,而是被纳入进来。个人是这个不可分割、相互依存的世界的一部分。跟分割昼与夜相比,你更不可能将个人跟他们所处的社会关系割裂开来,但这绝不是对昼与夜或者个人的蔑视。

　　因此,关系是个人和更大的、和谐的群体之间的纽带,今天的整个亚洲都是如此。整个社会都建立在人的自然感情之上,它呈现出自己的活力,而无需外界干预和武力威胁来保持内部的紧密关系。[83] 在中国之外,甚至佛教也成为证明社会秩序合理性的方式,

---

[81] Bodde and Morris, *Law in imperial China* (1967) at 4; David and Brierley, *Major Legal Systems* (1985) at 518.

[82] 关于非正式社会在当今西方法律和政治理论,参见研讨 *Individualism and Communitarianism in Contemporary Legal Systems*: *Tensions and Accommodations* [1993] Brigham Young U. L. Rev. 385—741.

[83] De Bary, "Neo-Confucianism and Human Rights" (1988) at 185, 186;

譬如在日本,会社或大家族的含义已经大体控制了公司生活。[84] 儒家化的法律对如何加强中间社群(intermediate communities)的地位也作了详尽阐述,即使它损害了以更直接的方式对社会进行调控。因此,告发家庭成员犯罪要受到惩罚,即使所告为实也是如此。[85]

与此相应,亚洲传统并未产生个人权利或主观权利的观念,据说个人自治、自己责任的观念甚至被看做是"愚蠢或不道德"的。[86] 它对于人类秩序来说是如此偏激,以致在很长一段时间都不会获得成功,亚洲道德哲学的非先验特征已经暗示了对它的否认,这种哲学拒绝以关系——作为小孩、父母、朋友、恋人、年轻人、老人、雇员、雇主等——之外的方式对个人进行定义。[87] 历史上,儒式家庭是家长制的,但据说现在家庭中互补能够取代尊卑,不管哪种性别都没有显著的优越。[88] 更一般地来说,儒家思想否认自己在集体主义和个人主义两端之间处于集体主义一端,特别是在其现代形式中,儒家力求在其所主张的关系层次中保障个人的价值。不平等在社会中的存在被认为是必然的,但它要么被证明是正当的,要么被纠正。当不平等仅仅表现为一种忍耐时,它被证明是人和事

---

[84] Weggle, *Die Asiaten* (1989) at 162; Rahn, "Rechtsverständnis" (1980), above, at 480, 484.

[85] Bodde and Morris, *Law in imperial China* (1967) at 40。在日本该规则变更为告发家庭成员谋反乃一项义务;Steenstrup, *History Law Japan*, above, at 132.

[86] Ames, "Rites and Rights" (1988) at 200;关于罗马法和中国法在坚持地位和均衡、反对平等和权力方面的并列,参见 Li, "L'esprit de droit chinois" notably at 33, 35;关于清朝法律"没有提到所谓权利的东西",参见 P. Huang, *Code, Custom and Legal Practice in China* (Stanford: Stanford University Press, 2001) at 27.

[87] 关于单独个人不扮演这种角色,而是作为整体的一员,参见 Rosemont, "Why Take Rights Seriously?" (1988), above, at 175;关于自我的不同含义,参见 T. Metzger, "Continuities between Modern and Premodern China: Some Neglected Methodological and Substantive Issues" in P. Cohen and M. Goldman (eds.), *Ideas Across Culture: Essays on Chinese Thought in Honor of Benjamin I. Schwartz* (Cambridge, Mass.: Council on East Asian Studies, Harvard University, 1990) 263 at 267("内心超越")。

[88] D. Bell and H. Chaibong, *Confucianism for the Modern World* (Cambridge: Cambridge University Press, 2003),"引言", p. 1 at 20; Chan Sin Yee, "The Confucian Conception of Gender in the Twenty-First Century" in Bell and Chaibing, *Confucianism for the Modern World*, above, 312 at 316(阴和阳相合意味着相利和互惠)。关于19世纪的家长制,参见 P. Ebrey, "The Chinese Family and the Spread of Confucian Values" in Rozman, *East Asia Region* (1991), above, 45 at 49(家庭财产随男性,妇女在家庭中的法律地位次要(如19世纪的大陆法和普通法)),关于儒式家庭在整个亚洲的地位,参见 W. Slote and G. De Vos, *Confucianism and the Family* (Albany: State University of New York Press, 1998), notably Wei-Ming Tu, "Confucius and Confucianism", p. 3, at 32—3("现代改革","跟儒家传统……在生活中的每一层次上的延续性")。

物成其为本身而呈现的一种合作的多样性,因而具有正当性。[89] 正当性也存在于当特权和责任随着时间的过去而相互持平的时候,比如当孩童的责任成为父母的权利和特权时,这种正当性显然存在。[90] 当节俭和竞争的品德被推向了极致,以致财富的积累产生不公平和敌意时,这就不能说是正当的了。[91] 另外,不平等也能够通过具体手段得以纠正,譬如教育的平民化[92] 或通过竞争性考试制度来变换职业。[93] 而且,在社会所必需的各种角色范围内,个人所作的所有贡献都会受到表彰。整个儒家思想的结构都建立在性本善的观念之上,关系结构对此起促进作用和为其服务。修身养性是治理之关键[94],它打破了手段和目的之间的区别,因此,每个人既是自身的目的,也是为了他人的手段。[95] 礼是记录人的重要性的手段,使其在传统中留下一个记号,在这点上跟犹太传统的每个人都是创造者有异曲同工之处。这或许你可以就《中国自由主义传统》写成一本书。[96] 如果你对此还有所怀疑的话,想想中国人的兵法,为了去到你要去的地方、规避

---

[89] Ames, "Rites and Rights" (1988) at 208(强调平等观念的两可本性,由事物之间的同质或允许事物成为本身所需的忍耐)。

[90] de Bary, "Neo-Confucianism and Human Rights" (1998) at 186;Ames, "Rites and Rights" (1988) at 208.

[91] 关于创造利润的内在限制,但非自身所限,参见 Von Senger, *Chinesische Recht* (1994) at 18.

[92] Kaltenmark, *Philosophie chinoise* (1980), above, at 13;Ding, *Understanding Confucius* (1997) at 34, 63 ("有教无类");W. de Bary, "Confucian Education in Premodern East Asia" in Tu Weiming (ed.), *Confucian Traditions in East Asian Modernity* (Cambridge, Mass.: Harvard University Press, 1996) 21 at 30 (延伸至经典学习和专业学习的核心,包括法律)。

[93] A. Cotterell and D. Morgan, *China's Civilization: a Survey of its History, Arts, and Technology* (new York: Praeger Publishers, 1975) at 56, 57 (注意该思想在19世纪的欧洲的采纳);H. McAleavy, "Chinese Law" (1968) at 111 (科举制度早在9世纪便得到印刷术的引入的推动);T. Tuff, *The rise of early modern science: Islam, China, and the West* (Cambridge: Cambridge University Press, 1993) at 275 ff.;关于考试过程中法律和诗歌的各自角色,以及伴随而来的关于考试科目改革的辩论,参见 B. Elman, *A Cultural History of Civil Examinations in Late Imperial China* (Berkeley: University of California Press: 2000), notably at 44, 45 (法律问题为格律诗让道,1756),202(关于考试过程的腐败,用竹鞭殴打那些舞弊的考生)。

[94] De Bary, Trouble with Confucianism (1991) at 55.

[95] Ames, "Rites and Rights" (1988) at 201,然而,关于"常见的将妇女置于从属地位的性别偏见远不止通常所说的经济和政治原因",参见 Ren, *Tradition of Law and Law of Tradition* (1997) at 27;关于儒家思想在平等求学机会和"开放与灵活性"方面加入女性主义行列,参见 T. Woo, "Confucianism and feminism" in A. Sharma and K. Young (eds.), *Feminism and World Religions* (Albany: State University of New York Press, 1999) 110 at 137.

[96] de Bary, *Liberal Tradition in China* (1983);and see Schwartz, *World of Thought in Ancient China* (1985) at 113("如果'个人主义'是指类似康德的道德自治,你肯定也可以在这里找到类似的东西");Ren, *Tradition of Law and Law of Tradition* (1997) at 27(引用林语堂的话:中国民族乃"个人主义民族",有"家庭意识而非社会意识",而"家庭意识只是一种放大的自私形式")。

官僚制度或实现个人目的而采用的种种计谋,还有就是借刀杀人的计策。[97] 这并非完全是儒家的风格,但它却是整个传统的一个部分。

变革和永恒的帝国

在一个通过忠诚于人际关系来激励的儒家社会,那里没有推动变革的巨大动力。而从佛教观点来看,将主要精力消耗在改变虚幻之物上也没有多大意义。对道家而言,无为则能够带来实际的好处。亚洲的世俗和宗教在对谁来推动变革这样的大问题上走到了一起。它们还通过其游说的对象,对任何匆忙或草率的举动施加巨大的压力。在为变革观念消音这点上,亚洲有着不同的、自己的理由,尽管那里也有包容变革的不同的、亚洲自己的理由。

亚洲的时空

在原生传统和印度教传统的观念中,时间大体被看做是循环的——万事万物都只是在打圈圈——亚洲关于时间的思想跟原生和印度教传统也颇为接近。亚洲关于时间的观念可能源于社会关系的稳定性,它在一段时间内不断轮回而因此稳定下来,或者,关系的稳定本身可能源于对时间的一种总的感觉,其中人类的存在从本质上是确定的。这些问题在亚洲法律的讨论中并未得到回答,或许永远不会得到。然而,那里普遍坚持没有直线式的历史以及"世界末日"可能。[98] 此外,佛教的轮回意识(与印度教保持一种联系)和视世界为永恒不变也加强了儒家关于时间的固有观点。佛教在春天看世界(尽管是虚幻的,但相互依存),然后又在夏天,每时每刻它看到的都是本质,而非世界本身状态的什么进展。[99] 对道家而言,从过去到现在,时间都不可能容纳什么变化,因为没有人能够怎样改变什么。

生活在永恒时间内带来这样的后果,一个人跟活在他之前或之后的其他人都生活在

---

[97] H. von Sneger, "Chinese Culture and Human Rights" in W. Schmale (ed.) *Human Rights and Cultural Diversity* (Goldbach, Germany: Keip Publishing, 1993) 281 at 305(关于中国人的潜在自尊和使用谋略); H. von Senger, *The Book of Stratagens: Tactics for Triumph and Survival*, M. Gubitz 译 (New York: Virking Penguin, 1991) at 41 ff. (Stratagen No 3).

[98] De Bary, Trouble with Confucianism (1991) at 13; N. Tarling, Nations and States in Southeast Asia (Cambridge: Cambridge University Press, 1998) at 121, 122; Weggel, Die Asiaten (1989) at 205(对于"进步"或"未来"也没有什么位置;旧的事物因此具有很高价值)。

[99] Watts, Philosophies of Asia (1995) at 102,引用 13 世纪佛教关于时间的教义。

相同的时间里,因此,亚洲关于时间的观点跟原生传统和印度教的观点是一致的,它们都将人际关系的益处延伸到世代延续的社会当中。[100] 这点解释了老人在亚洲社会的地位,甚至行业组织内论资排辈的原则。有人说它还延伸至商业事务中的保持某种冷静;如果你不签合同,很可能你的后代会签,这从本质上说等于一回事。在一个相互依存的世界里,那里还有着对非人类事物的必要关注。它们绝不是笛卡尔所称的无灵魂的机器,尽管它们并未像在印度教中那样被赋予神圣的、像神一般的特征。亚洲对自然世界的怜悯同样存在于亚洲对空间的态度。它被具体化,但不是被视为等待占有的抽象地带或区域,而是被视为人际关系繁衍的环境。[101] 因此空地在某种意义来说是不存在的,而市镇中心才是各种事情真正发生的地方,因而是真正空间之所在。

然而,儒家思想是一种渊博的传统,学习被认为和礼及构成其基础的(亚洲)人文思想占有几乎同等的地位。[102] 因此,儒家思想需要研究和领会,就像各种人际关系的本质以及其他有助于实现社会和谐目标的事物一样。那里甚至建有儒家的"考据"(Evidential Research)学校。[103] 跟印度教一样,那里因此而出现巨大的知识发展,以及相继而来的何种新的措施和变革,据说直到 13 世纪,中国一直是世界上知识和科技最发达的地方。然而,跟印度教一样,质询的精神在这里只是实用性的,仅局限于跟儒家学说相容的领域,在范围上并非是自由和无限制的。学习是一项道德上的和实用的任务,被融入儒

---

[100] Rosemont, "Why Take Rights Seriously" (1998), above, at 177.
[101] Weggle, Die Asiaten (1989) at 206; N. Tarling, Nations and States (1998), above, at 47(边界概念在东南亚并不常见;而是强调效忠);关于亚洲引入西方地图绘制的观念,参见 B. Anderson, Imagined Communities, rev. edn. (London/New York: Verso Editions, 1991) at 171—3; J. Black, Visions of the World [:] A History of Maps (London: Mitchell Beazley, 2003), notably at 82—3(绘制地图在探险中的作用,领土的定义,边界;引入中国)。
[102] De Bary, Trouble with Confucianism (1991) at 45, 91 (关于在家庭这一基本层次以及那些统治精英之外执行教育目标的困难);关于学习在儒家思想中是知识和宽容的钥匙,参见 D. Gangjian and S. Gang, "Relating Human Rights to Chinese Culture: The Four Paths of the Confucian Analects and the Four Principles of a New Theory of Benevolence" in Davis (ed.) Human Rights and Chinese Values (1995) 35 at 43.
[103] De Bary, Trouble with Confucianism (1991) at 84;公元前 2 世纪博士馆或帝国大学的建立,比大学在伊斯兰和西方世界的出现要早多个世纪,参见 Cotterell and Morgan, China's Civilization (1995), above, at 56。参见 第七章"法官和审判"。

家主要的目标。[104] 在佛教中，这种精神则在本质上被拒绝,书本学习总的来说被认为与觉悟过程无关。早期中国发明了造纸、指南针、火药（仅仅）、瓷器、丝绸、印刷术、独轮车（西方直到13世纪才出现）[105] 和针灸,然后,就像是非正式地一致认为,这可能已经是事情所应当达到的程度。这点确实遵循着礼的本性,这种曾经发展了关于社会和谐的理性观点的人文思想也同时为人类变革建立了必要的和理性的限制。你不可擅自过多地改变这个世界以及它的各种关系;这一点跟你不能过多改变礼和法的道理相同。因此,历史上,伟大的法典都历经数个世纪而保持原样,逐渐被看做是具有永恒和近乎神圣的特征。

亚洲的腐败

儒家思想跟塔木德、伊斯兰和印度传统一样,表现出一种很大的优势,它不需要依靠庞大的机构性质的神职人员或官僚机构来施行。能够影响它的腐败往往来自于外部,表现为那些不像儒家弟子那样对它负有忠实和信赖义务的人对它的目标的偏离。儒教国家在观念中并不存在,因此也就没有儒教体制可腐败。然而,亚洲并不比其他地方对腐败更具免疫力,从其特性中,它似乎产生出一些特殊形态的腐败。

礼仪可能变得腐败或形式化,就像西方通常认为的那样,以致最难于捉摸的腐败形式,亦即智识性的腐败,更能够很容易地影响那些指望控制所有人的行为方式。儒家思想长期以来致力于简化和复兴它的学说,并跟走向庸俗和时髦习惯的趋势作斗争。[106] 儒家所认可的法律领域内的官僚机构同时也提供了那些庞大组织所具有的种种诱惑,据说儒家自己也长期纵容对法官和司法系统内部的腐蚀。最重要的是,一个关系社会将很

---

[104] Kaltenmark, *Philosophie chinoise* (1980), above, at 6（思想的人文主义特征,但跟自然世界有着紧密联系）; Weggle, *Die Asiaten* (1989) at 50。然而,关于中国科学的伟大成就,见 J. Needham, Science and Civilisation in China, vols. I—VI (Cambridge: Cambridge University Press, 1954 to date, ongoing); Huff, Rise of early modern science (1993), above; 关于一般性的比较性结论,见 J. Hobson, The Eastern Origins of Western Civilisation (Cambridge: Cambridge University Press, 2004), notably at 19（"若没有更发达的东方在公元 500—1800 年期间的帮助,西方绝不可能跨入现代"）。

[105] Cotterell and Morgan, *China's Civilisation* (1975), above, at 56; 关于纸通过伊斯兰地区传播到欧洲,见 R. Eaton, *Islamic History as Global History* (Washingto D. C.: Am. Hist. Assoc., 1990) at 22（尽管中国的书法仍保持竖写格式,就像开始时写在长的竹片上一样）。

[106] De Bary, *Trouble with Confucianism* (1991) at 43; H, Chaihark, "Constitution, Confucian Civic Virtue, and Ritual Propriety" in Bell and Chaibong, *Confucianism for Modern World* (2003), above, p. 31 at 44（"一旦它的执行成为一种例行公事或无意识的,礼即受到腐蚀或违背"）。

容易滑向任人唯亲,它不断培植互惠的非正当利益,而对外部圈子则不予考虑。[107] 儒家思想在这方面必然表现软弱;它对犯罪的控制很严厉,但它不能免于自身的腐败,对儒家来说,忠诚作为一种德行在原则上需要培养和促进,而不是被检控。要区分不可动摇的、正当的忠诚,即使它对外部的需要不那么关心,跟那些纯粹是为了赚取外界的资源的、短暂的或寄生性的忠诚并非易事。

作为世界中心的亚洲

亚洲传统认为亚洲,甚至说中国,乃世界之中心。而其他地方则纯属化外。这种想法源自于亚洲传统的久远历史和发达程度、人口的规模和稠密程度,以及深层(尽管并非炫耀)的自尊。因此,不是中国,而是其他每一个国家应当被看成是在相当长的历史上相对地被隔绝[108],直到最近几个世纪之前,后者还仍然生活在人口相对稀疏的、文化落后上的穷乡僻壤(可能)。因此,甚至是在别人偶然碰到之前,中国就已对大部分的事物进行了充分的考量和认知,或者拒绝予以考虑。今天,中国和亚洲如此辽阔以致几乎无所不有,它们以这种或那种方式在那里蓬勃生长,而在其他地方,人的思想和活动却可能以一种在亚洲无法想象的方式被疏导和指引。

亚洲的身份

在一个相互依存的世界里,身份不可能被非常清晰地刻画出来。亚洲的身份受到欧

---

[107] 关于它在中国的现代形式,参见 Folsom et al., *Law and Politics* (1992) at 391 ("走后门");K. Kolenda, "One Party, Two Systems: Corruption in the People's Republic of China and Attempts to Control it" (1990) 4 J. Chinese Law 187, notably at 203 ("两顶帽"官员的含义,在政府和企业同时拥有位置) and 220 (关于对党员是否适用没那么严格的标准);T. Gong, "Corruption and reform in China: An analysis of unintended consequences" (1993) 19 Crime, Law and Social Change 311; H. Josephs, "The Upright and the Low-Down: An Examination of Official Corruption in the United States and the People's Republic of China" (2000) 27 Syr. J. Int'l & Comm. 269, notably at 281, 287 (腐败的共同特征), 300 (敲诈和贿赂组织(RICO'S)和中国相应的犯罪集团);关于西方商人法在中国的适用中变化的过程,参见 B. de Sousa Santos, *Toward a New Legal Common Sense*, 2nd edn. (London: Butterworths 2002) at 215. 关于印度尼西亚和越南的地方性腐败形式,参见 T. Lindsey and H. Dick (eds.), *Corruption in Asia* (Sydney: Federation Press, 2002), notably I. Assegaf, "Legends of the Fall", p.127, at 130—145 关于印度尼西亚法庭拒绝调查指控自己内部的腐败。但是,新加坡由于其反腐败措施(包括指向贪污调查局巨大的街道标志)位居世界上最廉洁国家之列。

[108] Cotterell and Morgan, *China's Civilization* (1975), above, at 65, 66 ("发现西方", "跟中国一样的城市、大厦和房子"), 188 (在13世纪马克·波罗时期,欧洲仍是"狭窄和封闭的世界")。

洲所带来的新的模糊;但它确实是存在的,只不过是以多种形式存在,并且时常互相重叠。忠诚是多向的,即使政治上最确定的命令和身份也不能根除那些非正式的、能够使界限消融的群体区分。这点在宗教方面最为明显,分属于两个宗教或在它们之间摇摆被看做是一件完全正常的事情,这可以想象成印度教的大帐篷。在日本,作为神道教或佛教徒据说就像血型那样表现一个人的社会兴趣。[109] 这并不会产生宗教战争,儒家思想的世俗性跟大多数宗教(包括西方宗教)的见解是相容的。[110] 认同确实由此而生[111],但是它们是多种因素相结合的产物,其中包括宗教、社会哲学(譬如儒家思想)、地理(譬如日出之国的人民),而国家政治也不可遗漏。不管是犹太法、伊斯兰法、大陆法还是普通法,甚至原生法律或印度教法,法律在亚洲之外的传统中都能够起到某种身份的鉴别作用,但很清楚法律在这里则没有。教化反对任何界限,并倾向于越过它们。

由于身份的重叠,对任何一种身份的保护都将成为问题。在亚洲的思想和著述中,很难找到关于异端、叛教甚至是不同政见的讨论。当然,大多数人根本就不卷入这样的讨论中。促使他们这样做的最显著的原因就是勿强人所难的观点。[112] 在中国,宗教和法家二者跟儒家思想这根主线相提并论,它们的盛行清楚地表明异端理论的缺失。此外,佛教和道教根本不会严肃对待异端概念。但是,谋叛则是另外一回事,在中国长期以来跟杀害近亲属或咒骂父母一道,被视为(刑罚上的)"十恶"之一。在这方面,法家思想诉诸连坐概念和告发谋叛罪行的要求,即使行为是家庭成员所为,因而具有明显的影响力。"当儒教国家感到自己的生存受到真正的威胁时,它愿意抛弃自己的儒家哲理。"[113] 但是,这指的只是儒教国家,因而谋叛在这里跟它在世界上其他地方没有什么

---

[109] Weggle, *Die Asiaten*, (1989) at 52,但把亚洲其他宗教跟伊斯兰教作对比,后者表现出对信仰界限和排他性的关注,这点在特征上更像西方;关于中国和日本历史上的宗教重叠,参见 F. Braudel, *A History of Civilizations*, R. Mayne 译 (New York: Penguin, 1993) at 171 and 283 (关于真言宗的含义,其实际上是将神道教和佛教融合一体,本土的神成为佛教的神的具体的、临时的化身)。

[110] Watts, *Philosophies of Asia* (1995) at 92 (天主教耶稣会派往中国的第一个传教士利玛窦——他的记忆之宫,参见第一章"呈现"——发现儒家的观念或宗旨与天主教的信仰之间没有冲突);cf.,但是,关于17世纪和18世纪的"中国礼仪"之争,参见 J. Taylor,"Canon Law in the Age of Fathers" in J. Hite and D. Ward, *Readings, Cases, Materials in Canon Law* (Collegeville, Minn.: The Liturgical Press, 1990) 43 at 69;关于同一争论,从中国方面来看,则是"天主教的危机",参见 Shen, Fuwei, *Cultural Flow between China and Outside World Throughout History*, Wu Jingshu 译 (Beijing: Foreign Languages Press, 1996) at 256 ff.

[111] 关于神道教长久以来作为日本民族的心灵纽带,参见 Rahn, "Rechtsverständnis" (10980), above, at 48.

[112] Von Senger, *Chinesische Recht* (1994) at 18.

[113] Bodde and Morris, *Law in Imperial China* (1967) at 29, 41;进一步参阅 MacCormack, *Spirit of Traditional Chinese Law* (1996) at 1996) at 109, 110;关于把法家跟异端联系在一起,参见 Z. Fu, *China's Legalists* (1996), 1t 116, 117.

两样。

分层的传统

中国的影响在亚洲无处不在,但它自己在历史上也受到极大的外来影响——特别是自公元前 1 世纪来自印度的佛教的影响。中国的商品早在公元前 4 世纪时就为印度人所知晓,因而那里还保留着更早的实质性接触的痕迹,即使思想的痕迹要更难于追踪。亚洲和西方的接触或通过南方(南中国海并沿着印度洋海岸线),或通过陆路平原抵中国西部,亦即吠陀—雅利安人的发源地,经撒尔马罕合(Samarkand)和塔什干(Tashkent)沿着著名的丝绸之路。[114] 因此,关于东亚和世界其他地方隔绝的观点是难以站住脚的,尽管中国能够对许多事情作出自己的、独特的解释。[115] 亚洲其他地方的传统分层(layering)可能甚至比中国更为显著,据说在印度尼西亚,"几乎没有哪一种法律意识(非洲和爱斯基摩可能属于例外)没有在那里曝光过"[116],马来西亚也被评论说具有同

---

[114] 关于丝绸之路至少从公元前 5 世纪开始运作,参见 J. Haywood, *Cassell's Atlas of World History* (Abingdon: Andromeda, 2001) at para. 1.06;关于基督教传教士在公元 7 世纪对它的使用("忏悔之路"),参见 N. Ostler, *Empires of the World* (London: HarperCollins, 2005) at 90。由于伊斯兰的到来贸易本可能因此而中断;马可波罗和其他人于是在 13 世纪开始了一段重新发现之旅;H. Uhlig, *Die Seidenstrasse* (Leipzig: Gustav Lübbe Verlag, 1986) at 256 ff。关于中国的西征探险,参见 Cotterell and Morgan, *China's Civilization* (1975), above, at 19—20, 65, 66 (直到非洲的东海岸);B. Lewis, *The Middle East: 2000 years of History from Rise of Christianity to the Present Day* (London: Weidenfeld & Nicolson, 1995) at 40 (对丝绸之路的控制延及现在的乌兹别克斯坦的领土和"西方的邻居");Ostler, *Empires of the World* (2005), above, at 147, 159 (自公元 4 世纪以来,佛教学者经海路游历到印度)。中国关于对外关系的记录至少可追溯到公元前 6 世纪,参见 Shen Fuwei, *Cultural Flow* (1996), above, at 3—34;并参阅 J. Goody, *The East in the West* (Cambridge: Cambridge University Press, 1996) at 250 (关于中国和欧洲在公元前 1500 年的"本质上的一体");J. Roberts, *History of the World* (London/New York: Penguin, 1995) at 306 ("然而,一个文明和另一个文明的绝缘绝非绝对的;总会不断有一些具体的和精神的接触")。新近的考古工作表明早在公元前 2000 年以来沿着丝绸之路就有着紧密的文化联系;J. Mei, "Cultural Interaction between China and Central Asia during the Bronze and Early Iron Ages" (2002) 121 Proceedings of the British Academy 1, notably at 24—6 ("史前"丝绸之路"作为东西方沟通的渠道比之前所认为的远远要早")。

[115] Braudel, *History of Civilizations* (1993), above, at 171 ("尽管其表象如此,但并未自闭于世界")。

[116] Geertz, *Local Knowledge* (1983), above, at 226 (引述早期南岛语族的到来(从今天的中国和越南)、印度人建立国家("波罗佛屠和一切")、伊斯兰传教士的活动、荷兰和英国的殖民化(带来国家征用权概念和左边驾驶)、日本人的占领和更近的东西方利益的"侵入",包括前苏联;关于伊斯兰法和现行的口述传统,或阿达特法,参见第六章"伊斯兰大离散";关于伊斯兰法和国家法,参见 A. Salim and A. Azra, *Shari'a and Politics in Modern Indonesia* (Singapore: ISEAS, 2003); T. Lindsey (ed.), *Indonesia: Law and Society* (Sydney: Federation Press, 1999); and for generally Hooker, *Legal Pluralism* (1975); Hooker, *Concise Legal History* (1978) and hooker, *Islamic Law in South-East Asia* (1984), above.

样的层叠("verschichtung")[117],"行驶在(法律的)的双车道上")。[118] 在这里,非同寻常的并非是各种传统的汇聚和碰撞,而是它们能够同时被保留下来,按时间分出层次却不会损害所有传统的存续。传统的继受在这里不会结束,也不会变成历史。这里有很多的继受,它们只是在不断地发生。而在时间上最近的就是对西方法律和社会主义法的继受。然而,跟所有的继受一样,这个过程绝不是直线的和单向的。

西方法律在亚洲

跟在任何地方一样,西方殖民主义政策在亚洲留下了西方法律的遗产。法律事件,譬如第二次世界大战,也同样影响深远,特别是美国法律影响的扩张,这一点在日本尤为明显。在殖民化过程中,东南亚正式地继受了荷兰、法国和英国法律,它们的影响不同程度地持续至今。在另外一些情形下,亚洲法律的"西方化"过程被用来减少和消除西方在本国的存在(当时这种存在受到条约的保证)以及为当时的西方(私人)投资提供一个稳定的法律环境。[119] 日本在19世纪末叶领导了此一过程,法国和德国的法典模式为了彰显其影响力而竞相角力(德国最终获胜),[120]而成为不同类型的西方法律理性争夺威望和影响力的一个早期范例(正如现在发生在东欧和俄罗斯的竞争)。继采纳德国模式的法典之后,日本还发生了对德国学说的"理论继受",从西方角度来看,它把日本法实实在在地嵌入大陆法系的思维轨道。[121] 然而,即使西方法律的到来,有两个相辅相成并相互

---

[117] Weggle, *Die Asiaten* (1989) at 11,关于关于东南亚国家的法律分层作为一种"包容的传统",参见 A. Huxley, "Global Doctrine and Local Knowledge: Law in South East Asia" (2002) 51 I. C. Q. L 35 at 45.

[118] D. Horowitz, "The Qur'an and the Common Law: Islamic Law Reform and a Theory of Legal Change" (1994) 42 Am. J. Comp. Law 233 (I), 543 (II) at 578, 579.

[119] 关于日本的情况,参见 K. Igarashi, *Einführung in das japanische Recht* (Darmstadt: Wissenschaftliche Buchgesellschaft, 1990) at 2; Rahn, "Rechtsverständnis" (1980), above, 473 at 489;关于中国的情况,参见 A. Chen, *Introduction to Legal System* (2004) at 22—3.

[120] 关于该过程,参见 Igarashi, *Japanische Recht* (1990), above, at 3 (日本的不同法律流派;法国人和日本激进派支持颁行由博瓦索钠(«起草的受法国影响的法典;受到英国人和日本保守派的反对;耽搁最终导致根据德国模式重新起草;原法典乃德国民法典和日本历史悠久的家庭法的结合,尽管后者在后来被实质性地修改;一些法国法的原则被保留,比如通过简单合意让渡财产);M. Ishimoto, "L'influence du Code Code civil français sur le droit civil japonais" Rev. int. dr. comp. 1954. 744; Rahn, "Rechtsverständnis" (1980), above, at 475; Noda, *Introduction to Japanese law* (1976) 41—58; Z. Kitagawa, *Rezeption und Forbidung des europäischen Zivilrechts in Japan* (Frankfurt: A. Metzner, 1970); A Katsuta, "Japan: A Grey Legal Culture" in E. Örücü, E. Attwooll and S. Coyle (eds.), *Studies in Legal Systems: Mixed and Mixing* (The Hague/London/Boston: Kluwer, 1996) at 249; Tanaka, "Role of Law in Japanese Society" (1985).

[121] Rahn, Rechtsdenken (1990) at 113, 116; Igarashi, *Japanische Recht* (1990), above, at 6 (引用诚实信用和缔约过失的概念).

关联的现象变得甚为明显。首先是在实际操作过程中改造（日本化）西方模式[122]；其次是将整个正式的民法概念放置在一个非正式的日本的规范性的大背景当中。因此，相对而言，现在的日本尽管有民法典，但却只有少量的律师，也只有少量的法官。这种制约显然是非正式的。[123] 西方法律体制不提供任何形式的制约，但成本除外，争端解决处处都承受着正式化所带来的重担。因此，二次世界大战后美国法只能在一个拥挤的规范领域发挥它的影响（特别是在宪法、劳动法、刑事程序和商法方面）。因此它至今基本上仍保持着抢滩登陆（beach-head）的态势。[124]

中国多少有点是跟随着日本的步伐，它通过效仿西方法律模式以摆脱西方法在本国的受条约保障的存在*。它于清朝末年开始转向西方法律，为此甚至在1900—1910年设立了修订法律大臣一职。[125] 那里当然存在反对的声音，而这种反对本身也随着帝国在

---

[122] 参阅 H. Coing et al., *Die Japanisierung des westlichen Rechts* (Tübingen: J. C. B. Mohr (Paulsiebeck) 1990), and notably Z. Kitagawa, "Von der Japanisierung zur Enjapanisierung" at 441, 444 关于日本法的多层次；Haley, *Spirit of Japanese law* (1998) at 204。这个过程表现为一种建设性的继受，正如罗马法在法国或民法在美国，跟随最初的借入而来的是其后的排他性的国内化。

[123] 关于历史上的情形，参见 Steenstrup, *History Law Japan* (1991), above, at 93（法院只是在13世纪北条统治时期才建立，它打破了"日本的抑讼传统"）；K. Pistor and P. Wellons, *The Role of Law and Legal Institutions in Asian Economic Development* 1960—1995 (New York/Hong Kong: Oxford University Press, 1999) at 17, 18, 229—32；S. Ishi, "The Reception of the Accidental Systems by the Japanese Legal system" in M. Doucet and J. Vanderlinden, *La réception des systèmes juridiques: implantation et destin* (Brussels: Bruylant, 1994) 239 at 250（低诉讼率乃因义理（见上"礼的范畴"）之观念导致，其认为义务可通过感受对方的心照不宣的期待而得以履行）；C. Wollschläger, "Historical Trends of Civil Litigation in Japan, Arizona, Sweden and Germany: Japanese Legal Culture in the Light of Judicial Statistics" in H. Baum, *Japan: Economic Success and Legal System* (Berlin: Walter de Gruyter, 1977) 89, notably at 94（日本的诉讼率只有美国的十分之一），with ref；对更早的情形的相反论述；关于诉讼开始之后，日本法官高水平的调解，参见 K. Rokumoto, "Law and Culture in Transition" (2001) 49 Am J. Comp. L. 545 at 556；但是在2003年，法学教育和法律职业得到显著的发展，参见 K. Rohumoto, "The historical roots of stasis and change in Jananese legal education" in A. Rosett, L. Cheng and M. Woo, *East Asian Law—Universal Norms and Local Cultures* (London: RoutledgeCurzon, 2003) at 156; special issue on Japanese legal education reform (2001) 2, No. 2 Asian_Pac. L. & Pol. J.; C. Milhaupt and M. West, "Law's Dominion and the Market for Legal Elites in Japan" (2003) 34 Law & Pol. Int'l. Bus. 451（大学毕业生就业现在优先于选择法律职业而非官僚机构，"这不是暂时现象"）; J. Maxeiner and K. Yamanaka, "The New Japanese Law Schools" (2004) 13 P. Rim L. & P. F. 303（60所新的学院和现有法学院的分立意味着能够提供更多的职业教育）。

[124] 关于当前美国法在证券法和产品责任方面的影响，参见 D. Kelemen and E. Sibbitt, "The Americanisation of Japanese Law" (2002) 23 U. Pa. J. Int'l. Econ. L. 269.

* 即领事裁判权。——译者注

[125] A. Chen, *Introduction to Legal System* (2004) at 23.

1911年的瓦解和国民党的掌权而烟消云散。国民党政府主要采纳日本和德国模式[126]，在大的法律领域继续进行法典化（六法）。六法全书在本质上仍只是书面法律。它的正式规范性不仅受到来自中国社会内部的抵制，而且当时还有中国的共产主义对它的抵制，后者在1949年取得政治上的胜利。

亚洲其他地方对西方法律的依赖各有不同。随着柬埔寨、老挝和越南（当时分为北越和南越）的建国和独立，法国法在印度支那走向分立和衰弱，尽管法国现在正致力于重建其法律影响和复兴其法律联系，因此在河内建立了一所"法律馆（Maison du droit）"。[127] 而荷兰法则基本上已经淡出了人们视线。[128] 普通法在新加坡、香港、马来西亚和文莱可能是最常见的西方法律了[129]，尽管最瞩目的是普通法的机构（法官和出庭律师），而非普通法原则在日常事务中的普遍存在。作为最不稳定的西方法律传统——至少其英国模式是这样的，普通法和亚洲思想的某些方面在限制自己的适用方面是相似

---

[126] 即民法、刑法、商法、法院组织法以及民事程序和刑事程序。参见 Tay, "Struggle for Law in China"（1987）at 564（制定民法典时也采纳了瑞士法；民事程序采纳了奥地利法；宪法参照美国法）。六法全书现在仍是台湾地区法律的基础。

[127] 新的《越南社会主义共和国民法典》（1996年7月1日生效）也是一部比（中国的——译者注）社会主义传统的《民法通则》（少于200条；关于中国民法，见以下"社会主义法在亚洲"部分）更具大陆传统的法典（838条，分成七编）。

[128] See S. Gautamata and R. Hornick, *An Introduction to Indonesian Law*: *Unity in Diversity*（Bandung Alumni Press, 1974）at 74（自印度尼西亚1945年独立以后，荷兰式的民法典被立法修改；由于新的立法没有明确废除受影响的条文，现在不清楚哪些条款还有效；在1974年没有"权威版本"生效法典）；Hooker, *Concise Legal History*（1978）at 212, 213（"实践中有效的法典化……基于旧的民法典"）；W. Aun, *An Introduction to the Malaysian Legal System*, 2nd edn. (Kuala Lumpur/Singapore/Hong Kong: Heinemann Educational Books (Asia), 1978) at 3（在马来西亚，荷兰人1641—1807年的占领留下很少的记录，更早的葡萄牙人1511—1641年的占领也同样如此）；S. Hartono, "The Legal System of Indonesia. Chapter 1—Historical Overview" in ASEAN Law Association *ASEAN Legal Systems*（1995）17 at 21（"现在关于印度尼西亚法律跟荷兰法是一样的说法是不正确的"）。

[129] 参见 A. J. Harding (ed.), *The Common Law in Singapore and Malaysia*（Singapore: Butterworths, 1985）；M. Rutter, *The Applicable Law in Singapore and Malaysia*（Singapore: Butterworths, 1989）；A. Leong, *The Development of Singapore Law*: *Historical and Socio-Legal Perspectives*（Singapore: Butterworths, 1990）；K. Tan (ed.), *The Singapore Legal System*, 2nd edn.（Singapore: Singapiore University Press, 1999）；Horowitz, "Qur'an and Common Law"（1994），above；Aun, *Introduction to Malaysian Legal System*（1978），above（关于马来西亚继受英国普通法以取代荷兰法）；Hooker, *Concise Legal History*（1978）（第五章"英国的法律世界：海峡殖民地[包括新加坡]，联邦和非联邦的马来国家，英国的婆罗洲和缅甸"）。

的。在菲律宾,美国普通法思想则覆盖在源于西班牙的民法上发挥着自己的影响力。[130]

社会主义法在亚洲

有人主张说社会主义法在世界上构成一种新兴的或新近的传统[131],但这种观点随着前苏联法律秩序的解体而受到强烈的质疑。[132] 因此,苏联和欧洲模式的社会主义法律传统已经进入一种蛰伏(suspended animation)状态,只是在古巴、朝鲜或越南等地,部分地或以受到削弱的形态而维续着。即使你是一个西方的律师,之前没有任何苏维埃或社会主义法的经历,理解起来也不会有什么大的、概念性的问题。你只要在你现在研究的领域假定一个高度膨胀的公法部门就行了。私法的历史性领域,比如合同法、商法、民事责任或侵权法、财产法、破产或竞争法,都是以公法形态出现或被其他法律所替代,从而退缩到相对无关紧要的比例。(无数的机构和生产单位所使用的)国家合同几乎取代了私人合同;商业私法和破产法从根本上变得无足轻重;国家赔偿制度几乎全部取代了法院判令的赔偿;土地成为国有的或被集体化。废除现行私法并没有什么必要,但它基本上已经找不到可适用的场合。公法强烈依赖于正式法律,这点甚至比非社会主义的西

---

[130] Hooker, *Concise Legal History* (1978) ch. 8("西班牙—美利坚法律世界:菲律宾")(尽管西班牙之前还有伊斯兰法和非伊斯兰的"本地习惯"(引用原文,见第 214 页));M. Feliciano, "The Legal System of the Philippines" in ASEAN Law Association *ASEAN Legal Systems* (1995) 141 at 141, 142(关于继受西班牙法的详细情况,覆盖了之前的乡土规矩);S. Santos, Jr., "Philippine Mixed Legal System" (2000) 2 Aust. J. Asian L. 34, notably at 49 ("比想象更多的普通法")。

[131] 参见第一章关于"过去"的讨论。

[132] 参见 W. E. Butler, Soviet Law, 2nd edn. (London: Butterworth, 1988);O. Ioffe and P. Maggs, *Soviet Law in theory and Practice* (London/Rome/New York: Oceana, 1983);F. J. M. Feldbrugge (ed.), *Encyclopedia of Soviet Law*, 2nd edn. (Dordrecht: Martinus Nijhoff, 1985);J. Hazzard, W. Buttler, and P. Maggs, *The Soviet Legal System: The law in the 1980s* (New York/London/Rome: Parker School of foreign and Comparative law of Columbia Unvesity. Oceana, 1984);J. Bellon, *Le droit soviétique* (Paris: Presses universitaires de France, 1967);David and Brierley, *Major Legal Systems* (1985) Pt. Two("社会主义法");Zweigert and kötz, *Introduction to Comparative Law*, 2nd edn. (1987) vol. I, sect. 5("社会主义法系");I. Szabó, "The Socialist Conception of Law" in International Association of Legal Science (Zweigert, K. and Drobnig, U., (eds.), *International Encyclopedia of Comparative Law*, vol. II, ch. 2 (Türbingen/the Hague/Paris: J. C. B. Mohr (Paul Siebeck)/Mouton, 1974) at 49;V. Tschchikvadze and S. Zivs, "The System of Socialist Law" in International Association of Legal Science, *International Encyclopedia of Comparative Law*, above, this note, at 115。关于前苏联及东欧解体后法律制度的变化,参见 F. J. M. Feldbrugge, *Russian Law: The End of the Soviet System and the Role of Law* (Dordrecht/Boston: Maritinus Nijhoff, 1993);G. ginshurgs, D. Barry and W. Simons, *The Revival of Private Law in Central and Eastern Europe: Essays in Honour of F. J. M. Feldbrugge* (The Hague/Boston: Maritinus Nijhoff, 1996);G. Ajani, *Diritto dell'Europa Orientale* (Turin: UTET, 1996)。

方法律更为明显。但是,这是一种不同的正式法律,它完全掌控在社会主义法律的监护人——共产党——的手中,后者通过整个组织网络来发挥其对国家和法院的影响力。而大型的、工具性的官僚机构的建立大大地加剧了西方法律内在的腐败倾向。苏联政权的垮台的部分原因就是因为没有人会相信它的正式的国家机构。要扭转共产主义的法律秩序,你只要颠倒它的运作过程即可;所产生的问题都是贯彻执行的问题(尽管它们是大量的),而不在于那些根本性的概念。[133] 谁能够取得新的私人财产?你如何避免分配过程中的腐败?你如何将腐败的机构转变成有正气的机构?你如何防止那些具有自己的非正式传统的暴徒从过渡中捞取好处?

然而,苏联共产主义是一种形式的共产主义(formal communism),它受西方思想和西方法律概念影响很深。而亚洲的社会主义法律则不同,它必然是一种更加仁慈、更加温和的共产主义,尽管在必需的时候也可能会同样诉诸暴力。亚洲共产主义之所以不同是因为亚洲的不同,在那里,不管是具有社会主义倾向的还是具有资本主义倾向的正式法律,它们的空间都要小得多。自1949年以后差不多十年时间,中国的共产主义者先是追随苏联模式,直到他们意识到本国的情况是如何的不同,以及苏联的制度是如何的不能够在中国社会中发挥作用。[134] 跟苏联决裂发生在1957年,同时发生的还有针对"右派"(法家)和地主的残酷运动,以及致力于通过非正式的教育手段建立一个平等的共产主义社会,尽管这一努力代价巨大。儒家思想在历史上就跟等级关系联系在一起,而且并非所有的这些关系都是家庭性的或感情上的,在这个过程中也就绝不可能被视为盟友。[135] 自从20世纪70年代后期以来,传统的中国教导重新出现,但仍然限制在共产主义政体范围之内。儒家思想此

---

[133] 关于俄罗斯的民法和市民社会,参见 B. Rudden, "Civil Law, Civil Society and the Russian Constitution" (1994) 110 LQR 56; G. Ajani, "By Chance and Prestige: Legal Transplants in Russia and Eastern Europe" (1995) 43 Am. J. Comp. Law 93; W. Buttler, *Russian law*, 2nd edn. (Oxford: Oxford University Press, 2003);关于俄罗斯的重新法典化受到向俄罗斯联邦总统报告的司法中心的细致工作的推动, *The Civil Code of the Russian Federation* (with introductory commentary by A. Makovsky and S. Khpkhlov), trans. P. Magge and A. Zhiltsov (Armonk, N.Y./London: M. E. Sharpe, 1997); E. A. Sukhanov, "Russia's New Civil Code" (1994) 1 Parker Sch. J. East Eur. Law 619; L. Blumenfelf, "Russia's New Civil Code: The Legal Foundation for Russia's Emerging Market Economy" (1996) 30 Int. Lawyer 477; H. P. Glenn, "The Grounding of Codification" (1998) 31 U. Calif. Davis L. rev. 765; Special Issue on Russian Law Reform (1999) 44, No. 3, McGill L. J.

[134] 关于中国法律自1949年以来的发展历史,参见 Tay, "Struggle for Law in China" (1987); A. Chen, *Introduction to Legal System* (2004) at 25—38; Keller, "Sources of Order" (1994) at 720—3; Folsom et al., *Law and Politics* (1992) at 25—46.

[135] 关于毛泽东试图将儒家思想送进博物馆(文物),参见 de Bary, *Trouble with Confucianism* (1991) at 45.

时尽管还没有明确地复兴,但已经成为培养忠诚和保持社会体制的同盟者。[136]

伴随儒家思想复兴,它的古老的报应和必然的盟友,亦即法,开始(有限的)重生,如今,在西方私法领域多方面的影响下,法得到迅速的扩张,至少是在跟西方的法律关系方面。新的社会主义法律在很多情况下跟西方法律并无两样。[137] 但其所起的作用却不完全相同,它被嵌套在更深层的规范性当中,并受到党的政策的制约[138]。然而,正如共产

---

[136] 关于儒家思想在中国的复兴,同上,at 108, 109(是儒家思想而非马克思主义的革命道德,将为抵制西方的堕落守卫大门);Von Senger, *Chinesische Recht* (1994) at 25(儒家传统使中国比西方国家更容易接受共产主义;共产党能够扮演一个广泛的角色);H. von. Senger, "Recent Development in the Relations between State and Party Norms in the People's Republic of China" in Schram, *Scope of State Power in China* (1985) 188 at 200(比较共产党的主张和公元前 7 世纪法家的主张;时间钟摆回到依法统治(rule by law));Keller, "Sources of Order" (1994) at 755(支配性的主题维持法的背景特征,并受外部秩序的影响);Bunger, "Wandel des Recht" (1980), above, at 458(在很多地方法律毫无影响,部分地可以通过农村人口对直接规范的抵制来解释);A. Chen, *Introduction to Legal System* (2004) at 37; Ren, *Tradition of Law and Law of Tradition* (1997) at 48(马克思主义和儒家思想在本质上是世俗性的这点上是相同的);Gregg, "Law in Chin" (1995), notable at 76("中国继承而从未拒绝这种建立在儒家思想基础上的法律思想");D. Clarke, "Dispute Resolution in China" (1991) 15 J. Chinese law 245 at 285—8(毛泽东的理论"对人民是用说服教育的方法,对敌人则采用专政、强迫的办法");关于最近中国将儒家思想列入中小学教育和学术活动,参见 J. Chan, "A Confucian Perspective on Human Rights for Contemporary China" in J. Bauer and D. A. Bell, *The East Asia Challenge for Human Rights* (Cambridge: Cambridge University Press, 1999) 212 at 214。中华人民共和国政府现正支持一个世界性的"孔子学院"网络以宣传中国语言和文化。

[137] 但是,关于中国立法的"慢性失调",参见 Keller, "Sources of Order" (1994) at 711; R. Peerenboom, *China's Long March Toward Rule of Law* (2002), ch. 6 ("battling chaos");关于新近颁布的一份 2208 页的纲要,*A Guide to the Latest Foreign Economic Law and Regulations of the People's Republic of China* (Chinese and English version) (Beijing: Publishing House of law, 1995),明显是为对外使用而制定的。

[138] 关于长期存在的党政不分的问题和提倡法治的艰难(尽管以法治国仍像数千年前那样保持运作),参见 S. Lubman, "Studying Contemporary Chinese law: Limits, Possibility and Strategy" (1991) 39 Am. J. Comp. Law 316 at 317(中国法制的不足);Ames, "Rites and Rights" (1980) at 209, 210(针对国家的权利主张缺乏有效的执行手段);Z. Hairong, "The Re-establishment of the Chinese Legal System: Achievement and Disappointment" (1991) 10 CJQ 44 at 47(亟须界定党的政策的适用范围);von Singer, "Recent Development in Relations Between States and Party norms" (1985), above, at 190(党的民主化不高所带来的国家民主化的困难)。1989 年颁布的行政诉讼法允许起诉国家,实际上是搬抄苏联的改革(perestroika)措施;P. Potter, the Chinese Legal System (Londong/New York: Routledge, 2001) at 25 ff.(相当低的行政诉讼和赔偿比例);and see V. M.-Y. Huang, "China's WTO Commitment on Independent Judicial Review: Impact on Legal and Political Reform" (2004) 52 Am. J. Comp. L. 77 at 82—3(尽管 75% 的中国法律属于行政法,但行政司在全国只占全部诉讼案件的 1%);R. Keith, China's Struggle of the Rule of Law (New York: St. martin's Press, 1994); Lin Feng, "Administrative Law" in Wang Chenguang and Zhang Xianchu, Introduction to Chinese law (1997), above, at 75ff.; Peerenboom, China's Long march (2002), ch. 9 notably at 403—5(关于新法下的低诉讼比例)。但是,作为当前中国法律改革进程的一部分,宪法在 1999 年被修改规定"依法治国"(而不再是"以法治国")。

主义不得不屈身于根深蒂固的亚洲思想一样,西方形式的法律经过共产主义的过滤后也同样成为儒家化的目标。现在这里也有民法,甚至以《民法通则》的形式将其法典化,正如苏联一样。[139] 在苏联,类似的《民法基本原则》在加盟共和国一级被更为详尽的立法所充实,但在中国则没有发生类似的广泛的法典化(尽管一部民法典现在正处于起草过程当中)。[140] 如果你想寻求正式法律的保护的话,你得小心别过多地依赖它。就像在这点更为明显的儒家时代,诉讼总是最后一道手段,并常常被人们嘲讽。尽管出现有变化的迹象,它主要表现在立法层面和城市中的诉讼比例上[141],但在整个国家,调解的地位

---

[139] 关于民法通则,参见 W. Grey and H. Zheng, "General Principles of Civil law of People's Republic of China" (1986) 34 Am. J. Comp. Law 715;关于相关讨论,H. Zheng, "China's New Civil Law" (1986) 34 Am. J. Comp. Law 669; Epstein, "Evolution of General Principle" (1986); Epstein, "Codification of Civil Law in People's Republic of China" (1998)(特别是德国学说汇纂派思想对中国立法的影响);von Senger, *Chinesische Recht* (1994) at 129—32; K. Lei, "Les principles généraux du droit civil chinois" Gaz. Pal., July 2—4, 1995, at 26; B. Xu, "Les Principles généraux du droit civil en chine" Rev. int. dr. comp. 1989. 125(见 128 页:然而,是国家通过行政手段在引导、支持和控制经济);J. Chen, *From Authorisation to Private Law: A Comparative Perspective of the Developing Civil Law in People's Republic of China* (Dordrecht/Boston/London: Martinus Nijhoff, 1995)。中国新的、法典化的合同法于 1999 年颁布,初步评论认为这代表着从"行政"向"契约"的转变。参阅 B. Ling, *Contract Law in China* (Hong Kong: Sweet & Maxwell, 2000); F. Chen, "The New Era of Chinese Contract Law: History, Development and Comparative Analysis" (2001) 27 Brooklyn J. Int'l. L. 1 53; S. Lubman, *Bird in a Cage* (Stanford: Stanford University Press, 1999) 180 ff.; P. Potter, *Chinese Legal System* (2001) at 38 ff.然而对其西方化的预测要么是错误的,要么是"数十年的不成熟",参见 P. McConnaughay, "Rethinking the Role of Law and Contracts in East-West Commercial Relationships" (2001) 41 Virginia J. Int'l. L. 427 at 429;关于当前的执行问题,参见 P. Pattison and D. Herron, "The Mountains are High and the Emperor is Far Away: Sanctity of Contract in China" (2003) 40 Am. B. L. j. 459;关于中国内部对西方模式的抵制(本土化),参见 Picquet, *Chine au Carrefour des traditions juridiques* (2005) 146 ff.

[140] Picquet, *Chine au Carrefour des traditions juridiques* (2005) 189 ff.; G. Xu, "Structures of Three Major Civil Code Projets in Today's China" (2004) 19 Tulane Eur. Civil. L. F. 37, notably at 42(法典的起草成为一项"竞争激烈的公共事业"),45(家庭法将被包括进去,这点跟苏联模式不同,后者认为家庭法需要保护,以免受资本主义准则的腐蚀)。

[141] 关于中国近来的程序改革,参见 R. B. Brown, *Understanding Chinese Courts and Legal Process: Law with Chinese Characteristics* (The Hague/London/Boston: Kluwer, 1997), notably at 3(诉讼(当时)每年增加 16%), 8 ff.(对近来的民事和刑事程序改革和法官法的评论)。诉讼的增加主要是在国内争议领域,参见 V. Lo, "Resolution of Civil Dispute in China" (2001) 18 UCLA Pacific Basin L. J. 117;关于在中国民事程序中集体诉讼的可能涌现,参见 Note, "Class Action Litigation in China" (1998) 111 Harv. L. Rev. 1523(然而,很多案子只是已知的原告的联合诉讼,而非代表未知的原告)。然而,最近的数字表明,在 1996—2002 年期间,全国的诉讼比例稳步下降;Huang, "China's WTO Commitment" (2004), above, at 83(在经历 1990—1996 的稳步上升之后)。

仍然非常重要[142];法院尽管存在,但可能并不太受欢迎(有个故事说,最近有个农民牵了十头(活)牛到法院去起诉要债)[143];法官们受到"电话法"(telefonnoe pravo,名称起源于苏联)的制约[144];律师甚至在恢复之后仍然只是地位较低的国家工作者,尽管现在情况

---

[142] H. Fu, "Putting China's Judiciary into Perspective: Is It Independent, Competent and Fair?" in E. Jensen and T. C. Heller, *Beyond Common Knowledge* (Stanford: Stanford University Press, 2003) 193 at 1999 (在1999年,中国有900万名调解员,而法官则只有17万人);Folson et al., *Law and Politics* (1992) at 45(街道调解委员会表现出对礼的偏好);von Senger, *Chinesische Recht* (1994) at 26, 134 (关于各种非冲突性的争端解决活动)。调解也在诉讼中被法官大规模的使用,就像现在西方普通法法域所发生的;关于中国的情况,参阅 Lubman, *Bird in a cage* (1999) at 272(大约60%的法院案子以调解结案);关于调解的"持续生命力",参见 A. Chen, "Mediation, Litigation, and Justice: Confucial Reflections in a Modern Liberal Society" in Bell and Chaibong, Confucianism for Modern World (2003), above, p. 257 at 259 and 281 (甚至"在道德上要比诉讼更为值得");关于中国法官对调解的偏好,参见 M. Woo and Y. Wang, "Civil Justice in China: An Empirical Study of Courts in Three Provinces" (2005) 53 Am. J. Comp. L. 911 at 936—7。关于仲裁在中国和整个亚洲解决国际纠纷方面日益增长的重要性,参见 P. McConnaughay and T. Ginsburg (eds.), *International Commercial Arbitration in Asia* (Huntington, N. Y.: Juris Press, 2001 and ongoing looseleaf);关于中国对 WTO 裁决的保留,参见 S. Y. Peng, "The WTO Legalistic Approach and East Asia" (2000) 1 Asian-Pac. L. & Pol. J. 13. 1.

[143] Z. Hairong, "Re-establishment of Chinese Legal System" (1991), above, at 53, 54(特别是关于法官缺乏法学甚至高等教育);关于中国法院机构的不足,参见 Gregg, "Law in China" (1995) at 76.

[144] Fu, "China's Judiciary" (2003), above, at 203("不留下任何记录"的干预);R. Szawloski, "Reflection on the 'Laws of the People's Republic of China, 1979—1986'" (1989) 38 I. C. L. Q. 197 at 206;关于对法官和法院的约束,参见 M. Y. K. Woo, "Law and Discretion in Comtemporary Chinese courts" in Turner et al., Limits of Rule of Law (2000) 163 at 179 (审判监督委员会有时需要征求党的意见);von Senger, "Recent Development of Relations between Sate and Party Norms", above, at 54, 55(法官会把审判权交给审判委员会);Tan, "Judicial Independence in People's Republic of China" (1994), above, at 667, 668; Lubman, "Studying Comptemporary Chinese law" (1991), above, at 320; Vandermeersch, "Enquiry into Chinese Conception of Law" (1985), above, at 20, 24; Ren, Tradition of Law and Law of Tradition (1997) ch. 3, at 47 ff.;关于越南的类似问题,参见 M. Sidel, "The Re-emergence of Legal Discourse in Vietnam" (1994) 43. I. C. L. Q. 163 at 169—71("司法独立和争取法庭")。

正在发生变化[145];案件报告制度甚至比大陆法国家还要差很多[146];可依赖的先例判决根本无处可寻。在某些传统的刑事审判中,你可以想象其中军事化的"法"和共产主义法制观念的影响。坦白和再教育很重要(这点符合儒家思想)。[147] 辩护律师被指望提供有罪证据[148];某些严重犯罪的判决书不引用被告的辩词,不宣告开庭的情况,也不公布

---

[145] Szawloski, "Reflections" (1989), above, at 203, 204(司法判决有的甚至在律师辩论前就已经作出); Von Senger, "Recent Development of Relations between Sate and Party Norms", above, at 188; Tay, "Struggle for Law in China" (1987) at 579(律师有义务"宣传社会主义法治");W. Alford, "Tasselled Loafers for Barefoot: Transformation and tension in the World of Chinese Legal Workers" in Lubman, *China's Legal Reforms* (1996) at 22;关于历史上对"讼师"的社会敌意,参见 M. Nacauley, *Social Power and Legal Culture: Litigation Masters in Late Imperial China* (Stanford: Stanford University Press, 1998) notably at 325("狂殴'律师'和嫌恶诉讼");然而,生效于1997年的新的律师法打开了私人执业的大门(尽管仍然受国家的行政监督);参见 C. Sari, "La nouvelle loi sur la profession d'avocat en chine" Gaz. Pal. 14—16 Dec. 1997, 24, 25; Brown, *Understanding Chinese Courts and Legal Process* (1997), above, at 24—8, 115—7 and 335(法律条文);关于党/国家的现行监管和律师在贿赂中可能扮演管道的角色,参见 W. Alford, "Of lawyers lost and found: searching for legal professionalism in the People's republic of China" in Rosett et al., East Asia Law (2003) 182 at 186, 187; Lubman, *Bird in a Cage* (1999), at 154 ff. (法学教育并非强制性要求,律师协会跟司法部的"紧密关系",由于缺乏"传统的指引",律师协会创立甚为艰难;截至2002年,中国大约有6000到10000家律师事务所改成合伙制,亦即非国有利益共享的形式;A. Chen, *Introduction to Legal System* (2004) at 175。关于现在的状况,参见 C. W. -H. Lo and E. Snape, "Lawyers in the People's Republic of China" (2005) 53 Am. J. Comp. L. 432, notably 454("制度的发展要落后于律师对他们自己职业的期望")。

[146] X. Tong, *Fondements et formation des contrats en droit chinois* (doctoral thesis, Laval University, Quebe, 1994) at 4(案件判决很难获得,预先遴选过,多数意见和少数意见无从知晓);关于中国当代在这个问题上的辩论,参见 C. X. Lin, "A Quiet Revolution: An Overview of China's Judicial Reform" (2003) 4 Asian-Pac. L. & Pol. J. 255 at 301 ff. (特别是下级法院决定认可先例判决,以及允许法官的不同意见在判决中的出现,都带来激烈的反应)。

[147] 关于儒家思想中的自愿原则在坦白中的运用,参见 Ren, *Tradition of Law and Law of Tradition* (1997), ch. 6, at 115 ff. ("对选择服从权威的那些人所采用的一种人道主义式的宽大方式",如同普通法中的辩诉交易,尽管在这里历史上延伸到通过刑讯逼供的方式");关于坦白在中华人民共和国的重要性,参见 A. Conner, "True Confessions? Chinese Confessions Then and Now" in Turner et al., *Limits of Rule of Law* (2000) 132, notably at 153。

[148] Folsom et al, *Law and Politics* (1992) at 44; H. Koguchi, "The Role of Lawyers in the People's Republic of China" in Institute of comparative Law, Waseda University, *Law in East and west* (Tokyo: Waseda University Press, 1988) 167 at 168。

指控的罪行[149]。1997年生效的大的法律修订大体上来说还未产生多少效果,尽管被指控的人已不再被称为"罪犯"。[150] 刑法不仅惩罚叛国,还延伸到反革命行为和违反社会主义经济秩序。[151] 儒家思想意图提供没有法律的公正;共产主义法则产生法律的讨论。此外,你也不能忘记腐败。[152] 由于没有顶尖的理论家,共产主义在中国有时容易滑向教条主义。而且,共产党的官僚机构的规模甚至要超过古代,这加剧了关系回报的潜在效果。[153] 社会主义的亚洲有很多需要思考的地方;因而也就有了西方的批评家。

---

[149] K. Weissberg and P. Kemayou, "Le Code pénal et la procédure pénale" Gaz. Pal., July 2—4, 1995. 23 at 25;将其跟经典的"法"的程序相比较,参见 Bodde Morris, *Law in Imperial China* (1967) at 28; A. Chen, *Introduction to Legal System* (2004) at 16;关于亚洲刑法的严峻性,参见 Weggle, *Die Asiaten* (1989) at 124(特别是日本高比例的死刑判决);Gregg, "Law in China" (1995) at 72.

[150] J. A. Cohen, "The Plight of China's Criminal Defence Lawyers" (2003) HKLJ 231(甚至辩护律师自己也可能被逮捕);尽管司法官员的行为在"一定程度上"有所改变,参见 M. Chu, "Criminal Procedure Reform in the People's Republic of China" (2001) 18 UCLA Pacific Basin L. J. 157 at 206;关于1997年的改革,参见 H. Fu, "The Right to a Fair Trial in China: The New Crimianl Procedure law" in A. Byrnes (ed.), *The Right to Fair Trial in International Comparative Perspective* (Hong Kong Centre for Comparative and Public Law, University of Hong Kong, 1997) at 78 (无罪推定,禁止先判后审;尽管没有违反后的救济手段,无权排除通过不合法途径获得的证据,也未彻底取消警察简单处理和处罚的权力);H. Hu, "Criminal Procedure Law" in Wang Chenguang and Zhang Xianchu, *Introduction to Chinese Law* (1997), above, at 129 ff.; Lubman, *Bird in a Cage* (1999) 160 ff., notably at 168 (法院在刑事案件中的从属地位不可能通过简单的修改刑事程序得以改变).

[151] Tay, "Struggle for Law in China" (1987) at 577, 578; Szawloski, "Reflections" (1989), above, at 201; Weissberg and Kemayou, "Le Code pénal et la procédure pénale" (1995), above, at 23, 24; Ren, *Tradition of Law and Law of Tradition* (1997), ch. 5, at 87 ff.("中国法律中的反革命罪")。然而,1997年刑法修正案将"反革命行为"修改为"危害国家安全"。参见 State Council Information Office, "Progress in China's Human Right Cause in 1996", Beijing Review Apr. 21—27, 1997, at 11;Frankfurter Allgemeine Zeitung, Nov. 17, 2003 at 5.

[152] 参见本章"亚洲的腐败";关于司法腐败变得更加严重和普遍,参见 Peerenboom, *China's Long March* (2002) at 295—7 (试图通过对法官实行错案追究来纠正), 322; P. Potter, *Chinese Legal System* (2001) at 30 (关系对律师和法律官员的行为的影响日益明显;司法调查中常涉及请客吃饭和社会交际;拒绝执行非本地(尽管仍是中国的)司法判决);H. Hu, "China's Judiciary" (2003) above, at 211(律师在当事人和法官之间的交易中充当的角色);Huang, "China's WTO Commitment" (2004), above, at 105("贿赂");但是,关于积极意义上的"司法化"的缓慢进程(克服保护主义的、非法的或非正规的做法,以及伴随而来的受党的影响的减少),S. Balme, "the Judialisation of Politics and the Politicisation of the judiciary in China (1978—2005" (2005) 5 Global J. Frontiers, Article 1.

[153] 关于儒家思想可能导致腐败的内在倾向,见上文"亚洲的腐败";关于腐败作为中国经济发展中的一个因素,参见 Folsom et al., *Law and Politics* (1992) at 39.

权利和亚洲传统

明确的权利概念既不见于亚洲本土思想,也不见于亚洲的共产主义概念,据说它只是在19世纪时才从西方传播而来。[154] 在亚洲社会,义务当然存在,但重要的是,义务的概念是从债务人角度来定义的,而从来没有从债权人角度将其概念化为一种抽象的、主观性利益。因此,说那里存在义务因而必然也存在权利显然不符合事实;对植根于人际关系的义务的坚持,显然拒绝了权利概念的发展以及对法律关系的主观看法。儒家思想对待个性并不天真。它运用多种手段来同时克服和拉拢它。[155] 共产主义在对权利及其所代表的资本家社会的反对中成长。共产主义者也了解大多数关于权利的主张;但他们只是不能认同。在中国和亚洲所进行的关于西方人权的争论因此是根深蒂固而且多面的。如果你是一个主张西方人权的西方人,你将遇到很多反对,反对者既可能是孔门弟子,也可能是共产主义者,或者是二者微妙的结合。你也可能惊奇地发现你所主张的东西在那里竟然也有一些赞同。

由于儒家思想乃建立在性本善的思想之上,因此我们不能认为它跟人类生命的价值之间是相对立的。它的根本前提据说跟"人的内在尊严"和"个人的内在价值"的前提"有点接近"。[156] 在1948年,中国联合国代表跟印度代表一道,曾经主张说,在他们国家,尊重人的生命和个人人格同样被人们所接受。[157] 更近以来,一些汉学家们为中国传统跟人权之间所具有的根本相容性进行辩护[158]。然而,有些儒家学者近来也附和塔木德传统对权利学说的批评,否认权利能够实践它们的承诺。它们只会让我们失去人性

---

[154] Von Senger,"Chinese Culture and Human rights"(1993), above, at 303(权利(quanli)在古汉语中原意为权力和利益,在日语中变成"権利"(kenri))。

[155] 参见本章"礼、社会和谐和权利"。

[156] De Barry,"Neo-Confucianism and Human Rights"(1998) at 188.

[157] J. Rüsen,"Human Rights from the Perspective of a Universal History" in W. Schmale (ed.), *Human Rights and Cultural Diversity* (1993), above, 28 at 39;并参阅 Gangjian and Gang,"Relating Human Rights to Chinese Culture"(1995), above, at 36,37("在中国文化传统的支配之下,仍然为包含着对现代人权价值的坚定承诺的宪制政府留有足够的空间",需要鉴别"那些跟现代人权准则具有可比性的儒家经典思想的成分")。

[158] 关于法兰克福大学的 H. Roetz 的观点,参阅《新苏黎世报》(1996年1月17日,第13版)(儒家传统跟西方传统中的权利的基本价值不再遥远;儒家思想更注重道德人(moral person)而非主观权利);许多作者在 de Barry 和 Weiming 主编的 Confucianism and Human Rights (1998),同上,表达了类似的观点。然而,参阅 S. Angle, *Human Right and Chinese Thought* (Cambridge: Cambridge University Press, 2002) at 21(那些主张儒家思想中包含权利的概念的人对"儒家经文和权利概念的解释非常松散")。

化,损害我们界定正当行为的能力,并最终证明跟保护人格尊严的目标不相符合。[159] 共产主义思想对权利的批评只是侧重于权利的个人主义特征和主观定义。如果权利能够被视为集体性的(很多情况下它们可以被这样认为),那么发展权、民族自决权、和平权和种族平等权都将受到强有力的支持。[160] 如果它们被视为社会衍生的而非预先存在的,正如在《民法通则》中一样,即使是定义为个人的权利也是能够被接受的。[161] 据说,中国已经签署了跟美国一样多的人权公约,并积极地为自己的人权纪录辩护。针对西方提出人权问题的某些国家,其最终的反应可归结为这样一个问题:"你将接受多少千万中国人到你们国家来改善他们的人权呢?"凭这点已经让一些西方的吵吵嚷嚷平寂下来。[162]

东方化

对于各种"西方掠夺性帝国主义"和西方的"高度的个人主义",亚洲的代表如今宣称"亚洲可以说不"。而且,许多西方国家构成了所谓的 NDCs(the Newly Decaying Countries)——新腐朽国家。这是一种夸张的政治语言,并没有充分反映亚洲经济增长的许多特征,但由于其防卫性的本质特征,使得这种观点颇值得关注。但它本身并非帝国主义式的语言,甚至不是普世化的理论。这点和亚洲根本理念中的宽容应当有着某种关

---

[159] Ames,"Rite and rights"(1998) at 212, 213。关于那些依赖于犹太法传统的类似观点,参见第四章"犹太典范?"。

[160] Von Senger, *Chinesische Recht* (1994) at 156.

[161] 在保护"人格权"方面,中国对未经授权使用他人肖像的行为判令赔偿损失,这一点甚至走在西方国家之前,参见 R. Szawloski,"Reflection"(1989), above, n. 17;关于权利乃"有待于实现的目标",而非个人天生之特权,参见 Lubman,"Studying Contemporary Chinese Law"(1991), above, at 325;Von Senger, *Chinesische Recht* (1994) at 149.

[162] 关于东西方领导人在这个问题上的争论,参见 Von Senger, *Chinesische Recht*(1994)at 163(中国的人口和人权问题可以通过邀请3亿人去美国、2亿人到欧洲、另外5000万到加拿大、澳大利亚和西伯利亚得以解决);关于这个问题的一般争论,参见 J. Copper, F. Michael and Y.-L. Yu, *Human Rights in Post-Mao China*(Boulder, Colo.: Westview Press, 1985);R. Edwards, L. Henkin and A. J. Nathan(eds.), *Human Rights in Contemporary China*(New York: Columbia University Press, 1986);A. Kent, *Between Freedom and Subsistence: China and human Rights*(Hong Kong/Oxford/New York: Oxford University press, 1993), notably at 222 关于中国和中国政府内部的人权辩论;N. Rouland,"La doctrine juridique chinoise et les droits de l'homme"(1998) 10 Rev. univ. dr. de l'homme 1(关于中国政府当前的立场,中国权利学说的争论的概况,中国批准大约十五项人权公约(at n. 197));Davis, *Human Rights and Chinese values*(1995)notably at Pt. IV("当代实践");关于中国立场的最近表述,参见 State Council Information Office,"Progress in China's Human Rights Cause in 1996"(1997), above。关于在新加坡的人权讨论,参见 S. Tay,"Human Rights, Culture, and the Singapore Example"(1996) 41 McGill L. J.743.

系。佛教和道教对控制一方领土或国家并未表现出什么兴趣;它们没有动力去积累这些东西。孔子思想只是勉强接受社会建构和制约,而且也仅限于国内目的。它几乎不可能成为儒家扩张的主要手段。因此,中国一直就是一个相当自敛的政治社会,世界从未见过一种类似于西方的亚洲扩张形式。[163]

因此,"东方化"的含义必须以一种有别于"西方化"的方式来理解。[164] 它不包含强制(公开或私下的)或者甚至积极追求一种社会支配(尽管在市场上另外一回事)。现在,儒家思想和佛教二者在亚洲以及亚洲之外("波士顿儒家")都在经历着复兴[165],但是它们仍然保持过去的传统——作为人们解释、调和和教化的主要努力而存在,其中,对人或事的支配对它们来说要么是无趣的,要么就是虚幻的,或二者都是。因而,你被东方

---

[163] 参见 W. Schmale, "Human Rights from the Perspective of a Universal History" in Schmale (ed.), Human Rights and Cultural Diversity (1993), above, 3 at 13 (尽管个别亚洲国家曾经从事过军事扩张);D. Landes, *The Wealth and Poverty of nations* (London: Abacus, 1998) at 196(中国"只是拥有自己的东西而不需要去争抢别人的东西");关于中国长城作为缺乏领土野心的证明,参见 S. B. Jones, "Boundary Concepts in the Setting of Place and Time" in H. J. de Bilij (ed.), *Systematic Political Geography*, 2nd edn. (New York: John wiley, 1973) 162 at 164; though see N. Roulan, S. Pierré-Caps and J. Poumarède: *Droit des minorité et des peoples autochtones* (Paris: Presses Universitares de France, 1996) at 138,关于中国元朝时代侵入土耳其斯坦;F. Ferández-Armesto, *Millennium* (Londong. New York: Bantam, 1995) at 240—2; and Perdue, *China Marches West* (2005), above. 中国在公元 10 世纪失去对越南的统治。缅甸和泰国直到 19 世纪才有常备军,参见 T. Ling, *Buddhism, Imperialism and War* (London: Geoge Allen & Unwin, 1979) at 145;关于不存在儒家对现代化的组织性的抵制和"原教旨主义"信徒,参见 Bell and Chaibong, *Confucianism for Modern World* (2003), above, "引言", p. 1 at 2.

[164] 这个概念通常在管理圈中碰到,参见 R. Kaplinsky and A. Posthuma, *Esternization: The Spread of Japanese Management Techniques to Developing Countries* (Ilford/Portland, Ore.: F. Cass, 1994); T. Elger and C. Smith (eds.), *Global Japanization? The Transformation of the Labor Process* (New York: Routledge, 1994); J. Fallows, Looking at the Sun: The Rise of the New East Asia Economic and Political System (New York: Pantheon Books, 1994);关于非正式的亚国家社会集团(关系)在世界范围内日益重要,参见 J. M. Chéhenno, *Fin de la démocratie* (1995), above, notably at 105—21.

[165] W. Reed and R. Little, *The Confucian Renaissance* (Annandale, NSW: Federation Press, 1989); de Barry, *Trouble with Confucianism* (1991) at p. x; Tu Weiming, M. Hejtmanek, A. Wachman (eds.), *The Confucian World Observed: A Comtemporary Disscussion of Confucian Humanism in East Asia* (Honolulu: Program for Cultural Studies, the East-West Center, 1992); Tu Wieming, *Confucian tradition in East Asian Modernity* (1996), above; R. Neville, *Boston Confucianism: Portable Tradition in the Late-Modern World* (Albany: State University of New York Press, 2000), notably at 2(美国的实用主义为儒家思想的现代相关性的表达提供了哲学语言),48("关联思维,亦即相联概念")and 206(如在波士顿儒家中的多重身份);G. Wang, "The New neo-Confucianism and International Economic Law" (2000) 1 J. World Inv. 137;关于佛教在美国的影响上升,参见 Unno, "Personal Rights and Contemporary Buddhism" (1988), above, at 146(更多关注社会问题,譬如妇女的角色、贫穷和饥饿,对和平的向往,以及对动物的尊重)。

化既非因为被外力所强制,亦非因为那些阴险的、持续进行的同化所导致。然而,当你在思考它的时候,你可能就不知不觉地被东方化了。

参考书目

Alford, W., "Of Arsenic and Old Lace: Looking Anew at Criminal Justice in Late Imperial China" (1984) 72 California Law Review 1180.

Ames, R., "Rites and Rights: The Confucian Alternative" in Rouner, L. (ed.), *Human Rights and the World's Religions* (Notre Dame: University of Notre Dame Press, 1988) 199.

ASEAN Law Association, *ASEAN Legal Systems* (Singapore/Malaysia/Hong Kong: Butterworths Asia, 1995).

Bauer, J. R. and Bell, D. A., *The East Asian Challenge for Human Rights* (Cambridge: Cambridge University Press, 1999).

Bodde, D. and Morris, C., *Law in Imperial Chinn: Exemplified by 190 Ch'ing Dynasty Cases* (Cambridge, Mass.: Harvard University Press, 1967).

Bunger, K. "Entstehen and Wandel des Rechts in China" in Fikentscher, W., Franke, H. and Kohler, O. (eds.), *Entstehung and Woridel rechtlicher Traditionen* (Freiburg/Munich: Verlag Karl Alber, 1980) 439.

Chen, A. H., An *Introduction to the Legal System of the People's Republic of China* (Hong Kong: LexisNexis, 2004).

Chen, J., *Chinese Law: Towards an Understanding of Chinese Law, Its Nature and Development* (The Hague: Kluwer Law International, 1999)

Chen, P. W., Law *and Justice: The Legal System in China: 2400 BC to 1960 AD* (New York: Dunellen, 1973).

Chiba, M., *Asian Indigenous Law in Interaction with Received Law* (London/New York: KPI, 1986).

Ch'u, T., Law *and Society in Traditional China* (Paris/La Have: Mouton & Co., 1965).

Cohen, J., Edwards, R. and Chen, F. (eds.), *Essays on China's Legal Tradition* (Princeton: Princeton University Press, 1980).

Confucius, *The Analects of Confucius*, trans. Ley's, S. (London: W. W. Norton, 1997).

Creel, H. G., *What is Taoism?* (Chicago: University of Chicago Press, 1970).

David, R. and Brierley, J. E. C., *Major Legal Systems in the World Today*, 3rd edn. (London: Stevens, 1985), Pt. 4, Title III ("Laws of the Far East").

David-Neel, A., *Buddhism: its doctrines and its methods*, trans. Hardy, H. and Miall, B. (London/

Sydney/Toronto: The Bodley Head, 1977).

Davis, M. C., "Anglo-American Constitutionalism with Chinese Characteristics" (1988) 36 American Journal of Comparative Law 761.

—— (ed.), *Human Rights and Chinese Values: Legal, Philosophical, and Political Perspectives* (Hong Kong/Oxford/New York: Oxford University Press, 1995).

de Bary, W., *The Liberal Tradition in China* (Hong Kong: Chinese University Press, 1983).

—— Neo-Confucianism and Human Rights' in Rouner, L. (ed.), *Human Rights and the World's Religions* (Notre Dame: University of Notre Dame Press, 1988) 183.

—— *The Trouble with Confucianism* (Cambridge, Mass./London: Harvard University Press, 1991).

—— Chan, W. and Watson, B. (eds.), *Sources of Chinese Tradition* (New York: Columbia University Press, 1960).

Ding, W., *Understanding Confucius* (Beijing: Chinese Literature Press, 1997).

Droit chinois (1996) 37 (No. 3) Cahiers de Droit 595—906.

Edwards, R., Henkin, L. and Nathan, A. (eds.), *Human Rights in Contemporary China* (New York: Columbia University Press, 1986).

Epstein, E. J., "The Evolution of China's General Principles of Civil Law" (1986) 34 American Journal of Comparative Law 705.

—— "Codification of Civil Law in the People's Republic of China: Form and Substance in the Reception of Concepts and Elements of Western Law" (1998) 32 University of British Columbia Law Review 153.

Escara, J., *Le droit chinois: conception et évolution. Institutions législatives et judiciaires. Science et enseignement.* (Beijing/Paris: Henri Veitch/Sirey, 1936).

Etiemble, *Confucius* (Paris: Gallimard, 1966).

Folsom, R., Minan, J. and Otto L., *Low and Politics in the People's Republic of China* (St. Paul, Mich.: West Publishing, 1992).

Fujikura, K., *Japanese Law and Legal Theory* (Aldershot/Singapore/Sydney: Dartmouth, 1996).

Gambaro, A. and Sacco, R., *Sistemi giuridici comparati*, 2nd edn. (Turin: UTET, 2002), ch. XIII ("Il diritto nell'estremo Oriente").

Goldman, M., "Human Rights in the People's Republic of China" (1983) 12 Daedalus 43.

Goossen, R. J., "An Introduction to Chinese Law: Does it Exist? What is it? How is it Interpreted?" (1989) 27 Osgoode Hall Law Journal 93.

Granet, M., *La pensee chinoise* (Paris: A. Michel, 1968).

Gray, W. and Zeng, H., trans., "General Principles of Civil Law in the People's Republic of China" (1986) 34 American Journal of Comparative Law 715.

Gregg, B., "Law in China: The Tug of Tradition, the Push of Capitalism" (1995) 21 Review of Central and East European Law 65.

Haley, J. O., *The Spirit of Japanese Law* (Athens, Ga.: University of Georgia Press, 1998). Hooker, M., *Legal Pluralism: Art to Colonial and Neo-Colonial* Law (Oxford/New York: Clarendon/Oxford University Press, 1975).

——A *Concise Legal History of South-East Asia* (Oxford/New York: Clarendon/Oxford University Press, 1978)

——(ed.), *Laws of South East Asia*, 2 vols. (Singapore: Butterworths, 1986 & 1988).

Journal of Chinese Law (New York: Columbia University School of Law & Parker School of Foreign and Comparative Law, vol. 1, 1987 onwards).

Keller, P., "Sources of Order in Chinese Law" (1994) 42 American Journal of Comparative Law 711.

Kent, A., *Between Freedom and Subsistence: China and Human Rights* (Hong Kong/Oxford/New York: Oxford University Press, 1993).

Kim, H. L, *Fundamental Legal Concepts of China and the West: A Comparative Study* (London: Kennikat Press, 1981).

Li, V. H., *Law Without Lawyers: A Comparative View of Law in China and the United States* (Boulder, Colo.: Westview Press, 1978).

Li, X., "L'esprit du droit chinois: perspectives comparatives" Revue internationals de droit comparé 1997. 1.

Liu, Y., *Origins of Chinese Law: Penal and Administrative Law in its Early Development* (Hong Kong/Oxford/New York: Oxford University Press, 1998).

Lubman, S. (ed.), *China's Legal Reforms* (New York: Oxford University Press, 1996).

——*Bird in a Cage: Legal Reform in China after Mao* (Stanford: Stanford University Press, 1999).

McAleavy, H., "Chinese Law" in J. Derrett, *An Introduction to Legal Systems* (London: Sweet & Maxwell, 1968) 105.

MacCormack, G., *The Spirit of Traditional Chinese Law* (Athens, Ga./London: University of Georgia Press, 1996).

Noda, Y., "The Far Eastern Conception of Law" in International Association of Legal Science (Zweigert, K. and Drobnig, U., eds.), *International Encyclopedia of Comparative Law*, vol. II, ch. 1 (Tubingen/The Hague/Paris: J. C. B., Mohr (Paul Siebeck)/Mouton, 1975) 120.

——*Introduction to Japanese Law*, trans. Angelo, A. (Tokyo: University of Tokyo Press, 1976).

Peerenboom, R., *China's Long Mardi Toward Rule of Law* (Cambridge: Cambridge University Press, 2002).

Piquet, H., *La Chine au carrefour des traditions juridiques* (Brussels: Bruylant, 2005).

Potter, P., *The Chinese Legal System: Globalization and local legal culture* (London/New York: Routledge, 2001).

Rahn, G., *Rechtsdenken and Rechtsauffasung in Japan* (Munich: C. H. Beck, 1990).

Ren, X., *Tradition of the Law and Law of the Tradition: Law, State and Social Control in China* (Westport, Conn./London: Greenwood Press, 1997).

Rosett, A., Cheng, L. and Woo, M., *East Asian Law-Universal Norms and Local Cultures* (London: RoutledgeCurzon, 2003).

Schram, S., *The Scope of State Power in China* (London/Hong Kong: European Science Foundation/School of Oriental and African Studies/Chinese University Press/St Martin's Press, 1985).

Schwartz, B., *The World of Thought in Ancient China* (Cambridge, Mass./London: Harvard University Press, 1985) notably chs. 3 ("Confucius"), 6 ("Taoism") and 8 ("Legalism").

Tan, Poh-Ling, *Asian Legal Systems: Law, Society and Pluralism in East Asia* (Butterworths: Sydney, 1997).

Tanaka, H., "The Role of Law in Japanese Society: Comparisons with the West" (1985) 19 University of British Columbia Law Review 375, and repr. in Fujikura, above.

Tay, A. E. S., "Law, Legal Theory and Legal Education in the People's Republic of China" (1986) 7 New York Law School of International and Comparative Law 1.

——"The Struggle for Law in China" (1987) 21 University of British Columbia Law Review 561

Turner, K., Feinerman, J. and Guy, R. K. (eds.), *The Limits of the Rule of Law in China* (Seattle: University of Washington Press, 2000).

Vandermeersch, L., *La formation du Légisme: recherche sur la constitution d'une philosophic politique caractéristique de la Chine ancienne* (Paris: Ecole francaise d'Extreme-Orient, 1965).

van der Sprenkel, S., *Legal Institutions in Manchu China* (London: Athlone Press, 1977).

von Mehren, A. (ed.), *Law in Japan: the Legal Order in a Changing Society* (Cambridge, Mass.: Harvard University Press, 1963).

von Senger, H., *Einführung in das chinesische Recht* (Munich: C. H. Beck, 1994).

Watts, A., *The Philosophies of Asia* (Boston/Rutland, Vt./Tokyo: Charles E. Tuttle Co., 1995).

Weggel, O., *Die Asiaten* (C. H. Beck, Munich, 1989).

Zheng. H., "China's New Civil Law" (1986) 34 American Journal of Comparative Law 669.

Zweigert, K. and Kötz, H., *Introduction to Comparative Law*, 3rd edn., trans. Weir, T. (Oxford: Clarendon Press, 1998), chs. 20, 21 ("Law in the Far East").

参考网页

http://ls.wustl.edu/Chinalaw (Internet Chinese legal research centre, links)

第九章 亚洲法律传统:革新(借楣于马克思?)

http://sun.sino.uni-heidelberg.de/igcs (Internet guide for china studies, law)
http://www.anu.edu.au/asianstudies/publications/confbib.html (confucianism biblio, links)
http://www.chinaknowledge.de/indcx.html (confucian, legist, daoist, buddhist literature)
http://www.lawmoose.com/internetlawlib/57.htm (laws of China)
http://www.law.unimelb.edu.au/alc (Asian Asian law on line)
http://www.religiousworlds.com/asian.html (buddhist, confucian, jain, shinto, taoist traditions)
http://www.sacred-texts.com/bud/index.htm (southern, northern buddhism, buddhism in translation)
http://www.sacred-texts.com/cfu/index.htm (Analects of Confucius, Mencius)

第十章
调和法律传统：法律的可持续多样性

世界法律传统蕴涵着大量的关于人的行为的信息。然而，它们也蕴涵着大量的关于传统自身以及每一传统跟其他传统之间关系的理论，或者至少是二阶信息。因而，从头打造一个关于传统的理论可能是一件很困难的事情，但是它也让你能够从传统本身学到很多关于传统的理论。这既包括那些从西方发展起来的、（非常）理论化的传统学说，但也包括那些关于传统如何跟外面世界相处的实际教谕。因此，我们可能像鲍卜教授一样，最终只是研究"走向"传统的理论[1]，但这正是传统将拥有这样的理论的途径。由于太多的多样性，以致以任何单一的回答或理论作为结论都是不可能的。尽管如此，我们仍应当继续观察那些推动着对多样传统进行思考的共同之处。

传统的多样性

在研究（只是前述）七种世界法律传统的过程中，要回避其他已知法律传统的存在是不可能的。有些人可能说其他的法律传统都是些次要的传统，它们只是对那些我们已经研究过的传统起补充或反对作用。这种论述可能是，也可能不是准确的，因为在法律或其他领域，并不存在已经确立的区分主要和次要的传统的标准。如果那些我们已经研究过的传统（原生、犹太教、大陆法、伊斯兰法、普通法、印度教和亚洲的）当前看起来像是世界的主要传统，这可能只是我们根据第一印象所作的结论，实际上，世界上还存在着其他的法律传统——关于思想、表达和起源的——它们可能更加深邃，等待着我们去调查并认可它们的头等重要性。因此，对任何法律传统的认可都涉及选择——对传统的界定因素的选择，在评估它的重要性和被遵循的程度过程中的选择，在确定它的起源（或衰

---

[1] 参见第一章"传统之理论？"

弱与消失)过程中的选择。通过这种方式将传统区隔意味着试图将它跟其他的传统分离开来,一旦界定完成之后,所有那些被隔在外面的传统便可以自由地将自己重新定位为支持性的、补充性的或反对性的传统。因此,当我们为了使其清晰和方便认识而寻求建立这种区隔的时候,这种区隔马上就可能受到那些跟我们所选择的区隔不一致的信息的挑战。这个过程并非像它开始所表现出来的那样是随机性的或任意的。这其中确实表现出很多的共同点。这些共同点首先跟法律传统繁衍的方式有关联。它们似乎既出现在已建成的那些传统的背景内部,也通过一种横向的或泛传统的方式表现出来,不管出现在什么传统之中,它们都以一种可识别的方式能够被人们所认识。

内部传统

一些非常古老的、长期受到认可的传统存在于其他的(主要)传统之内。特别是那数不清的原生法律传统,它们之间的区别就像不同的跟世界和谐共生的方式那样。它们有自己的名称,这些名称同时也是原生民族的名称,譬如易洛魁、阿芝特克或马塞。犹太教法除其他传统之外有塞法迪和阿什肯纳兹传统,以及正统的、保守的和改革的犹太人传统。大陆法有市民法、万民法、巴图鲁斯(Bartolus)、居雅士、修辞学、建设性理性、异议、民族—国家等传统,每一种传统都丰富了大陆法的表达形式。伊斯兰法有自己的不同的伊斯兰——逊尼和什叶——以及自己的学派——哈乃斐、马立克、沙斐仪和罕百里,它还有一些地区性类型,包容着——甚至吸纳——当地的非正式传统。普通法有自己的"习惯"、令状、新吸纳进来的衡平法、司法克制(或积极主义,如果你更愿意这样说的话)传统,现在正以不同的国家形式延伸到许多不同的社会当中。印度法也有自己的萨达切拉和学派——米塔克沙拉和达雅巴戛(Dayabhaga),它们至今仍然继续统治并施行于那些有着自己的特殊生活方式的人。亚洲有礼和法,二者都不鼓励在实施上的统一;它们似乎还在一定程度上跟佛教和道教对法律秩序的态度相容。

这些都是我们已经探讨过的那些传统的内部传统,在有些情况下它们支持,而在另一些情况下则反对那些更大的或主要的传统中的主导性或首要形式。它们属于传统内部的一些对话或争论的方式,由于存在如此之久以致通过其名称——以缩写形式指示许多包含在更大的传统中的论点(比如作为格言的衡平)——就可将它们认出来。即使它们和更大的传统相互抵触,在多数情况下,它们也已经成为后者不可或缺的一部分,并在认为必要的时候为主要传统提供某种修正或变通。在法律领域,除了那些历史上公认的传统之外,这样的内部传统还有很多。另外还有一些更少被人们所认可的传统:不管你来自哪种传统,你都会知道有这样一些其他类型的原则和制度,它们长期以来获得许多人的遵从，并为一些或众多的人提供颇有价值的服务。这些都是传统的类型，即被长期遵从的信息，我们绝不能将传统的概念局限于那些既已确立的那些传统形式。传统不存在唯一的等级和正典（canons），只有多样的等级和正典，以及对这些等级和正典的抵制。

毫无疑问的是，还有一些"新兴的传统"（young traditions），它们就像传统世界中的小鹅，尽管它们可能（已经）诞生，但却缺乏能让我们检验其持久力的累积的"过去"。这些初期的内部传统通常跟亚里士多德式的逻辑一起，似乎更多地出现在那些强调努力、原创性或独立判断（ijtihad）的传统之中。因此，我们看到什叶派目前正致力于建立关于伊斯兰国家的学说，或伊斯兰银行业的现代法律结构。大陆法世界有"自由的科学探究"（libre recherche scientifique）[2]、"自由法"（Freirecht）[3]、"利益分析"（Interessenjurisprudenz）[4]和"选择性的"法律思考与评论形式[5]。在充满活力的普通法/民法世界——美利坚合众国，那里涌现出许许多多的法律运动，这既可能是智慧强势的迹象，也可能是智慧积弱的征兆。[6] 有一种运动根据法的实证和实用特征来分析法律（法律经济学）[7]；有一种运动将法律置于女性的思维当中（女性主义法律

---

[2] 参见 E Geny, *Méthode d'interprétation et sources en droit privé positif: essai critique*, 2nd edn. (Paris: LCD J, 1919).

[3] 参见 E. Bodenheimer, *Jurisprudence: the Philosophy and Method of the Law*, rev. edn. (Cambridge, Mass./London: Harv. University Press, 1974) at 115, with references; J. Herget and S. Wallace, "The Free Law Movement as the Source of American Legal Realism" (1987) 73 Va. L. Rev. 399.

[4] 参见 M. Schoch (trans. and ed.), *The Jurisprudence of Interests* (Cambridge, Mass.: Harv. University Press, 1948). 不同形式的利益分析在美国也非常有影响。

[5] R. Wassermann (ed.), *Reihe Alternativkommentar zum Bürgerlichen Gesetzbuch*, mult. vols. (Neuwied: Verlag Luchterhand, 1980—90).

[6] 关于对后面提到以及更多（文学和心理分析）的法律运动的概要，参见 T. Murphy (ed.), *Western Jurisprudence* (Dublin: Round Hall, 2004), chs. 13—19.

[7] 参见 R. Posner, *Economic Analysis of Law*, 6th edn. (New York: Aspen, 2002); D. Friedman, *Law's Order: What Economics Has to do with Law and Why it Matters* (Princeton/Oxford: Princeton University Press, 2000); 许多法律经济学分析源于科斯所提出的一个基本命题，参见 R. Coase, "The Problem of Social Cost" (1960) 3 J. Law & Econs. 1, 他认为，任何财产权利的首次分配都不会影响最终的使用，它原则上（交易成本除外）将流向能够使其体现出最大价值的人那里。然后效率将根据价值支配权利的分配。关于这个观点向比较法的延伸以及评价国家性的解决方案的过程，同时也认识到"传统或文化因素可以解释为现实世界的交易成本，阻挡着效率的发展"，参见 U. Mattei, *Comparative Law and Economics* (Ann Arbor: University of Michigan Press, 1997) notably at 121. 然而，关于批评经济分析不承认之前的法律秩序在作出可预测的分配过程中的重要性，参见 C. Goodhart, "Economics and Law: Too Much One-Way Traffic" (1997) 60 MLR 1; 关于欧洲大陆对法律经济学的共鸣，参见 A. Stray Ryssdal, *Legal Realism and Economics as Behaviour: A Scandinavian Look at Economic Analysis of Law* (Oslo: Jur. Forlag, 1995); H.-B. Schafer and C. Ott, *Lehrbuch der okonomischen Analyse des Zivilrechts*, 3rd edn. (Berlin/Heidelberg: Springer, 2000); A. Ogus & M. Faure, *Economie du droit: le casfrancais* (Paris: Editions Pantheon-Assas, 2002)（探讨为什么法律经济学运动在欧洲不像是在美国那样具有影响力）.

理论)[8];有一种运动扯下法律手段的任性和不确定性的面纱(批判法学)[9];有一种运动在发掘法律的经验基础(法社会学)[10];还有一种运动通常将法律放在后现代社会中进行思考(后现代主义法学)[11]。这些法律内部的传统属于法律传统吗,或者,它们是否代表一些最终跟法律对立的东西,至少(在传统上)人们是这样认为的? 我们可能最终会知道答案。不管如何,它们现在都存在于西方法律内部,不管是普通法传统还是大陆法传统对它们都(在不同程度上)有所反思。

横向传统

另外还有些可识别的传统,它们并非为任何特定的、更大的传统所特有,或内在于这些传统之中,而是横跨众多的、更大的传统。决疑论就是这样一种传统,它明确地、深深地植根于罗马法、犹太教法、伊斯兰法和普通法当中(或许还有印度教法,尽管它以诗歌的风格写成)。原生法律或者亚洲的礼都不反对决疑思维,尽管二者也不会效仿它的做法。类比推理(或阿拉伯语 qiyas)在那些寻求巧妙地限制法官的创造性的传统中(比如在犹太教法、伊斯兰和普通法中)也是根本性的和明确的。跨代衡平的观念在原生法律、印度法和亚洲法中非常常见,而同代衡平(contemporaneous equity)的观念也明确存在于大陆法、普通法、犹太教法("在法律范围内行事")和伊斯兰法之中。法律中还有一种建构理性(或 ijtihad)传统,它在西方法律(大陆法和普通法)中最为显著,而在伊斯兰法中则成为激情洋溢的辩论和怀疑对象。原教旨主义是一种横向传统,它往往打着特定的神、特定的经文和特定的原则(譬如权利)的旗号。另外一些传统则属于某些职业角色

---

[8] 参见 F. Olsen, *Feminist Legal Theory* (Aldershot/Singapore: Dartmouth, 1995); D. Kelly Weisberg, *Feminist Legal Theory: Foundations* (Philadelphia: Temple University Press, 1993)。很多(当然不是全部)女权主义法律理论源于被称为女性主义的认识论立场,这种立场主张根据背景环境的、本地的、依据具体事实的分析,表现出对含糊、矛盾心理和多元的声音的高度的宽容,并质疑排他性的追求"明线规则"("bright-line rules")(在它们相应的生活情形中是不足的)。这些观点多数都是由姬莉根提出,参见 C. Gilligan, *In a Different Voice: Psychological Theory and Women's Development*, 2nd edn. (Cambridge, Mass.: Harvard University Press, 1993),并跟世界上的很多法律传统有着诸多的共同之处。

[9] R. Bauman, *Critical Legal Studies: a Guide to the Literature* (Oxford: Westview Press, 1996); R. Unger, "Critical Legal Studies" (1983) 96 Harv. L. Rev. 561.

[10] 参见 Law and Society Rev.。

[11] 参见 G. Minda, *Postmodern Legal Movements: Law and Jurisprudence at Century's End* (New York: New York University Press, 1995); C. Douzinas and R. Warrington, *Postmodern Jurisprudence: The Law of Text in the Texts of Law* (London/New York: Routledge, 1991),关于现代性和后现代性的传统根源,参阅其第一章导言部分。

的传统——譬如裁判者(decisor, iudex, judge, qadi)的传统,或没那么常见的法律顾问(advocate, barrister, attorney or simple advisor)的传统。[12] 还有些传统,不管你如何定义它们,譬如种族主义、犯罪和未加思考而自然而然形成的对他人的敌意,尽管缺乏论据的支持,但却事实上存在着。

另外还有两种大的、重要的横向传统。其中之一便是普世主义或普世化传统。它既可能采取特别激进的原教旨主义形式;也可能更为巧妙和隐晦。但在所有情形之中,它都呈现出不能免于巩固和传播它的特定教谕的压力的特点,因为这些教谕本身就是以普世化的语言或能够以普世化的语言来阐述。和平、神、权利、理解、形而上等都能够作普世性的阐述,当然也可能只能够作普世性的阐述。或许没有哪种主要法律传统(即使是印度法)不具普世化的倾向。另外一种大的、重要的横向传统就是我们在整个讨论中都反复提到过的宽容的传统。这里有个用语的问题,我们将在稍后谈到,但是很明显,对其他传统宽容的传统跟普世主义传统之间关系可能持续性紧张,它们除了跨所有传统而存在之外,二者也都在具体的传统内部不同程度地存在。若那些主要的传统将共存于这个世界,自身从总的来说不会致力于暴力、帝国主义和压迫,那么,我们有必要稍微更近距离地研究不同传统教谕中的普世化以及西方所谓的宽容。

传统的调和

在普世化是否必须的问题上,传统之间态度似乎各不相同。有些传统对自身的扩张比另一些传统表现得更为狂热。这点可能源于传统本身的教谕,或其追随者或部分追随者认为属于传统的明确的教谕。传统的规范性必然位于传统的普世化倾向的核心。如果传统不提供任何规范性的话,那么它也就不会对普世性有所诉求。不约束任何人的传统很少能够产生一种约束每一个人的诉求。因此,传统的规范性本质是它潜在的普世性的根本特征。然而,某种传统是否是普世性的实际上是它如何协调其规范性和对其他传统的宽容的问题。这个问题又产生了关于传统的复杂性的问题,亦即传统如何处理跟其他传统的关系。在这方面,传统似乎呈现出许多的共同点。

---

[12] 参见 H. P. Glenn, "Professional Structures and Professional Ethics" (1990) 35 McGill L. J. 424。在职业传统领域,它们当然还有亚传统:指导怎么做的角色伦理(ethics of role)("上帝喜爱副词")(意指上帝更关心心灵而非具体的结果)和指导做什么的情境伦理(ethics of situation);国家性和地区性的亚传统(北美和欧洲职业模式的对比,尽管这种对比现在呈下降趋势)。

传统的规范性

西方传统理论认为所有的传统都是规范性的,也就是说,它为应当如何行为提供了一种源于过去的模式。所有传统中的法律传统都不应当偏离这种一般现象,因为法律可能是人类文明成果中最具规范性的。但是,法律传统之间在它们所宣称的规范人类行为的范围方面却存在着明显的差别。原生法律似乎不作太多的规范,但在禁止所有跟循环宇宙不相容的行为方面,它的规范性却是毋庸置疑的。犹太教法和伊斯兰法调整人们的大部分生活;它们的规范性是全方位的。大陆法和普通法是关于自由的法律;二者都是社会规范的选择性、替补性的形式,并允许通过某种形式来逃离僵化的原生模式。在现代形式下,它们二者都在一定程度上否认自己过去的规范性(而将其重构为一种事实),二者都将注意力指向形式更为有限的现行法律。然而,智识自由、权利和公共机构的诚信是二者内在的、高度的规范性特征,不过,自由和权利的概念也可能导致当前的社会分裂。印度教法允许有很多的选择,不管是个人的还是在众多非正式传统上的,但没有哪个印度教徒能够逃避某种形式的、被认可为印度教的法律。亚洲的传统相当排斥正式法律,但它这样做是为了支持另一种形式的规范性,一种深深地、非正式地植根于过去的规范性。

因而,尽管有一些令人迷惑的信号,规范性乃是这些法律传统的永恒特征。即使在西方传统中,自由最受到珍视,但它也经常受到限制,而当它没有受到限制时,它仍然承受着它自身的规范性——保持自由和行使权利的义务。相对主义(relativism)的犹豫不决是外在于这些传统的一个问题;它们只是不承认这点。然而,只有在不同传统相遇时,相对主义才成为一个问题。它当然能够通过普世主义来避免——在任何情形下都坚持自己的传统。但如果以某种宽容之名拒绝普世主义,又如何能够避免相对主义的犹豫不决呢?在传统中,这个问题又是如何解决的呢?

传统的复杂性

我们前面所研究的法律传统都包含着亚传统,或者是纯粹的内部传统,或者是纯粹的横向传统。这似乎是对传统多样性的另一种观察;它们(就像俄罗斯套套娃那样)一个个嵌套在一起,以致最大的那个甚至可以说是由一系列支持性的、补充性的、甚至是反对性的亚传统构成。那些最大的、主要的传统之所以是大的和主要的传统,正是基于它们的这种复杂性。它们借助某个重要原则或本质的名义,成功地将一些可识别的其他传统招致麾下,并提供着某种形式的至关重要的内聚力。西方的著作中已经确认这种传统复杂性的概念。[13] 对复杂的法律传统的研究或许能够进一步增加对它的理解。

主要法律传统是如何的复杂,它们又是如何解释自己的复杂性的？它们的复杂性表现在吸纳许多互不一致、甚至跟主要传统的主导形式也不一致的内部传统和横向传统。由于它们在处理多样性、矛盾以及通常被称为变革的种种要求等方面的能力,复杂传统因此而达到复杂的程度,并成为主要的传统。它们在认识论上是非常的复杂。因此,在理论上把传统认可为一种变化的因素[14]乃是对主要传统的根本复杂性的认可,这些传统经常调和那些稳定的亚传统和革新的亚传统,或基于其他原因而相互攻击的亚传统之间的关系。

此外,主要法律传统的复杂性是它们自己教谕的一个根本组成部分,是它们对自己的理解。原生传统允许在内部有极大的多样性,它认可所有的原生方式,甚至包括对这些方式的变革,而条件则是持续地尊敬这个自然界。[15] 犹太教法包括一项"这些和这些"原则,尽管"这些"和"这些"相互抵触,但它们都代表着上帝的旨意[16],在当前通常像抗辩一般的塔木德辩论中,完美刽作者的更大论述被不断地确认。大陆法总是包含着多种相互矛盾的版本——从罗马时代的市民法和万民法到后来地方的、原生的方式跟共

---

[13] U. Armstrong, "The Nature of Tradition" in D. Armstrong, *The Nature of Mind* (Ithaca, N. Y.: Cornell University Press, 1981) 89 at 102（复杂的传统,比如西方学术传统,或英国小说传统,"是简单传统的某种形式的融汇集合……这种构成复杂传统的那整套简单传统有着某种统一性……在复杂传统历史中的任何时候,所涉及的大量简单传统都是安全的,尽管其他的一些处于被修改、抛弃或创制的过程中。通过这种方式,复杂传统能够很好地满足社会持续性和变革的要求"）; M. Krygier, "Law as Tradition" (1986) 5 Law & Philos. 237 at 254（"任何复杂传统,譬如法律,本身都有可能由不同种类的传统构成"）; D. Pearce, *Roads to Commensurability* (Dordrecht: D. Reidel, 1987) at 10（"指导性原则是把某研究传统体现为一种相互关联的理论的结构性体系"）。关于现代（西方）复杂理论,参见 M. Gell-Mann, *The Quark and the jaguar: Adventures in the Simple and the Complex* (New York: W. H. Freeman, 1994); P. Coveney and R. Highfield, *Frontiers of Complexity: the Search for Order in a Chaotic World* (New York: Fawcett Columbine, 1995); J. Morgan, "From Complexity to Perplexity" Scientif. Am., June 1995 at 104（关于对复杂系统的"统一理论"的挑战;关于自然科学的不连续领域的复杂性的竞争性观点）,参见 N. Rescher, *Complexity: A Philosophical Overview* (New Brunswick, U. S. A./London: Transaction, 1998), notably at 28, 72（无限世界的复杂性,"社会领域"也具有"不稳定性"的特征;关于为"复杂模因"（或信息体）建立现代避风港的需要,参见 D. C. Dennett, *Darwin's Dangerous Idea: Evolution and the Meanings of Life* (New York: Simon & Schuster, 1995) at 519。

[14] 参见第一章:"过去在变化中的呈现"。

[15] 参见第三章"法和宇宙"。

[16] 参见第四章"学派、传统和运动"。

同法之间的紧张关系,从国家立法的突然繁荣到欧盟出现所带来的内部"模糊"关系。[17] 伊斯兰法有自己的伊赫提拉弗,亦即关于差异的理论(树和枝、河与大海、线和衣服)和完整的圣训,即"观点的分歧……是真主仁慈的表现"。[18] 普通法提倡地方多样性,在形成当前的、跨大洋的多样性之前,它允许陪审团自由使用自己的手段,然后,作为一种"有索引的无序"(chaos with index),包容、甚至融合教会法庭、海事法庭和衡平法院以及案例法[19]。印度教法赋予地方法以崇高的地位,因为婆罗门融合所有的事物,它绝不分裂,绝不隔离,在本质上坚持不二论(advita),使印度教成为"所有信仰的联邦",成为世界根本统一的一个证例。[20] 亚洲的规范性里有佛教的"中道";有儒家思想中的无限、相关的等级;还有大规模的智识融贯的努力——它融汇着个人和群体、关系和自治以及自我价值和共同努力。[21]

由于它们得到证实的能够把互不一致的亚传统凝聚在一起的超凡能力,所有这些复杂的、主要的传统因此而获得了其复杂性。它们都包含着某种特定的思维方式,这种方式在某些传统中表现比较明显,而在别的传统中则更为隐晦。这是一种被称为多元价值(multivalent,以下简称"多价")的思维方式[22],它跟二元价值(bivalent,以下简称"二价")相对立,因为亚传统既无所谓对,也无所谓错,而只是在众多的(不一致的)、不同的角度上是对的。因此,这些传统的价值是多方面的。多价逻辑在传统上跟印度和其他亚洲思想联系在一起,二价思维则跟西方思想相联系,然而,所有的主要法律传统,不管是亚洲的、西方的还是其他的,似乎都建立在多价思维之上。那么,多价思维的特征是什么呢?它又是如何区别于二价思维呢?

---

[17] 参见第五章"欧洲的身份";并参见 W. M. Gordon, "The Civil Law in Scotland" (2001) 5 Edirnb L. Rev. 130 at 137("这一切的结果就是,大陆法并不自我展现为一种简单的、稳定的传统,而是一种包含对于条文有着不同途径的综合体")。

[18] 参见第六章"学派和教派"。

[19] 参见第七章"普通法和民族—国家"和"比较之实践",并参阅 *Invercargill City Council v. Hamlin* [1996] 2 WLR. 367 (J. C. P. C.) at 378("在这个法律部门中可能不止一种观点:没有唯一正确的答案"),摘自 Lord Lloyd of Berwick。

[20] 参见第八章"时间和婆罗门"和"萨达切拉和学派"。

[21] 参见第九章"限制宗教"、"儒家化"和"礼、社会和谐和法律"。

[22] 源于拉丁语"valentia",意思是活力或能力,因此更一般的意思是权力、重要性会价值。

二价和多价

二价思想包含这样一种观点,即你不能够吃掉你的蛋糕同时还能够拥有它。[23] 多数人说这个观点是亚里士多德的(尽管在亚里士多德之前,其他的人肯定也知道这个观点,如果他们不同意该观点的话),并含有一种形式逻辑的方法:排中律。两项相互矛盾的事物之间没有中间项(没有佛教的中道)。用正式语言来说,它总是"[A]或[非A]"。"[A]和[非A]"意味着主张矛盾。[24] 它企图主张吃掉你的蛋糕还能同时拥有它。因此,二价思维预示着不同的、独立的概念之间有着清楚的界限,当界限一旦建立,需要防止对界限的模糊和混淆。它非常地合乎逻辑,就像西方人早已训练得颇具逻辑性一样。但是,多数的东亚和南亚思想从未对这种认为世界可分成不同的、独立的、经常矛盾的成分的思想留下深刻印象。这种思想所挑战的不是关于矛盾的思想,而是对讨论中的任何事物划分界限或区分成不同部分的过程。它认为区分是人为的("不够复杂的"),忽略了现实世界的复杂,在现实世界中,任何事情都只是一个度的问题,而非决然的界限。

希腊的哲学家知道这里有问题,他们把它当做悖论(那些你所做却讲不出理由的重要事情)来处理。其中一个悖论的例子是关于一堆沙子的。如果你每一次从这堆沙子中抽走一颗沙子,在什么时候你不再有一堆沙子呢?用一个(稍微)更新近一点的例子来说,在哪一具体时刻伦勃朗*变老了?或许,你可能说它们只是一些模糊的分类,因此你当然不能避免其中的一些悖论了,因为不管什么时候,只要你的分类在本质上是模糊的,这些悖论都会存在。但是,多价论的挑战是一个非常大的挑战。它宣称所有的类别都是空洞的,所有的区分的努力都是任意的和人为的。这一点可以延伸到物理世界,仔细研究量子物理学可以发现,那里的物理界限现在正在消融。所有的事物都是一个度的问题。你可以吃掉你的蛋糕同时还拥有它,只要你只吃掉一半的话(尽管我们最好是说其中的一些,因为我们不能确定哪里会是一半)。

二价逻辑很大程度上构成西方世界的基础(并被强有力的捍卫着),但不同形式的

---

[23] 或者像法语所说的,你不可能同时拿着黄油和它的价钱("le beurre et le prix du beurre")。而在地中海国家你将会听说,你不可能让你的妻子喝醉同时还让你的酒瓶满着。这个思想在西方社会根深蒂固,用 K. F. Machina 的话来说就是一种"神圣化的传统",参见 K. F. Machina, "Truth, belief and vagueness" in R. Keefe and P. Smith, *Vagueness: A Reader* (Cambridge, Mass.: MIT Press, 1996) 174 at 176.

[24] 指非矛盾律。关于亚里士多德的公式表达,参见他的 Metaphysics, IV 3 1005b 18—37, 1006 1—5, IV 6 1011 b 12—25。然而,亚里士多德承认"是和不是不可能是一回事,除非是由于含糊"(强调), Ibid. IV 4 1006b 18, 19.

* Rembrandt,荷兰现实主义画家。——译者注

多价逻辑当前在西方理论思考中也已经获得重视。20世纪早期的一位哲学家皮尔斯（Pierce），曾经提出"多值的"或"三分法"逻辑（对、错和中间），哲学现在也开始重视对模糊问题进行非常精确的研究。[25] 在数学上，集合理论认识到同时属于一个或更多的集合的现象，正如它在英语中逐渐获得认知，这种现象导致"模糊"（fuzzy）集合，从更一般意义上来说是产生出"模糊"逻辑，尽管这种称呼仍然带有很大的轻蔑意味。[26] 在科技领域，多价逻辑使机器运转更加平稳（比如空调不会在晚上由于运转到不同指令之间的中间地带时发出沉闷的声音）。[27] 在法律领域，这种思想也已得到一些承认，表现在泛欧洲标准之下国内法之间的"模糊"法律关系[28]，以及在一些实体法领域，譬如安全利益。[29] 所有这些例子都包括了对曾经一度被排除的中间地带的认可。一旦你认识到世界真正的精妙，一旦你认识到草率划分界限和割裂所排斥的那些详细信息，中间地带就会变得可以被认识。你掌握的信息越多，割裂就会越少，潜在的冲突也就会越少。多价

---

[25] Keefe and Smith, *Vagueness: A Reader*, above; T. Williamson, *Vagueness* (London/New York: Routledge; 1994), citing a 1909 Pierce ms (unpub.) at 102。正如威廉森所说，问题是含糊是否"源于陈述本身不能以对或错来回答，或者仅仅是我们不能发现哪一个是对或错"（第2页）。他主张是后者。关于法律推理，参见 L. Weinreb, *Legal Reason* (Cambridge: Cambridge University Press, 2005) at 89（"尽管我们所使用的词语被放入不连续的类别中，而实际现象则大多数是连续的"）。

[26] Williamson, *Vagueness* (1994), above, at 120, 特别是引用 Lofti Zadeh 和 International Journal of Fuzzy Sets and Systems 中的著作。Zadeh 的第一篇论文是《Fuzzy Sets》(1965) 8 Information and Control 338。可跟 N. Rescher 的术语比较，参见 N. Rescher, *Many-valued logic* (Aldershot, UK: Gregg Revivals, 1993), or H.-J. Zimmermann, *Fuzzy Set Theory-and its Applications* (Boston/Dordrecht/London: Kluwer Academic, 1996) at xv（"分级概念"理论），also at xix, 6 关于最近这个主题的出版物的增长；关于社会科学，参见 B. Blyvbjerg, *Making Social Sciences Matter: Why social inquiry fails and how it can succeed again*, S. Sampson 译 (Cambridge: Cambridge University Press, 2001) at 49（而非由"或者……或者"发展出一个非二元的和多元的"二者都是"）。

[27] B. Kosko, *Fuzzy Thinking: the New Science of Fuzzy Logic* (New York: Hyperion, 1993). 想象可变电阻器而非开关。

[28] 参见第五章"欧洲的身份"。模糊逻辑最适合于作为一种组织多种同时运用于规范整体的手段而不会搁置其他的事物，参见 M. Delmas-Marty, *Le flou du droit* (Paris: Presses universitaires de France, 1986) at 269。

[29] 这不意味多价逻辑在任何法律场合都必然更可取。关于在运用中的尝试，参见 E. Adams, S. Nickles and T. Ressler, "Wedding Carlson and Schwartz: Understanding Secured Credit and a Fuzzy System" (1994) 80 Va. L. Rev. 2233（被担保或并非程度问题，迫使法官寻找更多的事实，并寻找协议的交集）J. Williams, "The Fallacies of Contemporary Fraudulent Transfer Models as Applied to Intercorporate Guaranties: Fraudulent Transfer Law as a Fuzzy System" (1994) 15 Cardozo L. Rev. 1403；关于模糊逻辑在法律理论中 E. Adams and T. Spaak, "Fuzzifying the Natural Law-Legal Positivist Debate" (1995) 43 Buff. L. Rev. 85; M.-L. Mathieu-Izorche, *Le raisonnement juridique* (Paris: Puf, 2001), ch. 9.2（"logique floue"），notably at 335（关于书面论文跟某主题之间的相关性，或任何对搜索引擎作出判断）。

逻辑并非是真的模糊。它非常地精确,非常地有根有据,并高度地具体。在处理现实世界的模糊和复杂性方面,它坚持主张获得更多的信息。它在方法论上对细节的坚持甚至带有某种决疑论的色彩。[30]

因此,决疑论法律传统具有成为主要的、复杂的法律传统的潜力,其中一些传统已经实现这种过渡,用它们的决议论超越了那些与其竞争的内部亚传统。在过去的两个世纪中,其他的主要法律传统,譬如大陆法和普通法传统,在它们内部活动中(特别是在民族/国家内)更少地强调决疑论。但是现在出现一些反思的迹象[31],毕竟就整体而言,现代大陆法和普通法必然是复杂的。它们必须在一个单一的、跨国的传统中调和不同的规则和不同的解决方式。决疑论、特定论、更多的详细信息,所有这些在这个过程中都是必不可少的。大陆法和普通法法学家已经信奉多价,他们只是没有过多地谈论它而已。主要的和复杂的大陆法和普通法传统就是它的证明。跟其他主要的、复杂的法律传统一样,它们二者都表现出很大程度的内部宽容。不过,宽容一词真的是恰当的表达吗?

超越宽容

你可以说复杂传统在本质上都是宽容的,但是把宽容这一思想用在传统内部似乎有点儿古怪。这似乎像是说,不管你是左撇子还是右撇子,你在宽容你的另一只手。宽容似乎应当只用于那些外部的、不同的、陌生的、甚至根本上是错误的,或者对其中有些来

---

[30] 关于在模糊逻辑和决疑法律风格上使用"如果……那么"这样的语言,而非更截然的表达风格("禁止","得"),参见 Adams, Nickles and Ressler, "Wedding Carlson and Schwartz" (1994), above, 2241; R. Westbrook, "Biblical Law" in N. Hecht, B. Jackson, S. Passamaneck, D. Piattelli and A. Rabello (eds.), *An Introduction to the History and Sources of Jewish Law* (Oxford: Clarendon Press, 1996) 1 at 6.

[31] 关于决疑近来在美国最高法院的实践,被称为"简约主义"(minimalism),参见 C. Sunstein, *One Case at a Time: Judicial Minimalism on the Supreme Court* (Cambridge, Mass./London: Harvard University Press, 1999), notably at 11 (判决"不要超过支持结果所必需的范围",对于具体的特殊问题上,需要"非完全理论化的一致");关于法国最高法院(Court of Cassation)的类似做法,如其第一主席所述 G. Canivet, "La convergence des systemes juridiques du point de vue du droit prive francais", Rev. int. dr. comp. 2003.7, at 17—22 (在对是否认可伊斯兰婚姻和离婚方面,判决关注个案的具体案情,并依赖于"公序良俗"这一模糊概念,而非广泛的法律选择)。在人们倾向于反驳的场合,仍然依赖广泛的或科学的人类事务规则近来被批评为社会科学的一个大退步,参见 B. Blyvbjerg, Making Social Science Matter (2001), above, notably at 24, 66 ff. (需要社会科学情境化,针对个案,由于法律不能被在相同程度上被去情境化,因此成为一个特例); L Shapiro, *The Flight from Reality in the Human Sciences* (Princeton: Princeton University Press, 2005), notably at 2, 52 (数量社会学"效仿物理学……由于其不明显的主张,人们现在还不大清楚它能否经受住经验的考验"); T. Gowers, *Mathematics* (Oxford: Oxford Universir. Press, 2002) at 7 ("对于任何[社会科学],一个人最多能合理期望的就是一种条件式的预测:告诉我们如果社会和政治变革发生的话将会有什么的后果")。

说,是邪恶的事物。在西方,多数的关于宽容的教谕都是这样讲的。宽容的思想似乎作为西方宗教冲突的结果而发展起来的,它最终意味着,即使其他的观念是根本错误的,甚至是邪恶的,也有不要去踩灭它们的理由,譬如,坚持这样信念的人出于真诚(洛克的主张),或个人信念的自治(一种放大的自由观点),或制止暴力的需要。[32] 因此,西方关于宽容的思想最终来说非常不稳定(有的人说这是不可能的想法),因为它认为我们可以持续地憎恶,尽管我们更珍惜个人思想的自治。[33] 这种思想被证明是非常的西化的(其他地方没有表达过这样的观点),例如,它据说"就像把一个 18 世纪的欧洲的本土概念传到印度,然后说印度人信奉宽容那样非常地令人误解。"[34]

因此,宽容似乎并非一个合适的词或概念以表现主要法律传统的复杂性。这些主要法律传统是复杂的,但却不是因为它们宽容,而是因为它们建造了真正的沟通桥梁。它们不仅仅只是宽容,它们懂得接纳,尽管有差异的存在。在拒绝断然地谴责和排斥方面,它们是真正的多价的。它们为传统构筑了一块中间地带,从而可以在那里对那些长短不一的竿子进行不断的调整,而它们本身则被那些我们所谓的(所有传统的)原教旨主义者看成是排外性的和截然的。或许比宽容更好的概念是互相依存[35],或者说非隔离

---

[32] 关于洛克,参见 J. Tulley, "Toleration, Skepticism and Rights: John Locke and Religious Toleration" in E. Furchi (ed.), *Truth and Tolerance* (Montreal: Faculty of Religious Studies, McGill University, 1990) 13;关于宽容作为自由主义的(价值负载)特征,参见 J. Horton, "Toleration as a Virtue" in D. Heyd (ed.), *Toleration: an Elusive Virtue* (Princeton: Princeton University Press, 1996) 28 at 36(宽容只是权宜之计或更大自由目标的途径);I. Berlin, "The Originality of Machiavelli" in H. Hardy (ed.), *Against the Current: Essays in the History of Ideas* (New York: Viking Press, 1979) 25 at 78;关于在宽容上的"霍布斯的平衡点",参见 B. Williams, "Toleration: An Impossible Virtue?" in Heyd (ed.), Toleration (1996), above, at 21.

[33] Williams, "Toleration" (1996), above, at 18(宽容只是为那些不可宽容的事物所必须)(其他的群体是"亵渎地、灾难性地、猥亵地不正当")26;B. Herman, "Pluralism and the Community of Moral Judgment" in Heyd (ed.), Toleration (1996), above, 60 at 61(宽容并非中性的反应,因为它允许"持续的私人在道德上的敌意")。因此,据说(这种评论很多人都有)基督教徒要的是被接受,而非被宽容。

[34] A. T. E. Embree, "Introduction, Part III: The Hindu Way of Life" in A. T. E. Embree (ed.), *Sources of Indian Tradition*, 2nd edn. (New York: Columbia University Press, 1988) at 205

[35] 关于相互依存的含义和它在当代世界贸易方面的重要性,参见 J. H. Jackson, *The World Trading System: Law and Policy of International Economic Relations*, 2nd edn. (Cambridge, Mass./London: MIT Press, 1997), notably at 6 ("相互依存的含义"),79 and ff.("国家和国际制度的相互联系");关于当代政府间关系,参见 K.-H. Ladeur (ed.), *Public Governance in the Age of Globalization* (Aldershot: Ashgate, 2004), notably M. van Hoecke, "Legal Orders between Autonomy and Intertwinement" at 177;关于把宽容重新定义为认可群体之间的差异,参见 A. Galeotti, *Toleration as Recognition* (Cambridge: Cambridge University Press, 2002), notably at 5(将自由宽容限制于跟个人选择有关)。

(non-separation)，只有这样才能反映出那些主要的、复杂的法律传统所包含的最基本思想。这才是多价的最重要的、根本性的特征。

复杂传统构成要素之间互相依存的概念也告诉我们关于可比性和相对主义的一些信息。若互相依存确实存在，并因此而产生共享，那么就会有可比性。在复杂传统内部，如果可比性处处存在的话，不可比性就不会有位置。这些传统之所以复杂是因为它们有能力克服不可比性的主张，并将这个更大的传统凝聚在一起。如果传统内部不存在不可比性，如果它的构成成分之间经常相互打交道——用交谈、对话、或争论的方式——那么相对主义的犹豫不决就不会有位置。复杂传统不允许你说："我没办法在这两种不可调和、不可比的立场中作出选择。"复杂传统告诉你，它们并非不可调和；它们二者都有权获得你的忠诚；并且，在具体情形中，大量的理由（你作为复杂传统的追随者必须予以考虑）告诉你作出支持这种或那种选择的决定。因此，复杂传统不承认相对主义，因为他们不能够这样做。由于传统内部不同观点的存在，它们的整个结构就是要增加更多的观点和决策方法。传统是规范性的；复杂传统的规范性更是不可抵御。但是，复杂传统它们自己之间的关系方面则仍有问题需要回答。

复杂传统的调和

然而，一种内在复杂的传统仍然保持着某种形式的外部连贯性。这点使得我们能够识别那些复杂的法律传统，就像本书中已经研究过的那些。因此，如果复杂法律传统解决了它们内部的不可比性或冲突问题，同样的不可比性或冲突问题也可能在复杂传统之间产生。这些传统有自己的定位，如果不是界限的话，或许它们还排斥相互之间的任何中间地带，比如说，宗教法律传统跟世俗法律传统之间是不相容的或不可比的。在多大程度上复杂法律传统的性质揭示着复杂传统之间的关系呢？传统告诉了我们什么？

传统告诉我们的第一件事情就是，它们的身份并非互相排斥的。那些定义它们的信息并非坚不可破。而证据就在那些横向传统中，它们不但可以被认识，而且几乎以完全相同的形式存在于多个复杂传统中。决疑、跨代衡平、简易衡平（equity tout court）或职业角色等传统把来自不同复杂传统的追随者统一起来，尽管这些追随者可能视那些复杂的传统为自己的主要传统。因此，横向传统像是一条水平的带子，贯穿着那些复杂的传统，以致复杂传统本身也滋养着并为这种互相依存关系提供支持。当然，横向传统绝不限于我们这里所确认的这些。它们以一般的和详细的形式同时存在于整个我们所谓的私法和公法之中。

然而，复杂传统的性质还可以通过一个更大的、更重要的途径来影响复杂传统之间的关系。在西方,传统的理论教导已经表明,传统之间的任何接触都涉及信息的交流。如果有什么事情在那里被知道,那它在这里也已经被知道。[36] 因此,源于另一复杂传统的信息的存在直接模糊了两种传统之间的差异。此外,如果信息到了这里,它将受到受方传统的多价的、至关重要的复杂性的制约。受方传统必然要对其进行处理。这种信息可能被拒绝(需要理由)、限制、包容或者甚至接受。受方传统的复杂和多价可以防止信息以某种方式被简单地隔绝、封闭起来。

这意味着复杂和相互依存并非纯粹是复杂传统内部的现象。它们也必然构成复杂传统之间关系的特征。若一种复杂传统由多种互相竞争的亚传统构成,它跟其他传统通过横向传统而获取信息,它作为复杂传统的存在只是由于它在连接多种简单传统方面的能力,这样的传统怎么能够以某种方式放弃它的复杂性从而支持单一的普世真理呢?而这正是原教旨主义者(在所有的传统当中)所追求的。他们抬高一种真理或传统到唯我独尊的地位,并企图将它强加于人。[37] 因此,原教旨主义者以一种帝国主义式的、带有攻击性的,或者甚至是暴力的方式行事。但他们这样做并没有反映出他们自身传统的整体。他们也不代表一种有潜力成为世界上主要传统的真理。它并未达到复杂到可以从众多人的观点中吸引支持的程度。因此,复杂传统在本质上以及在它们的主要形式上都是非普适的和非普世化的。它们为包容其他的复杂传统提供了大量的空间。传统越庞大、越复杂,它对其他传统就越不具危险。原教旨主义总是,同时也必然是,一种有限的现象和有限的威胁。

复杂传统之间的相互依存,既可以明显地从定义主要法律传统起源的难度中体现出来(即使现在发现,先知们保留着相当部分以前的法律),也可以从复杂传统之间持续的、主要的交流和争论的形式中明显地反映出来。原生法律传统被用于批评大陆法和普通法对待环境的态度。伊斯兰法批评大陆法和普通法领域对待穷人和受压迫者的方式;

---

[36] 参见第二章"传统和身份";关于"传统之间的界限总体上渗透性的和部分自愿的性质",参见 A. Buchanan and M. Moore, *States, Nations and Borders: The Ethics of Making Boundaries* (Cambridge: Cambridge University Press, 2003) at 2—3(还有关于转化为"政治和法律的要求"的可能)。

[37] J. Kekes, *The Morality of Pluralism* (Princeton: Princeton University Press, 1993) at 3("众多劝谕的原教旨主义的可怕的简单化");关于原教旨主义在其传统意义上根据某种"其他"真理来提出主张——这正是传统所要求的——的具有讽刺意味的失败(跟相对主义无关),参见 S. Prickett, *Narrative, Religion and Science: Fundamentalism versus Irony 1700—1999* (Cambridge: Cambridge University Press, 2002) at 203 and 44(讽刺是在耳边"私语"的声音)。因此,在自然科学中提出了"不可复原原则",否定"以卓越之名进行复原的可能性"("这是那","科学是政治"),在先验概念之间经常导致"不可复原的反面"。I. Stengers, *The Invention of Modern Science*, D. Smith 译(Minneapo. University of Minnesota Press, 2000) at 16—17。

而西方法学家则批评伊斯兰法限制并刑事处罚人的言论和表达自由。犹太教法律知道国家法也是法律,并甚至吸纳了其中的一些,但它自己仍被引述为一种不同于(或许是更好的)国家法的法律模式。大陆法和普通法法域相互"借鉴",或创造出"混合的"法域[38],如今,这些进程体现为那些复杂传统或共同法之间西方式的和正式化的信息交流模式。[39] 印度教法和亚洲法以分层传统的形式存在,它既包括那些本土产生的传统,也包括那些以某种方式从西方模式发展起来的传统。主要传统能够取代所有其他传统的法律的核心在哪里?答案似乎是,没有这样的可普世化的核心。这对于世界上主要的、复杂的法律传统的可持续性来说无疑是一个好消息。

法律的可持续多样性

主要的、复杂的法律传统的多价和它们之间的相互依存对于它们的持续生存具有必然的重要性。当然,生存并非总是有保障的,一些主要的法律传统正担心着它们自己的身份或生存能力。当然,就长期而言,任何一种传统的说服力都有它高潮和低谷的时候。但是,多价为主要传统提供了一种那些简单或次要传统或众多法律"运动"所没有的持续稳定性。多价使得运动在传统内部进行,以致对它的一个分支的不满并不意味着会溢出那招致不满的部分,或从总体上丧失对该主要传统的遵从。这就是大帐篷(big tent)的优势。

传统内部的多价也是对它向外扩张的一种内在限制。内部的不确定往往导致对向外扩张产生怀疑:到底要扩张什么?它的地位凭什么必然优越于那些竞争性的内部观点

---

[38] 参见 M. Meston, W. Sellar and Lord Cooper, *The Scottish Legal Tradition*, new edn. (Edinburgh: The Saltire Society and The Stair Society, 1991); R. Evan-Jones (ed.), *The Civil Law Tradition in Scotland* (Edinburgh: The Stair Society, 1995); D. Carey Miller and R. Zimmermann (eds.), *The Civilian Tradition and Scots Law* (Berlin: Uuncker & Humblot, 1997); R. Zimmermann, *Das romisch-hollandische Recht in Sudafrika* (Darmstadt: Wissenschaftliche Buchgesellschaft, 1983); R. Zimmermann and D. Visser (eds.), *Southern Cross: Civil Law and Common Law in South Africa* (Oxford: Clarendon Press, 1996); J. Brierley and R. Macdonald (eds.), *Quebec Civil Law: an Introduction to Quebec Private Law* (Toronto: Emond Montgomery, 1993); H. P. Glenn (ed.), *Droit trancais ct droit quebecois: communaute, autonomie, concordance* (Cowansville, Quebec: Yvon Blais, 1993); 关于混合(mixité)的增加, 参见 E. Orücü, E. Attwool and S. Coyle (eds.), *Studies in Legal Systems: Mixed and Mixing* (The Hague: Kluwer Law International, 1996); V. Palmer, *Mixed Jurisdictions of the World: The Third Legal Family Cambridge* Cambridge University Press, 2001)(with national reports).

[39] H. P. Glenn, *On Common Laws* (Oxford: Oxford University Press, 2005).

和竞争性的外部观点？在主要法律传统之间的关系当中，每一种传统都提出具有自身说服力的主张，这些疑问——正是多价所欢迎的——因而得到进一步地增强。它们都代表着真理——生态的、宗教的、道德的、理性的，每一种传统都在相当长的时期致力于在人们生活中施行这些真理。因此，每一种主要的、复杂的法律传统都向这个世界提供着其他传统所没有或不能提供的东西，并且每一种传统都最终将意识到这一点。因此，经历几千年的法律历史之后，主要的法律传统之间可能将会产生某种（总体上的）"稳定化"（stabilization）。[40] 这个世界仍然还需要主要的法律传统，因为需要这样的传统的主题仍然存在。由于这些主题的持续，主要传统也将持续。它们都提醒着我们一些重要的东西；它们都必须够格于和限制自己的教谕（这就是复杂的代价）；它们在这个世界都提供着其他传统可能不能提供的社会秩序；它们都奉献于必要的多样性。[41] 因此，法律多样性看起来将长时间伴随我们。它固然是可持续的，但也需要人们尽力去维护它。

维护多样性

如果大规模的法律多样性跟所有的主要法律传统之间是相容的，甚至是不可避免的或自然而然的（尽管这是一个非常大的主张，在传统本身中并不明确存在），那么也就没有努力去维护它的理由了。不管我们做什么，这种多样性都将自然而然的发生。因此，我们都可以自由地选择成为普世化者或帝国主义者，因为我们并不会成功，同时我们也知道自己要信仰什么。对于这种主张似乎有两种可能的回答。

首先，如果足够多的人决定反其道而行之的话，自然的、和谐的多样性可能就会被打破。若为了确保唯一一种传统在世界上具有最终统治地位，那么大量的损害可能将由此而产生。此外，相当多的研究（适者生存，竞争理论）表明，我们所有人总是处在攻击或

---

[40] 当然，这在任何时候都不会控制它们的精确关系。
[41] 关于学术或"文化"的多样性，参见 D. J. Anton, *Diversity, Globalization and the Ways of Nature*（Ottawa：International Development Research Centre, 1995）notably at 198, 200（"多样性是生活的主要资源。未来的生活系统是当今多种选择的结果。……多样性是生命；一致性是死亡"），201—9；N. Ostler, *Empires of the Word*（New York：HarperCollins, 2005），notably at 557—8（"不同的语言保护和滋养着不同文化的发展，而人类知识可以发现不同的道路"）；关于自然或生物多样性对人类多样性的依赖（以及持续认可人类跟自然世界相协调的不同生活方式），参见 D. A. Posey（dir.）, *Cultural and Spiritual Values of Biodiversity*（London：United Nations Environment Programme/Intermediate Technology Publications, 1999），notably at xi.

自我防卫的过程中,某种形式的持久支配也是有可能的。[42] 若每个人都决定尽可能地挑衅行事,以追求唯一的真理,那么,这很可能会带来一个不断充斥着暴力冲突、同时中间穿插着几段时期的霸权的世界。因此,为统治世界而抵制多样化将被证明只是某些人认为正确的策略,但和谐的多样性则将可能因这种行为而被击垮。若果真如此的话,人们行动起来支持法律多样性的理由同时也就是避免追求和建立世界霸权的理由了。这些理由既跟世界冲突所带来的代价和痛苦相关联;也跟维持任何形式的世界霸权的难度(如传统存续所表明的)相关联;它还跟可持续多样性最终带来的好处相关联。

第二种答案可能更加现实。它认为世界的法律将具有可持续多样性,(所有传统中的)任何普世化者的努力如今都将不可能成功地瓦解它。因此,这种观点认为你应当做的是跟随潮流。逆潮流而为只会带来较小的、临时的好处,但却会引起损害(大的损害,但可能不会是全球性的损害)。相反,保留在多样法律传统内行事,并知道怎样去做,则能够为你所推动的任何事业带来相等的或更大的利益。传统是变革和创新的动因或因素。它们为此提供了所有必要的杠杆。

因此,我们有理由更积极地行动起来维护多样性,而非简单地让多样性去维护它自己,尽管它能够这样做到。[43] 维护多样性意味着接受(而非宽容)世界上(所有的)主要的、复杂的法律传统。它意味着把这些传统看成是相互依存的,失去其中之一将也是所有其他传统的损失,因为它们将失去一个主要的支持来源,至少是自我审查的源泉。维

---

[42] 然而,参阅某生物学家的观点:必须把"文化进化"跟基因进化区别开来,特别是人的"真正的、无私的、真实的利他主义"的能力,参见 R. Dawkins, *The Selfish Gene* (Oxford: Oxford University Press, 1976), at 205, 215;这些观点由 Dennett 进一步阐述,参见 Dennett, *Darwin's Dangerous Idea* (New York: Simon and Schuster, 1995), above, ch. 16 ("道德的起源"), notably at 461 ("走出自然状态,为我们的相互利益而采纳大量的社会措施完全是自然的——而不是超自然的"), 473 (模因,亦即思想或信息,"能够重新引导我们基本的基因倾向");尽管"真正的利他主义需要强大的进化基础",参见 C. Boehm, *Hierarchy in the Forest: The Evolution of Egalitarian Behaviour* (Cambridge, Mass.: Harvard University Press, 1999) 14, and notably at 198—9 (平均主义社会出现于 1000 到 4000 个世代以前,合作对"现存的采集—狩猎游牧部落",亦即现存的原著民族的重要性);参见 L. Wieseltier, *Kaddish* (New York: Alfred A. Knopf, 1998) at 269 (传统的复制跟基因的复制不同。严格来说,传统并非被复制,因为它不可能完全一模一样地像它被继受那样被传播。更重要的是,精神的遗产和生物的遗传在它们存在的理由上是不同的。前者展望的不仅仅是自己:真、善和美。而后者展望的只是自己。基因由于存续而存续。在这方面,它们从根本上来说是非人类的,即使它们属于人类体格的历史。B. Williams, *Truth and Truthfulness* (Princeton: Princeton University Press, 2002) at 24 ("所有文化以这种或那种方式表现出来的生活在规则和价值之中的能力")。

[43] 参见 M. Walzer, *On Toleration* (New Haven/London: Yale University Press, 1997) at 92 (某种好奇与激情的混合是必要的)。

护多样性意味着将所有的传统在一定程度上看成是自己的,因为它们中的每一种都依赖于其他的传统。维护多样性意味着把支配或寻求支配看做是所有主要法律传统的一种腐败,因为这些传统乃作为不同形式的均衡而存在。维护多样性意味着视你自己的特定传统(或至少是跟你联系最紧的那种或那些传统)是安全的,以任何手段长期地、有意义地压制都不会取得成功。受保障的并非只是别人的传统的思维方式。它也是你自己的。因此,在西方法律传统中,西方的二价思想并不必以某种方式予以抛弃。[44] 它只要承认多价思想在其他法律传统中存在、甚至作为西方法律传统本身的主要构成因素而存在即可。

积极维护法律的多样性应当推进世界上的法律职业者之间的沟通交流。它应当增进和平解决争端的前景,增强法律的使命。个人主义传统可以借鉴和使用非正式的规范性观念来补充自己。同样,集体主义传统也可以借鉴和使用自我赋权(self-empowerment)的手段来充实自己。这一切都发生在它们自己认为可接受的范围内。一切都受所处的背景的制约。

认可和接受世界上不同的法律传统对于世人给自己作出定位具有颇多意义。不管其程度如何,认可其他传统为你自己传统的一部分意味着对那些传统的遵从。这意味着在某种程度上根据它们来定位你自己。这样一来,身份变得不像是在(部分)遵从其他传统之前那么清晰。它现在变得更加模糊,也更加多价;现在有更多的传统要求获得你的忠诚。同时,在接受更多的传统过程中,你对它们以及它们的细节和类型的了解也将与日俱增,以致它们自己也一样变得不那么明显和清晰了。它们当然存在,但是表现得更加不同,并且更没那么容易将它们简单地分类。在它们相互之间制造大的仇恨从概念上变得更加困难。那里有太多的组群,太多的类型。你怎么去了解它的全部呢?你如何对持续的多样性在概念上作出处理呢?

多样性之道

多价思维告诉你,要记住那些冲突的来源,也就是那些大的、相互矛盾的原则,它们是所谓的不可比性的来源,也是人们用来对自己进行(不同地)定位的思想。记住这点并不难做到,因为这些用语通常是用来定义冲突的,而且争议的当事人通常也不会想要

---

[44] 不管如何,"多价都将在极端情况下沦为二价",亦即,如果你看中间地带的任何一端,你都会看到二价的极端立场,参见 Adams, Nickles and Ressler, "Wedding Carlson and Schwartz" (1994), above, at 2236;关于诉诸科学中的不同类型的逻辑,参见 Pearce, *Roads to Commensurability* (1987), above, at 9 ("人们……可能承认不同类型的逻辑和语义在不同的场合中以及对于不同的理论都是合适的")。

谈别的什么。但是，多价思维告诉你，这些相对的原则只是用来定义赛场的范围。它们告诉你到哪里去寻找中间地带，而中间地带总是存在的。要找到中间地带你必须掌握更多的信息。你需要那些用来解构边界的详细信息（就像量子物理学一样）。

进一步的信息有两个重要的来源。其中一个存在于冲突的传统本身之中。这些传统本身并不会通过援引世界性的观点来解决争议。它们属于复杂的法律传统，因为它们在不断解决具体争端过程中成功地调和了各种不同的理论观点。那么，在适用它们最重要的原则方面，它们会允许有什么样的细微差别呢？由于它们已在之前的对抗中被人们所认识，那么，什么样的差别是可能的呢？如果你处于仲裁者的位置的话，你将不得不去做这些研究。那些提出自己的立场而卷入争端的传统不会马上主动地提出一系列的退让。在急于展现自己的团结阵线过程中，它们自己肯定不会意识到这些。第二种信息来源来自于西方法学家所称的事实。在其他法律传统中，那里没有事实，只有具有自己内部规范性的神圣的或极为重要的生活方式。如果你对过去所发生的事情有够多了解的话，争论将会自然消失，解决之道也最终将自己出现。但这种解决办法只是适用于个案，尽管对它自己的解决方式的形成也已经提供了某种启发。因此，若你对你的争议了解越多，你将越发能够确定它处于中间地带的什么位置，你也将更接近于让当事人认识到中间地带的存在。结果是他们也将了解更多的信息。信息的增加往往意味着争端的减少。

如果你是律师的话，你可能对这种争端解决的技术不会陌生。它的运用表明了作为你的法律实践的特征的多价的程度，即使你所在的传统的法律理论告诉你应当去适用那些唯一的、预先确立的规则来处理案子。但是，在这里举一个关于多价在不同法律传统中实践的例子可能会对我们的理解有所帮助。

在合同（通常是国际性的）中，关于当事人是否可以自由选择他们合同所适用的法律问题上持续存在着国际性的争议。有些人认为合同乃由当事人签订（正如在许多我们已经研究过的传统中，法律只是事后确认合同），因此应当允许当事人的选择。[45] 而另外一些人则主张，合同的拘束效力乃由国家赋予，因此，没有什么合同能够超越国家法律，任何当事人所表达的选择仅仅只是客观确定合同必须适用何国法律过程中的一个因素。[46] 这两种主要原则相互对立。对此，欧共体决定应当制定泛欧洲的法律来确定合

---

[45] 这种观点至少可追溯到 16 世纪法国的杜摩兰（Dumoulin），他试图把合同义务从"区域性习惯"的控制中解放出来。然而，随着"习惯"控制的减弱，国家的控制却在增强，因此，当事人意思自治遇到强大的、持续的抵制。在世界有些地方，譬如拉丁美洲，当事人意思自治在 19 世纪甚至被取消。

[46] 持这种观点的可能最有名的是巴迪福，参见 H. Batiffol, "Subjectivisme et objectivisme dans le droit international privé des contrats" in *Mélanges Maury* (Paris: Dalloz & Sirey, 1960) at 53.

同适用的法律。结果产生的《关于合同义务法律适用的罗马公约》就是多价国际公约的一个例子。[47] 它明确承认两种对立原则的有效性,而将注意力引向那些在中间地带解决个案的标准。没有哪种原则可以排他性地决定任何个案。非精确(模糊的)的标准为解决个案而被建立起来,它的适用要求先掌握案件相关情况的所有详细信息。[48] 通过说服性权威的方式,公约成员对它们在中间地带解决具体纠纷的做法作进一步的信息交流。罗马公约自然也影响了其他地方的法律改革。它不仅接受(不仅仅是宽容)对立的观点,而且还对在中间地带运作所需的信息作了界定。它不仅解决了法律的冲突(这方面的法律本来是四分五裂),而且实现了法律的调和,而调和则是多价的最重要的特征。

多价思维——多样化之道——在其他一些领域的运用也值得一提。关于人权的国际性争论可以理解成人权思想的(不)合法性问题。这点跟它的普世性有关。然而权利在西方法律思想中并非绝对的,它常常被否定(如在普通法中),被频繁地解释为群体权利,并在不同国家或地区也有不同的执行(这种差别内在于传统)。[49] 因此,关于人权是否应当受到尊重的辩论以权利现实存在为前提,如今,其他的法律传统在形成它们自己的人权观念时正是这样做的。然而,这种辩论的另一个假设就是,在其他的传统中权利的实现有着不同的途径,在促进人的尊严的方式上它们有着同样的说服力和力度。

有位前德意志联邦共和国总统曾经在国际性人权辩论中主张多价思维。罗曼·赫

---

[47] 关于该公约的详细信息和参考参见 L. Collins (ed.), *Dicey and Morris on the Conflict of Laws*, 13th edn. (London: Sweet & Maxwell, 2000), vol. II, at 1195 ff.

[48] 因此,第 3 条规定合同应适用当事人选择的法律。然而公约第 7 条规定公约任何规定都不得限制法庭地法"强制"规则的适用。"强制"规则的概念是个模糊的标准,因为强制有不同的程度,比如某具体规则可能规定对本地合同是强制的,或规定对所有的合同是强制的,不管是本地的还是国际的,或者没有明确的准据法,但法院可能认为为了实现立法暗含的目的而应当适用某具体规则(这是一个历史上不精确的过程)。因此,由于有些国家希望在公约中肯定下来,国际控制因此仍然存在,不管什么时候国家法被认为是"强制性的"(模糊标准),国家控制都将主导法律的适用。

[49] 关于历史上西方权利思想的矛盾,参见 J. Coleman, "Medieval Discussion of Human Rights" in W. Schmale (ed.), *Human Rights and Cultural Diversity* (Goldbach, Germany: Keip Publishing, 1993) 103 at 106 (在当前的自由理论之前,所有的权利理论家都将权利人看做只是"相对于作为义务人和认可他人权利的人的其他人"而言的);关于现在的看法,参见 E. Wise, "Legal Tradition as a Limitation on Law Reform" (1978) 26 Am. J. Comp. Law (Suppl.) 1 at 10 (宪法审判的流行模式要求充满热情地主张规则是不可改变的、抽象的、永恒的、或者(当前更为普遍)是一种政府利益和尊重纯粹的个人权利的首要要求之间的平衡的一种理性计算)。

尔佐克认为,所有的主要人类传统都具有某种"人性的道德"。[50] 在处理关于如何对待人的争论当中,我们必须推进人权的辩论,而非使其相对化,但最有效的方法则是对具体问题做详细的研究,并考虑每个国家的国情。在必须作出决策的情形下,什么是最有效、普遍的思想? 在这种情况下,人的尊严是如何通过援引那些普遍概念而得以推进的? 多价方法据说主导着欧洲人权法院的(地区性的)判例,在那里,越来越多的人承认人权有多种标准,并可以在不同程度上与之违背。[51] 此外,国际人权体制也被看做是一种复杂的制度,而国际体制理论现在则被当做一种柔和的、包容的、协调性的解决国际争端的手段而得以发展。[52]

多价思想近来也出现在国际发展领域,尽管可能并非那么明显。然而,多价思维还暗含在近几十年发展起来的一个思想流派中,该流派提倡对增长的观念(根据本地传统)作出限制,以加强当地社会结构(包括法律结构)的方式来提供发展所必需的持续性结构。传统在这里是分层的,西方传统在它被继受的范围内被调整,以适应那些已经存

---

[50] R. Herzog, "Die Rechte des Menschen" *Die Zeit*, 13 Sept., 1996, 3; and see S. Sinha, "Human Rights: A Non-Western Viewpoint" (1981) 67 Archiv fur Rechts-und Sozialphilosophie 76 at 89 ("需要重新定义人权问题,它没有怎么强调某种人类解放的方式,而强调的只是解放本身,取得解放的途径不止一条……具有普遍性的部分包括这样一些规则,即不公平必须只能是最低限度的……根据(每个)社会的条件所确定的责任")。关于人的尊严的基本含义,参见 D. Shultziner, "Human Dignity-Functions and Meanings" (2003) Global Jurist Topics, vol. 3, Issue 3, Article 3, notably para. A(尊严最经常被视为权利的来源,而非权利本身),参见 http://www.bepress.com/gj/topics/vol3/iss3/art3; V. Saint-James, "Reflexions sur la dignité de l'etre humain en tant que concept juridique du droit français" Dalloz 1997.1.61; M.-L. Pavia and T. Revet, *La dignite de la personne humaine* (Paris: Economica, 1999)(尊严是个"年轻的旧概念"第 vi 页); D. Feldman, "Human Dignity as a Legal Value" [1999] P.L. 682, [2000] P.L. 61, notably at 682, 687(尊严本身不是权利,而是一种渴望),688, 696—9(在国际人权公约和国家宪法中,尊严是权利的基础,尽管偶尔也被表述为权利);J. M. Pontier (ed.), *La dignité* (Aix: PUAM, 2003),特别是第 9 页关于法国在 1848 年以"对人的尊严的不正义"为由废除奴隶制)("对人的尊严的攻击")。

[51] J. Sweeney, "Margins of Appreciation: Cultural Relativity and the European Court of Human Rights in the Post-Cold War Era" (2005) 54 I.C.L.Q. 459 (with refs), notably at 467("道德的分散性和相对性");M. Delmas-Marty, *Towards a Truly Common Law* (Cambridge: Cambridge University Press, 2002) at 79,80("糟糕的人权内容的确定"),115(违反人权的范围和程度的概念);F. Ost, "La jurisprudence de la Cour europeenne des droits de l'homme: amorce d'un nouveau 'jus commune'?" in B. de Witte and C. Forder (eds.), *The common law of Europe and the future of legal education* (Deventer, Netherlands: Kluwer, 1992) 683 notably at 701 ("国家理解的边际") and 717("复调逻辑");关于国际人权标准解释的思想的延伸,参见 E. Brems, "Reconciling Universality and Diversity in International Human Rights Law" in A. Sajo, *Human Rights with Modesty: The Problem of Universalism* (Leiden: Martinus Nijhoff, 2004) 213 at 225("灵活性和改革")。

[52] 参见 S. Krasner (ed.), *International Regimes* (Ithaca, N.Y.: Cornell University Press, 1983); O. Young, "International Regimes: Toward a New Theory of Institutions" (1986) 39 World Politics 104。

在的传统。[53] 那些当地的方式被赋予了优先的地位,它们大多清楚地展现了自己所具有的弹性。[54] 在任何情形下市场都不是绝对的。在清除那些限制它们的传统之前,市场不可能成为绝对的,西方学说现在已经承认法律结构的存在是市场发挥功能的本质前提条件。[55] 世界上的法律结构不可能完全相同;完全相同意味着清除其他的主要的、复

---

[53] O. Weggel, *Die Asiaten* (Munich: C. H. Beck, 1989) at 331; H. von Senger, *Einfuhrung in das chinesische Recht* (Munich: C. H. Beck) at 9, with refs; S. Abou, *Culture et droits de l'homme* (Paris: Hachette, 1992) at 126("综合发展的"的概念);J. Brohman, *Popular Development: Rethinking the Theory and Practice of Development* (Oxford: Blackwell, 1996), notably ch. 11("发展的本地化");A. Sen, *Resources, Values and Development* (Oxford: Basil Blackwell, 1984), notably at 489(除了利益外也要考虑热情), 495(经济发展不应当高于其他目标的途径)and 504(需要考虑"政治复杂性");Anton, *Diversity, Globalization, and Ways of Nature* (1995), above, at 150—2(殖民主义的、社会主义的和资本主义的生产主义模式的失败将推动对建立在本土资源和文化基础之上的新模式的搜寻);Mattel, *Comparative Law and Economics* (1997), above, notably at 239(法律经济学在观察"以现代方案替代传统方案的交易成本将过高"方面处在最好的位置);O. de Rivero, *Le mythe du developpement* (Paris: Editions de l'Atelier, 2003)(需要放弃广泛的西方模式,发展自己的标准(水、事物和能源));M. Blaser, H. Feit and G. McRae, *In the Way of Development* (London: Zed Books, 2004), notably ch. 16 by P. Harries-Jones, "The 'Risk Society': Tradition, Ecological Order and Time-Space Acceleration" 279 at 287 关于因纽特人坚持要求将"传统的生态知识"作为 Inuit Qaujimajatuqangit(健康,可持续社区,"简称为 IQ")的基本概念纳入政府的工作中;关于过程中的多价,以及需要将对立转化为补充,参见 J. Poirier, "Elements de reflexion pour une theorie du droit africain" in C. Kuyu (ed.), *A la recherche du droit africain du XXIe siecle* (Paris: Connaissances et Savoirs, 2005) 35 at 41("使矛盾成为补充性的")。

[54] P. Ørebech, F. Bosselman, J. Bjarup, D. Callies, M. Chanock and H. Petersen, *The Role of Customary Law in Sustainable Development* (Cambridge: Cambridge University Press, 2005), notably at 7(非国家法律在自然资源管理中的角色)、252 ff. (适应历史中的弹力,"微粒"规则(fine-grained rule)对修改、有意义的反馈、避免"不正当的"私有化权利的推进)。

[55] C. Goodhart, "Economics and Law" (1997), above, with refs; D. Campbell and S. Picciotto, "Exploring the interaction between law and economics: the limits of formalism" (1998) 18 Legal St. 249, notably at 253 ("所有的交易都只发生在构成性社会关系范围内……如果有人要真正地承担所有的交易成本,那么交易也不可能无代价发生,因为该交易根本就不会发生")and 264(问题不是要不要规范市场——因为它们没有规范的话将不可能存在——而是如何规范它们);参阅"It's the government, stupid", *The Economist*, 28 June, 1997 at 71, reporting on the World Bank, *World Development Report* 1997 (Oxford: Oxford University Press, 1997), notably at 41("市场依赖于公共机构");M. Mahmoud, "L'economie de marche et les droits de l'homme" Rev. int. dr. ec. 1996. 159, notably at 162; D. Lal, *Unintended Consequences: the Impact of Factor Endowment, Culture and Politics on Long-Run Economic Performance* (Cambridge, Mass. / London: MIT Press, 1998), notably at 44, 174 关于"宇宙哲学的信念"在决定经济结果方面的重要性。适当的法律结构的缺乏怂恿了寄生性的犯罪传统(帮派和贼党)在所有的社会背景中的产生和发展。然而,法律结构不必是西方式的、正式的法律,不同的非成文法都可能为交易提供某种必要的信赖和稳定性;关于亚洲的情形,参见第九章"宗教的限制"。关于历史上亚当·斯密对"正义框架"的依赖,参见 R. Backhouse, *The Penguin History of Economics* (London: Penguin, 2002) at 122, 128。

杂的法律传统。维持法律传统意味着对市场行为作出限制,不同的法律传统对这种行为都作出某种形式的拘束。尽管市场仍然存在,但它们只具有或多或少的自由。这同样是一个度的问题。

多价在思考当代复杂社会过程中似乎也大有可为,现在的社会充斥着各种要求获得(法律)认可的主张,它们往往代表着一国范围内不同群体的利益,并经常依赖于某种形式的国际或区域内对少数者权益的保障。法律传统和身份在这里非常接近地重叠一起,不同国家对此所作出反应的方式也不尽相同(但都不能免于这个过程)。这里同样有着相互冲突的原则,理论的争辩大多源自于这些冲突的原则。一方面,公民概念的存在要求对国家绝对地忠诚,并将其他的法律传统——如果得到全然承认的话——缩减到纯粹的私人领域。另一方面也存在着"属人法"的模式,它代表着不同法律传统和群体的共存,这种共存将(可能是致命性地)削弱了现代国家的结构。在世界各国法律中,对此的解决大多介于两者之间。在中间地带有着许多的立场,它们大多数都既承认国家公民资格的持续相关性,也承认个人的、非国家的、法律的忠诚的持续相关性。法律中的多价是时代的要求,而不管是否受到政治或国家理论的认可。此外,法律传统本身的非立法特征也促进了对众多传统的认可;这些传统并不寻求占据国家法的立法舞台。

当然,国家之间在具体操作中仍然存在着区别。譬如美国和法国等国家(传统上)都最为强调公民资格的排他性和对国家的忠诚。然而,美国法承认众多的原生法律("部落主权"),美国法上著名的政教分离也被描述为一种"模糊的、不清楚的和易变的屏障,并取决于某特定关系的所有情形"。[56] 在法国,世俗原则被法院认定与在学校穿戴宗教性的服装是协调的(只要公序良俗——一个模糊的词语——未被违背即可),而它的司法判令甚至强令要求准予犹太式的离婚。[57] 而在那些承认属人法的法域——在涉及个人地位、家庭法和继承的很多问题上适用非国家的法律传统——国家也以某种方式持续体现自己的存在。可以利用的体制和解决途径有很多,而多价思维则极大地推动了对它们的非暴力性采纳。

---

[56] *Lemon v. Kurfzman*, 403 U. S. 602 at 614 (1971)(Burger C. J.).
[57] 关于戴面纱的问题,参见第六章"伊斯兰大离散";关于强制要求准予宗教式离婚的问题,参见 Civ. 13 Dec., 1972, D. 1973.493。

索 引

（页码为原书页码，即本书边码）

Abelard 彼得·阿贝拉德
   and scholastic method（sic et non）学术方法（是与否）229 n.
aboriginal peoples 原住民 53
   resistance to concept in Asia 亚洲的概念的抵制 5—9
   see also chthonic peoples; chthonic legal tradition
Abraham 亚伯拉罕 93 n., 171 n.
Abrogation 废除
   of talmudic and christian revelation, by islamic revelation（no）通过伊斯兰启示废除犹太教和基督教的启示（没有）172, 219
   of talmudic law by christianity 基督教对犹太法律的废除 117—19, 218—19 n.
accommodation（reasonable）包容（合理的）55
Act of Settlement 王位继承法 244
actio spolii of canon law 教会法的侵夺之诉 233
actions, real and personal 对物诉讼和对人诉讼 233
adages（of French law）谚语（法国法的）155 n.
adat law 阿达特法 201, 216
   as chthonic law 原生法律 305—6
   communal character of 社群特征 306 n.
   and custom 习惯 305
   diversity of 多样性 305 n.
   hindu law's influence on 印度法的影响 298, 305 n.
   and islamic law 伊斯兰法律 201, 215 n., 306 n.
   matriarchal or patriarchal 家长制和女家长制特征 305 n.
   in poetic form 韵文形式 305 n.
   as urf 习惯 305 n.
administrative law 行政法
   in China 在中国 334 n.
   in common law 在普通法 232, 235—7
   convergence in 聚合 259 n.
   French 法国的 126 n., 145 n.
   German structures of 德国的体制 145 n.
Admiralty, Court of 海事法院 236, 256, 350
   decline of 消弥 258
adversarial procedure 抗辩制程序 see procedure
Aethelberht 艾特尔伯赫特
   laws of 的法律 224
Afghanistan 阿富汗 196, 201, 273 n.
Africa 非洲 59, 63—4, 66, 67 n., 71 n., 81—2, 88, 113, 197, 201, 298, 299, 305, 328
   islamic law in 伊斯兰法 215
   western law in 西方法律 215
aggadah 阿加达 102—4, 188
Ahmadiyya movement（islamic）阿哈默底亚运动（伊斯兰）218 n.
Ainu of Hokkaido（Japan）北海道的阿伊努人（日本）305 n.
Alexander 亚历山大 274, 277 n.
aliens 外国人 see foreigners
Allah 安拉 171, 215 n.
   see also God; Yahweh; Jehovah
Allmend（of Swiss law）公有地（瑞士法）67, 68 n., 131
Alsace-Lorraine 阿尔萨斯—洛林地区 158 n.
alternative thinking 选择性的思考 346

Althusius 阿尔特胡修斯 120 n.
Americas 美洲 59,63,66,83—4,305
    colonization of 殖民化 260—5
    free trade areas of 自由贸易区 161
    see also latin America 同时参见拉丁美洲
analogy（reasoning by） 类推（推理）
    in chthonic, African law 在非洲原生法律 71 n.
    in common law tradition 在普通法传统 237
    in islamic tradition *see* qiyas 在伊斯兰传统，参见格雅斯
    in talmudic tradition 在犹太法律传统 108
anarchistic rationalism 无政府主义的唯理论 44
Anglo-American law 盎格鲁—美利坚（英美）法 252
Anglo-Indian law 盎格鲁—印度法 282,296—8
    in civil law tradition 在大陆法传统 141,165
    in hindu tradition 在印度法律传统 293
    see also India 同时参见印度
animals 动物
    in Asian tradition 在亚洲传统 324,328
    in chthonic tradition 在原生传统 73
    in civil law tradition 在大陆法传统 141,165
    in hindu tradition 在印度法律传统 287,294
animism 泛灵论 318 n.
    in chthonic tradition 在原生传统 60,73
Antarctica 南极洲
    as non state territory 作为非国家领土 263
anthropology 人类学 31,264
    see also social sciences
Apache 阿帕奇人 72
apodictic versions of truth 真理的决然形式 22,29,39,48,353 n.
    see also fundamentalism
apostasy 脱教
    see also exit
    in Asian tradition 在亚洲法传统 327
    and civil law tradition 和大陆法传统 162
    in hindu tradition 在印度法律传统 294
    in islamic tradition 在伊斯兰法传统 207
appeal 上诉
    in China 在中国 310
    in civil law tradition 在大陆法传统 132
    in common law tradition 在普通法传统 23,231
    in hindu tradition 在印度法律传统 280
    in islamic tradition 在伊斯兰法传统 179,180,210
    in talmudic tradition（absence of）在犹太法律传统（缺乏）100
Aquinas 阿奎那 8,132,185 n
    and notion of "superior intellect" "更高智力"的观念 264
Arabia 阿拉伯 132,133,171,181,197,205—6 n.,215,227 n.,229
    pre islamic law 前伊斯兰法律 171,181,183,207,212,215 n.
    thought of, and influence on sephardic and talmudic tradition 其思想，和对西班牙犹太人以及犹太传统的影响 113,118
    see also islam; Saudi Arabia
arbitration 仲裁
    in islamic tradition 在伊斯兰法传统 178 n.
    parallel in talmudic tradition 在犹太法律传统中的类似制度 98 n.
archaeology 考古学 7,58 n.,105 n.
Aristotle 亚里士多德
    thought of 的思想 144,153 n.,160,192,194 n.,199,346,351
art 艺术 11
aerefact 人工制品 7,19
arthasastras 政治经典 162
aryan 雅利安
    etymology of 的语源 273
Aryans *see* Vedic Aryans 雅利安人
Asahaya 阿撒哈雅 279
ashkenazi tradition 阿什肯纳兹传统 113,345
Asia 亚洲 50,58 n.,59,81,318,345
    Adapt law in 阿达特法律 305—6
    central 中亚 81
    concept 概念 304
    demography, geography 人口和地理 303
    and Eurasia 和欧亚 304
    hindu influence in 印度法的影响 298
    islamic law in 伊斯兰法 216,315

south east 东南亚 197, 298, 329
thought of 思想 351
western law in 西方法律 328—32, 357

Asian legal tradition 亚洲法律传统
and adjudication 和审判 318
and animals 和动物 324
and apostasy 和叛教 327
casuistry of 和决疑 319
and change 和变革 323—5
and communism 和共产主义 304, 309 n., 331—7
complexity of 复杂性 351
confucianism's influence on 儒家思想的影响 295—323
and corruption 和腐败 325
and dispute resolution 和争端解决 319
and dissent 和异议 327
and economic activity 和经济活动 318 n., 324
and elders, place of 和长者的地位 324
and equality 和平等 306, 321—3
and fa 和法 307—9, 313, 314, 345
and formal law 和正式法律 304, 311, 320
guanxi in 和关系（guanxi）320—3, 326 n., 340 n.
and harmony 和和谐 320—3
and heresy 和异端 327
and human rights 和人权 337—9
and identity 和身份 326—8
and individual 和个人 320—3
as informal tradition 非正式传统 304, 306, 311, 312, 318, 320
and intellectual property law 和知识产权法 304 n.
and inter-generational equity 和跨代衡平 324, 347
layers of 分层 327—40, 330 n., 357, 363
and li 和礼 307, 310—14, 318—19, 320, 323, 324, 345, 347
and natural law 和自然法 315 n.
no civil law discourse in 没有大陆法的论述 309 n., 311

normativity 规范性 348—9
persuasive character of 劝谕特征 304—11, 318, 327, 340
and positive law 和实证法律 304, 311, 317
rationality of 和理性 313, 315 n., 319
and relations (guanxi) 关系(relations) 320—3, 326 n., 340 n.
and relations with other traditions 和其他传统的关系 326—40
and religion(s) 和宗教 303—4, 311, 315, 318, 319, 323, 327
and revelation 启示 304
and rights 和权利 321—3, 337—9
and science 和科学 324
and space 和空间 323—5
style of 风格 319
and time 和时间 323
universalizing of 普世化 339—340
and western law 和西方法 313, 328—32, 357
and women 和妇女 323 n.
see also China; confucianism

Association Henri Capitant 亨利·卡比当协会 165 n.
atmanastushti 内心准则 283
Augustine 奥古斯丁 132
Austin, J. 约翰·奥斯丁 151 n.
Australasia 大洋洲地区 59, 66, 83—4
Australia 澳大利亚 67 n., 75, 84, 253
Austria 奥地利 330 n.
autonomy of will 意思自治 141—2
autopoietic theory of law 法律自生性原理 153 n.
ayatollah 阿亚图拉 199
Aztecs 阿兹特克人 62 n., 63 n., 64, 68, 92 n.

Babylonian Talmud 巴比伦塔木德 96—7, 130, 171
see also Talmud
Babylonia(ns) 巴比伦 62 n., 93 n., 95, , 113, 117 n., 124
and jewish diaspora 犹太人大离散到巴比伦 95, 113

Bacon, Francis 8 n.，弗兰西斯·培根 8 n. ,237
    corruption of 腐败 150
    and science 和科学 150,247
Baghdad 巴格达 197
Balakrida 巴拉卡里达 278
Baldus 巴尔德斯 150
Bangladesh 孟加拉 181 n. ,203 n.
banking, islamic 伊斯兰银行业 184—7,204,214,346
barristers 大律师 231,244,257,331,347
Bartolus 巴图鲁斯 133,138,149,150,202 n. ,345
basic norm（Grundnorm）of state law 国家法的基础规范 151
Basques 巴斯克人 160
Bedouin law 贝多因法 215 n.
Beirut, roman law school of 贝鲁特的罗马法学校 147
Bentham, J. 杰里米·边沁 151 n. ,242,246
best practices 最佳实践 261
bet din 犹太教法庭 99
Bible 圣经
    Hebrew 希伯来圣经 94,118
    New Testament 新约 143
    Old Testament 旧约 94,140,206 n. ,219 n.
bilingual law 双语法律 155 n.
binary logic 二元逻辑 153 n.
    see also Aristotle; bivalence
biology 生物学 3 n. ,14,35 n. ,153 n. ,358 n.
bivalence 二价 351—3,359
    see also multivalence
Black Athena 127 n.
Black Elk 83 n.
Blackstone 布莱克斯通 246
blasphemy 亵渎罪 254
Bodin 博丹 163
"Boston Confucianism" "波士顿儒家" 340
boundaries 边界 49,171 n. ,325,360
bounded rationality 限制性理性 46 n.
Bracton 布莱克顿 232—3 n. ,245
Brahman 婆罗门 276,278,283,284,289—91
    as non binary, non dual 作为非二元、非双重性的 289—91,350
Brahmans 婆罗门成员 276,278,286,287,292
Braudel 布劳德尔 37,49
Brazil 巴西 139 n.
Brehon law see Irish law Brehon 法律
British Empire 大英帝国 248—55
    and India 和印度 281,295—8
    see also colonialism
British Isles 不列颠群岛 131
British nationality 英国国籍 249
Brunei 文莱 331
Buddha, the 佛祖 315
buddhism 佛教 274,294,298 n. ,308 n. ,315—18,320,321,323,324,327,340,345
    calendar used by 佛教历法 274 n.
    in China 在中国 311,327
    and confucianism 和儒家思想 317,320
    and economic activity 和经济活动 318 n.
    egalitarianism of 平等主义 315—6
    and heresy 和异端 327
    and interdependence 和互相依存 316,320,324
    in Japan 在日本 316,317,327
    in Korea 在韩国 317
    and law 和法律 304,316—7 n.
    metaphysics of 形而上学 315
    and Middle Way 和中道 316,351
    origins of 起源 315
    and positive law 和实证法律 317
    as religion 作为宗教 315 n.
    revival of 复兴 340
    and science 和科学 315—6 n. ,325
    scholars of 学者 328 n.
    in United States of America 在美国 340 n
buffalo, killing of 屠杀野牛 77—8 n.
bullshit 胡扯 17 n.
Burke 柏克 23
Burma 缅甸 292
    see also Myanmar
burning 焚烧
    of books of Confucianism 儒家书籍 308
    of libraries 图书馆 9 n.

of Talmud 塔木德 116,118
Byzantium 拜占庭
    florilegium of 作品合辑 14,17,193
    law of 法律 206

Caesar,"Give to..." 恺撒,"给……" 143,195
calendar 历法
    christian 基督教的 93 n.
    islamic 伊斯兰 的 174
    jewish 犹太的 93 n.,233n
caliphs 哈里发 210
Cambacérès 康巴塞雷斯 153 n.
Cambodia 柬埔寨 316,331
Cambridge University 剑桥大学
    and roman law teaching 和罗马法教学 228
Cameroon 喀麦隆 82
Canaan 迦南 93 n.
Canada 加拿大 65 n.,67 n.,84,155 n.,251, 253,268,305
cannibalism 食人现象,人吃人的
    in chthonic tradition 在原生传统 72
canon 教规 10,346
canon law 教会法 133,155,157 n.,163,224,226
    actio spolii 侵夺之诉 233
Caro, J. 约瑟夫·卡罗 97
Casas, de las, B. 巴多罗梅·卡萨斯 264
case law 案例法
    in common law tradition 在普通法传统 230,239, 247
    in France 在法国 136 n.
    not source of law,in civil law 在大陆法中非法律渊源 136
    talmudic tradition not dependent on 犹太传统不依赖案例法 98,100
case reporting 案例报告
    as characteristic of tradition 15 作为传统的特征 15
    in China 在中国 336
    in civil law tradition 在大陆法传统 179 n.,252
    in common law tradition 在普通法传统 239
    in India 在印度 297

    in islamic tradition 在伊斯兰传统 179
    in talmudic tradition (absence of) 在犹太传统(缺乏) 100
    in United States of America 在美国 252
castes, in hindu tradition 印度传统中的种姓制度 286—9,298,315
    change of 变化 287
    prohibition of, by Constitution 宪法禁止 287
casuistry 决疑,诡辩 347,355
    abandonment of, in civil law 在大陆法传统中被放弃 139
    in Asian tradition 在亚洲传统 319
    in chthonic law 在原生法律 191
    in common law tradition 在普通法传统 255
    in French Court of Cassation 在法国最高法院 353 n.
    in islamic tradition 在伊斯兰传统 191—4,202, 207
    and multivalence 和多价 353
    of roman law 罗马法中的决疑思想 138,147, 191,347
    of talmudic tradition 犹太传统中的决疑思想 107,191
    in U.S. Supreme Court 在美国最高法院 353 n.
catholic church 天主教会 132,133,134,140,155, 157 n.,224,235
    and confucianism ("Catholic Crisis") 和儒家思想("天主教危机") 327 n.
Celtic law 凯尔特法 65 n.
Center for Research Libraries 研究文库中心 15 n.
chancellor 御前大臣 227,228,242
    court of see **Equity, Court of** 大法官法院,参见衡平法院
change 变革 22—6,350,359
    concept of 概念在
    in Asian tradition 亚洲传统 323—6
    in chthonic tradition 在原生传统 70—1,74—8, 195
    in civil law tradition 在大陆法传统 126,146—55
    in common law tradition 在普通法传统 240—7

in hindu tradition 在印度教传统 287—94

in islamic tradition 在伊斯兰传统 176,194—205

in talmudic tradition 在犹太传统 110—5,*see also* time

tradition as means 传统作为变革的手段 23—4

chaos 大杂烩或混合

of clear ideas (civil law) 清晰观点的混合（大陆法）134

with index (common law) 有索引的大杂烩（普通法）239,350

theory of 理论 15

Charlemagne 查理曼大帝 134

Chiapas 恰帕斯州 84,161

Ch'in dynasty 秦朝 308,309

China 中国 58 n.,59,311,315,316,319,327,328

administrative law in 行政法 334 n.

appeals in 上诉 310

and buddhism 和佛教 311,327

case reporting in 案例报告 336

Ch'in dynasty 秦朝 308,309

Ch'ing dynasty 清朝 308,330

and chthonic, pre Confucian law 和孔子之前的原生法律 306,320

Civil Law, General Principles of 民法通则 335,338

codes of 法典 308—9,311 n.,325

and communism 和共产主义 304,309 n.,331—7

and Confucianism, revival of 和儒家思想的复兴 333—5

contracts in 合同 312 n.,314 n.,334 n.

corporation law of 公司法 321 n.

and corruption 和腐败 310,326 n.,337

criminal law in 刑法 336

criminal procedure in 刑事程序 336—8

and economic growth 和经济增长 165 n.

Empire of 中华帝国 308

and Europe before 1500 BC 和公元前1500年前的欧洲 328 n.

expansion of 扩张 339

family law of 家庭法 309 n.

and fanzui jituan 和犯罪集团 326 n.

feudalism in 封建主义 306—9

and Great Wall 和长城 339n.

and Guomintang regime 和国民党政权 330

Han dynasty 汉朝 308

and human rights 和人权 337—9

and intellectual property law 和知识产权法 334 n.

interpretation in, by government 政府的法律解释 310

judges of 法官 309—10

inquisitorial 控诉式的 310

lack of independence of 缺乏独立性 310,335

and legal professions 和法律职业 310,335—6

legalists of 法家 307—9,314,327

legislation in 立法 334 n.

litigation in 诉讼 335

and Marco Polo 和马可波罗 328 n.

mediation in 调解 335

no civil law discourse in 没有大陆法的论述 309,311

precedent in 先例 336

rulers of 统治者 309

science in 科学 325

and Silk Road 和丝绸之路 328

and Soviet style law 和苏联模式的法律 333—7

and Taiwan 和台湾 330 n.

universities in 大学 325 n.

and west, contact with 和西方的接触 328

and western law, reception of 和对西方法律的继受 328—32,357

see also Asian legal tradition; confucianism

Ch'ing dynasty 清朝 309,330

choice of law 法律选择 119

amongst personal laws of Europe 在欧洲众多属人法中 155—6

see also conflict of laws; private international law

christian 基督教徒 92 n.,274 n.

christianity 基督教 83 n.,93,194,224,229,254,256,315

calendar 历法 93

索 引 423

in Europe 在欧洲 132,133
as main element in European thought 作为欧洲思想的主要成分 140—1 n.,143 n.
of "feeble juridical intensity" "衰弱的法律轻度" 174 n.
Gospels of 福音 172
and Judaism, relations with 和犹太教的关系 117—19,148
and life after death 死后的生活 118,194
time, concept of 时间的概念 148
see also Jesus
"chthonic", etymology of "原生"的语源 59—60
chthonic languages 原生语言
disappearance of 的消失 80 n.
chthonic legal tradition 原生法律传统
in Africa 在非洲 36 n.,60—1,61 n.,64,66,71 n.,72 n.,81—2
age of 年代 9
and agriculture, transition to 和过渡到农业 71
in America 在美洲 83—4,252—4
and analogy, use of 和类比的使用 71 n.
and animals 和动物 73—4
as apodictic 决然特点 89
in Arabia, prior to islam 在伊斯兰之前的阿拉伯 171,181,183,207,212,215 n.
and cannibalism 和食人现象 72
and casuistry 和决疑 191
and change, concept of 和变革的概念 71,72,74—8,195
and chiefs 和部落首领 63
commercial law in 商法 65 n.
complexity of 复杂性 350
and confucianism 和儒家思想 305—9,320
constitutional protection of 宪法保护 36 n.,82 n.,84 n.
contracts see obligations 合同,参见债
and corruption 和腐败 63,266
corruption of, in Europe 在欧洲的腐败 139—41
courts in 法庭 63,68
open character of 开放特征 70,206
criminal law of 刑法 68,72,86

banishment 驱逐 68 n.
blood feud 血腥冲突 68
collective character 集体特征 68
sentencing circle 团体处刑会议 68,86
democracy in 民主 61—3,72
dispute resolution in 争端解决 63—5
dissent from 异议 62—3
diversity of 多样性 60,75—7
duty to obey law in 服从法律的责任 73
education in 教育 62
elders in 长老 63
and environment 和环境 73,76,84
and equality 和平等 62 n.,72—3
in Europe 在欧洲 38 n.,65,125—6,131—2
exit from 退出
and fact, concept of 和事实的概念 61 n.,75 n.
family law in 家庭法 65—6,71—2,216 n.,281
fundamental core of 根本核心 78
identity in 身份 78—85,161
through birth and residence 通过出生和居住 156—8
through geography 通过地理位置 78—80
through race 通过人种 78—80
individual in 个人 71—3
innovation in 创新 70—3
inter generational equity in 代际衡平 62—3,75—7,347
and Internet 和互联网 89
and Iroquois peace 和易洛魁的和平 89,122
and islamic tradition 和伊斯兰传统 201,205
in Africa 在非洲 215
judges in 法官 64
legislation in 立法 63
matrilinear family in 母系家庭 66 n.
memory in 记忆 60—3
monarchy in 君主制 60,63—4
and Montezuma 蒙提祖玛 264 n.
and multivalent logic 多价逻辑 72
and nature 和自然 72—5
normativity of 规范性 348—9
not custom 非习惯 74—5

obligations 债 65,68

orality of 口述性 60—3

origins of 起源 60

patrilinear family in 父系家庭

and persuasion 和劝谕 70

pleading and proof of 诉讼和证据 81 n.

polyandry in 一妻多夫 66 n.

polygamy in 一夫多妻 66

procedure in 程序 64—5

 open character of 开放特征 70

and property 和财产法 66,72,85,131

 collective character of 集体特征 67,70,131

 seisin (saisine, gewehr) 保有 131,233,237,256

protection of 保护 80

and race 和种族 78—80

rationality of 理性 70—3

relations with other traditions 和其他传统的关系 79—90,216

religion in 宗教 60,73

 animism in 泛灵论 60,73

 polytheism in 多神论 72

 theism in 有神论 60,72

and Requerimiento 和要求（Requerimiento）264 n.

and reservations (for chthonic peoples) 和保留地（为原生民族）83

and rights, concept of 和权利概念 72,86—9

roles within 内部的角色 71—3

and seisin 和保有 131,233,237,256

and self help 和私力救济 71

separation of law and morals, absence of 法律和道德分立的缺失 69

in South Africa 在南非 36 n.

and states 和国家 80—5

of succession 和继承 131

and talmudic tradition 和犹太传统 93,114—15

and technology 和科技 66,85 n.

and time, concept of 和时间概念 74—8

torts *see* obligations 侵权，参见债

traditio of 传承 62

and tribal courts 和部落法庭 83 n.

and tribal sovereignty 和部落主权 364

unity of 统一 61 n.

universalizing of 普世化 89—90

women in 62 n,72

writing of, resistance to 对成文的抵制 61—2

chthonic people (s) 原生民族 58—90,171—2,204,226,255

 in Africa 在非洲 81 n.

 in Americas 在美洲 n.

 and anthropology 和人类学 31 n.,264,265

 in Asia 在亚洲 59

 and buffalo, killing of, 和野牛的屠杀 77—8 n.

 and colonialism 和殖民主义 260—5

 and computer technology 和电脑科技 41

 in Europe 在欧洲 65,125,126,131—40,156—8,350

 in India 在印度 274,295,297,n.

 jewish people as 作为原生民族的犹太人 114—15

 and mammoths, killing of, 和猛犸的屠杀 77—8 n.

 and "primitive peoples" 和"原始人" 31,264

 and traditional knowledge 和传统知识 68

 and war 和战争 89

 in world 在世界范围 58 n.

church 教会

 christian, in Europe 欧洲的基督教教会 134

 corruption of 腐败 140

 in islamic tradition 在伊斯兰传统 180

 in western expansion 在西方的扩张中 260

 church and state, separation of 政教分离 132,137,145,216,235—6,364—5

Cicero 西塞罗 237 n.

circuit 巡回

 of judges 法官的 231

circumstances of revelation, doctrine of 启示背景原则 202,208

citations, law of 引证法 130,277

citizenship 公民资格 55,157,162,249,364

 differential 有区分的 55,87,266 n.

索 引 425

European 欧洲的 160
  see also nationality
city 城市 160
civil law tradition 大陆法传统
  adages of 格言 155 n.
  and alternative thinking 选择性的思考 346
  and animals 和动物 141,165
  appeal in 上诉 132
  and Aristotle 和亚里士多德 144
  and autonomy of will 和意思自治 141—2
  and Bartolus 和巴图鲁斯 133,138,149,150202 n. ,345
  and Cambacérèes 和康巴塞雷斯 153 n.
  and canon law 和教会法 133
  and case law 和案例法 126 n. ,136
  case load of 案件数量 146
  case reporting in 案例报告 179 n. ,252
  and casuistry, abandonment of 和决疑的抛弃 139
  and change 和变革 126,146—55
  as chaos of clear ideas 作为清晰观点的混合 134
  and codification 和法典化 126,134—8,143, 146,158
  and colonialism 和殖民主义 259—66
  and comparative law 和比较法 155—66,245,250
  complexity of 复杂性 350
  and contracts 和合同 141—2
  and corruption 和腐败 140,266—9
  courts of open character of 具有开放特征的法院 132—3,137,148
  and Cujas 和居雅士 149,163,237,245,250, 258,345
  and customs 和习惯 137,163
  and deductive reasoning 和演绎推理 137,144—5
  delicts in 侵权 137,142
  and Descartes 和笛卡尔 143
  and dominion (dominium), notion of 和统治的概念 141
  efficiency of 效率 165 n.
  and epistemology, juridical 和法律的认识论 155 n.

  and equality 和平等 142,165
  and excluded middle, law of 和排中律 144, 351—3
  and exegesis 和法律解释 155 n.
  and fact, concept of 和事实的概念 148—9
  and family law 和家庭法 142
  and foreigners 和外国人 219
  and free scientific research 和自由科学研究 346
  and Freirecht 和自由法 346
  and generality of norms 和准则的普遍性 138 n.
    glosses in, on roman law 关于罗马法的注释 133
  and Grotius 和格老秀斯 143
  and Gutachten 和 Gutachten 179
  and heresy 和异端 161
  and humanism 和人文主义 138
  and identity 和身份 155—2
    by birth and residence 通过出生或居住 156
  individual in 个人 140—2
  and inflation of norms 和规则的膨胀 152 n.
  and Interessenjurisprudenz 和利益分析 346
  and interest analysis 和利益分析 346
  and interpretation 和解释 154—5
  and John of Paris 和巴黎的约翰 142 n.
  judges in 法官 240
    corruption of 腐败 140
    independence of 独立 145—6,245
    as resident 作为居民 136
  and jura novit curia 法官知法 135
  and Kelsen, H. 和凯尔森 151
  and language 和语言 164—5
  and legislation 和立法 134—8,216
    inflation of 膨胀 152 n.
  and liberty 和自由 142,212,263,265,349
  and libre recherche scientifique 和自由科学研究 346
  logic of 逻辑 144
  maxims of 谚语 155 n.
  and medieval dispute resolution 和中世纪争端解决 125—6 n.
  and "Middle" ages 和中世纪 125—6 n.

and mos gallicus 高卢法律研究风格 149
and mos italicus 意大利法律研究风格 133 n., 149
multivalence of 多价 353
and Napoleon 和拿破仑 134
and natural law 和自然法 143—4,238 n.
and nominalism 和唯名论 141
and non contradiction, law of 和矛盾律 144
normativity 规范性 349
and obligations, law of 和债法 137,142
and Ockham 和奥卡姆的威廉 142 n.
origins of 起源 125—30
pandectists 注释学派 144,334 n.
Pandects see Justinian 注释,参见查士丁尼
and past as fact 和过去作为事实 148—9
person 人
    centrality of, 以人为本 140—2
    as delegate of God 作为上帝的代表 141,143, 193,260,265
and persuasive ius commune 和说服性共同法 134,259,349
and positive law, concept of 和实证法概念 151—2
and Pothier 和波蒂埃 258
and precedent 和先例 136
procedure（investigative, inquisitorial）in 程序（调查性的、控诉性的）132,136,250—2
as Professorenrecht 作为教授的法律 139
and professors of law 和教授的法 136,139,148, 179
    jokes about 相关的笑话 131 n.
proof in 证明 132,147—8
and property 和财产法 141,165,183
and Pufendorf 和普芬道夫 143
and quaestiones disputatae 有争议的问题 133, 202 n.
and rationality of 和理性 134,138,143—6,163, 165,345,347
reception of 继受
    in Asia 在亚洲 328—32
    in Russia 在俄罗斯 332 n.
    in world 在世界 259—66
and religion 和宗教 137,141—4
and revolution 和革命 152—3
and right of action 和诉讼权利 242
and rights 和权利 146,239
    not absolute 没有绝对的权利 142
    origin of 起源 140—2
and rule of law 和法治 145
and sanction, notion of 和惩罚的概念 141
and Savigny 和萨维尼 59,135,137,139
and science 和科学 147—52
and secularity 和世俗性 138
and separation of church and state 和政教分离 132,137,145,216,235—6
and separation of powers 和权力的分立 145
and sources of law 和法律渊源 136—7,158
and sovereignty 和主权 150 n.
and space 和空间 125,262 n.
and state 和国家 137—8,145,155,156—61,262
    end of 结束 146
    of law 法律 145
structure of 体制 243
style of texts in 行文风格 138—9
and systemic thought 系统思想 138 n.,153—4, 158,161 n.,163
and talmudic influence on 和犹太传统的影响 120
and time, concept of 和时间的概念 148
and transnational law 和跨国法 262
and trust 和信托 142 n.
and United States of America 和美国 250,252, 330 n.
universities in 大学 132,133,137,227 n.
in western expansion 在西方的扩张中 260
and women 和妇女 263 n.
see also roman law; roman legal tradition; western law
civilian lawyers in England 大陆法学家在英国 245,256—9
civilization（s）文明
    as concept of colonialist universal history 作为殖

民主义普遍历史的概念 154 n., 264
underlying structures of 根本结构 37
codex form of roman law 罗马法的抄本形式 9 n., 129
codification 法典化
 in China 在中国 307, 308—9, 311, 325
 and civil law tradition 和大陆法传统 126, 134—8, 143, 146, 158
 and common law 和普通法 242, 246
 in India 在印度 297
 of Islamic law 伊斯兰法的法典化 210
 of Justinian 查士丁尼的法典化 96, 130—1 n., 147, 172
 and roman legal tradition 和罗马法传统 128
 of talmudic law 犹太法的法典化 96—8
 in United States of America 在美国 250—1
 see also legislation 同时参见立法
Coke, Lord 科克 237, 245, 278
colonialism 殖民主义 58—9, 80—5, 165—6, 204, 339—40
 in Americas 在美洲 260—6
 and anthropology 和人类学 264
 by west 西方的 217, 25*9—66
 and chthonic peoples 260—266
 and civilization, concept of 和文明的概念 264
 and Darwinism 和达尔文主义 264 n.
 and de las Casas 和巴多罗梅·卡萨斯 264
 and de Vitoria 和维多利亚 83 n., 264—5
 and "degrees of humanity", notion of 和"人性的程度"的概念 263
 English model 英国模式 80—5, 248—55, 260—3
 French model 法国模式 80—5, 260
 by islam 伊斯兰的 217—20
 and Locke 和洛克 261
 and military force 和武力 260
 and missionary activity 和传教士的活动 260
 and "primitive peoples", notion of 和"原始民族"的概念 31, 264
 private means of 私人方式 260
 and property concepts of 和财产概念 260—1
 and rights 和权利 263—7
 by Spain 和西班牙 260—5
 and state as means of 和国家作为手段 262
 techniques of 手段 260—5
 see also dominance; Europe; universalizing 同时参见统治；欧洲；普世化
Columbus 哥伦布 58 n.
Command, law as 法律作为命令 139, 151
commensurability 可比性 43—7, 144, 355, 360
 of chthonic and roman law 原生和罗马法的 133
 and chthonic tradition 和原生传统 87 n.
 of common and civil laws 普通法和大陆法的 233, 259
 of common law and revealed law 普通法和受启示的法的 233
 of English and American law 英国法和美国法的 252 n.
 and insiders and outsiders 内部成员和外人的 45 n.
 in mathematics 在数学中 43 n.
commentaries 评论
 of hindu law 印度法的 275, 278—9, 292
 in talmudic tradition 在犹太法律传统 97, 108 n.
commercial law of Europe 欧洲商法 224, 256
 in chthonic tradition 在原生传统 65 n
 in common law tradition 在普通法传统 232, 233, 256, 257
 in islamic tradition 在伊斯兰传统 183—7, 256
 in Japan 在日本 330
 in socialist law 在社会主义法 332—3
 in talmudic tradition 在犹太传统 99—100, 233, 256
 see also lex mercatoria
Commission on Folk Law and Legal Pluralism 民间法和法律多元主义委员会 59
common core project see Trento (common core) project 共同核心计划
common law (European concept of) 共同法（欧洲概念）134, 234—5
common law tradition 普通法传统
 and Act of Settlement 王位继承法 244

and actions, real and personal 对物和对人诉讼 233

and administrative law 和行政法 232,236

and Admiralty, Court of 和海事法院 236,256,350

 decline of 衰弱 258

adversarial procedure of 抗辩程序 228—9,243,250—2

"Americanization" of "美国化" 250 n.

and analogical reasoning 类比推理 238

and "Anglo-American" law "盎格鲁—美利坚"法 252

and appeal 和上诉 231,243

and Bacon, F. 和弗朗西斯·培根 237,247

and Bentham, J. 杰里米·边沁 151 n.,242,246

and Blackstone 和布莱克斯通 246

and blasphemy 和亵渎罪 254

and Bracton 和布莱克顿 233,245

and British Empire 和大英帝国 247—55

and British nationality 和英国国籍 249

and canon law 和教会法 226

case load of 案件数量 250—2

case reporting in 案例报告 15,239,350

casuistry of 决疑 255

chancellor in 御前大臣 227,229,242

and change 和变革 240—7

as chaos with index 有索引的大杂烩 239,350

and christianity 和基督教 254,256

and chthonic law 和原生法律 224,235,236,239,240,255,256

and circuit of judges 和法官巡回 231

civil law's influence on 大陆法的影响 225,231—3,245,258

and codification 法典化 242,246

and Coke, Lord 和科克勋爵 237,245,278

and colonialism 和殖民主义 80—5,248—55,259—66,330—2

and commercial courts 和商业法庭 225 n.

commercial law of 商法 232,233,256,258

and Commonwealth 和英联邦 248,253

and comparative law 和比较法 258—9

complexity of 复杂性 350

conquest, nature of 征服的性质 235,239

and contempt power 和蔑视权威 240

contract law of 合同法 232,237,241

and corruption 和腐败 150 n.,266—9

courts of 法院 235,240—4

 fusion of 合并 258

 opening in 19th century 在19世纪的开放 262

 unitary structure 单一体制 253

and Crown 和国王 237

 immunity of 豁免 284—6 n.

and custom of the realm 王国内的习惯 246,345, see also common law tradition (and chthonic law, informal tradition chthonic law)

and deductive reasoning 和演绎推理

and defamation 和诽谤 235,258,238 n.

diversity of 多样性 235 n.,247—58,350

doctrine of see literature of 学说

and Doe, John 和John Doe 241

and domicile 和居所 249,254

and ecclesiastical courts 和宗教法庭 224 n.,232,235,239,240,255,350

 decline of 衰弱 258

and ejectment 和逐出 232,241

and equality 和平等 240

and Equity 和衡平 256—8,245,347,350,355

 common law resistance to 普通法的反对 258

 Court of 衡平法院 65,236,256,258,350

and error of law on face of record 记录上的法律错误 231 n.

and European Convention on Human Rights 和欧洲人权公约 239

and European Court of Human Rights 和欧洲人权法院 265

and Exchequer Chamber 和财政法院 231 n.

exit from 退出 254

and fact (code) pleading 和事实(法典)诉答 243

and family law 和家庭法 224 n.,232,249

and federal common law 和联邦普通法 250,253

and feudal courts 和领主法庭 234,241,255
and fictions 和虚构 241—2
and foreigners 和外国人 255
and forms of action buried, but rule from graves 诉讼程式被埋葬,但却在坟墓统治我们 243
　　see also writ system
and French language 和法语 225,226,232
and Glanville 和格兰维尔 233 n.
and Henry II 和亨利二世 227 n.
House of Lords in 枢密院 243
and human rights 和人权 239,254
and identity 和身份 249,254
and inductive reasoning 和演绎推理 238 n.
and informal tradition 和非正式传统 234
and Inns of Chancery 和初级律师会馆 228
and Inns of Court 和律师会馆 228—9,245,257
　　Temple (Inner & Middle) 殿(内殿和中殿) 229
　　and Temple of Solomon 所罗门神庙 229
and interpretation 和解释 247,251
and Ireland 和爱尔兰 235
islamic influence on 伊斯兰的影响 227—8.229.233.238 n. ,241 n.
judges of 法官 226—8,231,236,240,241,331,345
　　on circuit 巡回法官 231
　　clerics as 教士作为法官 229,236,255
　　discipline of 纪律 254
　　ethic of 道德 245
　　independence of 独立性 244—5,254
　　as lions under throne 王冠下的狮子 238 n.
　　as source of law 作为法律渊源 231,238,246
judicial function in 司法功能 229—31,243
　　and deciding merits 和决定案情 243
　　and non decision 和不作判决 237
jury in 陪审团 63 n. ,226,228,229—31,234,235,236。239,241,243,350
and Kent 和肯特 235
and Lanfranc of Pavia 和帕维亚的兰费朗克 232
and language 和语言 247
languages of (English, French, Latin) 语言(英语、法语和拉丁语) 225,226,231
and legal education 法律教育 247
legal professions of 法律职业 228
　　barristers 大律师 231,244,258,331,347
and legislation 和立法 226,246
and liberty 和自由 240,263,265,325
literature of 著述 245—7
and Littleton 和利特顿 245,278
and Maine, H. S. 和亨利梅因 230
and Maitland 和梅特兰 230,243,255
and manorial courts 和庄园法庭 235 n.
and Mansfield, Lord 和曼斯菲尔德勋爵 258
mapping of 绘制地图 238 n.
and memory 和记忆 239
multivalence of 多价 353
and national identity 和国家身份 248,254
as national law 作为国家法 225,245—7,248—55
and nationality 和国籍 254
and nisi prius 和初审审判 231 n.
and non-citation rules 和非引证规则 251 n.
and Normans 和诺曼人 224,226,234,240,244,253,291
　　in Sicily 在西西里岛 229
normativity of 规范性 349
and novel disseisin 和在教会法或罗马法中 origins of in canon or roman law 新近占有的起源 233
　　writ of 令状 231
and obligations, law of 和债法 258
and orality 和口述性 238
and ordeal 和神裁 226 n.
origins of 起源 132,148,225
particularity of 特殊性 225—8
and persuasive authority 和说服性权威 246 n. ,252 n. ,253—5
persuasive (optional) character of 劝谕(选择性)特征 134,226,234—5,259,349
and plea rolls 和法律年鉴 239 n.
and "pleading to issue" 和"围绕系争点而争辩" 230

positive law in 实证法 231 n. ,247
and possessory assizes 占有令状 231
and Pothier 和鲍狄埃 258
and pre-conquest legislation 征服前的立法 224 n.
precedent in 先例 230,238
and prior chthonic law in England 英国的之前的原生法律 224,255
and privacy, right to 和隐私权 239
and private/public law distinction 和公私法的区分 236 n.
procedure of 程序 178,26—8,229—31,241—6,250—2
    opening of, in 19th century 19 世纪的开放 242
    reforms of, in 19th century 19 世纪的改革 241—4,258
proof (evidence) in 证明（证据）230
and property 和财产法 231—4,236—7,241,255—7
    real and personal 不动产和动产 233
rationality of 理性 202 n. ,238—40,247,252,347
reception of 继受 248—5,330—2
reforms of, in 19th century 19 世纪的改革 241—6,258
and relations with other traditions 和其他传统的关系 255—66
    with civil law in Europe 和大陆法在欧洲的关系 258
and religion 和宗教 240,245
remedial character of 救济特征 230
res judicata in 既判力 238
restraint of 制约 240
and revolution 和革命 247
and right of action 和诉讼权利 242
and right, writ of 和令状权利 233
roman law's influence on 罗马法的影响 225,232—4,255
and science 和科学 247
and separation of law and morals 和法理与道德的分离 235,236
and sheriff 和执法官 230
and slavery 和奴隶制 240
sources of law in 法律渊源 238,246,249—51
and space 和空间 262 n.
and stare decisis 和遵循先例原则 193,203 n. ,231,238,252
    19th century origins of 19 世纪的起源 246—7,259
and state 和国家 145,225,245—7,248—55,262
substantive law in 实体法 231,242—4,258
    "secreted in … procedure" "隐藏在程序中……" 230
successions in 继承 249
and systemic thought 和系统思想 234,245—8
talmudic law's influence on 犹太法的影响 99 n. ,120,233
tort law of 侵权法 232,237,241
and transnational law 和跨国法 262
and trust 和信托 255—8
and Vacarius 和瓦卡留斯 232
and van Caenegem, R. C. 和范·卡内冈 225,233 n. ,248
and Wales 和威尔士 235
and Westminster 和威斯敏斯特 231
and women 和妇女 207 n. ,257 n.
writ system of 令状制度 133,228—32,228,236,239,242,243,258,345
    limited by feudal lords 受领主法庭限制 234
    reforms of, in 19th century 19 世纪的改革 241—5,259
and Year Books 和法律年鉴 239 n.
see also India; United States of America; western law

commonwealth 英联邦
    Commonwealth Lawyers' Association 英联邦律师协会 248
communication 沟通交流 7—12,42,45
communis opinio doctorum 法律职业者的一般意见 175 n.
communism 共产主义

in Asia 在亚洲 304,309 n. ,331—7
and islamic tradition 和伊斯兰传统 213
see also China; socialist law; Societ law; Vietnam
comparability see commensurability 比较性
comparative law 比较法
    and civil law tradition 和大陆法传统 155—66.245,250
    and common law tradition 和普通法传统 258—9
    complexity 复杂性 364
    conciliation of laws 法律调和 364
    in Greece 在希腊 157 n.
    and roman law 和罗马法 157
    and shi'ite tradition 和什叶派传统 199
    and specialization 和专业化 44 n.
    and taxonomy 和分类 163—4
    and United States of America 和美国 249—50
comparative reasoning 比较推理 46
competition theory 竞争理论 3 n. ,358
complexity 复杂性 187 n. ,247,282,320,360
computer technology 电脑技术 41—2
conciliation of laws 法律调和 362
conditions des étrangers 陌生人待遇 219
conduct, gradations of in Islamic law 伊斯兰法中的行为分类 202
confederal states 联邦国家 52—3
conflict 冲突 46,49,144
conflict of laws 法律冲突 52,144,197—9
    disintegration of 分裂 362
    see also choice of law; conciliation of laws; private international law
confucianism 儒家思想
    and adjudication 和审判 319
    "Boston Confucianism" "波士顿儒家" 340
    and buddhism 和佛教 317,320
    burning of books of 焚书 308
    and catholicism ("Chinese rites") 和天主教思想 ("中国礼仪") 327 n.
    and change 和变革 323—6
    and chthonic tradition 和原生传统 305—9,320
    as complex tradition 作为复杂传统 320
    and conciliation 和调和 310,319
    and confucianization 和儒家化 318—20
    and corruption 和腐败 326
    and economic activity 和经济活动 318 n. ,324
    and education 和教育 322,324
    and fa 和法 306—9,311,313—4,318—20,321,325,327—8,333—8,345
    and family 和家庭 320,322
    and gender 和性别 322
    guanxi in 关系 320—3,326 n. ,340 n.
    and harmony 和和谐 320—3,324
    and individual 和个人 313,318,320—3
    influence in Asia 在亚洲的影响 310—1,313,316—23
    and interdependence 和互相依存 320
    and li 和礼 307,310—14,318—19,320,323,324,345,347
    and litigation 和诉讼 310
    as official doctrine 作为官方学说 309
    particularity of 特殊性 317—20,350
    and patriarchy 和家长制 322 n.
    persuasive character of 劝谕特征 304—13,327,340
    rationality of 理性 313,315,318—20
    relational character of 理性特征 320—3
    and religion 和宗教 315,319
    revival of 复兴 23 n. ,340
        in China 在中国 333—5
    and rights 和权利 321—3,337—9
    and rulers of China 和中国统治者 309
    schools of 学校 308 n.
    and science 和科学 325
    and state 和国家 325,327
    style of 风格 319
    and taoism 和道教 317—8,319
    and time 和时间 323
    universalizing of 普世化 339—40
    and women 和妇女 323 n.
    see also China; fa; li
Confuciuas 孔子 306—7,320
    as transmitter of tradition 作为传统的传播者 306—7 n.

consciousness 意识 54 n., 150
consensus 共识 245
 in common law tradition 在普通法传统 238
 in islamic tradition see ijma 在伊斯兰传统参见公议
conservative movement（in judaism）保守运动（在犹太教）113, 345
consociational states 联盟国家 53
constitutional law 宪法 23 n., 50—2, 209, 331
 and chthonic peoples 和原生民众 86—9
 in India 在印度 287—9, 297
 and recognition of islamic law 和对伊斯兰法的认可 216
 in United States of America 在美国 252
 see also public law
contempt power 藐视权威 240
continuity 连续性 6, 12—13, 19, 87, 152, 153, 349 n.
 see also discontinuity; separation; interdependence
contract（s）合同
 in Asia 在亚洲 312, 314 n., 334 n.
 in chthonic tradition 在原生传统 65
 in civil law tradition 在大陆法传统 142
 in common law tradition 在普通法传统 231—2, 237, 241
 in islamic tradition 在伊斯兰传统 183—5
 in roman legal tradition 在罗马法传统 130, 138, 314 n.
 in socialist law 在社会主义法 333
 in talmudic tradition 在犹太法传统 101
 to islam 对于伊斯兰来说 171 n., 208, 215, 218
 western notions of 西方的概念 321 n.
 see also obligations（law of）同时参见债（法）
conversion 皈依
 to islam 伊斯兰 171 n., 209, 214, 218
 to judaism 犹太教 1309, 115, 171 n.
coptic law 科普特人的法律 93 n.
 see also Egypt
copyright 著作权
 and talmudic law 和犹太法 100, 119

corporations 公司
 in islamic tradition 在伊斯兰传统 184—6
 western 西方的 186
corruption 腐败 16—9, 48, 140—1, 161 n.
 in Africa 在非洲 82
 ant（hormiga）蚂蚁式的 269
 in Asia 在亚洲 325—6
 and Bacon, Francis 和弗朗西斯·培根 150
 in China 在中国 310, 325, 337
 and chthonic tradition 和原生传统 63, 266
 of church in Europe 欧洲教会的腐败 140
 and crime 和犯罪 27, 48
 and development 268—9
 doctrinal 学说的 267
 dominance as 支配 359
 in English judiciary 在英国法院 267 n.
 and guanxi 和关系 326
 and hindu tradition 和印度传统 279, 290
 institutional 制度性的腐败 28, 48
 in large, western institutions 在大的西方制度中 267
 intellectual 智识性腐败 28—9, 267, 325
 and islamic tradition 和伊斯兰传统 181, 266—7
 of judges 法官的腐败
  in Asia 在亚洲 325
  in Europe 在欧洲 140, 266—8
  in Roman law 在罗马法 128—9
  in World 在世界范围 269 n.
 and legal professions 和法律职业阶层 267—9
 pecuniary 金钱的 27—8
 of police 警察的 269
 of racism 种族主义的 267
 in socialist law 在社会主义法 333
 in talmudic tradition 在犹太传统 114—5, 267
 of western law 西方法律的腐败 266—9
 in developing countries 在发展中国家 268—9
Corsicans 科西嘉人 160
cosmopolitanism 全球主义 50
courts 法院
 in chthonic tradition 在原生传统 63—4, 68
 open character of 开放特征 70, 206

in civil law tradition 在大陆法传统
　　　　open character of 开放特征 132—3,137,147
　　　　structure of 结构 243
　　in common law tradition 在普通法传统 235,
　　　　240—4,257
　　Cour de cassation 法国最高法院 164 n.,353 n.
　　European 欧洲法院 159,265,363
　　in hindu tradition 在印度传统 278—81,285
　　　　open character of 开放特征 289
　　　　role in India 在印度的角色 296
　　in islamic jurisdictions 在伊斯兰国家 206,210
　　not sources of law, in civil law 在大陆法系非法
　　　　律渊源 136
　　in roman legal tradition 在罗马法传统中 128
　　in talmudic tradition 在犹太传统中 98—100,
　　　　103—4
　　see also appeal 同时参见上诉
Cover R. 罗伯特·卡福 120
Cree 克里族人 86
crime 犯罪 347
criminal law 刑法
　　in Asian tradition see fa 在亚洲传统
　　in China 在中国 336
　　in chthonic tradition 在原生传统 68
　　in hindu tradition 在印度传统 281 n.
　　in talmudic tradition 在犹太传统 120
critical legal studies 批判法律研究 347
Crown 国王 237
　　immunity of 豁免 284—6 n.
Crusades 十字军东征 116 n.,195,227 n.,259
　　and influence on Inns of Court 和对律师学院的
　　　　影响 228—9
Cuba 古巴 332
　　Cujas (and Cujadists) 居雅士（和居雅士学派）
　　　　149,163,237,245,250,258,345
Culture 文化
　　concept of 概念 154
　　not chthonic concept 非原生概念 71
　　war 战争 218
custom, customary law 习惯和习惯法
　　and adat law 和阿达特法 305

　　chthonic tradition not 原生传统非习惯法 74—5
　　and common law 和普通法 245,345
　　in France 在法国 163
　　and hindu tradition 和印度传统 285 n.,287 n.,
　　　　291297
　　and islamic tradition 和伊斯兰传统 201
　　not "fact" 非"事实" 134 n.
　　pleading and proof of 争辩和证明 81 n.
　　writing down of 记录下来
　　　　in Europe 在欧洲 137
　　　　see also adat law, chthonic legal tradition; oral-
　　　　ity; tradition (informal) 同时参见阿达特
　　　　法；原生法律传统；口述性；传统（非正式）
Custom of Paris 巴黎习惯法 137
　　see also custom 同时参见习惯
Czech Republic 捷克共和国 117

daf yomi cycle 一天一页读经周期 106 n.
Dalit 贱民 287 n.
danda 惩罚 285
"dark" age "黑暗"时代 125,259
DARS see digital archival repositories DARS 参见数
　　字档案库
Darwinism 达尔文主义 264 n,358
Daumier 杜米埃 140 n.
David 大卫 95
David, R. 勒内·达维 84 n.,153 n.
Dawkins R. 德沃金 14 n.,358 n.
Dayabhaga school 达雅巴戛学派 279,281,292,
　　296,345
decisional law see case law 判决法律
decisors 裁判者（decisors） 99
deconstruction 解构 9—10,104
　　see also interpretation
deduction (reasoning by) 演绎（推理）
　　in civil law tradition 在大陆法传统 137,144
　　in common law tradition 在普通法传统 239
　　and hindu tradition 和印度法传统 288
　　and islamic tradition 和伊斯兰法传统 191—3
　　in shi'ite tradition 在什叶派传统 199
　　in talmudic tradition 在犹太法传统 107—9

defamation, in ecclesiastical courts 宗教法庭中的诽谤罪 235, 258
delicts 侵权
 in civil law 在大陆法传统 137, 142
 in roman law 在罗马法 130, 137, 138
 see also torts, obligations
democracy 民主 60, 62—3, 72, 141 n.
Denmark 丹麦 58 n., 145 n.
derecho foral 原在法律 157
Derrett, J. D. M. 德雷特（J. D. M. Derrett）294
Descartes 笛卡尔 143, 165
Deuteronomy 申命记 24 n.
developing countries 发展中国家 213
development 发展 2 n., 33, 214, 260, 338, 363
 and corruption 和腐败 268—9
 and positive law, fragility of 和实证法律的脆弱 268—9
dharma 达摩 284—9, 291
dharmasastras 法论（dharmasastras）275—9, 291, 296, 298 n., 315, 317 n.
dhimmi 吉玛人 219
diaspora(s) 大离散 51—5
 islamic 伊斯兰 214—7
 jewish 犹太人 95, 113, 116—7
diffusionary theory 扩散理论 33
Digest 学说汇纂
 of Justinian 查士丁尼 131, 147, 171, 278
 Pisa manuscript of 比萨手稿 126 n.
digests 汇编
 of hindu law 印度法的汇编 275, 278, 295
digital archival repositories (DARS) 数字档案库（DARS）11 n.
digital information 数字信息 10—11
dignity, human 人的尊严 363
 and Asian tradition 和亚洲传统 337, 558
 as aspiration for, or foundation of, rights 作为对权利的启发或基础 362 n.
 and chthonic tradition 和原生传统 89
 and civil law tradition 和大陆法传统 142
 see also individual

dina de malkhuta dina 国家的法律才是法律（dina de malkhuta dina）97, 119
Dinka 丁卡部落 64, 69
discontinuity 中断 2 n., 11, 126 n.
 see also continuity; separation; interdependence
dispute resolution 争端解决
 in chthonic tradition 在原生传统 63—5
 in hindu tradition 在印度传统 278—81
 medieval 中世纪的 125—6 n.
 in roman legal tradition 在罗马法传统 128
 in talmudic tradition 在犹太传统 99—100
 see also procedure
dissent 异议 39
 in Asian tradition 在亚洲传统 327
 in Europe 在欧洲 134 n., 345
 from chthonic tradition 来自原生传统 62
disunity, legal 法律的不统一 52
diversity in law 法律多样性 348—51, 358—65
 see also particular traditions
doctorate of laws 法学博士（两种法律）163
Doctor's Common 一个由大陆法教授和执业律师组建于16世纪的专业协会 257—8
doctrine, in civil law 大陆法中的学说 136 n.
Doe, John 241
domicile 住所 36 n., 249, 254
dominance 支配 22, 47—52, 58—9, 134 n., 166, 339—40
 as corruption of tradition 作为传统的腐败 359
 see also colonialism; universalizing
dominion (dominium), notion of 统治权的概念 141
door of endeavour 努力之门
 closing of 关闭 192, 195, 202, 278, 288
 opening of 开启 204
double sale, in islamic law 在伊斯兰法中的双重销售 202
Dow Jones Islamic Index 道琼斯伊斯兰指数 186
"Dreamtime" "黄金时代" 75
Draco 德拉古 93 n.
duty to obey law 服从法律的责任
 in chthonic tradition 在原生传统 73

in positivism (no) 在实证助于（没有）73 n.

East 东方 37
easternization 东方化 339
ecclesiastical courts 宗教法庭
    decline of 衰弱 258
    in England 在英国 224 n., 232, 235, 238, 240, 255, 256, 350
    procedure in 程序 236 n., 238
ecology 生态 165, 184, 195
    see also environment, nature
economic inequality, in world 世界经济不平等 165 n.
economics 经济学 104
    in islamic tradition 在伊斯兰传统 185 n., 204
    and law 和法律 346, 364 n.
    see also markets
efficiency 效率
    of civil law 大陆法的效率 165 n.
Egypt 埃及 177 n., 197, 220, 229 n., 256, 277
    law of 法律 39 n., 92 n.
    thought of 思想 2, 127
    see also coptic law
ejectment 逐出 232, 241
ejido 合作农场（墨西哥）67
Eliot, T. S. 托马斯·史登斯·艾略特 5, 7
England 英国 65, 116, ch. 7 passim, 第七章各处, 247, 250, 265, 276, 299, 309, 362
    as colonial power 作为殖民列强 80—5, 248—55, 260—1, 329
    and slavery 和奴隶制 139 n.
enlightenment 启蒙 2, 36, 50 n., 65, 140, 161, 245, 306
    in buddhism (nirvana) 在佛教（涅槃）315—6
    and "meristic" inclusion 和"分节"包含 263 n.
    as "patriarchal" 作为"家长制的" 263 n.
    see also tradition, of rationality
environment 环境
    in chthonic tradition 在原生传统 73, 76, 84
    in hindu tradition 在印度传统 293
    in islamic tradition 在伊斯兰传统 183

    see also nature, ecology
epistemic communities 认知共同体 41—3, 262
epistemology 认识论
    juridical 法律的 155 n.
equality 平等 53, 119, 140, 212
    and asian legal tradition 和亚洲法律传统 306, 322
    and buddhism 和佛教 316
    and chthonic tradition 和原生传统 62 n., 71, 72
    and civil law tradition 和大陆法传统 142, 165
    and common law tradition 和普通法传统 240
    and hindu tradition 和印度传统 287
    and islamic tradition 和伊斯兰传统 194, 210, 212, 213
    racial 种族的平等 338
    and talmudic tradition 和犹太传统 109, 119
Equity 衡平 256, 345, 347, 350, 355
    common law resistance to 普通法的抵制 257
    Court of 衡平法院 65, 236, 256, 257, 350
    and palm-tree justice 和棕榈树正义 177
    and talmudic tradition (acting "inside the law") 和犹太法律传统（在"法律范围内"活动）103, 108, 119, 179, 347
    see also trusts
Erasmus 伊拉斯谟（Erasmus）157
error of law on face of record 在记录上的法律错误 231 n.
Eskimo 爱斯基摩人 328
    see also Inuit
essentialism 本质主义 33
ethic(s) 道德 358
    of common law judiciary 普通法法官的道德 244—6
    of humanity 人道主义 362
    of role 角色 347 n., 355
    of situation 情形背景道德 347 n.
Ethiopia 埃塞俄比亚 84
Ethiopian Civil Code 埃塞俄比亚民法典 84 n.
Ethnicity see race 种族（ethnicity）
Eurasia 欧亚 304
Europe 欧洲 2 n., 49, 51 n., 82, 113, 308, 354

and China, before 1500 BC 和中国在公元前
    1500 年之前 328 n.
chthonic history of 原生历史 65,125—6,131—
    9,155—7,350
corruption of 腐败 139—40
"dark" age of "黑暗"时代 125
domination by 支配 58,59,339
Eastern 东欧 38 n.
family law of 家庭法 55,142
inequality in 不平等 140,165
islamic influence on 伊斯兰的影响 227,228—9
"Middle" ages of "中"世纪 125 n.,306
religion in 宗教 137,140—4,245
slavery in 奴隶制 139,240
see also enlightenment; colonialism
Europe, eastern 东部欧洲 135,160,329
European 欧洲的
    common core of laws project 法律项目的共同核
        心 158 n.
    Community 欧共体 158
    Convention on Human Rights 人权公约 160,239
    Court of Human Rights 人权法院 265,363
    Court of Justice 法院 159—60
    harmonization of laws 法律一体化 158—60
    identity 身份 136,155—62,327
    law 法律 155—6,158
        ius commune 共同法（ius commune）133—4,
            135,157,159,234,247 n.,249,259,349,
            350
        and public law 和公法 160 n.
    peoples 民族
        as aboriginals 作为原住民 58—9
        as chthonic people 作为原生民族 65,125,
            126,131—9,155—7,350
    Union 联盟 155 n.,158,159,350,361
        and, fuzzy, law 和模糊法律 159—60,350,
            352—3
    see also European Community; subsidiarity
euthanasia 安乐死
    in talmudic tradition 在犹太传统中 112
evasion of law 规避法律

    in islamic tradition 在伊斯兰传统中 197—9
    in talmudic tradition 在犹太传统中 111
    see also hyal
evolutionary theory 进化理论 33,63
examinations, Chinese model of 中国模式的科举
    考试 229 n.,322
Exchequer Chamber 财政法院 231 n.
excluded middle, law of 排中律 144,351—3
excommunication 逐出教会
    from hinduism 印度教 294
    from judaism 犹太教 116
exegesis 注释 155 n.
exit 退出
    from chthonic tradition 原生传统 62,78,79—81
    from common law tradition 普通法传统 254
    from hindu tradition 印度传统 295
    from islamic tradition 伊斯兰传统 208—10
    from talmudic tradition 犹太传统 116
    see also apostasy; identity, protection of

fa 法 306—9,313—5,319,321
    and burning of books 焚书 308
    and codes 和法典 307,308—9,311 n.,325
    in communist China 在共产主义中国 333—8
    confucianization of 儒家化 318—20,321
    decline of 衰弱 308—9
    and equality 和平等 306
    intolerance of 不宽容 308
    and legalists (realists) 和法家（现实主义者）
        307,314,327
    and militarism 和强军主义 308
    as penal and administrative law 作为刑法和行政
        法法 309—10,311
    private law closed to 对私法的封闭 309
    and punishment 和惩罚 306—9,314,319,321
    as rule by law 作为依法治理（rule by law） 308
    style of 风格 319
fact (code) pleading 事实（法典）诉答 234
fact(s) 事实 13,360
    concept of in chthonic tradition 在原生传统中的
        概念 62 n.,75 n.

and custom 和习惯 134 n.
    in islamic tradition 在伊斯兰传统 195
    in western tradition 在西方传统 149,360
family law 家庭法 365
    in China 在中国 309 n.
    in chthonic tradition 在原生传统 65—66,71—2,216 n.,281—2
    in civil law tradition 在大陆法传统 142
    in common law tradition 在普通法传统 224 n.,232,249
    in ecclesiastical courts in England 在英国的教会法庭 224 n.,232,235
    in hindu law 在印度法 281—2
    in islamic tradition 在伊斯兰传统 181—3,202,205 n.,206 n.,213,216 n.
    in North America 在北美 66
    in roman legal tradition 在罗马法传统 129 *,138
    in talmudic tradition 在犹太传统 100,365
fanzui jituan 犯罪集团 326 n.
fatwah 法塔瓦 180,190,199
feminism 女权主义 204 n.
feminist legal theory 女权主义法律理论 346—7
feudal courts 领主法庭 235,241,255
feudalism 封建主义
    in China 在中国 306—9
    in England 在英国 235
    in Europe 在欧洲 132,306
    in Japan 在日本 311
fictions 虚构
    in common law 在普通法 241—2
    in roman law 在罗马法 147
    see also hyal
fikh 174,188
fiqh 斐格海 174,188
Flemish 佛兰德人 160
folk law 民间法 59
foreign law 外国法 164
foreigners 外国人 162
    in civil law tradition 在大陆法传统 219
    in common law tradition 在普通法传统 255

    in islamic tradition 在伊斯兰传统 219
    in talmudic tradition 在犹太传统 122
formality (of sources)(渊源的)正式性 65
forms of action 诉讼程式
    buried but rule from graves 被埋葬但在坟墓统治 243
    see also writ system
formulary procedure of roman law 罗马法的语言程式程序 128,137,147,227—8,242
France 法国 58 n.,66,117,131,146 n.,149,240,245,252,263 n.,267,285 n.,295,309,364—5
    administrative law of 126n.行政法 126 n.
    citizenship of 公民资格 162
    codification of law of 法律法典化 134—5,137,158,201,242
    as colonial power 作为殖民列强 81—4,260—3,329
    common law of 共同法 163
    Cour de cassation of 最高法院 164 n.
    customary law of 习惯法 163
    efficiency of law of 法律的效率 165 n.
    influence in Japan 在日本的影响 329
    influence in south east Asia 在东南亚的影响 331
    and reception of roman law 和罗马法的继受 152,164,330 n.
    and recognition of islamic family law 和认可伊斯兰家庭法 152,164,330 n.
    and revolution 和革命 152—3,242
    and separation of church and state 政教分离 216
    style of 风格 139
    teaching law of 法律教学 134
fraude à la loi *see* evasion of law 法律欺诈
free law 自由法 346
free scientific research 自由科学研究 346
free trade areas 自由贸易区 161
    see also European Community, Union
Freirecht 自由法(freirecht) 346
French 法语
    and common law 和普通法 226,231
    as national language 作为国家语言 134
frontier 疆界

in colonization process 在殖民化过程中 262
in south-east Asia 在东南亚 324 n.
in United States of America 在美国 253
frozen or suspended tradition, 冻结或搁置的传统
    see tradition（s）, frozen or suspended
Fuentes, Carlos 卡洛斯·富恩斯特 xxiv, 150, 290
fundamentalism 原教旨主义 22, 29, 39, 48, 347, 348, 356
    see also universalizing
furu 福鲁尔 180
futures trading 期货交易
    in early islamic law 在早期伊斯兰法律中 206 n.
fuzzy logic 模糊逻辑 160, 351—3, 365
    and identity 和身份 360
    and security interests 和安全利益 352—3
    see also multivalenc

gacaca（grass）courts 草地法庭 69
Gaius 盖尤斯 92 n, 127 n., 130
Gallileo 伽利略 195
Gemarah 革马拉 96
gender 性别 54—5
genes *see* biology 基因 参见生物学
geography 地理 53
    and identity 和身份 33—4
germanic law 日耳曼法 38 n., 242 n.
    see also chthonic legal tradition, in Europe
Germany 德国 33, 117, 131, 142, 165 n., 175 n., 233, 362 n.
    citizenship of 公民资格 162
    codification of law of 法律的法典化 134—5, 137
        style of 风格 139, 144
    fees of litigation in 诉讼费 251 n.
    influence 影响
        in China 在中国 334 n.
        in Japan 在日本 329
    interpretation in 解释 247 n.
Ghana 加纳 81 n.
ghetto 贫民窟 117 n.
giri 义理 313, 330 n.

Glanvill 格兰维尔 233 n.
globalization（s） 全球化 32, 49—51, 141 n., 213, 261
    and lex mercatoria 和商人法 261
glosses, on roman law 对罗马法的注释 133
God 上帝 94, 226, 289—90
    in hindu tradition 在印度传统 275, 289—90 *see also* gods
    humans as delegate of 人类被视为上帝的代表
        in civil law tradition 在大陆法传统中, 141, 143, 193—4, 260, 265
        in islamic tradition 在伊斯兰传统 193—4, 265
    humans in image of 人类作为上帝的形象 111, 140—1, 194, 265
    in islamic tradition 在伊斯兰传统 171, 172, 178, 181, 183, 186, 189—90, 194, 195, 199, 203, 207, 210
    of jews, christians and muslims 犹太人的、基督教徒的和穆斯林的上帝 118, 172, 189, 194, 218, 289
    in talmudic tradition 在犹太法律传统 111
        bound by Talmud 受塔木德的约束 105
    see also Allah; Jehovah; Yahwah
Goldsmith, E. 爱德华·歌德史密斯 59
goring ox 造成损害的公牛 102, 107, 117 n.
Gospels 福音 172
governance 治理 210
Govindaraja 格温达拉加 278
Gratian 格拉提安 133
Great Wall of China 中国长城 339 n.
Greece 希腊 50 n., 144, 206 n., 259, 277, 278
    Alexander of 亚历山大 274, 277 n.
    comparative law in 比较法 157 n.
    and jewish people 和犹太民族 95
        as translators 作为翻译者 227 n.
    law of 法律 93—4
    Lycurgus of 莱克格斯 277 n.
    Nearchus of 尼亚库斯 277 n.
    philosophy and thought of 哲学和思想 2, 117, 122, 127, 132, 143, 145, 146, 147 n., 148, 227 n., 229, 351—2

and islamic tradition 和伊斯兰传统 188 n., 195
original or derived 初始的和衍生的 126—7
reception of in Europe 在欧洲的继受 144 n.
and time, concept of 和时间的概念 148
Grotius 格老秀斯 143
group rights see rights 群体权利
guanxi 关系（guanxi）320—3, 326 n., 340 n.
and corruption 和腐败 326
Guecha 73 n.
Gutachten 法律意见 179
Gypsies see Romani 吉普赛人

Habermas J. 哈贝马斯 44 n.
hadith 圣训 174—5, 176, 192, 195, 197, 198, 203 n, 206 n., 212, 304 n., 350
isnad of 传述线索 174—5
origins of 起源 188—92
as "tradition" 作为"传统" 174—5 n.
halakhah 哈拉卡 96 n., 102—4, 174, 188, 284
Hammurabi 汉谟拉比 92 n.
Hah dynasty 汉朝 308
Hanafi school 哈乃斐学派 196, 197 n., 202, 215 n., 217 n., 345
Hanbali school 罕百里学派 197, 203, 345
haqq 真实，权利 194 n.
Harappan civilization 哈拉巴文明 273 n.
harmonization of laws 法律一体化 52 n.
in Americas 在美洲 161
in Europe 在欧洲 158—60
see also unification of laws
Hart, H. L. A. 哈特（H. L. A. Hart）152
heaven of juridical concepts 法律概念的天堂 139 n.
hegemony see dominance 霸权
HenryII 亨利二世 227 n.
heresy (and treason, sedition) 异端（和背叛及煽动言论）14, 22, 29, 42, 254
in Asian tradition 在亚洲传统 328
and civil law tradition 在大陆法传统 161
and hindu tradition 和印度传统 295 n.

and islamic tradition 和伊斯兰传统 193 n., 208
and talmudic tradition 和犹太传统 116, 161
and taoism 和道教 328
herrschende Meinung 主流见解 175 n.
Herzog, R. 罗曼·赫尔佐克 362
hijab 头巾（穆斯林妇女戴的）216 n., 365
Hijra 撤退 173 n.
hill or forest tribal people (India) 山地或森林部落民族（印度）59 n.
Hillel (school of) 希勒学派 112, 145 n.
hindu legal tradition 印度法律传统
adherence to, by population 被民众所遵从 297—8
age of 年代 275
and Anglo-Indian law 和盎格鲁—印度法 282
and animals 和动物 287, 293
and apostasy 和脱教 294—5
and appeals 和上诉 280
Asahaya 阿萨哈雅 279
and atmanastushti 和内心准则（atmanastusti）283
Balakrida of 巴拉卡里达（Balakrida）278
and Brahman 和婆罗门 276, 278, 283, 284, 289—91
as non binary, non dual 非二元、非双重 289—91, 350
and Brahmans 和婆罗门成员 276, 278, 286, 288, 292
and British 和英国 282, 295—7
and buddhism 和佛教 274—5, 294, 298 n.
castes in 种姓制度 286—9, 298, 315
Brahmans 婆罗门 276, 278, 286, 288, 292
change of 变革 287
Dalit 贱民（dalit）287 n.
Kshatriyas 刹帝利（Kshatriya）286
prohibition of, by Constitution 宪法禁止 287
Sudras 首陀罗（Sudras）286
twice born 286
untouchables 贱民（untouchables）286, 287 n.
Vaishyas 吠舍 286
and change 和变革 288—94

commentaries of 评论 275,278,292
and common law in India 和普通法在印度 296—8
as "commonwealth of all faiths" "精神统一体或所有信仰的联邦" 290,350
complexity of 复杂性 350
and corruption 和腐败 279,290
courts of 法院 278—81,285 n.
   open character of 开放特征 289
   role in India 在印度的角色 296—8
and crime 和犯罪 283 n.
and "custom" 和"习惯" 285 n.,287 n.,291,295 n.,297
danda 惩罚(danda) 285
Dayabhaga school of 达雅巴夏学派 279,281,292,296,345
and deductive reasoning 和演绎推理 288
and Derrett, J. D. M. 德雷特(J.D.M. Derrett) 294
dharma in 达摩 284—9,291
dharmasastras of 法论 275—9,291,296,315,317 n.
digests of 汇编 275,278,295
dispute resolution of 争端解决 278—1
and diversity 和多样性 292—3,298—9
and effect of English law 和英国法的效果 296—8
and environment 和环境 293
and equality 和平等 287
and excommunication 和退出(excommunication) 294
exit from 退出 295
family law of 家庭法 281—2
future of 未来 295
and gods 和众神
   God 神 276,289
   goddesses 女神 294
   Shiva 湿婆 289
   Vishnu 毗瑟挐(Vishnu) 289
and Govindaraja 和格温达拉加 278
and heresy 和异端 295 n.
and Hindu Code 和印度法典 297,298
hindus not governed by 印度教徒不受印度法律传统统治 294—5
and Hindutva 和印度教复兴运动 299 n.
and identity 和身份 292—5
and individual 和个人 289
influence of 影响
   in adat law 在阿达特法中 298,305 n.
   on roman & talmudic law 对罗马和犹太法的影响 277
   in south east Asia 在东南亚 298
   influence of west upon 西方的影响 287
and informal tradition, priority of 和非正式传统的优先 290—2
and inter-generational equity 和跨代衡平 289
interpretaton in 解释 293
and jainism 和耆那教(jainism) 275,294
and Jimutavahana 和吉姆塔瓦哈那 279
judges of 法官 278—80
karma in 因果报应 282—9,293,298 n.
and king 和国王 279—80,285—6
and Krityakalpataru 和 Krityakalpataru 277 n.
Kula 库拉(kula) 280
and Kulluka 库鲁卡(Kulluka) 278
and Lakshmidhara
and lawyers 和律师 279
and legislation 和立法 286,287
and Lok Adalat 和国民法院(Lok Adalat) 281
and Maine, H. S. 和亨利·梅因 281,286
and Manu 和摩奴 277—8,281,283,291,293,298
manuscripts of 手稿 10 n.0
and Mayne J. 迈因(Mayne J.) 279
and Medhatihi 梅达蒂希 278
Mitakshara of 米塔克沙拉 278
and mnemonic devices 和记忆手段 276
monogamy in 一夫一妻 281
and Narada 和那烂陀 278,279,280,283,286 n.,287,288
no pyramid of sources 没有金字塔形式的渊源 275

non hindus governed by 没有印度教徒受其统治 274
normativity of 规范性 349
and orality 和口述性 276, 276 n.
origins of 起源 273—9
and Panchayat 潘切亚特(Panchayats) 280, 295 n.
and Parishad 巴瑞萨(Parishad) 279
and partition, law of 和财产分配法律 279, 282
as personal law 作为属人法
　　in east Africa 在东非 299
　　in England 在英国 299
　　in India 在印度 295
　　in western states 在西方国家 299
and philosophy of hinduism 和印度哲学 282
in poetic form 诗歌形式 277—9, 289, 292, 347
polygamy in 多妻制 282
pradvivaka 主席(pradvivaka) 279
and precedent 和先例 280
private character of 私法特征 279
procedure of 程序 279—80
property law of 财产法 281—2
Puga of 普伽(Puga) 280
pundits of 梵语学者 296
rationality of 理性 288
and reincarnation 轮回 282, 285—9
and relations with other traditions 和其他传统的关系 295—9
and religion 和宗教 275—7, 280, 282—5, 295
and renoncants of Pondicherry 本地治里的遗族 295
repeal of by statute in India 在印度通过立法废除 297
and res judicata 既判力 280
and revelation 和启示 274—6, 278, 284, 292, 298, 315
and rights 和权利 287—9, 293
and rishis 和圣人(rishis) 276
and Sabha 和萨巴(Sabha) 279, 285 n.
and sadachara 和萨达切拉(sadachara) 291, 345
and Samiti 和萨米提(Samiti) 279

and Sanskrit 梵语 273 n., 281, 283, 296
and Sanskritization 和梵语化 287 n.
sastras of 经典(sastras) 275, 277—8, 283, 298 n.
schools of law 法律学派 292, 297
　　Dayabhaga school 达雅巴戛学派 279, 281, 292, 296, 345
　　Mitakshara school 米塔克沙拉学派 278, 281, 292, 296, 345
　　as personal laws 作为属人法 292
and science 和科学 292—4
and separation of law and morals 和道德与法律分离 282—5
and sikhism 和锡克教(Sikhism) 274—5, 294
and Smriti 和圣传书(Smriti) 275, 277, 279, 286, 292
and soul, immortality of 和灵魂不灭 282, 285—8, 289, 324
sources of 渊源 273—9
Sreni 斯拉尼 280
and Sruti 天启书 276, 283, 292
substantive law of 实体法 281—2
and succession law of 和继承法 279, 281—2
sutras of 经典 276—7, 283, 307
and time 和时间 289
and tolerance 和宽容 274, 288, 291, 293—9
and translations by British 和英国的翻译 282, 296
and unity of world 和世界的统一性 290
and Upanishads 和奥义书(Upanishads) 283
varna in see caste 瓦尔纳体制(Varna)
and Vedas 和吠陀 273—7, 278, 279—80, 283, 286, 288—9, 291, 294
and Vedic Aryans 和吠陀—雅利安人 273—4, 291, 328
and Vijnanesvara 和威吉纳耐斯瓦拉(Vijnanesvara) 278
and Visvarupa 和威斯瓦鲁帕(Visvarupa) 278
vyavahara in 世俗规范(vyavahara) 283—5
in western states 在西方国家 299
and women 和妇女 281, 287

written sources of 成文渊源 279
    displacement by English sources 被英国渊源代替 38 n., 295—7
    and Yajnavalkya 和亚给雅瓦尔克亚 278, 281, 292

hindu people 印度民族 274—5
    and chthonic peoples 和原生民族 274—5
    in islamic jurisdictions 在伊斯兰国家 219

"hindu", etymology of "印度"语源 274

Hindutva 印度教复兴运动 299 n.

historical school of jurisprudence 法理学历史学派 135

history 历史 5, 45, 189—90, 206
    see also time

Hittite law 西泰法律 92 n.

Holland 荷兰 161 n.
    as colonial power 作为殖民列强 261, 329, 331

Holocaust 大屠杀 141 n.

Hourani, A. 阿尔伯特·塞拉尼 205

House of Lords 枢密院 243

human rights 人权 49, 166, 204 n., 347, 362—3
    and Asian tradition 和亚洲传统 337—9
    and China 和中国 337—9
    of chthonic peoples 原生民族的人权 86—9
    and civil law tradition 和大陆法传统 140—2, 146, 239
    and common law tradition 和普通法传统 239, 254
    and "differential" treatment of persons 和对人"区别"对待 266 n.
    and freedom of movement 和迁徙自由 254
    and Greek (or Egyptian) rationality 和希腊（或埃及）理性 265
    and hindu tradition 和印度传统 287—9, 293
    and islam 和伊斯兰 187, 209, 210—3
    and judeo-christian-islamic tradition 和犹太—基督教—伊斯兰传统 265
    positivization of 实证化 265, 362
    as reaction to internal western circumstances 作为对西方内部环境的反应 265
    and talmudic tradition 和犹太传统 100, 109—10, 120—1
    and United States of America 和美国 338
    as universal 和普遍性 264—6, 362—3
    as variable standards 作为不同的标准 363
    and Vienna Conference 和维也纳会议（1993）266 n.
    see also rights

identity 身份 12—13, 32—9, 45, 53—7, 360
    in Asian tradition 在亚洲传统 326—8
    by blood type 根据血型 36 n.
    by descent 通过血统 36 n.
    by domicile 通过住所 36 n.
    by genetics 通过基因 36 n.
    by nationality 通过国籍 36 n.
    change of 变革 38
    in chthonic tradition 在原生传统 78—85, 155—7, 161
    and civil law tradition 和大陆法传统 155—7
    in Europe 在欧洲 136, 156—62, 326—8
    by birth and residence 通过出生或定居 155—6
    and fuzzy logic 和模糊逻辑 360
    in hindu tradition 在印度法律传统 294—5
    of islamic people (umma)伊斯兰民众的（乌玛）204—9, 214
    of jewish people 犹太民族的 38 n., 93, 115—17, 119 n.
    transmission by maternal line 通过母系传承 115
    and language 和语言 33 n.
    loss of 失去身份 38 n.
    as memory 作为记忆 33—4
    multivalence of 多价 360
    protection of 保护 37—9
    revival of 复兴 38 n.
    of traditions 传统的身份 355, 357
    and United States of America 和美国 253
    of Yorta-Yorta 约塔·约塔人的身份 38 n.
    see also traditio

ijma 公议 175—6, 188—92, 194—205, 208 n., 212, 238, 275

ijtihad 作出合理意见的过程（独立判断）185 n., 191—4, 197, 202 n., 203, 208, 278, 346, 347
    in shi'ism 在什叶派 199
ikhtilaf 伊赫提拉弗 197, 208, 254, 350
illuminated manuscripts 泥版 11 n.
imam 伊玛目 180
immigration see migration 移民 (immigration)
immunity of Crown, State 国家中国王的豁免权 284—6 n.
imperialism see colonialism; dominance; universalizing 帝国主义
Inca 印加人 73 n.
incommensurability see commensurability 不可比性
incompatibilities of legal professions 法律职业阶层的不协调 267—9
India 印度 59 n., 196, 198 n., 201, 274, 275, 287—9, 294, 295—8, 328, 338, 354
    Anglo-Indian law 盎格鲁—印度法律 282, 295—7
    British in 英国在印度 295—7
    case reporting in 案例报告 297
    codification of hindu law in 法典化在印度法中 297
    Constitution of 宪法 287—8, 297
    custom in 习惯 291, 297
    Harrapan civilization of 哈拉巴文明 273 n.
    hindu law as personal law in 印度法作为属人法 295
    Hindutva movement in 印度教复兴运动 299 n.
    islamic law in 伊斯兰法 214, 260, 295
    judicial review in 司法审查 297
    legal education in 法律教育 296
    legal profession in 法律职业阶层 296
    legislation in 立法 297
    Mughal emperors of 莫卧儿皇帝 215 n.
    population (rural) of 人口（农村）297—8
    precedent in 先例 296—8
    rights in 权利 297
    stare decisis in 遵循先例 260 n., 296—8
    thought of 思想 195
    and Uniform Civil Code (discussion of) 和统一民法典（讨论）297 n.
"Indian law" in latin America "印第安法律"在拉丁美洲 84
"Indians" and Columbus "印第安人"和哥伦布 58 n.
indigenous peoples see aboriginal peoples; chthonic peoples 土著民族
individual 个人 359
    in chthonic tradition 在原生传统 70—3
    in civil law tradition 在大陆法传统 140—2
    in confucianism 在儒家思想 313, 318, 320—3
    in hindu tradition 在印度传统 289
    in islamic tradition 在伊斯兰传统 193—5, 212
    in talmudic tradition 在犹太传统 109, 115
    see also dignity (human)
Indonesia 印度尼西亚 201, 305, 311, 315, 328
inflation of norms 规则的膨胀 152 n.
informality (of sources) see formality（渊源的）非正式性
information (and information theory) 信息（和信息理论）10 n., 14—15, 32—3
    effect on conflict 对冲突的影响 46
    exchange of between traditions 传统之间的交流 356
    and multivalence 和多价 361
    retrieval 重新获取 11
    see also digital information; tradition as information
Inns of Chancery 初级律师会馆 228
    islamic influence on 伊斯兰的影响 228—9
Inns of Court 律师会馆 228—9, 245, 257
    islamic influence on 伊斯兰的影响 228—9
    and renaissance humanism 和复兴人文主义 245, 257
inquisition 质问式 14 n., 161, 209
"inquisitorial" procedure see procedure "质问式"程序参见程序
"inside the law" "在法律范围内"
    acting and hindu tradition 活动和印度传统 283
    in talmudict radition 在犹太传统 103, 108 n.,

179, 284, 347
　　see also natural obligation; separation of law and morals
insiders and outsiders 内部者和圈外者 45 n.
insurance in islamic law 保险在伊斯兰法律中 184—5
integration 融入 162
intellectual property law 知识产权
　　in China 在中国 304 n.
　　and traditional knowledge 和传统知识 68
inter-generational equity 跨代衡平 212, 355
　　in Asia 在亚洲 324, 347
　　in chthonic tradition 在原生传统 62—3, 75—7, 347
　　in hindu law 在印度法 289
intercultural state 跨文化国家 54
　　interdependence 相互依赖 211, 355—7, 359
　　in buddhism 在佛教中 316, 320, 324
　　and confucianism 和儒家思想 320
　　in taoism 在道教 319, 324
　　and world trade 和世界贸易 354 n.
　　see also continuity, separation, discontinuity
Interessenjurisprudenz 利益分析法理学 346
interest 利益
　　in England 在英国 186 n.
　　in islamic tradition 在伊斯兰传统 184—7, 197, 201 n., 202
　　in roman law 在罗马法 185 n.
　　in western tradition 在西方传统 185 n.
interest analysis 利益分析 346
International Encyclopedia of Comparative Law 国际比较法全书 164 n.
international law 国际法 263
international regime theory 国际制度理论 363
international trade 国际贸易 261—2 n., 354 n.
Internet 互联网
　　and chthonic tradition 和原生传统 89
　　and Talmud 和塔木德 106
interpretation 解释 10
　　in China by government 在中国由政府进行 310
　　in civil law tradition 在大陆法 154—5

in common law tradition 在普通法传统 7, 251
in Germany 在德国 247 n.
in hindu tradition 在印度传统 292
in roman legal tradition 在罗马法传统 129
in talmudic tradition 在犹太法传统 108
　　see also deconstruction
interstitial rationality of traditions 传统的间隙理性 71, 107, 193—4, 232, 238
intolerance see tolerance 不宽容
Inuit 因纽特人 60, 65, 68 n., 305
Invention see originality 创造
Iran (ians) 伊朗(人) 92 n., 181 n., 199, 215, 273
Iraq 伊拉克 196, 208
Ireland 爱尔兰 235
Irish law 爱尔兰法律 38 n., 65 n.
irony 讽刺 356 n.
Iroquoi 易洛魁人 62 n., 345
　　Iroquois peace 易洛魁的和平 89, 122
Ishmael 伊赛玛利 171 n.
islamic bond (sukuk) 伊斯兰债券(sukuk) 186
islamic legal tradition 伊斯兰法律传统
　　and adat law 和阿达特法律 201, 215 n., 306 n.
　　in Africa 在非洲 215
　　and al Shafi 和阿尔·沙斐仪 189, 202 n., 218 n.
　　al Shafi 阿尔·沙斐仪 189, 202 n., 218 n.
　　and analogical reasoning see qiyas 和类比推理
　　apostasy in 叛教 208—10
　　appeal in 上诉 179, 180
　　and arbitration 和仲裁 178 n.
　　ayatollah in 阿亚图拉 199
　　and Baghdad 和巴格达 197
　　and banking 和银行业 184—6, 204, 214, 346
　　and borrowing from other traditions 和从其他传统的借取 205—8
　　breadth of, into daily lives 深入日常生活的广度 188
　　and byzantine law 和拜占庭法律 206
　　calendar of 历法 173

and caliphs 和哈里发 210
and case reporting 和案例报告 179
casuistry of 决疑思想 191—4,202,207
and change 和变革 176,194—205
and chthonic tradition 和原生传统 201,205—7,215
and circumstances of revelation 和启示的背景 203,208
codification of 法典化 210
and colonialism 和殖民主义 204,217—20,260—5
and commercial law 和商法 184—7,256
and communism 和共产主义 213
complexity of 复杂性 350
and computer 和电脑 173 n.
and conduct, gradations of 和行为的分级 202
and contract 和合同 101,241 n.
and conversion to islam 和皈依伊斯兰 208,214,218
and corporations (absence of) 和公司(缺乏) 184—5
and corruption 和腐败 181,266—7
courts of 法院 210,216
open character of 开放特征 206
and criminal law 和刑法 186,203 n.,212
and custom 和习惯 201
and declarative style 和宣告式的风格 207
and deductive reasoning 和演绎推理 191—4
defence of 捍卫 220
and dhimmi 和吉玛 218—19
as discursive tradition 作为分散型传统 202 n.
diversity of 多样性 194—8, see also ikhtilaf
and door of endeavour closing of 和努力之门的关闭 192,195,202,278,288
opening of 开启 203—5
and double sale 双重销售 202
and Dow Jones Islamic Index 和道琼斯伊斯兰指数 186
and economics 和经济学 185 n.,204
and environment 和环境 183
and equality 和平等 194,210,212,213

and evasion of law 和法律规避 197—9
and fact, concept of 和事实的概念 195
family law of 家庭法 181—3,202,205 n.,206 n.,213,216 n.
in India 在印度 215
recognition in Europe 在欧洲的认可 160 n.,353 n.
and fatwah 和法塔瓦,教法见解 180,190,199
and fiqh 和菲格海 174,188
and foreigner 和外国人 219
and furu 和福鲁尔 180
and God 和上帝 171,172,178—9,181,183,186,189—90,194—5,199,203,207,210
humans as delegate of 人类作为上帝的代表 193—4,265
of jews, christians and muslims 犹太人、基督教徒和穆斯林 172,189,194,218
and Greek philosophy 和希腊哲学 188 n.
and hadith 和圣训 174—5,192,197,198,203—4 n.,305 n.
"Difference of opinion...bounty of God" "观点的不同是……上帝的仁慈" 197,350
isra'iliyat 以色拉伊利亚特(isra'iliyat) 206
"My people cannot agree to error" "我的人民决不会同意谬误" 176,192,212
origins of 起源 188—91
"Search wisdom even in far off Cathay" "学问远在中国,亦当求之" 195
haqq in 194 n.
and heresy 和异端 193 n.,208
and hijab 和头巾 216 n.,365
and Hijra 和撤退 173 n.
and human rights 和人权 187,209,210—13
humans as delegate of God in islamic tradition 伊斯兰传统中提出的人类作为上帝的代表 193—4,265
and hyal (tricks) 和诡计 202
and identity 和身份 204—9,215
and ijma 和公议 175—6,188—92,194—205,208 n.,212,238,275
ijtihad in 作出合理意见的过程(独立判断) 185

n., 191—4, 197, 202 n., 203, 208, 278, 346, 347
   in shi'ism 在什叶派 199
ikhtilaf in 伊赫提拉弗 197, 208, 254, 350
imam in 伊玛目 180
immutability of 永恒性 202—3, see also change
and imperative style 和命令风格 192
in India 在印度 215, 260, 295
individual in 个人 193—4, 210—12
and influence in Europe 在欧洲的影响 132 n., 227—9, 233, 238 n., 242 n.
and insurance 和保险 184—5
and interest 和利息 184—7, 197, 201 n., 202
in Iran 在伊朗 198—9
and isnad 和传承线索 175
and isra'iliyat 和以色拉伊利亚特 206
istihsan (juristic preference) in 伊斯提哈桑 (istihsan, 司法优先) 197 n., 202
istislah (public interest) in 伊斯提拉赫 (istislah, 公共利益) 197 n., 202
and jihad 和圣战 202 n., 216—18, see also war
judge in see qadi 法官
and kafir (unbeliever) 不信教者 (kafir) 208
and kalam 和卡拉姆 187—9, 191—3
and kanun (secular law) 和世俗法律 (kanun) 200, 210
and kharijite sect 哈里哲派 208
and Koran 和古兰经 173, 174, 176, 184, 186, 187, 188—92, 197 n., 203 n., 205, 206, 208, 212, 213, 218, 219, 275
and lawyers 和法学家 178
and legislation 和立法 180, 196 n., 198, 200—1
and life after death 和死后重生 194
madhahib in 法律学校 (madhahib) 195—9
and mazalim (jurisdiction) 和裁判权 (mazalim) 200, 210
and Mecca 和麦加 171, 172
and mediation 和调解 178 n.
and Medina 和麦地那 172, 174 n., 196—7, 219 n.
and mortgage 和抵押贷款 186

and mudaraba 和穆达拉巴 185
muezzin in 穆安津 180
mufti in 穆夫提 180 n., 202 n.
and Muhammad 和穆罕默德 171—6, 181—2, 189, 190, 191, 194, 195, 196, 198, 205, 207, 219
and mujtahid 和穆智台希德 (mujtahid) 180 n.
multivalence of 多价 197, 201, 351
and murabaha 和穆拉巴哈 185
and musharaka 和穆沙拉卡 185
and Muslim Brotherhood 和穆斯林兄弟会 220
and natural obligation 和自然债 188
non-institutional character of 非机构性特征 180
normativity of 规范性 349
and obligations, law of 和债法 183—7
and "orientalism" 和"东方主义" 204
and originality 和原创性 207
origins of 起源 188—92
and partnership 和合伙 184—6
and "people of the book" 和"圣经的子民" 218, 305 n.
and persian law 和波斯法律 205
as personal law 作为属人法 196, 214—17
and polygamy 和多偶制 181—3, 201
precedent in 先例 178—9
and prior, Arabic, chthonic law 和先伊斯兰的阿拉伯原生法律 171, 181, 183—5, 205—8, 212, 215n.
procedure of 程序 177—8
   gratuity of 报酬 179 n.
proof in 证据 179
and property 和财产法 182—4
and public law 和公法 209—12
pyramid (inverted) of sources of 渊源的金字塔（倒的）173
qadi (judge) in 卡迪（法官）177—9, 188, 210, 347
and qiyas 和格雅斯 176—8, 192, 199 n., 201
rationality of 理性 176—8, 191—4, 200, 203—5, 347
and ra'y 个人推理 (ra'y) 176, 189 n., 192

and reception of in Europe 和在欧洲的继受 132 n.

and refugees 和难民 214

and relations with other traditions 和其他传统的关系 204—20

and religion 和宗教 209 n.

 no compulsion in 非强制 208, 218, 219

res judicata in 既判力 179

and revelation 和启示 172, 174, 187—94, 206, 207, 215

 circumstances of 背景 203, 208

and riba 184—7, 197, 201 n., 202

and riba 和权利 193—4, 210—3

and rights 和风险分担 185

and risk sharing 和罗马法 203—7

and roman law 和世界的神圣特征 195

and sacred character of world 和爱德华·萨 and Said, E. 萨伊德 204

and Schacht J. 和 Schacht J. 189—92

and schism 和教派 198

schools of law of 法律学派 176, 183, 189, 196—9, 205, 213

 changing adherence to 改变遵循 197—9

 Hanafi school 哈乃斐学派 196, 197 n., 202, 215 n., 217 n., 345

 Hanbali school 罕百里学派 197, 203, 345

 Kufa school 库法 196

 Maliki school 马立克学派 196—7, 202, 216 n., 218 n., 345

 Medina school 麦地那学派 196—7

 Shafi school 沙斐仪学派 197, 202, 217 n., 343

 sunni schools 逊尼学派 198, 199, 200, 208, 345

 Zahiri school 扎西里学派 196 n.

and science 和科学 192—4, 195, 209—10 n.

and separation of law and morals 和法律与道德的分离 188

and shari'a 和沙里阿 173—8, 181—7, 204—5, 284, 299

shi'ism in 什叶派 199, 203, 205, 208, 210, 214, 345, 346

 ayatollah of 阿亚图拉 199

 and comparative law 和比较法 199

 imamites of 伊玛目 198

 twelvers of 十二人 198

in Sicily 在西西里 229

and siyasa (state policy) 和国家政策 (siyasa) 200

and slavery 和奴隶制 201

and social justice 和社会正义 212—14

sources of 渊源 173—8

in south east Asia 在东南亚 216, 315

and state 和国家 180, 200—2, 209—20, 346

style of 风格 191, 207

substantive law of 实体法 181—7, 206

succession law of 继承法 181—3, 191 n.

in India 在印度 215

sufi teaching in 苏菲学说 179 n., 306 n.

and sukuk (islamic bond) 和 sukuk (伊斯兰债券) 186

and Sunna 和逊奈 174—84, 189—92, 197, 198, 205, 275, 276

and sunni schools of law 和逊尼法律学校 198, 199, 200, 208, 345

and systemic thought 和系统性思维 192

takhayyur in 塔哈由，选择 198

and talmudic law 和犹太法 205—7

and taqlid 和塔克利德 193, 196, 205

and technology 和科技 199 n.

and terrorism 和恐怖主义 218

and time, concept of 和时间概念 195

tolerance in 宽容 218—19

traditio in 传承 175

and treatment of jews, christians, hindus 和对待犹太人、基督教徒和印度教徒 218—19

and umma 和乌玛 50, 204—10, 214

and urf (usage) 和 urf (习惯) 201, 210, 219, 305 n.

and waqf 和瓦格夫 183, 206 n.

in western jurisdictions 在西方国家 216—17

and western scholarship 和西方学术 187—92

women and 妇女 181—3, 207, 212—13
and zakat 和扎卡特 183
islamic mortgage 伊斯兰抵押贷款 186
islamic people（umma）伊斯兰人民（乌玛）50, 204—10, 214
 personal law of 属人法 196, 214—17
 in western jurisdictions 在西方国家 216—17
"islam" etymology of "伊斯兰"语源 174 n.
islamization 伊斯兰化 49, 206, 215, 218 n., 219 n.
islam（s）伊斯兰（复数）49—50, 59, 249, 259, 311, 329 n.
 Ahmadiyya movement 阿哈默底亚运动 218 n.
 influence in Europe 在欧洲的影响 132, 133, 227, 228—9
 as "successor civilization" 作为"继承者文明" 172
 see also Arabia
isnad 传述线索 175
Israel 以色列 93 n., 98, 102, 113, 117, 122, 196, 363 n.
 Law of Return 归回法 116n.
 personal laws in 属人法 118
 rabbinate in 犹太法学博士 118
isra'iliyat 以色拉利亚特 206
istihsan（juristic preference）伊斯提哈桑（司法优先选择）197 n., 202
istislah（public interest）伊斯提拉赫（公共利益）197 n., 202
Italy 意大利 113, 117, 131, 267
iudex 承审员 129, 227, 347
ius civile 市民法 136, 345, 350
ius commune（of Continent）共同法（大陆）134, 135, 157, 159, 234, 247 n., 249, 259, 349, 350
 persuasive character of 劝谕特征 134, 259, 349
 and utrumque ius 和 utrumque ius 133
ius gentium 万民法 156, 345, 350
ius sanguinis 血统主义 37
ius soil 出生地主义 37
ius, concept of Ius 的概念 141, 193 n.

Jacob 雅各 94 n.
jainism 耆那教 274, 294
Japan 日本 305 n., 311, 321
 and Asian religions 和亚洲宗教 311
 and buddhism 和佛教 316, 317, 327
 and civil law, reception of 和继受大陆法 329—31
 and confucianism 和儒家化 310, 313, 317
 feudalism in 封建主义 311
 and giri 和义理 313, 330 n.
 and indigeneity 和本地性 58 n., 59 n.
 and legal education 和法律教育 330—1 n.
 and legal professions 和法律职业 310, 330—1 n.
 litigation in 诉讼 330
 mediation in 调解 330 n.
 and shintoism 和清道教 304, 315, 318, 327
 shoguns of 幕府 311
Jehovah 耶和华 93
 see also Yahweh; God; Allah
Jerusalem 耶路撒冷 229
Jerusalem Talmud 耶路撒冷塔木德 96, 171, 277
 see also Talmud
Jesus 耶稣 172, 174
 as "the end of the law" 作为"法律的终结者" 117
 and relations with jews 和犹太人的关系 114, 117
 and "teachers of the law" 和"律法师" 114, 136, 235
jewish calendat 犹太历法 92 n.
jewish people 犹太民族 53, 87, 162, 204, 253
 and Abraham 和亚伯拉罕 93 n., 171 n.
 in Arabia 在阿拉伯 171
 calendar of 历法 92 n.
 and Canaan 和迦南 93 n.
 and "compulsory communities" 和"强制共同体" 116
 converting to islam 皈依伊斯兰 171 n.
 diaspora of 大离散 95, 113, 116—17
 excluded from landholding, farming, by christian-

ity 被基督教徒排斥拥有土地、耕作 99, 233
　　expulsions of 驱逐 117
　　and ghetto 和贫民窟 117 n.
　　and Habiru（ancient）和哈比鲁（古代）93 n.
　　identity of 身份 93, 115—16, 119 n.
　　and Israel 和以色列 93 n.
　　and Jacob 和雅各 93 n.
　　and Jesus 和耶稣 114—15, 117—18
　　and Judea 和 Judea 93 n.
　　kings of 国王 96 n.
　　and Moses 和摩西 94, 95, 96, 115, 118, 172
　　origins of 起源 94 n.
　　and Palestine 和巴勒斯坦 93 n., 113
　　personal law of 属人法 97
　　Temples of see under Temples 神殿
　　and text as homeland of 和经文作为家园 115
　　wailing wall of 哭墙 95
　　see also Talmudic legal tradition
Jhering, von 139 n.
jihad 202 n., 216—218, 圣战 202 n., 216—18
　　see also war
Jimutavahana 吉姆塔瓦哈那 279
John of Paris 巴黎的约翰 142 n.
Jordan 约旦 196
JSTOR 15 n.
Judaeo-christian tradition 犹太—基督教传统 140, 143, 174
Judea 93 n.
judges 法官 347
　　in China 在中国 310, 335
　　in chthonic tradition 在原生传统 64
　　in common law tradition 在普通法传统 226—8, 230—1, 235—7, 237 n., 238, 239—41, 243—5, 246, 254, 255, 331, 345
　　　　deciding on merits 根据案情判决 243
　　　　as sources of law in 作为法律渊源 231, 246
　　corruption of 腐败
　　　　in Asia 在亚洲 325
　　　　in World 在世界范围 269 n.
　　creativity of 创造性 347
　　in England 在英国 150 n.

　　in Europe generally 在整个欧洲 140, 267
　　in hindu tradition 在印度传统 278—80
　　independence of 独立性 211
　　　　in civil law tradition 在大陆法传统 145—6, 245
　　　　in common law tradition 在普通法传统 244—6
　　　　in islamic tradition（qadi）在伊斯兰传统（卡迪）177—9, 188, 210, 347
　　as lions under throne 作为国王的狮子 238 n.
　　not sources of law in civil law 在大陆法不作为法律渊源 136
　　resident in civil law tradition 大陆法传统的居民 136
　　in roman legal tradition 在罗马法传统 128—9, 347
　　in socialist law 在社会主义法 333, 335
　　in talmudic tradition 在犹太传统 97—100
　　in United States of America 在美国 251—5
jura novit curia 法官知法 135
jurisconsults 法律学家（jurisconsults）129, 130, 147, 179
jurisprudence see legal theory or case law 法理学
jury 陪审团 63 n., 177 n., 226, 228, 229—31, 233, 234—6, 238, 241, 242, 243
jus see ius jury 法官
Justinian codification of（Digest, Pandects）查士丁尼的法典化（学说汇纂，法典总论）96, 131, 147, 171, 278

Ka'bah 卡巴 171 n.
kafir 不信教者 208
kaisha 财阀 321
kalam 卡拉姆 187—8, 190
kamasastras 262
kanun 世俗规范（kanun）200—2
karma 因果报应 281—3, 284—9, 293, 298 n.
Kelsen, H. 凯尔森 151—2 n.
Kent 肯特 235
Khadijah 172
kharijite sect 哈里哲派 208
king 国王

  can do no wrong 不会犯错 284—6 n.
  in hindu tradition 在印度传统 279, 284—6
  of jewish people 犹太民族 96 n.
  see also Monarchy
Knights Templar, Order of 圣殿武士令 229
Knowledge opposed to information 知识而非信息 13 n.
Koori 古里人 59
Koran 古兰经 173—6, 184, 186, 187—91, 197 n., 203 n., 204—5, 206, 208, 212, 213, 218, 219, 275
  organization of 组织 192
  see also islamic legal tradition
Korea 韩国 58 n.
  and buddhism 和佛教 316—17
  and reception of confucianism 和继受儒家思想 310, 317
Korea, North 朝鲜 332
Krityakalpataru 传统教义典籍 279 n.
Kshatriya caste 刹帝利 286
Kufa, school of 库法学派 196
Kula 库拉 280
Kulluka 库鲁卡 278

labour law 劳动法 330
Lakshmidhara 拉克什米达拉 279 n.
Lanfranc of Pavia 帕维亚的兰弗朗克 232
language(s) 语言 46—7
  disappearance of 消失 80 n.
  law as 法律作为语言 154—5, 247
  and peoples 和民族 33 n.
  and thought 和思想 46—7, 154—5
  as tradition 作为传统 34 n.
LAN(S) 本地网 21, 41
Laos 老挝 316, 331
Latin 拉丁语
  and common law 和普通法 231
  importance of for western science 对西方科学的重要性 149 n.
latin America 拉丁美洲 84, 135, 160—1, 211 n., 262 n., 298

law as command 法律作为命令 139, 151
law and economics 法律经济学 346, 364 n.
law and religion 法律和宗教 160 n.
"law finding" "法律发现" 178
law of the land *see* dina de malkhuta dina 国法
law as language 法律作为语言 154—5, 247
law reporting 法律报告 11
  see also particular traditions
law as sanction 法律作为制裁 141
law and society 法律和社会 347
lawyers 法学家或律师 347
  in China 在中国 310, 335—6
  civilian, in England 大陆法律师在英国 245, 256—8
  and conflicts of interest 利益冲突 268
  and corruption 和腐败 267—9
  in England 在英国 228
    barristers 大律师(barristers) 231, 244, 257, 331, 347
  in Europe 在欧洲 132, 159, 227
  in hindu tradition 在印度法律传统 279
  and incompatibilities 和不相容 268
  in India 在印度 296
  and international ethics 和国际道德 268
  and international firms 和国际性律师事务所 268
  and islamic legal tradition 和伊斯兰法律传统 178, 185
  in Japan 在日本 311, 331 n.
  in North America 在北美 185, 268
  and fused professions 和职业融合 268
  in roman legal tradition 在罗马法传统 128—9, 130, 147, 179
  in talmudic tradition 在犹太传统 99
Lebanon 黎巴嫩 196
legal cultures *see* culture 法律文化
legal education 法律教育 247
  in India 在印度 296
  in Japan 在日本 331 n.
  see also universities; schools of law
legal families 法系 154 n.
legal professions *see* lawyers 法律职业

legal systems *see* systems and system theory 法律系统

legal theory（and legal philosophy）法律理论（和法哲学）150

legalists（in China）法家（在中国）307, 314, 327

legis actio 语言程式

    in roman procedure 在罗马法程序 147

legislation 立法 364

    in China 在中国 334 n.

    in chthonic tradition 在原生传统 63

    in civil law tradition 在大陆法传统 134—9, 216, 260 n.

    inflation of 膨胀 152 n.

    in common law tradition 在普通法传统 226, 246

    comparative law and 比较法 163—4

    in hindu tradition 在印度法律传统 286, 287

    in India 在印度 296

    in islamic tradition 在伊斯兰传统 180, 196 n., 198, 200

    in roman legal tradition 在罗马法传统 127—9

    in talmudic tradition 在犹太法律传统 97, 112

    and taoism 和道教 318

    in United States of America 在美国 252

    see also codification；fa

Lenin 列宁 259, 264

    see also marxism

lex mercatoria 商人法 261

    guanxified 关系化 326 n.

    see also commercial law

Lex Romana Burdundorium 勃艮第人罗马法 126 n.

Lex Romana Visigothorum 西哥特人罗马法 126 n.

li 礼 307, 310—14, 318—19, 320, 323, 324, 345

    and business relations 和商业关系 314

    definition of 定义 313

    duty to study and interpret 学习和解释的责任 304 n.

    as relational 作为关系性的 314

liberty 自由 142, 212, 263, 265, 349

libraries 图书馆 9 n.

libre recherche scientifique 自由科学研究 346

life after death 死后生命

    in christian tradition 在基督教传统 118, 194

    in islamic tradition 在伊斯兰传统 194

    in talmudic tradition 在犹太传统 111, 118

lions under throne, judges as 法官作为国王的狮子 238 n.

Lithuania 立陶宛 117

Littleton 利特尔顿 245, 278

Llewelyn 卢埃林 139 n.

Locke 洛克 33, 74, 141 n., 143, 261, 354

LOCKSS 15 n.

Long Now 长今 23

Lok Adalat 国民法院 280

Louis XIV 路易十四

    ordonnances of 法令 134

    reform of legal education of 改革法律教育 134 n.

Luther 路德 134

Lycurgus 莱克格斯 277 n.

MacIntyre, A. 阿里斯代·麦克英泰 4, 148

madhahib 麦扎希布 196—9

Madison 麦迪逊 250

Maimonides 迈蒙尼德（Maimonides）97

    codification of 法典化 108, 132, 139, 298

Maine, H. S. 亨利·梅因 230, 280, 286

Maitland 梅特兰 230, 243, 2—55

Malaysia 马来西亚 213 n., 305, 311, 315, 329, 331

Maliki school 马立克学派 196—7, 202, 216 n., 218 n., 345

mammoths, killing of 猛犸的杀戮 77—8 n.

Mansfield, Lord 曼斯菲尔德勋爵 258

Manu 摩奴 277—8, 281, 283, 291, 293, 298

manuscripts, illuminated 被阐述的手稿 11 n.

Maori 毛利人 60 n.

mapping (of land) 绘制地图（土地的）66, 262

Marco Polo 马可波罗 328 n.

markets 市场 364

see also economics
Marxism 马克思主义 161 n.
 and reception of laws 和法律继受 260 n.
 see also Lenin
Masai 马赛人 345
mathematics 数学 2 n., 43 n., 352
 and set theory 和集合理论 352
matrilinear family 母系家庭
 in adat law 在阿达特法律中的 305 n.
 in chthonic tradition 在原生传统 66 n.
 see also patrilinear family
maxims (of French law) 格言（法国法）155 n.
Maya 玛雅人 62 n., 64 n., 68 n.
Mayne J. 迈因 279
mazalim 法庭 200, 210
Mecca 麦加 171, 172
Medhatihi 梅达蒂希 278
mediation 调解
 by qadi 由卡迪进行 178 n.
 in China 在中国 335
 in Japan 在日本 330 n.
Medina 麦地那 172, 173 n., 219 n.
 school of 学派 196—7
Megasthenes 麦加斯忒尼 277 n.
memes 模因 14—15, 358 n.
memory 记忆 8—9, 14, 17
 in chthonic tradition 在原生传统 60—3
 in common law tradition 在普通法传统 239
 ethics of 道德 38 n.
 Memory of World (MOW) project *see* UNESCO 世界记忆计划（MOW）
 see also orality
Mercator 墨卡托 262 n.
Mercedes Benz (people of) *see* Wa Benzi
Mesopotamia 美索不达米亚 38 n., 92 n., 93 n., 127 n.
Mexico 墨西哥 14 n., 58 n., 67, 83—4, 145 n., 161
middle east 中东 172
middle, excluded, law of 排中律 144, 351—333
middle ground 中间地带 4, 355, 360, 362

in Africa 在非洲 82
state as 国家作为中间地带 80—5
Middle Way (of buddhism) 中道（佛教）316, 350
"Middle" ages "中"世纪 125 n., 306
Midrash 密德拉什 108
Midrashe Halakhah 密德拉什哈拉卡 96 n.
migration 移居 32, 53, 162, 214, 254
 of Vedic Aryans 吠陀—雅利安人的移居 273—4, 291, 328
Mill, J. S. 约翰·米勒 264
minhag 习惯 113
minorities 少数族裔 255 n., 297 n., 364—5
 see also foreigners, state
Mishnah 密什那 96, 97—8, 108, 174, 175, 275, 277, 278
missionary activity 传教士的活动 260
Mitakshara school 米塔克沙拉学派 278, 281, 292, 296, 345
mitzvah (obligation) 责任（债）109, 120
mitzvat Talmud Torah 塔木德律法 97, 102, 109
mixed jurisdictions 混合法域 357
mixité 混合（mixité）37, 357 n.
mnemonic devices 记忆手段 8, 11 n.
 in hindu tradition 在印度传统 276
 in talmudic tradition 在犹太传统 95, 105 n.
Mnemosyne 摩涅莫绪涅 8 n.
mobility of populations *see* migration 人口的流动性参见移居
modernity and modernism 现代性和现代主义 2 n., 126 n.
 from islamic perspective 来自伊斯兰的观点 220 n.
 see also post modernity
Modestinus 莫德斯蒂努斯 130
Mohawk 莫霍克族 62 n.
monarchy 君主制 226
 in chthonic tradition 在原生传统 60, 63—73
 of jewish people 犹太人的 96 n.
monogamy 一夫一妻制
 in hindu law 在印度传统 281

in roman law 在罗马法 129
see also polygamy; polyandry
Montezuma 蒙提祖玛 264 n.
Morocco 摩洛哥 98, 201 n., 215
mortgage (islamic) *see* Islamic mortgage 抵押贷款（伊斯兰的）
mos gallicus 高卢法律研究风格 149
mos italicus 意大利法律研究风格 133 n., 149
Moses 摩西 94, 95, 96, 115, 118, 172
"movements" (legal) "运动"（法律）346—7, 357
see also talmudic legal tradition
MOW (Memory of World) *see* UNESCO MOW
mudaraba 穆达拉巴 185
muezzin 穆安津 180
mufti 穆夫提 180 n.
Mughal emperors of India 印度莫卧儿皇帝 215 n.
Muhammad 穆罕默德 171—6, 181—2, 189, 190, 191, 194, 195, 196, 198, 205, 207, 219
  as "final Prophet" 作为"最后的先知" 172 n.
  successor of 继承者 198
  as unable to read revelation 不能读启示 173
mujtahid 穆智台希德 180 n.
multicultural jurisdictions 多元文化国家 55 n.
multilingual law 多语言法律 155 n.
multivalence (and polyvalence) 多价 160, 351—8, 359, 360—5
  in Asian tradition 在亚洲传统 351
  and casuistry 和决疑 353
  in chthonic tradition 在原生传统 72 n., 350
  in civil law tradition 在大陆法传统 350, 353
  in common law tradition 在普通法传统 350, 353
  in hindu tradition 在印度传统 290, 351
  in islamic tradition 在伊斯兰传统 197, 202, 350
  in talmudic tradition 在犹太传统 108, 113, 202, 350
murabaha 穆拉巴哈 185
musharaka 穆沙卡拉 185
Muslim Brotherhood 穆斯林兄弟会 220
muslim law *see* islamic law 穆斯林法律

Myanmar 缅甸 315 n.
see also Burma

Napoleon 拿破仑
  codification of 法典化 134
Narada 那烂陀 278, 279, 280, 283, 286 n., 287, 288
national law 国家法
  concept of 概念 244—5
  see also state; codification
nationality 国籍 36, 52 n., 119
  British 英国 249
  by descent, and race 通过出生和种族 36 n.
  and common law tradition 和普通法传统 254
  see also citizenship
Native Law Centre, U. of Saskatchewan 萨斯喀彻温大学原住民法律中心 59 n.
native peoples *see* aboriginal peoples; chthonic peoples 原著民
natural law 自然法 83 n., 143, 236 n., 315n.
  and Judaism 和犹太教 111—12 n.
  see also civil law tradition (and rationality)
natural obligation 自然债
  in islamic law 在伊斯兰法 188
  in talmudic law 在犹太法律 101, 103
  see also "inside the law"; separation of law and morals
nature 自然 7
  in chthonic tradition 在原生传统 72—5
  see also environment; ecology
Navajo 纳瓦霍人 72
Neanderthal man 尼安德特人 6 n.
Nearchus 尼亚库斯 277 n.
Network *see* tradition(s), as network 网络
new institutional economics 新制度经济学 16 n.
New Zealand 新西兰 84, 87
Nigeria 尼日利亚 68 n., 197, 201 n.
  islamic law in 伊斯兰法在尼日利亚 215
nirvana 涅槃 316
nisi prius 巡回审判 231 n.
Noah 诺亚 171

nominalism 唯名论 141
nomos 希腊法 92 n.
non contradiction 非矛盾
 law of 矛盾律 of 351 n.
 see also excluded middle, law of
Normans 诺曼人 224, 229, 234, 240, 244, 253, 291
 in Sicily 在西西里岛 229
normativity 规范性
 see tradition(s), normativity of
North America 北美
 before Columbus 在哥伦布之前 78 n.
 cannibalism in 食人现象 72
 family law of 家庭法 66
 and Iroquois peace 和易洛魁的和平 89, 122
 legal professions of 法律职业 268
 origins of population 人口起源 58 n.
North Korea 朝鲜 332
novel disseisin, writ of 新近占有令状 231—3
 origins of in canon or roman law 在教会法或罗马法的起源 233

objects 物体
 as means of communication 作为交流的手段 7—8
obligations (law of) 债(法)
 in chthonic tradition 在原生传统 64—9
 in civil law tradition 在大陆法传统 137, 142
 and common law tradition 和普通法传统 258
 in islamic tradition 在伊斯兰传统 183—7
 in talmudic tradition 在犹太传统 101
 see also contract; tort; delicts
Ockham 奥卡姆(的威廉) 142
Ontario 安大略 216—17
orality 口述性 8—9, 14, 41 n.
 in chthonic tradition 在原生传统 60—3
 of European law 欧洲法律的口述性 65 n., 125 n.
 in hindu tradition 在印度传统 276, 276 n.
 in talmudic tradition 在犹太传统 95—6, 104—5, 117
 see also custom, memory
ordeal *see* proof 神明裁判
"orientalism" "东方主义" 204
 neo-orientalism, and refugee claims 新东方主义, 和难民申请 204 n.
originality 原创性 6, 14, 346
 and islamic tradition 和伊斯兰传统 207
 tabsee also revelation
orthodox movement (in judaism) 正统运动(在犹太教) 113
ownership *see* property 所有权
ox, damage by, as model 公牛损害作为范例 102, 107, 117 n., 142, 187
Oxford University 牛津大学
 arabic influence in creation of 阿拉伯对其建立的影响 227 n.
 and roman law teaching 和罗马法教学 228

Pachamama 大地母亲 73 n.
Pacific, south 南太平洋 67 n., 305
pacta sunt servanda 合同羁束 314 n.
Pakistan 巴基斯坦 182, 196, 215
Palestine 巴勒斯坦 93 n., 113
Panchayat 五人长老会 281, 295 n.
pandectists 注释学派 144, 334 n.
 in Eastern Europe 在东欧 38 n.
Pandects of Justinian 查士丁尼法典总论 96, 131, 147, 171, 278
panentheism 万物有灵论 149 n
Papinian 伯比尼安 130, 278
Papua New Guinea 巴布新几内亚 67 n.
paradox 悖论 352
Parishad 巴瑞萨 279
Partition, hindu law of 印度法的派别 278—82
Partnership 合伙
 in Islamic law 在伊斯兰法律 184—6
past(ness) 过去 5—6, 54, 346
 capture of 记录 7—12
 change in understanding of 对其理解的变化 23—6
 in chthonic tradition 在原生传统 66 n.

denial of authority of 拒绝其权威 16—20, 149—50
  as fact 作为事实 149—50
  see also time
path dependency 路径依赖 16
patrilinear family 父系家庭
  in chthonic tradition 在原生传统 65 n.
  see also matrilinear family
Paul（apostle）and jewish christian relations 保罗（耶稣十二使徒）和犹太基督教关系 117—18, 219n.
  and Christ as "the end of the law" 和基督是"法律的终结者" 117—18
Paul（jurisconsult） 保罗（古罗马法学家）130
peace 和平 338
Pentateuch 摩西五经 95, 96, 174, 275
"people of the book" "圣经的子民" 218, 305 n.
Persia（ns） 波斯人 93 n.
  law of 法律 205
person, centrality of in civil law 大陆法的以人为本 140—2
  see also individual
personal laws 属人法 81, 365
  in Europe 在欧洲 156
  in hindu tradition 在印度传统 292, 295, 299
  in islamic tradition 在伊斯兰传统 196, 214—17
  in Israel 在以色列 118
  talmudic law as 犹太法作为属人法 98
persuasion 劝谕 37—41, 47, 332, 337—8
  in Asian tradition 在亚洲传统 304—13, 318, 327, 340
  in chthonic tradition 在原生传统 70
  of common laws 普通法的劝谕 134, 226, 234—5, 253—5, 259, 349
persuasive authority 说服性权威 164 n., 246 n., 252 n., 253—5, 349
Pharisees 法利赛人 104
Philippines 菲律宾人 84 n., 331
philosophy of law 法哲学 150
  see also legal theory
physics *see* quantum physics 物理学

Pierce 皮尔斯 352
pilpul（dialectical reasoning）of talmudic tradition 犹太传统的（辩证推理）108 n.
plea rolls 法庭记录 239 n.
Pocock, J. G. A. 约翰·波考克 13, 60
poetry 诗歌 11
  adat law as 阿达特法律作为诗歌 305 n.
  hindu law as 印度法作为诗歌 277—9, 288, 292, 347
  Irish law as 爱尔兰法律作为诗歌 65 n.
  Welsh law as 威尔士法律作为诗歌 65 n.
polyandry 一妻多夫制
  in chthonic tradition 在原生传统 66 n.
  see also polygamy, monogamy
polygamy 一夫多妻
  and chthonic tradition 和原生传统 66
  in European private international law 在欧洲国际私法 160 n.
  and hindu tradition 和印度传统 282
  and islamic tradition 和伊斯兰传统 181—3, 201
  and talmudic tradition 和犹太传统 101
  see also polyandry, monogamy
Polynesian（s） 波利尼西亚人 60
polytheism 多神论
  in chthonic tradition 在原生传统 72
polyvalence, *see* multivalence 多价（polyvalence）
Pondicherry, renoncants of 本地治里的遗族 295
Pontiffs 祭司院 129
  College of, in Rome
Popper, Karl 卡尔·鲍卜 1, 3, 19, 344
Portugal 葡萄牙 117
  as colonial power 作为殖民列强 261
positivism 实证主义
  positive law 实证法律 73 n., 102—3, 151—2, 177, 306, 309
    and buddhism 和佛教 317
    and civil law 和大陆法 151—2
    and common law 和普通法 231 n., 247
  in developing countries 和发展中国家 268—9
  see also fa
possessive individualism 拥占性个人主义 165

post modernity 后现代性 1
    and law 和法律 347
    see also modernity
Pothier 波蒂埃 258
    edict of, chaotic character 令状的混乱特征 147
poverty in world 世界贫穷 165 n.
pradvivaka 主席 279
praetor 执政官 128, 129, 132, 228
    edict of, chaotic character 其令状的混乱特征 147
precedent 先例
    in China 在中国 336
    in civil law tradition 在大陆法传统 136
    in common law tradition 在普通法传统 230, 238
    in hindu tradition 在印度传统 280
    in India 在印度 296—8
    in islamic tradition 在伊斯兰传统 178—9
    in talmudic tradition 在犹太传统 100
presence (present) 呈现（当前）7—12
    see also time
"primitive peoples" "原始民族"
    western concept of 西方概念 31, 264
printing 印刷 14
    see also writing
privacy, right to 隐私权 137, 239
private international law 国际私法 158, 159—60, 255, 353 n., 361—2
    see also choice of law; conflict of laws
private/public law distinction 私/公法区分 236 n.
procedure 程序
    adversarial (accusatorial) 对抗式（抗辩式）135 n., 178, 229—31, 243, 250—2
    and case management 和案件管理 178, 252
    in chthonic tradition 在原生传统 64, 70
    in civil law tradition 在大陆法传统 132, 136, 163, 250—2
    in common law tradition 在普通法传统 178, 226—8, 229—31, 241—6, 250—2
    gratuity of, in islamic law 在伊斯兰传统的报酬 179 n.
    in hindu tradition 在印度传统 278—80
    investigative (inquisitorial) 调查式（纠问式）132, 136, 178, 250—2
        in China 在中国 310
    in islamic tradition 在伊斯兰传统 177—8
    open character of 开放特征 132—3, 206, 242, 288
    in roman legal tradition 在罗马法传统 128—9
    in talmudic tradition 在犹太传统 99—100
professors of law 法律教授 136, 139, 148
    as experts (providing Gutachten) 作为专家（提供法律意见）179
    jokes about 关于他们的笑话 131 n.
    see also Jesus
proof 证明
    in civil law tradition 在大陆法传统 132, 147—8
    in common law tradition 在普通法传统 230
    in islamic tradition 在伊斯兰传统 179
    in medieval law 在中世纪法律 125—6 n., 226, 227
property 财产
    in chthonic tradition 在原生传统 65 n., 66, 72, 85, 131
    in civil law tradition 在大陆法传统 141, 165, 183
    in common law tradition 在普通法传统 183, 231—3, 236—8, 241, 255—7
    concepts of, in colonization process 在殖民化过程中的概念 261
    and ejido 和合作农场（墨西哥的 ejido）67
    in hindu tradition 在印度传统 281—2
    in islamic tradition 在伊斯兰传统 182—4
    in roman legal tradition 在罗马法传统 129—30, 233
    in socialist law 在社会主义法 332
    in talmudic tradition 在犹太传统 101—2
prophet(s) 先知（预言家）350
    in talmudic tradition 在犹太传统 93 n.
    see also Muhammad
Prophet, the *see* Muhammad 先知参见穆罕默德
proselytizing *see* universalizing 劝诱改宗

public international law 国际公法 52 n.
public law 公法
    in Asian tradition 在亚洲传统 309—10, 332—8
    in chthonic tradition 在原生传统 62—4
    in civil law tradition 在大陆法传统 128, 145—6, 160, 162
    in common law tradition 在普通法传统 239, 253—5
    in hindu tradition 在印度传统 285—6
    in islamic tradition 在伊斯兰传统 209—12
    private/public law distinction 公私法区分 236 n.
    in roman law tradition 在罗马法 128
    in talmudic tradition 在犹太传统 97
    see also administrative law; constitutional law
public policy (order) 公共政策(秩序) 197 n., 353 n., 365
Pufendorf 普芬道夫 143
Puga 普伽 280
pundits 梵语学者 296
punishment 惩罚
    and Asian legal tradition 和亚洲法律传统 306—9, 314, 319, 321
pyramids of law 法律金字塔 152 n.
    in hindu tradition (no)在印度传统(没有) 275
    in islamic legal tradition (inverted) 在伊斯兰传统(颠倒的) 173
    in talmudic tradition (inverted) 在犹太传统(颠倒的) 98
    in theory of H. Kelsen 在凯尔森的理论 152 n.

qadi 卡迪 177—9, 188, 210, 347
qiyas 格雅斯 176—8, 192, 199 n., 201, 347
quaestiones disputatae 问题辩论 133, 202 n.
quantum physics 量子物理学 352, 360
    and buddhism 和佛教 316 n.
quasi contract 准合同
    in roman law 在罗马法 130
Quebec 魁北克 216n., 357n.
Quintilian 昆体良 8 n.

rabbi(s) 拉比 98

race/racism 种族/种族主义 31 n., 34—6, 267, 338, 347
    and chthonic tradition 和原生传统 79—80
    construction of idea in west 思想在西方的构建 35 n.
rationality 理性
    参见传统(理性的)
    see tradition (of rationality)
Rawls, J. 约翰·罗尔斯 44 n.
ra'y 个人推理 176, 189 n., 192
reading 阅读
    interactive, in talmudic tradition 互动阅读在犹太传统 106
    silent, in western tradition 默读在西方传统中 106 n.
reasonable accommodation 适度包容 55
rebus sic stantibus 情事变更 314 n.
reception 继受
    of civil law 大陆法
        in Asia 在亚洲 328—32
        in Russia 在俄罗斯 332 n.
    of common law 普通法 247—55, 330—2
    of Greek philosophy 哲学 144 n.
    of Italian mercantile law in England 在英国继受意大利商人法 258 n.
    of roman law 罗马法 133—4, 152, 163—4, 330 n.
    of western law 西方法 259—66, 364
reform movement (in judaism) 改革运动(犹太教) 113, 118, 345
refugees 难民 165
    in islamic tradition 在伊斯兰传统 214
regime theory (international) 制度理论(国际) 363
regionalization 区域化 51, 211
reincarnation 转世 282, 285—9
relativism 相对主义 31 n., 349, 355, 356 n.
religion 宗教 49—50, 165, 204, 357
    and Asian tradition 和亚洲传统 303—4, 311, 315, 318, 319, 323, 327
    buddhism as 佛教作为宗教 315 n.

in chthonic tradition 在原生传统 60, 73
in civil law tradition 在大陆法传统 137, 141—4
in common law tradition 在普通法传统 240, 245
in hindu tradition 在印度传统 275—7, 280, 282—5, 295
in islamic tradition 在伊斯兰传统
　　no compulsion in 宗教中没有强迫 208, 218, 219
in talmudic tradition 在犹太传统 102—4

religious courts in western jurisdictions 宗教法庭在西方国家
　shari'a courts 沙里阿法庭 216
　talmudic courts 塔木德法庭 99—100

renaissance 文艺复兴 65, 132, 147, 227, 240, 245

Renan 里南 52 n.

renoncants of Pondicherry 本地治里的遗族 295

requenoissants（recognitions） 认可或承认 228 n.

Requerimiento 要求（Requerimiento）264 n.

res judicata 既判力
　in common law tradition 在普通法传统 238
　in hindu tradition 在印度传统 280
　in islamic tradition 在伊斯兰传统 179
　in talmudic tradition 在犹太传统 100

reservations（for chthonic peoples） 保留地（为原生民族）83

residence 定居 36 n.

resistance 抵制或反对 17—18, 139 n., 345—6

responsa 释疑解答
　in talmudic tradition 在犹太传统 97, 100

Restatements（US） 重述（美国）161 n.

revelation 启示 10, 125, 226, 232
　and Asian tradition 和亚洲传统 304
　in hindu tradition 在印度传统 275—6, 278, 284, 292, 298, 315
　in islamic tradition 在伊斯兰传统 172, 174, 187—94, 206, 207, 215
　circumstances of 背景环境 203, 208
　in talmudic tradition 在犹太传统 94, 98, 101—10, 111, 112, 115, 204, 207

revolution, concept of 革命的概念 152, 247
　in France 在法国 152—3
　in United States 在美国 242, 247, 252

rhetoric 修辞传统 133, 345

riba 利巴 184—7, 197, 201 n., 202

Ricci, Matteo 利玛窦 8 n., 327 n.

RICO's 敲诈和贿赂组织（RICO's）326 n.

right of action 诉讼权利 242

rights 权利 132, 211 n., 306, 347, 349
　aboriginal 原住民的权利 65 n., 67 n., 83, 264
　not absolute 非绝对 142
　in Asian tradition 在亚洲传统 321—3, 337—9
　and chthonic tradition of 在原生传统 72, 86—9
　and civil law tradition 和大陆法传统 146, 240
　origins in 起源 140—2
　collective 集体性的 88, 338, 362
　and colonialism 和殖民主义 263—7
　and common law tradition 和普通法传统 238—40, 263, 362
　and confucianism 和儒家思想 321—3, 337—9
　and development 和发展 338
　group 群体 88, 337—9, 362
　and hindu tradition 和印度传统 287—9, 293
　and India 和印度 297
　as interests 作为利益 252
　and islamic tradition 和伊斯兰传统 193—4, 210—13
　as power（potestas）作为权力（potestas）141, 252
　and talmudic tradition 和犹太传统 100, 109—10, 120—1
　to equality 平等权 338
　to peace 和平权利 338
　to self determination 自决权 338
　and United States of America 和美国 249, 252, 338
　and women 和妇女 263 n.
　see also human rights

rishis 圣人 276

ritual 仪式 11, 312

rodef（pursuer of jewish people） Rodef（犹太人

追杀者）114
Roger of Sicily 西西里岛的罗格 229 n.
roles 角色
    in chthonic tradition 在原生传统 71—3
    in talmudic tradition 在犹太传统 110
Roman empire(s) and people 罗马帝国和民族 134, 171
    concept of empire in western colonialism 西方殖民主义中的帝国概念 259 n.
    and jewish people 和犹太民族 95, 96, 117
roman law 罗马法
    "decanted" into national laws "移注"到国家法 152, 330 n.
    as derived from Egyptian other sources 源于埃及人的其他渊源 127 n.
    in England 在英国 225
    as "fact" 作为"事实" 149—50
    as "ghost" 作为"幽灵" 126
    and islamic law 和伊斯兰法 206
    "re discovery" of "重新发现" 38 n., 125—6, 131, 132
    reception of in Europe 在欧洲的继受 133—4, 152, 163—4, 330 n.
    resistance to 抵制 134, 139
    ruler not bound by 统治者不受约束 285 n.
    as suspended or frozen tradition 作为被搁置的会被冻结的传统 126 n.
    see also roman legal tradition
roman legal tradition 罗马法传统 146, 155, 158, 163, 165
    casuistry of 决疑 138, 147, 191, 347
    and change 和变革 147
    codex form of 抄本形式 129
    and codification 和法典化 128
    and comparative law 和比较法 156—7
    contracts in 合同法 130, 138, 314 n.
    corruption of 腐败 128
    courts in 法院 128
    delicts in 侵权 130, 137, 138
    and dispute resolution 和争端解决 127—30
    extraordinary procedure of 特殊程序 128, 132
    family law of 家庭法 129, 138
    fictions of 虚构 147
    formulary procedure of 语言程式程序 128, 137, 147, 227—8, 242
    and Gaius 和盖尤斯 92 n., 127 n., 130
    glosses of 注释 133
    on hindu law 关于印度法 277
    and identity 和身份 155—7
    influence of 影响
        on common law 对普通法 225, 232—4, 255
        see also reception of
    and interpretation 和解释 129
    iudex in 承审员 129, 227, 347
    and ius 和法律
        concept of 概念 141, 193 n.
    and ius civile 和市民法 156, 345, 350
    and ius gentium 和万民法 156, 345, 350
    judges of 法官 128, 268, 347
    jurisconsults in 法学家 129, 130, 147, 179
    and Justinian, Digest (Pandects) of 和查士丁尼学说汇纂（总论）96, 131, 147, 171, 278
    and law of citations 和引证法 130, 277
    and legal education 和法律教育 147 n., 171
    legis actio of 法律诉讼（legis actio）147
    and legislation 和立法 127—9
    and Mesopotamian influence 和美索不达米亚人的影响 127 n.
    and Modestinus 和莫德斯蒂努斯 130
    monogamy in 在一夫一妻制 129
    origins of 起源 125—30
    and Papinian 和帕比尼安 130, 278
    and Paul 和保罗 130
    and Pontiffs College of 和祭司院 129
    praetor in 执政官 128—9, 132, 227
        edict of chaotic character 混乱特征的令状 147
    procedure of 程序 128—9, see also formulary, extraordinary
    and property 和财产 129—30
        possession 占有 233
        proprietas 绝对所有权（proprietas）233
    and public law 和公法 128

and quasi contract 和准合同 130
reception of 继受 133—4, 152, 163—4, 330 n.
and slaves 和奴隶 129
sources of law of 法律渊源 127—30
and systemic thought 和系统性思维 147
and trusts 和信托 130, 255—7
Twelve Tables in 十二铜表法 127, 136, 274, 307
and Ulpian 和乌尔比安 130
unde vi, interdict of 禁止暴力占有令状 (interdict unde vi) 233
and women 和妇女 129 n.
as written law 作为成文法 127
see also roman law

Romani 罗姆人 61 n., 286 n.
Rome Convention on Law Applicable to Contractual Obligations 合同义务法律适用罗马公约 361—2
rule by law 依法治国 308
rule of law 法治 145
Rushdie, S. 180 n., 254 n.
Russia (n) 俄罗斯 58 n., 129 n, 135, 201 n., 309, 329, 332 n.
  see also Soviet Law, Soviet Union
Rwanda 卢旺达 69

Saami 萨米人 58 n., 64, 68 n., 84, 135
sabbatical year 安息年 101
Sabha 萨巴 279, 285 n.
sadachara 萨达切拉 (sadachara) 291, 345
Said, E. 爱德华·萨伊德 204
St. Francis 圣弗兰西斯 255
Samarkand 撒马尔罕 328
Samiti 萨米提 279
Sanhedrin 犹太公会 97, 112, 180
Sanskrit 梵语 273 n., 281, 283, 296, 315 n.
Sanskritization 梵语化 287 n.
Sastras 经典
  arthasastras 政治经典 262
  kamasastras 爱经 262
  see also dharmasastras

Sandi Arabia 沙特阿拉伯 204 n., 212 n.
Savigny (von) 萨维尼 59, 135, 137, 139
scales of justice (Egyptian origin) 正义天平（埃及起源）92 n.
Scandinavia 斯堪的纳维亚 134, 135, 139, 305
Schacht, J. 189—92
Schism 教派
  in islamic tradition 在伊斯兰传统 199
schools of law 法律学派（校）248
  changing adherence to 改变遵循 198
  confucianist 儒家的 308 n.
  in hindu tradition 在印度传统 292, 297
    see also Mitakshara, Dayabhaga
  in islamic tradition 在伊斯兰传统 176, 183, 189, 196—9, 205, 213
    see also Hanafi, Hanbali, Kufa, Maliki, Medina, Shaft, sunni, Zahiri
  in talmudic tradition 在犹太传统 112—13
    see also Hillel, Shammai
science 科学 352
  and Bacon, Francis 和弗兰西斯培根 150, 247
  and buddhism 和佛教 316 n., 325
  and civil law tradition 和大陆法传统 147—52
  and common law tradition 和普通法传统 247
  and confucianism 和儒家思想 325
  and hindu tradition 和印度传统 292—4
  and islamic tradition 和伊斯兰传统 192—4, 195, 209—10 n.
  Latin, importance of, for 拉丁语对其的重要性 149 n.
  and talmudic tradition 和犹太传统 111, 195
  and western tradition 和西方传统 149—52, 162, 209—10 n.
Scotland 苏格兰 5—6, 14 n., 65 n., 357 n.
search engines (legal) 搜索引擎（法律）11 n.
secularity 世俗性 138, 253, 364—5
sedition see heresy 煽动言论
seisin (saisine, gewehr) 保有 (saisine, gewehr) 131, 233, 237, 256
self determination 自决 338
self help in chthonic tradition 自助在原生传统

71
Sem 闪 171
semitic peoples 闪米特人 171, 204
separation 分立 xxiv, 4, 150, 290, 320, 352, 354
 and buddhism 和佛教 316 n.
 of traditions 传统的分立 345
 see also continuity; disconrinuity; interdependence
separation of church and state 政教分离 132, 137, 14—5, 216, 235—6, 364—5
separation of law and morals (whether) 法律
 in chthonic tradition 和道德的分离 69
 in common law tradition 在普通法传统 235, 236
 in hindu tradition 在印度传统 282—5
 in islamic tradition 在伊斯兰传统 188
 in talmudic tradition 在犹太传统 103
separation of mind and matter 精神和物质的分离 150—1
separation of powers 权力分立 145
sephardic tradition 西班牙犹太人传统 113, 345
sexual preference 性别偏好 54
al-Shafi 阿尔—沙斐仪 189, 196, 197, 202 n.
Shafi school 沙斐仪学派（校）197, 202, 217 n., 345
Shammai (school of) 沙迈（学校）112, 145 n.
shari'a 沙里阿 173—8, 181—7, 204—5, 284, 299
 as personal law in England 作为属人法在英国 299
sheriff 执法官 230
shi'ism 什叶派 199, 203, 205, 208, 210, 214, 345, 346
 ayatollah of 阿亚图拉 199
 and comparative law 和比较法 199
 imamites of 伊玛目 198
 twelvers of 十二人 198
shingon 真言宗 327 n.
shintoism 清道教 304, 315, 318, 327
Shiva 湿婆 289
shoguns 幕府 311
shunning 回避
 in talmudic tradition 在犹太传统 116

Siberia 西伯利亚 305
Sicily 西西里岛 227 n.
 Normans and 诺曼人和西西里岛 229
sikhism 锡克教 274, 294
Silk Road 丝绸之路 328
Simonides of Ceos 凯奥斯岛的西摩尼得斯 8 n.
Simons, H. 46 n.
Sinai, Mount 西奈山 93
Singapore 新加坡 311, 326 n., 331, 339 n.
Sinkiang 新疆 339 n.
siyasa 国家政策 200
slavery 奴隶制 141 n.
 in Brazil 在巴西 139 n.
 in common law tradition 在普通法传统 240
 in England 在英国 139 n.
 in Europe 在欧洲 139, 240
 and islamic tradition 和伊斯兰传统 201
 in Rome 在罗马 129
 in Russia 在俄罗斯 139 n.
 in United States of America 在美国 139 n.
Slovakia 斯洛伐克 117
Smith, Adam 亚当·斯密 364 n.
Smriti 传承 275, 277, 279, 286, 292
social behaviour see obedience to law 社会行为
social construction 社会构建
 race as 人种作为社会构建 35—6
social justice in islamic tradition 社会正义在伊斯兰传统 212—14
social sciences 社会科学 353 n.
socialist law 社会主义法 162 n., 212, 329, 331—7
 and communist party 和共产党 331—7
 and corruption 和腐败 333
 and judges 和法官 332
 see also communism; Soviet law
sociology 社会学 33, 104, 152
 of law 法律社会学 137, 150, 154
 see also social sciences
solipsis 唯我论 44
Solomon 所罗门 95
song 歌曲 11

soul, immortality of 灵魂不灭 282, 285—8, 289, 324

sources of law 法律渊源 65
 in civil law tradition 在大陆法传统 136—7, 158
 in common law tradition 在普通法传统 238, 246, 249—51
 foreign, exclusion of 排除外国法律 164
 in hindu tradition 在印度传统 273—9
 in islamic tradition 在伊斯兰传统 173—8
 in roman legal tradition 在罗马法传统 127—30
 in talmudic tradition 在犹太传统 93—8
 in United States of America 在美国 249—52

South Africa 南非 82 n., 85, 357 n., 362 n.

sovereignty 主权 150 n., 210

Soviet law 苏联法律 5, 330—1
 see also communism; socialist law

Soviet Union 苏联 196, 212 n., 329 n., 331—3, 334, 335

space 空间
 in Asian tradition 在亚洲传统 323—5
 in civil law tradition 在大陆法传统 125
 western concept of 西方的概念 262 n.

Spain 西班牙 58 n., 84, 117, 132, 158, 163, 227 n., 229, 331
 colonialism by 殖民主义 261—5
 and sephardic tradition 和西班牙犹太人传统 113

specialization 专业化 42, 138

Sreni 斯拉尼 280

Sri Lanka 斯里兰卡 316

Sruti 天启书 276, 283, 292

stare decisis 遵循先例
 in common law 在普通法 193, 202 n., 231, 238, 252
  19th century origins of 19 世纪的起源 246—8, 258
 in India 在印度 260 n., 296—8
 in islamic law (absence of) 在伊斯兰法律（缺乏）179
 in talmudic law (absence of) 在犹太法（缺乏）100

state (s) 城邦、州、国家 6, 33—7, 41, 51—5, 145, 261, 269, 345
 and boundaries of 和边界 148, 171 n.
 and chthonic tradition 和原生传统 80—5
 in civil law tradition 在大陆法传统 137—8, 145, 155, 156—61
 and common law tradition 和普通法传统 225, 245—7, 248—55
 as concept of colonialism 作为殖民主义概念 262
 and confucianism 和儒家思想 325, 327
 diversity of 多样性 51—3, 134
 end of 结束 146
 England as, first in Europe 英国作为第一个欧洲国家 225
 failed 失败 262
 and freedom of movement 和流动自由 162, 254
 and islamic tradition 和伊斯兰传统 180, 200—2, 209—20, 346
 as middle ground 作为中间地带 80—5
 and minority populations 和少数族裔 255 n., 364—5
 as "plebiscite de tous les jours" 作为"每天的同民投票" 52 n.
 as "poisoned gift" 作为"有毒的礼物" 269 n.
 sovereignty of 主权 150 n.
 and talmudic tradition 和犹太传统 115—22
 territoriality of 领土 162
 see also national law (concept of); nationality; codification; civil, common law traditions (and state)

status, personal 个人地位 160 n., 365

status to contract 合同地位 281, 286

steppe law 草原法律 81

stoicism 斯多葛思想 50 n., 137

style of texts 经文的行文风格
 apodictic 决然的 353 n.
 in civil law tradition 在大陆法传统 138—9
 in confucianism 在儒家思想 319
 declaratory 宣告性的 105, 138, 207
 exclusionary 排除性的 105
 imperative 命令性的 105, 138, 207

in islamic tradition 在伊斯兰传统 191,207
in talmudic tradition 在犹太传统 105,107 n.
in western tradition 在西方传统 105,138—9

subsidiarity 隶属性 160 n.

substantive law 实体法 132—3,206
in common law tradition 在普通法传统 231, 242—4,258
in hindu tradition 在印度传统 281—2
in islamic tradition 在伊斯兰传统 181—7
in talmudic tradition 在犹太传统 100—2

successions 继承 339
in common law tradition 在普通法传统 249
in ecclesiastical courts in England 在英国宗教法庭 225 n.,235,256
in hindu tradition 在印度传统 279,281—2
in islamic tradition 在伊斯兰传统 181—3,191 n.
in talmudic tradition 在犹太传统 100

Sudan 苏丹 197,208,215

Sudra caste 首陀罗等级 286

sufi teaching 苏菲学说 179 n.,306 n.

sukuk *see* islamic bond Sukuk

Sunna 逊奈 174—84,189—92,197,198,205, 275,278

sunni schools (of islamic law) 逊尼学派(校)(伊斯兰法) 198,199,200,208,345
see also islamic legal tradition (schools of law of)

survival 生存
of fittest 适者 358 n.
of traditions 传统的 357—60

suspended or frozen traditions 被搁置或冻结的传统
see traditions,suspended or frozen

sustainable diversity of traditions 传统的持续多样性 348—51,357—65

sutras 经典 276—8,283,307
arthasutras 政治经典(arthasutras) 283
kamasutras 爱经(kamasutras) 283

Switzerland 瑞士 67,68 n.,131,155 n.,157, 330 n.

Syria 叙利亚 196

systems and system theory 系统和理论 3 n., 48—50,52—3,264
in biology 在生物学 49 n.,153 n.
in civil law tradition 在大陆法传统 138 n., 153—4,158,161 n.,163
in common law tradition 在普通法传统 234, 245—8
and islamic tradition 和伊斯兰传统 192
and roman legal tradition 和罗马法传统 147
and talmudic tradition 和犹太传统 107—8

Taiwan 台湾地区 330 n.
takhayyur 塔哈由 198
Talmud 塔木德 95,96—7,102—7,109,113, 118,130—1,133 n.,175—6,275,277
and aggression 和侵略 122
Babylonian 巴比伦 96—7,130,171
burning of 焚烧 116,118
and dafyomi cycle 和一天一页读经周期 106 n.
Gemarah 革马拉 96
God bound by,and studies 上帝受其制约,和研究它 105
as hypertext 作为超文本 106
and Internet 和互联网 106
and islamic law 和伊斯兰法 205—7
Jerusalem 耶路撒冷 229
never completed 从未完成 97,103,106,117
and present tense 和当前的紧张 106

talmudic legal tradition 犹太法律传统
and Abraham 和亚伯拉罕 93 n.,171 n.
age of 年代 93—4
and aggadah 和阿加达 102—4,188
and aggression 和侵略 122
and aliens 和外国人 122
and analogy 和类比 108
anonymity of writings 写作匿名 97,108—9
appeal in (absence of) 上诉(缺乏) 100
and arbitration 和仲裁 98 n.,178 n.
and ashkenazi tradition 和阿什肯纳兹传统 113, 345
and association 和联系

logic of 逻辑 107 n.
and bet din 和犹太教法庭 99—100
and Bible (Hebrew) 和圣经(希伯来)93,118
and bioethics 和生物伦理学 112
breadth of 广度 102—4
and Canaan 和迦南 93 n.
and Caro J. 和卡罗 97,139
and case reporting 和案例报告 100
casuistry of 决疑 107,191
and change (concept of) 和变革(概念)110—15
and christianity 和基督教 118,148
and chthonic tradition 和原生传统
separation from 和其分离 93,114—16
codification of 法典化 108,132,139,210,298
and commentary (ies) 和评论 97—8,108 n.
commercial law in 和商法 99—100,233,256
complexity of 复杂性 350
and computer 和电脑 173 n.
and conservative movement 和保守运动 112,345
and contract law 和合同法 95
and conversion to judaism 和皈依犹太教 109,115,171 n.
and copyright 和著作权 100,119
and corruption 和腐败 114—15,267
cosmopolitan character 全球主义特征 122
courts of 法院 98—9,103,*see also* Sanhedrin;bet din 同时参见公议会;犹太教法庭
and deduction 和演绎 108—9
criminal law in 在刑法中 101
criminal law in 刑法 100
and Deuteronomy 和申命记 24 n.
and dina de malkhuta dina principle of 和国家的法律才是法律原则 97,119
as discursive tradition 作为发散性传统 202 n.
and dispute resolution 和争端解决 99—100
and equality 和平等 109—20
and equity 和衡平 103,108,119,179,347
and euthanasia 和安乐死 112 n.
and evasion of law 和法律规避 112
and excommunication 和退出 116
exit from 从中退出 116

and family law 和家庭法 100,365
and Gemarah 和革马拉 96
and God 和上帝 110—11
    human person in image of 人类是上帝的影子 111,140—1,194,265
    of jews, christians and muslims 犹太人、基督教徒和穆斯林的上帝 118,172,189,194,218,289
and goring ox 和造成损害的公牛 102,107,117 n.
and Habiru (ancient) 和哈比鲁人(古代) 93 n.
and halakhah 和哈拉卡 96 n.,102—4,174,188,284
and heresy 和异端 116,161
and Hillel (school of) 和希勒尔(学派) 112,145 n.
on hindu law 和印度法 277
and identity 和身份 93,115—16,119 n.
    transmission by maternal line 通过母系传承 115
and individual 和个人 109,115
influence of 影响
    on common law 对普通法 99 n.,233
"inside the law", acting 在法律范围内活动 103,108,119,179,347
and interpretation 和解释 108
and islamic law 和伊斯兰法 205—7
and Israelites 和以色拉伊利亚特 93 n.
and Jacob 和雅各 93 n.
and Jesus 和耶稣 114—15,117—18
and Judea 和 Judea 93 n.
judges of 法官 99
lawyers in 法学家 99
learning of 智慧 106—7
and legislation 和立法 97,112
and life after death 和死后生命 111,118
and Maimonides 和迈蒙尼德 97
and Midrash (interpretation) 和密德拉什(注释) 108
and Midrashe Halakhah 和密德拉什哈拉卡 96 n.

and minhag 和 minhag 113
and Mishnah 和密什那 96，97—8，108，174，175，275，277，278
and mitzvah（obligation）和责任（债）109，120
and mitzvat talmud Torah 和责任塔木德律法 97，102，109
and mnemonic devices 和记忆手段 95，10511.
as model for western law 作为西方法的模范 122
and Moses 和摩西 93，95，96，115，118，172
and Mount Sinai 和西奈山 94
multivalence of 多价 108，113，202，350
and natural law 和自然法 111—12 n.
and natural obligation 和自然债 101，103
non universalizing character of 非普适性特征 121—2
normativity of 规范性 349
and obligations（law of）和债（法）101
and oral tradition（Torah）和口述传统（律法）95—6，104—5，117
origin of 起源 93—4
and orthodox movement 和正统派运动 113，345
and ox, damage by, as model 和公牛造成损害 作为模型 102，107，142，187
and Palestine 和巴勒斯坦 93 n.，113
and Pentateuch 和摩西五经 95，96，174，275
and Perfect Author 和完美创作者 103—5，110，155，350
as personal law 作为属人法 98
and Pharisees 和法利赛人 104
and pilpul（dialectical reasoning）和 pilpul（辩证理性）108 n.
and polygamy 和多偶制 100
and precedent（absence of）和先例（缺乏）100
and prior（chthonic）law 和先前的（原生）法律 93，93 n.，115，205
and priority of practice over theory 和实践优先于理论 112 n.
procedure of 程序 99—100
and property 和财产法 101—2
and prophets 和先知 93 n.
and public law 和公法 97

pyramid of sources of 和渊源的金字塔 98
and rabbi（s）和拉比 98
rationality of 理性 107—9
  non systematic 非系统性的 107
reading（interactive）in 读经（互动性的）106
and reform movement 和改革运动 113，118，345
and relations with other traditions 和其他传统的关系 114—22
  influence of Greek, middle eastern, Roman, Arab thought 希腊、中东、罗马、阿拉伯思想的影响 104 n.，117
  as model for western law 作为西方法的模范 122
  relations with christianity 和基督教的关系 118，148
and res judicata 和既判力 100
and response 和释疑解答 97，100
and revelation 和启示 94，98，101—10，111，112，115，204，207
  as new covenant 作为新的约定 94
and rights 和权利 100，109—10，120—1
and rodef（pursuer of jewish people）和 rodef（犹太人追杀者）114
roles within 内部角色 110
and sabbatical year 和安息年 101
and Sanhedrin 和公议会 97，112，180
and schools of law 和法律学派 112—13
and science 和科学 111，195
and separation of law and morals 和法律与道德的分离 103
and sephardic tradition 和西班牙犹太人传统 113，335
and Shammai（school of）和沙迈（学派）112，145 n.
and shunning 和回避（shunning）116
sources of 渊源 93—8
and stare decisis（absence of）和遵循先例（缺乏）100
and state law 和国家法 113—22
style of texts of 条文风格 105，107 n.
and substantive law 和实体法 100—2

and successions 和继承 100
and systemic thought 和系统思维 107
and Talmud 和塔木德 95，96—7，102—7，109，113，118，130—1，133 n.，175—7，275，277
 and aggression 和侵略 122
 Babylonian 巴比伦 96—7，130，171
 burning of 焚烧塔木德经 116
 Gemarah 革马拉 96
 God bound by and studies 上帝受约束并研究 105
 Jerusalem 耶路撒冷 229
 never completed 从未完成 97，103，106，117
and theory 和理论 112 n.
"These and These", doctrine of "这些和这些"原则 112，145，197，254，350
and time (concept of) 和时间（概念）110
and tolerance 和宽容 114，119
and Torah 和犹太律法 93—8，102，113，118，127，175，190
 obligation to study 学习的义务 109
and Tosefta 和托斯夫塔（Tosefta）96 n.
traditio in 传承 95
 as tradition 和传统 103—5
and ultra orthodox movement 和超正统运动 114
on western law 关于西方法 119
and western legal theory 和西方法律理论 94，122
and women 和妇女 110，112
and written tradition (Torah) 和成文传统（律法）96—8
 as mnemonic device 作为记忆手段 95，105 n.
and yeshiva 和犹太经学院（Yeshiva）106—7
see also jewish law; jewish people
Tanzania 坦桑尼亚 331
taoism 道教 315，317—18，323，339，345
 and confucianism 和儒家思想 317—18，319
 and heresy 和异端 328
 and interdependence 和相互依存 319，324
 and law 和法律 304
 and legislation 和立法 318
 nature of 自然 317—18
taqlid 塔克利德 193，196，205
taxonomy 分类 164
technology 科技
 and chthonic tradition 和原生传统 66，85 n.
 in islamic tradition 在伊斯兰传统 50，199 n.
Temples (of jewish people) 神庙（犹太人的）
 First (of Solomon) 第一神庙（所罗门的）95，97，127，229
 and Inns of Court relation to 和律师学院的关系 228—9
 Second 第二神庙 95，96 n.，98
terra nullius 无主土地 263 n.
terrorism 恐怖主义 218
tertio comparationis (no) 共同的参照系（没有）45
Thailand 泰国 316
Theism in chthonic tradition 有神论在原生传统 60，72
theology 神学 118
"These and These", doctrine of "这些和这些"原则 112，145，197，254，350
Tibetan law 西藏法律 316 n.
time 时间 24—6，29
 and Asian tradition 和亚洲传统 323
 and change 和变革 25—6
 in christianity 在基督教 148
 in chthonic tradition (concept of) 在原生传统（概念）74—8
 in hindu tradition 在印度传统 289
 in islamic tradition 在伊斯兰传统 194
 as Long Now 作为长今 25
 in science, contemporary 在现代科学中 25 n.，148 n.
 in talmudic tradition (concept of) 在犹太传统（概念）110
 and tradition 和传统 4—13
 see also pastness; presence; traditio; tradition; change; history
tolerance 宽容 32，49，119，145，348，353—5，359，362

and fa 和法(fa) 308
　　as failure of irony 作为讽刺的失败 356 n.
　　in hindu tradition 在印度传统 2 74,288,291,
　　　　293—9
　　　　not indigenous concept 非本土概念 354
　　in islamic tradition 在伊斯兰传统 218—19
　　in talmudic tradition 在犹太传统 114—13,119
　　western concept of 西方概念 354
Torah 犹太律法 93—8,102,113,118,127,
　　175,190
　　obligation to study 学习的义务 109
torts 侵权
　　in chthonic tradition 在原生传统 65
　　in common law tradition 在普通法传统 232,
　　　　237,241
　　in socialist law 在社会主义法 332
　　see also obligations (law of); delicts
Tosefta 托斯夫塔 96 n.
trade (world) 贸易(世界) 261 n.
　　interdependence of 互相依存 354 n.
tradition 传承 12—13
　　in chthonic tradition 在原生传统 62—3 i
　　in islamic tradition 在伊斯兰传统 175
　　in talmudic tradition 在犹太传统 95
　　see also time; identity
tradition(s) 传统
　　beginning of *see* tradition(s), origination of 其开
　　　　始参见传统的起源
　　and bullshit 和胡扯 17 n.
　　and Burke 和伯克 23
　　and casuistry 和决疑 347,355
　　and change *see* change 和变革
　　and coherence, means of 和团结的手段 24
　　collectivist 集体主义的 359—60
　　commensurability of 可比性 355,360
　　commonality of 共同性 3
　　communicability of 交流 45
　　complexity of 复杂性 187 n.,247,282,320,
　　　　349—51,360,364
　　compliance with 服从 17
　　as concept acknowledged by lawyers 作为法学家
　　　　所承认的概念 2—3
　　and continuity 和连续性 6,12—13,19,24,
　　　　87,152,153,349 n.
　　and corruption *see* corruption 和腐败参见腐败
　　death of 死亡 22,39 n.
　　defining elements of each 确定每种传统的成分
　　　　345
　　destruction of concept of 概念的解构 2
　　and development *see* development 和发展
　　as dialogue exchange 作为对话交流 21,31,40,
　　　　345,356,357
　　and diversity (sustainable) of 和多样性(可持续
　　　　的) 348—1,357—5
　　as dominant paradigm in understanding multiple
　　　　laws 在理解多种法律时作为支配性的范例 3
　　　　n.
　　excavation of 挖掘 321 n.
　　as fact *see* fact(s) 作为事实
　　as immutable 作为不可改变的 15
　　as incomplete 作为非完全的 15,22
　　individualistic 个人主义的 359
　　as inertia, routine 作为惯性和例行的 16
　　informal 非正式的 200,233,315 n., *see also*
　　　　custom; adat
　　as information 作为信息 13—23,47,51,344
　　　　and exchange of 和交流 336
　　　　see also information
　　and interdependence 和互相依存 355—7,359
　　internal 内部的 344—7,349,350
　　interstitial rationality of 间隙理性 71,107,193—
　　　　4,232,238
　　invention of 创造 5—6
　　judaeo christian 犹太基督教传统 140,143,174
　　and language 和语言 34 n.
　　lateral 横向的 347—8,349,350,355,357
　　layering of 分层
　　　　in Asia 在亚洲 327—40,330 n.,357,363
　　leading or primary version of 首要的或主要的形
　　　　式 22
　　major and minor 主要的或次要的 344,349—50,
　　　　353,357,364

of modernity 现代性 2 n., 126 n.
and "movements" (legal) see talmudic legal tradition 和"运动"(法律)参见犹太法律传统
multiplicity of 多样性 4, 344—8, 349, 350
multivalence of 多价 350—3, 360—5, see also particular traditions
national legal 国家法律的传统 6—7, 28; see also state
as network 作为网络 20—22
and new institutional economics 和制度经济学 16 n.
non legislative 非立法性的 364
normativity of 规范性 12, 13, 348; see also particular traditions
not as knowledge 并非知识 13 n.
and path dependency 和路径依赖 16
protection of 保护 38
of rationality 和理性 1—2, 3—4, 12, 18—20, 23, 29, 32, 49, 54, 113, 118, 263, 358
 in Asian legal tradition 在亚洲传统 313, 315 n., 319
 bounded 受限制的 46 n.
 in civil law 在大陆法 134, 138, 143—6, 163, 165, 345, 347
 in common law 在普通法 237—40, 247, 252, 347
 contextuality of 背景 19—20
 derived from Christianity, in Europe 在欧洲源于基督教 143 n.
 in hindu tradition 在印度传统 288
 interstitial 间隙理性 67, 100, 178, 215, 220
 in islamic tradition 在伊斯兰传统 176—8, 191—4, 200, 203—5, 347
 opposition to in Europe 在欧洲受到的反对 134, 136
 remembering of 记住 19—20
 in talmudic tradition 在犹太传统 107—9
 in United States of America 在美国 252
reactions to 对它的反应 16—20
reconciling of 调和 348—58
relations between 传统之间的关系 31—55, 344—65
as repetition 作为重复 13, 16
in chthonic tradition 在原生传统 73—5
resistance to 抵制 17—20, 31, 134, 139 n., 346
and revelation see revelation 和启示
separation of individual 个体传统的分立 345
stabilization of 稳定化 357, 358
survival of 保存 357, 359
suspended or frozen 搁置或冻结 13 n., 38, 82 n., 92 n.
talmudic law as only 作为唯一的犹太法律 103
theory of 理论 1—29, 31—55, 344—65
and time see time 和时间
and tolerance 和宽容 353—5, see also tolerance
and vagueness 和含糊 351—3
of war 和战争 27 n.
of western law and society 和西方法律和社会 2
written see writing 成文
young or recent 新兴的或新近的 5—6, 346—7
traditional knowledge 传统知识 68
translatability, translation 可译,翻译 46—7
translatio studii 知识转移 40
transmission (of information of tradition) 传播(传统的信息)
 see traditio transnational law 261
treason, see heresy trees 背叛 141
Trento (common core) project 特兰托(共同核心)计划 159 n.
Tribal Law and Policy Program, Univ. of Arizona 亚利桑那大学的部落法和政策项目 59 n.
tribal sovereignty 部落主权 364
trusts 信托
 and civil law tradition 和大陆法传统 141—2, 255—7
 in common law tradition 在普通法传统 255—7
 and islamic law tradition 在伊斯兰传统 182—4, 255—7
 and roman law tradition 和罗马法传统 130, 255—7

Tunisia 突尼斯 182, 201
Turkey 土耳其 196, 215
Turkistan 土耳其斯坦 273, 339 n.
Twelve Tables 十二铜表法 127, 136, 274, 307
 as "virtual text" 作为"虚拟条文" 127 n.
twice born 再生 286

ulama 乌力马 202 n. . *see also* mufti
Ulpian 乌尔比安 130
ultra orthodox movement（of judaism）超正统运动（犹太教）114
umma（of islamic people）乌玛（伊斯兰民族）50, 204—10, 214, *see also* islamic peoples
unde vi, roman interdict of 禁止暴力占有令状 233
UNESCO and Memory of World（MOW）project 联合国教科文组织（UNESCO）和世界记忆计划（MOW）15 n.
unification of law 法律统一化
 in Europe 在欧洲 158—61
 see also harmonization of law
United States of America 美国 49, 84, 113, 120—1, 174 n., 196, 242, 284 n., 346, 364
 and "Americanization" of common law 和普通法的"美国化" 250 n.
 and "Anglo-American" law 和盎格鲁—美利坚（英美）法 251 n., 252
 case reporting in 案例报告 252
 and China 和中国 326 n.
 civil law influence in 大陆法的影响 249, 252, 330 n.
 codification in 法典化 230
 common laws of（state & federal）普通法（州和联邦）250
 constitutional law of 宪法 253
 and corruption 和腐败 326 n.
 Digest system of 汇编系统 251 n.
 diversity jurisdiction in 管辖权多样化 250, 252
 and frontier 和疆界 253
 and human rights 和人权 338
 influence of law of 法律的影响 259
 in Asia 在亚洲 329, 330, 331
 interpretation in 解释 250
 judges of 法官
  discipline of 纪律 254
  election 选任 250
  state and federal 州和联邦的 250—3
 law of 法律 249—55
 lawyers of 律师 268
 legislation in 立法 250—1
 and Madison 和麦迪逊 250
 and national identity 和国家身份 253
 and non-citation rules 和非印证规则 251
 and rationalist tradition 和理性传统 252
 and revolution 和革命 242, 252
 and RICO's 和 RICO's 326 n.
 and rights 和权利 249, 252, 338
 and slavery（ending of）和奴隶制（结束）139 n.
 sources of law in 法律渊源 249—52
 stare decisis in 遵循先例 252
 Supreme Court of 最高法院 252, 252 n., 353 n.
 and tribal sovereignty 和部落主权 364
universalizing 普世化 11, 22, 38, 39, 47—1, 348, 356, 358, 359
 of Asian tradition 亚洲传统的 339—40
 of chthonic tradition 原生传统的 89—90
 of human rights 人权的 264—6, 362—3
 of talmudic tradition 犹太传统的 121—2
 of western traditions 西方传统的 166
 see also colonialism, dominance, fundamentalism, globalization(s)
universities 大学
 in China 在中国 325
 in Europe 在欧洲 132, 133, 227 n.
 islamic model for 伊斯兰模式 227 n., 228—9
untouchables 贱民 286, 287 n.
untranslatability *see* translatability 不可译
Upanishads 奥义书 283
urf（usage） urf(惯例)
 and adat law 和阿达特法 303 n.
 and islamic law 和伊斯兰法 201, 210, 219, 305 n.

usury *see* interest 高利贷
utilitarianism 实用主义 73, 346
utriusque iuris methodus 统一学习方法 163 n.
utrumque ius 二元法律 133

Vacarius 瓦卡留斯 232
vagueness 含糊 351—3
Vaishya caste 吠舍等级 286
values as facts 价值作为事实 43
van Caenegem, R. C. 范·卡内冈 225, 233 n.,
varna *see* caste 瓦尔纳
Veda (s) 吠陀经 273—7, 278, 280, 283, 286, 288, 291, 294
Vedic Aryans 吠陀—雅利安人 273—4, 291, 328
veil *see* hijab 面纱
Vienna Human Rights Convention (1993) 维也纳人权公约(1993) 266 n.
Vietnam 越南 328 n., 331, 339 n.
　and buddhism 和佛教 316, 317
　and codes 和法典 311 n.
　and communism 和共产主义 304, 332
　and confucianism 和儒家思想 311 n., 317
view from nowhere (no) 观点从零开始 (view from nowhere)（没有）45
Vijnanesvara 威吉纳耐斯瓦拉 278
Villey M. 维利 141 n.
Vinogradoff 维格纳·鲁道夫 255
virtual umma 虚拟乌玛 50
Vishna 毗瑟挐 289
Visvarupa 威斯瓦鲁帕 278
Vitoria (de) 维多利亚 83 n., 264—5
voice *see* identity, protection of 发声参见身份的保护
vyavahara 世俗规范 283—5

Wa Benzi 奔驰一族 88
Waitangi, Treaty of 怀唐义条约 86 n.
Walzer M. 华尔兹 49 n.
waqf 瓦格夫 183, 206 n.
war, holy, just, trade and culture 正义的、神圣的、贸易的和文化的战争 218
  see also jihad, tradition (s) of war
Watson A. 阿兰·沃森 129, 205, 239 n.
Weber, M. 马克斯·韦伯 2 n., 177 n., 178 n.
Wales 威尔士 235
Welsh law 威尔士法律 38 n., 65 n.
West Indies 西印度群岛 58 n., 141 n.
western law 西方法律
　in Africa 在非洲 215
　in Asia 在亚洲 313, 328—32, 357
　movements in 西方法中的运动 322, 323
　reception of in the world 在世界范围的继受 259—6, 364
　and religion 和宗教 209 n.
western philosophy 西方哲学 308 n., 319
　see also Greece
western scholarship and islam 西方学术和伊斯兰 187—92
westernization 西方化 339
Westminster 威斯敏斯特 231
"West" "西方" 37, 49—50, 50
Wolff C. 沃尔夫 144 n.
Women 妇女
　in Asian tradition 在亚洲传统 323 n.
　in chthonic tradition 在原生传统 62 n., 72
　in civil law tradition 在大陆法传统 263 n.
　in common law tradition 在普通法传统 207 n.
　in hindu tradition 在印度传统 281, 287
　in islamic tradition 在伊斯兰传统 181—3, 207, 212—13
　in roman legal tradition 在罗马法传统 129 n.
　in talmudic tradition 在犹太传统 110, 112
World Bank 世界银行 165
world poverty, measuring of 世界贫困的衡量 165 n.
writ system of common law 普通法的令状系统 133, 228, 229—4, 237, 239, 242, 243, 258, 345
　limited by feudal lords 受到封建领主的限制 234
　reforms in 19th century 在19世纪的改革 241—5, 258
writing 书写 9—11

bureaucratic growth of in England 载英国官僚式的增加 9 n.
obsolescence of 淘汰或退化 9 n.
see also orality, printing, particular traditions
Yahweh 耶和华 94
see also Jehovah; God; Allah
Yajnavalkya 亚给雅瓦尔克亚 281, 292
Year Books 年鉴 239 n
Yemen 也门 181 n.

yeshiva 犹太经学院 106—7
yoga 瑜伽 316 n.
Yorta Yorta 约塔·约塔 38 n., 81 n.

Zadeh, L. 352 n.
Zahiri school 扎西里学派 196 n.
zakat 扎卡特 183
zen 禅 315 n.
zero 零 6 n., 126